Margret Spohn
Türkische Männer in Deutschland

Margret Spohn ist Dipl. Interkulturelle Pädagogin und promovierte Soziologin; Arbeit und Forschungen im interkulturellen-internationalen Bereich, zurzeit bei der Stelle für interkulturelle Zusammenarbeit der Stadt München.

MARGRET SPOHN
Türkische Männer in Deutschland
Familie und Identität. Migranten der ersten Generation
erzählen ihre Geschichte

[transcript]

Die Deutsche Bibliothek – CIP-Einheitsaufnahme
Spohn, Margret:
Türkische Männer in Deutschland : Familie und Identität.
Migranten der ersten Generation erzählen ihre Geschichte /
Margret Spohn. - Bielefeld : Transcript, 2002
   (Kultur und soziale Praxis)
   Zugl.: Kassel, Univ., Diss., 2001 u.d.T.: Spohn, M.:
   Familienbezogene männliche Identitäten türkischer Migranten
   der ersten Generation
   ISBN 3-933127-87-4

© 2002 transcript Verlag, Bielefeld
Lektorat und Satz: Margret Spohn
Umschlaggestaltung: Kordula Röckenhaus, Bielefeld
Umschlagabbildung: Ara Güler, 1958
Druck: Digital Print, Witten
ISBN 3-933127-87-4

Inhalt

Danksagungen   13

Einleitung   15

1. Das historische Türkenbild in Deutschland   19

Das religiös geprägte Türkenbild   21

Zusammenfassung des Kapitels 1   25

2. Forschungen über familienbezogene Bilder türkischer Männer in Deutschland und in der Türkei   27

Einige Reflexionen zu Geschlecht/Gender unter besonderer Berücksichtigung des Modells der „hegemonialen Männlichkeiten" von Bob Connell   27

Forschungen über türkische Männer in Deutschland im Hinblick auf familienbezogene Rollen   37

    Türkische Männer in Forschung und Medien in Deutschland – ein kurzer historischer Überblick   41

    Türkische Männer der ersten Generation: Die Studie von Werner Schiffauer   49

    Türkische Männer in der Frauenforschung – in Studien über türkische Frauen und Mädchen   53

        Andrea Baumgartner-Karabak/Giesela Landesberger: Die verkauften Bräute 54 • *Sigrid Meske: Situationsanalyse türkischer Frauen in der BRD* 59 • *Martina Spitzl/Sahika Yüksel: Mädchen aus der Türkei* 62 • *Berrin Özlem Otyakmaz: Zwischen allen Stühlen* 65

    Türkische Väter und männliche Jugendliche in der Forschung über männliche Jugendliche   67

        Hermann Tertilt: Turkish Power Boys 68 • *Wilhelm Heitmeyer u.a.: Verlockender Fundamentalismus* 71

Türkische Männer in der Familienstrukturforschung	74
Ansätze von Düzgün Firat 78 • *Ansätze von Bernhard Nauck* 79 • *Ansätze von Leonie Herwartz-Emden* 81	
Türkische Männer in der neueren Rentnerforschung	84
Forschungen über türkische Männer in der Türkei im Hinblick auf familienbezogene Rollen	89
Zentrale Formen türkischer Männlichkeiten – ein historischer Abriss	90
Bilder türkischer Männer in der türkischen Frauenbewegung und Frauenforschung	96
Türkische Männer in der Familienstrukturforschung	100
Die Großfamilie – ein Mythos der Forschung? 100 • *Die Familienmodelle von Kağıtçıbaşı* 103 • *Weitere Forschungen in Bezug auf Familienstrukturen* 107	
Zusammenfassung des Kapitels 2	113

3. DATEN UND FAKTEN ZUR MIGRATIONSGESCHICHTE DER TÜRKEN NACH DEUTSCHLAND — 115

Das Herkunftsland	115
Ethnische und religiöse Gruppen in der Türkei	116
Religiöse Minderheiten – eine Auswahl 118 • *Ethnische Gruppen in der Türkei – eine Auswahl, orientiert an den thematisierten Ethnizitäten der Interviewpartner* 123	
Daten und Fakten in Deutschland	133
Anwerbungsphasen, wirtschaftliche und soziale Integration	133
Wanderungsdaten 133 • *Herkunftsgebiete* 137 • *Schulbildung* 138 • *Familiäre Situation* 139 • *Situation auf dem Arbeitsmarkt* 139 • *Altersverteilung und soziale Situation* 141	
Rechtliche Situation	142

4. FORSCHUNGSANSATZ, LÜCKEN IM FORSCHUNGSSTAND UND BEGRÜNDUNG DER ARBEIT — 145

Bereich der Männerforschung	146
Bereich der Migrationsforschung	147

5. DIE EMPIRISCHE UNTERSUCHUNG — 151

Die Ausgangsstudie „Lebensperspektiven älterer Männer aus der Türkei in Deutschland"	151

Das Thema der Studie	151
Inhaltliche Eignung für die vorliegende Studie zum Selbstverständnis türkischer Migranten der ersten Generation als Sohn, Ehemann, Vater und Großvater	152
Theoretische Grundlagen und Methodik der Studie	153

Methodenwahl 154 • *Interpretationszugang* 158 • *Typenbildung* 161

Forschungstagebuch	163
Interviewdurchführung und -situation	164
Sprache und Transkription	169
Computergestützte Auswertung	170

Nud*ist 171 • *Atlas-ti* 172

Zugang zu den Interviewten und Auswahl der Befragten	173
Forschen im interkulturellen Bereich	175
Über Sensibilitäten im interkulturellen Erhebungsprozess	178

Über Sensibilitäten im Übersetzungs- und Dolmetschprozess 179 • *Über den sensiblen Umgang mit Sprache – das Dilemma des Zitierens* 188

Demographische Aspekte der Befragten	190
Räumliche Verteilung	190
Altersverteilung	190
Religionszugehörigkeit	190
Geographische Herkunft	191
Familienstruktur	192

Kinder 192

Bildungsstruktur	194
Aufenthaltsdauer und -status	194
Erwerbstätigkeit	195
Vorstellung der Interviewpartner	196

Herr Alkan 197 • *Herr Bilen* 197 • *Herr Uçar* 198 • *Herr Demir* 198 • *Herr Gür* 199 • *Herr Fener* 200 • *Herr Hacıoğlu* 200 • *Herr Inan* 201 • *Herr Sert* 201 • *Herr Reyis* 202 • *Herr Levent* 203 • *Herr Mardin* 203 • *Herr Nazim* 203 • *Herr Olgun* 204 • *Herr Polat* 205 • *Herr Korkmaz* 205 • *Herr Tufan* 206 • *Herr Çınar* 206 • *Herr Volkan* 207 • *Herr Ergin* 208

Fallstudien: Selbstdarstellung türkischer Migranten der ersten Generation
in ihrer Funktion als Sohn, Ehemann, Vater und Großvater   208

   Typenbildung mit dem empirischen Material   208

   Analyseschritte für die ausgewählten Interviews   214

   Herr Hacıoğlu – Prototyp des kontinuierlichen Modells
   der „interdependence"   217

      Interviewsituation 217 • *Lebenserfahrung in der Türkei* 219 •
      Lebenserfahrung in Deutschland 227 • *Geglaubte und gelebte*
      Wertvorstellungen 232 • *Migrationsbewertung* 240 •
      Zusammenfassung 242 • *Begründung der Typ-Zuschreibung* 245

   Herr Inan – der verhinderte Typ des kontinuierlichen Modells
   der „interdependence"   247

      Interviewsituation 247 • *Lebenserfahrung in der Türkei* 249 •
      Lebenserfahrung in Deutschland 250 • *Geglaubte und gelebte*
      Wertvorstellungen 257 • *Migrationsbewertung* 258 •
      Zusammenfassung 258 • *Begründung der Typ-Zuschreibung* 259

   Zuordnung weiterer Fälle des kontinuierlichen Modells
   der „interdependence"   260

      Herr Nazım – „Wir haben keinen Einfluss mehr auf unsere Kinder"
      260 • *Herr Olgun – „Das ist der Ablauf des Lebens hier"* 264 •
      Herr Tufan – „Was der Vater sagt, ist 100 % in Ordnung" 268 •
      Herr Levent – „Wir hatten den Respekt" 271

   Der Typ des kontinuierlichen Modells der „interdependence"   275

      Die Ursprungsfamilie 275 • *Ehe* 276 • *Kinder* 277

   Herr Polat – Prototyp des kontinuierlichen Modells
   der „independence" (Der Rebell)   278

      Interviewsituation 278 • *Lebenserfahrung in der Türkei* 279 •
      Lebenserfahrung in Deutschland 284 • *Geglaubte und gelebte*
      Wertvorstellungen 287 • *Migrationsbewertung* 290 •
      Zusammenfassung 291 • *Begründung der Typ-Zuschreibung* 291

   Herr Fener – der kemalistische Prototyp des kontinuierlichen Modells
   der „independence"   293

      Interviewsituation 293 • *Lebenserfahrung in der Türkei* 295 •
      Lebenserfahrung in Deutschland 297 • *Geglaubte und gelebte*
      Wertvorstellungen 306 • *Migrationsbewertung* 306 •
      Zusammenfassung 307 • *Begründung der Typ-Zuschreibung* 307

   Zuordnung weiterer Fälle des kontinuierlichen Modells
   der „independence"   308

Herr Çınar – der großbürgerliche Prototyp des kontinuierlichen Modells der „independence" 308 • *Herr Volkan – „Das muss er selbst entscheiden"* 313 • *Herr Egin – „Dann habe ich meine Frau kennengelernt"* 317 • *Herr Bilen – „Das muss meine Tochter selbst wissen"* 318

Der Typ des kontinuierlichen Modells der „independence"   321

Die Ursprungsfamilie 321 • *Ehe* 323 • *Kinder* 323

Herr Gür – Prototyp des kontinuierlichen Modells der „emotional interdependence"   325

Interviewsituation 325 • *Lebenserfahrung in der Türkei* 327 • *Lebenserfahrung in Deutschland* 333 • *Geglaubte und gelebte Wertvorstellungen* 343 • *Migrationsbewertung* 345 • *Zusammenfassung* 346 • *Begründung der Typ-Zuschreibung* 346

Weitere Varianten des kontinuierlichen Modells der „emotional interdependence"   348

Herr Alkan – „Meine Kinder bedeuten mir mehr als mein Leben" 348

Herr Mardin – Prototyp des Wandels vom Modell der „interdependence" zum Modell der „emotional interdependence"   351

Interviewsituation 351 • *Lebenserfahrung in der Türkei* 355 • *Lebenserfahrung in Deutschland* 357 • *Geglaubte und gelebte Wertvorstellungen* 364 • *Migrationsbewertung* 367 • *Zusammenfassung* 369 • *Begründung der Typ-Zuschreibung* 369

Herr Korkmaz – Prototyp des unbewussten Wandels vom Modell der „interdependence" zum Modell der „emotional interdependence"   370

Interviewsituation 370 • *Zentrale Themen der Erzählung* 373 • *Lebenserfahrung in der Türkei* 377 • *Lebenserfahrung in Deutschland* 378 • *Geglaubte und gelebte Wertvorstellungen* 384 • *Migrationsbewertung* 389 • *Zusammenfassung* 390 • *Begründung der Typ-Zuschreibung* 391

Weitere Varianten des Übergangs vom Modell der „interdependence" zum Modell der „emotional interdependence"   391

Herr Demir – „Man muss sich um alle Belange seiner Kinder kümmern" 391 • *Herr Uçar – „Ich habe keinen Ehrgeiz"* 395 • *Herr Sert – „Wir haben versucht, uns hier anzupassen und wir haben ‚drüben' vergessen"* 397

Der Typ des kontinuierlichen Modells der „emotional interdependence"   401

Die Ursprungsfamilie 401 • *Ehe* 402 • *Kinder* 403 • *Bedingungen, die den Wandel vom Modell der „interdependence" zum Modell der „emotional interdependence" fördern* 405

Herr Reyis – Mischform zwischen dem Modell der „emotional interdependence" und dem Modell der „independence"	406
Interviewsituation 406 • *Zentrale Themen der Erzählung* 408 • *Lebenserfahrung in der Türkei* 413 • *Lebenserfahrung in Deutschland* 417 • *Räumliches Umfeld* 427 • *Geglaubte und gelebte Wertvorstellungen* 427 • *Migrationsbewertung* 430 • *Zusammenfassung* 431 • *Begründung der Typ-Zuschreibung* 432	
Familienbezogene Männlichkeiten nach Modellen	433

6. RESÜMEE UND AUSBLICK — 439

Konfrontation der Forschungsergebnisse mit dem Stand der Männer- und Migrationsforschung	439
Weitere Forschungsdesiderate	444

7. LITERATUR — 447

VERZEICHNISSE

Exkurse

1. Exkurs:	Gibt es ein positiv besetztes historisches Türkenbild?	23
2. Exkurs:	Die deutsche Männerforschung	34
3. Exkurs:	Der Migrationsdiskurs	38
4. Exkurs:	Das Bild türkischer Männer im Mediendiskurs – einige ausgewählte Beispiele	47
5. Exkurs:	Türkische Männerbilder in der Arabesk Musik	94
6. Exkurs:	Forschungen über patriarchale Strukturen in der Türkei	98
7. Exkurs:	Ehre und Gehorsam	110
8. Exkurs:	„Die Frau an seiner Seite"	166
9. Exkurs:	Sprachenwechsel in den Interviews	186
10. Exkurs:	Die Frage der Repräsentativität	195

Tabellen

Tabelle 1:	Türkische Wohnbevölkerung in der Bundesrepublik Deutschland und ihre Wachstumsquote von 1960 bis 1973	133
Tabelle 2:	Türkische Wohnbevölkerung in der Bundesrepublik Deutschland und ihre Wachstumsquote von 1973 bis 1998	134

Tabelle 3:	Sozialversicherungspflichtig beschäftigte Türken/innen im Vergleich zur türkischen Wohnbevölkerung in ausgewählten Jahren	135
Tabelle 4:	Einwanderung und Auswanderung von Türken nach ausgewählten Jahren	136
Tabelle 5:	Türkische Wohnbevölkerung nach Aufenthaltsdauer	137
Tabelle 6:	Türkische Arbeitsmigranten/innen nach Herkunftsregionen in Prozent	138
Tabelle 7:	Berufliche Stellung der türkischen Arbeitnehmer im Betrieb 1985 und 1995	140
Tabelle 8:	Berufliche Position der ersten Generation türkischer Arbeitnehmer in Prozent	141
Tabelle 9:	Ältere Türken/innen – prozentuale Verteilung der Geschlechter	142
Tabelle 10:	Anteil der 50 bis 65-Jährigen Türken und Türkinnen nach ausgewählten Landkreisen in Niedersachsen in absoluten Zahlen und Prozent	173
Tabelle 11:	Geburtsjahre der Interviewten	190
Tabelle 12:	Kinderzahl der befragten Türken	192
Tabelle 13:	Altersverteilung der Kinder	193
Tabelle 14:	Aufenthaltsland der Kinder	193
Tabelle 15:	Wohnort der Kinder	194
Tabelle 16:	Alter der Ehepartner im Modell der „interdependence" zum Zeitpunkt des Zustandekommens der Ehe	276
Tabelle 17:	Alter der Interviewten zum Todeszeitpunkt der Eltern	322
Tabelle 18:	Alter der Ehepartner im Modell der „independence" zum Zeitpunkt des Zustandekommens der Ehe	323
Tabelle 19:	Alter der Ehepartner im Modell der „emotional interdependence" zum Zeitpunkt des Zustandekommens der Ehe	402

Abbildungen

Abbildung 1:	Schema der Auswertung	159
Abbildung 2:	Türkische Männer und familienbezogene Männerrollen in der Migration	210
Abbildung 3:	Merkmal „Männlichkeit" in Kreuztabellierung mit den relevanten Merkmalsausprägungen	211
Abbildung 4:	Türkische Männer und familienbezogene Männerrollen in der Migration I	212

Abbildung 5: Türkische Männer und familienbezogene Männerrollen
in der Migration II   213

Abbildung 6: Verteilung der untersuchten Fälle hinsichtlich eines aktiven und
passiven Wandels familienbezogener Männlichkeitstypen   214

Abbildung 7: Verteilung der untersuchten Fälle hinsichtlich ihrer Zuordnung
zu familienbezogenen Männlichkeitstypen nach Kağıçbaşı   434

Abbildung 8: Verteilung der untersuchten Fälle hinsichtlich eines aktiven und
passiven Wandels familienbezogener Männlichkeitstypen   436

DANKSAGUNGEN

Dank

Öncelikle bu araştırmada yer alan Türkiye'den gelen erkeklere, görüşmecilerime, teşekkür etmek istiyorum. Bir yabancıya kendi hayatını anlatmak hiç kolay değildir. Görüşmeler esnasında çok güldük, birçok anılar anlattık, Türk mutfağının lahmacunun dan baklavasına kadar tattık, litrelerce çay içtik. Ama birçok anılar çok acıydı: çocukları ölmüştü, hayat her zaman beklenilen yolu cizmemişti. Ona rağmen bu araştırmaya katılma arzusu oldukca büyüktü. Umudum bu raporun hakkını vermektir, araştırmanın başlangıcında sözverdiğim gibi: Onlar kendi tarihin uzmanları olacaklar.

In allererster Linie möchte ich den Männern aus der Türkei, den Interviewpartnern, danken, die bereit waren, an dieser Studie mitzuwirken. Es ist nicht leicht, einem fremden Menschen das eigene Leben zu erzählen. Wir haben während der Interviews viel gelacht, so manche Anekdoten erzählt, die türkische Küche von Lahmacun bis Baklava genossen und viele, viele Liter Tee getrunken. Doch oft waren die Erinnerungen auch sehr schmerzhaft: Kinder waren gestorben, das eigene Leben hatte nicht immer die Gestalt angenommen, die man sich erhofft hatte. Trotzdem bestand die große Bereitschaft, an dieser Studie mitzuwirken. Ich hoffe, dass ich in der vorliegenden Arbeit den Aussagen der Männer der ersten Generation in dem Maße gerecht werde, wie ich es ihnen zu Beginn der Studie versprochen hatte: Sie werden die Experten ihrer eigenen Geschichte sein.

Dank

Meinem Doktorvater Prof. Dr. Klaus F. Geiger für eine optimale Betreuung Dank seiner Unterstützung, seiner Hilfe, seiner Geduld, seinem Verständnis und seiner konstruktiven Kritik war es mir möglich, die Arbeit in dieser Form anzufertigen.

Dank

Für meine Eltern und Schwestern in aller Liebe, Verbundenheit und Dankbarkeit.

Für meine Freunde und Freundinnen in allen Kontinenten, die mich über all die Jahre unterstützt, aufgebaut, zurechtgestutzt und angetrieben haben und mir immer die Gewissheit gaben, dass sie jederzeit für mich da sind. Eure Hilfe, Kritik, Stärke und Anwesenheit hat mir die nötige Kraft und das erforderliche Durchhaltevermögen gegeben.

An Euch ein Danke aus tiefstem Herzen!
Merci de tout mon cœur!
Thank you from the bottom of my heart!
Can ve günülden bir teşekkür ediyorum!

Einleitung

Wozu eine Arbeit über türkische Männer? – könnte in Abwandlung der Einleitungsfrage des Buches „Kritische Männerforschung" (1996): „Wozu Männerforschung?" auch in diesem Fall kritisch angemerkt werden. Jahrelang wurde darauf hingewiesen, dass die spezifische Situation von Migrantinnen und deren Kindern zugunsten der männlichen Perspektive vernachlässigt wurde. Und zu Recht entstanden in den letzten Jahren zahlreiche Studien über Frauen und Jugendliche und in vielen Projekten wurde die spezielle Situation der Frauen, die sich in zahlreichen Bereichen von der der Männer unterscheidet, untersucht. Doch geht die Formel: „Alles, was nicht explizit Frauen in den Mittelpunkt der Untersuchung stellt, ist per se Männerforschung" auf?

Gerade die Sichtweise, Migrationsforschung sei in erster Linie Männerforschung hat verhindert, dass eine direkte Forschung über Männer stattgefunden hat. Diese Arbeit möchte einen ersten Schritt in diese Richtung unternehmen und familienbezogene Identitäten türkischer Migranten der ersten Generation in den Mittelpunkt der Analyse stellen. Damit soll eine Gruppe wieder in den Focus der wissenschaftlichen Öffentlichkeit gerückt werden, die seit den 1980er Jahren lediglich unter dem Aspekt Alter und Altern untersucht wird. Trotz einer Vielzahl an unterschiedlichen Studien über Türken/innen in Deutschland ist über die erste männliche Generation kaum etwas bekannt.

Die Idee zu diesem Forschungsvorhaben entsprang der Neugierde. Was war aus den Pioniermigranten geworden, die vor mehr als 40 Jahren den Sprung in ein unbekanntes Land, mit einer fremden Sprache, Sitten und Gebräuchen, gewagt hatten? Konnte man über diese damals risikofreudigen, neugierigen, aktiven, vielleicht auch abenteuerlustigen Menschen heute wirklich nichts anderes mehr sagen, als dass sie nun alt, krank, gebrochen, um Illusionen ärmer und vereinsamt lebten, wie es die Literatursicht in Kapitel 2 nahe legt?

Die Dinge, die über die Männer der ersten Generation bekannt sind, gleichen sich in ihrer stereotypen Darstellung. Während den türkischen Frauen und Mädchen generell eine große Anpassungsleistung und -willigkeit attestiert wird, werden die Männer in der Literatur eher als die „Bremser" dieser Entwicklung und als die konservativen Bewahrer alter auch im Herkunftsland überholter Ordnungen angesehen (vgl. Kapitel 2). Auch hier war ich neugierig auf die Sichtweise der Männer selbst. Würden sie diese Bilder bestätigen, oder haben sie andere Formen familienbezogener männlicher Identitäten entwickelt?

Um diese Fragen zu beantworten wertete ich 20 qualitative Interviews mit Männern der ersten Generation türkischer Arbeitsmigranten, die ich 1995/96 im Rahmen einer Studie über Migration und Alter erhoben hatte (vgl. Kap. 5) unter dem Gesichtspunkt familienbezogener männlicher Identitäten erneut aus. Diese Interviews bilden das empirische Material für diese Studie.

Die Ziele der Arbeit, die an einer Schnittstelle zwischen Migrations- und Männerforschung angesiedelt ist, sind somit Folgende:
- Es geht zum einen darum, herrschende Vorstellungen in der deutschen Migrationsforschung über die Männer der ersten Generation aufzuzeigen. Diese Bilder werden mit den Ergebnissen der empirischen Arbeit konfrontiert und damit möglicherweise Anstöße für eine differenziertere Form der Darstellung türkischer Männer (nicht nur) der ersten Generation liefern.
- Zum anderen stehen familienbezogene Identitäten der türkischen Migranten der ersten Generation im Mittelpunkt. Das Familienmodell der türkischen Wissenschaftlerin Çiğdem Kağıtçıbaşı wird auf seine Anwendbarkeit in einem Migrationskontext erprobt und speziell in Bezug auf männliches Rollenverhalten weiterentwickelt.

Auf theoretischer Ebene soll durch diese qualitative Untersuchung ein Modell generiert werden, das es erlaubt, die Entstehung, Entwicklung und Weitertradierung familienbezogener männlicher Identitäten im lebensgeschichtlichem individuumsbezogenem Kontext zu analysieren.

Die Arbeit ist folgendermaßen gegliedert:
Das **erste Kapitel** untersucht das historische Türkenbild der Deutschen und weist nach, dass diese Bilder bis heute gültig sind und die Sichtweise über Türken/innen beeinflussen. Das Bild des „grausamen, wilden, messerstechenden Barbaren" ist in dieser Form zwar nicht mehr anzutreffen, doch auch die subtilere Form des türkischen Vaters und Ehemanns als der Unterdrücker der Frauen und Kinder, der Bewahrer der Ehre, und dies notfalls mit Gewalt, ist eine Fortführung der alten Bilder in zeitgemäßer Form. Dies wird das zweite Kapitel zeigen.

Unter Zuhilfenahme des Modells der hegemonialen Männlichkeiten von Bob Connell (1999) wird im **zweiten Kapitel** zunächst gezeigt, welche Männlichkeitsformen in einer gegebenen Gesellschaft konkurrierend und ergänzend nebeneinander stehen, und was diese über das Verhältnis der deutschen (männlichen) Mehrheitsgesellschaft zur türkischen (männlichen) Minderheitengesellschaft aussagen.

In einem zweiten Schritt wird gezeigt, welche Forschungen über familienbezogene Identitäten türkischer Männer in Deutschland und der Türkei überhaupt existieren. Dies erwies sich als bedeutend schwieriger, als man das aufgrund der Fülle an Materialien über türkische Migranten/innen vermuten könnte. Es gibt eine Vielzahl an Studien, Untersuchungen, Berichten aus der pädagogischen Praxis etc., die türkische Frauen und türkische Jugendliche unter unterschiedlichsten Aspekten analysieren, aber es gibt kaum eine Studie, die explizit die türkischen Männer der ersten Generation in den Mittelpunkt der Untersuchung stellt. Dennoch wird auch in den dortigen Arbeiten ein Bild über die erste männliche Generation vermittelt, wenn auch aus der Sichtweise der befragten Frauen, Töchter und Söhne, beziehungsweise aus dem Blickwinkel mehrheitlich deutscher Wissenschaftler/innen. Wie diese „Bilder aus zweiter Hand" über die Männer der ersten Generation aussehen, wird an Beispielen der deutschen Migrationsforschung und dort speziell der Frauen-, Jugend- und Familienforschung untersucht werden. Im letzten Teil dieses Kapitels wird es um die Perspektive dieser Fragen aus Sicht türkischer Wissenschaftler/innen gehen. Ich habe in dieser Arbeit versucht, deutsch-, englisch- oder französischsprachige Arbeiten türkischer Wissenschaftler/innen zu integrieren, um zu sehen, ob deren Blickwinkel von türkischen Männlichkeiten der bundesdeutschen Debatte neue Impulse geben kann. Nach einem Exkurs über die Entwicklung des Männerbildes in der Türkei aus historischer Sicht wende ich mich der Familienstrukturforschung zu, übernehme die Familienmodelle der türkischen Wissenschaftlerin Çiğdem Kağıtçıbaşı und entwickle die Modelle in dieser Arbeit weiter. Ihre Modelle sind zentral für die spätere Auswertung.

Das **dritte Kapitel** vermittelt das nötige Hintergrundwissen über die Migrationsgeschichte der Türken/innen nach Deutschland, aber auch über die komplexe multikulturelle und multireligiöse türkische Herkunftsgesellschaft. Damit soll der Gefahr vorgebeugt werden, „die Türken/innen" in Deutschland lediglich als monolithischen Block wahrzunehmen, dem pauschal die gleichen Handlungen und Reaktionen zugesprochen werden. Die bereits in der Herkunftsgesellschaft angelegte Pluralisierung und Differenzierung findet ihren Ausdruck in den Biographien und Lebensentwürfen der Interviewpartner.

Auf den vorherigen Kapiteln aufbauend, begründet das **vierte Kapitel** den Forschungsansatz und weist auf die Lücken in der Männer- und Migrationsforschung hin, die in der vorliegenden Studie bearbeitet werden sollen.

Die empirische Untersuchung ist Gegenstand des **fünften Kapitels**. Ausführlich wird dabei auf das Forschen im interkulturellen Bereich und in einem interkulturellen Team eingegangen. Die detaillierten Fallstudien bilden dann den Schwerpunkt dieses Kapitels. Hier erfolgt in Anlehnung an Kağıtçıbaşı eine Typenbildung in Bezug auf familienbezogene Männlichkeiten. Diese Typen stehen stellvertretend für familienbezogene männliche Rollen.

Das **sechste Kapitel** führt die Männer- und Migrationsforschung wieder zusammen und diskutiert, ob die Ergebnisse dieser Arbeit mit dem in der wissenschaftlichen Literatur vermittelten Bild türkischer Männer der ersten Generation übereinstimmen, oder ob die „Bilder aus erster Hand", im Widerspruch zu denen „aus zweiter Hand" stehen. Es wird zu fragen sein, worin möglicherweise Unterschiede bestehen, und welche mögliche Funktion diese Bilder für welche Gruppen haben.

Der Schwerpunkt dieser Zusammenfassung behandelt jedoch die Frage, wie sinnvoll es ist, die Familienmodelle von Kağıtçıbaşı auf einen Migrationskontext zu übertragen und wie daraus ein Modell geschaffen wird, das den komplexen Strukturen familienbezogener Männlichkeiten besser gerecht wird, als bisher bekannten Erklärungen.

1. DAS HISTORISCHE TÜRKENBILD IN DEUTSCHLAND

„Dass die Türken uns fremd sind im Sinne von nicht bekannt, ist ein Trugschluß, der nur unter Ausschluß der Geschichte aufrechterhalten werden kann, einer Geschichte, die nicht nur ‚real' Geschehenes umfaßt, sondern auch den Prozess der sich wandelnden Wahrnehmung vom Fremden und Eigenem, je nach gesellschaftlichen Konstellationen und Interessenslagen." (Schöning-Kalender, 1987: 123)

Auf den ersten Blick mag es nicht einsichtig erscheinen, wieso in einer Arbeit über die Selbstbilder türkischer Männer der ersten Generation als Sohn, Ehemann, Vater und Großvater ein Kapitel zum historischen Türkenbild der Deutschen notwendig ist. Behandelt die hier vorgestellte Arbeit doch ein Thema aus dem Hier und Jetzt. Die angeworbenen Türken/innen waren 1961 jedoch nicht in einen luftleeren Raum gekommen. Der Beginn der Arbeitsmigration war keineswegs ein Neuanfang der deutsch-türkischen Kontakte. In Deutschland herrschten kollektive Bilder von „den Türken" vor, mit denen die Migranten/innen konfrontiert wurden. Dass solche Bilder existierten und heute noch anzutreffen sind, wird gerade von Wissenschaftlern/innen mit einem türkischen Hintergrund immer wieder unisono betont. Dabei wird auch herausgearbeitet, dass diese vorherrschenden Vorstellungen nicht ohne Wirkung auf das Selbstverständnis und die Selbstdefinition der in Deutschland lebenden Türken/innen bleiben.[1]

Um welche Bilder genau es sich handelt und vor allem was deren historischer Hintergrund ist, ist weniger bekannt. Bereits in meiner Diplomarbeit habe ich die Entstehung der Türkenbilder in Deutschland eingehend analysiert und hergeleitet (vgl. Spohn, 1992). Die Resonanz, die ich auf meine Arbeit erhalten habe[2], zeigte mir, dass es sich hierbei um ein vergessenes Kapitel deutsch-türkischer Beziehungen handelt, das gleichwohl, wenn bekannt, ein hohes Interesse weckt. Die interviewten türkischen Männer dieser Studie berichteten immer wieder von Bildern und Vorur-

---

[1] Vergleich dazu die Debatte zwischen Bozkurt Güvenc, Agah Oktay Güner, Yüksel Pazarkaya, Fikret Adanır in dem Tagungsband der Körberstiftung: Was ist ein Deutscher? Was ist ein Türke? (1998).
[2] Die Arbeit wurde 1993 in Deutschland veröffentlicht und 1996 auch ins Türkische übersetzt. Die Reaktionen auf zahlreiche Vorträge und die Bitte um entsprechende Artikel, auch noch nach nunmehr fast 10 Jahren, zeigen das große Interesse an diesem Thema.

teilen, mit denen sie in Deutschland konfrontiert wurden und mit denen sie sich auseinandersetzen mussten. Dieses Kapitel soll daher einen kurzen historischen Einblick in die Entstehung solcher kollektiver Vorstellungen geben.

Diese Bilder und Vorstellungen, die bis heute nachgewiesen werden können, waren entstanden durch jahrhundertelange Kontakte zwischen Deutschland und der Türkei bzw. dem Osmanischen Reich. Das Osmanische Reich war als das „Land der Türken" bekannt, unabhängig davon, dass sich die türkische Identität erst nach der Gründung der Türkischen Republik entwickelt hat, und dass das Osmanische Reich ein Vielvölkerstaat gewesen war (vgl. Güvenç, 1998: 72). Die Vorstellungen über Türken sind tief im kollektiven Gedächtnis verankert und nicht nur in Deutschland, sondern in vielen europäischen[3] (und mit den Auswanderern auch in nicht-europäischen Ländern[4]) vorzufinden. Relikte dieser Vorstellungen findet man in vielerlei Bereichen. Erste Hinweise gibt die Sprache. Ausdrücke wie „einen Türken bauen", „das ist doch getürkt" oder „Kümmeltürke" werden auch heute noch häufig benutzt, ohne dass sich der/die Sprecher/in darüber klar wäre, dass damit teilweise jahrhundertealte Bilder transportiert und aktiviert werden.[5]

Weitere Hinweise finden sich im kirchlichen Bereich. Bei genauerer Recherche wird man mit „Türkenmadonnen", „Türkengebeten", „Türkenglocken", „Türkentaufen" oder den Büchern Luthers zur Türkenfrage konfrontiert. Bilder über „die Türken" wurden vom 14. bis ins 19. Jahrhundert reproduziert.

Auch die Musik kennt weltliche und geistliche Türkenlieder, deren bekanntester weltlicher Vertreter wohl die Mozart-Oper „Die Entführung aus dem Serail" darstellt, die von Kaiser Joseph II. in Auftrag gegeben worden war, und die anlässlich des 100-jährigen Jahrestages der Belagerung von Wien durch die Türken in Wien uraufgeführt wurde (vgl. Schreiber, 1988: 441).

Einen nicht unerheblichen Einfluss auf die Bilder, die von den Türken/innen in Deutschland verbreitet wurden, übten Reiseberichte aus, die meist von männlichen Schriftstellern verbreitet wurden. Über lange Zeit und vor der Einführung moderner Kommunikationsmedien waren es diese Berichte, die die Vorstellung von den Türken/innen nachhaltig beeinflussten. Diese Tradition hat sich bis in unsere Zeit erhalten, wenn man die Wirkung betrachtet, die Berichte wie „Die verkauften Bräu-

---

3 Vgl. dazu die Äußerungen von Nilgün Cerrahoğlu über ihre diesbezüglichen Erfahrungen in Italien (in Körber Stiftung: 1999: 21).
4 So berichteten türkische Emigranten/innen, die 1968 nach Australien ausgewandert waren, dass sie dort mit vorgefestigten Bildern und Vorstellungen über die Türken konfrontiert wurden, (vgl. Basarin: The Turks in Australia, 1993) die sich mit denen decken, die auch in Deutschland verbreitet sind.
5 Zum Hintergrund dieser Ausdrücke: vgl. Spohn, 1992.

te" (Baumgartner-Karabak/Landesberger, 1978) oder „Wo mein Mann zu Hause ist" (Yurtdaş, 1990) bis heute, auch in der Wissenschaft, ausüben.[6]

Obgleich die beschriebenen Bereiche (Sprache, Religion, Musik, Literatur) sehr unterschiedlich sind, verblüfft es, wie sehr sich die dort transportierten Bilder gleichen. Die Türken[7] werden als kriegerisch, barbarisch, ungehobelt und aggressiv dargestellt. In neueren Arbeiten kommt die Vorstellung des „Islammacho" (vgl. Bernard/Schlaffer, 1980) dazu, der die Frauen seines Umfeldes (Ehefrau, Mutter, Schwestern) mit einer rigiden Sexualmoral unterdrückt, sie ausbeutet und unmündig hält (vgl. Pinn/Wehner, 1995: 216ff.).

Das religiöse geprägte Türkenbild ist meiner Meinung nach ein Paradebeispiel dafür, wie bewusst Bilder über Türken konstruiert und instrumentalisiert wurden. Der Kirche war es zudem möglich, durch Gottesdienste, Wanderprediger und mittels der Autorität, die sie bei den Gläubigen besaß, nahezu flächendeckend die Menschen zu erreichen und deren Vorstellungen maßgeblich zu beeinflussen und zu gestalten. Auch wenn die historischen Umstände mittlerweile in Vergessenheit geraten sind, der Papst beispielsweise schon längst keine weltlichen Machtansprüche mehr stellt, die Trennung zwischen katholischer und protestantischer Kirche vollzogen ist, die Macht im Staat nicht mehr zwischen Adel, Kaiser und Klerus verhandelt wird, so wirken die konstruierten Feindbilder dennoch bis heute nach.

DAS RELIGIÖS GEPRÄGTE TÜRKENBILD

Unmittelbar nach dem zweiten Weltkrieg ging ein Photo durch die Weltpresse, das als Beleg für die deutsche Kriegs- und Streitlust galt (vgl. Paulinus, 1998: 11). Es drehte sich dabei weder um Zeitdokumente von den unmittelbar zurückliegenden Kriegsfronten, noch um Bilder aus den gerade befreiten Konzentrationslagern. Vielmehr handelte es sich um das Bild einer Madonna, die seit dem 17. Jahrhundert in der St. Martinskirche in Kirchsahr, einem kleinen Eifeldorf, steht. Die Rede ist von einer sogenannten „Türkenmadonna". Maria steht auf einem Halbmond, in der rechten Hand hält sie emporgezückt ein Schwert, auf der linken Hand sitzt das Jesuskind, das wiederum in seiner rechten Hand eine Weltkugel trägt und mit der linken Hand den abgeschlagenen Kopf eines Türken an dessen Haarschopf gepackt hält. Der historische Hintergrund dieser Madonna liegt im Sieg der sogenannten

---

6 Vgl. zu diesem Punkt auch Kapitel 2.
7 Hier ist die männliche Form bewusst gewählt, da sich das Bild, das von den Türkinnen vermittelt wurde, von dem der Männer unterscheidet (vgl. Spohn, 1992: 101f.).

"Heiligen Liga" gegen die Türken in der Seeschlacht von Lepanto am 7.10.1571. Der Sieg wurde u.a. auch der Macht des Rosenkranzgebetes zugesprochen und so verfügte die Kirche zwei Jahre nach der Seeschlacht den 7. Oktober zum Fest der Rosenkranzkönigin als Dank für die Befreiung aus der Türkengefahr (vgl. ebd.).

Vom 15. bis 17. Jahrhundert schien das Abendland von zwei Mächten in die Zange genommen und bedroht. Im Süden waren die Mauren zwar 1492 aus Spanien verbannt worden, doch die Angst vor ihnen blieb (vgl. Delumeau, 1985: 403f.). Im Osten rüttelten die Osmanen an den Pfeilern des byzantinischen Reiches. Mit der Eroberung Konstantinopels 1453 steigerte sich in Europa die Angst vor den Türken zu einem Gefühl permanenter Bedrohung (vgl. auch Ebermann, 1904), der sogenannten „Türkengefahr"[8] Diese Panik vor den Türken wurde von der Kirche geschürt und verbreitet. Dabei waren es weniger religiöse Motive, die die Kurie zu solchen Schritten veranlasste. Vielmehr wurde die Angst vor den Türken instrumentalisiert, um eine alle Christen umfassende Einheit zu schaffen, um die durch Luther herbeigeführte Spaltung zu überwinden und die führende Rolle der katholischen Kirche wieder herzustellen. Der dazu einzuschlagende Weg war der Folgende:

„Den Differenzierungsprozess des Abendlandes zu ignorieren, die Fiktion einer gemeinsamen christlichen Außenpolitik gegenüber den ‚Ungläubigen' aufrechtzuerhalten, sich der so dringenden Türkenfrage anzunehmen, die Führung des Kampfes an sich zu reißen, in der Anknüpfung an die Kreuzzugstradition den Gedanken des Glaubenskrieges zu popularisieren, ihn durch die Kirche bis ins letzte Dorf zu tragen, jede erfolgreiche Aktion gegen die Türken maßlos zu übertreiben und propagandistisch ebenso auszuwerten wie die Niederlagen, die zu größeren Leistungen anspornen sollten." (Pfeffermann, 1946: 33)

Im Grundtenor waren sich die katholische Kirche und die Reformatoren einig. Ob man in den Türken den „Antichristen" (wie die katholische Kirche) sah, der das nah rückende Weltenende ankündigte und sie damit zur Bedrohung der gesamten Christenheit hochstilisierte, oder sie als die „Zuchtrute und Geißel Gottes" (wie Luther) bezeichnete: immer war damit die Vorstellung verknüpft, es mit brutalen, erbarmungslosen, grausamen und wilden Barbaren zu tun zu haben.

Nach der zweiten Wienbelagerung, die den Türken den Nimbus ihrer Unbesiegbarkeit nahm, ließ die Angst vor den Türken nach. An den Stereotypen und Topoi änderte sich jedoch nichts. Der Tenor änderte sich jedoch. War bis zu deren militäri-

---

8 „Der Begriff der ‚Türkengefahr' wird in der Forschung als Terminus technicus für ein mentalitätsgeschichtliches Phänomen gebraucht. Er beschreibt die Tatsache, dass die osmanische Expansion, die ja de facto nur Südosteuropa betraf, in Europa vielfach als elementare Gefährdung des *gesamten* (sic) christlichen Abendlandes […] interpretiert wurde" (Höfert, 1997: 50).

scher Niederlage die Angst vor den grausamen Barbaren das vorherrschende Gefühl, begann sich danach ein Gefühl der Überlegenheit zu entwickeln, was man beispielsweise in zahlreichen Spottliedern auf die Türken nachweisen kann (vgl. Buchmann, 1983; Özyurt, 1972) und sich später in der Figur des „Kranken Mannes am Bosporus" und der ständig neu gestellten Frage „wie europäisch ist die Türkei" wiederfindet.

Die Türken wurden und werden bis heute als das Sinnbild der Bedrohung Europas wahrgenommen. So wählten sich sowohl die deutschen Nationalsozialisten als auch die niederländische Résistance als ein Sinnbild der Bedrohung die Türken. Die Niederländer warnten unter dem Deckmantel der „Türkengefahr" vor den deutschen Faschisten (vgl. Schöning-Kalender, 1987: 123). Bozkurt Güvenç, Gründer der anthropologischen Abteilung der Universität Ankara, sieht eine ungebrochene Tradition der Türkenfurcht der Deutschen und der Europäer von den Zeiten des Osmanischen Reiches bis heute:

„Seit es die Osmanen gibt, haben die Europäer in ihnen eine Bedrohung gesehen und sie zum Feindbild geprägt. Diese feindlichen Gefühle setzen sich bis heute fort […] Man könnte sagen, dass nicht nur Deutschland, sondern das ganze moderne Europa seine Identität vor dem Hintergrund einer Bedrohung durch die Türken konturiert. […] Mit dem Schwinden der sowjetischen Gefahr kommt plötzlich die türkische Bedrohung auf die Tagesordnung, gerade so, als hätte die muslimische Türkei nun die Mission von der Sowjetunion übertragen bekommen, das ‚feindliche Andere' für Europa abzugeben." (Güvenç, 1998: 71)

Die Türkei stellte jedoch nicht nur „das feindliche Andere" für Europa dar. Mit der Türkei wurde immer auch Exotismus, Orient und Haremsphantasien verbunden. Ob diese positiv besetzten Vorstellungen wirklich etwas an den jahrhundertealten negativen Bildern änderten, untersucht der folgende Exkurs:

1. Exkurs: Gibt es ein positiv besetztes historisches Türkenbild?

Das historische Türkenbild der Deutschen allein auf die ausführlich beschriebene Konstruktion der negativen Bilder und Stereotypen zu beschränken, wäre nicht vollständig. Es gibt in der Architektur (vgl. Koppelkamm, 1987: 164ff.), der Literatur, der Mode, der Kunst (vgl. Kopplin, 1987: 150ff.) und nicht zuletzt der Werbung genügend Hinweise auf ein auf den ersten Blick positiv besetztes Türkenbild. Nach der zweiten Wienbelagerung übte das Osmanische Reich gleichzeitig eine gewisse Attraktivität des Exotischen, des Orients aus. Diese Anziehungskraft manifestierte sich u.a. in der Kunst, durch die Darstellung türkischer (vornehmlich Harems-) Szenen, der Mode (die europäische Oberschicht ließ sich im 18. Jahrhundert gerne in türkischer Tracht porträtieren) und auch in der Architektur.⁹ Es handelte sich hierbei oft mehr um die Umsetzung von Vorstellungen, wie sich europäische Künstler/innen das Leben im Osmanischen Reich ausmalten, als um die Realität und blieb auf die Oberschicht beschränkt. Die Vorliebe für türkische Motive war nicht durch den Kontakt breiterer Bevölkerungsgruppen entstanden, sondern wurde von einer kleinen intellektuellen Schicht in der Oberschicht (Adel) verbreitet. Zu Beginn des 19. Jahrhunderts, als die Handelsbeziehungen zwischen dem deutschen Kaiserreich und dem Osmanischen Reich enger wurden, und die Nachfrage nach Luxusgütern (Tabak) stieg, hält „der Türke" Einzug in die Werbung. Bis zum zweiten Weltkrieg bleibt „der Türke" ein beliebter Werbeträger, insbesondere bei der Zigarettenproduktion. Stefan Zahlmann (1997) hat in seiner Studie über ausländische Männer in deutschen Werbeanzeigen seit der Jahrhundertwende beschrieben, welcher Art das Umfeld war, in dem Türken als Werbeträger fungierten: „Die Darstellungen des Türken zeichnen ein überaus positives Bild seiner Kultur: Sie idealisieren seine Heimat zu einer exotischen Ideallandschaft, wie man sie aus den Märchen zu kennen glaubt, belebt durch Karawanen, Beduinen und Palmen. Türkische Männer treten nicht selten als einflussreiche Potentaten auf, in prächtigen Gewändern und hoch zu Roß. Die Türkei erscheint hier als Chiffre für den Orient schlechthin. [...] Nur selten wird dieses Bild durch realistische Abbildungen des Türken ergänzt. Diese Ausnahmen zeigen ihn in der Gesellschaftskleidung der deutschen und auch übrigen mitteleuropäischen Oberschicht. Als ,Türke' wird er nur identifizierbar durch ein einziges Merkmal, den Fez." (Zahlmann, 1997: 102)

Handelt es sich hierbei wirklich um eine tiefgehende und nachhaltige Änderung des seit Jahrhunderten tradierten negativen Türkenbildes? Die dargestellten Inhalte haben nichts mit der tatsächlichen osmanisch/türkischen Realität zu tun. Vielmehr werden eigene Vorstellungen und Projektionen auf „den Orient" und „den Türken" bildlich umgesetzt und befriedigen so deutsche Vorstellungen von Exotik. „Der Türke ist als Ausländer in der deutschen Anzeigenwerbung damit kein Fremdkörper im negativen Sinn. Er ist ,anders', aber akzeptiert, und steht der beworbenen Oberschicht sogar näher als der deutsche Arbeiter." (ebd.: 105) Im Schulterschluss mit der deutschen Oberschicht und nur erkennbar durch den Fez, wird „der Türke" quasi „einer wie wir". Er wird nicht in seiner Fremdheit und anderen Kultur anerkannt, sondern deswegen akzeptiert, weil er den eigenen Vorstellungen so ähnlich ist.

Es hat demzufolge keine wirkliche Auseinandersetzung mit der anderen Kultur und Lebensweise „der Türken" stattgefunden. Die durchaus positiven Türkenbilder aus so unterschiedlichen Bereichen, wie Werbung, Architektur, Kunst, Literatur, Mode etc. hatten keine so nachhaltige Wirkung wie das seit Jahrhunderten systematisch aufgebaute Feindbild. Zudem ist „positiv" hier durchaus doppeldeutig gemeint. Die Bilder wirkten deswegen positiv, weil sie das Fremde und Unbekannte ausschlossen. Es wurde vielmehr eine „Fremdheit" gezeigt, die vertraut war, wie die Darstellung des türkischen Zigarettenrauchers im westlichen Anzug verdeutlicht. Exotismus auf

---

9 So gibt es insbesondere eine Form der Industriearchitektur (so das Maschinenhaus in Potsdam oder die Zigarettenfabrik Yenizde in Dresden), die im türkisch-orientalischen Stil erbaut wurde (vgl: Koppelkamm, 1987: 165ff.).

der einen Seite war der Anreiz, mit dem Werbung für Produkte, für eine andere Form der Kunst, der Literatur oder der Architektur betrieben wurde. Gleichzeitig wurde das „Fremde" jedoch so dargestellt, dass es lediglich neugierig machte, nicht aber ängstigte. Das „Fremde" wurde in der vertrauten Umgebung dargestellt und assimiliert. Exotismus und Assimilation des „Fremden" existierten gleichzeitig. Die dadurch tradierten Bilder hatten nur eine begrenzte zeitliche Wirkung, wohingegen die Vorstellungen über Türken, die jahrhundertelang mit Krieg, Zerstörung und Gewalt verbunden waren, bedeutend tiefer im Unterbewusstsein verankert und bis heute abrufbar sind. Die nachfolgenden Kapitel werden immer wieder auf den Zusammenhang mit diesem historisch geprägten Türkenbild hinweisen.

ZUSAMMENFASSUNG DES KAPITELS 1

Das historische (negativ besetzte) Türkenbild der Deutschen, das seit der Eroberung Konstantinopels 1453 von Adel, Kaiser und vor allem dem Klerus bewusst konstruiert wurde, spielt bis heute eine Rolle im Umgang mit Menschen aus der Türkei, und auch in der Frage, ob die Türkei ein Mitglied der Europäischen Union werden kann oder nicht. Im Kontext dieser Arbeit sind es jedoch weniger diese politischen Fragen, die interessieren, als vielmehr die Wirkung dieser Bilder auf das Selbstverständnis der für diese Studie interviewten Männer. Diese Vorstellungen, die in der deutschen Gesellschaft vorherrschen, definieren den „Außenraum", das „soziale Umfeld"[10], mit dem die Migranten konfrontiert wurden und mit dessen Zuschreibungen sich die Interviewten teilweise intensiv auseinandersetzten.

Viele kollektive Bilder über die Türken finden sich auch in der wissenschaftlichen Literatur, wie das folgende Kapitel zeigen wird. Das historische Türkenbild der Deutschen äußert sich subtiler als in den Jahrhunderten zuvor, doch ist es nach wie vor im kollektiven Gedächtnis vorhanden.

---

10 Zum „sozialen Umfeld" ausführlicher in Kapitel 5, S. 208ff.

2. FORSCHUNGEN ÜBER FAMILIENBEZOGENE BILDER TÜRKISCHER MÄNNER IN DEUTSCHLAND UND IN DER TÜRKEI

In der vorliegenden Arbeit geht es um Männlichkeiten. Es geht dabei darum herauszufinden, auf welche Weise „Männlichkeiten" produziert, gelebt und tradiert werden. Aus allen möglichen Definitionsangeboten, die einem Menschen offen stehen, wie Alter, Beruf, Angehöriger einer bestimmten ethnischen Gruppe etc. wird die Kategorie „Geschlecht/Gender" in den Vordergrund gestellt. Das folgende Kapitel geht auf diese Begrifflichkeit ein und stellt dabei insbesondere die Forschungsarbeiten des Australiers Bob Connell vor, dessen Konzept hegemonialer Männlichkeiten in der westlichen Männerforschung auf breite Zustimmung stieß und auch in der deutschen Männerforschung ausgiebig rezipiert und anerkannt wurde (vgl. BauSteine-Männer, 1995; Widersprüche, 1995; Böhnisch/Winter, 1993). Connells Konzept bietet einen interessanten Ansatz zur Analyse von Männlichkeitsstrukturen in Gesellschaften.

EINIGE REFLEXIONEN ZU GESCHLECHT/GENDER UNTER BESONDERER BERÜCKSICHTIGUNG DES MODELLS DER „HEGEMONIALEN MÄNNLICHKEITEN" VON BOB CONNELL

Menschen in Männer und Frauen einzuteilen ist ein weltweit zu beobachtendes Phänomen (Deaux/Kite, 1987: 101). Neben dem biologischen Geschlecht (engl.: Sex) ist es das soziale Geschlecht (engl.: Gender), das Männer und Frauen unterscheidet. Kay Deaux hat beide Begriffe folgendermaßen voneinander abgegrenzt:

- „Sex refers to the biologically based categories of male and female. Gender refers to the psychological characteristics associated with man and woman or, more broadly to the social construction of these categories." (Deaux, 1987: 111)

Dieses soziale Geschlecht wird als ein Konstrukt begriffen, was Männern und Frauen bestimmte Rollen und Eigenschaften zuweist. Zu unterschiedlichen Zeiten, zu unterschiedlichen sozialen, gesellschaftlichen, kulturellen, wirtschaftlichen und politischen Bedingungen werden Männern und Frauen unterschiedliche Eigenschaften als

„natürlich" und „angeboren" unterstellt. Auf der Einhaltung dieser „natürlichen" Eigenschaften beruht gesellschaftliche Anerkennung und Akzeptanz. Die Definition von Gender von Lauretis fasst diese Komponenten wie folgt zusammen:

- „The cultural conception of male and female in two complementary yet mutually exclusive categories into which all human beings are placed constitute within each culture a gender system, that correlates sex to cultural contents according to social values and hierarchies. Although the meanings vary with each concept, a sex-gender system is always intimately interconnected with political and economic factors in each society. In this light, the cultural construction of sex into gender and the asymmetry that characterizes all gender systems cross-culturally (though each in its particular ways) are understood as systematically linked to the organization of social inequality." (Lauretis, zit.nach Moghadam, 1993: 15)

Deaux und Major haben für die unterschiedlichen Sichtweisen, für das, was in der jeweiligen Epoche und den unterschiedlichen sozio-ökonomisch-kulturellen Bedingungen als „männlich" und „weiblich" definiert wird, den Term „gender-belief-system"[11] in die wissenschaftliche Debatte eingeführt (vgl. Deaux/Major, 1987: 369ff.).

Gender ist demnach ein soziales Konstrukt, das auf der Basis ungleicher Verteilung der ökonomischen und politischen Macht zwischen Männern und Frauen funktioniert, diese gleichzeitig konstruiert und legitimiert. Männer und Frauen haben unterschiedlichen Zugang zu finanziellen Ressourcen (bedingt durch ungleiche Teilhabe an der Lohn- und Erwerbsarbeit), werden vor den Gesetzen anders behandelt und bekommen von der Gesellschaft unterschiedliche Eigenschaften zugeschrieben, die zu erfüllen der akzeptierten „Norm" entspricht. Unterschiede zwischen Männern und Frauen werden in erster Linie zwischen den Geschlechtern gesucht, während die Kämpfe um Macht, Einfluss und Ansehen innerhalb der Geschlechter zu wenig Beachtung gefunden haben.

„The contexts and criteria in terms of which men are differentiated from each other is an area which has been neglected in anthropology. It has also been neglected in much of the men's studies literature, where further simplistic discriminations generate categories such as ‚gay men' and ‚black men' that mask more complex relations of inequality and identity." (vgl. Cornwall/Lindisfarne, 1994: 19)

---

11 Die Autorinnen definieren den Begriff „Gender-Belief-System" wie folgt: „The term ‚gender-belief-system' refers to a set of beliefs and opinions about males and females, about the purported qualities of masculinity and femininity. The system includes stereotypes of women and men, and attitudes toward the appropriate roles and behaviours of women and men, and attitudes toward individuals who are believed to differ in some significant way from the modal pattern [...] (Deaux/Kite, 1987: 97)

Diese Entwicklung sieht Deniz Kandioty auch für die Türkei bestätigt. Sie selbst hatte in ihren zahlreichen Untersuchungen zum Patriarchat in der Türkei in erster Linie die Strategien der Frauen analysiert, die in einer patriarchalischen Gesellschaft gewisse Freiheiten „aushandeln", was sie als „patriarchal bargain" bezeichnet hat (vgl. Kandiyoti, 1997: 97). Dabei ging es ihr vor allem darum, zu zeigen, dass die Frauen auch in einer patriarchalischen Gesellschaft einen Subjektstatus haben und eben nicht nur als Objekte des herrschenden Patriarchats begriffen werden. Im Laufe ihrer Untersuchungen über Männer, die sich in den Dienst feministischer Forderungen stellen, erkannte sie, dass deren diesbezüglichen Beweggründe nicht ausreichend untersucht sind:

„However, I remained partially oblivious to the dynamics among men because of my implicit belief that patriarchy reproduces itself primarily in the relations between rather than within genders." (Kandiyoti, 1994: 199)

Männer sind nicht nur ausschließlich diejenigen, die die Macht ausüben. Auch Männer erleben im Laufe ihrer Sozialisation Situationen, in denen sie einer höheren Macht wie Vater, ältere Brüder, Onkel, Schule, Militär, Arbeitsverhältnisse unterworfen sind und wo die Missachtung dieser Autoritäten zu Sanktionen führen kann. Wie Kandiyoti bemerkt, gibt es in der Türkei derzeit kaum Ansätze einer diesbezüglichen Forschung (vgl.: Kandiyoti, 1994: 207).

Bob Connell hat diese Frage für den angelsächsischen Raum untersucht und stieß auf unterschiedliche Formen, Funktionen und Beziehungen von nebeneinander existierenden verschiedenen Arten von Männlichkeiten. Connell beruft sich auf den italienischen Philosophen Gramsci und dessen Analyse der Klassenbeziehungen. Insbesondere stützt er sich auf dessen Modell der gesellschaftlichen Dynamik und überträgt Gramscis Überlegungen zur Entstehung und Aufrechterhaltung von Führungspositionen im gesellschaftlich-ökonomischen Leben auf die Strukturen innerhalb verschiedener Gruppen von Männern (und in der Interaktion mit Frauen) (vgl. Connell, 1999: 98).

Connell geht davon aus, dass das Verhältnis von Mann und Frau durch *Machtbeziehungen* (Stichwort: Patriarchat), *Produktionsbeziehungen* (Stichwort: geschlechtliche Arbeitsteilung und ungleiche Entlohnung, dies auch bei gleicher Tätigkeit) und *emotionale Bindungsstrukturen* (das Begehren des gleich-und/oder andersgeschlechtlichen Partners) geprägt ist (vgl. ebd.: 95). Er erkennt jedoch innerhalb des Geschlechts „Mann" verschiedene „Maskulinitäten", die je nach gesellschaftlich-sozialem Kontext definiert und neudefiniert werden (vgl. ebd.: 205). Was für Männer und die Gesellschaft „Mann sein" bedeutet, kann abhängig sein von der (historischen) Gesellschaft, dem Lebensalter, den eigenen Erfahrungen, den Reaktionen der Umwelt. Mit anderen Worten: es ist durch das „gender-belief-system" definiert

Dieser Ansatz ist auch gut dazu geeignet die Forschungsergebnisse der Ethnographie einzuordnen, die weltweit eben nicht das vermutete Modell heterosexueller Männlichkeit als die Gemeinsamkeit aller Gesellschaften herausfand, sondern sehr unterschiedliche Formen von Männlichkeit entdeckte. Diese Untersuchungen zeigten,

„dass Definitionen von Männlichkeit zutiefst verwoben sind mit ökonomischen Strukturen und der Geschichte von Institutionen. Männlichkeit ist nicht nur eine Idee in den Köpfen oder eine individuelle Identität. Männlichkeit ist allgegenwärtig und eingegossen in soziale Beziehungen." (ebd.: 48)

Auch innerhalb einer Gesellschaft gibt es konkurrierende Vorstellungen von Männlichkeiten. Diese sind gekennzeichnet durch Machtverhältnisse auch innerhalb der Gruppe von Männern einer Gesellschaft. Diese Dynamiken zu untersuchen und zu analysieren, wie diese Männlichkeiten im Alltag konstruiert werden, welche Rolle dabei ökonomischen und wirtschaftlichen Institutionen zukommt, d.h. welche Bewegungen und Widersprüche es innerhalb des sozialen Geschlechtes gibt, stellt, laut Connell, die neueste Form der Geschlechterforschung dar. Gerade was Männlichkeitsbilder anbelangt, untersucht diese Form der Forschung die „Entstehung und Tradierung von Konventionen in der sozialen Praxis" (ebd.: 54) und setzt existierende Normen eben nicht als gegeben voraus.

Davon ausgehend, definiert Connell Männlichkeiten als „durch das Geschlechterverhältnis strukturierte Konfigurationen von Praxis. Sie sind von Grund auf historisch; und ihre Entstehung und Wiederherstellung ist ein politischer Prozess, der das Interessensgleichgewicht in der Gesellschaft und die Richtung sozialen Wandels beeinflusst." (ebd.: 64)

Die Beziehungen zwischen den verschiedenen Formen von Männlichkeiten, die es innerhalb der Männer einer gegebenen Gesellschaft gibt, untersucht er anhand der Kategorien: Hegemonie, Unterordnung, Komplizenschaft und Marginalisierung.
- Unter „Hegemonie" versteht er „die Dynamik, mit welcher eine Gruppe eine Führungsposition im gesellschaftlichen Leben einnimmt und aufrechterhält." Diese vorherrschende Männlichkeit, die zu einem gegebenen Zeitpunkt das gesellschaftliche Leben definiert und bestimmt, ändert sich im historischen und gesellschaftlichen Kontext.
- Die „Unterordnung" bestimmt die spezifischen (hierarchischen) Geschlechterbeziehungen innerhalb des gleichen Geschlechts, so z.B. die Dominanz heterosexueller Lebensformen im Gegensatz zu Homosexualität.
- Unter „Komplizenschaft" versteht er den Fakt, dass Männer, auch wenn sie nicht selbst das hegemoniale Muster praktizieren, davon profitieren, „weil sie an

- der patriarchalischen Dividende teilhaben, dem allgemeinen Vorteil, der den Männern aus der Unterdrückung der Frauen erwächst." (ebd.: 100)
- Das Konzept der „Marginalisierung" schließlich dient dazu, das Verhältnis zwischen „Männlichkeiten dominanter und untergeordneter Klassen oder ethnischer Gruppen zu beschreiben." (ebd.: 102)

Betrachtet Kandiyoti die unterschiedlichen Machtstrukturen von Männern innerhalb der eigenen ethnischen Gruppe, so hat Connell den wichtigen Hinweis auf Hierarchien innerhalb des gleichen Geschlechts zwischen verschiedenen ethnischen Gruppen gegeben. Für beide ist dies jedoch nur ein Randaspekt im gesamtgesellschaftlichen Männlichkeitsszenario. Auch Fanon hatte bereits in den 1950er Jahren auf Hierarchien innerhalb des gleichen Geschlechts, aber zwischen verschiedenen ethnischen Gruppen hingewiesen, indem er die Rolle „des Negers"[12] für die Identität des weißen Kolonisten analysierte. Er hatte damals den Focus weniger auf Männlichkeiten „an sich" gelegt, sondern gezeigt, dass der Kolonialisierte, so wie er von den Kolonialherren „erschaffen" wurde, wichtige Funktionen für das Selbstbild und die empfundene Überlegenheit im sittlichen und moralischen Bereich der weißen Herrscher hatte, der sich als Gegenbild zu den „Schwarzen" verstand (vgl. Fanon, 1980).

Nun ist das Zeitalter der Kolonialherrschaft vorbei, nicht jedoch Strukturen und Mechanismen aus dieser Zeit, die auch heute noch fortwirken. Connell beschreibt kurz die Rolle von Afroamerikanern, indem er deren Bedeutung für die Konstruktion der „weißen" Männlichkeiten hervorhebt: „In einem weiß dominierten Kontext haben schwarze Männlichkeiten symbolische Bedeutungen für die Konstruktion des sozialen Geschlechts von Weißen." (Connell, 1999: 101) Ähnliches stellt Matahaere-Atariki in ihrer Studie über die Konstruktion maorischer Männlichkeiten durch die weiße neuseeländische Pakeha[13]-Gesellschaft fest und untersucht die Frage, „what role native men are to play in the construction of masculinities." (Matahaere-Atariki, 1999: 108) In ihrer Untersuchung über das Bild maorischer Männlichkeiten, das in dem populären Film (Once were warriors[14]) vermittelt wird, kommt die Wissenschaftlerin zu dem Schluss, dass die Darstellung gewalttätiger Maoris Bilder aufgreift, die in der weißen neuseeländischen Gesellschaft fest verankert sind. „Domestic violence is explained as an effect of misplaced masculinity and native deviance." (ebd.: 113) Laut Matahaere-Atariki hilft die marginalisierte Darstellung der Maoris, d.h. der Natives, den weißen Neuseeländern ihre Überlegenheit zu

---

12 Fanon benutzt den Begriff „Neger" in seinen Arbeiten.
13 Pakeha ist der aus dem Maorischen kommende Begriff für Nicht-Maoris, für Weiße.
14 „Once were warriors" ist ein neuseeländischer Film von 1997, der das Thema häusliche Gewalt und Alkohol sowie die Haltlosigkeit maorischer Familien in der weißen Gesellschaft zum Inhalt hat. Der Film wurde weit über die Grenzen Neuseelands hinaus bekannt und auch in deutschen Kinos und im Fernsehen gezeigt.

wahren. „Views uncritically, representations of native men legitimise white male subjectivity through the marginalisation of ‚native' men as a perspective to an ‚originary masculinity'." (ebd.: 115)

Nun sind Afroamerikaner jedoch schon längst keine Einwanderer mehr, sondern gehören, wenn auch als Minderheit, so doch seit Generationen zur amerikanischen Bevölkerung. Und die neuseeländischen Maoris sind sogar die eigentlichen Autochthonen, die Urbevölkerung Neuseelands. Das heißt, sie haben ebenfalls durch ihre Sozialisation in Amerika und Neuseeland die gleichen hegemonialen Männlichkeitsbilder verinnerlicht, auch wenn sie selbst zu den marginalisierten Gruppe gehören.

Anders verhält es sich mit den hier untersuchten türkischen Migranten, die aus ihrem Herkunftsgebiet möglicherweise andere Vorstellungen über das, was „ein Mann ist und ihn ausmacht" mitgebracht haben. Ist das Thema der unterschiedlichen Männlichkeiten schon innerhalb eines einzelnen Landes komplex, vermehren sich die Implikationen in einem bi- oder multikulturellen Zusammenhang. Nicht nur herrschen in der eigenen Gesellschaft unterschiedliche Vorstellungen und Bilder von Männern vor, nun kommt auch noch die Komplexität der Aufnahmegesellschaft hinzu, die vielleicht den eigenen Bildern widersprechende Vorstellungen über Männlichkeit, über das „Mann-Sein" hat.

Findet dieser Wechsel von einer Gesellschaft in eine andere statt, sind verschiedene Szenarien denkbar:
- Beide Gesellschaften haben vergleichbare Konstrukte von hegemonialen Männlichkeiten, so dass es zu keinen Konflikten oder Auseinandersetzungen kommt.
- Die Gesellschaften haben unterschiedliche Konstrukte. In diesem Fall kann der Neuankömmling, sobald er Unterschiede bemerkt:
  - entweder bewusst an seinen Vorstellungen festhalten, und sich damit in Opposition zu in der Aufnahmegesellschaft geltenden Männlichkeitsbildern setzen,
  - er kann jeweils Teile aus beiden Gesellschaften übernehmen und andere ablehnen,
  - er kann die eigenen Konstrukte ablehnen und komplett die der Aufnahmegesellschaft übernehmen.

Es handelt sich hier mehr um ein Gedankenexperiment als um die Realität. „Das Männerbild" in dieser Reinform existiert nicht in „der" Gesellschaft. Was in dem Szenario gemeint ist, bezieht sich auf die „hegemoniale Männlichkeitsvorstellung" zu einem gegebenen Zeitpunkt in einer bestimmten Gesellschaft. Ein weiterer möglicher Kritikpunkt an diesem Modell besteht in der unterstellten Annahme, dass eine bewusste Auseinandersetzung mit den unterschiedlichen Männlichkeiten stattfinden muss. Wahrscheinlicher ist es jedoch, dass, falls ein Wandel eintritt, dieser eher schleichend stattfindet, dass sich mit der Änderung von Machtbeziehungen, Produktionsbeziehungen und emotionalen Bindungsstrukturen auch Änderungen im Geschlechterverhältnis ergeben. Beispielsweise kann ein türkischer Migrant, der in der Türkei der alleinige Ernährer der Familie war und die volle Verfügungsgewalt über das Einkommen und dessen Verteilung hatte, in Deutschland die Erfahrung machen, dass seine Frau, nun erstmals ebenfalls berufstätig, ebenso ein Mitspracherecht über die Finanzen einfordert. Da die ökonomische Abhängigkeit von Frauen als einer der Hauptfaktoren für ihre generelle Abhängigkeit gesehen wird, kann -muss aber nicht- der stärkere Einfluss der Frauen bei der Verwaltung der Finanzen auch zu einem tiefgreifenden Wandel im Verhältnis der Eheleute führen. Dieses Beispiel ist nicht auf Deutschland beschränkt, auch in der Türkei machen Männer, deren Frauen die Alleinverdienerinnen der Familie sind, Erfahrungen, die sie mit ihrem Männlichkeitsbild: „der Mann als Ernährer der Familie", in Konflikt bringen (vgl. Kandiyoti, 1994: 208ff.).

An dieser Stelle möchte ich das Modell Connells weiterentwickeln und auf die türkischen Migranten der ersten Generation in Deutschland übertragen. Connell untersucht in erster Linie hegemoniale Männlichkeiten innerhalb der dominierenden gesellschaftlichen Gruppe. Nur am Rande erwähnt er unter dem Stichwort „Marginalisierung" das Verhältnis zwischen dominanter und untergeordneter Klasse oder ethnischer Gruppe. Er geht davon aus, dass die unterschiedlichen Konstruktionen von Männlichkeiten in einer Gesellschaft kein zufälliger Prozess sind, sondern das Ergebnis systematischen Aufbaus, der durch ungleiche Machtverhältnisse gesteuert und geschaffen werden kann. Im Diskurs über die türkischen Männer in der deutschen Öffentlichkeit fällt auf, dass gerade die erste, aber auch die zweite Generation, mit stereotypen Zuschreibungen bedacht werden, die ein negatives Männerbild transportieren. Daraus ergibt sich die sehr interessante Frage, welche Rolle die in der deutschen Öffentlichkeit existierenden Vorstellungen von türkischer Männlichkeit bei der Konstruktion der deutschen Männlichkeit spielen. Auf diese Frage werde ich im Schlusskapitel näher eingehen.

Ziel der folgenden beiden Abschnitte wird es sein, die Männlichkeitsbilder von Türken, wie sie in der deutschen und der türkischen Forschung vermittelt werden, zu untersuchen. In Deutschland gibt es zwar eine Männerforschung, doch spielen dabei Migranten, und insbesondere die Migranten der ersten Generation, keine Rolle. In der Türkei stehen die Forschungen zu Männlichkeiten erst in den Anfängen. Daher wird in beiden Ländern auf wissenschaftliche Arbeiten zurückgegriffen werden, die die Männer zwar nicht direkt zum Forschungsgegenstand erhoben haben, in denen sich jedoch Vorstellungen über Männlichkeiten wiederfinden lassen. Es sind dies Arbeiten aus der Familien-, Jugend- und Frauenforschung.

Um die dort anzutreffenden Vorstellungen und Bilder über „den türkischen Mann der ersten Generation" in ihrer Tragweite (Rezeption dieser Bilder durch die deutsche Öffentlichkeit) richtig einzuordnen, ist es wichtig zu sehen, welche Bilder hegemonialer Männlichkeiten in der deutschen Gesellschaft diskutiert und verhandelt werden. Ohne im Detail auf die Männerforschung[15] in Deutschland einzugehen, möchte ich an dieser Stelle einige Grundströmungen dieser Forschungsrichtung vorstellen. Dies erlaubt es zu untersuchen, ob sich ähnliche Themen auch in der Beschreibung türkischer Migranten wiederfinden oder ob die Auseinandersetzung mit türkischen Männern entlang anderer Fragen geführt wird und ob türkischen Männern andere Formen der Männlichkeiten zugesprochen werden als dies für die deutschen Männer der Fall ist.

2. Exkurs: Die deutsche Männerforschung

In Deutschland setzte die Männerforschung später ein als in der angelsächsischen Welt. Während sich dort bereits in der zweiten Hälfte der 1980er Jahre der Forschungsschwerpunkt „Men's Studies" etablierte, sind in Deutschland noch Mitte der 1990er Jahre erst Ansätze einer ähnlichen Struktur wahrzunehmen (vgl. BauSteineMänner, 1996: 5). In der deutschen Männerforschung steht „eine umfassende Sammlung männlicher Le-bens-, Denk-, Fühl- und Verhaltensweisen in Gegenwart und Vergangenheit unter Berücksichtigung einer geschlechtsspezifischen Perspektive [...] nach wie vor aus." (Rüter, 1996: 76) Auch in Deutschland wurden insbesondere die angelsächsischen Arbeiten aus diesem Bereich analysiert und als Diskussionsgrundlage genommen. Daher bezieht sich das Folgende zwar auch auf die angelsächsische Forschung, gibt jedoch gleichermaßen die Diskussionen in Deutschland wieder.

Eine der zentralen Fragen innerhalb der Männerforschung war und ist die Überlegung, welchen Grund Männer überhaupt haben könnten, etwas an dem bestehenden Geschlechterverhältnis, von dem sie schließlich profitierten, ändern zu wollen. Der *männeridentifizierende Ansatz* geht laut der kritischen Analyse von Walter davon aus, dass es ein ureigenes Interesse der Männer sein muss, patriarchalische Strukturen zu überwinden. Obwohl sie selbst Nutznießer des Patriarchats in ökonomischer, politischer und sozialer Hinsicht sind, würden Männern „wesentliche Teile des Menschseins abgesprochen, vor allem im emotional-persönlichen Bereich." (Walter, 1996: 18) Die „Emanzipation des Mannes" (ebd.: 18) sei daher von großer Wichtigkeit. Je mehr Männern auch die negativen Seiten des Patriarchats bewusst würden, umso mehr Männer wären dann auch bereit, für dessen Abschaffung zu kämpfen. An diesem Ansatz wird kritisiert, dass er zusehr auf der subjektiv-psychologischen Ebene argumentiert, und gesellschaftliche Verhältnisse vernachlässigt.

---

15 Für den Zusammenhang in dieser Arbeit ist weniger die Geschichte der deutschen Männerforschung von Interesse, als die Tatsache, dass die türkischen Migranten der ersten Generation darin nicht vorkommen.

Der *frauenidentifizierende Ansatz* hingegen stellt laut Walter den Versuch von Männern dar, das Geschlechterverhältnis mehr aus „Frauenperspektive" zu analysieren. „Diese ‚Männerforscher' sehen sich als ‚Spione' oder ‚Saboteure' der Männerherrschaft, welche die Brüche und Schwachstellen patriarchaler Männlichkeit und Macht aufdecken wollen." (ebd.: 19) Dieser Ansatz geht im Prinzip davon aus, dass Männer kein Interesse daran haben, an den patriarchalen Machtstrukturen, von denen sie profitieren, etwas zu ändern. Die Kritik an diesem Ansatz richtet sich dann auch auf die Verleugnung, dass auch Männer am Patriarchat leiden könnten. „Auffällig an frauenidentifizierten Ansätzen ist vor allem, dass diese von sich und anderen Männern verlangen, gegen ihr eigenes Interesse zu handeln. Sei es aus Schuldgefühl, sei es um einer höheren Gerechtigkeit willen – Männer werden aufgefordert, in geradezu heldenhafter bzw. asketischer Weise auf ihre Privilegien zu verzichten und Frauen bei ihrem Kampf gegen das Patriarchat zu unterstützen." (ebd.: 20) Damit kommen die Vertreter dieser Sichtweise wieder sehr nahe an die Vorstellung traditionell männlicher Identität heran, die Helden fordert und propagiert.

Aus der neueren Forschung stellt Walter schließlich *dialektische Ansätze* vor, die sowohl davon ausgehen, dass das Patriarchat Frauen unterdrückt, dass aber auch Männer unter patriarchalen Strukturen leiden. Dieser Ansatz verbindet sowohl den frauenidentifizierenden als auch den männeridentifizierenden Ansatz (ebd.: 21).

Neben der Motivationsfrage (wieso sollten Männer Interesse an der Aufhebung des Patriarchats haben?) war es die Forschungsperspektive, die innerhalb der Männerforschung und auch in der Rezeption durch die Frauenforschung immer wieder zu Diskussionen führte. Ist es überhaupt möglich aus der Perspektive des „herrschenden Mannes" heraus eine kritische Analyse der eigenen Situation zu erstellen? Inwiefern repräsentiert ein weißer heterosexueller Mittelstandsforscher auch ethnische Minderheiten oder homosexuelle Männer? Inwiefern könnte die Männerforschung in einen Konkurrenzkampf (um Ressourcen und Forschungsgelder) zur Frauenforschung treten? Diese Fragen sind auch heute noch aktuell.

Die Inhalte der Männerforschung in den letzten Jahren beschäftigten sich u.a. mit
- der männlichen Geschlechtsrolle und der generellen Kritik an diesen Rollenkonzepten, die als zu statisch, zu widersprüchlich und zu wenig flexibel beschrieben werden (Pleck, 1996: 27 ff.).
- der Frage, welche Rolle „Vaterschaft" für Männer spielt, was die Eigenschaften sind, die einen Vater ausmachen und welche Rolle eine positiv besetzte Vaterfigur für die Entwicklung der (Kleinst-, Klein-)Kinder hat. Mitte/Ende der 1970er Jahre machte die Rede von der „Vaterlosen Gesellschaft" die Runde.
- generell der Frage von Männern und Gewalt: Der Gewalt von Männern gegenüber Frauen, gegenüber sich selbst und gegenüber anderen Männern, was Kaufmann als Teil der Triade der Männerherrschaft" bezeichnet und mögliche Wege, diese Kreisläufe zu durchbrechen (Kaufmann, 1996: 138 ff.; Kersten, 1993: 50 ff.).
- der Entwicklung möglicher Therapieformen mit und für Männer (Süßenbach, 1996).
- der Entwicklung einer kritischen Theorie von Männlichkeiten. Hier ist insbesondere das von Connell entwickelte Konzept von hegemonialen Männlichkeiten auch für

die deutsche Debatte von entscheidender Bedeutung (Connell, 1999; Carrigan u.a., 1996).

Auffällig ist, dass in diesen Studien und Arbeiten Migranten als Teil der deutschen Gesellschaft kaum auftauchen. Joachim Schroeder ist einer der wenigen Forscher, der überhaupt auf diese Gruppe hinweist. Im Rahmen seines Forschungsprojektes zur „Qualitativen Untersuchung und Begleitung von Lebensläufen Jugendlicher und junger Erwachsener in erschwerten Lebenslagen" nahm die Forschergruppe explizit auf marginalisierte Gruppen von Männern und Frauen Bezug, „die von der Männerbewegung notorisch übersehen und von der Männerforschung in der Regel in bemerkenswert paternalistischer Weise be- und abgehandelt wird." (Schroeder, 1996: 300) In diesem Kontext wurden auch ausländische Jugendliche und Männer mit einbezogen.

Diese Arbeit bildet jedoch eher eine Ausnahme und zeigt zudem, dass, falls Migranten überhaupt wahrgenommen werden, dies im Zusammenhang mit Delinquenz und/oder deren Marginalisierung einhergeht. In der Regel sind Migranten nicht in die Männerforschung und -bewegung integriert. So kommt es, dass „dem deutschen Mann des beginnenden 21. Jahrhunderts" eine breite Palette an möglichen Identifikationsebenen offen steht. In der öffentlichen Diskussion sind: der „neue Mann", „der Softie", „der Macho", „die geschiedenen Männer, die für ihre Kinder kämpfen", die „Generation der Väter", „die knallharten Manager", „die Männer, die durch Teamfähigkeit glänzen", der „einsame Wolf", „der Einzelkämpfer" etc. Männer gelten zudem als neu entdeckte Zielgruppe der Mode und der Kosmetik. Wohlgeformte Männerkörper erscheinen mehr und mehr in Anzeigenkampagnen in der Öffentlichkeit und verunsichern das Gros der Männer, die anders aussehen als diese Models[16]. Die Bilder sind vielfältig, widersprechen sich, ergänzen sich und variieren.

In der deutschen Männerforschung liegt ein Schwerpunkt in dem Bereich „Vater sein", „Ehemann/Partner sein", „Mann sein". Andere familienbezogene Rollen, wie „selbst Sohn, Onkel, Bruder sein", stehen meines Wissens nach nicht im Mittelpunkt der Arbeiten. Die Identifikationsangebote, die den deutschen Männern zur Verfügung stehen, sind dennoch vielfältig und ausdifferenziert. Demgegenüber erscheint das Bild der Türken seltsam statisch. Über die junge männliche Generation existieren noch am ehesten unterschiedliche Vorstellungen, wenn mit ihnen auch eher negative Bilder verbunden werden: die „islamischen Fundamentalisten", die „Gewaltbereiten", die „verlorene Generation", die „am Rande der Gesellschaft Stehenden, die „Gangmitglieder" etc. Starr bleibt hingegen das Bild der Vätergeneration, auf das die nachfolgenden Abschnitte näher eingehen werden.

---

16 Hier zeichnet sich eine Parallele zur Werbung mit idealen Frauenkörpern ab, die bei vielen Frauen zu Minderwertigkeitskomplexen, Essstörungen, etc. geführt hat. Auch mehr und mehr Männer reagieren auf die Werbung von Männern mit Idealmassen mit Verunsicherung und Essstörungen. Die Zahl magersüchtiger Männer steigt. (vgl. Saarbrücker Zeitung vom 19.12.2000: 1).

Zwischenbilanz

Ziel dieses Kapitels war es zu zeigen, dass es innerhalb einer Gesellschaft konkurrierende Formen von Männlichkeiten geben kann. Die Trennungslinien verlaufen dabei sowohl innerhalb der eigenen ethnischen Gruppe als auch zwischen verschiedenen Ethnien. Männer machen im Laufe ihrer Lebens nicht nur als Mitglieder des herrschenden Geschlechts Dominanzerfahrungen, sondern müssen sich auch mit den Hierarchien zwischen den unterschiedlichen Männlichkeiten auseinandersetzen. Sind diese Verhältnisse schon innerhalb eines Landes nicht immer durchschaubar, verkompliziert die Migration diesen Zustand noch. Männer, die in ihrer Heimat der dominanten Gruppe angehört haben, können im Migrationsland plötzlich zu einer marginalisierten Gruppe innerhalb der unterschiedlichen Männlichkeiten zugerechnet werden.

Aus dem Kolonialkontext kommt die Debatte, welche Funktion die Marginalisierung der Männlichkeit der Kolonisierten (im hiesigen Zusammenhang: der Migranten) auf das Selbstbild der Kolonialherren (hier der Aufnahmegesellschaft) hat. Auch wenn dieser Frage nicht in der gewünschten Intensität nachgegangen werden kann, so wird dennoch versucht werden, diesen Aspekt im Laufe der Arbeit weiter zu verfolgen.

FORSCHUNGEN ÜBER TÜRKISCHE MÄNNER IN DEUTSCHLAND IM HINBLICK AUF FAMILIENBEZOGENE ROLLEN

Man sollte meinen, es sei ein leichtes Unterfangen, Informationen über türkische Männer in Deutschland zu erhalten. Und in der Tat ist die Fülle der Veröffentlichungen über türkische Migranten/innen kaum zu überschauen. Sie sind die ethnische Gruppe, über die es die meisten Untersuchungen gibt. Sucht man jedoch gezielt nach Arbeiten über Männer der ersten Generation, so stellt man fest, dass es einige Studien zu Beginn der Migration gibt, in denen vor allem die Arbeits- und Lebensbedingungen im Mittelpunkt stehen, dann jedoch eine große Lücke klafft, und die alten Migranten erst wieder in ihrer Rolle als Rentner als eigenständiger Forschungsbereich behandelt werden.[17] Dennoch verschwindet die erste Generation nicht komplett aus den Analysen, Studien und Berichten. In der wissenschaftlichen Literatur zur Familienstrukturforschung tauchen türkische Männer in erster Linie in ihrer Rolle als Väter und Ehemänner auf. Auch in der Frauen- und Jugendforschung finden sich Aussagen über sie, ohne dass sie selbst im Mittelpunkt der Untersuchungen

---

17 Vgl. Kapitel 2, S. 84ff.

ständen. Diese Aussagen bestehen entweder aus der Analyse der Wissenschaftler/innen und/oder den Erzählungen der untersuchten Frauen und Jugendlichen über ihre Männer und Väter. Es handelt sich in den meisten dieser Untersuchungen um „ein Bild aus zweiter Hand", das die Meinung über türkische Männer der ersten Generation im öffentlichen Bewusstsein beeinflusst.

Es gestaltet sich jedoch außerordentlich schwierig, Materialien zu finden, in denen die Männer selbst Gegenstand der Untersuchung sind. Eine Männerforschung (also eine Forschung, in der die Genderfrage im Mittelpunkt steht) über Türken der ersten Generation hat meines Wissens nach in der deutschen Migrations- und Männerforschung nicht stattgefunden. Nichts desto trotz oder vielleicht auch gerade deswegen prägen zahlreiche Bilder und Vorstellungen den Diskurs[18] über „den türkischen Mann". Diese Bilder finden sich indirekt in der Frauen-, Jugend- und Familienforschung.

Der Rentnerforschung über türkische Migranten/innen kommt insofern eine Sonderrolle zu, da sie erstmals die Männer der ersten Generation in den Mittelpunkt stellt. Doch auch die dort gezeichneten Bilder sind, wie das Kapitel weiterhin zeigen wird, von starren und stereotypen Vorstellungen geprägt. Die türkischen Migranten leben in der deutschen Gesellschaft, die ihrerseits eine ganze Reihe von unterschiedlichen Männlichkeitsbildern und -vorstellungen hat.

Bevor die Ergebnisse der empirischen Studie vorgestellt werden, folgt in den nächsten Abschnitten eine Übersicht über die Bilder und Vorstellungen, die in den verschiedenen Untersuchungsgebieten (Frauen-. Jugend- und Familienforschung) indirekt über die türkischen Männer der ersten Generation mitgeteilt werden. Diesen „Bildern aus zweiter Hand" möchte diese Arbeit ein „Bild aus erster Hand" kontrastiv gegenüberstellen. Innerhalb des Diskurses „Migration" wird der Diskursstrang „türkische Männer der ersten Generation" analysiert werden.

3. Exkurs: Der Migrationsdiskurs

In der gegenwärtigen Öffentlichkeit ist der Begriff „Diskurs" zu einem Modewort avanciert. Er wird nicht nur in der Wissenschaft sondern auch vielfältig im Alltag verwendet.
1. „Diskurs" kann gleichbedeutend mit „Inhalt" benutzt werden – in dem Sinne „das ist ein anderer thematischer Komplex", „das ist ein anderes Thema."
2. „Diskurs" im Sinne von „der öffentliche Diskurs" ist hier deckungsgleich mit der öffentlichen Meinung.

---

18 Zum Diskursbegriff vgl. den Exkurs: der Migrationsdiskurs.

Diese populärwissenschaftlichen Deutungen erfassen den Begriff „Diskurs" jedoch eher ungenügend. Ohne an dieser Stelle vertiefend auf die Methode der Diskursanalyse und deren unterschiedliche Vertreter (Link, van Dijk, Jäger, Foucault) näher einzugehen, ist diese Arbeit jedoch ohne eine kurze Einführung in den Begriff des „Diskurses" unvollständig. Dabei geht es mir insbesondere um das spezielle Verhältnis zwischen „Diskurs und Macht".

Ein Diskurs wird in erster Linie über gesprochene und/oder geschriebene Sprache, aber auch Bilder, Darstellungen etc. vermittelt. In Ergänzung zum rein sprachlichen Inhalt eines Textes oder einer Rede will die Analyse des Diskurses erkennen, was „hinter" dem steht, was gesagt, geschrieben oder dargestellt wird; warum zu einem bestimmten Zeitpunkt etwas genau in dieser Art und Weise gesagt oder dargestellt wird (werden kann), und was diese Aussagen oder Darstellungen beim Leser/in oder Zuhörer/in aus welchen Gründen auslösen. Rita Seitz drückt die über den rein sprachlichen Inhalt hinausgehende Funktion von Texten folgendermaßen aus: „Texte [oder Reden, Anm.d.Verf.] bilden soziale und politische Zusammenhänge ab, die sich in der Organisation des Kommunikationsprozesses, in den Gesprächsinhalten und deren Zwischentönen, in Sprache, Grammatik, Wortbedeutung, Wortwahl, Konnotation und all den nichtsprachlichen Äußerungen ausdrückt." (Seitz, 1994: 185)

Siegfrid Jäger versteht unter Diskurs einen „Fluß von Wissen durch die Zeit" (Jäger, 1999: 129) und meint damit, dass der Diskurs in einer gegebenen Gesellschaft zu einem bestimmten Zeitpunkt nie komplett neu strukturiert wird, sondern „immer schon mehr oder minder stark strukturiert und also ‚fest' und geregelt [...] ist." (ebd.: 129) Ein Diskurs ist nichts, was plötzlich und unerwartet entsteht, vielmehr greift er auf das zurück und rekonstruiert das neu, was bereits in der Historie da war und auch in der Gegenwart spürbar ist. Zu unterschiedlichen (historischen, sozialen, politischen) Zeiten, wird ein Diskurs unterschiedlich erzeugt.

Ich werde mich im Folgenden auf das Diskursverständnis Foucaults stützen, der den Diskurs in enger Verbindung zur Macht definiert. Nach ihm ist der Diskurs eng verknüpft mit der Ausübung von Macht. Dabei ist Macht nicht immer gleichbedeutend mit Unterdrückung. Macht versteht Foucault als Ausdruck unterschiedlicher Kräfteverhältnisse. Er definiert diese Macht folgendermaßen: „Die Vielfältigkeit von Kraftverhältnissen, die ein Gebiet bevölkern und organisieren; das Spiel, das in unaufhörlichen Kämpfen und Auseinandersetzungen diese Kraftverhältnisse verwandelt, verstärkt, verkehrt. Die Stützen, die diese Kraftverhältnisse aneinander finden, indem sie sich zu Systemen verketten – oder die Verschiebungen und Widersprüche, die sie gegeneinander isolieren. Und schließlich die Strategien, in denen sie zur Wirkung gelangen und deren große Linien und institutionelle Kristallisierungen sich in den Staatsapparaten, in der Gesetzgebung und in den gesellschaftlichen Hegemonien verkörpern." (Foucault, 1983: 113ff.)

Der Diskurs über ein bestimmtes Ereignis bestimmt das Denken und Handeln der Menschen. Daher definiert Margret Jäger ihren Diskursbegriff in Anlehnung an Link wie folgt: „Unter Diskurs soll [...] eine gesellschaftliche Redeweise verstanden werden, die institutionalisiert ist, gewissen (durchaus veränderbaren) Regeln unterliegt und die deshalb auch Machtwirkungen besitzt, weil und sofern sie das Handeln von Menschen bestimmt." (M. Jäger, 1996: 21)

Ein Diskurs ist also die soziale Konstruktion eines Themas zu einem gegebenen historischen/aktuellen Zeitpunkt, der die Macht hat, das Handeln und Denken von Menschen zu bestimmen.

Der Diskurs wird durch Kollektivsymbole, die jeder Gesellschaft immanent sind, vermittelt. Jürgen Link versteht unter Kollektivsymbolen, „kulturelle Stereotypen", die in einer Gesellschaft kollektiv tradiert und benutzt werden (vgl. Link, 1992). Diese Symbole lösen bei den Mitgliedern der selben Gesellschaft gleiche Assoziationen aus. So sind die aus dem Migrationsdiskurs bekannten Symbole wie „das Boot ist voll", „die Dämme brechen", „Asylantenflut" allesamt dem Bereich der Naturkatastrophen entnommen und lösen negative Assoziationen aus. Diese Symbole sind nicht zufällig gewählt, sondern werden bewusst eingesetzt, um eben diese negativen Assoziationen anzusprechen und auszulösen.

Wichtig bei der Analyse von Diskursen ist die Rolle des Subjektes. Das Subjekt ist in zweierlei Hinsicht mit dem Diskurs verwoben. Einerseits konstruiert es den Diskurs und andererseits wird es selbst durch den Diskurs konstruiert (vgl. M. Jäger, 1996: 39). Ohne Subjekt kann es keinen Diskurs geben, und gleichzeitig ist der Diskurs zu einem gegebenen Zeitpunkt in einer gegebenen Gesellschaft auch an der Konstruktion von Subjekten und der Konstruktion von Wirklichkeit beteiligt.

In dieser Arbeit steht der „Migrationsdiskurs" im Vordergrund. Bei der nachfolgenden Analyse der Darstellung der Migranten der ersten Generation in Forschung und Medien soll gezeigt werden, in welcher Weise die von Foucault beschriebenen Kräfteverhältnisse auf die Konstruktion von Subjekten (in diesem Fall die türkischen Migranten) einwirken und welche Subjekte (in dem Fall in der Regel deutsche Wissenschaftler/innen) welche Form von Wirklichkeit konstruieren.

Der Diskurs über die Migration und die Migranten/innen ist in erster Linie durch zwei „Kräfteverhältnisse" gekennzeichnet:
1. Zum einen fand/findet der Diskurs über die Migration in einem Klima statt, in dem einige maßgebliche politische Entscheidungsträger in Deutschland, trotz aller dagegen sprechenden Tatsachen davon ausgehen, dass die Bundesrepublik kein Einwanderungsland ist und entsprechende politische Entscheidungen treffen. Dies bedeutet u.a., dass Migranten/innen, solange sie nicht die deutsche Staatsbürgerschaft erwerben, von politischer Partizipation größtenteils ausgeschlossen sind und sie nicht als gleichwertige Bürger/innen akzeptiert werden. Es handelt sich hier also nicht um einen Diskurs von Gleichen unter Gleichen, vielmehr ist der Diskurs sehr stark durch dieses politische Ungleichgewicht geprägt, was sich auch in der weiter unten vorgestellten Literatur finden lässt. Auch die Debatte um die „deutsche Leitkultur", die von dem CDU-Politiker Merz im Spätherbst 2000 aufgeworfen wurde, zeigt deutlich, dass es sich um keinen Dialog unter Gleichen handelt.
2. Das zweite Kräfteverhältnis ist durch die Macht deutscher Wissenschaftler/innen, Sozialarbeiter/innen gekennzeichnet, die in ihren Publikationen vor allem zu Beginn der Migration, ein Bild der Lebens- und Denkweisen der Migranten/innen zeichneten, das oft nur in Teilbereichen oder gar nicht den Realitäten der Beschriebenen entsprach. Gleichwohl haben diese Arbeiten das Wissen „der Deutschen" über „die Ausländer/innen" maßgeblich beeinflusst.

Das hier anschließende Kapitel skizziert den Migrationsdiskurs über die erste Generation, untersucht dabei, ob und inwiefern sich der Diskurs im Laufe der Jahre gewandelt hat und welchen Einfluss die weiter oben erwähnten Kräfteverhältnisse „Politik" und „Wissenschaft/Medien" auf das Geschriebene haben. Ein besonderes Augenmerk wird dabei auf die Darstellung der türkischen Männer der ersten Generation gelegt werden. Was dieses Kapitel nicht anstrebt, ist eine in alle Feinheiten gehende Diskursanalyse.

Türkische Männer in Forschung und Medien in Deutschland – ein kurzer historischer Überblick[19]

Die Masse der bisher erschienen Monographien, Sammelbände, Themenhefte, Zeitschriftenartikel, Sonderhefte etc. zum umfassenden Bereich der Arbeitsmigration ist mittlerweile unübersehbar. Unterschiedlichste Wissenschaftsdisziplinen (Soziologie, Medizin, Anthropologie, Ethnologie, Politikwissenschaften, Geographie, Ökonomie, Medizin, Psychologie, Pädagogik) beschreiben aus ihrem Blickwinkel oder, was seltener ist, in interdisziplinärer Kooperation, bestimmte Aspekte der Migranten/innenbevölkerung und der Migration.

In den ersten zehn Jahren nach dem Anwerbevertrag von 1961 gibt es kaum Studien zur Situation der Ausländer(beschäftigung). Boos-Nünning hat bis 1970 lediglich 11 Bücher (Monographien, Sammelbände, Themenhefte) aufgezeichnet, die sich mit Ausländern/innen in Deutschland beschäftigen (vgl. Boos-Nünning, 1990: 4). Annette Treibel weist 14 Bücher bis einschließlich 1969 nach (vgl. Treibel, 1988: 27). Erst ab 1976, „in den meisten Gebieten ab 1978 [...]," lässt sich „eine professionelle

---

19 Die folgenden Ausführungen geben nur einen sehr groben Überblick über die Hauptströmungen in den Migrationsdebatten der letzten 30 Jahre. Hier muss das „Rad auch nicht neu erfunden" werden, da bereits zahlreiche Arbeiten vorliegen, die die Ausländerforschung seit Beginn der Migration unter unterschiedlichen Aspekten untersucht haben. Zu erwähnen ist hier die Arbeit von Steffen Angenendt, der die Ausländerforschung nach Themen- und Fachgebieten unterschieden hat und die deutsche der französischen Perspektive vergleichend gegenübergestellt hat (vgl. Angenendt, 1992); ferner die annotierte Bibliographie von Ursula Boos-Nünning, die auf über 600 Seiten die zu „Ausländerfragen" erschienenen Bibliographien, Bücher, Artikel und Monographien nach Themenschwerpunkten getrennt aufgearbeitet hat (vgl. Boos-Nünning, 1990); Annette Treibel gibt ebenfalls einen Überblick über die westdeutsche Ausländerforschung im Spannungsfeld zwischen Engagement und Distanzierung (vgl. Treibel, 1988). Auch Georg Auernheimer gibt in seinem „Handwörterbuch Ausländerarbeit" einen detaillierten Überblick über die Ausländerforschung (vgl. Auernheimer, 1984). Der Schwerpunkt meiner Untersuchung wird also nicht sein, diesen bereits bestehenden Bibliographien und Analysen eine weitere hinzuzufügen, vielmehr werde ich mich auf das Bild konzentrieren, das in diesen Debatten von den türkischen Männern der ersten Generation gezeichnet wurde. Trotzdem halte ich es an dieser Stelle notwendig, einen kurzen Überblick über die Hauptthemen zu geben.

Beschäftigung mit diesem Bereich und eine Spezialisierung darauf, gekoppelt an eine Ausdifferenzierung von Themen [...] wahrnehmen." (Boos-Nünning, 1990: 3)

Allerdings hatte es im Vorfeld der Anwerbung eine rege Diskussion gegeben, an der Gewerkschaften und Arbeitgeberverbände beteiligt waren. Es war dabei u.a. um die Fragen gegangen, inwiefern sich eine Anwerbung bei einer Arbeitslosenquote (1955 beispielsweise 5,1 %) vor den deutschen Arbeitslosen rechtfertigen lasse. Früh schalteten sich die Gewerkschaften in die Diskussion ein, um zu verhindern, dass die ins Land geholten ausländischen Arbeiter/innen untertariflich beschäftigt werden konnten, und so zum Zweck des Lohndumping instrumentalisiert werden konnten. Sie erreichten, dass die Arbeitsmigranten/innen in arbeits-, tarif- und sozialrechtlicher Hinsicht den Deutschen gleichgestellt wurden (vgl. Herbert, 1986: 192). Keine dieser Auseinandersetzungen hatte jedoch mögliche soziale und kulturelle Implikationen in Hinblick auf die deutsche Gesellschaft und/oder die Angeworbenen zum Inhalt.

Es gibt jedoch vereinzelte Artikel, die sich in erster Linie mit der Lebenssituation der angeworbenen Arbeiter beschäftigen. 1962 wohnten nahezu zwei Drittel aller angeworbenen Arbeitsmigranten in betriebsinternen Gemeinschaftsunterkünften oder in Unterkünften, die von städtischen Behörden, Wohlfahrtsverbänden oder Einzelpersonen zur Verfügung gestellt wurden (vgl. Herbert, 1986: 180).

Der überwiegende Teil[20] der türkischen Arbeitsmigranten bestand, den Anforderungen der deutschen Industrie entsprechend, aus jungen Männern, die zunächst ohne Familienanhang nach Deutschland gezogen waren. Die Lebenssituation in den Sammelunterkünften wurde zum Thema einiger Kommentare bzw. Dokumentationen in Zeitungen[21]. Auch „Der Spiegel" brachte 1970 und 1973 im Rahmen einer Reportage über benachteiligte Gruppen einen Bericht zur Lebenssituation ausländischer Arbeitsmigranten. So berichtete „Der Spiegel" 1970 unter dem vielsagenden Titel: „Komm, komm, komm – geh, geh, geh" ausführlich über die teilweise menschenunwürdigen Lebens- und Arbeitsbedingungen der „Gastarbeiter" (vgl. Der Spiegel, 1970: 50ff.)[22].

---

20 1970 betrug der Anteil der erwerbspflichtig beschäftigten Türkinnen 21,1 %.
21 So „Die Welt" im August 1960 über die Situation italienischer Gastarbeiter; das Handelsblatt im Februar 1967 über eine Polizeiaktion in einer Unterkunft in Düsseldorf. (Ausführlichere Darlegung zur Rezeption der „Gastarbeiter" in der Presse vgl. Herbert, 1986: 202ff.)
22 Obwohl sich dieser Artikel durch eine kritische Berichterstattung auszeichnet, die einen ungeschminkten Einblick in die Wohn-, Lebens- und Arbeitssituation der noch so bezeichneten „Gastarbeiter" gibt, finden sich auch hier Sichtweisen gerade über türkische Arbeitsmigranten wieder, die auf oberflächliche und plakative Art alle Menschen aus der Türkei „über einen Kamm scheren". So berichtet der Autor/die Autorin (der Artikel ist nicht namentlich gekennzeichnet) über die Türken: „Die meisten haben die Mohn-und Kürbisfelder einer archaischen Agrarlandschaft verlassen und sind, nach ein paar Dutzend Zugstunden, hineingeraten in eine Industriewelt, die

Die wenigen Bücher, die in den 1960er Jahren zum Thema „Gastarbeiter" entstanden sind, beschäftigten sich mit speziellen ethnischen Gruppen, wie die Dissertation von Manuel Delgado über die „Anpassungsprobleme der spanischen Gastarbeiter in Deutschland" (vgl. Delgado, 1966) oder der Artikel von Kurz zur „Gruppenstruktur und Anpassungsdisposition in einem italienischen Gastarbeiterlager." (vgl. Kurz, 1965) Die Arbeit von Bingemer u.a. geht auf die „Geglückte oder mißglückte Integration" verschiedener ethnischer Gruppen und dabei detaillierter auf türkische Arbeitsmigranten ein (vgl. Bingmer u.a., 1970).

Anfang der 1970er Jahre lassen sich zwei Tendenzen in der Forschung zu Arbeitsmigranten/innen erkennen. Zum einen eine Vielzahl wirtschaftlicher Kosten-Nutzen-Analysen, die Migration unter rein ökonomischen Aspekten betrachten (vgl. Angenendt, 1992: 188ff.), andererseits bereits einige Untersuchungen aus dem Bereich der Soziologie, die sich mit sozio-politischen Folgen der Migration beschäftigen (vgl. Treibel, 1988: 31ff.).

Zusammenfassend lässt sich sagen, dass diese ersten Jahre der Arbeitsmigration von der akademischen Öffentlichkeit nicht hinreichend rezipiert und in all ihren möglichen gesellschaftlichen Implikationen (in wirtschaftlicher, rechtlicher und sozialer Hinsicht) erfasst worden sind. Angenendt beschreibt diese Zeit: „Die 1960er Jahre können damit – auch wenn bedacht wird, dass wissenschaftlichen Publikationen naturgemäß immer eine Forschungsphase vorausgeht – im Sinn von Migrations- und Zuwandererforschung weitgehend als ‚forschungslose Zeit' bezeichnet werden." (Angenendt, 1992: 182f.)

Was das über die Türken vermittelte Bild angeht, so ist zudem Folgendes zu bemerken:
- Keine einzige dieser Arbeiten wurde von türkischen Autoren/innen angefertigt (was sich in den späten 1970er Jahren änderte) und geben daher lediglich Analysen und Einschätzung aus deutscher Sicht wieder.
- Die türkischen Männer werden dabei in erster Linie entweder in ihrer Funktion als (ausgebeutete) Arbeiter, als Bewohner von teilweise menschenunwürdigen Sammelunterkünften und in ihren Herkunftsstrukturen verhaftete Individuen wahrgenommen.

---

welt, die ihnen so fabelhaft vorkommen muß wie die Geschichten von Tausendundeiner Nacht: Aladins Wunderlampe blitzt an Fließbändern auf, an Stanzmaschinen und am Generator." (Der Spiegel, 1970: 71)

Im Rahmen der Familienzusammenführung und der Ansiedlungsphase[23] wird die Migrationsforschung vielschichtiger. Es geschieht nunmehr das, was Auernheimer als die „Konsolidierungsphase und Institutionalisierung der Ausländerforschung" (Auernheimer, 1984: 60) bezeichnet. Diese Auffassung begründet er wie folgt:

„Als Indikatoren der Institutionalisierung können gelten: die Zunahme von größeren Projekten, die Gründung von eigenen Forschungseinrichtungen oder -gruppen in verschiedenen Fachgebieten, die Schaffung einschlägiger Schwerpunkte in der Forschungsförderung (z.B. VW Stiftung), die Gründung spezieller Publikationsorgane." (ebd.: 60)

Die migrationspezifische Fachliteratur ist u.a. geprägt durch die Thematisierung der Folgen der Familienzusammenführung für das deutsche Schul- und Ausbildungssystem (vgl. Göpfert, 1985). Ende der 1970er bis Ende der 1980er rückt neben der Lage türkischer Kinder und Jugendlicher immer mehr die Situation türkischer Frauen und Mädchen ins Zentrum der Untersuchungen (vgl. Metzger/Herold, 1982; Meske, 1983; Petersen, 1988; Baumgartner-Karabak/Landesberger, 1988).

Thematisch werden, teilweise gleichzeitig, folgende Themen behandelt:
- zunächst die schulische Situation ausländischer Kinder und Jugendlicher, später die zweite Generation generell. Hierbei stehen Arbeiten zu türkischen Kindern und Jugendlichen im Mittelpunkt (vgl. Angenendt, 1992: 190). Die Elterngeneration wird kaum mehr beachtet;
- die soziale Situation der in der Bundesrepublik lebenden ausländischen Familien und hier besonders deren Lebensbedingungen (vgl. Boos-Nünning, 1990: 27);
- weiterhin die Situation auf dem Arbeitsmarkt (vgl. Treibel, 1988: 38);
- ab Mitte der 1970er Jahre das Thema „Remigration";
- ab Mitte der 1980er Jahre lassen sich verstärkt theoretische Forschungen im Bereich der Multikulturalität und der verschiedenen Bereiche der Ethnizität, Assimilation etc. finden (vgl. dazu ausführlich Angenendt, 1992: 238ff.);
- seit Ende der 1970er Jahre setzt langsam die Beschäftigung mit „der türkischen Frau und dem türkischen Mädchen" ein. Es erscheinen zahlreiche Studien zu Geschlechtsspezifik, d.h. zur Lebens-, Arbeits-, und Familiensituation dieser Frauen. Immer stärker wird dabei der Islam in den Vordergrund gerückt;
- als eigener Bereich, wenn auch kleinerer Bereich, können die unterschiedlichen Studien zur Veränderung der türkischen Familienstrukturen unter den Bedingungen der Migration gesehen werden (hierbei an erster Stelle die Arbeiten von

---

23 Der offizielle Begriff wäre hier „Konsolidierungsphase". Der Gebrauch dieses Wortes fällt jedoch aufgrund der restriktiven Ausländerpolitik schwer. Daher benutze ich den Terminus „Ansiedlungsphase".

Nauck[24] und die Arbeiten der Wissenschaftlerinnen um Herwartz-Emden[25] in Osnabrück).

In den 1990er Jahren ist ein breiteres Spektrum an Arbeiten, Untersuchungen und Schwerpunkten zu verzeichnen. Frauen und Mädchen bleiben zwar im Zentrum der Betrachtung, nun aber zunehmend unter dem Aspekt, welche Rolle der Islam im Geschlechterverhältnis spielt. Türkische männliche Jugendliche werden verstärkt[26] als eine Problemgruppe thematisiert, deren Integration fraglich erscheint (vgl. Tertilt, 1996; Heitmeyer, 1997; Pinn, 1999). Gleichzeitig, insbesondere nach der Wiedervereinigung und damit der deutlichen Zunahme rassistischer Übergriffe auf Migranten/innen, entstehen eine Reihe von Arbeiten, die das Zusammenleben zwischen Migranten/innen und Deutschen unter dem Blickwinkel der nationalen/ethnischen Identität, des Selbstverständnisses der Deutschen und der Rolle der Deutschen im Integrationsprozess sehen (vgl. Lohauß, 1995; Honolka/Götz, 1999; Bommes, 1999; Jung/Wengeler/Böke, 1997; Reiterer, 1998).

In den 1990er Jahren entstehen auch eine Anzahl von Arbeiten, die der zunehmenden Ausländerfeindlichkeit damit entgegen treten wollen, indem der wirtschaftliche Nutzen der Migration und der Migranten/innen für Deutschland hervorgehoben wird (vgl. Gebauer, 1993). Insbesondere das Rheinisch-Westfälische Institut für Wirtschaftsforschung gibt zahlreiche Studien (u.a. 1996 im Auftrag des Ministeriums für Arbeit, Gesundheit und Soziales) über die „Kosten der Nichtintegration ausländischer Zuwanderer" (1996) heraus. Desgleichen betont auch das Zentrum für Türkeistudien in Essen immer wieder die Bedeutung der Beiträge türkischer Arbeitsmigranten/innen für die deutsche Wirtschaft. Auch die Publikationen der Bundesbeauftragten für die Belange der Ausländer stellen in eigenen Kapiteln („Über den Nettogewinn aus Zuwanderung") diesen wirtschaftlichen Nutzen als ein wichtiges Argument für ein Verbleiben der Ausländer/innen in Deutschland heraus (vgl. Schmalz Jacobsen, 1993: 260ff.).

Bis heute andauernd begann Ende der 1980er Jahre die Debatte um die (mögliche, erwünschte, bereits vorhandene, zu vermeidende, wie zu gestaltende) Multikulturalität der deutschen Gesellschaft. Je nach politischer Ausrichtung, Blick auf mögliche Vorbilder oder abschreckende Beispiele wurde die multikulturelle Gesellschaft als

---

24 Ausführlicher zu den Studien von Bernhard Nauck im Kapitel 2, S. 79ff.
25 Aufführlicher zu den Studien von Leonie Herwartz-Emden und ihrem Team im Kapitel 2, S. 81ff.
26 Frühere Arbeiten hierzu: vgl. Autorengruppe Ausländerforschung, die bereits 1981 ein Buch mit dem pragmatischen Titel: „Zwischen Ghetto und Knast. Jugendliche Ausländer in der Bundesrepublik" herausgegeben hatte.

„Wagnis der multikulturellen Demokratie", so der programmatische Untertitel des Buches von Cohn-Bendit und Schmid (1993), oder als „Chance zur Förderung des europäischen weltweiten friedlichen Zusammenlebens und für den gegenseitigen kulturellen Austausch" (Miksch, 1983: 33) begriffen. Andere, wie Leggewie, sahen in ihr eher eine „Dauerbaustelle", oder ein „stabiles Provisorium." (Leggewie, 1980: 8) Es fehlte jedoch auch nicht an scharfen Kritikern/innen und harscher Ablehnung. So verstanden die Unterzeichner des Heidelberger Manifestes die multikulturelle Gesellschaft als Bedrohung der deutschen Identität (vgl. Heidelberger Manifest). Tibi argwöhnte, dass die multikulturelle Gesellschaft in letzter Konsequenz gar „die Zerstörung der demokratischen Gesellschaft" (Tibi, 1996: 35) mit sich bringe, sollten die Deutschen weiterhin auf ihrem Kulturrelativismus beharren. Axel Schulte fasste die Diskussion um die multikulturelle Gesellschaft unter dem treffenden Titel: „Multikulturelle Gesellschaft: Chance, Ideologie oder Bedrohung" (Schulte, 1990: 3) zusammen.

Ende der 1990er Jahre erschienen in verstärkten Maße Arbeiten von Wissenschaftlern/innen, die selbst einen Migrationshintergrund aufweisen und die bundesdeutsche Migrationsdebatte mit ihrer Perspektive konfrontieren. So untersucht das von Gerdien Jonker herausgegebene Buch „Kern und Rand" (1999) die ethnische und religiöse Vielfalt der Türken/innen in Deutschland und trägt damit dazu bei, Türken/innen nicht nur als monolithisch islamischen Block wahrzunehmen. Das von Dursun Tan, Elçin Kürşat Ahlers und Hans-Peter Waldhoff herausgegebene Buch „Brücke zwischen Zivilisationen" (1997) beschreibt die historischen und gegenwärtigen Migrationserfahrungen bewusst aus Sicht der Migranten/innen und thematisiert dabei das Vorhandensein von Machtungleichheiten im deutsch-türkischen Verhältnis.

Die für diese Arbeit zentralen Studien zur ersten Generation entstanden ebenfalls seit Mitte der 1980er Jahre. Es handelt es sich hierbei in erster Linie um Arbeiten, die die nun älter werdende erste Generation der Arbeitsmigranten/innen als neue Klientel für die Sozialarbeit, Altenheime und Pflegeeinrichtungen „entdecken". Diese Studien bilden den Schwerpunkt des Kapitels 2, S. 84ff.

Neben den wissenschaftlichen Publikationen ist es der Mediendiskurs, der ebenfalls ein bestimmtes Bild der türkischen Männer zeichnet. Einige Beispiele, die zu einer kontroversen Diskussion in der fachlichen Öffentlichkeit geführt haben, stellt der folgende Exkurs exemplarisch dar:

4. Exkurs: Das Bild türkischer Männer im Mediendiskurs – einige ausgewählte Beispiele

- 1990 erscheint ein „Spiegel"-Artikel mit dem Ziel, die Situation der Türken/innen in der Bundesrepublik darzustellen. Mit dem reißerischen Titel „Knüppel im Kreuz, Kind im Bauch" eingeleitet, entwirft er ein Szenario brutal prügelnder und fortpflanzungsbesessener türkischer Ehemänner (vgl. Der Spiegel Nr. 44, 1990).
- Die Frauenzeitschrift EMMA weist 1993 in ihrem Sonderheft „Fundamentalismus" u.a. auf die Missstände in islamischen Familien hin. Das, was „Mitten unter uns" passiert, so der Titel eines Aufsatzes von Ursula Ott, kann bei allen feministisch und demokratisch denkenden Menschen nur zu sofortigen Aktionen zum Stopp der „Islamisierung des Abendlandes" führen (vgl. Emma Sonderheft 4 – Fundamentalismus, 1993).
- Wiederum „Der Spiegel" ist es, der 1997 unter dem Titel „Gefährlich fremd" vor der multikulturellen Gesellschaft und dem gesellschaftlichen Zündstoff der zweiten Generation in Kombination mit einem aggressiven Islam warnt (Der Spiegel Nr. 16, 1997).

Diese Beispiele sind beliebig fortsetzbar und durch eine Vielzahl sogenannter Sachbüchern[27] zu ergänzen, die in ihren wesentlichen Grundaussagen erstaunlich übereinstimmen:

- Der Islam stellt eine Bedrohung für den Westen dar.
- Die türkischen Frauen sind unterdrückt.
- Die türkischen Männer sind diejenigen, die unterdrücken, nicht zu einem partnerschaftlichen Verhältnis fähig sind und einen aggressiven Islam vertreten.

Ein Beispiel aus dem Mediendiskurs aus jüngerer Zeit, ist ein Artikel der in der „tageszeitung" (taz) (2.5.1997) erschienen ist und die oben getroffenen Aussagen noch einmal unterlegt, indem ausdrücklich die Männer als der „Gefahrenfaktor Nummer eins" für die multikulturelle Gesellschaft herausgestellt werden. Der Artikel trägt den Titel: „Die Multi-Kulti Debatte auf Irrwegen. Wir haben weniger ein Ausländer- als ein Männerproblem. Die Konflikte sind nicht nur ethnische, sondern vor allem sexistische."

Die Autorin Ute Scheub vertritt darin die Ansicht, dass das „Scheitern der multikulturellen Gesellschaft", wie es in dem „Spiegel"-Artikel: „Gefährlich fremd" (Der Spiegel Nr. 16, 1997) festgestellt wurde, weniger ein Problem von Migranten generell ist, sondern eher ein auf Geschlechterunterschieden beruhendes Phänomen darstellt. Was die vermeintliche Gewaltbereitschaft der jungen Türken/innen angeht, so stellt sie fest: „Auch die Anzahl der messerstechenden Türkinnen tendiert gegen Null. Die durch die Schlagzeilen geisternden ‚Ethnokrieger' könnte man also genauso gut als ‚Macho-Krieger' bezeichnen." Scheub bedient mit dem Bild des „messerstechenden" Türken ein uraltes Klischee, das seit Hunderten von Jahren im deutschen Kollektivbewusstsein verankert

---

27 Hinzuweisen ist hierbei auf die Bücher westlicher und auch arabischer Frauen, die ihren persönlichen Leidensweg in einem Harem, einem islamischen Land erzählen und deren Aussagen als „ist-Zustand" für die Situation in dem Land gesehen werden. Zu denken ist hier an das Buch von Betty Mahmmody: Nicht ohne meine Tochter; oder Sasson, Jean-P.: Ich, Prinzessin aus dem Hause Al Saud.

ist und immer wieder mit Türken verbunden wird[28], und stellt klar, dass dieses Bild nur auf die *Türkin* nicht zutreffend ist. Scheub setzt sich im Folgenden kritisch mit der Heitmeyer-Studie „Verlockender Fundamentalismus" (Heitmeyer, 1997) auseinander und kritisiert insbesondere die dort vertretene „Desintegrationsthese", um jedoch im nächsten Satz festzustellen: „Die ‚Desintegrations'-These trifft auf junge Türkinnen noch viel weniger zu als auf junge Türken. Erstere sind hochmotiviert, lernbegierig und streben qualifizierte Ausbildungen an. Wenn die Männer in ihren Familien sie denn lassen und nicht in Hinterhöfen einsperren, dann kommen sie viel besser in dieser Gesellschaft zurecht, als ihre männlichen Altersgenossen." Wieder wird der Türke als derjenige dargestellt, der die Frauen in ihrer Entwicklung bremst und dessen einziges Streben es ist, alte Muster zu tradieren: „Das ist nicht ‚Desintegration', sondern Integration von Nachwuchsmachos in alte patriarchale Muster, die es in der deutschen wie in der türkischen Kultur gibt." Worin genau diese Muster bestehen bleibt außer dem Satz: „Dem türkischen Mann gehören die türkischen Frauen – ob sie wollen oder nicht [...]" im Unklaren.

Scheub geht noch einen Schritt weiter, in dem sie in alter Sozialarbeiterinnentradition[29] die „Mitschuld der deutschen Gesellschaft" an dem Treiben der Männer und damit an den unwürdigen Lebensbedingungen der Türkinnen in Deutschland anprangert. „Wir schauen lieber weg, wenn 17-jährige Türken Frauen anpöbeln oder türkische Familienväter blutjunge Anatolierinnen als Zweitfrau oder Hausmagd nach Berlin bringen." Scheub resümiert, dass es in der deutschen Linken ein Tabu gäbe, sich kritisch mit den türkischen Männern auseinanderzusetzen, ohne sich damit dem Vorwurf des Rassismus auszusetzen.

Der Artikel ist ein typisches Beispiel dafür, wie im allgemeinen Diskurs verankerte Bilder, in diesem Fall der messerstechende, machohafte, patriarchale Türke, die unterdrückte türkische Frau und Mädchen nicht einmal erklärend eingeführt werden müssen. Die Autorin kann sich sicher sein, dass sie damit das thematisiert, was der Meinung eines großen Teils der deutschen Bevölkerung entspricht.

Zwischenbilanz

Ziel dieses Kapitels war es, einen Überblick in die Hauptthemen der deutschen Migrationsforschung zu geben und bereits an dieser Stelle einen kritischen Blick auf die Darstellung der türkischen Männer der ersten Generation zu werfen. Es sollte dabei deutlich geworden sein, dass die Männer der ersten Generation nur in den Anfangsjahren der Migrationsforschung als aktiv handelnde, wenn auch marginalisierte Subjekte wahrgenommen worden sind. Eine eigenständige Forschung über Männer der ersten Generation hat danach nicht mehr in nennenswertem Umfang stattgefunden. Die nachfolgenden Kapitel werden nun den türkischen Mann, so wie er durch

---

28 Vgl. hierzu auch das erste Kapitel dieser Arbeit: das historische Türkenbild in Deutschland.
29 Vgl. dazu das Buch von Baumgartner-Karabak/Landesberger (1978): Die verkauften Bräute.

Türkische Männer der ersten Generation: Die Studie von Werner Schiffauer

Studien über die Männer der ersten Generation sind selten und vor allem im Zusammenhang mit ihrer ökonomischen Situation (Lage auf dem Arbeitsmarkt, Diskriminierung auf dem Arbeitsmarkt etc.) entstanden. Die einzige meines Wissens nach qualitativ erhobene Arbeit, die explizit nur die „Vätergeneration"[30], wie sie in der vorliegenden Studie verstanden wird, zum Inhalt hat, ist die 1991 erschienene Arbeit von Werner Schiffauer: „Die Migranten aus Subay". Die Arbeit ist jedoch nicht „vorwärtsgerichtet", in dem Sinn, dass das Verhältnis der ersten Generation zur zweiten Generation im Vordergrund steht, vielmehr ist sie „rückwärtsgerichtet" und untersucht das Verhältnis der ersten Generation zu ihren eigenen Vätern, die nie in Deutschland waren.

Es handelt sich hierbei um die Fallanalysen von fünf Interviews mit türkischen Migranten und teilweise deren Frauen, die zum Erhebungszeitpunkt zwischen 15 und 20 Jahren als Arbeitsmigranten/innen in Deutschland und Österreich lebten. Schiffauer interessierte bei seiner Untersuchung die Frage, welcher Einfluss der Eintritt in die „Moderne" (die durch die Migration bedingte Wanderung nach Europa) auf die traditionellen Wertvorstellungen der Migranten/innen hatte und welche Konsequenzen sich für das eigene Lebenskonzept, den Umgang mit der Ursprungsgesellschaft und bezüglich der Erziehungsvorstellungen der eigenen Kinder aus diesem möglichen Wandel ergeben. Alle Befragten stammen aus dem gleichen kleinen Dorf im Pontusgebirge („Subay"), dessen Strukturen er als kollektivistisch beschreibt. Das Individuum zählt nicht und bekommt seinen Status durch den Status des Haushaltes, dem es angehört. Diese Haushalte sind es auch, denen Ehre zugeschrieben und abgesprochen wird (ebd.: 38). Die inneren Strukturen des Dorfes werden durch Tauschhandlungen bestimmt, in denen jeder jedem durch eine Vielzahl zu erbringender und zu erwartender Leistungen verpflichtet ist. Dieses Wechselspiel von Leistung und Gegenleistung bezieht sich auch auf das Verhältnis zwischen Eltern und Kindern. Die „Leistung" der Eltern gegenüber den Kindern besteht in der „einseitigen Pflege und Hingabe", während von den Kindern im Gegensatz dafür „eine prinzipielle Verpflichtung zu Gehorsam, Loyalität und Unterstüt-

---

30 Für Schiffauer sind sie die „Sohngeneration", da er ihr Verhältnis zu den in der Türkei verbliebenen Vätern untersucht.

zung im Alter" (ebd.: 36) erwartet wird. Schiffauer fasst seine Beobachtungen wie folgt zusammen:
- Jede/r einzelne nimmt einen Platz im Dorf ein, der ihm/ihr schon von Geburt an zusteht, den er/sie nicht hinterfragt, und den er/sie annimmt.
- Erfüllt ein/e einzelne/r seine/ihre Verpflichtungen gegenüber dem Kollektiv nicht, bringt er/sie damit nicht nur sich selbst, sondern seine/ihre Angehörigen in Misskredit.
- In Konfliktfällen wird nicht unbedingt demjenigen/derjenigen Solidarität entgegengebracht, der/die objektiv „Recht" hat, sondern demjenigen/derjenigen, dem/der man sich aus vielerlei Gründen verbunden sieht.
- Sein/ihr eigenes „Recht" kann nur der/die durchsetzen, der/die auf ein gut ausgebautes persönliches Netzwerk zurückgreifen kann (ebd.: 39f.).

Daraus folgt, dass das einzelne Individuum nur einen sehr beschränkten Handlungsradius besitzt und sehr fest in das Kollektiv der Familieneinheiten des Dorfes verwurzelt ist. Für die hier vorliegende Arbeit interessiert vor allem das Verhältnis der Söhne (=die erste Generation der Arbeitsmigranten in Deutschland, =die Väter in dieser Studie) zu ihren Vätern und der von Schiffauer festgestellten Veränderung der Sohngeneration gegenüber den traditionellen Normen und Werten der Herkunftsgesellschaft.

Schiffauer weist in seiner Arbeit zahlreiche Brüche und Konflikte zwischen den im Ausland lebenden Söhnen und den Vätern einerseits, und der dörflichen Welt andererseits auf: Mit der Migration (ansatzweise auch schon mit der Binnenmigration, die bei einigen der Befragten der Migration nach Deutschland und Österreich vorangegangen war) verliert sich die Selbstdefinition ausschließlich als Teil des dörflichen und des familiären Kollektivs. Dies äußerte sich beispielsweise in der Kritik (und dann auch Weigerung) der Befragten den erarbeiteten Lohn selbstverständlich als Investition in das Kollektiv zu sehen. Gleichzeitig stieg die Erwartung, für die eigenen Leistungen etwas vom Kollektiv zurückzubekommen. Hier baute sich im Laufe der Migration ein Konfliktpotential zwischen den Migranten (=Söhnen) und ihren Vätern mit den jeweiligen unterschiedlichen Erwartungen auf, da die Migranten die Selbstverständlichkeit in die Eingebundenheit und die Forderungen des Kollektivs mehr und mehr hinterfragten, während die Vätergeneration und das Kollektiv auf den althergebrachten Strukturen beharrten. Schiffauer resümiert: „Der Konflikt zwischen den Generationen um Recht und Verpflichtungen durchzieht alle hier diskutierten Lebensgeschichten."[31] (ebd.: 109)

---

31 Der „Generationenkonflikt" ist also keineswegs eine Erscheinung dieser Tage und erst im Zusammenhang der ersten zur zweiten Generation der türkischen Migranten/innen zu diskutieren.

Eine weitere gravierende Änderung fand durch die Migration in Bezug auf die Anerkennung von Autoritäten statt. Schiffauer hatte in seinen einleitenden Passagen erläutert, dass sich die Autoritäten im Dorf auf Geschlecht (Männer), Alter (ältere Männer) und Sozialstatus (angesehen sein) gründeten. Die Migranten brachten nun zwei weitere Dimensionen ins Spiel – die Macht des Geldes und die Macht des Individuums. Die Migranten waren nicht mehr bereit, fraglos bestehende Autoritäten anzuerkennen, was zu zahlreichen Konflikten im Dorf bei den jährlichen Besuchen führte.

Im Zusammenhang der vorliegenden Arbeit ist eine weitere Veränderung, die Schiffauer ausführlich darstellt, von Interesse: Es handelt sich dabei um Veränderungen von Erziehungsvorstellungen und Normen gegenüber den eigenen Kindern (= zweite Generation) im Gegensatz zu der selbst erfahrenen Kinder- und Jugendzeit. Im Dorf „Subay" fand die Erziehung in erster Linie durch Partizipation und Hineinwachsen in die vorgezeichneten Rollen statt. Das äußere Umfeld vermittelte die eigenen Werte und Normen, so dass den Kindern (den Jungen mehr als den Mädchen) in der Wahl der Außenräume mehr Freiheit gelassen wurde. Diese Bedingungen haben sich in der Migration geändert. Zum einen ist die Außenwelt nicht mehr identisch mit den eigenen Vorstellungen und zum anderen gibt es kein „natürliches Hineinwachsen" mehr in einen vorherbestimmten Platz in der Gesellschaft, wie das noch im Heimatdorf der Fall gewesen war. Schiffauer schließt aus seinen Beobachtungen, dass in Europa die Erziehung der eigenen Kinder in „Vorbereitung auf die Gesellschaft" zu einem klar artikulierten und bewussten Erziehungsstil führt, bei dem „Bildung" eine zentrale Rolle zukommt. Nicht mehr der Nutzen der Kinder für die Eltern steht im Vordergrund, vielmehr arbeiten die Eltern, um ihren Kindern (und den Enkelkindern) eine gute Ausbildung und damit einen angesehen Platz in der Gesellschaft zu ermöglichen[32] (ebd.: 237ff.).

Schiffauers Arbeit zeichnet sich durch eine differenzierte Analyse auf mehreren Ebenen aus:
- der intergenerationalen Ebene zwischen Vater und Sohn;
- der Gegenüberstellung zwischen Tradition („Subay") und Moderne („Europa");
- dem Spannungsfeld zwischen Individuum und Kollektiv.

---

32 Dies entspricht dem Übergang von dem von Kağıtçıbaşı entwickelten Familienmodell der ‚interdependence' zu dem Modell der ‚emotional interdependence'.

Dabei zeigt der Autor das hohe Veränderungspotential der Befragten und den (nicht immer) bewussten Übergang von einer mehr am Kollektiv ausgerichteten zu einer mehr am Individuum orientierten Identität.

„Je mehr Entscheidungen er [der Migrant] fällen muss, desto deutlicher treten die Oppositionen hervor, desto mehr wird sich das Individuum in und durch seine Geschichte seiner selbst bewusst." (ebd.: 190)

Meine Kritik richtet sich daher auch nicht gegen diese sehr differenzierte und zutreffende Beobachtung, sondern auf den Fakt, dass Schiffauer summa summarum ein doch bedrückendes Resümee zieht. Die „Migranten aus Subay" durchlaufen zwar einen Individualisierungsprozess, lernen ihre eigenen Lebensentwürfe zu verwirklichen, doch ist dies mit der Erfahrung der Entfremdung verbunden. Der Schlusssatz in Schiffauers Arbeit lautet:

„Mit anderen Worten Migranten und Bauern messen sich mit Maßstäben, die ihrem jeweiligen sozialen Kontext entsprechen – und verfehlen die Wirklichkeit des jeweils anderen. Sie reden aneinander vorbei. An diesen Auseinandersetzungen lässt sich ablesen, wie fremd sie einander geworden sind." (ebd.: 372)

Zu dieser Entfremdung in der Herkunftsgesellschaft definiert der Autor zugleich die Migration als solche als „Abfolge von Dilemmata" (ebd.: 175f.), wenn er anhand der Gegenüberstellung von ökonomischem Nutzen (Verbleib in Deutschland, Arbeitstätigkeit auch der Ehefrau, höheres Sparvolumen) mit sozialen Erfordernissen (Einschulung der Kinder in der Türkei oder in Deutschland, Trennung von den Kindern, Aufwachsen der Kinder in deutscher Umgebung mit all den vermuteten Folgeproblemen) konstatiert:

„Jede Entscheidung führte zu massiven Folgeproblemen und mündete in eine Erneuerung des Dilemmas – unter einer anderen Form. Oder anders: Die meisten Familien gerieten in eine Situation, in der sie sich entscheiden konnten, wie sie wollten – es stelle sich doch als falsch heraus." (ebd.: 175)

Die Migranten haben so eigentlich nur die Wahl, sich zwischen zwei falschen Möglichkeiten zu entscheiden. Die eigene Initiative und eventuell eine positive Sichtweise der eigenen Situation und Handlungen spricht Schiffauer ihnen somit ab. Der Autor ist in einem eigenen Kapitel der Frage nachgegangen, inwiefern die von ihm gefundenen Resultate allgemeingültigen Charakter haben (vgl. ebd.: 25ff.). Er kommt dabei zu dem Schluss, dass die Ergebnisse seiner Arbeit nicht dazu dienen, „Erscheinungen bei anderen Gruppen (hier also bei den türkischen Migranten, anderen Migranten etc.) zu prognostizieren – sie erlaubt es aber, diese anderen Gruppen besser zu diagnostizieren." (ebd.: 26) Schiffauer ist in der ganzen Arbeit bestrebt, deutlich zu machen, dass er die Migranten aus Subay mit den Verbliebenen in Subay vergleicht und nicht die Türken in Deutschland mit den Türken in der Türkei. Durch die häufige Nutzung des Begriffspaares, „die Migranten" und „die Bauern" entsteht jedoch der Eindruck, das Gesagte sei generell auf diese beiden Gruppen anwendbar – auch jenseits des Ortes Subay.

Zusammenfassend ist noch einmal hervorzuheben, dass es in der Arbeit von Schiffauer die Sohngeneration ist, die in Konflikte mit der Herkunftsgesellschaft gerät und die traditionellen Normen und Werte hinterfragt und teilweise ablehnt. Dies ist die gleiche Gruppe, der in Deutschland als „Vätergeneration" ein Festhalten an eben diesen Normen und Werten nachgesagt wird, was als ein Hauptfaktor für deren Integrationsprobleme, die Schwierigkeiten mit ihren Söhnen und für die Situation der türkischen Frauen und Mädchen gilt. Doch die Arbeit von Schiffauer zeigt, dass sich auch bereits die Männer der ersten Generation in Auseinandersetzungen mit ihren Vätern um Werte und Normen befunden haben und aus diesen Auseinandersetzungen Lehren für ihr eigenes Leben, die Bewertung der Dorfstrukturen und die Erziehung ihrer Kinder gezogen haben. Er schließt seine Studie jedoch mit dem pessimistischen Resümee, die Migration habe sich für die Migranten als die „Abfolge von Dilemmas" erwiesen. Im Schlussteil der Arbeit sind aus den aktiven Pioniermigranten, die ihre Migration teilweise gegen größte Widerstände seitens ihrer Väter durchgesetzt haben, Personen geworden, die sich immer nur zwischen zwei falschen Möglichkeiten entscheiden können.

Türkische Männer in der Frauenforschung – in Studien über türkische Frauen und Mädchen

Selbst wenn die Männer nicht ausdrücklich Ziel der Studien, Aufsätze, Analysen und Forschungsprojekte über Frauen sind, wird über sie doch eine Vielzahl an Informationen indirekt mitgeteilt. Sie tauchen in ihren familienbezogenen Rollen als Väter, als Ehemänner, Onkel oder Großväter auf, ohne selbst das Subjekt der Untersuchung zu sein. In diesem Kapitel soll untersucht werden, welche Bilder über die Männer in der Forschung über türkische Frauen indirekt vermittelt werden.

Im Folgenden möchte ich vier Studien vorstellen, die die Lebensbedingungen der türkischen Frauen und Mädchen zum Inhalt haben. Die beiden ersten Studien waren zum Zeitpunkt ihres Erscheinens weit verbreitet und galten bis in die 1990er Jahre als Standardwerke. Es handelt sich zum einen um die Arbeit der Berliner Sozialarbeiterinnen Andrea Baumgartner-Karabak und Gisela Landesberger: „Die verkauften Bräute" (1978) sowie die Untersuchung von Siegrid Meske: „Situationsanalyse türkischer Frauen in der BRD" (1983). Die dritte Studie: „Mädchen aus der Türkei" (1992) von Martina Spitzl und Sahika Yüksel ist die einzige mir bekannte Arbeit, die sich mit dem Thema „sexueller Missbrauch" an türkischen Mädchen in Deutschland auseinandersetzt und für dieses Thema als auseinandergesetzt und für dieses Thema als Standardwerk in der interkulturellen pädagogischen Arbeit gilt. Das Buch von Berril Özlem Otyakmaz: „Auf allen Stühlen" (1995) ist eine Arbeit, die von einer Vertreterin der zweiten Generation angefertigt wurde. Insofern ist das dort vorgestellte Männerbild besonders interessant und es wird zu untersuchen sein, ob es hier einen Unterschied zur Forschung deutscher Wissenschaftler/innen gibt.

Andrea Baumgartner-Karabak/Gisela Landesberger: Die verkauften Bräute

„Die verkauften Bräute" erschien erstmals 1978. Das Buch wurde zu einem viel zitierten Standardwerk in der Ausländerpädagogik, gilt als eine „wegweisend gewürdigte deutschsprachige Studie über türkische ‚Gastarbeiterinnen' [...]"[33] und erlebte zahlreiche Auflagen. Noch in der Bibliographie von Boos-Nünning von 1990 wird das Buch als eine „gut lesbare Einführung" geschildert, das „die Situation türkischer Frauen besser verstehen hilft [...]." (Boos-Nünning, 1990: 489) Ihre einzige Kritik bezieht sich auf die veralteten Aussagen zur rechtlichen Situation.

Die beiden Autorinnen, die in einem türkischen Kinderladen in Berlin als Sozialarbeiterinnen tätig waren, wollten auf die Situation der diskriminierten türkischen Frauen in Deutschland aufmerksam machen und zeigen, so Susanne von Paczensky in ihrem Vorwort, „dass das dörfliche Leben tatsächlich noch heute den alten Strukturen folgt, dass vor allem die strenge Trennung von Männer- und Frauenwelt, die Abschirmung der Frauen von allen Außenkontakten, die alleinige Entscheidungsgewalt des Familienvaters unbefragt weiterbesteht." (Karabak-Baumgartner/Landesberger, 1978: Vorwort)

Die Situation der in Deutschland lebenden Türkinnen sollte durch eine Analyse von deren Lebenssituation in der Türkei besser verstanden werden. Um dieses Material zu sammeln, verbrachten die Autorinnen einen Monat in einem türkischen Dorf. Die dort gesammelten Erkenntnisse bildeten die Basis ihrer Sichtweise „der" türkischen Frau.

Das Buch gliedert sich in zwei Teile. Teil eins schildert die „Situation der Frau in der ländlichen Türkei". Die jeweiligen Kapitel werden ergänzt durch die tagebuchartigen Beobachtungen der Autorinnen während ihres dortigen Aufenthaltes. Teil zwei überträgt diese Beobachtungen auf die Lebenssituation der Türkinnen in Berlin. Das Buch schließt mit Empfehlungen für die praktische Sozialarbeit mit Türkinnen.

---

33 Kritisch dazu Pinn, die bereits das Vorwort als klischeebelastet erkennt (Pinn, 1995: 19).

Beide Autorinnen waren bereits vor ihrer Türkeireise davon überzeugt, dass die türkische Frau diskriminiert und unterdrückt ist und waren in der Türkei auf der Suche nach den Strukturen, die diese Unterdrückung hervorbringen. Gleich zu Anfang wird der Islam als eine Stütze gesellschaftlicher Machtstrukturen herausgearbeitet. „Der Islam fordert Unterwerfung und bedingungslosen Gehorsam, nicht nur unter die Gesetze Allahs, sondern auch gegenüber dem weltlichen Herrscher." (ebd.: 19) Auch die Frauen müssen sich diesen Gesetzen unterordnen.

Der zweite Faktor, der die Rolle der Frau maßgeblich beeinflusst, liegt in der dominanten Stellung der türkischen Männer. Diese, in alten patriarchalischen Strukturen verhaftet, sind Herren über Landbesitz sowie Leben und Tod aller weiblichen Familienangehörigen. Die Autorinnen beschreiben in ihrer Studie vor allem die Großfamilie, in der nach ihrer Auffassung der größte Teil der türkischen Bevölkerung lebt (vgl. ebd.: 30). Nur eine Seite weiter berichten sie jedoch, auch in türkischen Dörfern bestehe mehr als die Hälfte der Familien aus Kleinfamilien (vgl. ebd.: 32). Dieser Widerspruch wird nicht kommentiert. So wird dann die Großfamilie als die zu beschreibende Gesellschaftsstruktur näher untersucht: „Die Grundlage der Großfamilie ist Landbesitz, Söhne, Arbeitstiere und die uneingeschränkte Autorität des Vaters." (ebd.: 30)

Die Autorinnen stellen zunächst fest, dass die Lebens- und Arbeitsbereiche von Männern und Frauen streng getrennt sind. „Es gibt klar abgegrenzte Aufgaben- und Lebensbereiche, Überschneidungen im Sinne gemeinsamer Arbeitsbereiche von Mann und Frau gibt es kaum." (ebd.: 39) Beide verrichten verschiedene Tätigkeiten, wobei diesen Tätigkeiten eine unterschiedliche gesellschaftliche Wertung entgegengebracht wird:

„So wird die Arbeitsleistung der Frau nicht deshalb als minderwertige Leistung betrachtet, weil es sich um eine qualitativ niedrige handelt, sondern weil sie von einer Frau geleistet wird, die innerhalb der familiären Hierarchieebene eine minderwertige Position hat." (ebd.: 42)

Die Rolle des Mannes ist eine dominante, allgegenwärtige, die das Leben aller weiblichen Familienangehörigen prägt und bestimmt. Neben dem Islam und den patriarchalischen Strukturen ist es das Konzept der Ehre, das die Frauen einschränkt, behindert und dem sie ausweglos unterworfen sind. „Die Ehre bildet den obersten Wert in den türkischen Dörfern, und darin gibt es keine Toleranz." (ebd.: 48) Dem Mann obliegt es, auf die Einhaltung der Ehre zu achten und diese, wenn nötig, mit Gewalt wieder herzustellen:

„Ein ehrenhafter Mann muß für seine Ehre kämpfen. Beleidigungen müssen verfolgt und gerächt werden. [...] Er muß die Ehre seiner Frau rein von Geschwätz halten.

‚Wenn erforderlich, indem er die ins Gerede geratene Frau oder den Verleumder tötet'." (ebd.: 48)

Die Ehre verlangt die scharfe Kontrolle über die weiblichen Mitglieder des Haushaltes mit sich. Daher ist jeder Vater darauf bedacht, seine Töchter in möglichst jungem Alter zu verheiraten. „Dieses ‚Geschäft' ist Sache des Vaters des Mädchens und des Vaters des Jungen. Die Mütter haben, wenn überhaupt, nur beratende Funktion." (ebd.: 54) Der Vater entscheidet selbstherrlich, über mögliche Interessen seiner Kinder hinweg, und ohne sich mit seiner Frau zu besprechen, über das eheliche Schicksal seines Nachwuchses. Die Verheiratung, so die Autorinnen, ist ausschließlich eine Sache zwischen den Männer (den Vätern). Den Kindern wird lediglich ein Objektstatus zugeschrieben:

„Daran wird ziemlich deutlich, dass die Verheiratung der Mädchen zur Prestigesache des Vaters wird, das Mädchen dabei Objekt und Ware ist, die ihren Preis hat und hoch oder niedrig gehandelt wird." (ebd.: 55)

In die Erziehung der Kinder greift der Vater in dem Moment ein, wo die Kinder ins schulpflichtige Alter kommen und übernimmt vor allem die Erziehung der Söhne „und behandelt diese mit Strenge und Autorität (ebd.: 65). Die Mädchen werden von ihren Müttern an ihre späteren hausfraulichen Tätigkeiten herangeführt. Die Autorinnen schließen ihre Analyse für die Situation der Frauen in der Türkei mit der Aussage, dass türkischen Frauen und Mädchen ein selbstbestimmtes Leben vorenthalten wird:

„Entscheidungen werden für sie zuerst vom Vater getroffen, nach der Hochzeit vom Ehemann. Auf die Wahl des Ehepartners hat sie wenig Einfluss. Ihre Rolle im Hauhalt ist gekennzeichnet durch bedingungslose Unterordnung unter Ehemann und Haushaltsvorstand. Ihre soziale Stellung innerhalb der Familie und im Dorf ist über ihre Söhne definiert. Sie ist neben ihrer Arbeit auf den Feldern für die Reproduktion der Familie verantwortlich, Mann und Kinder sind von dieser Arbeit abhängig." (ebd.: 68)

Die oben beschriebenen Faktoren verhärten sich nach Auffassung der Autorinnen noch durch die Migration nach Deutschland. „Diese Frauen kommen also nun in die totale Abhängigkeit von einem Mann, der als Träger der Außenkontakte und jetzt noch zusätzlich als Alleinverdiener seine Macht über sie ausüben kann." (ebd.: 99) Die Tatsache, dass ein Viertel der angeworbenen Arbeitskräfte aus der Türkei Frauen waren, führen die Autorinnen darauf zurück, dass diese Frauen von ihren Familien und Männern zur Migration nach Deutschland gezwungen worden sind, um ihre Männer nachzuholen. Sie wurden quasi „als verkaufte Bräute" nach Deutschland gebracht. „Dieselben Männer, die sie in der Türkei im Haus und Dorf gehalten hatten, schickten sie nun ins Ausland, was nur aus den extrem schlechten Lebensbedingungen zu erklären ist." (ebd.: 72) In Deutschland stoßen sie, insbesondere wenn sie erst einmal ohne ihren Ehepartner eingereist sind, auf Türken, die durch das lange Getrenntleben von ihren Ehefrauen einem starken, nicht zu zügelnden Sexualtrieb ausgeliefert sind: „Gerade für die besonders häufig von ihren Frauen getrennt lebenden Türken ist die Befriedigung sexueller Bedürfnisse ein besonders großes Problem." (ebd.: 102) Diese Männer nutzen dann die Gutgläubigkeit dieser Frauen aus.

„Sie [die Frauen] geraten oft an Männer, die ihr die Ehe versprechen, obwohl sie selbst in der Türkei Frauen und Kinder haben. Die Frauen sind sehr vereinsamt und gutgläubig und fallen leicht auf einen Mann herein, weil sie es nicht gelernt haben, selbstverantwortlich zu handeln. Sie kommen viel eher als Deutsche in die Lage, ein uneheliches Kind zu bekommen."[34] (ebd.: 101)

Über das von Baumgartner-Karabak/Landesberger vermittelte Bild der türkischen Frau ist bereits viel geschrieben worden (vgl. Lutz, 1991; Pinn, 1995; Spohn, 1992). Einstimmigkeit herrscht dabei bezüglich der Tatsache, dass die Analyse der beiden Autorinnen zu wenig differenziert ist, die Binnenmigration in der Türkei und deren Auswirkungen auf Familienstrukturen nicht beachtet, und ein einseitiges Bild „der türkischen Frau" wiedergibt. Auch die Situation der Frauen nach ihrer Migration nach Deutschland wird nur sehr einseitig, oberflächlich und verfälscht von eigenen ethnozentristischen Interpretationen wiedergegeben.

Ich möchte an dieser Stelle den Blick auf das Bild werfen, das von den türkischen Männern vermittelt wird. Diese wurden als die Hauptfaktoren der Unsicherheit und Unfähigkeit der türkischen Frauen ein selbstbestimmtes Leben zu führen, ausgemacht. Darüber hinaus wurde deutlich, dass sie es sind, die den Lebensweg einer Frau von der Wiege bis zum Grab bestimmen. Zwar sind es die Frauen, die im Mittelpunkt der Untersuchung der beiden Berliner Sozialarbeiterinnen stehen, doch sind es die Männer, die als handelnde Subjekte dargestellt werden, während die Frauen auf die Opferrolle beschränkt bleiben[35].

Über die türkischen Männer in der Türkei wird Folgendes mitgeteilt:
- Sie sind die eigentlichen Herrscher über Haus, Hof, Wohlergehen und Leben der weiblichen Familienmitglieder;
- Sie bestimmen, und zwar alleine, wen ihre Kinder heiraten;
- Diese Ehen werden ausschließlich nach (familien-)ökonomischen Gesichtspunkten getroffen;

---

[34] Die Autorinnen haben die Passage dem Gespräch mit einer Kreuzberger Sozialarbeiterin entnommen.
[35] Zur Opferrolle vgl. Lutz, 1991: 248ff.

- Sie achten auf die Einhaltung und Wiederherstellung der Ehre. Dazu üben sie ein autoritäres Regime über die weiblichen Familienmitglieder aus;
- Sie lassen ihre Frauen für sich arbeiten, während sie sich selbst mit ihresgleichen zum Tee trinken und Tavla spielen zurückziehen;[36]
- Durch ihre bloße Anwesenheit schränken sie die Lebensfreude der Frauen ein[37];
- Sie erziehen ihre Kinder autoritär und stehen damit im Gegensatz zu den Frauen, denen die Rolle der „Nachgiebigen" zukommt;
- Sie können ihre Frauen gegen deren Willen nach Deutschland und zur dortigen Arbeitsaufnahme schicken.

Die Türken in Deutschland setzen dieses konstatierte Verhalten fort:
- Sie schicken ihre Frauen als Arbeitskräfte vor, um dadurch selbst einen erleichterten Zugang zum Arbeitsmarkt zu bekommen;
- Sie kommen mit den Normen einer „modernen Industriegesellschaft" nicht zurecht;
- Sie unterstützen ihre Frauen kaum, obwohl diese in Deutschland ihr komplettes soziales Netz verlieren und auf den Mann angewiesen sind;
- Kam die Frau als Pioniermigrantin nach Deutschland, kommen viele Männer nicht mit deren Wissensvorsprung zurecht und lassen sich scheiden;
- Alleinstehende türkische Frauen gelten für die türkischen Männer quasi als „Freiwild".

Das in diesem Buch vermittelte Bild des türkischen Mannes ist das eines autoritären Patriarchen, der sowohl in der Türkei als auch in Deutschland selbstherrlich Entscheidungen über die weiblichen Mitglieder seines Haushaltes trifft. Im Gegensatz zu den Frauen, bei denen die Autorinnen noch eine (oberflächliche) Unterscheidung in städtische und ländliche Lebensformen und -bereiche treffen, bleibt der türkische Mann in der Charakterisierung undifferenziert und schablonenhaft. Ob auf dem Land lebend, in der Stadt arbeitend oder gar nach Deutschland migriert, er ist immer

---

36 Im Text folgendermaßen dargestellt: „Ferner konnten wir eine wesentlich höhere Arbeitsbelastung der Frauen gegenüber den Männern feststellen; auf das Jahr verteilt vor allem deshalb, weil die Männer im Winter keine Feldarbeit machen müssen. [...] Die Männer treffen sich in einem köy odasi [...] trinken Tee, spielen Tavla und unterhalten sich, während die Frauen sich weiter um Ernährung, Kleidung und Kinderversorgung kümmern müssen." (ebd.: 39) Interessant wäre an dieser Stelle die Quelle gewesen, woher die Autorinnen dieses Wissen haben, da sie selbst lediglich einen Monat (April) in einem einzigen türkischen Dorf verbracht haben. Diese kurze Zeitspanne reicht scheinbar aus, um diese verallgemeinernden Aussagen zu treffen.
37 Im Buch dargestellt am Beispiel von einem Fest von Frauen, bei dem getanzt und gelacht wurde. Als im Hof eine Tür quietscht und eine Männerstimme hörbar wird, halten alle Frauen inne und trauen sich erst dann weiterzutanzen, als der Mann wieder gegangen ist.

der Gleiche, macht keinen Wandel durch, hält starr an seinen Rollenbildern fest und ist der maßgebliche Faktor für die unterdrückte Rolle der Frau.

Sigrid Meske: Situationsanalyse türkischer Frauen in der BRD

Die zweite Studie von Sigrid Meske: „Situationsanalyse türkischer Frauen in der BRD" (1983) ist ähnlich aufgebaut wie die weiter oben vorgestellte Arbeit. Sie gliedert sich in zwei Teile, wobei der erste Teil die Situation der Frauen in der Türkei und der zweite die Lage der Frauen in Deutschland analysiert. Wie in dem Buch von Baumgartner-Karabak/Landesberger sind im ersten Teil Auszüge aus dem Reisetagebuch der Autorin integriert. Das Novum hierbei ist, dass kurze Auszüge aus Interviews mit türkischen Frauen der ersten Generation aus Deutschland miteinfließen, um die eigenen Schlussfolgerungen zu untermauern. Eine angewandte Methodik ist in diesem Buch nicht zu erkennen. Die Autorin gibt keine Hinweise darauf, wie sie ihre Interviews auswertet. Sie gliedert die Interviews inhaltlich nach den Schwerpunkten Türkei (Sozialisation, Kindheit, Ausbildung, Ehe, Ansichten) und Deutschland (erste Zeit der Migration, Arbeit, Kinder, Zukunft, Ansichten). Erst auf Seite 92, gegen Ende des Buches, benutzt sie das Wort „Inhaltsanalyse", ohne den Begriff theoretisch einzuordnen. Den einzigen Hinweis auf das methodische Vorgehen gibt der Satz: „Dies[38] entspricht meiner Intention, denn durch die Möglichkeit der ‚freien Erzählung'lassen sich Gedanken und Eindrücke am prägnantesten wiedergeben." (ebd.: 69) Die Interviewpassagen mit türkischen Frauen, in denen u.a. auch ein bestimmtes Männerbild (ein Bild aus „zweiter Hand") transportiert wird, möchte ich genauer darlegen.

Die Motivation zum Schreiben dieses Buch sieht die Autorin in dem Wunsch den türkischen Frauen zu helfen (vgl. ebd.: 7), die sie bei ihren Besuchen bei türkischen Familien als dem Manne untertan und unselbständig erlebt hatte. „Die Frau war ständig damit beschäftigt, die Wünsche ihres Mannes zu erfüllen." (ebd.: 7)

Ähnlich wie Baumgartner-Karabak/Landesberger sieht sie den Islam und die Männer, die ihren traditionellen Rollen verhaftet bleiben, als die Hauptfaktoren für die in ihren Augen bedrückende Situation der türkischen Frauen. Dabei wird der Islam, vor allem in seiner sunnitischen Prägung, sehr undifferenziert und plakativ dargestellt, wie die folgende Textstelle verdeutlicht:

---

38 Bei dem „dies" handelt es sich darum, dass Frau Meske darauf hinweist, dass sie durch ihre Arbeit intensive Kontakte mit Türkinnen hat und die Interviews diesen Frauen die Möglichkeit geben, ihre Situation und Geschichte aus ihrer Sicht darzustellen.

„Die Sunniten vertreten die Auffassung, dass der Islam den Frauen jegliche Rechte verweigert, sie erniedrigt und damit die Emanzipation auf seiner Grundlage unmöglich macht." (ebd.: 40)

Bedeutend differenzierter behandelt das Buch jedoch die verschiedenen Familienstrukturen in der Türkei und analysiert dabei ausführlich die Unterschiede zwischen der Stadt-Landbevölkerung sowie den unterschiedlichen Familienformen und zeigt, dass durch den ökonomischen Wandel in der Türkei und die städtische Lebensweise „[der] herkömmliche[n] Familienstruktur, sowie [der] absolute[n] Machtposition des Familienvorstandes zunehmend [die] Grundlage entzogen [wird]." (ebd.: 27) Dennoch werden auch in dieser Studie stereotype Bilder über Männer aufgenommen, indem z.B. vieles unhinterfragt aus der Arbeit von Baumgartner-Karabak/Landesberger übernommen wird[39]. Auch wenn Meske einen langsamen Wandel im Bewusstsein einzelner Männer feststellt, wird „der türkische Mann" als ein patriarchalisch orientiertes Subjekt dargestellt, das über die weiblichen Mitglieder des Hauses, seine Frau und seine Töchter, bestimmt. In den traditionellen und erweiterten türkischen Familien kommt „der Autorität des Vaters durch seine Rolle als ,instrumentaler Führer'der Produktionseinheit Familie besondere Bedeutung zu." (ebd.: 34)

Auch für sie sind die „Trauungsformen", bei denen sie feststellt, dass einzig und allein der Vater über den zukünftigen Ehemann der Tochter befindet, Beleg dafür, „dass die Frau kein selbstbestimmtes Leben führen darf, sondern den Stellenwert einer Ware einnimmt." (ebd.: 47) Im Gegensatz zu Baumgartner-Karabak/Landesberger, die die Frauen als passive Wesen wahrgenommen haben, die sich willenlos und widerstandslos der Autorität der Männer beugen, führt Meske aus, dass die Frauen in der Türkei durchaus wüssten, dass ihnen Rechte zustehen, dass sie diese aber nicht einklagten. Auch ein vermehrtes politisches Bewusstsein gegenüber allgemeinen gesellschaftlichen Ungleichheiten führe nicht dazu, dass an der Basis des Patriarchats gekratzt würde. Etwas konsterniert stellt die Autorin fest:

„Dies[40] widerlegt meine Vermutung, dass Frauen, die in progressiv orientierten politischen Gruppen mitarbeiten, dies unter anderem mit der Intention tun, ihre geschlechtsspezifische Rolle zu verändern." (ebd.: 53)

Frauen, die sich ihrer Rechte zwar bewusst sind, und für sich eigentlich ein anderes Leben wünschen und Männer, die sie daran hindern, diese Rechte einzuklagen – die-

---

39 So die Aussage, Frauen hätten eine wesentlich höhere Arbeitsbelastung, da Männer im Winter nicht arbeiteten (vgl. Meske, 1988: 29).
40 Das ‚dies' bezieht sich auf eine Untersuchung von Frauen in der Türkei und Europa, die sich für politische Partizipation einsetzten. Ihre Forderungskataloge bezogen sich in keinem Punkt auf die zu verbessernde Situation der türkischen Frau (vgl. Meske, 1988:52f.).

ses Szenario wird in den Interviewausschnitten deutlich, die Meske im zweiten Teil ihrer Analyse, in der es um die Lebenssituation der türkischen Frauen in Deutschland geht, immer wieder einfügt. Die Frauen reden über ihre Väter und Ehemänner und schaffen damit „Bilder aus zweiter Hand". Die Männer selbst kommen nicht zu Wort. Meske unterscheidet zwischen Frauen, die „traditionell" erzogen wurden und Frauen, die „traditionell mit westlichem Einfluss" erzogen wurden. Lediglich im Fall einer politisch engagierten Türkin, die einen Mann der gleichen politischen Orientierung geheiratet hatte, fand eine Arbeitsteilung im Haushalt statt und das Ehepaar trat in der „Außen- und Innenwelt" als Paar auf. In allen anderen Fällen werden über die Männer und deren Macht ähnliche Aussagen getroffen:

- Der Ehemann einer Frau ist quasi wie ein Gott. „Sie[41] hat auf ihren Mann gehört. Das ist immer diese Angst. So mit Hölle zu tun, weißt du, bei uns Mann zweiter Gott. Du mußt fürchten und Respekt haben vor Gott und Ehemann." (ebd.: 70)
- Die Väter haben einen autoritären, durch die Religion verstärkten Erziehungsstil. „So direkt grausam oder Schläge war er nicht, aber er hat in der Hand immer den Koran, zu religiös gewesen." (ebd.: 70)
- Die Väter wollen nicht, dass die Töchter eine Ausbildung machen und sind bestrebt, sie jung zu verheiraten. „Ich wollte arbeiten und selbständig sein. Habe ich angefangen, heimlich Abendgymnasium zu machen und Schreibmaschine zu lernen. Hat nur kurz gedauert, dann großer Krach mit meinem Vater." (ebd.: 71)
- Die Ehemänner zwingen ihre jungen Frauen dazu, auch in Deutschland, Traditionen aufrechtzuerhalten, die die Frauen für sich nicht möchten. „Noch nach drei Jahren in Deutschland hat mein Mann verlangt, dass ich noch die traditionelle Kleidung, Kopftuch, Hose, Kleid tragen muß." (ebd.: 75)

Die Frauen haben sich gegen diese Dominanz durch die Väter und Ehemänner teilweise aufgelehnt, werden jedoch durch das türkische Umfeld und dessen Erwartungen an eine ehrbare Frau, Tochter, Mädchen wieder in ihre Schranken verwiesen. Im Vergleich zu den Frauen, die in ihrer Entwicklung differenziert dargestellt werden, deren Gedankengänge dem/der Leser/in verdeutlicht werden, erscheinen die Männer zwar als Statisten (sie berichten nicht selbst, es wird über die berichtet), aber als diejenigen grauen Eminenzen, die das Leben ihrer Frauen und Töchter massiv beeinflussen. Nur am Rande sei hier bemerkt, dass in einigen Interviews mit den Frauen die Mutter als die Person beschrieben wurde, die noch stärker als der Vater auf die Einhaltung der Tradition und der Ehre beharrte. Auf diese Aussagen geht die Autorin jedoch mit keinem Wort ein. In ihrer Zusammenfassung sind und bleiben es

---

41 Die Mutter.

die Männer, die für die Unterdrückung verantwortlich sind und die auch in der Migration an ihren starren Werten und Normen festhalten.

Martina Spitzl/ Sahika Yüksel: Mädchen aus der Türkei

Beide Autorinnen schreiben dieses Buch aus der praktischen Arbeit u.a. mit missbrauchten türkischen Frauen und Mädchen heraus. Martina Spitzl ist Sozialarbeiterin in Berlin, die durch ihre Berufspraxis auf das Thema stieß und ihre Diplomarbeit in diesem Bereich anfertigte. Ihr ist dabei bewusst, dass sie ein Thema bearbeitet, über das es kaum theoretische und empirische Arbeiten gibt und das in höchstem Maße tabuisiert ist (Spitzl/Yüksel, 1992: 9f.). Sahika Yüksel ist Professorin an einer Istanbuler Klinik und arbeitet dort schwerpunktmäßig mit weiblichen Opfern sexueller Gewalt. Auch sie betont, wie schwierig es sei, Angaben der Opfer oder gar statistische Zahlen darüber zu erhalten. Beide Autorinnen gehen von einer extrem hohen Dunkelziffer aus.

Im Folgenden beschränke ich mich auf den Teil von Martina Spitzl, da sie die Bedingungen türkischer Familien in der Migration näher untersucht hat. Sie zeigt in ihrem Teil, „welche Konflikte für türkische Familien durch die Migration in die Bundesrepublik Deutschland entstehen und inwieweit die Bedingungen der Migration sexuellen Mißbrauch an Mädchen begünstigen können." (Spitzl/Yüksel, 1992: 10) Anhand internationaler Studien arbeitet sie zunächst die Faktoren heraus, die den Missbrauch von Mädchen begünstigen. Es sind dies:
- Soziale Isolation der Familie (vor allem Familien im ländlichen Bereich sind gefährdet),
- Stiefvaterfamilien,
- Sexualfeindliche Erziehung,
- Gestörtes Verhältnis der Eheleute,
- Bestehendes Macht- und Bildungsgefälle zuungunsten der Mutter,
- Rolle der Mutter (erhöhtes Risiko, wenn die Mädchen nicht mit der biologischen Mutter zusammenleben; lange Phasen der Abwesenheit der Mutter; gestörtes emotionales Verhältnis zwischen Mutter und Tochter) (Spitzl; Yüksel, 1992: 20ff.).

Diese Faktoren überträgt sie im Folgenden auf die „Sozialisation von Mädchen in der streng patriarchalen türkischen Gesellschaft." (ebd.: 27) Die Autorin erklärt auf den folgenden Seiten die Sozialisation von Mädchen in der Türkei auf eine höchst widersprüchliche Weise:
- Die türkische Gesellschaft befände sich in einem Umbruchprozess und eigentlich könne man keine verallgemeinernde Aussagen treffen. Trotzdem spricht sie

davon, dass in der Türkei „das Patriarchat [...] noch weitestgehend ungebrochen ist [...]." (ebd.: 27)
- Einerseits konstatiert sie, dass Großfamilien kaum noch existierten, was sie jedoch nicht davon abhält zu schließen: „Das traditionelle Bild einer türkischen Familie ist das der Großfamilie [...]." (ebd.: 28)
- Auf der einen Seite stellt sie fest, dass sich die Familienstrukturen ändern, behauptet jedoch gleichzeitig, dass der Islam das Familienleben bestimmt. „Die Vormachtstellung des Mannes ist in der Religion festgeschrieben, und viele türkische Frauen scheinen sie fast schicksalsgleich hinzunehmen." (ebd.: 28)

Obwohl die Autorin mehrfach darauf hinweist, es sei äußerst schwierig, allgemeine Aussagen über die türkische Gesellschaft zu treffen, tut sie genau das, wenn sie „vom Idealtypus der ‚traditionellen' türkischen Gesellschaft" (ebd.: 28) ausgeht. Reicht die Datenlage über die Türkei nicht aus, verwendet die Autorin zur Untermauerung ihrer Thesen Zitate von Autorinnen aus dem arabischen Raum, wohl in der Annahme, eine „islamisch patriarchal geprägte Gesellschaft" gleiche der anderen. Obgleich der Fokus auf den Frauen und Mädchen liegt, sind es die Männer, die hier als Täter (Missbrauch) im Vordergrund stehen. Fasst man ihre Aussagen über „den türkischen Mann" in der Türkei im „Idealtypus der traditionellen Familie" zusammen, so ergibt sich folgendes Bild:
- Die Männer sind die unumschränkten Herrscher über die Frauen ihrer Familie und betrachten sie als ihren Besitz (vgl. ebd.: 34).
- Auf die Geburt einer Tochter reagieren sie nicht selten aus Enttäuschung mit Misshandlung der Frau (vgl. ebd.: 29f.).
- Frauen und Mädchen sind zur Befriedigung ihrer sexuellen Erwartungen da. „Zusätzlich erfährt ein türkisches Mädchen die Entwertung ihres Geschlechts tagtäglich in der eigenen Familie durch die klare Festlegung ihrer zukünftigen Rolle als Bedienung und Sexualobjekt der Männer." (ebd.: 31)
- Bekommen Männer nicht das, was sie wollen (eine bestimmte Frau zur Ehefrau), können sie die Frau entführen, vergewaltigen und sie dadurch zwingen sie zu heiraten, weil dann kein anderer Mann sie mehr heiraten würde[42] (vgl. ebd.: 36f.).
- Männer sind die Hüter der Ehre und schrecken auch vor Mord an den Frauen nicht zurück (vgl. ebd.: 41).
- Für Männer bedeutet die Heirat, einen neuen „Besitz", nämlich die Frau, zu erhalten (vgl. ebd.: 42). Gefühle spielen bei dieser Transaktion kaum eine Rolle.

---

42 In den von mir durchgeführten Interviews war die „Entführung" der Frau oft die einzige Möglichkeit für ein Paar gegen den Willen der Eltern zu heiraten. Auf diesen Aspekt geht die Autorin mit keinem Wort ein.

Durch die Migration nach Deutschland kommt es zu einer für die Frau gefährlichen Verschärfung der Situation, da sie aus dem Schutz der Großfamilie heraustreten und nun plötzlich in Kleinfamilien leben müssen.[43] Wiederum sind es die Männer, deren Reaktion auf die Migration Spitzl näher darstellt:

„Durch die Migration erfahren türkische Männer eine massive Infragestellung ihrer Identität. Sie werden in ihrer männlichen Autorität verunsichert. Ein Ausdruck dieser Verunsicherung findet sich vermehrt in Krankheiten [...], Alkoholismus und Gewalt in der Familie." (ebd.: 45)

In äußerst verallgemeinernder Weise attestiert sie allen türkischen Männern pathologisches Verhalten. Auch hier erfolgt keinerlei Einschränkung, dass dies vielleicht nicht für alle Männer gilt. Die Autorin führt weiter aus, dass die Männer auf die nicht vorhandene Geschlechtertrennung in der deutschen Öffentlichkeit mit der Angst reagieren, ihre Ehre könne verletzt werden, wenn sich ihre Frauen und Töchter in der Öffentlichkeit zeigen und versuchen daher, den Radius der weiblichen Mitglieder einzig auf das Haus zu beschränken. „Der Aktionsradius türkischer Frauen wird nicht selten durch die Männer auf ein Minimum, das heißt einzig und allein auf die Familie reduziert." (ebd.: 47)

Das in dieser Studie über die türkischen Männer gezeichnete Bild ist durch und durch negativ, verallgemeinernd und eine nicht durch die Auseinandersetzung mit der durchaus vorhandenen kritischen Literatur (Herwartz-Emden; Nauck; Kağıtçıbaşı etc) getrübte Aneinanderreihung von Vorurteilen und Vorannahmen. Der türkische Mann wird pathologisiert, als durch den Islam legitimisierter Macho dargestellt, der die Frauen lediglich als (Lust-)Objekte seines Haushaltes wahrnimmt. All dies kumuliert in der Schlussfolgerung der Autorin darin, dass die Migration und der damit einhergehende Identitätsverlust der Männer den Missbrauch an türkischen Mädchen, als den schwächsten Glieder in der Familie, fördert (vgl. ebd.: 50).[44]

Auch hier interessiert die Frage, woher die Autorin das Wissen um das Wesen des türkischen Mannes nimmt. Sahika Yüksel, die aus ihrer praktischen Arbeit mit missbrauchten Frauen und Mädchen in der Türkei berichtet, legt ihre Quellen offen, wenn sie schreibt: „Unsere Kenntnisse über die Väter leiten wir deshalb vorwiegend

---

43 Hier gibt es keinen Hinweis der Autorin darauf, dass die „Großfamilie" doch eigentlich gar nicht mehr existiert.
44 Ich möchte hier keineswegs abstreiten, dass es sexuellen Missbrauch in türkischen Migrantenfamilien gibt, genauso wie er in deutschen Familien und Familien in der Türkei anzutreffen ist. Ich möchte jedoch durchaus kritisch anmerken, dass die Faktoren, die diesen Missbrauch begünstigen, nicht einzig und allein in der patriarchal-islamischen Struktur der Männer und der Gottergebenheit der Frauen in dieses Schicksal liegen.

aus den Angaben der Töchter, der Ehefrauen und anderer Familienangehöriger ab."
(ebd.: 74) Martina Spitzl schreibt aus der Praxis, beruft sich auf die Erfahrungen anderer Kollegen/innen und konstatiert, dass es extrem schwierig sei, den Kontakt mit den türkischen Familien herzustellen. Da sie feststellt, dass es wenig theoretische und empirische Arbeiten zu ihrem Thema gibt, „stütze ich mich im wesentlichen auf eigene Arbeitserfahrungen und den Erfahrungsaustausch mit Sozialarbeiterinnen über deren Arbeit mit türkischen Mädchen und deren Familien. Daneben beziehe ich mich auf Literatur zur Situation von Frauen in anderen islamischen Kulturen wie Ägypten, Marokko, Irak und Iran." (ebd.: 10)

Berichteten in den weiter oben vorgestellten Studien die Frauen und Mädchen über ihre Ehemänner und Väter, wird man in der Arbeit von Spitzl und Yüksel gar mit einem Bild aus „dritter Hand" konfrontiert: Die Autorin gibt wieder, was ihre Kollegen/innen berichten, die ihrerseits die türkischen Frauen und Mädchen nach ihren Männern und Vätern befragt haben. Auch die selbstverständliche Übertragung der Situation in Ägypten, Marokko, dem Irak oder dem Iran auf die Türkei, unter der Vorannahme, es handele sich überall um muslimische Gesellschaften, ist so nicht zulässig und verzerrt das Bild.

Berrin Özlem Otyakmaz: Zwischen allen Stühlen

Die Studie von Berrin Özlem Otyakmaz wurde vor allem deswegen ausgewählt, weil sie eine der (bisher) wenigen veröffentlichten Arbeiten von türkischen Migranten/innen der zweiten Generation ist. In diesem Zusammenhang interessiert besonders, ob hier das Bild türkischer Väter anders dargestellt wird als in der mehrheitlich von deutschen Forschern/innen veröffentlichten Literatur.

Die 1995 veröffentliche Diplomarbeit über junge türkische Migrantinnen schrieb die Autorin zum einen aus ihrer persönlichen „Betroffenheit" als Angehörige dieser Gruppe, aber auch um den in Deutschland herrschenden Diskurs über türkische Frauen und Mädchen zu hinterfragen und aufzubrechen (vgl. Otyakmaz, 1995: 9). Ziel der Autorin ist es, die Dominanz der These des „Kulturkonfliktes", in dem sich Türken/innen nach der herrschenden Wissenschaftsmeinung in Deutschland befinden sollen, kritisch zu hinterfragen und durch ein Konzept des „Lebens in zwei Kulturen" zu ersetzen. Sie möchte damit Folgendes zeigen: „So wird das Leben ‚in zwei Kulturen' nicht zur unausweichlichen Konfrontation mit anderen Werten, aus der sich unüberwindbare Konflikte generieren, sondern eröffnet Chancen für individuelle Entwürfe." (ebd.: 55)

Otyakmaz stellt im ersten Teil ihrer Arbeit die herrschenden Bilder über Türken/innen in Deutschland in den Kontext von Eurozentrismus, Rassismus und Kulturrelativismus. Im zweiten empirischen Teil führt sie problemzentrierte qualitative Interviews mit sieben Türkinnen in Deutschland im Alter zwischen 19 und 22 Jahren, die zum Interviewzeitpunkt noch bei den Eltern wohnten. Inhaltliche Schwerpunkte ihrer Befragung liegen in der Erfragung von Normen, dem Selbstverständnis der türkischen Frauen, der Erfahrung von Zuschreibungen von deutscher Seite und den Perspektiven von Veränderungen (vgl. ebd.: 70).

Der erste Teil der Arbeit gibt in komprimierter Form den herrschenden Diskurs über türkische Migranten/innen in Deutschland wieder. Dieser ist geprägt durch die Vorstellung, türkische Frauen und Mädchen seien durch das türkische Patriarchat unterdrückt. Ihr Leben werde durch den Islam geprägt:

„Die türkische bzw. islamische Kultur wird dabei gleichgesetzt mit der Unterdrückung der Frau, der Vorherrschaft des Patriarchats, dem Festhalten an traditionellen Moralvorstellungen, mit Rigidität und Unwissenheit in puncto Sexualität." (ebd.: 12)

Die türkischen Frauen werden in der Literatur mit wenigen Ausnahmen als Opfer schlechthin dargestellt. Trotz der von ihr auch vorgestellten kritischen Wissenschaftler/innen (wie Lutz; Frange; Räthzel u.a.) schließt die Autorin, dass in der deutschen Gesellschaft ein Konsens darüber herrsche, die türkische Gesellschaft, die türkische Kultur sei „traditionell" mit all den zuvor beschriebenen Implikationen für die Frauen. Dazu Otyakmaz:

„Es scheint daher nicht länger notwendig, diese explizit zu definieren, den TrägerInnen des Konsenses reicht die Grundannahme, die türkische Kultur sei traditionell. [...] Auf diese Weise werden Grundannahmen über die türkische Kultur konstruiert. Diese Annahmen sind in etwa: in einer traditionellen Gesellschaft seien Frauen von Männern unterdrückt* [Herv. durch Verf.] und von der Familie, den Älteren eingeschränkt, sie seien nicht selbstbestimmt etc." (ebd.: 46)

In dem mit einem * gekennzeichneten Punkt geht Otyakmaz in einer Fußnote auf die türkischen Männer ein, in der sie beschreibt, dass Frauen sehr wohl vom türkischen Patriarchat unterdrückt werden, so wie auch deutsche Frauen und Frauen anderer Nationalitäten vom Patriarchat unterdrückt würden. Sie schließt die Fußnote mit dem Satz: „Das System patriarchaler Herrschaftsstrukturen ist jedoch weder eine speziell türkische Erfindung, noch ein Charakteristikum türkischer Kultur." (ebd.: 46) Dies bleibt die einzige Stelle im gesamten Buch, an der sie explizit auf türkische Männer eingeht. Im zweiten Teil der Arbeit, in der die empirischen Ergebnisse im Mittelpunkt stehen, ist jedoch, obgleich nur am Rande, die Rede von den Vätern der jungen interviewten Frauen. Mutter und Vater gleichermaßen werden als die Personen beschrieben, die ihren Töchtern Grenzen setzen (kein Freund, als Jungfrau in die Ehe), die sie aber auch in ihrer beruflichen Ausbildung fördern. Nur in einem Fall thematisiert eine Interviewpartnerin Angst vor ihrem Vater für den Fall, dass er herausbekommt, dass sie einen Freund hat (vgl. ebd.: 113). Fast allen interviewten Frauen ist gemeinsam, dass sie Teile der Normen ihrer Eltern nicht als ihre Normen akzeptieren und Wege gefunden haben, sowohl mit dem System der Eltern als auch in Übereinstimmung mit den eigenen Vorstellungen zu leben. Diese Wege reichen vom Verheimlichen und Verschleiern des eigenen Tuns bis hin zu offener Konfrontation und Diskussionen mit den Eltern. In der Arbeit von Otyakmaz wird deutlich, und hierin unterscheidet sich die Autorin von vielen der zuvor zitierten Arbeiten, dass, selbst wenn die Eltern, die Mütter wie die Väter, gewisse Normen vertreten und für ihre Töchter wünschen, diese Kinder durchaus ihre eigenen Strategien für den Umgang mit den elterlichen Erwartungen finden. Im konkreten Fall bedeutet dies, dass die Mutter und der Vater zwar etwas vehement einfordern, die Töchter aber diesem Anspruch nicht als hilflose Opfer ausgeliefert sind, sondern aktiv Strategien entwickeln, sich mit den Anforderungen in ihrem Sinne auseinanderzusetzen. Und die Väter auf der anderen Seite werden im Interview von einigen Interviewten als flexibel und verhandlungsfähig dargestellt.

Allerdings stehen die Väter und das Verhältnis zu ihren Töchtern in keinem Teil der Untersuchung selbst im Mittelpunkt der Befragung, so dass sich die Aussagen zu den Vätern auf nur wenige Äußerungen der türkischen Frauen beziehen. Dennoch hebt sich die Arbeit von Otyakmaz durch den Verzicht einer stereotypen Darstellung der Männer wohltuend von den zuvor beschriebenen Arbeiten ab. Berrin Özlem Otyakmaz gehört zudem der zweiten Generation türkischer Migranten/innen an und ihre Arbeit könnte ein Hinweis darauf sein, dass stereotype ethnische Zuschreibungen in diesen Arbeiten kritischer reflektiert werden, als es in Arbeiten vieler deutscher Autoren/innen und Journalisten/innen bisher geschieht.

Auch in der Forschung über türkische Jugendliche spielen die Väter eine Rolle. Insbesondere geht es um die Frage, welchen Stellenwert sie für die spätere Orientierung ihrer Kinder haben. Wie die Väter in dieser Forschungsrichtung dargestellt werden, wird Gegenstand des nächsten Kapitels sein.

Türkische Väter und männliche Jugendliche in der Forschung über männliche Jugendliche

Im Gegensatz zu türkischen Männern der ersten Generation gibt es einige Studien über männliche türkische Jugendliche. Diese Arbeiten gleichen sich in ihrem Ausgangspunkt, türkische Jugendliche als eine Gruppe wahrzunehmen, die aufgrund ihrer Aggressivität, religiösen Verortung und/oder der mangelnden oder nicht vorhandenen Ausbildung zum marginalisierten Rand der Gesellschaft zählt. Das Bild, das über die Väter der untersuchten Jugendlichen vermittelt wird, soll an zwei Beispielen exemplarisch herausgearbeitet werden. Zum einen die Studie von Hermann Tertilt: „Turkish Power Boys" und zum anderen die Studie von Wilhelm Heitmeyer:

„Verlockender Fundamentalismus". Beide Studien wurden ausgesucht, weil sie gleichermaßen (auch in der nichtakademischen) Öffentlichkeit breit rezipiert worden sind und die Basis vieler kontroverser Diskussionen lieferten.

Hermann Tertilt: Turkish Power Boys

Hermann Tertilt untersuchte die inneren Strukturen und äußeren Aktionen einer türkischen Jugendbande („Turkish Power Boys") in Frankfurt, die im Sommer 1990 gegründet und im Herbst 1992 aufgelöst wurde. In seiner „kulturanthropologischen Feldstudie" wollte er die „Bande als subkulturelles Phänomen" in Zusammenhang mit der Situation als jugendlicher Angehöriger der zweiten Generation stellen (Tertilt, 1996: 10). Den Vätern der zu einem großen Teil delinquenten türkischen Jugendlichen, die alle in Deutschland geboren wurden, kommt in seiner Analyse eine kleine, doch entscheidende Rolle zu. In drei Portraits stellt Tertilt die familiäre Situation von Bandenmitgliedern näher vor und schließt aus diesen Erfahrungen wieder auf die Gesamtgruppe. Er kommt zu dem Schluss, dass in kaum einem der Fälle der Vater dem Sohn eine ausreichende Stütze war oder gar Vorbildfunktion hatte, so dass es den Söhnen nicht möglich war, ein positives Männerbild zu entwickeln. Im Fall des ersten vorgestellten Jungendlichen, **Hayrettin**, erscheint der Vater als ein den traditionellen Dorfvorstellungen fest verhafteter Mann, der seinen eigenen Sohn, so der Jugendliche, eher umbringen würde, als dass er es zuließe, dass sein Kind „Schande" über die Familie bringt. (Was der Junge dadurch bereits getan hat, dass er straffällig wurde.) Der Vater hat kaum Kontakt zu seinem Sohn, die Mutter übernimmt die Vaterrolle. Nur von ihr weiß der Sohn Details aus der Familien- und Migrationsgeschichte. Obwohl Hayrettin den Vater bewundert (als Jugendlicher ist sein Vater ohne Wissen der Eltern nach Istanbul migriert; war später einer der Pioniermigranten in Deutschland und hatte unter den Migranten in Frankfurt eine gewichtige Rolle), ist die Kommunikation gestört. Vor allem leidet der Sohn darunter, dass sein Vater nie mit dem zufrieden ist, was er und seine Brüder leisten, er nie Anerkennung von ihm erhält. Der Vater fordert von seinem Sohn traditionelles Verhalten (kein Rauchen in Gegenwart des Vaters, kein Übereinanderschlagen der Beine, Küssen der Hand an Feiertagen), was sein Sohn ihm auch entgegenbringt, doch die vielen Verbote des Vaters (rigide Ausgangszeiten) führen dazu, dass Hayrettin immer wieder ausbricht. Trotz aller Konflikte ist es der größte Wunsch des Sohnes, einmal eine solche Leistung zu bringen, die sein Vater anerkennt (vgl. ebd.: 91ff.). Der Vater Hayrettins erscheint in den Schilderungen seines Sohnes als ein Mann, der nicht fähig ist, seinen Kindern Zuneigung entgegenzubringen, der auf veralteten Traditionen beharrt und der nur mit Druck und Sanktionen auf die versuchten Ausbrüche seines Sohnes reagieren kann.

Im Fall von **Nurettin**, dem zweiten Jugendlichen, den Tertilt näher vorstellt, kritisiert der Sohn das auf die Rückkehr in die Türkei ausgerichtete Leben seines Vaters in Deutschland. Die Familie lebe, so der Junge, seit er denken könne, unter erbärmlichen Umständen, während der Vater in dem fast verlassenen Heimatdorf (die meisten Bewohner/innen seien bereits nach Europa migriert) eine riesige „Villa" gebaut habe, die wohl nie von der Familie bezogen werden wird. Tertilt fasst die Aussagen Nurettin's zusammen: „Anstatt seiner Verantwortung als Familienoberhaupt im Aufnahmeland gerecht zu werden und die Belastungen der Familie hier anzugehen, investiert er in eine Illusion: die unabsehbare Rückkehr." (ebd.: 119) Für Nurettin bedeutet dies, dass er in seinem Vater kein positives Vorbild sieht und sich männliche Leitbilder außerhalb der Familie sucht. Er wird straffällig (Drogenkriminalität). Sein Vater reagiert darauf mit großer Hilflosigkeit. Er stellt dem Sohn das Elternschlafzimmer zur Verfügung, damit dieser „ein eigenes Zimmer hat", und hofft, dass durch das eigene Zimmer der Sohn den geforderten Freiraum erhält. Er erlaubt ihm gar das Rauchen von Haschisch in der Wohnung in der Hoffnung, damit sein Kind von der Strasse und der Jugendbande fernhalten zu können. Für Nurettin, der sich klare Grenzsetzungen des Vaters wünscht, sind dies die falschen Signale, und er bricht weiterhin aus. Diese klaren Grenzen können die hilflos anmutenden Verbote des Vaters („Wenn du nicht um sechs zu Hause bist, bist du nicht mehr mein Sohn") nicht setzen. Sie werden von Nurettin nicht ernst genommen. Werden die Grenzen überschritten, hat dies trotzdem keine Konsequenzen. Tertilt interpretiert die Situation des Vaters:

„Der Vater steckte offensichtlich in einem Dilemma. Er konnte nicht nur seine Drohungen nicht wahrmachen, sondern war in seiner Unentschlossenheit und Klagehaltung auch nicht in der Lage, richtungsweisendes Vorbild für den Sohn zu sein." (ebd.: 131)

So sieht der Autor in der mangelnden Autorität und der Widersprüchlichkeit des Vaters in der Erziehung auch den Schlüssel für das delinquente Verhalten des Sohnes (vgl. ebd.: 113ff.).

Im Fall des dritten Jugendlichen, **Arif**, steht dieser zwischen einer flexiblen und toleranten Mutter und einem traditionellem, religiösem Vater, dem der Sohn „altmodisches Denken" (ebd.: 144) attestiert. Der Vater, ein Hacı, ein Mekkapilger, möchte seinen Sohn stärker in religiöse Aktivitäten einbinden, woran dieser jedoch kein Interesse hat. Die Kommunikation zwischen Vater und Sohn ist eingeschränkt. Der Vater bestimmt, er diskutiert nicht. Die Mutter vermittelt zwischen Vater und Kindern. Konflikte gibt es in erster Linie um die „richtige" Lebensführung. Dem Sohn sind die Ideale des Vaters (Religion, Sparsamkeit) fremd. Es findet jedoch keine Diskussion darüber statt. Arif versucht dennoch den Konflikt mit dem Vater zu vermeiden, indem er sich in der inneren Welt, d.h. der Familie, so verhält, wie der Vater das erwartet (so gibt er ihm beispielsweise seinen gesamten Lohn). Verhaltensweisen und Erfahrungen aus der außerhäuslichen Welt (in der Jugendgang), die diesen Erwartungen widersprechen, verschweigt er. Damit erfüllt er die Normerwartungen des Vaters und stillt gleichzeitig sein Bedürfnis nach individueller Freiheit. Im Fall Arifs ist es die Autorität des Vaters und die Angst, die Zuneigung des Vaters zu verlieren, die ihn von einem Abgleiten in ein kriminelles Milieu abhalten. Dies entspricht auch dem Fazit, das Tertilt im Fall dieses Jugendlichen zieht:

„Im Konfliktfall verhinderte die Identifikation mit der starken Vaterfigur maßgeblich den Beginn einer delinquenten Laufbahn. Denn bei Regel- und Gesetzesverstößen ließ der Vater keineswegs mit sich diskutieren, sondern strafte den Sohn, indem er ihm die Achtung entzog. Es war vor allem dieser väterliche Stolz, sein Sinn für Ehre und Ansehen, der Arif Orientierung und Identität, Selbstbewusstsein und Selbstkontrolle zu geben vermochte." (ebd.: 162)

In all den hier vorgestellten Fallstudien werden die Väter als die zentralen Angelpunkte für das Verhalten ihrer Söhne gesehen. Im Positiven wie im Negativen ist die Figur und die Vorbildfunktion des Vaters ausschlaggebend für die Entwicklung der Söhne. Außer im Beispiel des zuletzt vorgestellten Vaters von Arif[45] scheinen die Väter der bei Tertilt vorgestellten Söhne immer nur die Wahl zwischen den falschen Möglichkeiten zu haben. Bleiben sie den Traditionen zu sehr verhaftet und setzen sie ihre Kinder zu stark unter Druck, brechen diese aus. Geben sie den Kindern mehr individuelle Freiheiten, wird dies durch die Söhne als Richtungslosigkeit und Schwäche interpretiert, und die Jugendlichen suchen sich ihre Identifikationsfiguren außerhalb der Familie in Zusammenhängen wie der kriminellen Jugendgang. Tertilt lehnt sich hier bewusst an die Arbeit von Schiffauer und dessen Analyse der Migration „als Abfolge von Dilemmata" an, wenn er schreibt, dass sich das Leben der von ihm untersuchten Jugendlichen in eben diesem Spannungsfeld abspielt (ebd.: 166ff.).

Mit dieser Prämisse wird dann auch das „Versagen" der Väter bei der Erziehung ihrer Söhne in den Kontext dieses „Dilemmas der Migration" gestellt. Diese haben versagt, weil,
- sie ihren Söhnen kein positives Männerbild vermitteln konnten;
- sie traditionellen Vorstellungen verhaftet blieben und sich nicht mit den hiesigen Gegebenheiten auseinandersetzten;
- sie einem Rückkehrtraum verhaftet blieben und es in Kauf nahmen, dass die Gegenwart für ihre Kinder kaum erträglich war;

---

45 Innerhalb der Jugendbande bleibt dieser Vater eines der wenigen positiven Beispiele. Aus den Bemerkungen der anderen Bandenmitglieder wird erkennbar, dass diese sich in einer vergleichbaren familiären Situation von Hayrettin und Nurettin befinden.

- sie mit ihren Söhnen nicht in den Kommunikationsprozess eintreten konnten, den ihre Kinder gebraucht hätten;
- sie nicht konsequent genug in der Erziehung waren.

Auch bei Tertilt, wie bereits bei Schiffauer dargelegt, erscheint die Vätergeneration passiv und antriebslos den Lebensumständen ausgeliefert. Die letzte bewusste Handlung war die Entscheidung für die Migration nach Deutschland. Danach scheint es so, als hätten die Väter jegliche Antriebskraft aufgegeben und führten ein fremdbestimmtes Leben, das von dem „Antagonismus zwischen sozialen und ökonomischen Erfordernissen" (Schiffauer, 1991: 176f.; vgl. Schiffauer in Tertilt, 1996: 164f.) und nicht durch die Kraft eigener Entscheidungen bestimmt wurde. Gleichwohl Tertilt in erster Linie eine Jugendbande mit hohem Delinquenzanteil beschreibt, möchte er in seiner Studie „den Zusammenhang zwischen Bandendelinquenz und gesellschaftlichem Status von Migrantenkindern [...] nachweisen und begründen." (Tertilt, 1996: 10) Seine Ergebnisse sieht er dementsprechend als verallgemeinerbar für die Gruppe der türkischen Migranten an.

Wilhelm Heitmeyer u.a.: Verlockender Fundamentalismus

Wilhelm Heitmeyer und sein Forscherteam untersuchten in der Studie: „Verlockender Fundamentalismus" (1997) die „Anfälligkeit türkischer Jugendlicher für radikale politische Ideologien und islamischen Fundamentalismus." (Heitmeyer, 1997: Buchrücken) Für diese Untersuchung wurden 1.221 türkische Jugendliche im Alter von 15 bis 21 Jahren an allgemein- und berufsbildenden Schulklassen in Nordrhein-Westfalen mit einem aus 300 Variablen bestehenden Fragebogen interviewt (vgl. ebd.: 45). Die abgefragten Themen umfassten neben sozio-demographischen Angaben u.a. die Bereiche: Familie, religiöse und politische Orientierungen, ethnische Identifikation. Ich möchte an dieser Stelle nicht auf die an dieser Studie vielfach geübte Kritik zur Methode und Auswertung eingehen (vgl. Pinn, 1999; Karakaşoğlu-Aydın, 1998), sondern mich auf die Darstellung der türkischen Familie und hierbei besonders auf die Rolle der Väter konzentrieren.

Heitmeyer u.a. geben in einem Exkurs zunächst eine kurze Einführung in die in den letzten Jahren stattgefundenen Veränderungen in deutschen Familien und konstatieren, dass es im Zuge der Modernisierung zu gravierenden Änderungen in den Familienstrukturen und –formen gekommen sei:
- Die Familie ist nicht mehr die alleinige Sozialisationsinstanz, sondern gibt mehr und mehr Betreuungsaufgaben ab.
- Die Familien sind kleiner, als sie es noch zu Beginn der 1950er Jahre waren.
- Der Anteil der Ein-Elternteil-Familien wächst.

Daraus folgert er:
- Die Machtstrukturen innerhalb der Familien haben sich geändert. Elterliche Verhaltensvorbilder haben an normativer Kraft verloren.
- Der ökonomische Wert von Kindern wird durch einen emotionalen Wert abgelöst.
- Kinder sind einerseits „zu Erziehende", andererseits aber auch ernstzunehmende Gesprächspartner (vgl. ebd.: 64ff.).[46]

Trotz der notwendigerweise stattfindenden Konflikte zwischen der Eltern- und der Kindergeneration attestiert Heitmeyer den deutschen Familien ein „positives Klima". Er folgert:

„Die Studien zeigen, dass das im Zusammenhang des allgemeinen Generationskonflikts diskutierte Modell der pragmatischen oder ‚friedlichen Koexistenz' der Generationen in der Familie (vgl. Böhnisch/Blanc 1989, S.58f.) längst abgelöst ist durch ein Modell der intergenerativen Beziehung, das sich durch komplementäre und von wechselseitiger Anerkennung getragene Kommunikationsstrukturen beschreiben lässt." (ebd.: 67)

Bezüglich vergleichbarer Strukturen in den türkischen Familien, so wie sie sich nach der Auswertung aus den Fragebögen darstellten, scheint das Forscherteam zunächst auch ein positives Bild zu zeigen. Über 50 % der befragten Jugendlichen definierten das Verhältnis zu ihrer Mutter und zu ihrem Vater als „sehr gut" und 30 % als „gut" (vgl. ebd.: 70). Zwei Drittel der Befragten würden den elterlichen Erziehungsstil auch für die eigenen Kinder übernehmen wollen (vgl. ebd.: 95). Es zeigten sich, so Heitmeyer u.a., „äußerlich stabile und weitgehend ‚uniforme' traditionelle Familienkonstellationen." (ebd.: 68) Diese Familienkonstellationen unterscheiden sich jedoch erheblich von denen, die eingangs für die deutsche Familie erläutert wurden. Nicht Gleichberechtigung und Partizipation bestimmen das Bild, sondern

„zentrales Moment dieses familiären Beziehungsgefüges, dem insbesondere die Autorität des Vaters immanent ist, bleibt die Nichthinterfragbarkeit der Norm der *Ehre*. Selbst wenn dem Vater von den Jugendlichen altmodisches Verhalten oder (traditionell) dörfliches Denken attestiert wird, ist er in der Regel die nach außen sichtbare, unangefochtene Autorität in der Familie." (ebd.: 75)

---

46 Hätte das Forscherteam um Heitmeyer die Arbeiten der türkischen Wissenschaftlerin Kağıtçıbaşı zur Veränderung der Familienstrukturen in der Türkei gelesen, so wäre ihnen vermutlich aufgefallen, dass die von Kağıtçıbaşı beschriebenen Veränderungen der Familien in der Türkei durchaus dem entsprechen, was als Veränderung in den deutschen Familien konstatiert wurde. Vgl. dazu auch Kapitel 2, S. 103ff.

Die Erziehung der türkischen Jugendlichen sei maßgeblich bestimmt durch die Achtung und die Ehrfurcht vor den Eltern. Hier berufen sich Heitmeyer u.a. explizit auf Schiffauer, der die Werte der Achtung und Ehrfurcht als Merkmal des dörflichen Islam definiert (Schiffauer zit.n. Heitmeyer u.a., 1997: 75).

Nimmt Heitmeyer auf der einen Seite die Ausführungen der Jugendlichen zu einer möglichen Kampfbereitschaft für die Sache des Islam beim Wort, deutet er die Angaben zur Familiensituation als verdeckte Konflikte, die die Jugendlichen nicht wagen würden offen auszusprechen, weil sie eben den traditionellen, patriarchalen Erziehungskonzepten verhaftet seien. Diese Konzepte, so vermutet das Forscherteam, könnten einer der Bindungsfaktoren sein, die Gewaltbereitschaft förderten.

„Hier[47] ist zu vermuten, dass v.a. bei den männlichen Jugendlichen kulturbedingte Sozialisations- und Erziehungsbedingungen zu Buche schlagen, die nicht zuletzt mit traditionellen Geschlechtsrollenzuschreibungen auch hinsichtlich der Duldung bzw. sogar Forderung der Ausübung körperlicher Gewalt verknüpft sind. (,Verteidigung der Ehre')." (ebd.: 113)

Aus „Plausibilitätsgesichtspunkten" gehen Heitmeyer u.a. davon aus, dass die türkischen Jugendlichen den Erziehungsstil ihrer Eltern als „unangemessen zur Förderung der eigenen Handlungskompetenzen in einer modernen Gesellschaft [...]" (ebd.: 150f.) ansehen müssten. Zum Erstaunen des Forscherteams geschieht gerade dies jedoch nicht. Die Folge dieser „Verdrängung" sind dann zwangsläufig unausgesprochene Konflikte in der Familie, die für die Jugendlichen, und hier beruft sich das Autorenteam auf Tertilt, „ein Dilemma aus Orientierungslosigkeit und mangelnder Handlungsalternative [...]" (ebd.: 99) hervorrufen. Je unsicherer die Jugendlichen sind, und je stärker die Eltern – und hier vor allem die Väter – ein traditionelles, patriarchales Erziehungsideal vertreten, umso anfälliger sind die Jugendlichen für religiösen und nationalen Extremismus (vgl. ebd.: 151f.). In der traditionellen Wertevermittlung der Eltern sieht das Team um Heitmeyer dann auch einen der Hauptgründe für extrem religiöse und/oder nationalistische Positionen der untersuchten Jugendlichen: „So findet sich ein autoritärer ‚law-and-order'-Grundstock, der u.E. insbesondere von den Traditionen der älteren Generationen herrührt." (ebd.: 107)

Heitmeyer und seine Kollegen zeichnen durchaus ein vielfältiges und kritisches Bild der türkischen Jugendlichen, dessen Facetten, je nach Alter, dem Bildungsstand, dem Freundeskreis, der Familie, den Zukunftsplänen etc. differenziert dargestellt ist. Demgegenüber steht die Beschreibung der Elterngeneration, der pauschal ein traditionelles, auf Ehre, Patriarchat und Geschlechtertrennung beruhendes

---

47 Es geht an dieser Stelle darum, dass der Anteil der türkischen Jugendlichen, die in den letzten 12 Monaten in tätliche Auseinandersetzungen verwickelt waren, größer ist als der Anteil deutscher Jugendlicher.

Erziehungsideal unterstellt wird. Heitmeyer u.a. berücksichtigen bis auf wenige Ausnahmen kaum einen/e der zahlreichen (deutschen und türkischen) Autoren/innen, die durchaus auch ein differenzierteres Bild der türkischen Familie zeichnen. Statt dessen beruft sich das Forschungsteam in zentralen Schlussfolgerungen auf die eingangs vorgestellten Forscher Schiffauer und Tertilt. So ist es auch nicht weiter verwunderlich, dass sich die Bilder der Väter in allen drei hier vorgestellten Studien gleichen:

Sie sind traditionell; dörflichen Strukturen verhaftet; nicht in der Lage auf die besonderen Bedingungen der Migration adäquat zu reagieren; sind ihren Kindern keine Stütze – soweit Schiffauer und Tertilt. Heitmeyer u.a. gehen nun noch einen Schritt weiter, wenn sie nämlich in dieser Unfähigkeit der ersten Generation, auf hiesige Verhältnisse adäquat in der Erziehung zu reagieren, eine der Hauptursachen für extremistische religiös und/oder nationalistisch geprägte Orientierungen der Kinder erkennt.

Vergleicht man die beiden vorgestellten Studien, so ist eine weitgehende Ähnlichkeit im Bild, das dort von den türkischen Männer (=der Vätergeneration dieser Studie) gezeichnet wird, erkennbar. Sowohl in der Arbeit von Tertilt als auch in der Untersuchung von Heitmeyer u.a. stand die Generation der Väter nicht im Mittelpunkt der Untersuchung. Vielmehr ging es um die Ansichten, Orientierungen und Verhaltensweisen der zweiten Generation. Da für diese Jugendlichen die Eltern jedoch noch eine prägende und entscheidende Rolle spielen, wurde in beiden Arbeiten verstärkt auf Erziehungsstile und das intergenerative Verhältnis eingegangen. Dabei sind sich beide Untersuchungen in ihren Ergebnissen erstaunlich ähnlich. Beide Studien greifen auf die Aussagen der Söhne und Töchter zurück, wenn sie das Erziehungsverhalten und die Wertorientierungen der Eltern analysieren und stützen ihre Ergebnisse nicht auf direkte Befragungen der Eltern. Auch hier wird „ein Bild aus zweiter Hand" vermittelt. In beiden Studien wird das traditionelle, patriarchalisch orientierte, und auf Geschlechtertrennung basierende Elternhaus als einer der Gründe für das delinquente (Tertilt) bzw. möglicherweise zu erwartende delinquente (religiös und/oder nationalistisch motivierte) Verhalten (Heitmeyer) gesehen. Insbesondere die Väter sind es, die durch ihr starres, unreflektiertes Festhalten, an für Deutschland nicht angemessenen Werten und Normen, die Kinder unter Druck setzen und gleichzeitig nicht genügend emotionale Stärke ausstrahlen, als dass sie ihren Kindern, hier vor allem den Söhnen, Vorbild sein könnten.

Türkische Männer in der Familienstrukturforschung

Zunächst zwei Vorbemerkungen: Aufgrund der sehr heterogenen Strukturen innerhalb der türkischen Migrantenfamilien, ist der Terminus: „die türkische Familie", wie er in der hiesigen Literatur meist angewandt wird, mit Bedacht anzuwenden. So setzte sich zu Beginn der Migration nach Deutschland bis Ende der 1960er Jahre der überwiegende Teil der Migranten/innen aus der Türkei aus Personen zusammen, die in der Türkei bereits eine Binnenmigration vollzogen hatten. Bis zum Anwerbestopp 1973 änderte sich dies und es kamen verstärkt Menschen direkt aus den landwirtschaftlich dörflich geprägten Ostteilen des Landes[48]. Diese unterschiedlichen Lebens- und Binnenmigrationserfahrungen führten bereits zu einer großen Differenzierung der Veränderung der Familienstruktur in der Türkei. Die pauschale Auseinandersetzung mit „der türkischen Familie" wird diesen Unterschieden nicht gerecht und hilft darüber hinaus ein Bild zu kreieren, das weniger die Realität abbildet als vor allem der Operationalisierbarkeit an sich komplexerer Strukturen dient.

Die zweite Vorbemerkung gilt der Vielfalt der Familienstrukturen, die bereits in der Türkei vor der Migration anzutreffen waren, die sich in Deutschland fortsetzte und durch die Erfahrung der Migration noch vielfältiger wurde. Aufgrund der Anwerbepolitik der Bundesregierung setzte eine Familienzusammenführung erst bedeutend später ein. Diese Wiedervereinigung der Familien bedeutete jedoch nicht, dass von einem „Tag X" an, alle nahen Familienangehörigen einer Familie von der Türkei nach Deutschland übersiedelten. Vielmehr fand ein reger Austausch statt. Es gab die unterschiedlichsten Konstellationen:
- Eine Familie siedelt komplett nach Deutschland über.
- Die Familie bleibt über die komplette Dauer der Migration getrennt – der Vater/die Mutter arbeitet in Deutschland, die Familienangehörigen bleiben in der Türkei.
- Lediglich die Mutter kommt nach Deutschland, die Kinder bleiben bei (wechselnden) Verwandten in der Türkei.
- Die Mutter kommt mit einem Teil der Kinder nach Deutschland.
- Kinder, die bereits in Deutschland sind, gehen zur Schulbildung zurück in die Türkei und reisen ein paar Jahre später wieder ein.
- Kinder reisen erstmalig nach abgeschlossener Schulbildung in der Türkei nach Deutschland ein.
- Eine Familie entscheidet sich zur Rückkehr in die Türkei, um nach kurzer Zeit wieder nach Deutschland zu migrieren, mit allen Kindern oder einem Teil der Kinder.
- Es findet im Alter ein Pendeln zwischen der Türkei und Deutschland statt.
- Etc.

---

48 Vgl. Kapitel 3.

In jeder Familie sind alle diese genannten Formen zu verschiedenen Zeiten möglich. Auch in denen dieser Studie zugrunde liegenden Interviews tauchen all die oben beschriebenen Konstellationen mit daraus resultierenden unterschiedlichen Konsequenzen für das Familienleben, d.h. für den Zusammenhalt innerhalb der Familie, für Erwartungen an die unterschiedlichen Familienmitglieder und für das Geschlechterverhältnis auf. Diese Vielfältigkeit der Familienstrukturen in der Migration, in Zusammenhang mit dem Wissen um die Vielfalt der Familienformen in der Türkei vor der Migration und in Deutschland macht deutlich, wie schwierig es ist, von „der türkischen Familie" in Deutschland zu sprechen. Doch unabhängig davon, ob, wann und welche Form der Binnenmigration bereits in der Türkei durchlaufen wurde, ob der/die Migrant/in eine Berufsausbildung nachweisen konnte, oder als Analphabet/in einreiste, ob als Alevit/in, Christ/in, Kurde/in: die Lebens- und Arbeitsbedingungen in Deutschland waren für alle Neuankömmlinge erst mal gleich. Was diese unterschiedlichen Gruppen aus der Türkei ebenfalls vereinte, war der „deutsche Blick", der Differenzierungen innerhalb der Gruppe der türkischen Migranten/innen nur unzureichend wahrnam und aus all den verschiedenen Menschen aus der Türkei, die sich durch Bildungsstand, Migrationserfahrungen, ethnische Herkunft, Religion durchaus unterschieden, „die Türken" machte. Erst Jahrzehnte später würde man auch in Deutschland beginnen ethnische und religiöse Differenzierungen wahrzunehmen.

Das Folgende gibt zunächst einen kurzen Überblick über Studien, die sich mit den Strukturen türkischer Familien beschäftigen. Insbesondere werden einige der weit verbreiteten Annahmen zu „der türkischen Familie" vorgestellt, die sich in vielen (populär)wissenschaftlichen Publikationen finden. Danach werde ich drei Arbeiten zu türkischen Familien darstellen (Firat; Nauck und Herwartz-Emden u.a.), die sich durch ihre Methode, ihre Differenziertheit und ihre Schlussfolgerungen von herkömmlichen Arbeiten zu diesem Thema deutlich abheben.

Das Gros der Arbeiten zur Auswirkung der Migration auf die Familienstrukturen türkischer Migranten/innen entstand im Laufe der 1980er Jahre. Die türkischen Arbeitsmigranten/innen sind eine Gruppe, über die in der Forschung die meisten Studien angefertigt wurden (vgl. Herwartz-Emden, 1995: 103). Eine Vielzahl dieser Arbeiten, insbesondere aus den 1980er Jahren, zeichnete sich durch klischeehafte Darstellungen

„der türkischen Familie" aus, die als „patriarchalisch-autoritär strukturiert beschrieben wurde. [...] Der Vater wurde zum Repräsentanten der Familie nach außen erklärt, als Entscheidungs- und Machtträger, die Mutter als in untergeordneter und vor allem abhängiger Funktion gesehen." (ebd.: 103)

Arbeitsbedingungen, Wohn- und Ausbildungssituation, das Verhalten der Frauen und der (nicht näher definierte) Einfluss der deutschen Gesellschaft gelten in einigen Arbeiten über den Wandel der türkischen Familien als Gradmesser, inwieweit sich die migrierte Minderheit an den Durchschnitt der Mehrheitsgesellschaft angenähert hat und welchen Veränderungen die Familienstrukturen unterliegen. Dabei wurde angenommen, dass eine scheinbar homogene Gruppe („die türkische Familie") auf eine andere scheinbar homogene Gruppe („die deutsche Gesellschaft") traf. Die dann als (unausweichlich) konstatierte Auseinandersetzung kann unter dem Begriff **„Kulturkonfliktthese"** subsummiert werden.

Des weiteren spielte die **„Modernisierungsthese"** eine Rolle. Viele Autoren/innen gehen, ähnlich wie Straube, davon aus: „Zwangsläufig kommt es aber durch das Leben in der Fremde und die Kontakte mit Deutschen zu veränderten Lebensweisen, die zu Konflikten oder gar Brüchen mit der traditionellen Orientierungsstruktur führen können." (Straube, 1987: 13) Dies wurde vor allem für „die türkische Migrantin" und ihre Töchter antizipiert.

„Es wurde davon ausgegangen, dass die mit der Migration einhergehende selbständige Erwerbstätigkeit zur Emanzipation der Frau führte bzw. zur zwangsläufigen Veränderung der Machtverhältnisse in der Migrantenfamilie." (Herwartz-Emden, 1995: 106)

Diese Arbeiten blieben nicht ohne Wirkung und deren „Erkenntnisse" werden bis heute reproduziert und rezipiert. Betrachtet man näher, worauf die getroffenen Analysen basieren, so ist festzustellen, dass die Grundlage entweder eigene Beobachtungen (Baumgartner-Karabak/Landesberger) darstellen oder auf einer geringen Anzahl willkürlich ausgewählter Interviewpartnerinnen, bzw. sehr kleinen Stichproben (Weische-Alexa) begründet sind und aus der sozialpädagogischen Praxis (Meske; Baumgartner-Karabak/Landesberger) stammen. Die Arbeiten zeichnen sich durch eine hohe Konflikt- und Defizitorientierung aus. Die Migration und die Umstellungen im Migrationsland, so die Autoren/innen, stellt die Familien aus der Türkei vor eine Reihe von unausweichlichen Problemen, die mit den Begriffen „Kulturschock", „Leben zwischen den Stühlen", „Generationenkonflikt" beschrieben werden. Die getroffenen Aussagen in der Literatur ähneln sich:

- Hohe Scheidungsrate (vgl. Baumgartner-Karabak/Landesberger, 1988: 92; Meske 1983: 94);
- Entfremdung der Eltern von den Kindern (vgl. Baumgartner-Karaba/Landesberger, 1988: 94);
- Abhängigkeit der Frauen von dem Ehemann (vgl. Baumgartner-Karabak/Landesberger, 1988: 99);
- Entstehen eines Kulturkonfliktes in erster Linie für Mädchen, die von ihren Eltern traditionell erzogen werden und denen nur ein minimal notwendiger Kon-

takt mit der deutschen Umwelt (Schulbesuch) erlaubt wird (vgl. Weische-Alexa, 1982: 225ff.);
- Entstehen eines zwangsläufigen Generationenkonfliktes zwischen den Eltern und den Kindern (vgl. Meske, 1983: 95f.);
- Umorientierung und Neustrukturierung der Gattenbeziehung, in erster Linie Einschränkung der Autoritätsbereiche der Ehemänner (vgl. Meske, 1983: 94);
- Verstärkte Rückbesinnung auf traditionelle Normen und Werte sowie Abschottung gegenüber der deutschen Gesellschaft (vgl. Straube, 1987: 343).

Ansätze von Düzgün Firat

Differenzierter geht zunächst Firat in seiner Dissertation mit dem pragmatischen Titel: „Migration als Belastungsfaktor türkischer Familien" (1996) mit dem Forschungsgegenstand „türkische Familie" um. Doch trotz kritischer Auseinandersetzung mit der deutschen Literatur in Bezug auf Familienstrukturen in der Türkei und in Deutschland, hebt er letztendlich doch wieder die Konfliktpotentiale der Migration hervor. Mit einer quantitativen Erhebung, die in der Türkei und in Deutschland durchgeführt wurde, weist Firat nach, dass

„mit einem soziokulturellen Wechsel das Ausmaß der Gefühlsbindung und der strukturellen Veränderungsfähigkeit in türkischen Familien sich derart verändert, dass sich eine absteigende Gefühlsbindung einerseits im Gegensatz zu einer aufsteigenden Adaptabilität andererseits in türkischen Migrantenfamilien in interkultureller Gesamtbetrachtung abzeichnet (Migrationseffekt)[49]." (Firat, 1996: 174)

Firat stellt in seiner Arbeit jedoch weniger diese Adaptabilität in den Vordergrund, die er besonders den Migrantenvätern attestiert und was einen Gegenpol zu den Inhalten gängiger Arbeiten bilden könnte, sondern sieht die geringe Kohäsion, insbesondere bei den Migrantentöchtern, als ein hohes „Generationskonfliktpotential" (ebd.: 174). Abschließend stellt er fest:

„Es ist aber offensichtlich, dass sich in diesem Veränderungsprozess türkische Migranten in einem inkohärenten und diffusen Zustand befinden, was sie fühlen, denken und wie sie öffentlich bei Deutschen angesehen werden, was eine Reflexion ihrer gesellschaftlichen Unterschichtung, Diskriminierung und Ablehnung ist." (ebd.: 176)

---

49 Firat stützt seine Arbeit theoretisch auf das Circumplex-Modell von Olson. Dieser versteht unter Adaptibilität "[...] the ability of a material or a family system to change its power structure, role relationship and relationship rules in response to situational and development stress." und unter Kohäsion "[...] emotional bonding that family members have toward one another (Olson zit. n. Firat, 1996: 84).

Firat vergibt hier die Möglichkeit, seine Ergebnisse jenseits des „Generationenkonfliktes" auszuführen und den Schwerpunkt mehr auf die „adaptiven" Fähigkeiten seiner Untersuchungsgruppe zu legen.

Ansätze von Bernhard Nauck

Was Nauck in seinen Arbeiten über den Wandel in türkischen Familien bemängelt, ist das Fehlen von Empirie, das Überprüfen der getroffenen Annahmen beispielsweise anhand von Longitudinalstudien. Er stellt fest:

> „Dies ist um so erstaunlicher, als keines der zahlreichen Textbücher über die sozialen Folgen von Migrationsprozessen und zur Ausländerpädagogik auf ein Kapitel über ‚die' türkische (= traditionale, patriarchalische, islamische, rurale) Familie verzichtet und sie von ‚der' deutschen Familie abhebt und zugleich die disruptiven Veränderungen in den Migrantenfamilien in den buntesten Farben schildert." (Nauck, 1988: 504)

Was Nauck's Ansicht nach in der Forschung über den Übergang in Migrationsfamilien fehlte, war eine Einheit, ein Maßstab, an dem sich Wandel festmachen ließ. Im Gegensatz zu strukturell-funktionalen Erklärungsansätzen, die davon ausgehen, dass ein bestimmtes Wertesystem eine bestimmte Sozialstruktur bedingt und daher türkische Familien sich notwendigerweise an das hier vorherrschende Modell anpassen werden, geht Nauck von einem individualistisch-handlungstheoretischen Konzept aus, das Migranten/innen nicht zu passiven Objekten einer Gesellschaftsstruktur herabsetzt, sondern sie als individuelle Akteure sieht. Diese verhalten sich so, wie es in einer gegebenen Umgebung opportun erscheint und sie den größten Nutzen von ihren Handlungen haben („Opportunitätsstruktur") (vgl. Nauck, 1986: 286; 1988: 506). Damit umgeht Nauck die leidige Frage, ob ein Wertewandel in den Familien stattgefunden habe oder nicht, da nach seiner Theorie ein utilitaristisches Handeln keinen Wertewandel voraussetzt, sondern am praktischen Nutzen orientiert bleibt. Als Maßeinheit für seine Theorie beruft sich Nauck auf die Arbeiten der türkischen Wissenschaftlerin Çiğdem Kağıtçıbaşı.[50] In ihren Familienmodellen kommt dem sich wandelnden Verhältnis zwischen Kindern und Eltern eine entscheidende Rolle zu. Sie vertritt jedoch, im Gegensatz zu Nauck, keinen in erster Linie utilitaristischen Ansatz.

Nauck hat in seiner Untersuchung im Rahmen des DFG-Projektes: „Sozialisation und Interaktion in Familien türkischer Arbeitsmigranten" herausgefunden, dass sich

---

50 Ihre Familienmodelle werden im folgenden Kapitel ausführlich vorgestellt werden.

viele der türkischen Familien der ersten Generation im Übergang von einem ökonomisch-utilitaristischen Konzept zu einem mehr an psychologischen Nutzen orientierten Eltern-Kind-Modell befinden.[51] Neben festgestellten Veränderungen der Eltern in ihrem Verhalten gegenüber ihren Kleinkindern (Stillgewohnheiten, Arztbesuche, Spielen mit den Kindern), hat er auch Aussagen über das Verhältnis der Väter gegenüber ihren Kindern getroffen. Insbesondere diese Aussagen sind es, die für die hier vorliegende Untersuchung von Bedeutung sind, da sie eine gute Möglichkeit bieten, die Ergebnisse mit der Selbstdarstellung der Migranten zu vergleichen. Nauck fand heraus, dass in den untersuchten türkischen Familien

- türkische Väter ihre Töchter stärker behüten als ihre Söhne,
- sich die Väter gegenüber ihren Töchtern weniger autoritär verhalten als gegenüber den Söhnen,
- die eigene Erziehung in der Türkei bei Müttern und Vätern in nur geringem Maße als ein Modell für die Erziehung der Kinder gilt, in höherem Maße noch für die Töchter;
- die Väter bei der Erziehung der Töchter selbstsicherer sind als bei der Erziehung der Söhne,
- bei den Vätern die starke Kontrolle über die Kinder bei den Mädchen „sehr viel stärker über zärtliche Beschützung und ängstliche Behütung erfolgt als durch die rigide Durchsetzung instrumenteller elterlicher Normen." (Nauck, 1986: 302)
- die Zunahme individueller Bildung und sozialer Kontakte zu einer geringen Abnahme autoritärer Erziehungsstile und zu einer Zunahme von „Permissivität als Erziehungseinstellung" (ebd.: 513f.), vor allem bei den Vätern gegenüber den Töchtern, geführt habe;
- es besonders bei Töchtern zu starken Veränderungen bezüglich geschlechtsspezifischer Verhaltensdifferenzierungen, z.B. im Zusammenhang mit der Belastung durch Hausarbeit, kommt. Je früher der Migrationszeitpunkt der Eltern liegt und ob deren Verheiratung erst im Migrationsland erfolgt war, umso geringer sind geschlechtsspezifische Differenzierungen beispielsweise bezüglich der Hausarbeit bei den Kindern erkennbar.

---

51 Nauck und seine Mitarbeiter/innen führten 1984 520 muttersprachliche Interviews mit türkischen Eltern beiderlei Geschlechts in standardisierter Form durch. Die Fragen zu Erziehungsvorstellungen und Sozialisationspraktiken bezogen sich im Interview auf das Kind, das zum Interviewzeitpunkt dem 14. Lebensjahr am nächsten war. Ziel der Untersuchung war die Überprüfung der These, ob Erziehungsvorstellungen und Sozialisationspraktiken in türkischen Migrantenfamilien auf der Basis allgemein individualistischer Erklärungsmodelle (in Anlehnung an Kağıtçıbaşı) erklärbar sind und um die Ergebnisse mit interkulturell vergleichenden Studien zu konfrontieren. (vgl. Nauck, 1986: 285ff.)

Für Nauck sind die Ergebnisse seiner Studien der Beleg dafür, dass das von Kağıtçıbaşı übernommene und von ihm modifizierte Modell des ökonomisch-utilitaristischen Nutzens versus psychologischen Nutzens auf der Basis individueller Handlungsstrategien eine weit adäquatere Erklärung zur Wandlung in türkischen Migrantenfamilien liefert als die anwendungsorientierte Diskussion der Ausländerpädagogik und der Sozialarbeit. Nauck schließt aus seinen Befunden:

„Durch den mit der Migrationsentscheidung verbundenen Wechsel des sozialökologischen Kontextes erfolgen vielfältige *Umstrukturierungen* in der familiären Interaktion. Dies wirft auch ein Licht auf die hohe Adaptionskapazität und Strukturflexibilität familiärer Gruppen und die Interdependenzen von Familienstruktur und Kontextbedingungen im allgemeinen." (ebd.: 518)

Dass ein solcher Wandel in den Familien stattgefunden hat, ist weder neu noch überraschend. Jede Gesellschaft wandelt sich im Laufe der Zeit als Reaktion auf die Änderung sozio-ökonomischer Bedingungen und als Wunsch auf die Verbesserung individueller Lebenskonzepte. Auch die Migranten/innen, als Teil der deutschen Gesellschaft, sind diesem Wandel unterworfen. Dass es sich hierbei eben nicht um eine passive „Unterwerfung" unter den Wandel handelt, sondern um Konzepte, die individuell nach einer Kosten-Nutzen-Rechnung aktiv entwickelt werden, stellen die Arbeiten von Nauck und Kağıtçıbaşı deutlich heraus.

Ansätze von Leonie Herwartz-Emden

Die Ergebnisse der neuesten mir bekannten Studie zu Einwandererfamilien wurden 2000 von Leonie Herwartz-Emden und dem Forscherinnenteam des IMIS in Osnabrück vorgelegt. In einer breitangelegten Studie untersuchten die Wissenschaftlerinnen sowohl qualitativ als auch quantitativ sowie interkulturell vergleichend Vorstellungen zu Geschlechterbildern, Elternschaft, Erziehungsvorstellungen und Zeitstrukturen in deutschen, türkischen und Aussiedlerfamilien. Erstmalig wurden auch Männer in die Untersuchung miteinbezogen. Die Ergebnisse stützen die Ergebnisse von Nauck und kritisieren das, (trotz einiger weniger Arbeiten, die sich darin unterscheiden) in der deutschen Migrationsforschung vorherrschende Paradigma, türkische Familien in erster Linie in traditionell-kollektivistischen Erziehungsstilen verhaftet wahrzunehmen (vgl. Herwartz-Emden: 2000: 100).

Herwartz-Emden zeigt am Beispiel von Konzepten mütterlicher Erziehung, dass bei den Arbeitsmigrantinnen aus der Türkei zwar immer noch stärkere Tendenzen zu mehr kontrollierenden und geschlechtsspezifischen Erziehungsvorstellungen vorhanden sind, als dies bei der deutschen Vergleichsgruppe der Fall ist, doch nimmt diese Tendenz mit zunehmender Sicherheit des Verbleibs in Deutschland ab. Gerade in einer Umgebung, die von rechtlicher, ökonomischer und gesellschaftlicher Unsicherheit geprägt ist, möchten die Mütter ihren Kindern durch ihre Erziehung einen Schutz und Halt gegenüber dem „deutschen Außenraum" bieten (vgl. ebd.: 118ff.).

Für den in dieser Arbeit verfolgten Forschungsgegenstand sind die Ergebnisse der Befragung der türkischen Männer, die von Claudia Westphal durchgeführt wurde, von großem Interesse, wurden hier doch erstmals zehn türkische Männer der ersten Generation qualitativ zu ihren Erziehungsvorstellungen, zur Partnerschaft, zu Vaterschaft und Erziehung, zu Männer- und Frauenbildern sowie zur Familien- und Berufsorientierung befragt. Bei näherer Analyse zeigen sich jedoch erhebliche Unterschiede zu der zu mir befragten Gruppe:

- Westphal definiert ihre Erhebungsgruppe zwar als erste Generation, doch zeigt schon das Alter der Befragten (zwischen 28 bis 50 Jahre), dass hier die Übergänge zur zweiten Generation fließend sind, zumal der Erhebungsgruppe auch Männer angehören, deren Eltern bereits in Deutschland lebten (vgl. Westphal in Herwartz-Emden, 2000: 172).
- Die Altersunterschiede zwischen der von Westphal befragten Gruppe und der in der vorliegenden Studie befragten Männer differieren erheblich. In der Gruppe der zehn befragten Männer von Westphal ist der älteste der Teilnehmer zum Erhebungszeitpunkt im Jahr 1995 50 Jahre alt. Das heißt, er muss 1945 geboren sein. Der jüngste Teilnehmer meiner Befragung ist 1943 geboren.
- Auch hinsichtlich der Altersverteilung der Kinder sind erhebliche Unterschiede festzustellen. In der Erhebung von Westphal sind alle Kinder, bis auf eines, im schulpflichtigen Alter (ebd.: 63). In meiner Erhebung ist das Gros der Kinder über 30 Jahre alt. Die befragten Männer sind fast ausnahmslos bereits Großväter.
- Bis auf zwei der Befragten waren bei Westphal alle Männer bei ihrer Einreise in die BRD ledig und hatten keine Kinder. Auch dies ist ein Unterschied zur „klassischen Struktur" der ersten Generation, die in der Regel als verheiratete Familienväter nach Deutschland kamen. In meiner Untersuchung waren alle bis auf zwei Männer bereits bei der Einreise verheiratet.
- Auch die Bildungsstruktur unterscheidet sich. Fünf Männer haben Gymnasialabschluss, zwei davon ein Hochschulstudium. Vier Männer verfügen über eine qualifizierte Berufsausbildung. In meiner Studie verfügen über die Hälfte der Männer nicht einmal über eine Schulausbildung.
- Knapp die Hälfte wurden als Arbeitskräfte angeworben. In meiner Studie sind es 19 von 20 Befragten, die als Arbeiter nach Deutschland einreisten.

Die untersuchten Gruppen sind also weder hinsichtlich der Zeit ihrer Sozialisation in der Türkei, bezüglich ihres Bildungsstandes, im Hinblick auf erste Eheerfahrungen in der Türkei (in meiner Untersuchungsgruppe) noch bezüglich einer ersten Sozialisationsphase der Kinder dieser Gruppe (die in meiner Untersuchungsgruppe zunächst überwiegend in der Türkei stattfindet) vollständig vergleichbar. Westphal

kommt zu folgenden Ergebnissen, die sich auch mit den Resultaten der von Nauck durchgeführten Forschungen decken:
- Türkische Väter entsprechen nicht dem in der Literatur immer wieder beschworenem Bild des streng-patriarchalisch-autoritären Typs, der vor allem die Frauen und Mädchen besonders stark kontrolliert (vgl. ebd.: 131).
- Eine wichtige Rolle spielt die ökonomische Absicherung der Familie und die Möglichkeit, den Kindern eine solide und wenn möglich, eine akademische Ausbildung zu ermöglichen (vgl. ebd.: 147).
- Die Väter versuchen ihre Kinder (die Söhne wie die Töchter) vor der als gefährlich und sittlich bedenklich eingestuften Außenwelt (Discos, „Straße") zu schützen, indem sie die Kinder bewusst mit diesen Gefahren konfrontieren, um sie dadurch dagegen zu immunisieren (vgl. ebd.: 165).
- Die befragten Männer wählen einen Erziehungsstil, der sehr stark auf Erklärung und Einsicht der Kinder in das Gesagte beruht, und weniger auf nicht hinterfragbaren Verboten aufbaut (vgl. ebd.: 183).
- Die Männer legen durchaus noch Wert auf „Tradition" und „Respekt", den ihnen die Kinder entgegenbringen sollen. Es wird jedoch Wert darauf gelegt, dass dies nicht in „Überrespekt" und „Überhöflichkeit" ausarten (vgl. ebd.: 202).

Es wird im Folgenden zu zeigen sein, inwiefern die Ergebnisse für eine relativ junge Befragungsgruppe (28 bis 50 Jahre) mit den Resultaten einer vergleichsweise alten Gruppe (52 bis 63 Jahre), deren Kinder das Alter der Befragungsgruppe Westphals haben, vergleichbar sind und in welchen Punkten sich die Ergebnisse voneinander unterscheiden.

Abschließend bleibt hier zu betonen, dass in einem Gros der Arbeiten zu wenig Differenzierungen vorgenommen werden, dass sich Aussagen häufig auf zu kleine Stichproben stützen und dass auch in aktuellen Arbeiten auf Aussagen zu türkischen Familien zurückgegriffen wird, die bereits vor 20 Jahren entstanden sind. Eine Ausnahme bildet hier u.a. die Arbeit von Firat, der letztendlich jedoch ebenfalls zu sehr das innerfamiliäre Konfliktpotential („Generationenkonflikt"), das durch die Migration entstanden ist, hervorhebt und weniger die „adaptiven" Fähigkeiten untersucht, über die sein empirisches Material ebenfalls Aussagen zugelassen hätte.

Einen anderen Weg schlagen die Arbeiten von Nauck zu Familienstrukturen türkischer Migranten ein. Hier wurde erstmals ein „Maßstab" entwickelt, an dem ein möglicher Wandel in Familien überhaupt messbar wird. In seinen Arbeiten, die auf den Modellen der türkischen Wissenschaftlerin Kağıtçıbaşı aufbauen, zeichnet er ein differenziertes Modell türkischer Familien, wobei er jedoch betont, utilitaristisches Handeln setze keinen Wertewandel voraus. Diesen Punkt werde ich ausführlicher in dem dieser Arbeit zugrunde liegenden Material untersuchen. Ziel dieser Arbeit wird es sein, wie auch Herwartz-Emden einfordert, die Migranten als Personen vorzustellen, „welche den Kulturkontakt aktiv und selbststeuernd gestalten und welche fähig und willens sind, eigene Voraussetzungen, Interessen und Ziele selbständig anzupassen und zu steuern." (Herwartz-Emden, 1995: 108) Erste Hinweise wie eine solche Forschung mit Männern der ersten Generation aussehen könnte, gibt die Arbeit von Manuela Westphal, die zehn türkische Männer qualitativ befragt hat. Allerdings ist die von ihr untersuchte Gruppe weder vom Alter noch von der Familienstruktur oder dem Bildungshintergrund her identisch mit den in dieser Studie vorgestellten Männern der ersten Generation, sondern entspricht vom Alter her den Söhnen der Männer meiner Studie.

Gegenwärtig werden die türkischen Männer der ersten Generation erst im Rentenalter wieder zu Subjekten der Forschung. In diesen Arbeiten geht es nun nicht mehr um den unterdrückenden Vater und Ehemann, wie er in der Frauen- und Mädchenforschung auftaucht, oder den utilitaristisch handelnden Familienmenschen aus Teilen der Familienforschung, vielmehr steht ein alter, durch harte Arbeit krank gewordener Mensch im Mittelpunkt der Untersuchungen, dessen großes Lebensziel, „die Rückkehr", nicht verwirklicht werden konnte, und der das deutsche Alten- und Pflegesystem vor bisher nicht antizipierte Probleme stellt.

Türkische Männer in der neueren Rentnerforschung

Alev Tekinay: Dazwischen

Jeden Tag packe ich den Koffer ein und wieder aus.
Morgens, wenn ich aufwache, plane ich die Rückkehr, aber bis
Mittags gewöhne ich mich mehr an Deutschland.
Ich ändere mich und bleibe doch gleich und weiß nicht mehr, wer
ich bin.
Jeden Tag ist das Heimweh unwiderstehlich, aber die neue
Heimat hält mich fest Tag für Tag noch stärker.
Und jeden Tag fahre ich zweitausend Kilometer in einem
imaginären Zug hin und her, unentschlossen zwischen dem
Kleiderschrank und dem Koffer, und dazwischen ist meine Welt.

Die türkischen Migranten, die als Arbeiter angeworben wurden, gehörten einer Gruppe an, die durch harte Auswahlmechanismen durch die Vertreter der deutschen Arbeitgeber bestimmt wurden und zu den gesündesten, leistungsstärksten und aktivsten ihrer Altersklasse gehörten. Anders als zu Beginn der Migration angenommen, ist ein großer Teil nicht in die Türkei zurückgekehrt, sondern verbringt den Lebensabend in Deutschland. Aufgrund ihrer Beschäftigung in gesundheitsschädigenden Bereichen (Akkordarbeit, harte körperliche Arbeit auf Werften, unter Tage, an Schmelzöfen, Schichtarbeit etc.) ist die Anzahl der Frührentner und Erwerbsunfähigen besonders hoch (vgl. Dietzel-Papakyriakou, 1993: 47). Diese Männer werden nun zu einer neuen Klientel der deutschen Alten- und Pflegehilfe werden. Altersheime und soziale Dienste sind jedoch nur unzureichend auf diese Gruppe vorbereitet. Dies war die Ausgangslage für eine Reihe von Studien über die Situation der türkischen Rentner und deren mögliche Integration in das deutsche Pflegesystem. Man kann die Literatur über die heutigen Rentner/innen aus der Türkei folgendermaßen zusammenfassen.

Erste Arbeiten entstanden aus der aktiven Sozialarbeit heraus und beschäftigten sich *regional mit der Situation ausländischer Rentner/innen*. So untersuchte die Arbeit von Scheib (1995) die Situation älterer Migranten/innen in Frankfurt und zwar aus der Sichtweise der Dienste und Einrichtungen der offenen, ambulanten, teilstationären und stationären Altenhilfe. Ergänzt wurde diese Analyse durch elf Interviews mit Migranten. Es wurde ein eklatanter Planungsbedarf bei den deutschen Einrichtungen festgestellt. Andere Studien beispielsweise über Köln (Schleicher, 1996) und Berlin-Spandau (Bilal, 1993) unterstützen diese Einschätzung.

Des weiteren gibt es Arbeiten, in denen es um die Aspekte der *Pflege und Pflegeerwartungen* im Alter geht. So untersucht Manfred Hielen die Möglichkeiten einer ethnischen Schwerpunktsetzung in der stationären Altenhilfe (Hielen, 1996). Holz und Scheib zeigen, dass das deutsche Altenhilfesystem vor Ort die älteren Migranten/innen nicht berücksichtigt und schlagen eine Kooperation zwischen Ausländersozialarbeit, Altenhilfe und ethnischen Selbstorganisationen vor (Holz/Scheib, 1993: 23f.). Krüger und Potts weisen darauf hin, dass der „Generationenvertrag" in türkischen Migrantenfamilien zwar noch nicht „gekündigt" sei, doch aufgrund der Lebens- und Arbeitssituation brüchig werde. Daher schlagen sie vor, zu untersuchen, inwiefern die zweite Generation realistisch an der Pflege der Eltern beteiligt werden kann und in Zusammenarbeit mit den Beteiligten auch bei den ambulanten Pflegediensten „eine stärkere Bezugnahme auf den kulturellen Hintergrund der zu Betreuenden zu entwickeln." (Krüger/Potts, 1995: 83)

Weitere Arbeiten untersuchen die *Lebenssituation*, die soziale Netzwerke etc. So erforschten Dietzel-Papakyriakou und Olbermann, welche Rolle ethnische Netzwerke bei der Versorgung älter werdender Migranten/innen spielen und kamen zu dem Schluss, dass es sich bei den Netzwerken in erster Linie um „Geselligkeitskontakte" handelte.

„Das deutet darauf hin, dass ältere Menschen nur über ein geringes Potential an verläßlichen und vertrauensvollen Helfern verfügen und das Unterstützungspotential im Falle erhöhter Hilfsbedürftigkeit eng begrenzt sein dürfte." (Dietzel-Papakyriakou; Olbermann, 1996: 40)

Die Autorinnen sehen für alleinstehende Migranten/innen und gerade für Frauen ein erhöhtes Risiko an Vereinsamung. Damit widersprechen sie der Untersuchung von Krüger und Potts, die die „erweiterte Familie" als ein stabiles Netzwerk ansehen, was auch im Alter Hilfe und Zuwendung verspricht.

„Die erweiterte Familie unterliegt in vielen Fällen einem Bedeutungs- und Strukturwandel, nicht aber einer Bedeutungsabnahme. Geknüpft wurde ein migrationsspezifisches Unterstützungssystem, das beiden Seiten – den Migrantinnen und den in der Türkei lebenden Verwandten- Kontinuität von Zuwendung, Hilfe und Unterstützung gewährleistet. [...] Vor diesem Hintergrund hat die These von der ‚lost generation' der Ersten MigrantInnengeneration für die meisten keinen Bestand." (Krüger/Potts, 1997: 13)

Dietzel-Papakyriakou prägte in ihren Arbeiten die Begriffe des „kulturellen Konservatismus und des ethnischen Rückzuges" (Dietzel-Papakyriakou, 1993: 49) im Alter und beschrieb damit die Situation einer Generation, die im Alter noch stärker vereinsamt und isoliert von der deutschen Gesellschaft ist, als sie dies bereits zu Zeiten ihrer Erwerbstätigkeit gewesen war. Auch bezüglich des Pendelns als eine mögliche Lebensform zwischen dem Herkunftsland und Deutschland, sieht sie lediglich dessen negative Aspekte: „Die objektiven Zwänge und subjektiven Dilemmata, sich definitiv für ein Land festzulegen, führen zum Phänomen des sogenannten ‚Pendelns', das ein verbreitetes Lebensmuster [...] darstellt [...]." (Dietzel-Papakyriakou, 1993: 46) Dass das Pendeln eventuell auch aus dem Wunsch heraus entstanden sein könnte, dass man sich in beiden Ländern zu Hause fühlt, wie es in einigen meiner Interviews zum Ausdruck kommt, wird von ihr nicht als Möglichkeit in Betracht gezogen, sondern explizit und für alle untersuchten Gruppen verneint. Die definitive Entscheidung in Deutschland zu bleiben, sei „nicht Ausdruck des Bleiben-wollens, sondern des Nicht-mehr-zurückkehren könnens." (Dietzel-Papakyriakou, 1988: 42) Auch die 1994 von Seeberger angefertigte Dissertation über alternde türkische Gastarbeiter unterstützt diese defizitorientierten Ansätze. Dazu Seeberger mit einem Hauch ins Melodramatische: „Tragisch ist die Zerrissenheit und Verzweiflung der ersten Generation alt gewordener Türkinnen und Türken. Sie weiß nicht, wo sie sterben soll. Das Leben der ersten Generation wird hier enden, für viele schon bald." (Seeberger, 1994: 24) Das Resümee seiner Dissertation kann stellvertretend für die Thesen einer Reihe von Arbeiten gesehen werden, die die alt werdenden Migranten vor allem unter defizitären Blickpunkten betrachten, und wo Lebensmut, Entscheidungsfreiheit und Selbstbestimmung seitens der Migranten/innen nicht in Erwägung gezogen werden: „Sie (die älteren Migranten/innen Anm) betrachten sich am Ende ihres Arbeitslebens in der Fremde als gescheitert und können nicht oder nur schwer verkraften, dass sich ihre mit dem Aufbruch verbundenen Träume und Wünsche nicht erfüllt haben." (Seeberger, 1994: 135)

In einigen weiteren Arbeiten steht in erster Linie die *gesundheitliche Versorgung* im Vordergrund (vgl. Collatz, 1989).

Weitere Untersuchungen stellen in erster Linie die *ökonomische Situation* der Rentner/innen in den Mittelpunkt (vgl. Döring, 1994; Statistisches Landesamt Baden Württemberg, 1996). So untersucht Döring in seiner Studie, welche Systembedingungen einer Zuwanderung zu welcher Versorgungslage im Alter führen (vgl. Döring, 1994: 239). Anhand mehrerer Rechenbeispiele zeigt er, was ein Zuwanderer X in unterschiedlichen Ländern der Union bei gleicher Arbeitszeit als Rente bekommen würde (vgl. ebd.: 242ff.).

In all den oben zitierten Untersuchungen, Berichten und Arbeiten geht es um einen einzigen Aspekt: den des Alters und des Alterns. Die Migranten/innen werden auf diesen Teil ihrer Persönlichkeit reduziert und darüber definiert. In einigen Arbeiten findet eine geschlechtsspezifische Differenzierung in Männer und Frauen statt, diese bleibt jedoch, außer bei den Arbeiten von Krüger; Potts; Krüger/Potts, die auch die Integrationsleistungen der Pioniermigrantinnen hervorheben, an der Oberfläche.

Nicht nur die Frauen werden wenig differenziert dargestellt, auch die Männer verschwinden unter dem Oberbegriff „Alt". Im Gegensatz zur zweiten und dritten Generation, die in einer Vielzahl von Untergruppen beschrieben werden, (die Rapper; die Gangmitglieder; die islamisch Orientierten; die jungen Türken/innen, die Karriere machen; etc) erscheinen die heutigen Rentner als monolithischer Block, dem pauschal die gleichen besorgniserregenden Eigenschaften zugewiesen werden: Heimatlosigkeit, Zerrissenheit zwischen den Welten, Einsamkeit, Isolation und schwere Krankheiten finden sich stereotyp in vielen Arbeiten zu dieser Gruppe wieder.

Zusammenfassend kann man bei der Durchsicht der Literatur zum Thema „Lebenssituation türkischer Rentner in Deutschland" feststellen, dass sich bestimmte Zuschreibungen immer wieder finden lassen. Die Männer sind

- krank, da sie in ihrer produktiven Zeit in gesundheitsschädigenden Tätigkeitsbereichen gearbeitet haben;
- einsam, da sie sich von ihren Kindern entfremdet haben;
- hilfsbedürftig, da niemand da ist, der sich um sie kümmert;
- arm, da die Rente nicht ausreicht (vgl. Schulte, 1993: 29ff.);
- isoliert von der deutschen Gesellschaft, da sie sich im Alter auf ihre eigene Ethnie rückbesinnen und der Kontakt zu Deutschen, falls je vorhanden, immer weiter abnimmt (vgl. Dietzel-Papakyriakou, 1990: 347f.);
- heimatlos, da sie weder in Deutschland noch in der Türkei zu Hause sind (Stichwort: Dilemma des Pendelns, vgl. Dietzel-Papakyriakou, 1993: 46);

- frustriert und am Leben gescheitert, da der große Lebenstraum, nämlich mit dem Erreichen des Rentenalters in die Türkei zurückzukehren, gescheitert ist (vgl. Polimeni, 1993: 54; Müller, 1992: 5).

Die vorliegende Arbeit möchte die türkischen Männer nicht unter dem Aspekt altersbedingter Defizite betrachten. Alte und alternde Menschen haben gerade aufgrund ihres Alters einen reichhaltigen Schatz an Erfahrungen, an Einsichten und Rückblicken auf das eigene Leben, an Visionen für sich und die eigenen Nachkommen. Die heute alt werdenden türkischen Männer und Frauen, die so eindringlich als die Vereinsamten, Armen, Isolierten, als die „Lost-generation" etikettiert werden, falls sie überhaupt in der Literatur Erwähnung finden, kamen als die Pionier/innengeneration nach Deutschland. Sie ließen sich aus unterschiedlichen Gründen auf das Wagnis eines unbekannten Landes, einer fremden Sprache, Religion und Kultur sowie einer nicht vertrauten Arbeits- und Lebensumgebung ein. Es war ein aktiver, neugieriger und vielleicht, neben allen ökonomischen Zwängen, die die Migration beeinflussten, auch abenteuerlustiger Teil der Bevölkerung. Hinter der Zuschreibung „Alt" verschwindet die Individualität der Menschen und die Aspekte des Lebens, die nicht unmittelbar mit Pflege, Altersheim und altersbedingten Krankheiten zu tun haben. Die Männer der hier vorliegenden Studie gehören der ersten, der nun alt werdenden Generation aus der Türkei an. Das Alter wird jedoch nicht im Mittelpunkt stehen, sondern die spezifischen Erfahrungen und Gedanken über die im Laufe eines Lebens gesammelten Erfahrungen als Kind, als Ehemann, als Vater und schließlich als Großvater.

Zwischenbilanz:

Außer der Arbeit von Schiffauer (1991), der die Auswirkungen der Moderne auf nach Deutschland und Österreich migrierte männliche Migranten aus der ländlichen Türkei untersucht, gibt es keine mir bekannte Arbeit, die sich qualitativ mit der Lebenssituation, den Einstellungen oder den Selbstverortungen der türkischen Männer der ersten Generation auseinandersetzt. Aus jüngster Zeit stellt hier die Arbeit von Westphal (2000) eine Ausnahme dar, doch entspricht ihre Untersuchungsgruppe, obgleich sie sie als „erste Generation" bezeichnet, weder vom Alter noch vom Bildungsstand oder dem Alter ihrer Kinder her, der Gruppe, die als „erste Generation" im Zentrum der hier vorgestellten Arbeit steht.

Männer der ersten Generation als eigener Forschungsgegenstand und jenseits ihres Rentnerstatus tauchen in der Migrationsforschung so gut wie nicht auf. So weist die annotierte Bibliographie von Boos-Nünning einen eigenen thematischen Schwerpunkt „ausländische Mädchen und Frauen" aus; die Männer tauchen nicht einmal als

Unterpunkt auf (vgl. Boos-Nünning, 1990: 39). Es scheint, als gäbe es in der deutschen Migrationsforschung das stillschweigende Übereinkommen, über die türkischen Männer sei bereits alles gesagt, sie seien bekannt und ein großes Forschungsdefizit bestünde nur bezüglich der Frauen und Mädchen. Es ist jedoch ein Trugschluss zu glauben, jedwede Migrationsforschung, die sich nicht explizit mit Frauen und Mädchen beschäftigt, berücksichtige notwendigerweise die männliche Perspektive in ausreichendem Maße.

Was bisher über die türkischen Männer der ersten Generation bekannt ist, sind „Bilder aus zweiter Hand". Es ist nämlich keineswegs so, dass sie in der einschlägigen Literatur nicht auftauchten. Sie erscheinen jedoch eher als zitierte Objekte denn als sprechende Subjekte. Kaum ein Buch über türkische Frauen und Mädchen, in dem nicht auf die dominante patriarchale Rolle des türkischen Mannes und Vaters hingewiesen wird, der die Ehefrauen und Töchter mit veralteten Ehrkonzepten unter Druck setzt und sie in ihrer individuellen Entscheidung bremst. Die Rolle dieses „Bremsklotzes" wird in den letzten Jahren verstärkt auf „den Islam" zurückgeführt, der nun im Zusammenspiel mit patriarchalen Strukturen als verantwortlich an der Unterdrückung der Frau ausgemacht wird. Auch in den Arbeiten zu türkischen Jugendlichen und hier in erster Linie in Bezug auf die männlichen Jugendlichen, tauchen die Väter als graue Eminenzen im Hintergrund auf, die die Weichen stellen für das delinquente, islamisch-fundamentalistisch orientierte und nicht anpassungsfähige Verhalten ihrer Söhne. Da die Väter es nie gelernt haben, sich in der deutschen Gesellschaft zurechtzufinden, können sie ihren Kindern auch kein Vorbild sein.
Überspitzt formuliert könnte man aufgrund dessen zu der Schlussfolgerung gelangen „der türkische Mann der ersten Generation trägt die Schuld an allem", was die Frauen und Kinder an einer erfolgreichen Integration hindert.

Das nächste Kapitel untersucht, welche Bilder über „den türkischen Mann" in der Türkei existieren.

FORSCHUNGEN ÜBER TÜRKISCHE MÄNNER IN DER TÜRKEI IM HINBLICK AUF FAMILIENBEZOGENE ROLLEN[52]

In der Türkei steht die Männerforschung und die historische Entwicklung von Männerbildern noch in ihren Anfängen. In Arbeiten über die Entwicklung von der osmanischen Gesellschaft hin zur gegenwärtigen „modernen" Türkei wird kaum auf

---

52 Ich stütze mich im folgenden auf die Literatur türkischer Wissenschaftler/innen, die auf Englisch, Deutsch oder Französisch zugänglich ist.

das Geschlechterverhältnis und den Wandel in der Konstruktion männlicher (bzw. weiblicher) Identitäten und dem gender-belief-system eingegangen.

„The question of gendered subjectivities and changing feminine and masculine identities did not even appear in treatments of social change [...]. As a result, the possible links between expressions of gender and other markers of social status and differences, although utterly commonsensical, managed to escape any form of scrutiny." (Kandiyoti, 1997: 129; vgl. Kandiyoti, 1991: 316f.)

Prof. Arus Yumul von der Istanbuler Bilgi Universität, eine der wenigen Wissenschaftler/innen, die zum Thema „Männlichkeit" in der Türkei geforscht hat, schätzt, dass dies ein kommendes Thema in der türkischen Wissenschaft werden wird. Erste Dissertationen werden derzeit zum Zusammenhang zwischen Männlichkeit und Militär erstellt[53].

Es gibt also nur sehr wenig direkte Forschung über türkische Männer. Ähnlich wie im Kapitel über das Bild türkischer Männer in der Forschung in Deutschland beschrieben, gibt es aber auch in der Türkei eine ganze Reihe von Forschungsrichtungen, die indirekt auch Hinweise auf das Männerbild und den Wandel von familienbezogenen Männerbildern geben. Diese Hinweise finden sich zum einen in der (historischen) Frauenforschung, der Familienforschung, der historischen Rechtsforschung und den Arbeiten über das (türkische) Patriarchat. Das folgende Kapitel zeigt zunächst exemplarisch die zentralen Formen der „Männlichkeiten", wie sie in ausgewählter soziologisch-historisch-zeitgeschichtlicher Literatur zu finden sind.

Zentrale Formen türkischer Männlichkeiten – ein historischer Abriss

Die Männerbilder waren und sind in der osmanisch/türkischen Gesellschaft starken Schwankungen und Veränderungen unterworfen. In der städtischen osmanischen Gesellschaft des 19. Jahrhunderts war das Familienoberhaupt, der Patriarch, der unumschränkte Herrscher über die Geschicke seiner Familie, seines Haushaltes und deren Mitglieder. Ihm oblag die ökonomische Versorgung der Familie und er hatte im Gegenzug dazu absoluten Gehorsam und Respekt zu erwarten (vgl. Kandiyoti, 1997: 121)[54]. Dem Patriarchen aus der Oberschicht stand der „Kabadayı" (tough uncle) in den populären Wohnvierteln gegenüber. Ihm oblag die Verteidigung der Ehre des Wohnviertels und der darin lebenden Menschen, sowie die Regelung dort

---

53 Diese Informationen stammen aus einem Gespräch mit Prof. Arus Yumul in Istanbul am 4.10.1999.
54 Ausführlich wird dieser Lebensstil in den Lebenserinnerungen von Irfan Orga „Portrait of a Turkish Family" (1950) geschildert.

entstehender Konflikte. „Both the patrician and the kabadayı, and the masculinities they implied, were the guarantors and protectors of a normative order that was at once stifling and reassuring, constraining yet deeply familiar." (ebd.: 122)

Die osmanische Gesellschaft war vielfältig und vereinigte unterschiedliche Lebens- und Arbeitsformen mit unterschiedlich starker Machtausprägung der männlichen Mitglieder eines Haushalts und Partizipationsmöglichkeiten der Frauen.

Im 16. und 17. Jahrhundert taucht in den osmanischen Gerichtsakten eine weitere Form des facettenreichen Männerbildes auf. Es ist der „Levend", der zügellose, unabhängige und nicht in feste Familienstrukturen eingebundene Mann, der für Frauen, Mädchen und Jungen als eine Gefahr angesehen wird (vgl. Peirce, 1997: 180f.). Der Term meinte

„a voluntary or unmarried soldier, originally referring to a navy recruit but by the seventeenth century commonly used to describe men who had left village and town to affiliate themselves with the powerful pasha households of Anatolia." (Peirce, 1997: 180)

Die Gefahr für die (weibliche) Gesellschaft ging also von einem Mann aus, der nicht den traditionellen Rollen gemäß heiratete und so „zivilisiert" wurde und der es vorzog, ein unabhängiges Leben außerhalb dörflicher und städtischer Strukturen zu führen. Die Angst vor diesem nicht gebändigten Leben war so groß, dass ein Gerichtsurteil überliefert ist, das dem „Levend" bei Strafe verbot, sich Plätzen zu nähern, wo sich Frauen und Kinder aufhielten, wo diese Wasser holten und ihre Wäsche wuschen (vgl. Peirce, 1997: 180). Das nicht der Norm entsprechende Verhalten wurde mit Aggression und Verbannung sanktioniert.

Innerhalb der Normen bewegten sich die oberen, gebildeten, städtischen osmanischen Schichten, aus denen heraus, parallel mit der Öffnung nach Westen, eine Art „neuer Mann" entstand: „He epoused more freedom in intra-family relations, was more loving and caring towards his wife and children, he was a man who, from his style of dress to his eating habits, had adopted the western style." (Yumul, 1999: 100) Von diesen Männern ging das aus, was Kandiyoti als „männlichen Feminismus" bezeichnet (vgl. Kandiyoti, 1991: 319). Diese Männer kämpften um das Recht, keine arrangierten Ehen mehr eingehen zu müssen, eine gebildete Partnerin zu haben und stellten sich gegen die Trennung der Geschlechter in der Gesellschaft. Es handelte sich hier jedoch weniger um einen Kampf um Gleichberechtigung zwischen Mann und Frau, als vielmehr um das Bestreben der Männer, sich aus dem osmanischen Patriarchat und der Macht der älteren Männer zu befreien. In diesen Bestrebungen sahen sie in den Frauen ihre natürlichen Verbündeten (vgl. Kandiyoti, 1991: 320; Kandiyoti, 1988: 282). Dieser „neue Mann" wurde jedoch in konservativen, traditionellen Kreisen als Bedrohung angesehen und galt eher als „unmännlich" (vgl. Kandiyoti, 1997: 121).

Die jung gegründete Türkei hatte mit ihrem politischen Führer Atatürk einen Mann, der auch das Männerbild entscheidend prägte. Photos zeigen Atatürk sowohl als siegreichen Feldherren in Militäruniform, als auch als Tänzer auf dem Parkett (vgl. Kandiyoti,1997: 122). Atatürk zeigte sich den Türken/innen in Rollen, die als gänzlich unmännlich galten (z.B. als Tänzer in westlicher Kleidung), ohne dass dies seinem Ansehen geschadet hätte. Vielmehr war er bestrebt, durch seine Vorbildfunktion das traditionelle Männerbild gerade auch in der nicht-städtischen Gesellschaft zu verändern.

Trotzdem existierten weiterhin parallel unterschiedliche Vorstellungen von Männlichkeiten. In den gebildeten städtischen Oberschichten insbesondere in der Westtürkei lehnte man sich näher an europäische Vorstellungen an, während im Osten eher das traditionelle Bild weitertradiert wurde. Sinnbild dieses Unterschiedes wurde der „Schnurrbart", der als Symbol eines traditionellen machistischen Männerbildes gesehen wurde, sowie die Kleidung (vgl. Yumul, 1999: 108ff.; Kandiyoti, 1997: 122). Nach der Staatsgründung bestanden in der türkischen Gesellschaft die gegensätzlichen Bilder, des/der gebildeten Städters/in sowie des tumben Landvolks, parallel, wobei man sich im städtischen Bereich über die Landbevölkerung lustig machte:

„While the modern man of the republic appeared at public functions with his bare-faced wife at his side, his rural brother was pictured, and frequently caricatured, in traditional garb and with his veiled wife following forty paces behind him (preferably, he rode his donkey while she walked). The unreconstructed masculinity of tradition, the sharp age and gender hierarchies, and the oppression of women were not portrayed through rural mores and interpreted as a deficit in civilization." (Kandioty, 1997: 122)

Diese Bilder zeigen eine verblüffende Ähnlichkeit mit den frühen Karikaturen über türkische Gastarbeiter in der deutschen Presse.

Yumul führt in ihrer Arbeit ein weiteres Element des facettenreichen Männerbildes in der Türkei ein. „Delikanlı" ist am besten mit „Heißsporn" zu übersetzen und ist die derzeit populäre Form des osmanischen „kabadayı". Eine Bedeutung dieses Wortes meint einfach einen jungen Mann. In seiner zweiten Bedeutung werden damit Eigenschaften bezeichnet, die man jungen Männern zubilligt, wie ein schnelles sich hinreißen lassen zu Emotionen, oder das Rächen ohne große Überlegungen und ohne Rücksicht auf eigenen Schaden von (vermeintlichen) Kränkungen der Ehre (der eigenen oder der von Freunden), „Delikanlı" zu sein, ist ein Vorrecht der Jugend, und gilt als rüde, aber akzeptierte Form der Männlichkeit. Es handelt sich hier um einen jungen Mann, der noch nicht verheiratet und damit noch nicht „domestiziert" ist (vgl. Kandiyoti, 1997: 210).

Die 1990er Jahre sind durch sehr unterschiedliche Männerbilder geprägt, die zur gleichen Zeit, teilweise an den gleichen Orten, nebeneinander existierten. Anfang der 1990er Jahre, einhergehend mit einer verstärkten Migration aus dem Osten des Landes nach Istanbul, erschien das Thema „Männer" und „Männlichkeit" erstmalig verstärkt in der türkischen Tagespresse. Die Istanbuler fühlten sich durch das Aussehen und das Verhalten der „schnauzbärtigen" Binnenmigranten provoziert und in ihrem Selbstverständnis angegriffen. Die Männer aus dem Osten erschienen ihnen barbarisch, (phänotypisch) „dunkel", unmodern gekleidet, schnauzbärtig und rückständig. Wieder stellen dies die gleichen Bilder dar, die auch in Europa in Karikaturen immer wieder auftauchen, wenn türkische Arbeitsmigranten dargestellt werden, und die dem in Europa vorherrschenden Bild „der Türken" entsprechen. Diese Männer konfrontierten durch ihr einfaches Erscheinen im Straßenbild die westlich orientierte türkische Mittel- und Oberschicht mit etwas, was diese längst zu überwinden geglaubt, was sie in der europäischen Presse als stereotype Zuschreibung kritisiert hatten und was deren Selbstbild in keiner Weise entsprach. Der Konflikt zwischen den „weißen, aufgeklärten und modernen" und den „dunklen, schnurrbarttragenden, rückständigen" Türken hat Yumul in ihrem Artikel: „Scenes of Masculinity in Turkey" (1999) folgendermaßen analysiert:

„Today the distinction between ‚White' and ‚Black' Turks refers to the distinction between those who have gone through the civilising process and those who have not. ‚White Turkishness' is primarily represented by urban, educated upper- and middle-class individuals who have adopted the western lifestyles and manner. In the achievement of the ‚White Turks' status physical characteristics play an important role. In this contest attractiveness, youth, fair complexion and especially not wearing of a moustache gain importance. [...] On the other hand, dark complexion suggestive of eastern origins, consequently, of provinciality and unrestrained drives is associated with bestiality."[55] (Yumul, 1999: 109)

Als Gegenreaktion auf die negativen Zuschreibung der „White Turks" haben sich bei den „Black Turks" Tendenzen entwickelt, die negativen Zuschreibungen bewusst anzunehmen, diese aber in ein positives Bild umzudrehen und die eigenen Werte bewusst zu vertreten. Yumul bezeichnet diesen Prozess als „Re-machoisation of Masculinity" (Yumul, 1999: 114).

„It is a masculinity embracing violence, aggression, and the basic constituents of ‚delikanlık'. It involves the exaggerated display of emotions, especially grief, a characteristic

---

[55] Dieser Konflikt ist auch in den Interviews zu spüren. Der überwiegende Teil der Männer kommt aus ländlichen Regionen und wurde als Arbeiter angeworben. Zwei Männer entstammen dem Bildungsbürgertum, einer wurde als Ingenieur angeworben. Diese beschreiben ihre Landsleute in Deutschland mit den Eigenschaften der „Black Turks". Das Bild, das durch die Arbeitsmigranten in der deutschen Öffentlichkeit vermittelt wird, ist ihnen peinlich.

from the arabesk musik and culture, which began to develop among migrants and urban squatter settlements in the 1970s, and expanded beyond these neighbourhoods during the 1980s." (Yumul, 1999: 115)

Die Auswirkungen der sehr populären Arabesk Musik, auf die sich das Zitat bezieht, auf das Männerbild in der Türkei und die Konstruktion von Männlichkeit werden unterschiedlich dargestellt und interpretiert (vgl. Kandiyoti, 1997; Yumul; 1999; Özbek, 1997) .

5. Exkurs: Türkische Männerbilder in der Arabesk Musik

Die Arabesk Musik begann in den 1960er Jahren, gleichzeitig mit der beginnenden Binnenmigration in die großen Städte, bei den in den Gecekondus[56] lebenden Migranten/innen populär zu werden. Bis in die 1970er Jahre war sie vor allem als „Migrantenmusik" bekannt, was die Bezeichnungen „Minibüsmüzik"[57] und „Gecekondu Müzik" zum Ausdruck brachten (vgl. Özbek, 1997: 218). Sie war mehr als eine Musikrichtung sondern galt als Ausdruck eines Lebensstils, „the entire lifestyle and mentality of the gecekondus, including both migrant and nonmigrant urban popular class." (ebd.: 219)
In den 1980er Jahren sprengte diese Musik die Grenzen der Gecekondus und konnte interpretiert werden als:

„an emotional vocabulary, addresses people from many different walks of life and cut across experiences of displacement far beyond the encounter between the rural and the urban – including other cultural exclusions and the unrequited Turkish love for the ‚West'." (ebd.: 212f.)

Der Unmut der städtischen intellektuellen Bevölkerung gegenüber einer Musik und einem Lebensstil, der mit „Rückständigkeit" verbunden wurde, äußerte sich Ende der 1980er mit Medienkampagnen, die die arabeske Musik als vulgär, sexistisch und ungebildet brandmarkten (vgl. ebd.: 222).

Mit Yumul, die einen Zusammenhang zwischen der gegenwärtigen „Re-Machoisierung" und den in den arabesken Liedern dargestellten Männerbildern sieht (vgl. Yumul, 1999: 114), ist auch Kandiyoti der Ansicht,

---

[56] Gecekondu – wörtlich „über Nacht erbaut" meint die um die großen Städte entstehenden Elendsviertel, in denen vor allem neu zugezogene Migranten/innen eine Unterkunft fanden. Als Provisorium gedacht, hat sich in vielen der Gecekondus inzwischen eine eigene Infrastruktur entwickelt.
[57] Der „Minibüs", das populäre Verkehrsmittel in der Türkei, brachte die Migranten/innen aus den Dörfern in die Städte, bzw. von den Vorstädten zu ihren Arbeitsplätzen in der Stadt. Während der Fahrt wurde bevorzugt diese Form der Musik gehört.

„that the most popular arabesk singers enact styles of masculinity that reinstate a modern version of the ‚kabadayı' in a changing urban landscape and exalt the virtues of loyalty, unselfishness, and moral rectitude, but with a bitter undertone of perpetual betrayal disappointment." (Kandiyoti, 1997: 124)

Özbek hingegen, die sich in ihren Publikationen ausführlich mit dem Verhältnis zwischen arabesker Musik und Gesellschaft beschäftigt hat, sieht das in den Liedern verbreitete Männerbild ambivalenter. Einerseits vermitteln die Liedinhalte und die Sänger[58] selbst das Image eines kämpferischen draufgängerischen Mannes, der aus der Position des Unterdrückten heraus agiert, andererseits zeigen Männer aber auch Gefühle, wie Weinen, Leiden, die nicht in das herkömmliche Männerbild in der Türkei passen. Sie schließt daraus:

„Thus, the emotional disposition of a subordinated self positions these men alongside other excluded people and seems to admit, in effect, a crossing of the boundaries of gender and an acceptance of the permeability of identities." (Özbek, 1997: 223)

Alle drei Wissenschaftlerinnen führen aus, dass zum gegenwärtigen Zeitpunkt in der Türkei eine Forschung zum Thema „Männerbilder und deren Wandel" noch nicht in systematischer Weise stattfindet. Aus dem wenigen Material, das zudem kaum Daten und Analysen enthält, die auf unterschiedliche Sozialstrukturen bezogen wären, lassen sich keine klaren Schlussfolgerungen und Verallgemeinerungen ziehen. Trotzdem lassen sich Tendenzen erkennen. Wie in der deutschen Gesellschaft auch, gibt es in der türkischen Gesellschaft kein klar definiertes Männerbild. Verschiedene Modelle existieren konkurrierend oder sich ignorierend nebeneinander. Da gibt es zum einen ein an westliche Normen angelehntes Männerbild, das vor allem in den städtisch gebildeten Schichten anzutreffen ist. Demgegenüber steht ein eher traditionell ausgerichtetes Bild, das in erster Linie bei der ländlichen Bevölkerung und bei den in die Städte migrierten Binnenmigranten anzutreffen ist. Die Grenzen hierbei sind jedoch nicht starr, sondern fließend. Und schließlich entwickeln sich durch den wachsenden Einfluss der Religion Männerbilder, die sich bewusst auf religiöse und weniger traditionelle Werte stützen und besonders bei gebildeten, jungen, der Religion zugewandten Schichten anzutreffen sind.[59] Insbesondere junge muslimisch engagier-

---

58 Es gibt nur vereinzelt Sängerinnen.
59 Die Unterscheidung zwischen religiös und traditionell ist hier insofern von großer Wichtigkeit, als gerade bei jungen Männern und Frauen, die sich bewusst dem Islam zugehörig fühlen, eine gleichberechtigte Partnerschaft in der Ehe, Ausbildung und Berufstätigkeit der Frau, etc. angestrebt wird und nicht als mit dem Islam unvereinbar angesehen wird. Gerade auch für junge Türkinnen der zweiten Generation in Deutschland ist das „emanzipatorische Potential des Islam" eine Möglichkeit, sich individuelle Freiheiten zu sichern (vgl. Die Bedeutung des Islam für türkische Frauen der zweiten Generation: Klinkhammer, 1992: 21ff; vgl. Die Bedeutung des Islam für türkische Männer der zweiten Generation: Tietze, 1999: 207ff.). In der Türkei sind es gerade auch Frauen, die sich islamischen Parteien wie der Refah-Partei anschließen und als muslimische Frau innerhalb der Partei Karriere machen. „Women participating in radical Islamic movements not

te Frauen machen dabei einen Unterschied zwischen dem traditionellen patriarchalen Männerbild und den islamischen Werten, die von einer Gleichberechtigung der Geschlechter vor Gott ausgehen, und im täglichen Leben den Wert der Gerechtigkeit vor den der Gleichberechtigung setzen (vgl. Acar, 1992: 85ff.). Diese Auslegung des Islam ist dabei weniger als Ausdruck einer Rückbesinnung auf traditionelle Werte, sondern eher als Ausdruck einer sich modernisierenden muslimischen Gesellschaft zu interpretieren (vgl. Seuffert, 1997).

Die hier skizzierten Männerbilder im Osmanischen Reich und in der Türkei können aufgrund der Quellen- und Forschungslage nur einen kleinen Überblick über die historische Entwicklung und die derzeitige Situation geben. Bei den Wissenschaftlern/innen, die sich mit den Männerbildern in der Türkei beschäftigen, herrscht Übereinkunft vor allem darüber, dass es diverse konkurrierende bzw. nebeneinander stehende Modelle von Männlichkeiten gibt und es diese durch die Geschichte in abgeschwächter Form immer gegeben hat. Diese Pluralisierung der Gesellschaft geht einher mit einer verstärkten Individualisierung.

Bilder türkischer Männer in der türkischen Frauenbewegung und Frauenforschung

Türkische Frauenbewegung und Frauenforschung werden in diesem Kapitel in einen engen Zusammenhang gebracht. Viele Frauen, die sich in der Türkei in der Frauenbewegung engagieren, so wie beispielsweise Şirin Tekeli, Şahika Yüksel oder Deniz Kandiyoti, sind gleichzeitig in der Frauenforschung aktiv. Ihre theoretischen Arbeiten beeinflussen die Diskussion innerhalb der feministischen Bewegung und ihre Arbeit fließt in ihre Theorien ein. Ohne an dieser Stelle einen Überblick über die historische und gegenwärtige Entwicklung der Frauenbewegung in der Türkei und ihrer zentralen Themen geben zu können[60], soll an dieser Stelle exemplarisch gezeigt werden, welche Rollen den Männern in diesem Zusammenhang zukommen.

In den Arbeiten der türkischen Wissenschaftlerinnen über Frauen, deren Lebens- und Arbeitswelten wird erkennbar, dass der Kampf gegen die Ignoranz seitens der Männer und gegen patriarchale Strukturen im Vordergrund der Bemühungen steht. Die feministische Zeitung „Feminist" fordert die totale Abkehr von den als männ-

---

only gain some control over their lives, as they break from traditional roles and develop personal strategies for education and career, but also politicize the entire Islamic way of life" (Göle, 1997: 87).
60 Zum Thema der Entwicklung der Frauenbewegung: Tekeli, 1986, 1991; Göle, 1997; Arat, 1994; Moghadam, 1993; Küper-Başgöl, 1992; Acar, 1991.

lich empfundenen Werten wie „Familie, Ehre, Kampf und Konkurrenz" (Küper-Başgöl, 1991: 226). Der Mann wird als der Feind betrachtet, den es zu bekämpfen gilt. Lediglich der „totale Ausbruch" aus dem aktuellen System könne Frauen, so die Zeitung, individuelle Entscheidungsmöglichkeiten eröffnen.

Weniger vernichtend, doch nicht minder kritisch setzen sich sozialistische Feministinnen mit der Rolle der Männer auseinander. Besonders den „linken Kampfgenossen" wird eine große Ignoranz gegenüber frauenspezifischen Themen nachgewiesen. Bis in die 1980er Jahre war das „Frauenthema" innerhalb der Linken kein Thema. Berktay kritisiert in ihrem Resümee über das Verhältnis der türkischen Linken zur Frauenfrage, dass die Anwesenheit von Frauen zwar in den linken Gruppen akzeptiert, ihre Weiblichkeit jedoch entsexualisiert wurde, indem die Männer das Bild der „Schwester" (Bacı) kreierten und so die Frauen wie die Männer behandelten, ihnen also ihre spezifisch weibliche Identität nahmen. Ein ähnlicher Vorgang, der bereits in der kemalistischen Ära aus den Frauen die „comrade-women"[61] kreiert hatte.

Da die Männer die Frauen als besonders anfällig für die Verführung „bürgerlicher Normen" hielten, versuchten die linksbewegten Männer ihre weiblichen Mitglieder verstärkt auf ihr Erscheinen und ihr Verhalten hin zu kontrollieren. Damit unterschieden sich die linken türkischen Männer, wie Berktay in ihrer Arbeit zeigt, im Grunde nicht wesentlich von den orthodoxen Vertretern des Islam und des Christentums, die die Frau per se als gefährlich, verführbar und verführend ansahen. Auch die Hierarchie innerhalb der Gruppierungen folgte den patriarchalen Strukturen in der Gesellschaft. Berktay folgerte aus ihren Untersuchungen: „In einer Gesellschaft, in der männliche Dominanz fast nicht in Frage gestellt wird, praktizieren auch die Linken ganz ungezwungen ihr unterdrückerisches Verhalten." (Berktay, 1991: 215) Für die Wissenschaftlerin war es fast ebenso besorgniserregend, dass die Frauen, die von den Männern bestimmte Richtungen und Vorgaben fraglos akzeptierten.

Die islamische Frauenbewegung hält sich weitaus bedeckter, was klare Aussagen zur Kritik an patriarchalischen Strukturen angeht. Einen Hinweis auf die durchaus kritische Sichtweisen des Patriarchats auch bei Teilen der islamischen Frauen gibt der Briefwechsel mit dem Autor Ali Bulaç in der islamisch orientierten Zeitung „Zaman" (Zeit). Dieser hatte die Frauenbewegung in der Türkei scharf angegriffen, da sie seiner Meinung nach zwar zurecht den Kapitalismus als Unterdrückung für Frau-

---

61 Moghadam kritisiert in Anlehnung an Kandiyoti, dass das Bild der „neuen türkischen Frau" in der Zeit Atatürks, dem der „comrade-women" entsprach, „who shared in the straggles of her male peers. She was depicted in literature as an asexual sister-in-arms whose public activities never cast any doubt on her virtue and chastitiy" (Moghadam, 1993: 81).

en benannten, er ihnen jedoch aufgrund ihres Lebensstils jegliche Kritikberechtigung absprach. Das löste eine Fülle von Leserbriefen islamisch orientierter Feministinnen aus, die sich in einem Grundsatz mit den Frauen der sozialistischen und liberalen Frauenbewegung solidarisch erklärten. Dieser Grundsatz bezog sich auf den zu bekämpfenden Fakt „einer allgemeinen patriarchalen Männerdominanz, die nicht nur westlich-kapitalistische, sondern auch muslimische Gesellschaften kennzeichne." (Küper-Başgöl, 1992: 249) Küper-Başgöl weist darauf hin, dass die Stimme dieser Muslima verstummten, als die Kritik der Männer ihnen vorwarf, Abtrünnige, Störerinnen und Ungläubige zu sein.

Zusammenfassend ist zu sagen, dass die Auseinandersetzung mit dem Patriarchat in seinen vielfältigen Formen und Auswirkungen (auf die Familie, das Geschlechterverhältnis, die Sexualität, die Selbstbestimmung über das eigene Leben, die Teilhabe der Frau in der Gesellschaft, die Stellung der Frau in der Öffentlichkeit, die Situation der Frauen im Berufsleben etc.) ein zentraler Punkt in den Debatten, Analysen und Aktionen der Frauenbewegungen in der Türkei ist. Selbst sozialer und gesellschaftlicher Wandel scheint nichts oder nur sehr wenig an traditionellen Rollenverteilungen im Patriarchat zu ändern. So zeigt Erkut in ihrer Untersuchung über berufstätige Frauen mit einem hohen Bildungsabschluss, dass sich an der traditionellen Form der männlich dominierten Familie und der Rollenverteilung im Haushalt nichts ändert. Männer und Frauen der beruflichen Elite profitieren von dem Fakt, dass einem Großteil der türkischen Frauen der Zugang zu einer weiterführenden Bildung verschlossen ist, und diese Frauen gegen geringe Bezahlung den Haushalt der berufstätigen Frauen führen. Dies erlaubt es den Männern weiterhin keinen Anteil an der Hausarbeit zu übernehmen und gleichzeitig davon zu profitieren (erhöhtes Familieneinkommen und sozialer Status), dass ihre Frauen arbeiten. Erkut schließt daraus:

„The men of these elite groups are the primary beneficiaries of this situation. They enjoy improved income and prestige without incurring the cost of taking over household responsibilities." (Erkut, 1982: 128)

Die Auseinandersetzung mit patriarchalen Strukturen stellt den zentralen Bereich in der türkischen Frauenforschung und Frauenbewegung dar, daher werden im Folgenden einige Ansätze der Forschung über das Patriarchat vorgestellt:

6. Exkurs: Forschungen über patriarchale Strukturen in der Türkei

Wissenschaftlerinnen, die in der Türkei zum Geschlechterverhältnis forschen, gehen in ihren Arbeiten von einem, wenn auch sich verändernden Patriarchat aus. Dieses basiert in seiner „klassischen" Form, auf der altersbedingten Hierarchie und Dominanz der Geschlechter, der Trennung der Arbeitsbereiche von Mann und Frau und der Verfügungsgewalt der Familie des Mannes über die Ressourcen und Arbeitskapazität der eingeheirateten Frau (vgl. Kandiyoti, 1991: 315). Die großen gesellschaftlichen, wirtschaftlichen und politischen Veränderungen, die die Türkei seit Gründung der Republik durchlaufen hat, führten dazu, dass die Form des „klassischen" Patriarchats in dieser reinen Ausprägung kaum noch anzutreffen ist. Die Mechanisierung der Landwirtschaft, die Umsiedlung großer Teile der Bevölkerung aus dem Osten in den Westen, die Binnenmigration und die wirtschaftliche Krisensituation und damit einhergehend eine immer weiter verbreitete Erwerbstätigkeit der Frauen, führen gegenwärtig zur Neuverhandlung des Geschlechterverhältnisses.

„Autorität konnte nicht mehr vom Status im häuslichen Bereich, im Dorf oder aus der Abstammung hergeleitet werden. Neue materielle und symbolische Ressourcen wie Kapital, Ausbildung, Beziehungen, politische Anhängerschaft gewannen grundlegende Bedeutung. Männer konnten zwar weiterhin in ihrem eigenen Haushalt als Patriarchen agieren, aber ihre Herrschaft wurde immer mehr durch den Zugang zu außerhäuslichen Ressourcen bestimmt." (Kandiyoti, 1991: 323)

Olson untersucht in ihren Arbeiten zum Patriarchat die Lebenswelten von Mann und Frau und stellt fest, dass im Gegensatz zum Westen in türkischen Kernfamilien, im städtischen Milieu sogar noch stärker ausgeprägt als auf dem Land, eine weitaus stärkere Trennung von Aktivitäten und Interessensphären der Ehepartner anzutreffen ist. Sie spricht in diesem Zusammenhang von „duo-focalen" Familien und beschreibt damit, dass es im Familienleben in der Türkei zwei getrennte Zentren gibt, die Frau und den Mann, die ihre Netzwerke, ihr soziales Leben, ihre Freizeit- und Gesprächspartner/innen nicht in erster Linie in der Partnerschaft suchen, sondern in gleichgeschlechtlichen Gruppen. Olson möchte mit diesem Konzept, das Männer und Frauen in unterschiedliche Netzwerke mit verschiedenen Aktions- und Entscheidungsmöglichkeiten einbindet, zeigen, dass die Vorstellung des alles bestimmenden Patriarchen ein „Mythos" („the myth of male dominance") ist. Sie geht davon aus, dass „this separation of the sexes in Turkey is often misinterpreted as simply a pattern of male dominance and femal subordinance." (Olson, 1982: 39) Das Modell der duo-focalen Geschlechterbeziehung bezeichnet sie als das herrschende Geschlechterverhältnis der Türkei der 1980er Jahre.

    Meiner Meinung nach bietet dieser Ansatz in der Tat eine Alternative zu den herkömmlichen Interpretationen, räumlich getrennte Lebensbereiche zwischen Männern und Frauen in der Türkei per se als Beweis patriarchaler Strukturen zu sehen. Die Leistung von Olson besteht in ihrer Analyse der Handlungs- und Entscheidungsmöglichkeiten, die sie Männern und Frauen gleichermaßen in ihren jeweiligen Räumen zuspricht. Ihre darauf aufbauende These, dass das Patriarchat generell als „Mythos" zu bezeichnen sei, widerspricht jedoch nahezu allen Studien türkischer und deutscher Wissenschaftler/innen zur speziellen Situation in der Türkei und ist nicht ausreichend begründet (vgl. dazu auch die Kritik bei Kağıtçıbaşı, 1982: 17).

Es gibt jedoch Hinweise darauf, dass in der Türkei das „klassische" Patriarchat je nach geographischer Herkunft, der Erfahrung von Binnenmigration (respektive Migration), gesellschaftlichem Stand, Bildungsstruktur, Erwerbsarbeit und Generation, durch verschiedene nebeneinander existierende Modelle abgelöst worden ist.

In der türkischen Frauenbewegung und Frauenforschung steht die Auseinandersetzung mit dem Patriarchat in all seinen Implikationen an erster Stelle der wissenschaftlichen Auseinandersetzung. Zwar wird auch darauf hingewiesen, dass es ebenso die Frauen sind, die solche Strukturen stützen und tragen, jedoch sind es vor allem die Männer, die angesprochen und kritisiert werden. Männern wird dabei eine starke Verhaftung in patriarchalen Strukturen vorgeworfen, die nur unzureichend beispielsweise durch den Zugang von zunehmend mehr Frauen zu Bildung und Beruf, aufgelöst werden.

Türkische Männer in der Familienstrukturforschung

Dieses Kapitel stellt verschiedene Forschungen zu türkischen Familienstrukturen vor. Dabei wird zunächst die Frage diskutiert werden, ob es in der Türkei mit der Urbanisierung, der Binnenmigration und der Aufweichung ruraler Strukturen auch einen Übergang von der Groß- zur Kleinfamilie gegeben hat. Diese Frage wird immer wieder als zentral erachtet, wenn es um die Auflösung traditioneller Familienstrukturen geht.
Der Schwerpunkt dieses Kapitels liegt auf den Familienmodellen der türkischen Sozialpsychologin Çiğdem Kağıtçıbaşı, die hier ausführlich und als wesentliche Grundlage für diese Arbeit vorgestellt werden. Ihre Modelle überzeugen gerade auch im Kontrast zu den übrigen hier vorgestellten weiteren Forschungsansätzen.

Die Großfamilie – ein Mythos der Forschung?

Bis in die 1960er Jahre dieses Jahrhunderts war die Türkei in erster Linie ein Agrarstaat. Mit der beginnenden Mechanisierung der Landwirtschaft verließen immer mehr Menschen den ländlichen Bereich und zogen in das Umfeld der Metropolen. Diese Wanderungsbewegungen folgten einer Ost-West-Richtung. In den Städten trafen dann urban orientierte Lebenspläne mit den eher dörflich und ländlich geprägten Lebenskonzepten aufeinander. Es entstand ein Nebeneinander und Miteinander unterschiedlichster Familienformen.

Doch bereits vor dem Aufbruch großer Teile der Landbevölkerung in die Städte war es nicht möglich, in der Türkei von „der türkischen Familienstruktur" zu sprechen. Zu unterschiedlich waren und sind die nebeneinander existierenden Formen, die sich aufgrund der ethnischen Zugehörigkeit, der geographischen Lage, der ökonomischen Situation und auch der individuellen (Migrations-)geschichte ergeben. Einer der Streitpunkte in der Literatur zur Familienforschung liegt in der Frage, ob oder ob nicht, und wenn ja, bis zu welchem Zeitpunkt und in welcher Region es in der Türkei Großfamilien gegeben hat. Lange Zeit ging man in der Wissenschaft davon aus, dass die Großfamilie die „eigentliche" und „gewünschte" Lebensform in der Türkei sei (vgl. Benedict, 1976: 219). Eine solche Großfamilie, so die Forscher/innen, setzte sich aus dem Familienpatriarchen, seiner Frau/seinen Frauen, allen unverheirateten Kindern, sowie den verheirateten Söhnen mit Schwiegertöchtern und deren Kindern zusammen. Die verheirateten Töchter ihrerseits würden nach der Hochzeit den väterlichen Haushalt verlassen, um im Haushalt ihres Mannes zu leben. Diese, vornehmlich auf dem Land verbreitete Form, soll sich durch den migrationsbedingten Wechsel in die Städte aufgelöst haben und in Folge dieses Wechsels habe sich immer mehr die für Industriestaaten typische Form der Kleinfamilie herausgebildet.

Quateraet hat in seiner Studie über osmanische Frauen in Manufakturen nachgewiesen, dass bereits gegen Ende des 19. Jahrhunderts mindestens 80 % der osmanischen ländlichen Haushalte aus Kernfamilien bestanden. Genaue Zahlen gibt er für Istanbul an:

„In the capital city of Istanbul, similarly, very good data reveal that the extended family made up only 16 per cent of all households counted. Upper-class Istanbul households averaged 5,7 persons, and those further down the social ladder averaged 4,5 persons." (Quateraet, 1991: 162)

Auch andere Studien aus den 1970er Jahren deuten darauf hin, dass die Großfamilie lange nicht so verbreitet war wie angenommen (vgl. Benedict, 1976; Kiray, 1976). 1982 stellt auch Kağıtçıbaşı abschließend fest: „Indeed, today it can be stated, that the majority of families, even in rural areas, are nuclear and probably always have been." (Kağıtçıbaşı, 1982: 5) Die Autorin zeigt jedoch deutlich, dass diese Tatsache nicht mit der im Westen festgestellten Individualisierung einhergeht. Vielmehr existieren in der Türkei Formen von Kernfamilien, die jedoch (zumindest emotional) weiterhin an die erweiterte Familie angebunden blieben. Kağıtçıbaşı spricht in diesem Zusammenhang davon, dass

„the fact that material dependencies decrease with socioeconomic development does not imply family nucleation-separation. Emotional (psychological) dependencies can continue even if material dependencies (on children) decrease with increased children's costs and alternative old-age security benefits." (Kağıtçıbaşı; 1996: 86, dazu auch Krüger/Potts, 1997)

Diese „functionally extended family", die in der räumlichen Trennung nicht die Unterbrechung emotionaler und finanzieller Beziehungen bedeutet, sieht Kağıtçıbaşı als die weit verbreitete Norm in der Türkei (Kağıtçıbaşı, 1982: 5).[62]

Einig sind sich alle Wissenschaftler/innen darin, dass die Ehe, die Familie nach wie vor eine sehr große Rolle in der Türkei spielt (vgl. Tekeli, 1991: 35).

Die Frage nach einem Leben in der Großfamilie oder in der Kernfamilie wird auch darum zu einem heftig umstrittenen Punkt, weil damit die Frage verbunden wird, ob sich Familienstrukturen in der Kernfamilie von denen der Großfamilie unterscheiden. Şirin Tekeli kommt diesbezüglich zu einem Negativurteil.

„Die innerfamiliären Beziehungen sind zugunsten des Patriarchats gewichtet. Datenerhebungen über die Größe und Struktur der Familien deuten zwar auf eine Zunahme der Kernfamilien hin, doch wird auch hier das letzte Wort in den innerfamiliären Beziehungen immer noch von den Männern (und Älteren) gesprochen. Das heißt, sie sind die Herrschenden." (Tekeli, 1991: 36)

Dieser Auffassung gegenüber stehen die Untersuchungen von Mübeccel Kıray (1976), die feststellte, dass soziale Differenzierung durchaus Veränderungen in den Familienstrukturen und den Geschlechterverhältnissen mit sich bringt. Auch Sedef Gümen gibt in ihrer Promotion über die Lebensweise von Frauen in der Türkei genügend Hinweise darauf, dass die verallgemeinernde Aussage von Tekeli in dieser Absolutheit nicht zutreffend ist. Gümen stellte fest, dass die Lebenssituation der Frauen in den untersuchten ländlichen Regionen nach Kinderzahl, Familienstrukturen, Haushaltseinkommen, geographischer Region variierte (Gümen, 1987: 155ff.).

Sinnvoller als die Auseinandersetzung mit der Frage, inwiefern sich die Kernfamilie an westliche Modelle anpasst oder in ihr traditionelle Elemente erhalten bzw. weitertradiert und/oder in abgeänderter Form fortbestehen, ist eine Herangehensweise, in der Familienmodelle entwickelt werden, die jenseits der Dichotomie von Großfami-

---

62 Einige deutsche Wissenschaftler/innen (eine hervorzuhebende Ausnahme bilden die Arbeiten der Wissenschaftlerinnen Herwartz-Emden; Gümen und Westphal, die von 1991-1997 an der Universität Osnabrück das Projekt: „Familienorientierung, Frauenbild, Bildungs- und Berufsmotivation von eingewanderten und westdeutschen Frauen und Familien in interkulturellvergleichender Perspektive (FAFRA) durchgeführt haben) vertreten hingegen immer noch die These, die Großfamilie sei die eigentliche Lebensform in der Türkei, die erst durch die Industrialisierung langsam aufweiche. „Erst in den städtischen Lebenskontakten bildet sich die für moderne Gesellschaften bekannte Kleinfamilie heraus und es kommt zu einer Neustrukturierung der geschlechtlichen Arbeitsteilung." (Birsl u.a., 1999: 30f.) Hier ist bei weiteren Forschungen, in denen türkische Familien den Untersuchungsgegenstand bilden, insbesondere auch dann, wenn ältere Arbeiten als Beleg herangezogen werden, ratsam, einen Blick auf die aktuelle Debatte in der Türkei zu werfen und auf neuere türkische Autorinnen zurückzugreifen.

lie versus Kernfamilie operieren. Dies wird der sehr differenzierten türkischen Gegenwartsgesellschaft gerechter als die unzureichende und immer wiederkehrende Auseinandersetzung um die Gegensätze zwischen „Tradition und Moderne".

Als Beispiel für diese Forschungsrichtung werden im folgenden Kapitel die Arbeiten der türkischen Sozialpsychologin Çiğdem Kağıtçıbaşı vorgestellt:

Die Familienmodelle von Kağıtçıbaşı

Ein treffenderes Konzept als das, das die Großfamilie als die entscheidende Wirtschafts- und Lebenseinheit sieht, bietet das Modell der „functionally extended family" (Kağıtçıbaşı, 1992: 5). Dieses besagt, dass sich die Mitglieder einer Familie auch bei räumlicher Trennung materiell und emotional unterstützen werden. Dies bestätigen auch die Arbeiten von Potts; Krüger; Krüger/Potts, die den Begriff als „erweiterte Familie" ins Deutsche übertragen haben. Für den hier beschriebenen Forschungszusammenhang bedeutet dies, dass familiäre Bindungen und Verpflichtungen auch dann weiterbestehen, wenn eine Binnen- oder externe Migration erfolgte. Kağıtçıbaşı hat 1990 und 1996 drei Idealtypen[63] von Familienmodellen entwickelt, mit denen sie innerfamiliäre Strukturen (ökonomische und emotionale) in einer sich wandelnden Umwelt erfassen kann. Ihr Ziel war es dabei, ein Modell zu entwickeln, das die Interaktion zwischen „Individuum", „Familie" und „Gesellschaft" in unterschiedlichen Gesellschaftsstrukturen erklärt. Von dem „Beinah-Dogma" ausgehend, dass sich unterschiedliche Familienstrukturen mit zunehmender Industrialisierung weltweit dem westlichen Prototyp einer individualistisch geprägten Familienstruktur anpassen, führten sie interkulturell ausgelegte Untersuchungen zu der Ansicht, dass sich zwischen dem westlich-industrialisierten Familienmodell und der urban-ländlichen Ausprägung ein dritter Typ herausgebildet hat. Es handelt sich hierbei um ein Modell, das von der wirtschaftlichen Situation aus betrachtet dem Westen zugehörig, von den emotionalen Beziehungen her jedoch noch Annäherungen an ein ländlich-urbanes Modell aufweisen kann. Sie bezeichnet diese dritte Form als „emotional interdependence family structure." (Kağıtçıbaşı, 1996:72ff.) Bevor auf diese dritte Form, die meiner Meinung nach die Familienstrukturen der in Deutschland lebenden Türken sehr gut erfasst, eingegangen wird, sollen hier kurz die beiden kontrastiven Familienmodelle vorgestellt werden:

---

63 Kağıtçıbaşı weist explizit darauf hin, dass es sich in den von ihr entwickelten Modellen um „Prototypen" handelt, die in dieser reinen Form nirgends vorzufinden sind. Es geht ihr in erster Linie darum, an Modellen bestimmte gesellschaftliche Phänomene zu verdeutlichen (vgl. Kağıtçıbaşı, 1996: 78).

Im ersten Fall handelt es sich um das **Modell der „interdependence"** (Kağıtçıbaşı, 1996: 78ff.), das für sie typischerweise in ländlich-ruralen Gebieten mit kollektiven Strukturen anzutreffen ist. Es zeichnet sich aus durch:
- einen hohen Grad an verwandtschaftlicher Bindung (culture of relatedness – collectivistic);
- die Mitglieder einer (Groß-)familie sind als Produktionseinheit zu betrachten;
- die Loyalität der Einzelnen gilt dem Kollektiv;
- die sich entwickelnde Persönlichkeit identifiziert sich als Teil der Gruppe;
- die Familien sind meist patrilinear organisiert;
- die Familien gehören geringen sozio-ökonomischen Einkommensgruppen an;
- (viele) Söhne werden als Altersversorgung gesehen, Eltern erwarten von den Kindern materielle Unterstützung;
- der Erziehungsstil ist an Werten wie „Gehorsam" und „Achtung vor Autoritäten" orientiert;
- den Frauen kommt ein vergleichsweise geringer Status zu.

Diesem Modell stellt Kağıtçıbaşı kontrastiv das **Modell der „independence"** gegenüber, das sie in westlich-orientierten Industriestaaten mit stark individualistischen Zügen verortet. Dessen Charakteristika sind:
- ein geringer Grad an verwandtschaftlicher Bindung (culture of separateness – individualistic);
- die Generationen leben getrennt;
- die Loyalität gilt dem Individuum selbst;
- die sich entwickelnde Persönlichkeit definiert sich als Individuum und frei von familiären Bindungen;
- die Familien leben in den urbanen, technologischen Zentren;
- in die (wenigen) Kinder wird investiert, sie werden nicht als potentielle Versorger gesehen;
- der Erziehungsstil ist an Werten wie „Eigenständigkeit" und „Eigenverantwortung" orientiert;
- den Frauen kommt ein vergleichsweise hoher Status zu (vgl. Kağıtçıbaşı, 1996: 82ff.).

Als Brücke zwischen diesen beiden Modellen hat Kağıtçıbaşı einen dritten Familientyp entwickelt, der in den Gesellschaften anzutreffen ist, in denen unterschiedliche sozio-ökonomische Bedingungen herrschen. Es gibt meiner Ansicht nach, gerade auch jenseits der Polarisierung „agrarisch-rurale Gesellschafts- und Familienformen versus moderne-industrialisierte Formen", Antworten auf Phänomene in Migrationsgesellschaften und für Migrationsfamilien. Dieses Modell, das im Weiteren ausführlicher dargestellt wird, bezeichnet sie als **Modell der „emotional interdependence"**.

Abbildung 1: A model of emotional interdependence

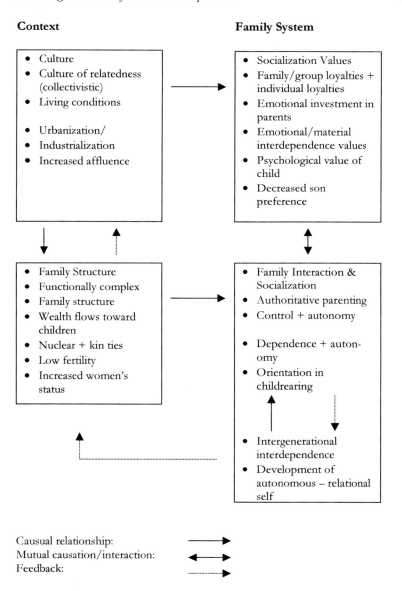

Causal relationship: ⟶
Mutual causation/interaction: ⟷
Feedback: ┄┄▶

Quelle: Kağıtçıbaşı, 1996: 88 ; Kağıtçıbaşı 1990

Diese Modell beinhaltet Folgendes:
- einen hohen Grad an verwandtschaftlicher Bindung der Individuen bei gleichzeitiger finanzieller Unabhängigkeit (Culture of relatedness-collectivistic);
- einen hohen Grad an verwandtschaftlicher und familiärer emotionaler Nähe;
- Loyalitäten, die sowohl dem Individuum als auch der Familie oder Gruppe gelten;
- sich entwickelnde Persönlichkeiten, die sich als Individuum definieren, dennoch in emotionaler Verbindung mit der Familie stehen;
- Familien, die eher den urbanen, technologischen Zentren angehören;
- eine hohe emotionale und finanzielle Investition in die (wenigen) Kinder, die nicht mehr als mögliche Versorger angesehen werden;
- eine Abnahme der Präferenz männlicher Kinder;
- einen Erziehungsstil, der sowohl an Werten des „Gehorsams" wie an „Eigenständigkeit" und „Eigenverantwortung" orientiert ist;
- ein zunehmender Status der Frauen (vgl. Kağıtçıbaşı, 1996: 87ff.).

Dieses zuletzt dargelegte Modell der „emotional Interdependence" liefert ein brauchbares Instrumentarium zur Analyse der Familienstruktur der türkischen Familien sowohl in Deutschland als auch in der Türkei. Kağıtçıbaşı hat in ihren Forschungen zum „VOC" (value of children) für die Türkei sowohl die Familienform der „Interdepence" als auch die der „Emotional Interdepence" nachgewiesen. An diesem „Wert von Kindern" für die Eltern und innerhalb der Familie hat Kağıtçıbaşı in einer international[64] angelegten Studie untersucht, inwieweit sich dieser Wert mit zunehmender Industrialisierung, Verstädterung und Individualisierung verändert.

Dabei unterschied sie in der Türkei (sowie in allen anderen untersuchten Ländern) den
- ökonomisch-utilitaristischen Nutzen: Kindern kommt in dieser Form eine wichtige Rolle in Bezug auf die spätere Versorgung der Eltern zu, d.h. als junge Kinder durch Mithilfe im Haushalt und kleine Beiträge zum Familieneinkommen, im hohen Alter erwarten die Eltern von ihren Kindern einen Geld- und Hilfetransfer. Hier steht der ökonomische Nutzen durch die Kinder den finanziellen Ausgaben für das Aufziehen der Kinder gegenüber und muss abgewogen werden. In Gesellschaften mit gering ausgebauter bzw. nicht vorhandener Alterssicherung überwiegt der erwartete finanzielle Nutzen. So gaben 77 % der in der Türkei befragten Ehepaare an, einer der Gründe Kinder zu bekommen, sei die Sicherung der Altersversicherung. In Deutschland betrug dieser Anteil lediglich 8 %. Doch auch innerhalb der Türkei waren die Zahlen sehr unterschiedlich. So gaben 100

---

64 Die Studie wurde durchgeführt in Korea, Philippinen, Singapur, Taiwan, Thailand, Türkei, Indonesien, USA sowie in Deutschland.

% der Eltern in den am wenigsten ökonomisch entwickelten Gebieten an, die Kinder im Sinne einer Altersversicherung zu brauchen, während dieser Anteil in den städtischen Zonen nur noch bei 40 % lag. Neben der wirtschaftlichen Lage wurde die Bildung als der zweite Faktor ausgemacht. Je höher die Bildungsschicht, umso geringer wird der ökonomische Nutzen der Kinder bewertet und umso stärker steigt der psychologische Nutzen. Der ökonomische Nutzen ist sehr eng mit einer hohen Fertilität verbunden, weil nur eine Vielzahl von Kindern die finanzielle Absicherung im Alter sichert, wobei man hofft, dass genügend überleben werden (vgl. Kağıtçıbaşı, 1996: 80f.).

- psychologischen Nutzen: Hier spielen die Kinder keine Rolle mehr in der wirtschaftlichen Versorgung der Familie, sondern werden als Quelle von Liebe, Freude, Stolz und stark individualisierten Eltern-Kind-Beziehungen gesehen. Söhne zu gebären, wird weniger wichtig. Mit steigendem psychologischen Nutzen ändern sich auch die Erziehungsstile. Wie bereits beschrieben, wird sich langsam ein Wechsel von einem autoritären Erziehungsstil, der als Maßgabe den Gehorsam und den Respekt vor Älteren, Eltern und jedweden Autoritäten sieht, zu einer Erziehung vollziehen, die zudem Werte wie Selbstverantwortung fördert (vgl. Kağıtçıbaşı, 1996: 80).

Kağıtçıbaşı hat diesen Wandel in den Familien auf der Basis eines utilitaristischen Nutzenmodells weiterentwickelt und in dem Familienmodell der „emotional interdependence" erläutert. Dieses Modell möchte sie bewusst nicht als ein Übergangsmodell von einer ruralen in eine industrialisierte Gesellschaftsform verstanden wissen, vielmehr sieht sie in ihm eine unabhängige dritte Form eines Familienmodells. Kağıtçıbaşı hat dieses Modell nicht auf Familien in der Migration angewendet, aber gerade dies erscheint mir sinnvoll. So sind bereits die unterschiedlichen Familienstrukturen, die vor der Migration in der Türkei vorzufinden waren, mit diesen Modellen gut zu erfassen. Darüber hinaus bietet es die Möglichkeit, den Wandel in türkischen Familien in der Migration sinnvoll und empirisch belegbar festzustellen und zu überprüfen.

Weitere Forschungen in Bezug auf Familienstrukturen

Zum besseren Verständnis, insbesondere auch des in der Literatur verbreiteten Bildes über türkische Familienstrukturen, möchte ich nachstehend skizzieren, mit welchen Kategorien bisher Familienstrukturen in der Türkei und in der Migration beschrieben wurden. Die Analysen leben meist von der Darstellung einer Polarisierung zwischen ländlich-rural-traditionell versus städtisch-industrialisiert-modern:

Das Folgende, was sich in dieser und leicht abgeänderter Form in vielen Studien zu türkischen Familien finden lässt, entspricht Kağıtçıbaşıs Struktur der „Interdepence"-Familie:

In stärker traditionell geprägten Gebieten gewinnt die Frau durch die Geburt von Kindern an Ansehen. Insbesondere die Geburt von Söhnen hebt ihren gesellschaftlichen Stellenwert. Die Söhne garantieren ihr und der Familie Schutz und Versorgung im Alter. Im Gegenzug schützt sie ihre Söhne vor disziplinarischen Maßnahmen des Vaters und verbündet sich mit ihnen gegen den Vater: „In many cases, mothers and sons unite in rejecting the father's authority, not only to prevent his arbitrary decisions as in the past, but also to force him to accept new models of behavior or new values." (Kiray, 1976: 267) In den Studien aus den 1970er und 1980er Jahren wird die Mutter-Sohn-Beziehung als dauerhafter und intensiver dargestellt als die Beziehung zwischen Eheleuten. Dies ist vielleicht ein Relikt aus einer Zeit, in der Ehen weniger auf der Basis emotionaler Zuneigung geschlossen wurden. Doch auch dies kann nicht verallgemeinert werden, da es für junge Leute Möglichkeiten gab, auch gegen den Willen der Eltern und auf der Basis individueller Zuneigung zu heiraten, notfalls durch die Entführung der Braut mit deren Einverständnis. Die Mutter wird als die Ansprechpartnerin ihrer Kinder in emotionalen Angelegenheiten beschrieben, an die sich Söhne und Töchter beispielsweise in Heiratsfragen wenden. Sie wird als die Vermittlerin zwischen Kindern und Vater dargestellt, die aufgrund ihres geschickten Taktierens Konflikte entschärft und im Sinne ihrer Kinder zu lösen versucht. Der Vater wird als die bestimmende Autoritätsperson gesehen, die in letzter Instanz die Entscheidungen trifft. Kiray stellte fest, dass es die Frauen und Mütter sind, die Neuerungen in die Familien bringen und dabei dem Mann und Vater den Glauben lassen, er habe noch die volle Autorität über die Familie. Kiray ging 1976 noch davon aus, dass die Väter und Ehemänner an ihrer Autorität festhalten möchten:

„It seems that this reluctance[65] is not because fathers consider such conflicts to be ordinary, or even that they have no complaints, but rather because they are resisting the new way of life and are sure that they will succeed in solving the problem according to their own wishes. Usually, however, a father will agree to accept his son's demands, although it is only through the skilful persuasion of his wife that is seems as so though he gave his consent by using this own judgment, thus leaving his authority intact." (Kiray, 1976: 266)

Nach Kiray erscheinen die Männer als diejenigen, die sich Neuerungen widersetzen, und die Frauen als die Trägerinnen eines nicht weiter definierten Fortschritts. Über-

---

65 Gemeint ist hier die Einsicht des Vaters, dass überhaupt Konflikte zwischen ihm und seinen Kindern bestehen.

all dort, wo sich das Verhältnis zwischen den Ehepaaren mehr zu einem kooperativen System wandelt, sieht sie das als Beleg dafür, dass die absolute Macht der Männer schwindet. Damit beschreibt Kıray die beiden Familienmodelle von Kağıtçıbaşı, nämlich einerseits das Modell der „interdependence", an dem ihrer Erkenntnis nach vor allem der türkische Mann festhält, während sich die Frauen von den Männern scheinbar unbemerkt so verhalten, wie es Kağıtçıbaşı in ihrem Modell der „emotional interdependence" beschreibt.

Eines der Symbole, das immer wieder mit unterschiedlicher Machtverteilung gleichgesetzt wird, ist die beobachtete Trennung zwischen Räumen (Orten), an denen sich vornehmlich Frauen und in erster Linie Männer aufhalten (z.B. Baumgärtner-Karabak/Landesbeger; Meske; Ausnahme: Kleff, der dem eine andere Deutung gibt).

Die Arbeiten von Kağıtçıbaşı, aber auch die Ansätze von Olson, Lloyd und Fallers, geben die Möglichkeit diese Strukturen und den diagnostizierten Wandel differenzierter zu betrachten. Diese Wissenschaftler/innen gehen davon aus, dass es sich bei der Unterteilung in Orte, die den Männern vorbehalten sind und Sektoren, in denen sich vornehmlich Frauen aufhalten, um zwar getrennte, doch auch gleichwertige Bereiche handelt, in denen allen Akteuren/innen eine hohe Autonomie zugestanden wird. Gerade auch europäische Wissenschaftler/innen haben aus den getrennten Bereichen den Schluss gezogen, dass es sich hierbei um ein Autoritätsgefüge mit unterschiedlichem Status handelt, und dass Männer die Familie nach außen vertreten, während Frauen für den inneren Bereich zuständig sind. Es gibt mittlerweile zahlreiche Studien, gerade auch von Wissenschaftlern/innen aus der Türkei bzw. von Forschern/innen, die selbst länger in der Türkei gelebt haben, die diese separierten Lebensbereiche unter anderen Aspekten betrachten. So stellen Lloyd und Fallers, wie im übrigen auch bereits 200 Jahre zuvor Lady Montagu, fest:

„My conclusion, which may seem paradoxical, will be that the women of this secluded world are in many respects more independent than the ‚emancipated' women I know in Europe and America." (Lloyd/Fallers, 1976: 246)

Das Forscherpaar stützt seine Aussagen auf Beobachtungen der „Männer- und der Frauenwelt", in denen sie feststellten, dass beide Gruppen über ein hohes Maß an Autonomie, sozialer und emotionaler Sicherheit sowie an Entscheidungsmöglichkeiten verfügen.

„Thus, the women's world has a complex social structure of its own, quite apart from the occupational roles filled by some women in the public sphere. Women organize, conduct and participate in a wide range of work activities, sociability and ceremonies at a distance from the world of men. To it they bring their own leaders, skilled specialists and loyal followers. The separate structure allows freedom of action for women, away from men." (Lloyd/Fallers, 1976: 253)

Frauen und Männer suchten ihre Ansprech- und Freizeitpartner/innen nicht unbedingt in der Partnerschaft, sondern erwarteten diesen Austausch eben von der Frauen- bzw. Männergruppe. Die stärkere Konzentration auf die Kernfamilie und der Verlust gewohnter Strukturen, beispielsweise durch Binnen- oder Emigration führe dazu, dass die gegenseitige Abhängigkeit und das aufeinander Bezogensein eines Paares stärker anwachse, was in ihren Augen besonders für die Frauen zu einer stärkeren Abhängigkeit vom Mann führe (vgl. Lloyd/Fallers, 176: 255). Diesen Wandel sieht Olson nicht. Sie geht davon aus, dass es auch im städtischen Umfeld dabei bleibt, dass diese getrennten Lebensbereiche, die sie als „duofocal family structure" bezeichnet (Olson, 1982: 36ff.), bestehen bleiben. Für die Beziehungen, die Mann und Frau jeweils getrennt voneinander pflegen, verwendet sie den Begriff des sozialen Netzwerkes. Die jeweiligen Bezugspersonen sind entweder die Gruppen, die bereits im Verlauf der Kindheit eine wichtige Rolle gespielt haben, oder sie rekrutieren sich wieder aus dem Feld der neuen Nachbarn/innen, Arbeitskollegen/innen. Bereits in der Kindheit kommt diesen gleichgeschlechtlichen Gruppen ein großer Stellenwert bei der Sozialisation der Kinder und Jugendlichen zu. Dies ist der einzige Ort, an dem sie ohne Hierarchisierung, ohne ältere Autoritätspersonen miteinander umgehen können (vgl. Kleff, 1985: 27).

Auch nach der Heirat wird von den Gruppen erwartet, dass die alten Beziehungen aufrechterhalten werden.

„After marriage, then the couple's respective networks of friends and/or relatives will expect each of them to continue cooperating and socializing separately with their old predominantly same-sex-group, much as before their marriage, although their new responsibilities as a married man and woman are also recognized." (Olson, 1982: 52)

Kağıtçıbaşı ist in ihrer Arbeit nicht näher auf ein sich möglicherweise änderndes Verhältnis zwischen den Ehepaaren eingegangen. In der Untersuchungsgruppe der hier vorliegenden Arbeit wird zu analysieren sein, ob die Ansicht Lloyd und Fallers zutrifft und die Abhängigkeit der Frau von dem Mann größer wird, oder ob sich die Beobachtung Olsons bestätigt , dass auch im städtischen Bereich die separierten Lebenswelten vorherrschend bleiben. Oder ob sich letztendlich die Gattenbeziehung in einer von diesen Forschern/innen nicht antizipierten Weise ändert.

7. Exkurs: Ehre und Gehorsam

Neben den separierten Lebenswelten trifft man in den einschlägigen Werken zur Türkei, zur Familienstruktur und zu Erziehungsvorstellungen immer wieder auf die Worte „Ehre" und „Gehorsam". Auch in den Interviews tauchen diese Begriffe häufig auf. Daher möchte ich diese etwas näher erläutern:

Die Eltern zu ehren ist nicht nur eines der zehn Gebote der christlichen Welt, sondern ist auch zentraler Bestandteil der türkischen Erziehung. In einer multinational angelegten Studie über die Werte, die Kindern tradiert werden und was man dafür von den Kindern erwartet, antworteten die türkischen Befragten: „Thus, in the Turkish VOC study, among characteristics most and second most desired in children, ‚to obey their parents' was the most prominent, chosen by 61 % of men and 59 % of women, contrasted by much lower importance of ‚to be independent and self-reliant' (Chosen by 17 % of men and 19 % of women)." (Kağıtçıbaşı 1982, zit. in Kağıtçıbaşı, 1996: 82) Für Kağıtçıbaşı stellt dies ein Indiz für eine Familienstruktur dar, die noch stärker an dem Familienmodell der „Interdepence" ausgerichtet ist.

Die unterschiedlichen Konzepte, die sich hinter den Begriffen „Ehre" und „Gehorsam" verbergen, sind mit dem einen deutschen Wort: „Ehre" nur unzureichend ausgedrückt. In der Türkei unterscheidet man drei zentrale Begriffe:

Saygı ist zu übersetzen mit Respekt oder Ehrerbietung. Darunter versteht man das respektvolle Verhalten gegenüber Autoritäten. Kinder bringen „Saygı" den Eltern und den älteren Geschwistern entgegen; die Eltern ihren Eltern; die Schwiegerkinder den Schwiegereltern; die Angestellten den Führungskräften und alle miteinander staatlichen Autoritäten. Zu diesem respektvollen Verhalten zählt, dass man in Gegenwart ranghöherer Personen darauf achtet, nicht zu rauchen, nicht die Beine übereinanderzuschlagen und sich diesen gegenüber höflich verhält. In der vorliegenden Studie ist es vor allem die „Saygı", in dieser Form der Ehrerbietung, die die türkischen Männer bei den türkischen und deutschen Jugendlichen vermissen. „Saygı" ist es auch, was die befragten Eltern in der VOC – Studie von ihren Kindern erwarteten.

Şeref. Auch hier geht es um Anerkennung, allerdings eher in der Gesellschaft. „Şeref" besitzt ein Mensch durch sein Verhalten, durch ein offenes und ehrliches Leben. Diese Ehre kann schon durch ein falsches Wort verletzt werden und erfordert dann Satisfaktion. „Damit ähnelt die şeref in ihrer Ausprägung dem westeuropäischen Ehrbegriff des 19. Jahrhundert." (Akgün, 1996: 97)

Schließlich gibt es noch den Begriff **Namus**, der immer dann im Vordergrund steht, wenn die Ehre einer Frau und damit all ihrer männlichen Verwandten auf dem Spiel steht. Es geht hier um einen in erster Linie sexuell geprägten Begriff. Als Frau und Mädchen kann man sich seine „Namus" nur dann reinhalten, wenn man sich vorehelichen Geschlechtsverkehrs enthält und auch in der Ehe monogam lebt. Mit der Verletzung der „Namus" einer Frau wird auch die „Şeref" der Männer ihres Umfeldes angegriffen (vgl. ebd.: 97).

Die unterschiedlichen Formen der Ehrerbietung, der Respekt vor Älteren, vor Autoritäten und die Akzeptanz dessen, was diese Autoritäten sagen und verlangen, spielte vor allem für die Männer der hier vorliegenden Studie eine große Rolle. Die Befragten selbst thematisieren den Fakt, dass sich diesbezüglich in der Türkei ein Wandel vollzogen hat.

Das vorliegende Kapitel möchte eine Alternative zu den weit verbreiteten Aussagen zu Familienstrukturen in der Türkei aufzeigen. Die Wanderung türkischer Arbeitsmigranten/innen nach Deutschland wurde in der Migrationsforschung als krasser Übergang zwischen ruralen-antiquierten Familienstrukturen hin zu einer westlich orientierten, modernen Industriegesellschaft gesehen. Dieser Übergang führe notwendigerweise zu Anpassungsproblemen, Orientierungslosigkeit und dem Gefühl des Verlorenseins in einer Welt, deren Werte nicht bekannt seien. „Zwischen allen Stühlen", „Kulturkonflikte" „Morgens Deutschland, abends Türkei" sind nur einige Schlagworte aus der interkulturellen Debatte, die versuchen, diesbezügliche Konflikte zu beschreiben. Aus der türkischen Familienstrukturforschung kommt mit den Arbeiten von Kağıtçıbaşı ein Modell, das es erlaubt, jenseits der Polarisierung ländlich versus städtisch; Agrarwirtschaft versus industrialisierte Welt, Kleinfamilie versus Großfamilie, Türkei versus Deutschland und den entsprechenden, damit verbundenen Zuschreibungen, Strukturen innerhalb von Familien besser zu verstehen und zu analysieren.

Das von ihr entwickelte Modell der „emotional interdepence" trifft sowohl auf eine sich wandelnde Gesellschaftsstruktur in der Türkei zu, als auch auf die Bedingungen, die in der Migration vorgefunden werden. Mir erscheint es daher sinnvoll, die Selbstverortungen der türkischen Männer unter diesen Gesichtspunkten zu betrachten. Die von Kağıtçıbaşı entwickelten Modelle geben (einige wenige) Hinweise auf familienbezogene Rollen türkischer Männer in den jeweils unterschiedlichen Familientypen. In der vorliegenden Arbeit sollen diese familienbezogenen Rollen für die Männer am empirischen Material überprüft und ausgearbeitet werden.

Zwischenbilanz

Genauso wenig wie in Deutschland gibt es in der Türkei „den typischen Mann." Zentrale Formen türkischer Männlichkeiten waren in der Geschichte „der Familienpatriarch der Oberschicht", der die Geschicke der ihm unterstellten Familienmitglieder lenkte. Ihm stand in den Wohnvierteln „der Kabadayı" gegenüber, der sich für die Ehre seines Wohnviertels und der darin lebenden Bewohner/innen einsetzte. Unter Atatürk wurde ein neuer Typ Mann kreiert, der an westlichen Vorbildern orientiert war und der bald auf seinen bäuerlichen aus dem Osten kommenden Geschlechtgenossen mit Verachtung herabsah. Dieser Riss durch die türkische Gesellschaft, bedingt durch die massive Verwestlichisierungspolitik Atatürks, ist bis heute spürbar und gerade Anfang der 1990er Jahre in der Debatte um „black and white Turks" wieder sichtbar geworden.

   In der türkischen Frauenforschung wird der Mann besonders in seiner Rolle als Familienpatriarch wahrgenommen. Die Auflösung dieses Patriarchats und damit einhergehend eine Änderung der Geschlechterverhältnisse ist eines der dringlichsten Themen der Frauenforschung.

ZUSAMMENFASSUNG DES KAPITELS 2

Obgleich die Literatur zu „Türken" in Deutschland mittlerweile unübersehbar geworden ist, ist erstaunlich wenig über „den türkischen Mann" bekannt. In der Literatur fällt auf, dass das angebliche Wissen um die türkischen Männer entweder aus Aussagen der Frauen und Kinder über ihre Männer und Väter stammt bzw. aus Arbeiten, vornehmlich deutscher Autoren/innen, die einmal getroffene Aussagen auch über einen längeren Zeitraum hinweg immer wieder zitieren und damit neu reproduzieren. Ausnahmen bilden hier u.a. die Arbeiten von Nauck, Schiffauer, Westphal und Firat auch deshalb, weil diese Wissenschaftler/innen eigenständige Forschung betrieben haben und von daher zu einem differenzierteren Bild kommen.

In beiden Gesellschaften ist das Männerbild nicht fest definiert und ständigem Wandel unterworfen. Dies hat auch einen unmittelbaren Einfluss auf die befragten Männer aus dem Sample. In meiner Untersuchung handelt es sich um Männer aus der Türkei, die teilweise seit über 40 Jahren in Deutschland leben. In beiden Ländern waren sie mit unterschiedlichen sich wandelnden Männerbildern konfrontiert. In der Türkei existierten zu ihrer Zeit die patriarchal organisierte Großfamilie neben Kleinfamilien und Familien, die trotz räumlicher Trennung den Familien- und Versorgungshaushalt aufrechterhielten. Je nach Herkunftsregion, sozialer Schicht und Mobilität im eigenen Land, wurden die Männer bereits in der Türkei mit unterschiedlichen Männerbildern konfrontiert.

Das Leben in Deutschland führte dazu, insbesondere auch dann, wenn eigene Kinder vorhanden sind, die hier aufwachsen, die hiesigen hegemonialen Männlichkeitsvorstellungen wahrzunehmen und eine eigene Position dazu zu entwickeln. „Eine aktive Auseinandersetzung mit bestimmten Situationen und der Versuch, sich eine eigene Lebensweise zu konstruieren, sind ganz entscheidend bei der Entstehung des sozialen Geschlechts." (Connell, 1999: 137) In dem Prozess der Auseinandersetzung mit der Anderen, sowohl den Deutschen als auch mit anderen Türken, wird dabei der eigene Standort deutlicher. Es ist dieser Prozess der Auseinandersetzung, der Thematisierung der eigenen und der fremden Position, in dem Bilder von Männlichkeit deutlich werden. Die Sichtbarmachung dieses Prozesses der Auseinandersetzung mit der eigenen Position zu Männlichkeitsbildern und -rollen, wird das Ziel dieser Arbeit sein.

3. Daten und Fakten zur Migrationsgeschichte der Türken nach Deutschland

„To recognize that people of color have ranges of identities is to acknowledge their humanity in a way that is threatening to the status quo, in that it disturbs the social, political, and economic arrangements of the dominant group." (Stanfield II, 1993: 21)

Bereits im Titel meiner Studie, die sich mit türkischen Migranten der ersten Generation in Deutschland beschäftigt, ist schon ein Fallstrick enthalten. Setzt er doch voraus, dass es „den" türkischen Migranten gibt. In Arbeiten, Redebeiträgen und Diskussionssendungen zum Thema „Türken/innen und Türkei" erscheinen die Menschen aus der Türkei meist als monolithischer Block[66], eben als Türken/innen, denen pauschal bestimmte Eigenschaften (z.B. Muslime, nicht integrierbar, gastfreundlich, nicht zu Europa gehörig, etc) zugesprochen werden.

Dies verkennt sowohl die Situation in der Türkei als auch die Differenzierung der Menschen aus der Türkei, die in Deutschland leben und arbeiten. Diese Vielfalt wurde auch in den durchgeführten Interviews deutlich. Einige der Männer definierten sich explizit über ihre religiöse, d.h. alevitische oder sunnitische, Identität. Andere betonten, sie seien Tscherkesen, Kurden, Lasen etc. und würden sich in bestimmten Punkten von den Türken unterscheiden. Dieser Differenzierung möchte ich im Folgenden gerecht werden, wenn ich einen Überblick über die ethnischen und religiösen Gruppen in der Türkei gebe, aus deren Reihen, „Türken/innen" als Arbeitsmigranten/innen nach Deutschland gekommen sind.

Das Herkunftsland

Die Türkei in ihrer heutigen Form existiert erst seit Gründung der Republik Türkei im Jahre 1923. Die Türkei trat die Nachfolge des Osmanischen Reiches an, das 600 Jahre lang, bis 1922, einen wesentlichen Machtfaktor in der europäischen, asiatischen

---

[66] Spätestens seit dem bewaffneten Kampf des türkischen Staates gegen die Arbeiterpartei Kurdistans (PKK) ist bekannt, dass in der Türkei zumindest Türken/innen und Kurden/innen leben.

und nordafrikanischen Politik dargestellt hatte. Das Erbe dieses Vielvölkerreiches ist noch heute eine Vielfalt an unterschiedlichen ethnischen Gruppen und religiösen Ausrichtungen in der Türkei. Nicht zuletzt bedingt durch die Nationalisierungspolitik Atatürks, der den türkischen Nationalismus in den Mittelpunkt des gerade gegründeten Staates stellte, ist über das reichhaltige religiöse und ethnische Erbe der Türkei nicht sehr viel bekannt. Zum Verständnis der Migranten/innen aus der Türkei ist dies jedoch von großer Wichtigkeit, hat es doch Einfluss auf die Selbstdefinition und das Selbstverständnis vieler türkischer Einwanderer/innen, die sich zwar als Türken/innen aber eben auch als Lasen, als Tscherkesen, als Kurden, als Aleviten, als Christen etc. verstehen und einen Teil ihrer Handlungen und Ansichten eben auf diese spezielle ethnische und/oder religiöse Herkunft zurückführen. Das folgende Kapitel möchte daher in sehr knapper und kurzer Form auf die ethnischen und religiösen Gruppen eingehen, die auch in den dieser Studien zugrunde liegenden Interviews eine Rolle gespielt haben.

Ethnische und religiöse Gruppen in der Türkei

Beschreibt man ethnische und religiöse Gruppen in der Türkei, so befindet man sich als ein/e mit der Türkei vertraute/r Wissenschaftler/in auf einem Terrain, das sehr viel „Zündstoff" in sich birgt. Einerseits wird von türkischen Wissenschaftlern/innen die Existenz von religiösen und ethnischen Minderheiten thematisiert und anerkannt und ist auch im Alltag der Bevölkerung verankert. Gerade in den letzten Jahren hat auch seit dem Zusammenbruch der Sowjetunion und den gewaltsamen Auseinandersetzungen mit der kurdischen Arbeiterpartei PKK eine „Enttabuisierung des Themas ‚ethnische Zugehörigkeiten'" (Aydın, 1997: 79) stattgefunden. Der Turkologe Hayrettin Aydın spricht in diesem Zusammenhang von einem „Ethnic Revival." (ebd.: 79) Auf der anderen Seite steht die offizielle Staatsdoktrin, die jegliches „ethnische Revival" mit Misstrauen betrachtet und um den Erhalt der territorialen Integrität des Landes fürchtet. In eigens dafür geschaffenen Gesetzen wird den Abgeordneten verboten, das Vorhandensein von Minderheiten zu thematisieren[67]. Angst besteht dabei speziell gegenüber separatistischen Bewegungen der größten ethnischen Minderheit in der Türkei, den Kurden. Doch hat sich in den letz-

---

67 So besagt Art. 81 des Parteiengesetzes vom 24.4.1983: „Die politischen Parteien dürfen a) nicht behaupten, dass auf dem Gebiet der Republik Türkei Minderheiten bestehen, die auf Unterschieden in der nationalen oder religiösen Kultur, in Konfession oder in Rasse oder Sprache beruhen; b) nicht das Ziel verfolgen, durch Pflege, Entwicklung und Verbreitung anderer Sprachen und Kulturen als der türkischen Sprache und Kultur auf dem Gebiet der Republik Türkei Minderheiten zu schaffen und die Integrität der Nation zu zerstören oder in dieser Richtung aktiv zu sein." (zit. N. Rumpf, 1992: 185)

ten Jahren, vor allem seit der Amtszeit Turgut Özals, einiges an Konflikten entschärft. Ist es im nicht-öffentlichen privaten Bereich durchaus möglich, sich auf seine ethnische Herkunft zu beziehen und auch landsmannschaftsähnliche Vereine zu gründen und diesen auch anzugehören, so ist die öffentliche Thematisierung ethnischer Zugehörigkeiten, verbunden mit dem Wunsch nach daraus begründeten speziellen Rechten, nach wie vor nicht möglich.[68]

Bei der Gründung der Republik Türkei war die Nationaldoktrin eine Synthese zwischen Islam und Türkentum, was gravierende Auswirkungen auf nicht muslimische Minderheiten sowie ethnische Minderheiten hatte (beispielsweise die Vertreibung und Ermordung der Armenier/innen oder der Bevölkerungsaustausch zwischen Griechenland und der Türkei). Für Taner Akşam kommt das derzeitige „ethnische Revival" in der Türkei einem „zweiten Nationalisierungsprozess"[69] gleich, der auf zwei Ebenen abläuft: „Auf der ersten trennt sich die religiöse Identität von der ethnischen. Auf der zweiten spielt sich die Nationalisierung auf der völkischen Grundlage ab, in Form einer Differenzierung zwischen Türken und Kurden." (Akşam, 1999: 124) Im Gegensatz zu der Nationalisierung als Instrument zur Schaffung einer nationalen Einheit zu Beginn der Republik, wobei der Islam als das einigende Band zwischen den muslimischen Völkern in der Türkei propagiert wurde (und damit christliche Gruppen aussonderte), zeichnet sich seit einiger Zeit durch das Thematisieren des Alevitentums und der damit verbundenen Forderung der Aleviten/innen nach Anerkennung auch eine Auflösung in der Synthese „Türke = sunnitischer Muslim" ab.

Sowohl das Erstarken eines ethnischen Bewusstseins als auch die Differenzierungsprozesse im türkischen Islam haben Entwicklungen angestoßen, deren Ende weder abzusehen noch einzuschätzen ist. Akşam vertritt die pessimistische Befürchtung es könne zu einer „gegenseitigen ‚Säuberung' kommen", an deren Ende eine Türkei entstünde, die zu „90 % aus Türken besteht." (ebd.: 126) Nach der ersten „Säuberung", die zu Beginn der Republik versucht hatte, eine nationale Identität entlang religiöser Linien aufzubauen, wäre dies eine zweite Form entlang ethnischer Li-

---

68 Einen so unreflektierten Nationalismus wie in der 1937 erstellten Dissertation von Herrn Münir, ist jedoch so nicht mehr möglich. Er hatte in seinem Kommentar zu den Minderheitenregelungen im Lausanner Vertrag im Vergleich zum Vertrag von Sèvres geschrieben: „Dass der ganze Lärm um die ethnischen Gruppen der Türkei (Lasen Tscherkessen, Albanesen u.a.) nur unglaubliche Uebertreibungen waren, geht daraus hervor, dass, abgesehen von den unkultivierten Kurden (sic!), erstens deren Zahl nicht verhältnismäßig hoch ist und zweitens, dass sie bis jetzt gar keine Forderung nach einer freien, kulturellen und nationalen Entfaltung gestellt, ja ein solches Bedürfnis überhaupt nicht empfunden haben, weil sie ein selbständiges kulturelles Dasein nicht besitzen, sondern von der türkischen Kultur assimiliert sind." (Münir, 1937: 218)
69 Der erste Nationalisierungsprozess hatte unmittelbar vor und während der Republikgründung stattgefunden.

nien. Es wäre jedoch auch denkbar, dass die Rückbesinnung auf das religiöse und ethnische Erbe eines Vielvölkerstaates zu einer Lockerung des starren Nationsbegriffs führt und als Folge davon ethnische Identitäten nicht mehr als Bedrohung des türkischen Nationalstaates begriffen werden müssen.

Klar geregelt sind indes die zivilen und religiösen Rechte für nichtmuslimische Minderheiten. Christlichen und jüdischen Glaubensgruppen werden die im Lausanner Vertrag festgelegten Rechte zugestanden. Dieses Vertragswerk bezieht sich jedoch ausschließlich auf nicht-muslimische Minderheiten. Innerhalb der Türkei leben jedoch durchaus Gruppen, die sich weder dem Islam noch dem Christentum zuordnen lassen, wie beispielsweise die Yezidi oder Glaubensgemeinschaften, deren Ursprung zwar noch im Islam zu finden ist, wie z.B. die Baha'i (die aus dem schiitischen Islam aus dem Iran hervorgegangen sind), die sich jedoch von dieser Religion sehr weit entfernt haben. Die größte Gruppe bilden jedoch die Aleviten, die nach Schätzungen bis zu 25 % der türkischen Bevölkerung ausmachen.

Religiöse Minderheiten in der Türkei – eine Auswahl

Die Zugehörigkeiten im Osmanischen Reich erfolgten nicht über Staatsangehörigkeiten, vielmehr bestimmte die religiöse Zugehörigkeit eines Menschen seine Stellung im Reich, das im heutigen Sinn als religiöser und ethnischer Vielvölkerstaat zu bezeichnen war. Die aus Zentralasien stammenden Turkstämme hatten mit dem byzantinischen Staat ein Reich erobert, in dem sie als Türken und Osmanen gegenüber den Griechen, Juden, Armeniern erst einmal in der Minderheit waren. Die „Türken" selbst stellten eine gesellschaftlich am Rande stehende ethnische Gruppe dar, die keine gesellschaftliche und politische Macht ausübten: Sie stellten die Schicht der Bauern, auf die die regierenden Osmanen mit Verachtung herabsahen.

Erst eine gezielte Ansiedlungspolitik der Sultane änderte das zahlenmäßige Ungleichgewicht zuungunsten der Christen/innen und Juden/Jüdinnen und zugunsten der Muslime. Mit zunehmender Ausdehnung des Reiches auf den Balkan, nach Afrika und nach Europa erhöhte sich die Zahl der unterschiedlichen Ethnien und Religionen, die verwaltet werden mussten. Das empfindliche Gleichgewicht zwischen den unterschiedlichen ethnischen und religiösen Gruppen wurde durch das ausgeklügelte „Millet-System" hergestellt. Dieses System begründete und manifestierte die auf Religion bestehenden Unterschiede zwischen den Bewohnern/innen des Osmanischen Reiches. Dieses System besagte:

„Die nicht mohammedanischen[70] Untertanen bildeten geschlossene Religionsgemeinschaften, standen als solche staatsrechtlich außerhalb des mohammedanischen Staates, lebten nach ihren eigenen Bräuchen und Sitten, erledigten ihre inneren Angelegenheiten selbst und ohne Einmischung der mohammedanischen Gemeinde; d.h. sie besaßen nach dem mohammedanischen öffentlichen Recht religiöse, administrative, gewisse richterliche und andere Privilegien, jedoch unter der Kontrolle des Staates. Schließlich mußten sie sich dem mohammedanischen Staat politisch unterwerfen, ihm gehorchen, Kopf- und Grundsteuer bezahlen." (Münir, 1937: 14)

Dieses System erfuhr gerade auch gegen Ende des Osmanischen Reiches zahlreiche Reformen, so 1856, 1876 und 1908, und wurde für die jüdisch-christlichen Minderheiten in der heutigen Form in dem Friedensvertrag von Lausanne (1923) festgelegt. Dieser Vertrag regelte die politische und rechtliche Gleichstellung aller Bewohner/innen der Türkei, ob Christen/innen, Juden/Jüdinnen oder Muslime/Muslima (Art. 39), sowie das Recht der nicht-muslimischen Gruppen auf freie Religionsausübung (Art. 38, Abs.2, Satz 1).

Die religiösen Gruppen, die im Folgenden dargestellt werden, sind die Yeziden und ausführlicher die Aleviten, zu denen sich mehr als ein Viertel der Interviewten zählten. Da es sich bei den Baha'i aus der Türkei nur um eine verschwindend geringe Gruppe handelt, so schätzt Yengane Arani dass lediglich etwa 60 türkische Baha'i in Deutschland leben (vgl. Arani; 199: 97), und es keine Hinweise in den Interviews gibt, dass sich die interviewten Männer dieser Glaubensgemeinschaft zugehörig fühlten, wird auf die Religionsgemeinschaft nicht weiter eingegangen.

Die Yeziden
Die Yezidin sind eine kurdischsprechende Religionsgemeinschaft. Nach dem Militärputsch in der Türkei von 1980 und nach den Angriffen des türkischen Militärs auf ihre angestammten Siedlungsgebiete im Osten des Landes, ist beinahe die gesamte yezidische Gemeinde nach Europa, und vor allem nach Deutschland migriert. Die Zahlenangaben widersprechen sich. So schwanken die Angaben ihrer Anzahl in Europa zwischen 28.000 bis 29.000 Personen (vgl. Kızılhan zit. n. Yalkut-Breddermann, 1999: 51) und 125.000–130.000 (vgl. Kleinert, 93: 233). Einigkeit herrscht jedoch darüber, dass die meisten in Deutschland Zuflucht gefunden haben.[71] Ihre Sied-

---

70 Dieses Zitat habe ich trotz des irreführenden Begriffs „Mohammedaner" (der nahe legt, Muslime verehrten Mohammed in einer ähnlichen Weise wie die Christen Christus und daher könne auch der Name der islamischen Glaubensgruppe analog zum Namen der Christen gebildet werden) ausgewählt, da er eine der wenigen auf Deutsch erschienen Arbeiten türkischer Wissenschaftler/innen ist, in der türkisch- und deutschsprachige Quellen gleichermaßen verarbeitet wurden.
71 Die Yeziden sind eine der wenigen Gruppen, die in Deutschland aufgrund ihrer Religion als Asylberechtigte Anerkennung erfahren.

lungsgebiete liegen vorwiegend im Kreis Celle, in der Nähe der Stadt Emmerich und im Saarland.

In der Türkei gehören die Yeziden zu einer Gruppe, über deren Religion nicht sehr viel bekannt ist, über die nichtsdestotrotz/ oder auch gerade deshalb viele Gerüchte verbreitet werden. So ist die Bezeichnung „Teufelsanbeter" (Şeytanpest) geläufig, was auf einer Missinterpretation der Lehre beruht. Sie werden als vom Islam abgefallene Häretiker bezeichnet und als religionslos angesehen. So wird in den Pass bei Angabe der Religion „keine" eingetragen.

Die Yeziden gehören jedoch einer der ältesten Religionen der Welt an und kamen wahrscheinlich mit dem Mithraismus und Zoroastrismus aus Indien nach Persien und Kurdistan. Ihre Religion enthält neben diesen Elementen auch Teile aus der jüdischen (Speisegebote, Beschneidung), der christlichen (eine Art Eucharistie, Taufe) und der islamischen (Fasten, Wallfahrt) Überlieferung (vgl. ebd.: 224). Die Yeziden verehren den Engel Pfau, den gefallenen Engel Melek Ta'us, der von den Muslimen und Christen mit dem Satan gleichgesetzt wird, worauf die Verunglimpfung als „Teufelsanbeter" basiert. Dies widerspricht jedoch der Vorstellung der Yeziden, die ihrerseits glauben, dass sowohl das Gute als auch das Schlechte von einem Gott kommt; dass sich der Mensch, Dank seiner Willensentscheidung, für das eine oder das andere entscheiden kann, und dass in jedem Menschen eine gute und eine böse Macht wohnt. Die Yezidin glauben, dass sie selbst, im Gegensatz zu allen anderen Menschen, die von Adam und Eva abstammen, nur von Adam abstammen, was ihnen eine Mischung mit anderen Menschen verbietet. Yezidi kann man nicht werden, sondern nur als solcher geboren werden.

Melek Ta'us wird als Stellvertreter Gottes auf Erden betrachtet. Melek Ta'us war der Herrscher aller Engel, wurde jedoch auf Adam eifersüchtig, als Gott diesem erlaubte, die Schöpfung zu benennen. Zur Strafe dafür wurde er in die Hölle verbannt. (Auch dies ein Hinweis, woher der Name „Teufelsanbeter" stammt). Dort bereute er seine Taten jedoch indem er bitterlich weinte und mit seinen Tränen das Höllenfeuer schließlich löschte, so dass die Yeziden auch nicht an das Fegefeuer glauben (vgl. ebd.: 239f.).

Als Kurden/innen und als Yeziden gehören sie einer doppelt diskriminierten Minderheit in der Türkei an. Allerdings verlaufen die Grenzen nicht eindeutig entlang religiöser und ethnischer Linien, weil sie auch innerhalb der eigenen ethnischen Gruppe Diskriminierungen erfahren und andere religiöse Minderheiten, wie christliche Gruppen, die ebenfalls in den traditionellen Siedlungsgebieten der Yeziden leben, auf sie herabsehen.

Aufgrund der erlebten Verfolgung spielen sich religiöse Zeremonien im Verborgenen ab. Da man in die Gemeinschaft nur hereingeboren werden kann, gibt es auch keinen Grund, werbend nach außen zu treten. Das Verborgene, Geheimnisvolle ist ein weiterer Anlass für wilde Spekulationen bezüglich der Riten der Yeziden. Was die vorliegende Arbeit betrifft, so kann ich nicht mit Sicherheit sagen, ob nicht einer der kurdischen Interviewpartner dieser Religion angehörte, da die Zugehörigkeit nichts ist, was man selbstbewusst nach außen vertritt. Aufgrund der großen Anzahl yezidischer Kurden/innen in Deutschland, hielt ich es jedoch für angemessen, zumindest auf deren Existenz hinzuweisen.

Die Aleviten
Etwa 20–25 % der Bevölkerung in der Türkei zählt sich nach unterschiedlichen Schätzungen zu den Aleviten (vgl. Tan, 1999: 66). Aleviten setzen sich aus unterschiedlichen ethnischen Gruppen zusammen. So gibt es sowohl Kurden/innen als auch Türken/innen, die sich zum Alevitentum bekennen. „,Alevit' bedeutet zunächst jede Person, die den Schwiegersohn des Propheten Muhammed, den vierten Kalifen Ali und seine Familie verehrt, und diese als die rechtmäßigen Nachfolger Muhammeds ansieht." (Stimme der Aleviten, 1994: 7) Ob das Alevitentum aus dem Islam hervorgegangen ist oder nicht, darüber gibt es geteilte Meinungen (vgl. Tan, 1999: 67). Fest steht, dass sich die heutige Form des Alevitentums im 12. bis zum 16. Jahrhundert herausbildete und durch die besondere Lage in Anatolien (d.h. Mischung verschiedener Ethnien und Religionen) geprägt wurde. „Der Glaube der Aleviten in Anatolien enthält u.a. altiranische, altanatolische (darunter christliche), vor allem aber schiitisch-islamische und schamanistische Elemente." (Stimme der Aleviten, 1994: 7) Die Religion gilt für ihre Anhänger/innen als Lebensphilosophie.

Von den Sunniten unterscheiden sich die Aleviten in vielerlei Hinsicht:
- sie kennen keine Moscheen und benutzen diese auch nicht zum Gebet;
- Gottesdienste finden in Privathäusern statt;
- Männer und Frauen beten gemeinsam;
- das Gebet erfolgt nicht in Richtung Mekka, vielmehr sitzen sich die Gläubigen gegenüber, weil sie im Gegenüber Gott erkennen, da Gott die Menschen nach seinem Antlitz geschaffen hat (vgl. Karakaşoğlu, 1994: 34);
- die Gebete erfolgen auf Türkisch und nicht auf Arabisch;
- vor dem Gebet müssen alle Streitigkeiten geschlichtet worden sein;
- es gibt kein Alkoholverbot;
- die Tochter Mohammeds und Ehefrau Alis wird als „göttliche Vollendung der weiblichen Gestalt" angesehen (Väth, 1993: 215);
- sie müssen nicht die rituellen Waschungen durchführen;
- sie lehnen die Scharia, das islamische Gesetz der Orthodoxie, ab;
- sie fasten nicht im Monat Ramadan, sondern im Monat Muharrem;
- Judentum, Christentum und Islam gelten als gleichwertige Überlieferungen;
- die Lehre wird mündlich überliefert.

(vgl. hierzu: Die Stimme der Aleviten, 1994: 7ff.; Karakaşoğlu, 1994: 33f.; Tan, 1999: 66ff.; Väth, 1993: 215f.)

Aufgrund der beschriebenen Unterschiede wurden die Aleviten in der Vergangenheit häufig bekämpft und diskriminiert. Vorwürfe der Promiskuität[72] und des Ketzertums führten immer wieder zu Übergriffen. Die Aleviten wurden als Sekte definiert und fielen dadurch unter das Sektenverbot. Die Diskriminierung der Aleviten erfolgt auf vielschichtige Weise:

- alevitische Kurden/innen werden vom Staat und national gesinnten Türken/innen in jüngerer Zeit pauschal als Kommunisten/innen gebrandmarkt;
- alevitische Kurden/innen werden von sunnitischen Kurden/innen diskriminiert;
- alevitische Kurden/innen gemeinsam mit alevitische Türken/innen werden vom national orientierten Teil der Gesellschaft als Kommunisten/innen und „antitürkische Sozialrevolutionäre" bezeichnet (vgl. Tan, 1999: 71);
- von sunnitschen Türken/innen werden sowohl die alevitischen Kurden/innen als auch Türken/innen als Angehörige einer Sekte diskreditiert (vgl. ebd.: 70ff.).

„Die zufällige Ähnlichkeit der Anfangsbuchstaben dreier substantieller Minderheiten nämlich ‚Kurden', ‚Kızılbaş'[73] und ‚Kommunisten' führte zu dem Begriff ‚drei K' als Inbegriff der Bedrohung für den Staat." (Stimme der Aleviten, 1994: 13; vgl. auch Tan, 1999: 71)

Es soll an dieser Stelle nicht darüber diskutiert werden, inwiefern eine ethnische und eine religiöse Gruppe in einem Zug mit einer politischen Gruppe als Minderheit bezeichnet werden kann, vielmehr geht es hier darum, festzustellen, dass auf die Aleviten/innen in der Türkei von unterschiedlichen Seiten und aus unterschiedlichen Beweggründen heraus Druck ausgeübt wird.

Gerade in dieser (ethnischen) Zusammensetzung der Aleviten/innen liegt jedoch auch ein großes Potential und ihre „Trumpfkarte", denn seit den 1980er Jahren suchen die verschiedenen gesellschaftlichen Akteure (Politiker, religiöse Gruppen) verstärkt, das brachliegende Potential speziell alevitischer Stimmen für ihre jeweilige Sache zu gewinnen. Innerhalb der Aleviten/innen, sowohl in der Türkei als auch in

---

72 Die Aleviten werden manchmal auch als „Kerzenlöscher" bezeichnet. Dieses Bild lässt sich darauf zurückführen, dass die Gebetsriten der Aleviten/innen auch aufgrund der Verfolgung im Verborgenen und häufig auch Nachts stattfanden. Die Tatsache, dass Männer und Frauen gemeinsam beteten, tranken und tanzten, gab den Gerüchten sexueller Zügellosigkeit noch zusätzliche Nahrung.

73 „Kızılbaş" ist eine gängige diskriminierende Bezeichnung für Aleviten in der Türkei (obwohl sie sich selbst auch so bezeichnen) in Anlehnung an die Safeviden im Irak des 16. Jahrhunderts, die sich Kızılbaş genannt haben (vgl. Stimme der Aleviten, 1994: 9).

Deutschland, wo sie ihre Zahl mit 500.000 bis 600.000 beziffern, hat eine rege Renaissance des alevitischen Kulturgutes, der Philosophie und Lebensweise stattgefunden. In der Türkei treten die Aleviten/innen immer selbstbewusster in der Öffentlichkeit auf und werden mehr und mehr umworben.

In Deutschland und in Europa gibt es zwei Vereinigungen, die AABF (Avrupa Alevi Birlikleri Federasyonu)[74] und die HBVD (Hacı Bektaşı[75] Veli Dernekleri). Vergleichbar mit sunnitischen Organisationen erfolgt auch innerhalb der Aleviten/innen eine rege Diskussion über den zukünftig einzuschlagenden „Kurs". Es lässt sich die Tendenz einer Abspaltung von der „Mutterorganisationen" in der Türkei erkennen (vgl. Tan, 1999: 82).

Ethnische Gruppen in der Türkei – eine Auswahl, orientiert an den thematisierten Ethnizitäten der Interviewpartner

Die Türkei als Nachfolgestaat des Osmanischen Reiches, auch wenn diese nur noch einen Bruchteil seiner ursprünglichen geographischen Größe bewahrt hat, ist, wie bereits mehrfach betont, ein ethnischer und religiöser Vielvölkerstaat. Es handelt sich hierbei

- um ethnische Gruppen, die entweder im Rahmen der Eroberungen der Osmanen dem Reich einverleibt wurden, oder
- um Gemeinschaften, die der Siedlungspolitik der Sultane gemäß, umgesiedelt wurden, oder
- um Populationen, die bereits vor der Eroberung durch die Osmanen im Gebiet der heutigen Türkei ansässig waren, oder
- um ethnisch-religiöse Gruppen, die auf spezielle Einladung der Sultane im Osmanischen Reich aufgenommen wurden.[76]

---

74 Alevitischer Dachverband in Europa, dem allein in Deutschland 73 Vereine zugehörig sind. (vgl. Tan, 1999: 65)
75 „Die Bektaschije ist eine stark heterodoxe Bruderschaft, die im wesentlichen auf den selben Wurzeln wie das Alevitentum zurückgehen, jedoch in das Zentrum ihrer Glaubenspraxis einen halblegendären anatolischen Heiligen, Haci Bektaş, stellt […]." (Karakaşoğlu, 1994: 111)
76 Ein wenig bekannter Fakt ist die Aufnahme jüdischer Flüchtlinge durch Beyazit II nach deren Vertreibung aus Spanien und Portugal. Die Aufnahme jüdischer Flüchtlinge setzte sich auch im zweiten Weltkrieg fort, als die Türkei Tausende von verfolgten Juden/Jüdinnen aus Deutschland aufnahm. Es gibt keine genauen Angaben über die Zahlen der Juden/Jüdinnen, die die Türkei als Erstfluchtland gewählt haben. Nach Schätzungen belaufen sich die Zahlen auf etwa 100.000 Menschen (vgl. Kili. zit. n. Kirişci, 1994: 4; vgl. auch die Arbeit von Shaw (1993) zur Rolle der Türkei während des Holocausts). Die guten Beziehungen zwischen der heutigen Türkei und Israel (im Gegensatz zu der gespannten politischen Situation zwischen Israel und Staaten der islamischen Welt) lassen sich u.a. aus diesen historischen Begebenheiten erklären. Leider gibt es nur sehr wenig auf Deutsch zugängliche Literatur zum Thema Juden/Jüdinnen im Osmanischen

Völkerwanderungen großen Ausmaßes fanden gerade auch nach kriegerischen Auseinandersetzungen, hauptsächlich gegen Ende des Osmanischen Reiches statt, als Hunderttausende auf dem Gebiet des Osmanischen Reiches Schutz vor Verfolgung und Vertreibung suchten. Mit der Abspaltung der Balkanländer vom Osmanischen Reich flohen bis zu 1,4 Millionen Menschen türkischer Abstammung in die heutige Türkei. Im Rahmen der kriegerischen Auseinandersetzungen mit Russland zwischen 1859 und 1922 gehen die Schätzungen dahin, dass etwa vier Millionen Kaukasier/innen und Tataren/innen mit ihren Familien auf osmanischem Gebiet Schutz vor Verfolgung suchten (vgl. Kirişçi, 1994: 2ff.).[77] In den Jahren 1923 bis 1945 kamen weitere 840.000 Flüchtlinge aus Bulgarien, Griechenland („Bevölkerungsaustausch"), Rumänien und Jugoslawien in die Türkei (vgl. Geray zit. n. Kirişçi, 1994: 2). Die Gemeinsamkeit all dieser Einwanderungen liegt darin, dass sich die Flüchtlinge auf eine gemeinsame ethnische Herkunft und/oder Religion berufen.

Die Türkei, als Nachfolgerstaat des Osmanischen Reiches, sieht sich als „Heimat", als „Heimstätte" für die Menschen, die in den ehemaligen Gebieten des Osmanischen Reiches leben und dort heute aufgrund ihrer Sprache und/oder Religion diskriminiert werden.[78] Dieses Konstrukt ist dem deutschen nicht unähnlich. Auch Deutschland begreift sich als die (kulturelle) Heimat der Aussiedler/innen. Ähnlich wie Deutschland vermeidet es auch die Türkei von diesen Menschen als „Flüchtlingen" zu reden. In Deutschland wird der Term „Aussiedler/innen" verwendet, in der

---

Reich und der Türkei. Bekannter und aufgearbeiteter ist das Thema im englischsprachigen (vgl. Shaw, 1991) und türkischsprachigen Raum (vgl. Galanti, 1995; Güleryüz, 1993).

77 Neben Dr. Kirişçi von der Boğaziçi Universität Istanbul, der sich speziell mit historischer und aktueller Migration beschäftigt und sich gerade auch mit der rechtlichen Situation von Migranten/innen in der Türkei auseinandersetzt, hat sich Ahmed İçduygu von der Hacetepe Universität in Ankara vor allem auf die heutige Situation illegaler Einwanderer/innen (Transit Migration) in der Türkei spezialisiert. Zur aktuellen Situation von Ausländern/innen und Flüchtlingen in der Türkei seien auch die regelmäßigen Publikationen von ASAM (Association for Solidarity with Asylum Seekers and Migrants) in Ankara empfohlen.

78 Die Aufnahme dieser Menschen ist durch zahlreiche Gesetze geregelt. Das Niederlassungsgesetz Nr. 2510 regelt die Einwanderung von Menschen türkischer Ethnie und türkischer Kultur. Die türkischen Regierungen sehen eine besondere moralische Verpflichtung gegenüber Personen türkischer Ethnie und/oder islamischer Religion, die in den Bereichen des ehemaligen Osmanischen Reiches siedeln. Dieses Gesetz kennt zwei Klassen von Einwanderern/innen. Die erste Gruppe sind „Migranten ohne festgelegten Wohnsitz (serbest göçmen) " (Gesetz Nr. 1306), die mit eigenen Ressourcen in der Türkei leben und daher keiner räumlichen Beschränkung unterworfen sind. Die zweite Gruppe umfasst „Migranten mit festem Wohnsitz (iskanli göçmen)" (Gesetz Nr. 2641), die finanzielle und materielle Eingliederungshilfe seitens des türkischen Staates erhalten und sich ihren Wohnsitz nicht frei wählen können. Unter diese Gesetze fielen Einwanderer/innen türkischen Ursprungs aus Afghanistan (1982), aus Bulgarien (1989), sowie aus Kaukasusstaaten und aus Zentralasien.

Türkei das Wort „soydaş" (Volksgenosse).[79] Anders als in Deutschland, wo Kriterien festgelegt wurden, wer nun genau deutscher Abstammung ist, gibt es in der Türkei keine klaren Definitionen. Das Niederlassungsrecht Nr. 2510 regelt, wer sich in der Türkei als „ethnischer Türke" niederlassen darf:

„According to this law, only those who are of Turkish ethnic descent and of Turkish culture are entitled to migrate, settle and receive Turkish citizenship. There are no clear criteria defining Turkish ethnicity and culture. Instead, it is the Council of Ministers that is empowered to decide which groups abroad qualify as belonging to Turkish community and culture (Kirişçi, 1994: 15). „

Dies traf zum letzten Mal auf die Gruppe der aus Bulgarien vertriebenen Türken/innen zu, von denen etwa 360.000 Menschen zwischen 1989 und 1990 in die Türkei flohen (vgl. hierzu: Scott, 1991).

Die Betonung der gemeinsamen türkischen Ethnizität verbunden mit der Doktrin des türkischen Staates, die auf der Gleichsetzung zwischen Staatsbürger- und Türkentum aufbaut, bedeutet für Minderheiten, dass sie sich besser dem türkischen „Mainstream" anpassen, als ihre eigene Identität, die sich in Jahrhunderten außerhalb des „Mutterlandes" und unter Einfluss der Gesellschaften, in denen sie lebten, entwickelt hat, offensiv nach außen zu tragen. Diese Unterschiede sind dennoch vorhanden und erleben, wie bereits weiter oben ausgeführt, derzeit ein „ethnic revival". Auch in den Interviews berufen sich die Männer teilweise auf ihre unterschiedliche ethnische Herkunft, die zwar für alle unter die große Gruppe der „Türken" fällt, jedoch durchaus differenziert gesehen und zur Erklärung bestimmter Handlungsweisen und Ansichten erläuternd herangezogen wird. Im Folgenden werde ich die Gruppen kurz veranschaulichen, die in den Interviews thematisiert wurden. Eingedenk der Tatsache, dass Andrews (1992) in seiner Arbeit über ethnische Gruppen in der Türkei 47 unterschiedliche Ethnien beschrieben hat, stellt das Folgende nur einen, in direktem Zusammenhang mit den empirischen Daten stehenden, kleinen Ausschnitt aus der vielfältigen ethnischen Landkarte der Türkei dar. Dabei

---

79 Dies hängt u.a. damit zusammen, dass die Türkei mit der Verwendung des Begriffs „Flüchtling" sehr vorsichtig umgeht, und ein Flüchtling im Sinne der Türkei lediglich die Person sein kann, die aus einem europäischen Land kommt. Die Türkei hat die Genfer Flüchtlingskonvention mit einer geographischen Einschränkung ratifiziert. Diese geographische Beschränkung gilt auch heute noch: „In practice, this has meant that Turkey allowed the right to asylum and granted de jure refugee status only to individuals fleeing from communist persecution in Eastern Europe and the Soviet Union." (Kirişçi, 1994: 8) Flüchtlinge im Sinne von der Türkei ratifizierten Genfer Flüchtlingskonvention sind auch nur berechtigt, für die Dauer ihres Anerkennungsverfahrens (was in der Regel vom UNHCR in Ankara durchgeführt wird) in der Türkei zu bleiben. Danach erfolgt eine Umverteilung in Drittländer. Die Türkei, die sich als „türkisch" und nicht etwa als multikulturell bezeichnet, wie es noch das Osmanische Reich gewesen ist, möchte eine dauerhafte Ansiedlung von Nicht-Türken/innen verhindern.

ist zu berücksichtigen, dass es generell schwierig ist, verlässliche Daten über ethnische Minderheiten in der Türkei zu erhalten. Türkische Gesetze garantieren nur Nicht-Muslimen den Status einer ethnischen Minderheit. Bis 1965 wurde in Volksbefragungen noch nach der Muttersprache gefragt, was einen Hinweis auf ethnische Zugehörigkeit gab. Dies wird seit 35 Jahren nicht mehr getan, so dass die vorhandenen Daten veraltet sind. Es wird in diesem Kapitel jedoch nicht um die Abgleichung von Zahlen gehen, sondern um die Tatsache, dass es in der Türkei ethnische Minderheiten gibt, und dass die Selbstdefinition als Teil einer ethnischen Minderheit in den erhobenen Interviews (unterschiedlich stark) thematisiert wurde.

Die Abchasen

Die Abchasen gehören, wie die Adigeer, Ubychen und die Kabardiner, zu den tscherkesischen Zuwanderergruppen aus dem nördlichen Kaukasus. Die Selbstbezeichnung all dieser verschiedenen Gruppen lautet „Tscherkesen" (Çerkes), nach dem russischen Wort für Kaukasier. In Folge der russischen Eroberungen flohen zwischen 1859 und 1881 etwa zwei Millionen Nordkaukasier/innen ins Osmanische Reich, eine weitere halbe Million folgte zwischen 1881 und 1914 (vgl. Wesselink, 1996: 4). Die Flucht- und Lebensbedingungen waren extrem schlecht und Schätzungen gehen davon aus, dass etwa 20 % der Flüchtlinge an Unterernährung und Krankheiten starben. Der Sultan missbrauchte die Neuankömmlinge für seine geplante Siedlungspolitik. So siedelte er sie dort an, wo Muslime in der Minderheit waren oder wo Unruhen ausgebrochen waren. Das Verhältnis zwischen türkischen und abchasischen Familien durfte 4:1 nicht überschreiten. Die Nachkommen jener Flüchtlinge leben auch heute noch in der gesamten Türkei verstreut, es sind jedoch Siedlungsschwerpunkte in „Westanatolien (Adarpazarı, Bolu, Eskişehir, Balıkesir), in der Schwarzmeerregion (Samsun, Tokat, Amasya) in Mittelanatolien (Corum, Yozgat, Sivas und Kayseri) und Südanatolien (Adana, Maraş)" (Aydın, 1997: 92) auszumachen. Mit Ausnahme der Osseten und der Abchasen, die in ihrem Herkunftsland Christen waren, gehören die Nordkaukasier/innen dem Islam an. In der Türkei gehören auch die Abchasen zu den Muslimen[80] (vgl. Wesselink, 1996: 4). Die Gruppen, die aus dem Nordkaukasus kommen, haben sich bereits noch in der spätosmanischen Periode in Vereinen organisiert, die insbesondere auch die Verbreitung der Sprache zum Ziel hatten. Nach der Republikgründung und der damit einhergehenden „Turkisierung" des Landes, u.a. auch durch die Ansiedlung von Zuwande-

---

80 Nach dem Zerfall der Sowjetunion und der sich nun ergebenden Reisemöglichkeit war es für die türkischen Abchasen möglich, nun auch die „Urheimat" kennenzulernen. Nicht wenige der türkisch-islamischen Abchasen waren von der Tatsache überrascht, dass die Abchasen in dieser „Urheimat" Christen sind. Dazu Wesselink: „It came as a shock to members of the diaspora to find out in the late 1980s that the Abkhaz in the homeland were Christian Orthodox (Wesseling, 1996: 4)."

rern/innen aus dem Balkan in bestehende tscherkesische Dörfer, wurde die Tätigkeit der Vereine eingestellt. Seit den 1950er Jahren bis zum Militärputsch von 1980 entstanden erneut Vereine, die teilweise über 14 Zeitungen herausbrachten. Der Versuch, die Vereine unter der Dachorganisation „Kaukasischer Kulturverein" zusammenzuführen, endete 1977 mit einem nie geklärten Anschlag auf die Räumlichkeiten des Vereins in Ankara (vgl. ebd.: 94f.). Ende der 1980er Jahre, einhergehend mit der Auflösung der Sowjetunion, kam es zu einer Renaissance kaukasischer Identität und zur Diskussion innerhalb der Gruppen (und hierbei vor allem unter den jungen Leuten), ob eine kollektive Auswanderung in die „Urheimat" stattfinden sollte. Diese kollektive Auswanderung ist, bis auf einige hundert, vornehmlich junge Männer, ausgeblieben. Allerdings kam es in den späten 1980ern und 1990ern erneut zu einer regen Vereinstätigkeit. 1993 wurde der Dachverband, Kafkas Derneği, gegründet, dem ein Großteil der kaukasischen Vereine angehört. Eine der Hauptaufgaben der Vereine ist es, in der Türkei auf die gewaltsamen Konflikte im Kaukasus hinzuweisen und Hilfslieferungen zu koordinieren. Nach Aydın fungieren die Vereine der Nordkaukasier/innen als politische „Pressure Group" in der türkischen Politik (vgl. Aydın, 1997: 97). Einen starken Einfluss auf die „Re-ethnisierung" der Kaukasier/innen hatte, nach Wesselink, der Tod des letzten ubychisch Sprechenden, Tevfik Esenc, der im Oktober 1992 in der Türkei starb. Mit ihm war die Gruppe der Ubychen, die auch mit den Abchasen ins Land geflohen waren, ausgestorben. Dies führte zu einer Rückbesinnung „on the North Caucasians reviving memories of the 19th century genocide and strengthening the consequent desire for political independence." (Wesseling, 1996: 5) Ein zweites Element, das die verschiedenen kaukasischen Gruppen einigte und ein Zusammengehörigkeitsgefühl produzierte, waren die Kriege in Abchasien und Tschetschenien.

Es handelt sich bei den Kaukasiern/innen demnach um ethnische Gruppen, die sich ihrer Unterschiede gegenüber der türkischen Bevölkerung bewusst sind und die diese Unterschiede, sowohl sprachlicher und kultureller Art, auch pflegen. Gleichwohl sind diese Gruppen in die türkische Gesellschaft integriert und sind keinen Diskriminierungen ausgesetzt. Die Endogamierate ist jedoch hoch. Die kollektive Erfahrung der Diaspora ist, auch nach über 100 Jahren Ansässigkeit im Osmanischen Reich und der Türkei, im Bewusstsein der Menschen verankert und jederzeit aktivierbar, wie die Diskussion um die Rückkehr in die „Urheimat" zeigt. Die gleiche Diskussion und der ausbleibende Exodus erklären jedoch genauso deutlich, dass die „Tscherkesen" in die türkische Gesellschaft längst integriert sind.

Die Lasen
Die Lasen gehören zur angestammten Bevölkerung des Nordostens der Schwarzmeerküste (vor allem in den Gebieten Rize und Artvin). Ähnlich der Bezeichnung „Çerkes" für die große Gruppe der Nordkaukasier/innen, umfasst der Begriff „La-

se" eigentlich alle Bewohner/innen der Schwarzmeerregion. Die „eigentlichen" Lasen ziehen die Selbstbezeichnung „Mohti" bzw. „Mohti-Lasen" vor. Obgleich die Siedlungsschwerpunkte auch heute noch in Rize und Artvin liegen, begann bereits gegen Ende des Osmanischen Reiches und im Zuge der russischen Okkupation (1877-1878) die Auswanderung eines Teils der Lasen/innen nach Westanatolien mit Siedlungsschwerpunkten in den Provinzen Bursa, Adarpazarı, İzmit, Bolu, Kocaeli und Sakarya (vgl. Aydın, 1997: 97).

Ihre Sprache gehört der südkaukasischen Gruppe an und ist mit dem Georgischen verwandt. Wie auch die Kurden/innen und die diversen nordkaukasischen Gruppen lernen die Kinder die Sprache nicht in der Schule (vgl. Benninghaus in Andrews, 1992: 311). In den westanatolischen Provinzen geht der Gebrauch der Sprache langsam verloren, während die Zweisprachigkeit in den nördlichen Siedlungsgebieten nach wie vor groß ist. Um die Sprache zu erhalten und die Kultur und Tradition zu vermitteln, wurde Anfang der 1980er Jahre erstmalig ein auf lateinischen Buchstaben aufbauendes Alphabet entwickelt und 1993 erstmals eine Zeitung herausgegeben, die auch Artikel auf Lasisch enthielt (vgl. Aydın, 1997: 98).[81]

Das von Aydın festgestellte „ethnic revival" unterschiedlicher Gruppen in der Türkei bezieht sich auch auf die Gruppen der Lasen/innen. Im Dezember 1996 wurde in Izmit die „Sima-Stiftung zur Unterstützung der Bewohner der östlichen Mittelmeerküste" (Simo Doğu Karadenizler Hizmet Vakfı) gegründet, über deren Aktivitäten noch nicht viel bekannt ist. Dem Ansinnen, einen Radiosender in lasischer Sprache aufzubauen, wurde jedoch von staatlicher Seite nicht stattgegeben (vgl. ebd.: 99). Die Lasen/innen verfolgen in erster Linie kulturelle und sprachliche Ziele und streben keinen Aufbau eines eigenen Staates an.

Den Lasen/innen eilt in der Türkei der gleiche Ruf voraus wie in Deutschland den Ostfriesen/innen, oder in Frankreich und den Niederlanden den Belgiern/innen.

Sowohl die Lasen/innen als auch die Kurden/innen sind autochthone, nicht zugewanderte Minderheiten. Ihre Situation unterscheidet sich jedoch erheblich voneinander. Der Hauptunterschied liegt darin, dass Teile der kurdischen Bevölkerung nicht nur eine kulturelle, sondern auch eine territoriale Eigenständigkeit anstreben, und dadurch an einem der Grundpfeiler der türkischen Republik, nämlich der territorialen Integrität, rütteln. Die türkischen Regierungen versuchen solche Bewegungen mit aller, d.h. auch militärischer, Macht zu verhindern.

---

81 Die erste Ausgabe der Zeitung wurde beschlagnahmt und dem Herausgeber „separatistische Propaganda" vorgeworfen. Er wurde 1994 von diesem Vorwurf freigesprochen. Aufgrund finanzieller Schwierigkeiten musste die Zeitung ihr Erscheinen jedoch einstellen. Für 1997 war jedoch die Publikation einer anderen lasischen Zeitung geplant (vgl. Aydın, 1997: 98).

Die Kurden/innen

Die Kurden/innen sind die ethnische Gruppe aus der Türkei, über die in der deutschen Öffentlichkeit die meisten Informationen vorhanden sind. Autobahnblockaden Mitte der 1990er Jahre, der Massenexodus kurdischer Flüchtlinge nach Italien 1997, die Inhaftierung und Verurteilung Abdullah Öcalans, dem Chef der PKK im Jahr 2000, und schließlich die Diskussion um deutsche Panzerlieferungen in die Türkei haben in der Öffentlichkeit die Sensibilität für die Kurden/innen in der Türkei und in Deutschland geschärft. Mit 25 bis 30 Millionen Menschen zählen die Kurden/innen heute zu den größten Völkern weltweit ohne einen eigenen Staat.

Nach dem ersten Weltkrieg wurden ihre traditionellen Siedlungsgebiete zwischen der Türkei, dem Iran, dem Irak, Syrien und der Sowjetunion aufgeteilt. Die Mehrheit lebt heute in der Türkei. Der Vertrag von Lausanne, in dem auch die Rechte der religiösen Minderheiten definiert werden, gesteht in Art. 39 Abs. 5 allen türkischen Staatsangehörigen, unabhängig von ihrer Religion, den beliebigen Gebrauch einer Sprache zu. Dieser Artikel war gerade auch unter Berücksichtigung der Situation der Kurden/innen von den Alliierten in das Vertragswerk aufgenommen worden. Dies entspricht jedoch nicht der gegenwärtigen Praxis in der Türkei: „In der Praxis gilt also eine dem Wortlaut nicht entsprechende, sich für alle Bestimmungen eng auf die nichtmuslimischen Minderheiten beschränkende Auslegung der Art. 37ff. des Lausanner Vertrages." (Rumpf, 1993: 206f.) Anders als es der einheitliche Gebrauch des Wortes „Kurde/in" vermuten lässt, sind die Kurden/innen in sich sprachlich und religiös differenziert. Sie unterscheiden sich in die beiden Hauptsprachgruppen Kurmancı und Zaza. Diese Sprachen sind indo-germanischen Ursprungs, während das Türkische den altaischen Sprachen zugerechnet wird. Religiös setzen sie sich aus sunnitischen Muslimen (mehrheitlich), Aleviten und Yeziden zusammen. Eine verschwindende Minderheit gehört dem christlichen und auch dem jüdischen Glauben an (vgl. Aydın, 1997: 80). Im Gegensatz zu den Nordkaukasiern/innen handelt es sich bei den Kurden/innen nicht um eine Gruppe, die nach kriegerischen Auseinandersetzungen eingewandert ist, vielmehr sind sie seit Jahrhunderten in ihren traditionellen Siedlungsgebieten ansässig. Ein Großteil der Kurden/innen lebt jedoch außerhalb dieser Siedlungsgebiete in den Westteilen des Landes. Zum einen hat der seit Mitte der 1980er Jahre andauernde bürgerkriegsähnliche Zustand zwischen dem türkischen Militär und der Arbeiterpartei Kurdistans, der PKK, zur Zerstörung ganzer Dörfer und zum Exodus der Bevölkerung geführt. Schon im ersten Weltkrieg und nach Beginn der russischen Invasion sollen etwa 700.000 Kurden/innen nach Zentral- und Mittelanatolien umgesiedelt worden seien (vgl. Andrews, 1992: 154). Kurden/innen sind heute über die gesamte Türkei verstreut mit traditionellen Siedlungsschwerpunkten in den Provinzen Bingöl, Tunceli, Erzincan, Sivas, Yozgat, Elazig, Malatya, Kahramanmaraş, Kayseri und Corum für die alevitischen Kurden/innen und die Provinzen Hakkari, Van, Agri, Siirt, Bitlis, Mus, Diyabakir und die Provinzen Hakkari, Van, Agri, Siirt, Bitlis, Mus, Diyabakir und Urfa für die sunnitischen Kurden/innen (vgl. Andrews, 1992: 154).

Die Wurzeln des angespannten Verhältnisses zwischen den Repräsentanten/innen des türkischen Staates und den Kurden/innen liegen in der Nationalisierungs- und Turkisierungspolitik nach der Republikgründung. Staatsbürgertum und ethnische Zugehörigkeit als Türke/in wurde nun erstmals gleichgesetzt.[82] Noch im Frühjahr 1920 hatte Atatürk in einer Rede vor der Nationalversammlung die verschiedenen ethnischen Gruppen, deren Existenz zu diesem Zeitpunkt noch nicht geleugnet wurde, beschworen, gemeinsam für die Befreiung des Landes zu kämpfen. „Die Einheit, welche herzustellen man entschlossen sei, sei keine nur türkische, tscherkesische oder kurdische, sondern eine alle ethnischen Elemente umfassende islamische Einheit."[83] (Adanır, 1995: 27) Im Vertrag von Sèvres von 1920 war den Kurden/innen neben den Armeniern/innen ein eigenständiger Staat zugesprochen worden. Der endgültige Friedensvertrag von Lausanne sah diese Möglichkeit nicht mehr vor. Viele Kurden/innen fühlten sich von den Alliierten und von Atatürk im Stich gelassen und hintergangen. Es kam seit Mitte der 1920er Jahre zu Aufständen, die allesamt blutig niedergeschlagen wurden.

Jeder Versuch der Kurden/innen, territoriale oder auch nur kulturelle Autonomie zu verlangen oder das Recht auf die eigene Sprache einzuklagen und die Möglichkeit zu erhalten, in den kurdischen Sprachen publizieren zu können, wurde als Angriff auf die Integrität des türkischen Staates bewertet und hart bekämpft. Hinzu kommt, dass der Osten des Landes ökonomisch weit weniger entwickelt ist als die Westteile der Republik und das wirtschaftliche Ungleichgewicht viel zur Unzufriedenheit beiträgt. Um Ruhe in den südöstlichen Provinzen zu schaffen, verhängte der türkische Staat Mitte der 1980er Jahre den Ausnahmezustand über weite Teil der von Kurden/innen bewohnten Gebieten und führte 1985 das System der Dorfschützen ein. Ursprünglich sollten die Dorfschützen die Bevölkerung vor den Angriffen der PKK schützen, wurden jedoch von diesen als Verräter und Kollaborateure des türkischen Staates identifiziert und selbst zur Zielscheibe der Angriffe von PKK-Milizen, andererseits nutzten einige Dorfschützen ihre (bewaffnete) Stellung und entwickelten sich zu regionalen Machtfaktoren (vgl. Aydın, 1997: 82).

---

[82] Die Ausnahme bilden die religiösen Minderheiten, die auch als Christen/innen oder Juden/Jüdinnen türkische Staatsbürger/innen werden konnte.
[83] Hier zeichnete sich bereits ab, dass die Religion eines der konstituierenden Elemente der neu zu schaffenden nationalen Einheit sein würde.

Die Migration nach Deutschland, nicht zuletzt auch durch die schlechte wirtschaftliche Lage im Südostteil des Landes bedingt, führte zur Einwanderung großer kurdischer Gruppen. In der Anfangsphase der Migration wurden diese als „Türken/innen" wahrgenommen. Im Laufe der Zeit, parallel zu den politischen Entwicklungen und zunehmenden Repressionen in der Türkei, thematisierten die Kurden/innen ihre ethnische Identität auch für die deutsche Öffentlichkeit erkennbar. Es ist in der türkischen/kurdischen/europäischen Öffentlichkeit umstritten, ob es erst die Stimmen der Migranten/innen aus Europa waren, die zu einer Verschärfung der Situation in der Türkei geführt haben, oder ob die Kurden/innen in Europa lediglich auf die Situation in der Türkei reagierten. Durch zahlreiche Aktionen (öffentliche Newrozfeiern, Autobahnblockaden, Anschläge auf türkische Einrichtungen, Selbstverbrennungen, Demonstrationen, Petitionen, Ausrufung eines kurdischen Exilparlamentes etc.) haben Teile der Minderheit der Kurden/innen in Deutschland und Europa auf ihre rechtliche, soziale, politische und kulturelle Lage aufmerksam gemacht.

Die gegenwärtige Situation der Kurden/innen stellt sich sehr widersprüchlich dar. Die PKK ist nach der Festnahme und Verurteilung ihres Anführers Abdullah Öcalan derzeit nicht in der Öffentlichkeit aktiv. Der Ausnahmezustand in den östlichen Provinzen ist bisher nicht aufgehoben und mittlerweile ist eine ganze Generation unter den Bedingungen des Kriegsrechts aufgewachsen. Über das Vorhandensein von Kurden/innen wird mittlerweile in der türkischen Öffentlichkeit diskutiert, die These von den Bergtürken und der Sonnensprache gehören der Vergangenheit an.[84] Gemäßigte Kurden/innen[85] versuchen immer wieder Parteien zu gründen, die jedoch regelmäßig unter das Verbot der Gründung ethnischer Parteien fallen und dem Vorwurf des Separatismus ausgesetzt sind. 1997 wurde die „Demokratische Massen-Partei" (Demokratik Kitle-Partisi) gegründet, die sich nicht ausschließlich als ethnisch definiert, die jedoch dafür eintritt, dass die Staatsbürgerschaft nicht allein ethnisch türkisch begründet sein dürfte, und die die Anerkennung der kurdischen Realität fordert (vgl. Aydın, 1997: 85). Gleichzeitig wird auch in Regierungskreisen angeregt, kurdischsprachige Fernsehsendungen auszustrahlen. Mittlerweile haben sich auch zahlreiche ethnische Selbstorganisationen gegründet, die die Erforschung der kurdischen Kultur, Sprache und Geschichte zum Inhalt haben. Obwohl die rechtliche Situation all dieser Einrichtungen als unsicher gilt, ist es doch als Fortschritt zu bewerten, dass sie überhaupt möglich geworden sind.

---

84 Um die ethnische Gleichheit aller Bewohner/innen der Türkei zu bewahren, wurden die Kurden/innen kurzerhand als in den Bergen lebenden Türken/innen, eben als Bergtürken benannt. Ihre Sprache wurde als ein Dialekt des Türkischen definiert und als Sonnensprache bezeichnet. Beide Theorien waren wissenschaftlich nicht haltbar und erwiesen sich schlicht als falsch.
85 Kurden/innen, die nicht der PKK angehören.

Für die interviewten Männer der Studie bedeuten diese Zusammenhänge Folgendes:
- sie haben die Türkei zu einer Zeit verlassen, als die „kurdische Frage" in der Öffentlichkeit noch ein Tabuthema war;
- die Ausrufung des Ausnahmezustandes und die Zerstörung ganzer kurdischer Dörfer durch die türkische Armee kennen sie nur aus Erzählungen und höchstwahrscheinlich aus Besuchen;
- den Ethnisierungsprozess in der Türkei haben sie nicht miterlebt;
- in Deutschland werden sie plötzlich als Kurden wahrgenommen und eventuell pauschal als PKK Anhänger betrachtet, die Autobahnen besetzen, deutsche Polizisten angreifen etc. Das heißt, sie müssen sich möglicherweise für eine Parteipolitik rechtfertigen, die sie vielleicht gar nicht vertreten;
- durch die in Deutschland stattfindende Polarisierung könnte es zu einem Interessenskonflikt zwischen der eigenen kurdischen und türkischen Identität kommen, da sie in Deutschland, besonders zu Beginn der Migration, pauschal als Türken wahrgenommen wurden.

Zwischenbilanz

Das Kapitel über die ethnische und religiöse Vielfalt in der Türkei möchte, so skizzenhaft und selektiv (am empirischen Material orientiert) ausgewählt die Beispiele auch sind, verdeutlichen, dass die Türkei als Nachfolgestaat des Osmanischen Reiches dessen multiethnisches und -religiöses Erbe angetreten hat. Auch wenn dies der offiziellen Staatsdoktrin widerspricht, die derzeit noch Türkentum mit Staatsbürgerschaft gleichsetzt, zeigen die Entwicklungen der Türkei in den letzten Jahren, dass es zu einer Renaissance ethnischer Identitäten gekommen ist. Die Vielfalt in der Türkei und auch der Drahtseilakt zwischen der eigenen ethnischen Zugehörigkeit und dem Wissen, dass „in der Türkei eben die Türken leben" spiegelt sich auch in den Interviews wieder. Die Aussagen „ich bin Lase, Tescherkese oder Kurde" waren in jedem Interview gefolgt von dem Satz „aber eigentlich bin ich Türke". Für das Selbstverständnis und zur Selbstdarstellung der Interviewpartner erweist sich die Beschreibung dieses Hintergrundes daher als von Bedeutung.

DATEN UND FAKTEN IN DEUTSCHLAND

Anwerbungsphasen, wirtschaftliche und soziale Integration

Der Anwerbevertrag zwischen Deutschland und der Türkei wurde am 31. Oktober 1961 abgeschlossen.[86] Sowohl die deutsche Seite als auch der türkische Vertragspartner gingen dabei von einem kurzfristigen (ein bis zwei Jahre dauernden) Arbeitsverhältnis aus. Dies hat sich jedoch für beide Parteien als unrentabel erwiesen. Die türkischen Arbeitskräfte konnten in der kurzen Zeit nicht die Gelder ansparen, die nötig waren, um sich in der Türkei eine neue, selbständige Existenz aufzubauen, und für die deutsche Seite war es unwirtschaftlich gerade angelernte Arbeiter schon wieder nach kurzer Zeit auszutauschen. So stellten sich beide Parteien auf einen längeren, wenn auch keineswegs dauerhaften Aufenthalt in der Bundesrepublik ein. Kamen im ersten Jahr des Anwerbevertrages 6.800 Türken/innen nach Deutschland, hatte sich die Zahl im nächsten Jahr bereits auf 15.300 türkische Arbeitnehmer/innen mehr als verdoppelt. Im Jahre 1973 befanden sich 910.500 Menschen aus der Türkei in Deutschland.

Wanderungsdaten

Die erste der beiden folgenden Tabellen zeigt die Entwicklung der Zuwandererzahlen bis zum Anwerbestopp 1973; die zweite Tabelle zeigt die Zahlen bis 1998.

Tabelle 1: *Türkische Wohnbevölkerung in der Bundesrepublik Deutschland und ihre Wachstumsquote von 1960 bis 1973*

JAHR*	Anzahl der Türken	Wachstum in %
1960	2.700	-
1961	6.800	151,9
1962	15.300	125,0
1963	27.100	77,1
1964	85.200	214,4
1965	132.800	55,9
1966	161.000	21,2

---

86 Auf die Gründe für die Migration sowohl auf deutscher als auch auf türkischer Seite möchte ich hier nicht im Detail eingehen. Für Deutschland vgl. u.a. Herbert, 1986; Cohn-Bendit/Schmid, 1992; Bade, 1992. Für die Türkei vgl. u.a. Kleff, 1985; Zentrum für Türkeistudien 1994.

1967	172.400	7,1
1968	205.400	19,1
1969	322.400	57,0
1970	469.200	45,5
1971	652.800	39,1
1972	712.300	9,1
1973	910.500	27,8

Die Tabelle zeigt, dass die Anzahl der Türken/Türkinnen bis zum Anwerbestopp 1973 auf 910.500 angestiegen war.

Tabelle 2: *Türkische Wohnbevölkerung in der Bundesrepublik Deutschland und ihre Wachstumsquote von 1973 bis 1998*

1974	910.500	-
1975	1.077.100	18,3
1976	1.079.300	0,2
1977	1.118.000	3,6
1978	1.165.100	4,2
1979	1.268.300	8,6
1980	1.462.400	15,3
1981	1.546.300	5,7
1982	1.580.700	2,2
1983	1.552.300	-1,8
1984	1.425.800	-8,1
1985	1.400.400	-1,8
1986	1.425.721	1,8
1987	1.481.369	3,9
1988	1.523.678	2,6
1989	1.612.632	5,8
1990	1.694.649	5,1
1991	1.779.586	5,0
1992	1.854.945	4,2
1993	1.918.395	3,4
1994	1.965-577	2,5
1995	2.014.311	2,5
1996	2.049.060	1,7

| 1997 | 2.107.426 | 2,8 |
| 1998 | 2.110.223 | 0,1 |

* Stichtag jeweils 31.12.
Quelle: Statistisches Bundesamt, Wiesbaden (Hg.): verschiedene Jahrgänge;

Der Anwerbestopp von 1973 stellt eine Zäsur dar, die nicht nur darin bestand, dass ab diesem Zeitpunkt keine arbeitsmarktbezogene Einwanderung mehr möglich war, vielmehr änderte sich danach auch die Struktur auf dem Arbeitsmarkt erheblich. Das Ziel, die Anzahl der Ausländer/innen in Deutschland langfristig zu reduzieren, wurde mit dieser Maßnahme nicht erreicht. Zwar reduzierte sich die Anzahl der Erwerbstätigen, die Zahl der ausländischen Wohnbevölkerung stieg jedoch durch die nun in verstärktem Maße erfolgende Familienzusammenführung. Am Beispiel der türkischen Wohnbevölkerung verdeutlicht dies die folgende Tabelle:

Tabelle 3: Sozialversicherungspflichtig beschäftigte Türken/innen im Vergleich zur türkischen Wohnbevölkerung in ausgewählten Jahren

Jahr	Sozialversicherungspflichtig beschäftigte Türken/innen	Türkische Wohnbevölkerung	prozentualer Anteil der sozialversicherungspflichtig beschäftigten Türken/innen an der türkischen Wohnbevökerung	prozentualer Anteil der nicht-sozialversicherungspflichtig beschäftigen Türken/innen an der türkischen Wohnbevölkerung
1970	353.898	769.200	75,4 %	24,6 %
1975	522.699	1.077.100	48,5 %	51,5 %
1980	576.363	1.462.400	39,4 %	60,6 %
1992	631.837	1.854.945	34,1 %	65,9 %

Quellen: Amtliche Nachrichten der Bundesanstalt für Arbeit, Arbeitsstatistik, Jahrgänge 1978 u. 1987, Sondernummer. Nürnberg, 5. Juli 1979, S.16f. u. 14. Juli 1988 ebd. Beschäftigungsstatistik, Nürnberg, 12. August 1983 und Arbeitsstatistik 1991 – Jahreszahlen, Sondernummer, Nürnberg, 31. Juli 1992, S.18, 19ff. Bundesminister für Arbeit und Sozialordnung, Berlin, 3.2.1994, Statistisches Bundesamt, Wiesbaden, mehrere Jahrgänge, sowie eigene Berechnungen.

Während der Anteil der sozialversicherungspflichtig beschäftigten Türken/innen von 75,4 % 1970 auf 48,5 % 1975 zurückging, stieg im gleichen Zeitraum der Anteil der nicht beschäftigen Türken/innen von 24,6 % auf 51,5 % an.

Nach dem Anwerbestopp entwickelten sich die Zuzugszahlen bis auf zwei Ausnahmen stabil: Der Militärputsch von 1980 erhöhte die Zahl der Einreisenden erheblich. Die Jahre 1983 bis 1985 spiegelten die ausländerpolitische Situation wider. 1983 war das Gesetz zur Rückkehrförderung erlassen worden, das bis 1984 in Anspruch genommen werden musste. Dieses Gesetz galt für Arbeiter/innen aus Jugoslawien, der Türkei, Spanien, Portugal, Marokko, Tunesien und Korea und sprach den Rückkehrwilligen unter bestimmten Umständen eine einmalige Zahlung in Höhe von 10.500 DM plus 1.500 DM für jedes Kind zu. Für die Familien bedeutete die Inanspruchnahme dieses Gesetzes die Entscheidung für eine definitive Niederlassung im Heimatland, da eine Rückkehr nicht mehr möglich war.

Von den 14.500 Türken/innen, die einen entsprechenden Antrag gestellt haben, wurden 12.000 Anträge positiv beschieden und es sind insgesamt 37.236 Personen in die Türkei zurückgekehrt (vgl. Mehrländer, 1986: 65). Allerdings hat auch die Rückkehr (und erneute Einreise) zu allen Zeiten der Migrationsgeschichte der Türken/innen stattgefunden, wie aus den Wanderungssalden deutlich wird.

Tabelle 4: Einwanderung und Auswanderung von Türken nach ausgewählten Jahren

Jahre	Einwanderung	Auswanderung	Bilanz
1973	249.670	87.094	+ 162.576
1980	212.254	70.583	+ 141.671
1981	84.052	70.905	+ 13.147
1982	42.713	86.852	- 44.139
1983	27.830	100.338	- 72.558
1984	34.114	213.469	- 179.335
1985	47.458	60.641	- 13.183
1986	62.161	51.934	+ 10.227
1990	83.604	35.114	+ 48.490

Quellen: Ausländer in der Bundesrepublik Deutschland, 1994: 512; Bericht der Beauftragten der Bundesregierung für die Belange der Ausländer in der Bundesrepublik Deutschland, März 1994: 98.

Dies bedeutet, dass, obwohl heute von einem dauerhaften Aufenthalt der türkischen Arbeitsmigranten/innen in Deutschland ausgegangen werden kann, ein Teil der Migranten/innen ihre Rückkehrabsichten verwirklicht hat. Auch bei der türkischen Population handelt es sich nicht um eine Bevölkerungsgruppe, die, einmal eingereist, beständig in der Bundesrepublik verblieben ist. Es ist eine sehr hohe Fluktuation festzustellen. Nauck hat in seinen Arbeiten nachgewiesen, dass diese insbesondere bei den ausländischen Frauen hoch ist:

„Zwischen 1961 und 1985 sind insgesamt 4.837.700 ausländische Frauen zugewandert und 2.825.000 abgewandert; bei einem bestand von 1,8 Millionen Ausländerinnen bedeutet das einen mehr als zweieinhalbfachen Austausch innerhalb von 25 Jahren." (Nauck, 1993: 372)

Aus den Zahlen zur Dauer des Aufenthaltes in der Bundesrepublik lässt sich jedoch auch klar erkennen, dass der Aufenthalt auf Dauer ausgerichtet ist, da der Anteil derjenigen, mit einem 20- und mehrjährigen Aufenthalt stetig steigt:

Tabelle 5: **Türkische Wohnbevölkerung nach Aufenthaltsdauer**

Jahre	1988	1990	1991	1992	1993
unter 1	67.207	49.600	71.100	74.136	69.902
1–4	155.617	226.100	247.900	257.829	260.111
4–6	63.420	93.900	116.400	139.039	158.967
6–8	104.638	63.900	74.700	93.218	114.722
8–10	200.373	106.100	71.000	63.451	73.875
10–15	359.275	418.800	415.300	384.433	334.422
15–20	467.257	464.700	443.200	415.047	362.940
> 20	105.891	252.800	340.000	427.792	543.456
Insgesamt	1.523.678	1.675.900	1.778.700	1.854.945	1.918.395

Stichtag: jeweils 30. 09.
Quellen: Statistisches Jahrbuch, Wiesbaden 1993; Statistisches Jahrbuch, Wiesbaden 1994

Herkunftsgebiete

Zu Beginn der Migration migrierten die Türken/innen aus der eher industrialisierten Nordwestregion. Bis 1973 hatten sich die Herkunftsgebiete gleichmäßiger über das Land verteilt. Direkt aus Ostanatolien kam die geringste Anzahl von Arbeitsmigranten/innen nach Deutschland. Erst im Rahmen der späteren Familienzusammenführung und/oder der „Heiratsmigration" vergrößerte sich dieser Anteil, wobei festzustellen ist, dass nach dem Anwerbestopp bedeutend weniger Personen eingereist sind (1973: 249.670 Türken/innen und 1982 lediglich noch 42.713 Personen).

Die Zahlen zur Verteilung der regionalen Zugehörigkeit sind generell vorsichtig zu interpretieren, denn dass ein Grossteil der Angeworbenen aus den urbanen Zentren kommt, liefert eher einen verstärkten Hinweis auf die starke Binnenmigration in der Türkei, als dass dies die Schlussfolgerung zulässt, es seien vor allem Menschen aus den urbanen Zentren und nur ein geringer Anteil aus den ländlichen Gebieten migriert. Diese Binnenmigrationsbewegung bezeichnet Grothusen als das Schema: „Dorf – zugehörige Kleinstadt – eigene Provinzhauptstadt – Provinzhauptstadt mit überregionaler Bedeutung – Istanbul/Ankara, wobei einzelne Stationen übersprungen werden können." (Grothusen, 1985: 521)

Die geographische Verteilung der Migranten nach Herkunftsregionen ist der folgenden Tabelle zu entnehmen:

Tabelle 6: Türkische Arbeitsmigranten/innen nach Herkunftsregionen in %

Region	1967	1969	1971	1973	1982
Nordwest-Region	43,6	20,3	22,4	18,0	18,2
Zentralanatolien	16,0	23,8	23,3	26,5	21,4
Schwarzmeer-Region	10,8	16,1	13,8	14,4	24,6
Ägäis-Region	11,0	23,8	25,0	23,6	4,8
Ostanatolien	10,0	8,0	7,8	8,0	18,7
Mittelmeer-Region	8,6	8,0	7,8	9,5	12,3

Quelle: Grothusen, 1985: 520

Schulbildung

Das Ausbildungsniveau der ersten Generation der türkischen Arbeitsmigranten/innen war relativ niedrig. Aus der Repräsentativuntersuchung von Ursula Mehrländer u.a., die im Auftrag der Friedrich Ebert Stiftung durchgeführt wurde, zeigt sich, dass 66 % der befragten türkischen Männer (und 75 % der angeworbenen Frauen) keine Berufsausbildung hatten (vgl. Merhländer, 1995: 54). Damit verfügten die Türken/innen über weitaus schlechtere Startchancen als die Italiener/innen, Griechen und die Migranten/innen aus Jugoslawien, die über einen höheren Anteil an Menschen mit abgeschlossener Ausbildung verfügten.[87]

---

[87] Für die Kinder der Migranten/innen der ersten Generation hat sich die Situation verbessert, auch wenn dieser Wandel langsam vonstatten geht. Die zweite Generation ist nicht Gegenstand der hier vorliegenden Untersuchung, doch ist die schulische Ausbildung der eigenen Kinder für die befragten Männer von einem solch elementaren Interesse, dass an dieser Stelle ein kurzer Hinweis auf die schulische Situation der zweiten Generation angebracht ist. Die *Schulsituation* der Kinder ist nach wie vor gekennzeichnet durch eine überdurchschnittlich hohe Verteilung türkischer Kinder in Sonderschulen und Hauptschulen. Allerdings nimmt die Anzahl von Gymnasialabsolventen/innen in den letzten Jahren stetig zu. Besuchten 1983 10.577 türkische Schüler/innen das Gymnasium, waren es 1993 bereits 23.998. (vgl. Statistische Veröffentlichungen der Kultusministerkonferenz: Ausländische Schüler und Schulabsolventen. Nr. 128, Januar 1994; Statistische Veröffentlichungen der Kultusministerkonferenz: Ausländische Schüler und Schulabsolventen. Nr. 131, Dezember 1994) Demgegenüber sank die Zahl der Schüler/innen in Sonderschulen

Familiäre Situation

In den ersten Jahren der Migration waren die meisten der angeworbenen Arbeitskräfte bereits bei ihrer Einreise nach Deutschland verheiratet. 1961 waren 91 % der Männer und 88 % der Frauen verheiratet (vgl. Nauck, 1993: 374). Dies traf auch auf die Migranten/innen aus der Türkei zu. 1972, also ein Jahr vor Erlass des Anwerbestopps, waren 86 % der türkischen Arbeitnehmer verheiratet, wobei jedoch nur in 46 % der Fälle die Ehefrau auch mit ihrem Mann gemeinsam in Deutschland lebte (vgl. Neumann, 1980: 58). Dies bedeutet für die Familien lange Phasen des Getrenntlebens und der Familienfragmentierung. Diese Fragmentierung hielt auch nach der einsetzenden Familienzusammenführung an.

Situation auf dem Arbeitsmarkt

Die Migranten/innen aus der Türkei waren nach Deutschland gekommen, um ihre wirtschaftliche Situation zu verbessern und eventuell auch beruflich aufzusteigen. Der überwiegende Teil der türkischen Migranten arbeitete jedoch als an- und ungelernte Arbeiter in industriellen Bereichen, die durch harte und schmutzige Arbeit, Akkordarbeit, Schichtarbeit und Fliessbandarbeit charakterisiert waren, und von denen deutsche Arbeiter aufsteigen wollten. 1966 waren 90 % aller ausländischen Männer als Arbeiter tätig – im Gegensatz zu lediglich 49 % der deutschen Männer, davon arbeiteten 72 % als un- oder angelernte Arbeiter (vgl. Herbert, 1986: 198).

Die Daten aus der Repräsentativuntersuchung von Mehrländer zeigen, dass im Laufe der folgenden Jahre nur eine geringe Mobilität der türkischen Arbeitsmigranten bezüglich der beruflichen Stellung stattgefunden hat: Zwischen der ersten Untersuchung 1985 und der Folgeuntersuchung 1995 hat sich die Situation nicht erheblich verändert, wie der folgenden Tabelle zu entnehmen ist:

---

für Lernbehinderte lediglich von 17.641 in 1984 auf 16.781 in 1993, während sich der Anteil türkischer Kinder in Einrichtungen für Schüler/innen mit geistigen Behinderungen sogar von 5.133 im Jahr 1984 auf 7.886 in 1993 erhöhte.

Tabelle 7: Berufliche Stellung der türkischen Arbeitnehmer im Betrieb 1985 und 1995

	1985	1995
Ungelernte Arbeiter	34,6	13,6
Angelernte Arbeiter	37,6	35,5
Facharbeiter		21,8
Vorarbeiter	13,4	1,9
Meister		0,3
Ausführender (unterer Angestellter)		10,7
Qualifizierter (mittlerer Angestellter)	8,9	7,1
Leitender Angestellter		1,8
Beamter		0,2
Sonstiges	5,5	5,4
Keine Angabe		1,6
Summe	100	100

Quelle: Bundesministerium für Arbeit und Sozialforschung; Friedrich Ebert Stiftung, Mehrländer. 1995: 73

Der Anteil der ungelernten Arbeiter ist deutlich zurückgegangen, während der Anteil der angelernten Arbeiter nahezu gleich bleibt. 1995 waren mehr Beschäftigte als Facharbeiter tätig, aber der Aufstieg in höhere (Angestellten-)Positionen hat nicht stattgefunden.

Auch die Ergebnisse der Untersuchung von Günther Schulze (1988) belegen und stützen die Daten von Mehrländer. Schulze hat in seiner Untersuchung zur „Arbeitsmarktsituation von türkischen Migranten der ersten und zweiten Generation"[88] Daten zur beruflichen Situation der Väter ermittelt, die belegen, dass die Migration keineswegs mit einem beruflichen Aufstieg verbunden war.

---

[88] Diese Untersuchung wurde 1988 in fünf Städten in Nordrhein-Westfalen durchgeführt. Auch wenn die Stichprobe von 320 Personen es nicht erlaubt, repräsentative Aussagen für die Gesamtgruppe zu treffen, lassen sich doch Tendenzen zeigen.

Tabelle 8: Berufliche Position der ersten Generation türkischer Arbeitnehmer in Prozent

Berufliche Position	Letzte Position in der Türkei	Erste Position in Deutschland	Letzte Position in Deutschland
Obere/untere Dienstklasse	1,4	0,6	0,6
Ausführende Nichtmanuelle	12,9	1,9	2,5
Selbständige	7,9	0,0	5,6
Landwirte	2,9	0,0	0,6
Vor-/Facharbeiter	7,2	5,1	8,8
Angelernte Arbeiter	17,3	35,2	44,7
Ungelernte Arbeiter	14,4	56,6	37,1
Landarbeiter	36,0	0,6	0,0
Insgesamt	100	100	100

Quelle: Schulze 1995: 11

Altersverteilung und soziale Situation

Der prozentuale Anteil der älteren Ausländer/innen in der Bevölkerung wächst stetig. 1997 lebten 499.500 Ausländer/innen mit einem Alter von über 60 Jahre in Deutschland. In einem Jahr ist deren Anteil um ca. 7 % gestiegen. Die Türken/innen stellen mit 34,5 % die größte Gruppe der Migranten/innen über 60 Jahre dar.

Die heutige Situation der älteren türkischen Migranten/innen zeichnet sich durch eine auffällig ungleiche Verteilung des Geschlechterverhältnisses aus. Beträgt der Anteil der Frauen in der türkischen Gesamtbevölkerung in Deutschland rund 46 % sinkt er in der Gruppe der 60 bis über 65-jährigen auf 36,7 %. Das hängt unter anderem damit zusammen, dass ein Teil der Migranten der ersten Generation die eigene Familie nie nach Deutschland geholt hat bzw. die Frau und Kinder in die Türkei „vorgeschickt" hat, selbst dann aber in Deutschland verblieben sind. Eine andere Erklärung bietet Nauck, der in seinen Studien herausfand, dass der Anteil von Todesfällen ausländischer Frauen auffallend geringer ist als der Anteil der Männer, der doppelt so hoch liegt. Er schließt daraus, dass Frauen häufiger als Männer im Alter in ihre Herkunftsländer zurückkehren und/oder das Land nach dem Tod ihres Mannes verlassen (vgl. Nauck, 1993: 379).

Tabelle 9: Ältere Türken/innen – prozentuale Verteilung der Geschlechter

	Türken insgesamt	60 bis 65-jährige	Über 65-jährige	60 bis über 65-jährige
Insgesamt	2.107.400	59.300	36.300	95.600
Männer	54,4 %	66,6 %	57,9 %	63,3 %
Frauen	45,6 %	33,4 %	42,1 %	36,7 %

Stichtag: 31.12.1997
Quelle: Statistisches Bundesamt

Rechtliche Situation

Den Aufenthalt der Türken/innen (und aller anderen Ausländer/innen, die nicht aus Mitgliedsstaaten der EU stammen) in der Bundesrepublik regelt das Ausländergesetz (AuslG.). Dieses Gesetz unterscheidet verschiedene Aufenthaltstitel, an die unterschiedliche Voraussetzungen geknüpft sind und die unterschiedliche Rechtssicherheit gewährleisten. Die folgenden Ausführungen beziehen sich lediglich auf die Aufenthaltserlaubnis und die Aufenthaltsberechtigung, da anderen Formen von Aufenthaltstiteln (Aufenthaltsbewilligung, Aufenthaltsbefugnis, Duldung, Aufenthaltsgestattung) auf die Untersuchungsgruppe nicht zutreffen. Auch auf die Asylgesetzgebung werde ich hier aus diesem Grund nicht eingehen.

§ 15 des AuslG regelt die *Aufenthaltserlaubnis*:
Sie stellt die häufigste Form des Aufenthaltes dar. Sie wird zunächst befristet ausgestellt und kann nach fünf Jahren und unter bestimmten Voraussetzungen in die unbefristete Aufenthaltserlaubnis übergehen. Sie wird erteilt „wenn einem Ausländer der Aufenthalt ohne Bindung an einen bestimmten Aufenthaltszweck erlaubt wird (§ 15 AuslG).". Die unbefristete Aufenthaltserlaubnis ist dann zu gewähren, wenn der/die Ausländer/in:

- „Die Aufenthaltserlaubnis seit fünf Jahren besitzt,
- eine Arbeitsberechtigung besitzt, sofern er Arbeitnehmer ist,
- im Besitz der sonstigen für eine dauernde Ausübung seiner Erwerbstätigkeit erforderlichen Erlaubnisse ist,
- sich auf einfache Art in deutscher Sprache mündlich verständigen kann,
- über ausreichenden Wohnraum (§ 17 Abs.4 AuslG.) für sich und seine mit ihm in häuslicher Gemeinschaft lebenden Familienangehörigen verfügt und wenn
- kein Ausweisungsgrund vorliegt (§ 24 AuslG)."

Den sichersten Aufenthaltsstatus, abgesehen von der Einbürgerung, bietet die *Aufenthaltsberechtigung* (§ 27 AuslG). Sie gilt unbefristet und garantiert den Ausländern/innen die weitreichendsten Rechte, vor allem erhöhten Schutz vor Ausweisung.

Einen Sonderstatus im Vergleich zu anderen Nicht-EU-Ausländern/innen haben die türkischen Staatsbürger/innen inne durch das Assoziierungsabkommen der Türkei mit der EU. Der EuGH hat in mehreren Grundsatzurteilen bestätigt, dass die Vergünstigungen aus dem Assoziationsratsbeschluss 1/80 auch für türkische Staatsbürger/innen gelten. So kann ein/e Türke/in auch dann in Deutschland bleiben, wenn der Aufenthalt nur befristet und nur für eine spezielle Tätigkeit gewährt wurde.[89]

Den sichersten Schutz des Aufenthaltes in der Bundesrepublik und die Gleichstellung in rechtlichen Angelegenheiten bietet die Einbürgerung. Die Bundesregierung unter Bundeskanzler Schröder hat die Einbürgerung vor allem für die Kinder der Arbeitsmigranten/innen erleichtert. Für die erste Generation gilt, dass eine Einbürgerung nach einem achtjährigen rechtmäßigen Aufenthalt auf Antrag durchzuführen ist (§ 85 AuslG).

Für die Männer der hier vorgestellten Studie bedeutet das, dass, obwohl sie alle der sogenannten ersten Generation angehören, sie verschiedene Aufenthaltstitel und damit verbunden auch unterschiedliche Rechte haben und diese auch differenziert wahrnehmen.[90]

Zwischenbilanz

Die Gruppe der türkischen Migranten/innen war in der Anfangsphase der Migration gekennzeichnet durch eine geringe Schul- und Berufsausbildung. Ein großer Teil der Arbeiter/innen migrierte aus städtischen Zentren nach Deutschland. Dies ist jedoch eher als Hinweis auf eine verstärkte Binnenmigration zu deuten und sagt nichts dar-

---

89 Vgl. Urteil – „Aydın" vom 30.9.1997 – C 36/96, InfAuslR97:440 sowie Urteil – „Ertanie" vom 30.9.1997 C98/96, InfAuslR97:434 zit. in: Beauftragte der Bundesregierung für Ausländerfragen, 2000:54 ff.
90 Vgl. dazu Kapitel „Aufenthaltsdauer und Status".

über aus, wie viele Menschen tatsächlich aus rural strukturierten Gebieten angereist sind. Die Wanderung nach Deutschland war nicht im erwünschten Maße mit einem beruflichen Aufstieg verbunden.

4. Forschungsansatz, Lücken im Forschungsstand und Begründung der Arbeit

Aus den vorigen Kapiteln sollte deutlich geworden sein, dass die Türkei, genau wie Deutschland, eine plurale Gesellschaft ist. Diese Pluralität bezieht sich auf die ethnische und religiöse Zusammensetzung der Bevölkerung, aber auch auf Produktionsformen, Familienstrukturen, Geschlechterverhältnisse etc. Diese Pluralität wurde nicht erst durch die Migration nach Deutschland geschaffen, sondern war der türkischen Gesellschaft bereits immanent. Allen hier befragten Männern gemeinsam war jedoch die Übersiedlung nach Deutschland und die Notwendigkeit, sich mit der hiesigen Gesellschaft auseinanderzusetzen. Dass dies ein bewusster Prozess ist und dass die Männer nicht starr irgendwelchen traditionellen Werten und Normen aus der Türkei verhaftet blieben, sondern sich aktiv mit der deutschen Gesellschaft auseinandersetzten, möchte diese Arbeit zeigen. Diese Auseinandersetzung erfolgte auf sehr unterschiedliche Weise, bedingt durch die Pluralität der Herkunftsgesellschaft, den ganz persönlichen Erfahrungen und dem jeweiligen Reflexionsgrad der Befragten. Für diese Arbeit habe ich den Bereich der Familie ausgewählt, da sie im Mittelpunkt des Lebenskonzeptes der befragten Männer steht.

Da vor allem das Geschlechterverhältnis, das „Wesen des türkischen Mannes", seine Rolle in Hinsicht auf die Entwicklung seiner Kinder und im Verhalten zu seiner Ehefrau immer wieder im Mittelpunkt der ausländerpädagogischen und interkulturellen Studien steht, wird die hier vorliegende Arbeit genauer auf diesen Punkt eingehen und dabei die Männer- mit der Migrationsforschung verbinden. Dabei soll eine differenzierte Analyse dem oft pauschal lautenden (Vor-)Urteil über türkische Männer gegenübergestellt werden. Diese Arbeit möchte die Auseinandersetzung der befragten Männer in ihrem Selbstverständnis als Sohn, Vater, Ehemann und Großvater rekonstruieren und zeigen, auf welche Weise eine Auseinandersetzung mit den Werten und Normen stattgefunden hat, die die Kindheit und Jugend der befragten Männer prägen.

Die Arbeit versteht sich als Anstoß, zahlreiche Forschungslücken (im Bereich der Männer- und interkulturellen Forschung) aufzudecken, erste Lücken zu füllen und die Neugierde zu wecken, um weitergehende Analysen anzuschließen.

Bereich der Männerforschung

In dem Bereich der deutschen Männerforschung taucht die Gruppe der türkischen älteren Migranten (Migranten generell sind nicht vertreten) so gut wie nicht auf. Mir bekannt sind lediglich die Arbeiten aus dem Forschungsprojekt: „Qualitative Untersuchung und Begleitung von Lebensläufen Jugendlicher und junger Erwachsener in erschwerten Lebenslagen", angesiedelt am Fachbereich Sonderpädagogik an der Pädagogischen Hochschule in Ludwigsburg-Reutlingen. Dort wurden im Kontext der sozialen Benachteiligung neben deutschen Jugendlichen auch bewusst ausländische junge Männer (zweite und dritte Generation) in die Untersuchung miteinbezogen (vgl. Schroeder, 1996: 303ff.). Das Forschungsinteresse lag u.a. darin, „die ‚interkulturelle' Konstruktion von Männlichkeitsmodellen unter Bedingungen sozialer Randständigkeit [...]" (Schroeder, 1996: 302) zu verdeutlichen. Schon aus dem Titel der Untersuchung wird deutlich, dass Migranten in diesem Fall nicht explizit als eine der vielen Gruppen der deutschen Gesellschaft wahrgenommen und deren (eventuell unterschiedliche) Männlichkeitskonzepte untersucht werden, vielmehr werden sie gleich als marginalisierte Gruppe angesehen. Was ich an dieser Stelle kritisiere, ist die fehlende „Normalität", die dazu führt, dass Migranten in erster Linie als sozial auffällig wahrgenommen werden. In der deutschen Männerforschung ist die Einbeziehung von Migranten nicht die Regel, sondern eher die Ausnahme.

Migranten sind jedoch seit nahezu einem halben Jahrhundert fester Bestandteil der deutschen Gesellschaft und ihre Einstellungen und Lebensweisen werden auch durch hier ablaufende soziale Prozesse geprägt. Der Blick auf die Migranten, die mit unterschiedlichsten Normen- und Wertesystemen nach Deutschland gekommen sind und deren Auseinandersetzung mit der eigenen Männlichkeit und den diesbezüglichen Entwicklungen in der deutschen Gesellschaft, wird die deutsche Männerforschung um ein neues, bisher nicht wahrgenommenes Kapitel ergänzen. Die vorliegende Arbeit möchte sich damit auch als Anreiz verstanden wissen, in zukünftigen Untersuchungen zum Thema Männlichkeiten auch die Perspektive der Migranten zu berücksichtigen.

Aus dem Bereich der Männerforschung ergeben sich hiermit folgende zentrale Fragestellungen:
- Welche Formen konkurrierender Männlichkeiten werden von der Untersuchungsgruppe thematisiert und dargestellt?
- Entstehen diese Männlichkeiten in bewusster Annahme oder Abgrenzung zu diesbezüglichen gesellschaftlichen Deutungsmustern in der Türkei oder in Deutschland?
- Wo werden eventuell Widersprüche zwischen den eigenen Erfahrungen und Perspektiven einerseits und den an sie herangetragenen gesellschaftlichen Deu-

tungsmustern, Anforderungen und Normen thematisiert, die Einfluss auf die eigene Identität als türkischer Mann der ersten Generation in Deutschland haben?
- Auf welche konkreten Erlebnisse und Erfahrungen beziehen sich die Männer in der Konstruktion ihrer Männlichkeiten und welche Informationen über Handlungsstrategien lassen sich daraus gewinnen?
- Mit welchen Strategien versuchen die Männer ihre individuellen Normvorstellungen zum männlichen Verhalten in unterschiedlichen Rollen in ihrem Leben zu realisieren?
- Welche Begriffe oder Kategorien im empirischen Material erweisen sich als zentral für die Untersuchungsgruppe in der Konstruktion ihrer männlichen Identitäten?
- Welche Auswirkungen haben diese Konstruktionen von Männlichkeiten auf das Verhältnis zur Ehepartnerin und zu den Kindern?

Gerade in der reflexiven Auseinandersetzung mit der eigenen Kindheit, der Rolle als Ehemann, Vater und Großvater kann deutlich gemacht werden, welche Männerbilder die türkischen Migranten der ersten Generation aus der Türkei mitgebracht haben und wie sich diese in der Auseinandersetzung mit konkurrierenden Vorstellungen zum Männerbild entwickelt haben.

Bereich der Migrationsforschung

Aus dem Bereich der deutschen Migrationsforschung erklärt sich der zweite Ansatz dieser Arbeit. Die türkischen Männer der ersten Generation stehen, nach einer kurzen Phase in den 1970er Jahren, nur noch in ihrer Funktion als Rentner im Focus der Wissenschaft. Dies bedeutet, dass sich das Forschungsinteresse auf Fragen ihrer finanziellen und pflegerischen Versorgung im Alter beschränkt. Nachdem diese Generation in den Anfängen der Arbeitsmigration vor allem aufgrund ihrer erbärmlichen Lebensumstände (Leben in Sammelunterkünften, Ausbeutung durch Vermieter, gesundheitsschädigende Arbeitsplätze etc.) kurzfristig ins Zentrum der Migrationsforschung rückte, richtete sich das Interesse der Wissenschaft bald fast ausschließlich auf die nachziehenden Frauen und Kinder. Die Frauenforschung „entdeckte" die Lebenssituation der türkischen Frauen und Töchter als ein zentrales Forschungsgebiet innerhalb der Migrationsforschung. Die Männer der ersten Generation tauchten dort in der Folge vor allem in ihrer Funktion als Väter und Ehemänner auf. Hierbei wurden die Männer zu diesen Themen nicht selbst befragt, vielmehr wurde aus den Aussagen der Frauen und Kinder einerseits, und aus fortlaufend reproduzierten stereotypen Vorstellungen deutscher Wissenschaftler/innen, Sozialarbeiter/innen und Journalisten/innen ein „Second-Hand-Bild" der ersten (männlichen) Generation weitertradiert. Nauck spricht in seiner Kritik an der auf türkische

Frauen bezogenen Ausländerforschung von dem Vorhandenseins eines „Zitierkartells" (vgl. Nauck, 1993: 367) und dass durch diese unreflektierte Übernahme von unhinterfragten scheinbaren Wahrheiten Vorurteile kolportiert oder gar dadurch erst entwickelt werden.[91] Elke Esser hatte dafür den Begriff „labeling by social science" benutzt (vgl. Esser, 1982: 89ff.). Dieses „Zitierkartell" verbreitet nicht nur ein einseitiges Bild über die türkischen Frauen und Familienstrukturen, sondern gleichfalls über die türkischen Männer, wenn auch in noch subtilerer Form, da die Männer nicht der eigentliche Gegenstand der Untersuchung sind.

Der türkische Ehemann und Vater, dargestellt als „Bremsklotz" der Integration seiner Familie, als Unterdrücker der Frauen und Töchter, wurde zu einem nur selten hinterfragten Allgemeingut, das, trotz einiger differenzierterer wissenschaftlicher Studien, bis heute durch die Medien und die Literatur geistert. Lediglich die Arbeiten von Schiffauer stellen die erste Generation in den Forschungsmittelpunkt, doch sind die Daten Ende der 1970er bis Mitte der 1980er Jahre erhoben worden, und legen den Schwerpunkt nicht auf männliche Identitäten, sondern auf den Prozess der Auseinandersetzung mit der Moderne (vgl. Schiffauer, 1991). Zudem wird die erste Generation nicht als die „Vätergeneration" untersucht, wie es das Ziel der vorliegenden Arbeit ist, vielmehr steht ihr Verhältnis zu den eigenen Vätern im Focus der Untersuchung. Die erste Generation wird bei Schiffauer demzufolge als die „Generation der Söhne" definiert. Auch die Arbeiten von Nauck (1985, 1986; 1988; 1993) heben sich durch ihre Beiträge zur Theoriebildung positiv von eher folkloristisch-normativ anmutenden Studien über türkische Familien ab. Allerdings steht hierbei die Familie im Mittelpunkt der Arbeiten und nicht speziell die Männer.

Es ist kaum etwas bekannt über die Rezeption der Migration durch die Männer, ihr Selbstverständnis als Ehemann oder Vater, ihre Vorstellungen von Männlichkeiten und deren möglichen Wandel.[92] Die vorliegende Arbeit möchte daher als Grundlagenforschung verstanden werden. Der Schwerpunkt auf dem Selbstverständnis der Migranten in ihrer Darstellung als Sohn, Vater, Ehemann und Großvater soll dabei erste Eindrücke „von Innen" geben und eben nicht durch eine stereotype Sichtweise „von Außen" die immer gleichen Bilder weiter vermitteln. Damit möchte ich sowohl das Bild über diese erste Generation der männlichen Migranten in seiner Gültigkeit hinterfragen, um damit einer Gruppe gerecht werden, die als Pioniermigranten nach

---

91 An dieser Stelle sei erinnernd an die Arbeiten von Baumgartner-Karabak/Landesberger und Meske hingewiesen, die auch noch 20 Jahre nach ihrem Erscheinen immer wieder als Quelle herangezogen werden.

92 Eine Ausnahme bildet hier der Artikel von Manuela Westphal „Vaterschaft und Erziehung" (2000), der aber aufgrund des Alters und dem Bildungsgrad der Befragten nicht der ersten Generation dieser Arbeit entspricht.

Deutschland kam und im Laufe ihres Lebens erhebliche Integrationsleistungen vollbracht hat und, wie die Interviews zeigen, die sich durchaus aktiv und kritisch mit dem eigenen Rollenverständnis in ihrer Lebenssituation in Deutschland und der Türkei auseinandersetzen. Schließlich möchte ich auch Wissenschaftler/innen, gerade auch aus der zweiten Generation, anregen, in diesem Bereich weiterzuforschen.

Aus der Migrationsforschung heraus ergeben sich hiermit folgende Fragestellungen:
- Inwiefern entsprechen die Männer in ihrer Selbstdarstellung den Bildern des skizzierten Migrationsdiskurses aus Kapitel 2, S. 37 ff. in ihren Aussagen zur Familie, ihrem Verhältnis zu ihren Kindern und zur Ehefrau? Wie stellen sich die befragten Männer selbst dar – als Söhne, als Väter, als Ehemänner? In welchen Punkten entsprechen bzw. widersprechen sich vermittelte Bilder und Selbstdarstellungen?
- Setzen sich die Interviewten mit den stereotypen Vorstellungen, die über sie selbst in Deutschland herrschen, auseinander? Konstruieren sie selbst Stereotypen bei der Beschreibung der eigenen Gruppe oder der Deutschen?
- Was bedeutete die Migration für die Biographie der Untersuchten in Bezug auf ihre familiären Rollen als Sohn, Vater und Ehemann? Stellt sie, wie es in der entsprechenden Literatur behauptet wird, einen Bruch, einen dramatischen Wechsel von einer Lebensform in die andere dar, oder war es vielleicht gerade die Migration, die den Männern eine Kontinuität erlaubte und/oder ihnen die Möglichkeit gab, ein Leben nach ihren eigenen Vorstellungen zu führen?

Als methodisches Gerüst und als Verbindung zwischen Männer- und Migrationsforschung ziehe ich die bereits dargelegten Familienmodelle der türkischen Wissenschaftlerin Ciğdem Kağıtçıbaşı heran. Ihre drei Modelle („model of independence; model of interdependence; model of emotional interdependence") bieten die Basis für die Einordnung der Ursprungsfamilie der befragten Männer. Anhand der Reflexionen der Interviewpartner zur eigenen Kindheit und Jugend, dem thematisierten Umgang mit den eigenen Kindern und dem Verhältnis zur Ehefrau in der Vergangenheit und Gegenwart erfolgt eine erneute Eingruppierung in die Familienmodelle von Kağıtçıbaşı. Dadurch zeigt sich, ob und wenn ja, welcher Wandel in der Einschätzung der Männer hinsichtlich ihrer eigenen Rolle in ihrer Familie stattgefunden hat. Es zeigt sich auch, inwieweit eine mögliche Änderung durch die Migration bedingt, verstärkt und ausgelöst wurde, ob diese Änderung bereits in der Türkei angelegt war oder ob es zu keiner Änderung kommt, sondern eine diesbezügliche Kontinuität weiterbesteht.

In einem weiteren Schritt soll untersucht werden, wie und ob das Modell der hegemonialen Männlichkeiten von Bob Connell auf die türkischen Migranten der ersten Generation angewandt werden kann.

5. Die empirische Untersuchung

Die Ausgangsstudie „Lebensperspektiven älterer Männer aus der Türkei in Deutschland"

Das Thema der Studie

Zwischen 1995 und 1997 wurden an der Carl von Ossietzky Universität Oldenburg, unter Leitung von Dr. Lydia Potts, drei sich ergänzende Projekte[93] zum Thema: „Migration und Alter – eine empirische Untersuchung zum Generationenverhältnis in niedersächsischen Migrantenfamilie aus der Türkei" durchgeführt.

Als wissenschaftliche Mitarbeiterin führte ich die Studie: „Lebensperspektiven älterer Männer aus der Türkei in Deutschland" durch. Ausgangspunkt dieser Studie war die Annahme, dass anders als zu Beginn der Migration in den 1960er Jahren angenommen, der größte Teil der Arbeitsmigranten/innen nicht mit dem Erreichen des Rentenalters in die Türkei zurückkehren, sondern den Lebensabend in Deutschland verbringen wird. Dieser Trend ist zum einen an der wachsenden Zahl türkischer Rentner/innen abzulesen, zum anderen wird in zahlreichen Untersuchungen (Şen u.a.; Dietzel-Papakyriakou etc.) immer wieder auf diesen Umstand hingewiesen. Diese Arbeiten geben jedoch aufgrund ihrer Methode und Auswertung keinen Aufschluss über geschlechtsspezifische Aspekte des Alters und Alterns. Mit der Studie sollte die Geschlechtsspezifik des Alters näher herausgestellt werden und in späteren Arbeiten mit den Ergebnissen der bereits 1993 durchgeführten frauenspezifischen Pilotstudie: „Migration und Alter – Lebensperspektiven älterer Türkinnen. Verbleib in Deutschland oder Rückkehr in die Türkei" verglichen werden (vgl. Krüger, 1995; Krüger/Potts; 1995; Krüger/Potts, 1997; Grotheer/Potts, 1997). 1995 entstand darüber hinaus eine Forschungskooperation mit der London School of Economics, die die Erarbeitung innovativer internationaler Standards für eine interkulturelle und komparative Theoriebildung auf empirisch-komparativer

---

[93] Erstens: die Pilotstudie: „Migration und Alter – Lebensperspektiven älterer Türkinnen. Verbleib in Deutschland oder Rückkehr in die Türkei." Zweitens die Studie: „Migration und Alter II- Lebensperspektiven älterer türkischer Männer in Deutschland". Und drittens „Migration und Alter – eine empirische Untersuchung zum Generationenverhältnis in niedersächsischen Migrantenfamilien aus der Türkei."

kulturelle und komparative Theoriebildung auf empirisch-komparativer Grundlage anstrebte (vgl. Wilson, 1997; Cylwyk/Spohn, 1998; Lorenz-Meyer/Grotheer, 1999).

Thematisch lag der Schwerpunkt der „Männerstudie" in den Bereichen: „Bewertung des eigenen Migrationsprojektes", „Rückkehr" sowie „Alter und altern". Hier standen insbesondere die eigene Altersplanung und -gestaltung, sowie innerfamiliäre und/oder subkulturelle Selbsthilfestrategien für die älteren Türken, gerade auch im Krankheitsfall, im Vordergrund der Untersuchung. Dieses Projekt wurde im September 1996 abgeschlossen und der Projektbericht: „Unsere Heimat ist nicht nur die Türkei" (Spohn, 1997) der AGIS vorgelegt. Bei der Auswertung und Sichtung der Interviews stellte sich heraus, dass das Material, aufgrund des sehr ausführlichen Frageleitfadens außergewöhnlich vielfältig war[94] und es erlaubte, bedeutend breiter als lediglich auf den Bereich Alter und Pflege bezogen, auszuwerten. So wurden aus dem Material bis jetzt zwei Diplomarbeiten erstellt, die Einzelaspekte aus den Interviews herausarbeiteten. Eine Arbeit entstand über den Tod von Kindern im Migrationsprozess, eine weitere Diplomarbeit untersuchte das Verhältnis zur Religion der ersten und zweiten Generation türkischer Migranten.[95]

Inhaltliche Eignung für die vorliegende Studie zum Selbstverständnis türkischer Migranten der ersten Generation als Sohn, Ehemann, Vater und Großvater

Das Thema „Männlichkeit", die Selbstverortung als Sohn, Ehemann, Vater oder Großvater war, im Gegensatz zu Trennungserfahrungen mit der Familie und den Kindern oder religiösen Einstellungen, zu keiner Zeit im Interview ein explizites Thema. Der Frageleitfaden sah keine diesbezüglichen Fragen vor. Aussagen zum männlichen Selbstverständnis kamen daher spontan, waren in den Gesamtverlauf des Interviews integriert, umfassten alle Bereiche und wurden nicht in einem speziellen Frageblock abgehandelt. Weder die interviewten Männer noch die Forscher/innen hatten den Focus auf dieses Thema gelegt. Umso frappierender war es, als sich bei Durchsicht der Interviews herausstellte, dass das Material eine Analyse nach diesem Themenschwerpunkt geradezu herausforderte.

---

94 Zur inhaltlichen Eignung für das vorliegende Dissertationsvorhaben, vgl. Kapitel 5, S. 152ff.
95 Vgl. Voß, Maren C.: Tod eines Kindes und Migration. Analyse qualitativer Interviews mit türkischen MigrantInnen; Polat, Ayça: Fremdheitskonstruktionen, Minderheitendiskurs und Selbstverständnis von MigrantInnen – mit einem Exkurs zum Rollenbild und religiösen Selbstverständnis junger türkischer Männer in der Bundesrepublik Deutschland.

Gerade in der Chance, ungefilterte und spontane Aussagen zum männlichen Selbstbild zu erhalten, das sich parallel durch alle behandelten Themen zog, lag jedoch auch die Schwierigkeit des Umgangs mit dem Material. Es gab eben keine diesbezüglichen Fragen und darauf eingehende Antworten. So gestaltete sich der Auswertungsprozess bedeutend komplizierter, als er dies bei der Beantwortung der ursprünglichen Fragestellung zu Migration und Alter gewesen war. Und dennoch – meiner Meinung nach geben die Ergebnisse der hier vorliegenden Studie dem etwas unorthodoxen Vorgehen recht. Es wäre interessant zu vergleichen, welches die Ergebnisse einer Studie wären, die Erkenntnisse über das männliche Selbstbild türkischer Migranten der ersten Generation in den Vordergrund der Analyse stellt und auch den Frageleitfaden entsprechend konzipiert. Es ist anzunehmen, dass die Forscher/innen mit einer größeren Zahl von stereotypen Aussagen zu Männerbildern konfrontiert- und weniger „ungefilterte" Aussagen erhalten würden, als dies in meiner Untersuchung der Fall gewesen ist. Es wäre zu erwarten, dass bei konkreten Fragen stärker projektiv vermutete normative Erwartungen wiedergegeben und/oder sich gegen diese abgegrenzt werden. Einen Hinweis darauf liefert die bereits erwähnte Diplomarbeit von Ayça Polat. In den von ihr ausgewerteten Interviews mit türkischen Männern der zweiten Generation wurde explizit nach männlichem Rollenverhalten in familiären Kontexten gefragt. Von vielen der Interviewten wurde darauf hingewiesen, dass sie nicht so seien wie der „typische türkische Macho." (Polat, 1999: 167ff.) Der in Deutschland stattfindende Diskurs zum Thema „türkischer Mann" veranlasste die Interviewten sich mit diesen Vorstellungen auseinanderzusetzen und direkt darauf zu reagieren, auch wenn die Interviewerinnen keinen Impuls in diese Richtung gegeben hatten.

Theoretische Grundlagen und Methodik der Studie

Die Ursprungsstudie wurde zu dem Thema: „Alter und Migration" erstellt. Ziel war es, die Sichtweise der Migranten zu diesem Themenkomplex und das Umfeld, was die Männer dazu führte, über die angesprochenen Sachverhalte in der jeweiligen Weise zu reflektieren, zu eruieren. Es war unsererseits[96] durch die Durcharbeitung der entsprechenden wissenschaftlichen Literatur theoretisches Vorwissen und Annahmen über den Bereich „Alter, Pflege, Migration" vorhanden. Wir wollten jedoch offen sein für Aspekte, die wir nicht antizipiert hatten. Aus diesen Gründen haben wir uns zunächst für eine qualitative Methode entschieden, da diese dem/der Interviewten genügend Raum für eine individuelle Schwerpunktsetzung lässt. Als qualita-

---

96 Das Forscher/innenteam an der Universität Oldenburg (Angela Grotheer, Lydia Potts, Margret Spohn).

tives Design wählten wir die Einzelfallstudie. Diese untersucht dabei das Individuum nicht nur in der aktuellen Fragesituation, sondern betrachtet „die Komplexität des ganzen Falles, die Zusammenhänge der Funktions- und Lebensbereiche in der Ganzheit der Person und (den) historische(n), lebensgeschichtliche(n) Hintergrund […]" (Mayring, 1999: 28).

Lamnek führt in diesem Zusammenhang den Begriff des interpretativen Paradigmas als forschungsleitendes Denkmodell ein. „Bei der Einzelfallstudie handelt es sich um den elementaren empirischen Zugang des interpretativen Paradigmas der sozialen Wirklichkeit, der die Einzelpersonen in ihrer Totalität ins Zentrum der Untersuchung zu stellen trachtet." (Lamnek, 1995: 21)

Das interpretative Paradigma hat zum Ziel, Handlungsmuster zu erkennen, die bei aller individueller Unterschiedlichkeit der Interviewten, generelle Strukturen aufzeigen. Es wird dabei davon ausgegangen, dass der Mensch nicht nur nach starren Rollen, Normen und Symbolen handelt (normatives Paradigma), sondern dass jede soziale Handlung als interpretativer Prozess aufgefasst wird. Als Wissenschaftler/in übernimmt man, nach Mayring, die Rolle des/der „Interpreten/in" dieser Handlungen (vgl. Mayring, 1999: 2).

Nach Lamnek unterscheidet sich die qualitative Sozialforschung von den Methoden der quantitativen Forschung gerade durch die Anwendung dieses qualitativen Paradigmas. Darunter versteht er:
- Offenheit bezüglich der Fragestellung, des theoretischen Konzepts, in der Untersuchungssituation und gegenüber den untersuchten Personen.
- Kommunikativität, die während des Forschungsprozesses zwischen dem/der Forscher/in und dem/der zu Untersuchenden soziale Wirklichkeit konstruiert.
- Naturalistizität, geht davon aus, dass zwischen Wissenschaftler/in und Erforschtem/er keine „unnatürlichen Kommunikationssituationen" (Lamnek, 1995: 20) entstehen, und dass daher die Untersuchungssituation dem Lebensalltag des zu Untersuchenden nicht fremd sein soll.
- Interpretativität, in der durch die Betrachtung der Kommunikation mit den untersuchten Personen eine wissenschaftliche Interpretation der alltagsweltlichen Bedeutungen und Zuweisungen möglich wird (vgl. Lamnek, 1995: 19ff.).

Methodenwahl

In der Ausgangsstudie „Migration und Alter" ging es uns darum, Einblicke in einen Forschungsgegenstand aus der Sichtweise der betroffenen Personen zu erhalten.

Hierzu entschieden wir uns für eine Mischform aus problemzentriertem Interview mit sehr starken narrativen biographischen Anteilen.

„…und nichts als die Wahrheit"? Überlegungen zur biographischen Methode
Eine Biographie ist immer einzigartig, stellt ein individuell erlebtes und gestaltetes Leben dar, das so, in dieser Konstellation kein zweites Mal zu finden ist. Gleichzeitig aber ist jeder Mensch in einen historisch, gesellschaftlich, kulturellen Rahmen integriert, der die individuelle Biographie beeinflusst und prägt.

Mittels einer Biographie sind demzufolge sowohl individuelle Lebensläufe rekonstruierbar als auch die diese prägenden und gestaltenden gesellschaftlichen Zusammenhänge. Nun sind diese gesellschaftlichen Zusammenhänge jedoch nicht nur die Biographie prägende Faktoren, sondern auch Maßstab der Bewertung einzelner Handlungen einer Biographie. Welche Handlungen und Vorstellungen positiv oder negativ bewertet werden, was akzeptiert oder unakzeptabel erscheint, hängt ebenfalls von der gegebenen gesellschaftlichen Realität ab. Das Wissen um diese Zusammenhänge ist notwendig, um gerade auch in einer interkulturell angelegten Forschungssituation sensibel zu sein für die Selbstdarstellung der Befragten und deren Erklärungs- und Legitimationsmuster. Hier muss das entsprechende Wissen über beide Gesellschaften vorhanden sein.

Auch wenn die gewählte Methode keine streng biographische ist, so trifft auch auf das hier verwertete empirische Material zu, was auch in streng biographisch ausgerichteten Forschungszusammenhängen thematisiert wird: Bei der erzählten (geschriebenen) Biographie von Personen handelt es sich um Konstrukte. Biographien werden gemacht.

„Sie werden von konkreten Subjekten in konkreten Situationen konstruiert und rekonstruiert, sie bedürfen bestimmter Anlässe, haben bestimmte individuelle und kollektive Funktionen, orientieren sich […] an normativen Vorgaben, ohne sie abbildhaft zu reproduzieren, und sie verwenden verschiedene Medien der Konstruktion." (Dausien, 1996: 4)

Ziel einer solchen Arbeit kann es also nicht sein, „die objektive Wahrheit" in den Aussagen der Interviewten zu suchen und zu rekonstruieren.

„Eine Lebensgeschichte, die von einem konkreten Subjekt in einer konkreten biographischen und sozialen Situation ‚konstruiert' wird, ist keineswegs ‚frei erfunden', sondern bezieht sich auf ein gelebtes und erlebtes Leben und hat für das Subjekt eine Gültigkeit, die in hohem Maße handlungsorientierend ist." (ebd.: 145)

Jeder Interviewte wird versuchen das Bild von sich und von erzählten Ereignissen zu vermitteln, das seinem Selbstbild und dem, was er repräsentieren möchte, am Nächsten kommt. Dieses vermittelte Bild

> „is always the one preferred amongst other possible versions, and involves a striving, not only for a formally satisfying narrative or a coherent version of events, but also for a version of the self that can be lived with in relative psychic comfort – for, that is, subjective composure." (Dawson zit. in Berg, 1999: 72)

Nicht „die Wahrheit" ist es, die aus den Aussagen der interviewten Männer herausgefiltert werden soll, vielmehr geht es darum, mittels der Biographie, der Lebenserfahrung und den Aussagen der interviewten Männer empirisch fundierte neue Erkenntnisse und theoretische Konzepte zu generieren, die die „Perspektive von unten" zum Ausgangspunkt der Theorien nehmen (vgl. Dausien, 1994: 132). Interessanter als „wie genau, wie realitätsnah" etwas geschildert wird, ist die Frage „warum wird etwas auf diese Art und Weise geschildert", „warum ist es für den Interviewten wichtig, sich genau so und nicht anders darzustellen." Es sei nochmals betont, dass es mir nicht um objektive „Wahrheiten" geht, sondern um Konstruktionen.

Von weiterem Interesse ist aber auch das, was nicht geschildert, und das, was lediglich angedeutet wird. Jede konstruierte Biographie enthält Hinweise auf „das *ungelebte Leben*, auf nicht realisierte oder versperrte Möglichkeiten." (ebd.: 575) Gerade bei den befragten Migranten, die mit einer kurzfristigen Aufenthaltsperspektive nach Deutschland gekommen sind, und die ihr Leben zunächst anders geplant hatten, als es dann verlaufen ist, ist eine starke Tendenz zu einem „was wäre wenn" festzustellen. „Was wäre gewesen, wenn ich in der Türkei geblieben wäre? Was wäre gewesen, wenn ich nach drei Jahren zurückgegangen wäre? Wie hätte sich die eigene und die berufliche Situation der Kinder entwickelt? Wie hätten sich die Kinder überhaupt entwickelt? Wäre ich glücklicher gewesen?" Gerade auch die (explizit betonte oder lediglich angedeutete) Auseinandersetzung mit diesen nicht gelebten, wahrgenommenen Möglichkeiten (für deren Nichtwahrnehmung es in jeder Biographie Gründe gibt), gibt Einblicke in die Selbstdarstellung der Interviewten.

Diese Form der Forschung entsteht jedoch nicht in einem neutralen Raum, sondern in der Interaktion zwischen Forscher/in und Erforschtem in dieser bestimmten, nur zum Zweck des Interviews geschaffenen Konstellation. Diese Konstellation ist zusätzlich durch Machtstrukturen geprägt. Dies umso mehr in einem interkulturellen[97] Forschungszusammenhang. Es ist daher von großer Wichtigkeit, sich in der Auswer-

---

[97] Dazu ausführlicher Kapitel 5, S. 175ff.

tung den Interaktionsprozess zwischen Forscher/in und Interviewtem zu vergegenwärtigen, diesen Prozess auch unmittelbar nach dem Interview im Forschungstagebuch schriftlich festzuhalten, und bei der Interpretation zu berücksichtigen.

Das problemzentrierte Interview als biographische Methode
Als biographische Methode wurde das problemzentrierte Interview gewählt (Witzel, 1982: 66ff.), in dem sowohl die objekiv-biographischen Daten als auch die subjektiven Sinnstrukturen der Individuen erhoben wurden. Diese Form des qualitativen Designs lässt den Interviewten frei zu Wort kommen und schafft somit eine Atmosphäre, die einem offenen Gespräch ähnelt. Das gesamte Interview dreht sich jedoch um eine bestimmte Problemstellung, auf die der/die Interviewer/in eingangs verweist und im Laufe des Interviews immer wieder zurückkommt und das im Frageleitfaden herausgearbeitet wurde. Diese Form des Interviews eignet sich besonders in theoriegeleiteten Forschungsfragen, in denen das Vorwissen des/der Forschers/in in das Interview und den Frageleitfaden integriert werden und dort, „wo schon einiges über den Gegenstand bekannt ist, überall dort, wo dezidierte, spezifischere Fragestellungen im Vordergrund stehen […]." (Lamnek, 1999: 52)

In unserem Fall sollte das konkrete Thema „Altern im Migrationsland" untersucht werden. Die stark narrativen biographischen Anteile, die das Leben in der Türkei in der Kindheit vor der Migration, die Geschichte der Migration, Familiengeschichte, Leben in Deutschland etc. umfasste, erklärten sich methodisch aus unserem Bedürfnis die „subjektive Bewertung und Handlungsorientierungen der Betroffenen unter Berücksichtigung ihrer spezifischen sozialen Vorgeschichte […]" (Grossmann/Huth, 1994: 227) in den Vordergrund der Untersuchung zu stellen.

Mayring fasst die „Grundgedanken" des problemzentrierten Interviews wie folgt zusammen:
- „Das Problemzentrierte Interview wählt den sprachlichen Zugang, um seine Fragestellung auf dem Hintergrund subjektiver Bedeutungen, vom Subjekt selbst formulieren zu lassen.
- Dazu soll eine Vertrauenssituation zwischen Interviewer und Interviewtem entstehen.
- Die Forschung setzt an konkreten gesellschaftlichen Problemen an, deren objektive Seite vorher analysiert wird.
- Die Interviewten werden zwar durch den Interviewleitfaden auf bestimmte Fragestellungen hingelenkt, sollen aber offen, ohne Antwortvorgaben, darauf reagieren." (Mayring, 1999: 51)

Der Leitfaden
Das Gerüst für diese Interviewtechnik stellt der Leitfaden dar, der durch seine Standardisierung ermöglicht „ein Gerüst für Datenerhebung und Datenanalyse (zu erhal-

ten, und der die), Ergebnisse unterschiedlicher Interviews vergleichbar macht." (Bortz/Döring, 1995: 289) Der Leitfaden wurde flexibel angewandt, so dass die Möglichkeit bestand, auf überraschende oder im Leitfaden nicht antizipierte Themen flexibel zu reagieren und wenn nötig vertiefend nachzufragen. Dadurch konnten Sinnstrukturen, die sich für die Migranten als zentral und bedeutsam erwiesen, von dem/der Forscher/in aber nicht in der Form in den Leitfaden integriert worden waren, trotzdem in die Untersuchung integriert werden. In der vorliegenden Studie zeigte sich, dass die Bedeutung des Begriffs „Heimat" nicht in der Form im Leitfaden antizipiert worden war. Im Laufe der Interviews stellte sich jedoch heraus, dass dem Verständnis von „Heimat" für die befragten Männer eine zentrale Funktion zukam. Die gewählte Form des Leitfaden Interviews erlaubte die nötige Flexibilität, diesen Punkt in den Interviews stärker zu berücksichtigen.

Die problemzentrierten Interviews umfassten folgende Themenbereiche:
- Vorgeschichte der Migration,
- Migrationsvorgang,
- Ausbildungs- und Erwerbsbiographie,
- Familienbiographie,
- soziale Situation,
- Altersvorstellungen und -gestaltung,
- gesundheitliche Situation,
- Überlegungen zu Pflege und Tod.

Trotz der thematischen Vorgaben war die Abfolge und die individuelle Schwerpunktsetzung durch die Interviewten variierbar. Im ersten Teil des Interviews wurden die Interviewten gebeten, allgemein über sich und ihre Situation zu berichten. 12 von 20 Interviewten begannen mit ihrer Erwerbsbiographie, was bereits erste Hinweise auf die Wichtigkeit der beruflichen Tätigkeit im Selbstverständnis der interviewten Männer gab. In allen angesprochenen Themenbereichen finden sich Aussagen über das Selbstverständnis und die Selbstdarstellung als Sohn (insbesondere in den Passagen über das Leben in der Türkei vor der Migration und über die Pflege der eigenen Eltern), als Ehemann (in den Teilen, in dem es um die Familienbiographie geht), als Vater (in den Bereichen, in denen die Bildung der Kinder, deren Verhalten, Wünsche bezüglich von Pflegeerwartungen und die Zukunftswünsche für die Kinder im Vordergrund stehen) und als Großvater (Verhältnis zu den Enkelkindern).

Interpretationszugang

Die Interpretation gesprochener Sprache ist ein Prozess, der im täglichen Leben meist unbewusst abläuft. In der Kommunikation mit anderen wird das Gehörte aufgenommen und interpretiert. Je nach dem Inhalt der Botschaft erfolgt eine entsprechende Reaktion, auf die das Gegenüber wiederum reagiert. Neben dem rein sprachlichen Gehalt der Äußerung wird dabei die Gestik und Mimik sowie der Ton(-fall) des Gesagten aufgenommen. Gleichzeitig kann man überlegen, warum das Gegenüber das Gesagte ausgerechnet zu dem gegebenen Zeitpunkt und in der gewählten Form mitteilt, welche Absicht mit der Rede verbunden ist, und ob daraus (direkt oder indirekt) Aufforderungen für ein mögliches Handeln abzuleiten sind.

Mit der transkribierten Form eines Interviews entfallen die Möglichkeiten der direkten Interaktion, die die gesprochene Sprache noch gegeben hatte. Die Auswertung von Interviews lediglich auf einer rein sprachlichen Ebene zu begreifen, also auf dem „was" gesprochen wurde, bedeutet, dem Material in seiner ganzen Vielfalt und Struktur nicht gerecht zu werden.

Aus dem Bereich der psychoanalytischen Sozialpsychologie kommt ein Ansatz, der an den Strukturen der Alltagskommunikation angelehnt, ein Schema entwickelt hat, mit dem die verschiedenen Ebenen eines Interviews sinnvoll erfasst und in Beziehung zueinander gestellt werden können (vgl. Leithäuser/Volmerg, 1988: 255ff.).

Abbildung 1: Schema der Auswertung

Erhebungsmaterial	Tonbandprotokolle			
Modi der Textgewinnung	• Erzählung • Diskussion • Problemlösung			
Sinngehalte	propositionaler Gehalt	metakommunikativer Gehalt	pragmatischer Gehalt	intentionaler Gehalt
Sinnerschließungsfragen	worüber wird gesprochen?	wie wird miteinander gesprochen?	wie wird worüber gesprochen?	warum wird wie worüber gesprochen?
Verstehensmodi	logisch	psychologisch	szenisch	tiefenhermeneutisch
Vergleich der Sinnebenen	• Konsistenzprüfung • Kontinuitätsprüfung • Konstanzprüfung			
Gültigkeitskontrolle	Überprüfung der Stimmigkeit und Nachvollziehbarkeit der Interpretation im Forschungsdiskurs			

Quelle: Leithäuser/Volmerg, 1988: 2

Aus der Linguistik und Sprachtheorie wurde hier ein Modell entwickelt, mit dem der jeder sprachlichen Äußerung innewohnende
- sachlich(-propositionale),
- beziehungs(-metakommunikative),
- handlungs(-pragmatische)
- und absichts(-intentionale) Gehalt (vgl. Leithäuser/Volberg, 1988: 258)

auch für die Auswertung von Interviews nutzbar gemacht wurde. Die Anwendung dieses Modells erlaubt daher eine stärker an der Alltagskommunikation angelehnte Annäherung an- und Auseinandersetzung mit dem Material. Der „Sinn" des Gesagten erschließt sich damit nicht nur ausschließlich durch die rein sprachliche Äußerung. Durch das Einbeziehen der anderen Ebenen wird der weitaus komplexeren Situation (Gefühle während des Interviews, Abwehr bei speziellen Fragen etc.) in der Interaktion zwischen Interviewer/in und Interviewtem/er durch dieses Modell Rechnung getragen. Diese „Sinnerschließungsfragen" (ebd.: 259) sind die Folgenden:
- „Worüber wird gesprochen? (propositionaler Gehalt)
- Wie wird miteinander gesprochen? (metakommunikativer Gehalt)
- Wie wird worüber gesprochen? (pragmatischer Gehalt)
- Warum wird wie worüber gesprochen? (intentionaler Gehalt)." (ebd.: 259)

Eine solche Analyse nähert sich dem Interview auf unterschiedlichen Ebenen an: Das *„Worüber"* meint dabei die Themen, die Inhalte und Sachverhalte des Interviews. *„Wie miteinander"* gesprochen wird (die metakommunikative Ebene), das „szenische Verstehen" (ebd.: 259) einer Interviewsituation, zielt auf das Erkennen der Kommunikationsstruktur zwischen Interviewer/in und Interviewtem/er und auf die wechselseitige Beeinflussung im Interviewprozess.

Der pragmatische Gehalt, die Frage *„wie worüber"* gesprochen wird, analysiert, in welcher Weise Themen aufgenommen, im weiteren Verlauf erneut aufgenommen und behandelt werden. Dabei sollen Strukturen in der Behandlung spezieller Themen deutlich werden.

Schließlich gibt die Frage *„warum worüber"* gesprochen wird, Aufschluss über Bedeutungszusammenhänge, Verknüpfungen, die für den/die Interviewte/n wichtig sind und beispielsweise nicht in dem Maße von dem/der Interviewer/in antizipiert worden sind.

Diese Forschungsfragen müssen bereits in der Phase der Interviewerhebung berücksichtigt werden. In der vorliegenden Arbeit wurde ein sehr ausführliches Forschungstagebuch[98] erstellt, das bereits vor der Interpretationsarbeit am schließlich verschriftlichten Interviewtext die „Sinnfragen" unmittelbar aus der Interviewsituation heraus kritisch reflektierte. Bei der Fülle des Materials gibt es jedoch arbeitsökonomische Einschränkungen, was die volle Übernahme des Schemas anbelangt.

Typenbildung

Die Idee der Typenbildung knüpft an das von Max Weber entwickelte Modell des idealtypischen Verstehens an, in dem er anhand von empirischem Material Fälle mit auffallenden Eigenschaften konstruiert, die jeweils für einen bestimmten Typ stehen und damit verallgemeinerbar werden. Dabei werden in überzeichneter Form Eigenschaften eines Typus hervorgehoben, um diesen „idealtypisch" zu charakterisieren.

Am Ende dieser Arbeit steht eine typologische Analyse. Ziel ist, aus der Vielzahl des Materials typische Bestandteile herauszufiltern und diese näher zu beschreiben. Die Grundidee ist, „dass die Typen das Material überschaubarer und anschaulicher repräsentieren können, die Beschreibungen dabei mehr ins Detail gehen kann als bei anderen Verfahren [...]." (Mayring, 1999: 105) Mit diesem Vorgehen soll es ermöglicht werden, nachvollziehbare Aussagen zu treffen, die auch für einen größeren Bereich verallgemeinerbar sind.

In der vorliegenden Arbeit ist das Ziel eine Typenbildung zu familienbezogenen Männlichkeiten türkischer Migranten der ersten Generation. Ziel dieser Typenbildung ist es, unterschiedliche soziale Realitäten und ihre Sinnzusammenhänge besser zu erfassen und zu analysieren (vgl. Kelle/Kluge, 1999: 75). Das Ergebnis einer jeden Typenbildung ist das Resultat von Gruppierungsprozessen der Einzelfälle, die Unterschiede und Gemeinsamkeiten zwischen und innerhalb der Fälle deutlich werden lassen. Ich habe mich im Folgenden für die von Uta Gerhardt eingeführte Methode der Prozessstrukturanalyse entschieden (vgl. Gerhardt, 1995), wobei ich in Anlehnungen an die Arbeiten von Barton und Lazarsfeld (1937) das Konzept der „Merkmalsräume" ergänzend übernehme.

Bei dem Verfahren von Gerhardt, handelt es sich nach Susanne Kluge, die unterschiedliche wissenschaftliche Modelle zur Typenbildung kontrastiv untersucht hat, „um eins der wenigen Auswertungsverfahren für qualitative Daten, das sich explizit um Systematik, intersubjektive Nachvollziehbarkeit und Verallgemeinerungsfähigkeit der Datenauswertung sowie der Ergebnisse bemüht." (Kluge, 1999: 110)

---

98 Vgl. dazu auch Kapitel 5, S. 163ff.

Das von Gerhardt entwickelte Verfahren beginnt mit der Analyse jeden einzelnen Falles. Durch die Arbeit an den einzelnen Fällen und den Hypothesen, die der/die Forscher/in als Vorannahmen hatte, bzw. die im Laufe der Materialinterpretation entstehen, kristallisieren sich die „Begrifflichkeiten" heraus, die für die Erkennung der Strukturen der einzelnen Fälle und deren Vergleich untereinander wichtig sind (vgl. Gerhardt, 1995: 438f.). Der Vergleich der Fälle und deren Kontrastierung dient:
- der Ermittlung der Achsen der Vergleichsdimensionen,
- dem Deutlichwerden von Unterschieden und Ähnlichkeiten innerhalb und zwischen den Fällen (zwischen dem Verstehen des Einzelfalls und den Strukturen, die den Einzelfall bestimmen),
- der Zuordnung zu unterschiedlichen Gruppen. (vgl. Kluge, 1999: 76),
- Mit Hilfe der Vergleichskategorien werden in einem letzten Schritt die Typen gebildet (vgl. Gerhardt, 1995: 438f.).

Das Modell der Prozessstrukturanalyse möchte ich hier ergänzen durch die „Merkmalsräume", die von Lazarsfeld und Barton entwickelt wurden. Lazarsfeld und Barton bezeichnen Typen als die „Kombination von Merkmalen". (Lazarsfeld 1937; Barton, 1955 nach Kluge/Kelle, 1999: 78). Die von ihnen benutzen Begriffe „Merkmale" und „Merkmalsausprägungen" entsprechen dabei, so Kluge, den aus der quantitativen Sozialforschung bekannten Begrifflichkeiten „Kategorien und Subkategorien" (vgl. Kluge, 1999: 78). Nach der Dimensionalisierung (=die Suche nach den Ausprägungen der Merkmale) der Merkmale werden die relevanten Merkmale miteinander verknüpft und in Form eines Merkmalsraums, einer graphischen Darstellung der Merkmale und der Merkmalsausprägungen, dargestellt. Anhand der graphischen Darstellung durch diese Mehrfeldtafel wird zum einen eine klare Definition der Merkmale und Merkmalsausprägungen notwendig. Zum anderen muss eine trennscharfe Einordnung der Einzelfälle bezüglich der Merkmalsausprägungen erfolgen. Laut Kelle/Kluge ist die Kreuztabellierung von Kategorien bzw. Merkmalen „nämlich nicht nur eine Methode zur methodischen Kontrolle der Typenbildung, sondern auch eine wertvolle heuristische Strategie, weil bereits die Kreuztabellierung von Kategorien auf potentielle Zusammenhänge zwischen den Merkmalen verweisen." (Kelle/Kluge, 1999: 80) Dies wird in der Abbildung zwei (Merkmal „Männlichkeit" in Kreuztabellierung mit den relevanten Merkmalsausprägungen) deutlich.

In einem weiteren Schritt werden die Fälle, die einer Merkmalskombination zugeordnet wurden, noch weiter und feiner ausdifferenziert.

Die Kombination beider Methoden ergibt folgendes Vorgehen in der hier vorliegenden Arbeit (in Anlehnung an Kluge, 1999: 260f.; vgl. auch Kelle/Kluge, 1999: 81f.).
- Analyse jedes Einzelfalles und dabei Erarbeitung der relevanten Vergleichsdimensionen. Diese Vergleichdimensionen bestehen zum einen aus Vorannahmen

der Forscherin und zum anderen werden sie dazu ergänzend oder kontrastiv während der Einzelfallanalyse entwickelt.
- Erstellen von Merkmalsräumen, in dem Merkmale und Merkmalsausprägungen entwickelt werden und diesen in Form von Kreuztabellen die einzelnen Fälle zugeordnet werden. Dabei zeichnen sich Fälle, die einer Merkmalskombination zugeordnet werden durch eine interne Homogenität innerhalb der Gruppe und eine externe Heterogenität zwischen den Gruppen aus. Diese Sinnzusammenhängen können den Merkmalsraum gegebenenfalls noch weiter ausdifferenzieren.
- Charakterisierung der gebildeten Typen anhand ihrer Merkmalskombinationen und der Sinnzusammenhänge. (vgl. Kluge, 1999: 260f.; vgl. auch Kelle/Kluge, 1999: 81f.).

Diese Vorgehensweise und die Erstellung der Graphiken wird ausführlich in Kapitel 5, S. 208ff. erfolgen.

Forschungstagebuch

Um das eigene Verhalten im Interviewprozess zu reflektieren und Beobachtungen in der Interviewsituation festzuhalten, wurde für jedes Interview ein Forschungstagebuch geführt. Es ist meiner Meinung nach unerlässlich, diese Niederschriften direkt nach dem Interview zu tätigen, da dann die Eindrücke und Gefühle noch am lebendigsten sind. Die im Forschungstagebuch festgehaltenen Eindrücke, Reflexionen, Gefühle und Überlegungen werden dabei genau wie die eigentlichen Interviews selbst als Primärmaterial betrachtet, das in die Auswertung mit einfließt. Dabei trage ich der Tatsache Rechnung, dass sowohl Forscher/in als auch Erforschter/e an dem Interviewprozess beteiligt sind und in gemeinsamer Interaktion dessen Verlauf und Inhalte bestimmen. Bei der Vorstellung der Fallstudien bin ich daher intensiv auf die konkrete Interviewsituation, wie sie im Forschungstagebuch festgehalten war, eingegangen und habe diese Eindrücke als Teil der Interviewinterpretation integriert. Im Forschungstagebuch wurde Folgendes dokumentiert:
- Datum, Ort und Dauer des Interviews,
- Zustandekommen des Interviews (Zugang, Vorgespräche etc.),
- Sprache des Interviews und Sprachwechsel,
- Atmosphäre während des Interviews,
- Verlauf des Interviews,
- Bereitschaft des Befragten, sich zu unterschiedlichen Themen zu äußern,
- Verfassung des Interviewers/Interviewerin,
- Unterbrechungen während des Interviews,
- mögliche Schwerpunktsetzung durch den Interviewten (Themenverschiebungen),

- Beschreibung des Ortes, an dem das Interview stattgefunden hat.

Für jeden der 20 Interviewten wurde zusätzlich eine Datei angelegt, die sozio – ökonomische Basisdaten, (Geburtsjahr, -ort; Migrationsjahr, Ehestand, Anzahl und Beruf der Kinder etc.) enthielt.

Dieses Vorgehen erlaubte es, auch noch Jahre nach der eigentlichen Interviewerhebung, die konkrete Interviewsituation nachzuempfinden. Die Konzeption des Forschungstagebuches stützte sich dabei auf den von Leithäuser und Volmerg entwickelten Ansatz der psychoanalytischen Sozialpsychologie.

Interviewdurchführung und -situation

Die dieser Studie zugrundeliegenden 20 leitfadengestützten Interviews wurden zwischen Dezember 1995 und August 1996 von Erdinc[99], einem türkischsprachigen studentischen Mitarbeiter im Projekt und mir[100] erhoben. Gemäß dem Prinzip der Naturalistizität des qualitativen Paradigmas wurden alle Interviews an Orten durchgeführt, die dem Interviewpartner vertraut waren. So fand die Mehrzahl der Interviews (15) in der Wohnung der Interviewten statt, vier Interviews wurden in den Räumen religiöser und/oder kultureller Einrichtungen erhoben (Moscheen, alevitische Kulturvereine), ein Interview fand in der Wohnung eines Freundes statt. Die Männer konnten die Sprache, in der sie das Interview geben wollten, frei bestimmen und auch während des Interviews jederzeit wechseln. Neun Interviews wurden auf Deutsch geführt. In dem zehnten Interview, das auf Deutsch begonnen hatte, baten wir den Interviewten auf Türkisch weiter zu erzählen, da das Erzählte nicht zu verstehen war. In den übrigen zehn Fällen entschieden sich die Interviewten, auf Türkisch zu erzählen.

Die Durchführung der Interviews verlief nicht immer glatt. Herr Sert brach mitten im Interview auf, um einen Zahnarzttermin wahrzunehmen, nachdem er uns eine Kanne Tee gekocht und uns gebeten hatte, auf ihn zu warten. Was wir auch taten. Zwar war die Redefähigkeit danach etwas eingeschränkt, was dem weiteren inhaltlichen Verlauf jedoch keinen Abbruch tat. Einige Männer drängten gegen Ende des Interviews auf eine rasche Beendigung, da sie noch weitere Termine wahrnehmen mussten, so Herr Inan, der mit seiner Frau zum Arzt wollte.

Generell war die Atmosphäre entspannt, offen und herzlich. Ich war teilweise überrascht mit welch großer Offenheit auch zutiefst schmerzliche Punkte in der

---

99 Erdinc ist nicht der richtige Name des studentischen Mitarbeiters.
100 INT1 ist das Kürzel für mich; INT2 für Erdinc.

Biographie, wie das Sterben eigener Kinder, oder das vermeintliche Versagen gegenüber den Eltern thematisiert wurden.

Die Motivation, an den Interviews teilzunehmen, war nicht immer ersichtlich. Einige Männer taten dies deshalb, um denjenigen einen Gefallen zu tun, die mit dieser Bitte an sie herangetreten waren. Dies war sehr deutlich der Fall bei Herrn Korkmaz, der sich der Bitte des Hocas nicht hatte entziehen können. Da sein Unbehagen sehr deutlich war, fühlten weder er noch wir uns in der Interviewsituation wohl. Einige Männer betonten, dass sie generell hilfsbereite Menschen seien und sich von daher freuten, uns mit ihren Aussagen einen Gefallen tun zu können.

In den meisten Fällen jedoch entstand eine freundliche, lockere Atmosphäre, die sich auch nach Ende der Befragung hielt. Oft saßen wir nach Beendigung der Interviews noch längere Zeit zusammen, tranken Tee oder aßen das Essen, das die Ehefrau extra für uns gekocht hatte. Dies war dann auch der Zeitpunkt, zu dem mir Fragen gestellt wurden, woher ich Türkisch könne, ob ich verheiratet sei, Kinder habe usw. Das war der Moment, in dem ich mich am wenigsten wohl fühlte. Obwohl ich selbst zwei Stunden lang Fragen gestellt und auch sehr persönliche Dinge erfahren hatte, sträubte ich mich, Dinge aus meinem Privatleben zu erzählen. Ich blieb dann sehr an der Oberfläche und versuchte von meiner Person abzulenken, indem ich meinerseits Fragen stellte. Oft berichteten die Interviewten nachdem das Band abgeschaltet worden war, noch mehr Details, oder die Gespräche drehten sich um uns allen bekannte Personen.

Generell war zu beobachten, dass es für die Männer etwas schwerer war Gefühle zu thematisieren, als dies für die Frauen in der Frauenstudie der Fall gewesen war. Insbesondere das Thema „Trennung von der Familie durch die Migration", das bei den Frauen zu langen Passagen und gerade auch zur Thematisierung von Schuldgefühlen gegenüber den Kindern geführt hatte, führte bei den meisten Männern nicht zu einer ähnlichen Darlegung der Gefühlslage. Ein Beispiel: Herr Bilen migrierte sechs Stunden nach der Geburt seiner Tochter nach Deutschland:

„INT1: Sie sagten eben, Ihre Tochter war vier Stunden, als Sie nach Deutschland geflogen sind? HERR BILEN: Sechs Stunden. In sechs Stunden. INT1: Ist es schwer, dann die Tochter und die Frau zurücklassen zu müssen? HERR BILEN: Ja, im Plan sowieso sie kommt auch. Deswegen ist war nicht schwierig."

Bereits meine Frage implizierte meine Vorannahme, dass es schwierig gewesen sein müsse, Frau und Neugeborenes in der Türkei zu lassen. Herr Bilen geht darauf jedoch nicht ein, und sagt, er habe sowieso vorgehabt, seine Familie nachzuholen. Dies ist jedoch kein Grund, warum eine Trennung nicht trotzdem hätte schmerzhaft hätte sein können. Herr Bilen möchte dies jedoch nicht weiter thematisieren.

Die Männer neigten leicht dazu allgemeine politische Statements (über die Kurden, über den Rassismus in Deutschland, über die als ungerecht empfundene vermeintliche Bevorzugung von Asylbewerbern etc) abzugeben und auch dazu, mir gewisse Dinge zu erklären (das türkische Bildungssystem, das türkische Essen, das türkische Rentensystem etc).

8. Exkurs: „Die Frau an seiner Seite"

Ziel des Forschungsvorhabens war es, speziell die Lebenssituation älterer türkischer Männer zu untersuchen. Ein Problem, auf das ich nicht vorbereitet war, stellte die lebhafte Beteiligung einiger Ehefrauen an den Interviews dar, obwohl vorab geklärt worden war, dass lediglich die Männer befragt werden sollten. In 5 von 20 Fällen griffen die Frauen aktiv in das Gespräch ein, kommentierten und ergänzten die Aussagen ihrer Männer, korrigierten ihre Erzählungen, antworteten in deren Namen oder erzählten ihre Sichtweise bestimmter Ereignisse. Im Fall meiner Interviews waren drei Frauen (Frau Demir, Frau Reyis und Frau Uçar) als Pioniermigrantinnen nach Deutschland gekommen und hatten ihre Männer nachgeholt. Die Frauen sprachen besser Deutsch als ihre Männer und hatten durch ihre frühere Ankunft einen Wissensvorsprung bezüglich der Organisation des Lebens in Deutschland, der teilweise in den Interviews noch spürbar wurde.[101] So liefen alle Terminabsprachen für ein Interview mit Herrn Reyis über seine Frau. Sie sagte in seinem Namen zu und nannte uns die Zeit. Auch auf mehrmaliges Nachfragen konnten wir mit Herrn Reyis am Telephon nicht reden. Frau Uçar meinte, wir könnten das Interview gleich mit ihr durchführen, sie spräche besser Deutsch als ihr Mann und wüsste auch genau, was ihr Mann auf die Fragen (die sie noch gar nicht kannte) antworten würde. So griff Frau Uçar immer dann korrigierend ein, wenn ihr Mann in ihren Augen etwas Falsches sagte: „INT2: Ihr Beruf [der Ehefrau]? HERR UÇAR: Sie hat keinen Beruf [leise]. [gleichzeitig] FRAU UÇAR: Ihr Beruf ist Beamtin bei der Post. INT2: Hier, in Deutschland? FRAU UÇAR: In der Türkei INT2: In der Türkei? FRAU UÇAR: Hier bin ich Arbeiterin in der Fabrik. INT2: Der Beruf, eh, ihrer Frau, also, eh, der Beruf ihrer Frau HERR UÇAR: Bei Gott! [unv] Hat sie nicht. Arbeiterin. INT2: Arbeiterin. HERR UÇAR: Normale Arbeiterin."

Frau Uçar begriff das gesamte Interview als Gemeinschaftsprojekt zwischen sich und ihrem Mann. In den Momenten, in denen sie das Zimmer verließ, wurde Herr Uçar unsicher und wartete mit seiner Antwort bis seine Frau wieder da war. Immer wieder drängte Frau Uçar ihren Mann, unsere Fragen zu beantworten, wenn dieser in ihren Augen zu lange zögerte, was in der Regel immer dann der Fall war, wenn er nicht sofort zu einer Antwort ansetzte. Obwohl das Interview auf Türkisch erfolgt war, traute sie ihm nicht zu, den Sinn aller Fragen zu verstehen. Als wir nach Ende des Interviews fragten, ob wir noch Wichtiges vergessen haben, oder er Ergänzungen hätten, antwortete sie gleich in

---

101 Nauck kommt in seinen Studien zu dem gleichen Ergebnis. Er stellte fest, „dass das ersteinreisende Familienmitglied als erstes Kontakte in der Aufnahmegesellschaft knüpft, die ihm offenbar dauerhafte Vorsprünge vor den anderen Familienmitgliedern sichert. So kann noch nach über 10 Jahren Aufenthaltsdauer an der innerfamiliären Interaktionsstruktur die Form der Wanderungssukzession nachgewiesen werden (Nauck, 1993: 383)."

seinem Namen: „INT2: Ja, ihrer Meinung nach, was wir nicht gesagt haben, nicht gesprochen haben. FRAU UÇAR: Also, sie haben uns gefragt. HERR UÇAR: Ja. FRAU UÇAR: Zum Beispiel, gibt es noch notwendige Fragen, die sie uns hätten fragen sollen? Die wir auch hätten beantworten sollen, so ähnlich. HERR UÇAR: [leise] [unv] FRAU UÇAR : Jetzt in diesem Moment fällt uns nichts ein, was sie noch hätten fragen sollen."

Frau Inan, die sich während des gesamten Interviews zurückgehalten hatte, und nur antwortete, wenn Herr Inan direkt eine Frage an sie richtete, wenn es bsp. um das Alter bestimmter Personen ging, gab ihre Zurückhaltung auf, als ihr Mann, eine unserer Fragen in ihren Augen falsch beantwortete: „INT1: Helfen Sie ihrer Frau im Haushalt HERR INAN: Ja, muss. Ja ich kommen, meine Frau gehen kochen und ich Glas holen oder Käse machen oder Tisch machen FRAU INAN: „Davon stimmt kein Wort!" [tr] [alle lachen spontan und sehr laut]

Frau Gür hatte sich ihren Platz im Interview Stück für Stück erobert. In der ersten Hälfte des Interviews trat sie zunächst nur in Erscheinung, um uns zu fragen, ob wir noch Tee oder noch mehr zu essen wünschten. Unmerklich wurden ihre Gesprächsanteile immer größer, und gegen Ende des Interviews antwortete sie auch auf die Fragen, die wir an ihren Mann gestellt hatten und kommentierte dessen Aussagen: „INT2: Gerade, wo ihr Frau hier sitzt, fangen wir mit den Fragen über die Wohnung an [wir lachen]. Helfen Sie Ihrer Frau im Haushalt? HERR GÜR: Mach ich nie [Anm. Int2; wir lachen sehr laut über seine Antwort, die er ziemlich entschieden gibt]. Kann ich auch nicht. Daran bin ich nicht gewöhnt. FRAU GÜR: Weil er daran nicht gewöhnt ist, schafft er es deswegen nicht. HERR GÜR: Krieg ich nie hin. Wenn ich z.B diesen Staubsauger nehme, mach ich den entweder kaputt oder ich gehe hin und her damit. [Int2 lacht] Zum Beispiel will ich diese Decke ausbreiten. Wenn ich es mache, gefällt es bestimmt meiner Frau nicht, wie ich sie hier ausbreite. Sie verändert es bestimmt und macht es anders. Dann sag ich: das gefällt ihr nicht und ich lasse es. FRAU GÜR: [Anm. Int2; zu Herrn G] Als hättest du das denn jemals so versucht."

Herr Ergin fällt in sofern etwas aus dem Rahmen, weil er der einzige Teilnehmer ist, der mit einer deutschen Frau verheiratet ist. Er ist einer der vier Männer, die nach einer erfolgten Rückkehr in die Türkei wieder nach Deutschland remigriert sind. In diesem Interview war eine Trennung zwischen Herrn und Frau Ergin nicht möglich. Frau Ergin antwortete für ihn, dachte für ihn, ergänzte ihn und kritisierte ihn. In der folgenden Passage, die um die Rückkehr nach Deutschland geht, gibt sie die Gefühlslage gleich für beide an: „HERR ERGIN:[102] eine Liter Benzin war da 40 Lira und ein halbes Jahr später 400 und soviel. Der ganze, die Autofahrer die Personenwagen ihre Wagen abgestellt zu teuer, wird immer flau und flau. FRAU ERGIN: Und dann hast du auch geglaubt, als wir da hingezogen sind, dass er noch so alte Bekannte trifft. Das war nicht der Fall. Die waren alle weg. HERR ERGIN: Die meisten gestorben. Meist in andere Stadt gezogen. FRAU ERGIN: [Parallel mit Herrn ERGIN] Er fühlte sich alleine und ich schon auf jeden Fall. Nich? Und jo, eines Tages sagte mein Mann, wollen wir wieder zurück? Ich sag jo [allgemeines Schmunzeln]."

---

102 Die Sprache der deutschsprechenden Türken wurde in den Interviews nicht verändert. Dazu ausführlich in Kapitel 5, S. 178ff.

Frau Ergin erzählt auch Gegebenheiten, die sie nur von ihrem Mann wissen kann. Hier reagiert Herr Ergin auch unwirsch, als sie Dinge falsch darstellt: „FRAU ERGIN: Immer [unv3Wo] ... damals vor Jahren, in B-Stadt., solltest anfangen. Und da hieß es denn ja, aber erst eben zur... HERR ERGIN: [spricht parallel] Ja die Kabelwerk... FRAU ERGIN: ärztlichen Untersuchung. Und wie er da ankam und zog, machte seinen Oberkörper frei, dann sagte der ... HERR ERGIN:[wirft ein] Werksarzt FRAU ERGIN: ... ziehen sie sich man gleich wieder an, Nich da HERR ERGIN: [widerspricht] Nein, hat er nicht, die Untersuchung, nein! FRAU ERGIN: Oder wie war das? HERR ERGIN: die Werksarzt, die Arbeitsamt hat er Karte gegeben, und ich muss dann in Kabelwerk gehen. Werk, Werkmannkabel. FRAU ERGIN:[unterbricht] Werkmannkabel, in X-Stadt war das HERR ERGIN: da bin ich hingegangen und die Werksarzt-ärztin, eine Frau Sert, gefragt, wie lange sind se arbeitslos und die Zeit, meine Krankenzeit. Ja, was haben sie denn gehabt? Ich sag, jo Magenoperation und ne Bandscheibenoperation. Ne sagt er, diese Antworten nicht, ich nehm nicht rüber. Gehn sie wieder Hause. Sie hat dann nicht untergesucht. INT1: Gleich nach Hause geschickt? HERR ERGIN: Gleich Hause geschickt. FRAU ERGIN: Sie hat gesagt, ne sowas kann ich nich einstellen, nich. HERR ERGIN: Ne, so hat sie gesagt, ja."

In der Vorbereitungsphase der Interviews hatten wir solche Situationen nicht vorausgesehen und waren zunächst sehr irritiert, widersprachen sie doch gängigen Klischeevorstellungen über das von außen wahrgenommene Geschlechterverhältnis in türkischen Familien, mit einer dominanten und bestimmenden Ehemann- und Vaterfigur. Ursula Neumann hatte in ihrer Arbeit zu Erziehungsstilen und Bildungsvorstellungen in türkischen Arbeiterfamilien (1980) explizit nur die Männer befragt, was sie wie folgt begründete: „Nach den Ergebnissen der Voruntersuchungen und den Aussagen der Literatur ist die Struktur der türkischen Familie als patriarchalisch zu kennzeichnen, die Erziehung wird stark geschlechts- und altersspezifisch verstanden und von verschiedenen Sozialisationspartnern innerhalb der Familie wahrgenommen. Dem Vater kommt innerhalb dieses Systems die höchste Kompetenz und Entscheidungsbefugnis zu. Er ist der Vertreter der Familie nach außen. Eine gemeinsame Befragung von Vater und Mutter würde daher nur die Meinung des Vaters wiedergeben, Äußerungen der Frau, soweit sie überhaupt zu erhalten wären, würden in den meisten Fällen den Einstellungen des Mannes entsprechen, da die soziale Kontrolle in sehr hohem Maße wirksam wäre." (Neumann, 1980: 36)

Diese Ansicht wurde durch den Ablauf der Interviews in dieser Studie widerlegt. Der alles bestimmten Patriarch, dessen Frau nicht wagt ihre eigene Meinung zu vertreten, erscheint mir eher ein (westliches) Konstrukt als die Wirklichkeit in den türkischen Familien abzubilden.

Eine differenziertere Sichtweise der Stellung der Frau findet man beispielsweise in den Arbeiten von Nauck, der mit seinem Schlagwort des „heimlichen Matriarchats" in türkischen Familien die Machtverhältnisse in den Familien zwar in überzeichneter Form umdreht, dadurch jedoch wichtige Impulse für ein Umdenken gibt (vgl. Nauck, 1985). Auch die Arbeiten der Osnabrücker Wissenschaftlerinnen Sedef Gümen (1987), Manuela Westphal (2000) und Leonie Herwartz-Emden (1995; 2000), sowie die Untersuchungen der Oldenburger Forschungsstelle Migrations- und interkulturelle Frauenforschung (Potts, 95; 97; Potts/Grotheer, 1997; Lorenz-Meyer/Grotheer, 1999) beschreiben die Verhältnisse in den türkischen Migrantenfamilien weitaus differenzierter, als dies noch in der Arbeit von Neumann der Fall war.

Das trotz dieser Arbeiten von großen Teilen der deutschen Gesellschaft und Wissenschaft wahrgenommene Bild der Geschlechterverhältnisse, wie es immer wieder karikiert wurde[103] oder in Artikeln und Büchern beschrieben wird, (EMMA, 1993; Spiegel, 1990) unterscheidet sich erheblich von diesen Innenansichten. Doch wie bereits Standfield II in seinem Buch: „Race and Ethnicity in research methods" hinwies: „What is most interesting, and this is finally the point of all this, is to observe the continuation of folk-wisdom-derived dogma in professional social sciences circles specializing in racial and ethnic studies despite empirical evidence to the contrary." (Stanfield II, 1993: 5f.) Dass wir beide auf die Situation zunächst durchaus irritiert reagierten, zeigt, wie sehr man auch als kritische/r Wissenschaftler/in in herrschenden (mainstream) Diskursen gefangen ist. Dies ist wieder einmal ein Beleg dafür, wie wichtig gerade auch in interkulturellen Forschungsprozessen kritische und wiederholt stattfindende Reflexionsprozesse sind. Bei einer selbstkritischen Überprüfung der Interviewsituation stellten wir fest, dass unser gemischtgeschlechtliches Team durchaus dazu beigetragen haben kann, dass sich auch die Männer „im Team" (mit ihrer Ehefrau) wohler und sicherer gefühlt haben. Alleine zwei fragenden Menschen gegenüberzusitzen ist wohl bedrohlicher als mit Unterstützung der Ehefrau wieder eine egalitäre Situation herzustellen.

Sprache und Transkription[104]

Um der Fehldeutung kultureller Muster vorzubeugen und den Interviewten die Möglichkeit zu geben, jederzeit in ihre Muttersprache wechseln zu können, wurden alle 20 Interviews im interkulturellen Team durchgeführt, wobei beide Interviewer/innen über deutsche und türkische Sprachkenntnisse verfügten.

Alle Interviews wurden auf Tonband aufgenommen und unmittelbar nach dem Interview Wort für Wort verschriftlicht. Ich transkribierte die deutschsprachigen Interviews, der studentische Mitarbeiter die türkischsprachigen. Jedes Interview wurde nach der Verschriftlichung noch einmal gemeinsam überarbeitet und gegengelesen. Da zu einer tiefergehenden Interpretation nicht nur gehört, „was" gesagt wird, sondern gerade auch die Nuancen des „wie" von Bedeutung sind, wurden neben dem eigentlichen Wortlaut, auch non verbale Äußerungen, wie Heben und Senken der Stimme, Husten, Lachen, Weinen, Zögern, Pausen, Betonung einzelner Worte oder Sätzen mit in die Verschriftlichung aufgenommen. Da die Transkription unmittelbar nach dem Interview erfolgte, konnte auch noch auf auffallende Gestik und Mimik oder sonstige Unterbrechungen oder Charakteristika im Interviewprozess[105] hinge-

---

103 Zum Beispiel Karikaturen, die eingemummte türkische Frau, mit ihren Einkäufen beladen, 10 Schritte hinter ihrem türkischen Mann hergehen lassen.
104 Vgl. dazu auch ausführlicher Kapitel 5, S. 175ff.
105 Zum Beispiel ständiges Spielen mit der Gebetskette; immer dann heftiges Rühren im Teeglas, wenn bestimmte Themen angesprochen wurden; Husten oft dann, wenn nicht geantwortet

wiesen werden. Ziel war es, *alles*, was auf dem Tonband zu hören war, wiederzugeben und auch auf die Gestik und Mimik hinzuweisen. Zum Zeitpunkt der Verschriftlichung war dabei keineswegs klar, ob z.B. ein immer wiederkehrender Husten, lediglich das Merkmal einer schweren Erkältung war, immer an bestimmten inhaltlichen Stellen auftrat, eine Distanz herstellen oder Unbehagen ausdrücken sollte, oder Zeichen war, das Thema zu wechseln. Dies konnte erst der weitere Interpretationsvorgang klären.

Ein weiterer Punkt, der für eine komplette Wiedergabe all dessen spricht, was auf dem Band zu hören ist, liegt im Erhalt des Primärcharakters des Materials. Im Auswertungsprozess ist es später jederzeit möglich, Unwichtiges von Wichtigem zu trennen, bsp. für den Fall, dass der bereits erwähnte Husten nichts weiter ist als eben eine Erkältung. Dies wäre aber nicht mehr zu belegen, wenn bereits im Vorfeld auf die Transkription verzichtet worden wäre.

Je genauer das komplette Interview, mit allen Geräuschen, verbalen und nonverbalen Äußerungen transkribiert wurde, umso leichter fällt es, auch nach einer längeren Zeitspanne, sich wieder in die konkrete Interviewsituation zu begeben.

Computergestützte Auswertung

Computergestützte Auswertungen sind in der qualitativen Sozialforschung ein relativ neues Phänomen. Die ersten Programme entstanden Anfang der 1980er und haben sich seit Ende der 1980er Jahre stetig und rasant weiterentwickelt (vgl. Kuckartz, 1999: 9). Die sogenannte Qualitative Data Analysis (QDA) oder Computer Assisted Qualitative Data Analysis Software (CAQDAS) unterstützt alle in der qualitativen Forschung anfallenden Analyseschritte von der Exploration, der Interpretation bis hin zur Theoriegenese (vgl. ebd.: 18). Mit Hilfe solcher Software können
- Texte verwaltet,
- Memos erstellt und zusammen mit der Originaltextstelle abgespeichert,
- Dimensionen definiert und Kodierungen vorgenommen ,
- Vergleiche auf mehreren Ebenen durchgeführt,
- oder einfache und kompliziertere Suchfunktionen abgefragt werden (Retrieval Function).

Ein großer Vorteil liegt in der Visualisierung der gesamten Arbeitsschritte und in der Möglichkeit, vergebene Kodierungen und Memos jederzeit und einfach abändern und neu arrangieren zu können. Die zahlreichen Suchfunktionen in der QDA Soft-

---

werden wollte; Lachen an Stellen, die nicht lustig sind, sondern wo es sich um ein Distanzieren von sehr emotional besetzten Themen handelt.

ware regen den/die Forscher/in dazu an, Fragen an das Material zu stellen, Theorien zu generieren, sie zu überprüfen oder auch wieder zu verwerfen. Der zeitliche Aufwand ist nicht mit dem zu vergleichen, den man dazu ohne die computergestützten Programme verwenden müsste.

Der Einsatz der QDA Software ist unter Wissenschaftlern/innen nicht unstrittig. Kuckartz führt an, dass Computer lange Zeit „mit quantitativen Methoden und statistischen Verfahren" (ebd.: 49) assoziiert wurden und daher von qualitativ arbeitenden Forschern/innen abgelehnt wurden. Ist der Computer „as some writers have suggested, a genie in the bottle which, once released, will transform the activity of field research in unnoticed and unwelcome ways (Fielding/Lee, 1991: 6)?" Ein großer Vorbehalt gegenüber dem Einsatz von Computern in der qualitativen Forschung besteht in der Annahme, der Zugang zu den Primärtexten und die Bearbeitung des Materials werde durch ein mehr technisch orientiertes Vorgehen eingeschränkt und der Blick mehr auf Teilaspekte, denn auf die Gesamtbiographie gelenkt. Insbesondere die „Cut and Paste"-Technik verstärkt den Vorbehalt gegenüber einer „Schnibbeltechnik", die die Textdokumente (z.B. die Interviews) auf kurze Textsegmente reduziert. Dies entspricht jedoch nicht der Arbeitstechnik der Software, die vielmehr mit „Zeigern" arbeitet „die auf einen bestimmten Textabschnitt verweisen. Der Originaltext wird also weder verändert, noch wird ein Teil des Textes kopiert und mit dem Codewort zusammen neu abgespeichert." (Kuckartz, 1990: 90)

Durch meine Erfahrungen in unterschiedlichen Forschungsprojekten mit den Programmen Nud*ist und Atlas-ti, kann ich diese Vorbehalte nicht bestätigen. In der vorliegenden Studie hatte ich alle Interviews selbst geführt und nie die Gesamtbiographie der befragten Person aus den Augen verloren. Nach Abschluss der Erhebungsphase und der Transkription der Interviews hatte ich ein Volumen von ca 800 Seiten. Hinzu kommen noch einmal 130 Seiten Forschungstagebuch.

Die Ausgangsstudie „Migration und Alter" war mit Hilfe der QDA-Software Nud*ist[106] kodiert und analysiert worden.

Nud*ist

Nud*ist ist ein von Lynn und Tom Richards an der australischen la Trobe University entwickeltes Programm, das sich an der Grounded Theory von Strauss und Glaser orientiert. Während des Kodier- und Auswertungsprozesses bleibt der Originaltext erhalten. Das Primärmaterial kann kontextuell und konzeptuell bearbeitet werden.

---

106 Non-numerical Unstructured Date*Indexing Searching and Theorizing.

Es können Kategorien und Oberkategorien erstellt werden, denen durch Kodierung die entsprechenden Textpassagen zugeordnet werden, ohne den Originaltext zu verändern. Gleiche Textpassagen können mehreren Kategorien zugeordnet werden. Kategorien können entweder aus dem Material heraus gebildet werden (induktiv) oder an das Material herangetragen werden (deduktiv). Sie sind nicht starr, können jederzeit erweitert, gelöscht, umbenannt oder verschoben werden. Darüber hinaus können sie unbegrenzt und mehrdimensional miteinander verbunden werden. Das Auffinden bestimmter Textstellen und die Verknüpfung bestimmter Fragestellungen wird dadurch um ein Vielfaches vereinfacht (vgl. Weitzman, u.a.: 95: 238ff.). Zu jedem Zeitpunkt des Forschungsprozesses können Memos erstellt werden, die sich auf die Primärtexte oder die Kategorien beziehen können.

Neben der Verknüpfung und Verbindung von Kategorien bietet Nud*ist verschiedenste Suchfunktionen. Dies können einzelne Wörter, Wortteile etc. sein. Alle Ergebnisse können entweder in Nud*ist selbst ausgedruckt oder aber in jeden beliebigen Wordprozessor übertragen werden, so dass Ergebnisse problemlos bearbeitet werden und in den Forschungsbericht einfließen können.

Atlas-ti

Atlas-ti wurde von dem Berliner Informatiker Thomas Muhr entwickelt. In den Grundfunktionen sind sich beide Programme sehr ähnlich. Der Hauptunterschied zu Nud*ist besteht bei Atlas-ti darin, dass über ein (visuell sichtbares) Netzwerk eine über hierarchisierende Verknüpfungen[107] hinausgehende Beziehung von Dimensionen möglich ist. Sie können auf vielfältige Weise miteinander verbunden werden, z.B. Dimension 1: „is part of", „is cause of", „contradicts", „is property from" Dimension 2 und 3. Falls die im Programm vorgegebenen Verknüpfungen nicht ausreichen, können eigenständige Verbindungen definiert und hergestellt werden.

---

107 Unter hierarchisierend ist keine Hierarchie im wertenden Sinne zu verstehen, vielmehr ist es in Nud*ist möglich, durch Baumstrukturen, Interviews etc. zu ordnen, um dadurch einen schnelleren Zugriff auf bestimmte Daten zu erhalten. In der vorliegenden Arbeit bedeutet die Ordnungsnummer 1 12 den Familienstand. 1 12 1 verheiratet; 1 12 1 1 zum zweiten Mal verheiratet, 1 12 2 ledig, 1 12 3 geschieden etc. Dies bedeutet, dass alle Interviews, in denen der Interviewpartner verheiratet ist, u.a. die Nummer 1 12 1 bekommen. Stellt sich im Laufe des Auswertungsprozesses die Frage, wie verheiratete Männer im Gegensatz zu geschiedenen Männern bestimmte Sachverhalte sehen, so erlaubt die Verknüpfung 1 12 1 + 1 12 3 plus dem entsprechenden Sachverhalt einen raschen Zugriff auf die entsprechenden Aussagen.

Eine Verknüpfung beider Programme erlaubt es in der vorliegenden Arbeit sowohl leicht operationalisierbare Hierarchisierungen herzustellen, als auch durch Netzwerke kompliziertere Verbindungen sichtbar zu machen.

ZUGANG ZU DEN INTERVIEWTEN UND AUSWAHL DER BEFRAGTEN

Der Zugang zu den Interviewten erfolgte zum einen über den türkischen studentischen Mitarbeiter, der zugleich auch dolmetschte, übersetzte und Interviews führte, und zum anderen über meine eigenen Kontakte. Einige der befragten Männer empfahlen ihrerseits Freunde, die wir dann auch in die Untersuchung mit aufnahmen. Die Interviews fanden in städtischen und ländlichen Bereichen des Weser-Ems Gebiet sowie in einer niedersächsischen Großstadt statt. Obwohl in vielen Studien die hohe Familienanbindung der ausländischen Bevölkerung hervorgehoben wird, lassen sich zahlreiche statistische Daten so interpretieren, dass für einen großen Teil der türkischen Arbeitsmigranten der Alltag nicht im familiären Rahmen stattfindet. Für den Raum Stuttgart zeigt dies die Studie von Holoch, der ermittelte, dass 46,8 % der Türken/innen einen Einpersonenhaushalt führen (vgl. Holoch, 1990: 243). Auch in höheren Altersgruppen der Türken/innen in Niedersachsen zeigen statistische Daten, dass das quantitative Geschlechterverhältnis unausgeglichen ist, wie die Situation in einigen niedersächsischen Städten zeigt (siehe Tabelle 10). Die vorliegende Studie wollte daher auch alleinlebende ältere Türken mit einschließen, zumal statistische Analysen vor Durchführung der Studie auch für Niedersachsen einen zahlenmäßigen „Überschuss" an älteren türkischen Männern festgestellt hatten.

Tabelle 10: Anteil der 50 bis 65-Jährigen Türken und Türkinnen nach ausgewählten Landkreisen in Niedersachsen in absoluten Zahlen und Prozent

Ort	Anzahl der Türken/innen insgesamt	Männer	Frauen
Hannover (Kreis) insgesamt	11.581	6.130	5.451
prozentualer Anteil der 50 bis 65-Jährigen	11,3 %	7,1 %	4,2 %
(bezogen auf die Gesamtzahl)	(1.310)	(826)	(484)
Hannover (Regierungsbezirk) Insgesamt	53.197	4.324	2.658
prozentualer Anteil der 50 bis 65-Jährigen	13,1 %	8,1 %	4,9 %
(bezogen auf die Gesamtzahl)	(6.982)	(4.324)	(2.558)

Oldenburg (Kreis), insgesamt	968	498	470
prozentualer Anteil der 50 bis 65-Jährigen	8,6 %	5,4 %	3,2 %
(bezogen auf die Gesamtzahl)	(83)	(52)	(31)
Niedersachsen, insgesamt	132.223	71.347	60.876
prozentualer Anteil der 50 bis 65-Jährigen	11,9 %	7,5 %	4,5 %
(bezogen auf die Gesamtzahl)	(15.850)	(9.880)	(5.970)

Quelle: Statistisches Landesamt Niedersachsen: Ausländer mit türkischer Staatsangehörigkeit am 31.12.1994 nach Kreis, Regierungsbezirk, Land und Altersgruppen, sowie eigene Berechnungen

Aus der Tabelle wird deutlich, dass es in Niedersachsen in der Altersgruppe der 50 bis 65-jährigen Türken/innen einen statistischen Männerüberschuss von 3.910 Personen gibt. Über diese spezielle Gruppe ist meiner Meinung nach kaum etwas bekannt. Es ist nicht deutlich, ob diese Männer häufiger pendeln, mit ihren Kindern leben oder mit einer Lebenspartnerin zusammen sind.

Für die Ausgangsstudie war dieser Fakt vor allem im Hinblick auf eine spätere Pflege von Bedeutung, da hier der familiäre Rahmen von Anfang an eingeschränkt war. Doch auch für die Frage des männlichen Selbstverständnisses ist es von Bedeutung, ob in Deutschland ein Leben im Familienverband stattfindet oder nicht, und wie alleinlebende Männer sich selbst definieren und wahrnehmen.

Der Zugang zur Gruppe der alleinlebenden Männer ist nicht in dem gewünschten Maße gelungen. Trotz intensiver Bemühungen konnten nur zwei Interviewpartner gefunden werden, die ohne Familie im Untersuchungsraum lebten. Weder Recherchen in türkischen Selbstorganisationen und Begegnungsstätten (Moscheevereinen, Kulturzentren, Kaffeehäusern etc.), bzw. deutschen karitativen Einrichtungen (AWO) noch Nachfragen bei vorherigen Interviewpartnern ergaben Hinweise, auf alleinlebende türkische Männer in der Untersuchungsregion. Über die Gründe können an dieser Stelle nur Vermutungen angestellt werden.

- Es könnte sein, dass die alleinlebenden Männer nicht aktiv am gesellschaftlichen Leben der türkischen Gemeinde teilnehmen und noch isolierter leben, als bisher angenommen.
- Denkbar wäre auch, dass es parallele Gruppen gibt, in denen sich Alleinlebende zusammengetan haben und zu denen kein Zugang gefunden wurde.
- Es wäre aber auch möglich, dass die befragten Einrichtungen, Initiativen und Privatpersonen durchaus Kontakte zu Alleinlebenden haben, den Interviewern aber keinen Einblick in eine als vielleicht „untürkisch" empfundene Lebensform gewähren wollten.

- Denkbar wäre auch, dass die Männer zwar noch in Deutschland gemeldet sind, einen Großteil ihrer Zeit jedoch in der Türkei verbringen und somit nicht aktiv am Gemeindeleben teilnehmen.
- Eine andere Erklärung könnte sein, dass die Männer in eheähnlichen Lebensgemeinschaften leben und nur statistisch als alleinstehend geführt werden.

FORSCHEN IM INTERKULTURELLEN BEREICH

„Interviewer und zu Befragender sind Elemente der Befragungssituation und wirken an der Konstruktion von Wirklichkeit und mithin an der Aushandlung von Situationsdefinitionen mit." (Lamnek, 1995: 62)

Dies gilt im besonderen Maße für den interkulturellen Forschungsbereich. Noch in viel stärkeren Maße als das Forschen im vertrauten Umfeld ist das Forschen im interkulturellen Bereich von Machtstrukturen geprägt. Ein Machtfaktor liegt darin, dass jede/e Wissenschaftler/in die Ergebnisse interpretieren kann. In der konkreten Interviewsituation mit den befragten türkischen Männern spielten bewusst und unbewusst folgende Konstellationen eine Rolle, die die Interaktion und das Gesagte beeinflussten:
- Eine Angehörige der Dominanzgesellschaft befragt einen Angehörigen der Minderheitengesellschaft.
- Eine Frau befragt einen Mann.
- Eine relativ junge Frau befragt einen relativ alten Mann.
- Eine Wissenschaftlerin befragt einen Angehörigen der Arbeiterschicht.
- Eine nicht verheirate Frau befragt einen verheirateten Mann.
- Eine (leidlich) türkisch sprechende Deutsche befragt einen (leidlich bis sehr gut) deutsch sprechenden Türken.

Es ist illusorisch zu glauben, in der Interaktion zwischen Interviewer/in und Befragtem/er gebe es eine Form von Neutralität oder Objektivität. Beide Akteure sind in ihrem gesellschaftlichen Hintergrund verwurzelt und begegnen dem jeweils anderen mit bestimmten Vorstellungen, Vorurteilen und Annahmen. Gerade in der interkulturellen Forschung spielt dieser Umstand eine tragende Rolle, auch bei der späteren Interpretation und Auswertung: „Researchers in mainstream disciplines rarely if ever reflect seriously on the effects their racial and ethnic identities and consciousness might have on what they see and interpret in race and ethnicity studies." (Stanfield II, 1993: 25)

Dies Vorstellungen, die man dem Gegenüber entgegenbringt, resultieren aus gemachten Erfahrungen, setzen sich aber auch aus den unterschiedlichen Diskursen zusammen, zu denen Zugang besteht. Forscher/in und zu Erforschender/e sitzen sich nicht neutral gegenüber, auch wenn gerade der/die Wissenschaftler/in um „Objektivität" bemüht ist. „Objektivität" ist hier bewusst in Anführungszeichen gesetzt, da sie meiner Meinung nach nicht möglich ist. Vielmehr sollte es darum gehen, sich die eigene Position gegenüber dem/der Interviewten zu verdeutlichen und die im Interviewprozess entstehenden Gefühle zwischen den beiden Beteiligten, wie Zuneigung, Abwehr, Aggressionen, zu reflektieren und in die Auswertung mit aufzunehmen und transparent zu machen. Auch die Frage, welchen Einfluss die Interaktion der Beteiligten auf die Qualität[108] der erhobenen Daten hat, muss mitreflektiert werden. Auch der Befragte hat Vorannahmen in Bezug auf den/die Interviewer/in, die den Verlauf des Interviews und die Qualität der Daten bestimmen können. So entschuldigten sich einige Männer bei mir, wenn sie kritische Bemerkungen über die deutsche Politik trafen, oder von rassistischen Erfahrungen berichteten. Sie nahmen an, ich könnte mich als Deutsche davon persönlich beleidigt fühlen.

Wären die Interviews der hier vorliegenden Studie ausschließlich von Türken/innen erhoben worden, wären die Inhalte nicht die selben gewesen. Die interviewten Männer hätten einer/m Türken/in nicht erläutert, was ein türkisches Teeglas ist, wie Herr Bilen. Sie hätten nicht versucht, mir die Bedeutung eines islamischen Festes mit der Bedeutung von Weihnachten zu erklären, wie Herr Sert. Sie hätten mir die „Mentalitätsunterschiede" zwischen den Bewohnern/innen der Schwarzmeerregion gegenüber den Menschen aus dem Mittelmeerraum nicht mit dem Satz „das ist wie bei Bayern und Friesen" erläutert, wie dies wiederum Herr Sert getan hat. Viele Sätze, die mit „in unserer Kultur ist das so" (ein Mädchen soll vor der Ehe keinen Freund haben; wir setzen unsere Kinder nicht mit 18 vor die Tür, wie das die Deutschen tun etc.), „du musst wissen, in der Türkei ist das so und so etc." (Respekt gegenüber älteren Menschen) wären wahrscheinlich in dieser Form nicht gesagt worden, da bei einer/einem Interviewerin/Interviewer aus der Türkei/türkischer Herkunft dieses Wissen einfach vorausgesetzt worden wäre.

Ich begebe mich noch stärker auf das Feld der Spekulationen, wenn ich behaupte, dass ein/eine Türke/in aber vielleicht nicht die Informationen bekommen hätte, die scheinbar mit der türkischen Lebensweise nicht zu vereinbaren sind, wie bsp. kritische Äußerungen über die (finanziellen) Ansprüche, die an die Männer von der (erweiterten) Familie herangetragen wurden, oder den Unwillen den Aufgaben als ältester Sohn gerecht zu werden (in der Pflege der Eltern). Diese Einschätzung stütze ich auf zwei Beobachtungen: Zum einen aus dem Interviewprozess selbst heraus, und den Schwierigkeiten, die sich mit dem studentischen Mitarbeiter ergaben,

---

108 Qualität ist hier nicht im Sinne eines Gütesiegels zu verstehen, sondern in Form von unterschiedlichen, aber eben nicht gewerteten Inhalten.

gerade diese Textstellen komplett zu übersetzen[109] und zum anderen aus Untersuchungen aus den Niederlanden (vgl. Lutz, 1988) und Deutschland (vgl. Gaitanides, 1992). Dort haben muttersprachliche Sozialarbeiter/innen die Erfahrung gemacht, dass in Bereichen, in denen die eigene Kultur stärker tabuisierend wirkt (z.B. Sexualität), oder wo befürchtet wird, Inhalte des Beratungsgespräches könnten in die ethnische Community einfließen, niederländische oder deutsche, den muttersprachlichen Kollegen/innen vorgezogen werden.

In der vorliegenden Untersuchung wurde der Interviewte nicht als prinzipiell austauschbarer Träger einer bestimmten Population, Altersgruppe oder Nation angesehen, sondern sollte als „Experte seiner eigenen Geschichte" Stellung nehmen. So bestand die Kontaktaufnahme mit den befragten Männern auch darin, sie als „Experten" anzusprechen, mit der Bitte, mir, der deutschen Soziologin, Einblicke in einen bisher vernachlässigten Forschungsbereich zu geben. Ich habe mich als eine Person vorgestellt, die von den Männern lernen und deren Version ihrer Migrationsgeschichte hören wollte. Durch diese Vorgehensweise sollten zumindest einige der oben erwähnten „Konstellationen" entschärft werden. So hat die Tatsache, dass ich Türkisch spreche, mich länger in der Türkei aufgehalten und dort Projekte durchgeführt habe, eine Vertrauensbasis geschaffen. Vertrauensbildend wirkte auch die Tatsache, dass die Interviews in einem gemischt-geschlechtlich, deutsch-türkischen Team durchgeführt wurden. Der zugrunde liegende Gedanke war der, dass bei einer Studie über türkische Männer auch ein männlicher Ansprechpartner vorhanden sein sollte.

Die Mehrsprachigkeit des Teams gab den Interviewten jederzeit die Möglichkeit, die Sprache zu wechseln, oder mal „die Deutsche" oder „den Türken" als Gesprächspartner/in anzusprechen. Die Teamzusammensetzung führte jedoch auch zu Verwirrungen, da häufig angenommen wurde, mein studentischer Mitarbeiter und ich seien auch privat ein Paar. Obwohl wir dies zu Anfang der Interviews immer deutlich gemacht haben, dass es um ein gemeinsames Arbeiten geht, stellten viele der interviewten Männer gegen Ende der Interviews oft die Frage, ob ich denn mit Erdinc in die Türkei zurückkehren wolle.

In der interkulturellen Forschung, insbesondere auch in der Phase der Erhebung, hat sich für mich die Arbeit in einem interkulturellen Team als eine Grundvoraussetzung herauskristallisiert. Sie ermöglicht es, eigene Positionen und Vorannahmen stärker zu reflektieren und so einer einseitigen, aus „deutscher Sicht" oder „türkischer Sicht" erfolgten Interpretation der Ergebnisse vorzubeugen. Für die Interviewten, die seit

---

109 Ausführlich dazu Kapitel 5, S. 178ff.

vielen Jahren in beiden Ländern leben, bedeutete es neben einer sprachlichen Sicherheit auch ihre eigene Interkulturalität widergespiegelt zu sehen.

Über Sensibilitäten im interkulturellen Erhebungsprozess

„By giving a name to something we create a world; by changing the name for something, we transform its impact, both emotionally and intellectually." (Overing, 1987: 83)

In der hier vorliegenden Untersuchung trafen im Erhebungsprozess mehrere Konstellationen im Team aufeinander: Der studentische Mitarbeiter agierte als Interviewer (immer dann, wenn ein Interview komplett auf Türkisch geführt wurde), Übersetzer (der auf türkisch geführten Interviews, bzw. von türkischen Passagen in deutschsprachigen Interviews) und Dolmetscher (wenn mein Türkisch nicht reichte, Dinge zu verstehen, oder wenn deutlich wurde, dass der Befragte mich nicht verstanden hatte oder ausdrücklich eine Übersetzung wünschte).

Diese Form der Zusammenarbeit war nicht immer konfliktfrei – weder im Prozess der Interviewerhebung noch während der anschließenden Verschriftlichung der Daten. Aus zahlreichen Forschungsprojekten ist mir bekannt, dass diese Formen von Konflikten auftauchen, zu einer hohen Frustration im Team führen, und es viel Zeit und Sensibilität braucht, mit dieser Art von Konflikten umzugehen. Gerade in bewusst interkulturell arbeitenden Gruppen mit einem gleichberechtigten nicht eurozentristischen und bevormundenden Arbeitsansatz ist die Desillusionierung und die Enttäuschung auf beiden Seiten umso höher, wenn der Eindruck entsteht, dass man den mit allen Beteiligten ausgehandelten Bedingungen eines interkulturellen Teams nicht gerecht geworden ist. Interessanter- oder bezeichnenderweise tauchen diese Konflikte, deren Entstehung, die Konfrontationsebenen und der Umgang mit ihnen nicht mehr in den späteren Publikationen auf. Diese Arbeit möchte einen ersten Schritt in diese Richtung wagen und damit auch einen Anstoß geben, dass in anderen Projekten diese Konflikte offengelegt und als Teil des Forschungsprozesses und des interkulturellen Miteinanders verstanden werden. Konflikte möchte ich im Folgenden nicht nur als schädlich zerstörerisch und destruktiv begreifen, sondern sehe auch den positiven Beitrag von Konflikten – in diesem Fall für interkulturelle Forschungsteams.

Der Hauptbereich, der zu Konflikten innerhalb des Teams geführt hat, war der Prozess des Übersetzens. Da es sich hier um einen zentralen Bereich handelt, nämlich die Bearbeitung des dieser Studie zugrunde liegenden Primärmaterials, werde ich darauf genauer eingehen. Daran schließt sich der zweite Teil an, in dem zwar auch die Sprache im Vordergrund steht, jedoch der Umgang mit der gesprochenen und so verschriftlichen Version der Befragten.

Über Sensibilitäten im Übersetzungs- und Dolmetschprozess[110]

Über den Einsatz eines Dolmetschers/Übersetzers in der empirischen Sozialforschung gibt es in Deutschland, anders als im angelsächsischen Raum, bisher keine mir bekannte Literatur (Ausnahme: Wurzel[111], 1993). Auch in Großbritannien und Amerika stehen diesbezügliche Forschungen erst in den Anfängen (vgl. Edwards, 1995: 60; Temple, 1997: 607ff.). Daher möchte ich im Folgenden einige Erfahrungen und Probleme in der Zusammenarbeit aufzeigen, die im Prozess des Übersetzens und Dolmetsches auftraten.

Bereits innerhalb der eigenen Kultur, des eigenen Sprachraums gibt es unterschiedliche sprachliche Systeme und Bedeutungen, die in erster Linie der jeweiligen Gruppe bekannt sind. So haben Jugendliche einen anderen Sprachcode als ihre Lehrer/innen. Arbeiter auf dem Bau reden anders miteinander als die Chefs der Frankfurter Bankenwelt. Trotzdem können all diese unterschiedlichen Mitglieder der Gesellschaft miteinander kommunizieren. James P. Spradley nennt diese Fähigkeit zwischen den Mitgliedern einer Gesellschaft: „translation competence", die er als die Fertigkeit beschreibt „to translate the meanings of one culture into a form that is appropriate to another culture." (Spradley, 1979: 19f.) Was bereits für das eigene, vertraute Umfeld gilt, das Bewusstmachen, dass es unterschiedliche Bedeutungen der gesprochenen Sprache geben kann, je nach dem, wer, wo und zu welchem Anlass spricht, trifft in noch viel stärkerem Maße für eine Forschung im bilingualen Bereich zu. Die „translation competence" umfasst mehr als die Fähigkeit, ein Wort einer Sprache in eine andere Sprache zu übersetzen. Der/die Übersetzer/in muss nicht nur eine hohe sprachliche Kompetenz beider Sprachen nachweisen, vielmehr muss er/sie auch in der Lage sein, Wörter, Sätze etc. so zu übersetzen, dass der Sinngehalt erhalten bleibt, auch wenn das bedeutet nicht wortwörtlich zu übersetzen. So würde die sprachlich korrekte Übersetzung des ruandischen Komplimentes „Du bist so schön wie eine Kuh" bei einer deutschen Frau nicht auf viel Gegenliebe stoßen, und sie wird sich mitnichten ihrer gelobten Schönheit bewusst sein. Der Übersetzer müsste hier sinngemäß „Du bist wunderschön" und eben nicht wortwörtlich übersetzen. Auch die sprachlich korrekte Übersetzung des türkischen Sprichwortes: „Bekannt sein wie ein bunter Esel" macht nicht viel Sinn, wenn man diesen Satz für ein deutschsprachiges Umfeld nicht mit „Bekannt sein wie ein bunter Hund" übersetzt.

---

110 Zum Hintergrund: Das Türkische gehört den altaischen Sprachen an, die in einem geographischen Gebiet von der Balkanhalbinsel bis in den Nordosten Asiens gesprochen werden. Von den 40 Sprachen, die dieser Gruppe zugeordnet werden, sind die Turksprachen, zu denen das Türkische gehört, die bekannteste Gruppe (vgl. Crystal, 1995: 307).
111 Petra Wurzel analysiert in ihrem Aufsatz die sprachlichen Schwierigkeiten in Asylverfahren beim Dolmetschen aus dem Türkischen ins Deutsche.

Das Übersetzen und Dolmetschen von der einen in die andere Sprache erfordert demzufolge nicht nur eine genaue Kenntnis grammatikalischer Strukturen, vielmehr muss sich der Dolmetscher auch über „gesellschaftliche, kulturelle und emotionale Konnotationen im klaren sein, die in der Zielsprache ebenso zum Ausdruck kommen müssen." (Crystal, 1995: 344)

Während der Interviews wurde in der Regel nur dann direkt übersetzt, wenn dies der Interviewte ausdrücklich wünschte. Meine Türkischkenntnisse reichten aus, den Inhalten zu folgen und auch selbst Fragen zu stellen. Die eigentliche Übersetzungsarbeit fand während der Verschriftlichung der Interviews statt. „No single correct translation from one language to another is possible; rather, there are only more or less approximate versions." (Edwards, 1995: 62) Dies beschreibt sehr anschaulich die Situation, in der sich der Übersetzer befand. Viele der interviewten Männer stammten aus ländlichen Regionen mit geringer Schulbildung und sprachen ein regional gefärbtes (oft auch mit kurdischen Versatzstücken) Türkisch, das manchmal nicht zu übersetzen war, und auch im türkischen Original keinen Sinn ergab. In den Sätzen fehlte oft das Prädikat oder Objekt. Ein weiteres Problem stellten Wortspiele dar, die ebenfalls nicht übersetzt werden konnten. Zum Beispiel verstärkt das Wortspiel „soğuk-moğuk" im Türkischen lautmalend den Begriff Kälte (soğuk). Das Wort moğuk existiert nicht und kann nicht übersetzt werden. Im Deutschen müsste man dies mit „kalt-malt" übersetzten, was jedoch keinen Sinn ergeben würde. In solchen Fällen wurde nur der Begriff kalt oder eiskalt benutzt und der türkische Ausdruck in Klammern gesetzt.

Ähnliche Schwierigkeiten gab es bei religiösen Begriffen oder Verwandtschaftsbezeichnungen, die eng mit dem kulturellen Hintergrund verknüpft sind. So sprach der studentische Mitarbeiter die Interviewpartner mal mit Onkel, Bruder, Lehrer oder dem Vornamen an, obwohl keine verwandtschaftliche Beziehung bestand. In der deutschen Übersetzung vermittelt der Gebrauch dieser Anredeformen jedoch gerade den Eindruck familiärer Bindungen.

Ein besonderes Problem der Übersetzung, übrigens auch bei der Verständlichkeit auf deutsch geführter Interviews, lag darin, dass im Türkischen keine Personalpronomina für die dritte Person Singular benutzt werden. So kann „gördü" er, sie oder es sah, bedeuten. In den auf Deutsch geführten Interviews konnte das Personalpronomen innerhalb eines Satzes vier bis fünf Mal wechseln, so dass man aus dem Gesamtkontext auf die Person schließen musste.

Die größten Probleme traten jedoch bei der Wort für Wort Verschriftlichung der türkischen Interviews auf. Rosalind Edwards beschreibt als eines der Hauptanliegen „and/or to avoid misrepresentation of the interviewee's account by the interpreter because they feel it is embarrassing or discreditable." (ebd.: 61) Im Laufe der Übersetzung der Interviews konnte bei dem Übersetzer die Tendenz festgestellt werden, Sätze, Ausdrücke oder Erzählungen der Interviewten, deren Inhalte scheinbar ein negatives Bild der interviewten Person oder der ethnischen Gruppe wiedergaben, nicht oder glättend zu übersetzen, bzw. scheinbar Unwichtiges wegzulassen. So hatte der Übersetzer zunächst alle Bezeichnungen, die die interviewten türkischen Männer für den Begriff „Christen" verwandten, ausnahmslos mit dem Wort „Christen" übersetzt, unabhängig davon, ob während des Interviews das türkische Wort für „Christ" oder „Ungläubige" benutzt worden war.

In zahlreichen Gesprächen musste die Wichtigkeit erklärt werden, jedes Wort wiederzugeben, auch wenn es dem Übersetzer unwichtig und sinnlos erschien, und keinesfalls Textpassagen interpretierend zu verkürzen. Hier handelt es sich um ein klassisches Missverständnis: Meine Aussage, „ich möchte gerne, jedes Wort, jede Äußerung, jedes Räuspern und jedes Husten auf dem Band auch in der verschriftlichten Version wiederfinden", interpretierte der studentische Mitarbeiter zunächst völlig richtig dahingehend, dass überhaupt keine Informationen verloren gehen dürfen. Was zwar korrekt war, aber nicht das fasste, was ich unter den *Diskursbeiträgen* der Männer verstand. Mir war der Diskurs wichtig, meinem studentischen Mitarbeiter lediglich der Inhalt. Dieses Missverständnis zunächst einmal zu erkennen und aufzuklären erforderte von allen Beteiligten sehr große Kraftanstrengungen. Es erlaubt jedoch im Nachhinein genauer zu untersuchen, welche Teile eines Interviews es waren, die als nicht übersetzenswert erachtet wurden, und von denen man glaubte, sie könnten weggelassen werden, ohne eine inhaltliche Verzerrung und Ungenauigkeit zu verursachen. Das erste Interview, das komplett in türkischer Sprache durchgeführt und verschriftlicht wurde, umfasste im türkischen Original 30, in der deutschen Übersetzung lediglich 14 Seiten. Die erneute Übersetzung des türkischen Originaltextes mit der ausdrücklichen Anweisung „alles" zu übersetzen, führte dann auch zu einer 34-seitigen deutschen Version. Im Folgenden werde ich ausführlich auf diese beiden unterschiedlichen Übersetzungen eingehen, da sie einen sehr guten Eindruck von den Schwierigkeiten in interkulturellen Forschungszusammenhängen vermitteln:

In der ersten kürzeren Fassung hatte der Übersetzer Folgendes weggelassen:
- Passagen der Interaktion im Gesprächsverlauf:
    In der konkreten Interviewsituation hatte ich Herrn Demir auf Türkisch eine Frage gestellt, auf die er nicht reagierte. Ich wiederholte die Frage. Sein anwesender Sohn wiederholte die Frage auf Türkisch. Herr Demir wandte sich mir zu, antwortete auf Deutsch, wechselte mitten im Satz die Sprache und führte, an meinen Übersetzer gewandt, den Satz auf Türkisch zu Ende. In der ersten verschriftlichten Version wurde die Situation so dargestellt, als habe ich auf meine direkte Frage, eine direkte Antwort erhalten.
- Beschreibende Passagen:

Herr Demir gab während des Interviews eine ausführliche Beschreibung seiner beruflichen Tätigkeit in einem Betrieb, den Anforderungen, die an ihn gestellt wurden und seiner Reaktionen. Der Übersetzer gab diese etwa einseitige Passage mit dem umschreibenden Satz wieder mit: „er erzählt, wie er Stapler gefahren ist."

- Antworten, die scheinbar nicht direkt auf eine gestellte Frage eingehen:
Herr Demir wurde nach eventuellen beruflichen Weiterbildungsmaßnahmen befragt. Er antwortete zunächst mit einer Beschreibung seiner beruflichen Tätigkeiten in einem bestimmten Betrieb. Auf Nachfrage verneinte er die eingangs gestellte Frage und begann wieder von seinen unterschiedlichen beruflichen Tätigkeiten zu berichten. Der Übersetzer gab diesen Teil nicht wider. Herr Demir hatte zwar keine Weiterbildungsmaßnahme durchlaufen, durch seine wiederholten Hinweise, auf das, was er gearbeitet hat, aber zeigen wollen, dass er durchaus unterschiedliche Tätigkeiten erlernt hat – wenn auch nicht im Rahmen einer formalen Ausbildung.

- Passagen, die vom Sprachniveau her eher auf einen bäuerlich-derben Hintergrund zurückgreifen:
In einem Abschnitt, in dem es um die Teilnahme der Eltern Demir an Elternabenden ging, äußerte sich Herr Demir, dass er nicht genügend Deutsch könne, um daran aktiv teilzunehmen. Im Original sagte er: „Ich hätte, entschuldigen Sie, geschaut wie ein Ochse." Der Übersetzer glättete: „Ich hätte dumm geschaut."

- Passagen, die ein scheinbar „untürkisches" Verhalten vermitteln:
Im Interviewverlauf ging es um die Frage, ob sich Herr Demir ein Leben mit seinen Kindern in einem Mehrgenerationenhaushalt vorstellen könne. Dies lehnte er ab, mit dem Hinweis, wie schwer sein Leben in der Türkei mit seinen Eltern in einem Haushalt gewesen war. Er war sich bewusst, türkische Normen zu verletzen, als er sagte: „Du weißt, dass diese Mutter und dieser Vater nach den Traditionen und Sitten der Türkei nicht alleingelassen werden. [...] Wir haben sie nicht allein lassen können. [...] Das störte mich sehr. Einen Alten zu pflegen, es gibt einen Meinungsunterschied. Wenn sie alt sind, verändert sich ihre Verhaltensweisen. [...] Man kann nicht unter einem Dach leben." Der Übersetzer gab geglättet und verkürzt die Passage mit dem Satz wider: „Ich habe doch mit meinen Eltern zusammengelebt und daher weiß ich, wie schwierig das ist."

- Passagen, die zu sehr in intime Details gehen und kulturelle Tabus berühren:
In dem folgenden Abschnitt geht es um die negativen Folgen des Alter(n)s. Herr Demir hatte bereits angemerkt, dass man ab 50 nicht mehr arbeiten sollte. Der Interviewer fragte nach: „INT2: Ja gut. Sehen Sie das als negative Seite des Alters also? HERR DEMIR: Vielleicht, noch später zum Beispiel, noch zum Beispiel ich sehe manchmal zum Beispiel. Man kann zitternd nicht essen, Dings nicht machen. Man lässt sich füttern. Es gibt solche alten Leute. In diese Situation sind wir noch nicht gekommen. Zum Beispiel sind diese Situationen noch schlimmer.

INT2: Dings, Sie haben gesagt, dass die negativen Seiten des Alters eben nicht arbeiten ist, oder abhängig von jemandem zu sein und so weiter. Also, wenn man alt wird, kann man nicht selbst essen. HERR DEMIR: [unterbricht] Ja, du wirst nicht essen können. Verzeih, du wirst eben nicht auf die Toilette gehen können. Du wirst ins Bett machen. Auf jeden Fall sind diese natürlich noch schlimmer." In der ersten Version der Übersetzung wurde dieser gesamte Abschnitt wie folgt wiedergegeben: „INT2: Welche schlechten Seiten sehen Sie noch am Altern? HERR DEMIR: Also auf jemanden angewiesen sein, z.B. du wirst nicht mal auf die Toilette alleine gehen können oder so was."

- Passagen, in denen ich mich als Deutsche vielleicht angegriffen oder beleidigt fühlen könnte:
Im Folgenden geht es um die rechtliche Situation der Türken in Deutschland: „INT2: Es gibt dieses Dings, das wird öfter im Fernsehen ausgestrahlt, im Radio gesendet, eh, es gibt eine Diskussion über die doppelte Staatsangehörigkeit und so weiter. Was denken Sie über diese doppelte Staatsangehörigkeit? HERR DEMIR: [lachend] die doppelte Staatsangehörigkeit ist bei uns schon vorbei. Auch wenn sie uns nicht die doppelte sondern die vierfache Staatsangehörigkeit machen, haben wir Dings gemacht, wir können kein Deutsch. Was [unv] Wir arbeiten sowieso. Der Deutsche gibt uns unsere Löhne, die wir uns verdienen. Wir bezahlen unsere Steuern [unv]. Also, wenn wir auch die doppelte Staatsangehörigkeit haben, was machen wir also damit in diesem Alter? INT2: Wenn Sie die Möglichkeit hätten, würden Sie sie [die doppelte Staatsbürgerschaft] haben wollen? HERR DEMIR: Ich würde nicht [Gelächter], denn ich mache meine Meinung Dings, ich [der tr. Satz ist auch unv]. Man braucht keine doppelte Staatsangehörigkeit, aber also ich will es für meine Kinder. INT2: Ja. Sie empfehlen sie [die doppelte Staatsangehörigkeit] den Kindern? HERR DEMIR: Ich empfehle sie den Jungen. Ich bin nicht gegen die Kinder. Ich persönlich will sie nicht. INT2: Sie haben in Deutschland die Aufenthaltsberechtigung, eben die „Aufenthaltsberechtigung" [dt]. Wie sehen Sie das? Also reicht das für Se? HERR DEMIR: Das reicht uns, das reicht. Weil [unv] man braucht das nicht nehmen. Außerdem glaube ich sowieso, dass es ein sehr guter Aufenthalt ist. Wenn sogar der Polizist am Zoll das sieht, guckt er sowieso nicht anderswo. Der gibt den Pass sowieso sofort wieder zurück. INT2: [unterbricht] Das ist sowieso das Beste nach der deutschen Staatsangehörigkeit. HERR DEMIR: Deswegen weil es das Beste ist, also ich merke das sowieso. Ich gucke durch meinen Augenwinkel, ich sage ‚Bitteschön' [dt], der guckt dort, sagt, passiere also. Es ist wichtig, natürlich spielt das eine Rolle. INT2: Ja gut, trotzdem, gibt es Ihrer Meinung nach einige Dinge, über die Rechte von diesen Menschen hier, die verändert werden sollen? [Pause] Also, wenn es so wäre, wäre es besser, oder wenn sie das so beschränkt hätten, ist das gut [unv]? HERR DEMIR: Ja, diese Situation verbessert sich nicht mehr. Wir sind jetzt hierher gekommen, in dieses fremde Land, um zu arbeiten.

Eh, diese, die Deutschen, natürlich, es ist immerhin ihr eigenes Land. INT2: [unterbricht] Natürlich. HERR DEMIR: [weiter] Ihr eigenes Land, ihr eigenes Dings. Natürlich, fehlt dies zum Beispiel den Türken. Eh, es verbessert sich nicht. Es ist überhaupt nicht möglich, das zu verbessern. Sie gucken vor allem durch eine Ausländerbrille also. Zum Beispiel am Arbeitsplatz und so weiter tun sie mir nichts, sagen mir nichts, aber zum Beispiel ich merke zum Beispiel als ein Türke diskriminieren sie also, wie: der ist Türke, zum Beispiel wie: der ist keiner von uns. INT2: [unterbricht] Das gibt es eben leider immer noch. HERR DEMIR: [weiter] Ja. Du spürst das. Also, du spürst das total. Wenn du das auch spürst, dann will man von sich aus, was weiß ich, nicht hier bleiben. Also du kannst dich auch nicht von hier trennen, denn wenn es dir irgendwo weh tut, dann behandeln sie dich sofort, die Gesundheitssituation. Sie versuchen den Menschen zu heilen. Auf der anderen Seite siehst du das Dings, auf dieser Seite behandeln sie dich gut, also du kannst dich nicht trennen [lacht]."

In der ersten Version hatte diese gesamte Passage gelautet: „INT2: Was halten Sie von der doppelten Staatsbürgerschaft? HERR DEMIR: Das wird mir nichts nutzen, denke ich. Außerdem kriege ich hier das, wofür ich arbeite. Ansonsten, ich kann kein Deutsch, ich weiß nicht... INT2: Wäre das trotzdem wünschenswert? HERR DEMIR: Nein, das brauche ich nicht. Aber meinen Kindern würde ich sie empfehlen. Die Aufenthaltsberechtigung reicht mir vollkommen aus. INT2: Sollte aber nach ihrer Meinung nach etwas geändert werden? HERR DEMIR: Da kann sich nichts ändern. Hier ist deren Land und wir sind gekommen um zu arbeiten. Du spürst überall, dass Du Ausländer bist und ständig ausgegrenzt wirst. Ich erlebe das auch in der Fabrik. Daher will ich nicht hier bleiben, aber auch nicht zurückkehren."
- In diesem Fall wurden die Aussagen von Herrn Demir in erheblich abgeschwächter Form wiedergegeben. Auch die Anschuldigung, die Deutschen betrachteten die Ausländer durch eine „Ausländerbrille" findet sich in der ersten übersetzten Version nicht wieder.

Die obigen Beispiele vermitteln einen Eindruck von dem weiter oben dargelegten Konflikt zwischen Diskursbeitrag und Inhalt.
Auch ein Übersetzer und Dolmetscher ist aktiv an der Interaktion in der Interviewersituation beteiligt und keinesfalls lediglich ein Filter, der die eine Sprache in die andere überträgt. Wie Temple ausführt ist:

„The use of translators and interpreters [...] not merely a technical matter that has little bearing on the outcome. It is of epistemological consequence as it influences what is ‚found'. Translators are active in the process of constructing accounts and in examinations of their intellectual autobiographies, that is, an analytic engagement with how they come to know what to do, is an important component in understanding the nature and status of the findings" (Temple, 1997: 614).

Die folgende Passage zeigt deutlich, dass der/die Dolmetscher/in genau wie auch der/die Interviewte und die/der Wissenschafter/in bestimmten Vorstellungen und Vorannahmen verhaftet ist, die nicht immer so klar sichtbar werden, wie an der nun zitierten Textpassage. Herr Hacıoğlu wurde um einen Vergleich zwischen türkischen Jugendlichen in der Türkei und in Deutschland gebeten, was deren Umgang mit älteren Menschen betraf:

„INT2: Für Sie. Eee, Sie sehen hier die Jugendlichen der zweiten Generation, mittlerweile auch die dritte Generation. Sie sehen die türkischen Jugendlichen hier. Der Umgang dieser Generation mit den Alten. Wie beurteilen Sie das Verhalten dieser Generation? HERR HACIOĞLU: Die Jugendlichen haben nicht mal Respekt vor ihren Vätern, geschweige denn vor den Anderen. INT2: Ich meine die türkischen Jugendlichen. HERR HACIOĞLU: Ich meine auch die Türken. In dieser Beziehung sind die deutschen Jugendlichen besser als unsere türkischen Jugendlichen. Die trinken und so, aber sie machen keinen Krach. Unsere machen viel Krach und schlagen alles kurz und klein. Unsere Jugendlichen taugen auch nichts mehr. Also diese, wenn die Deutschen uns alle in die Türkei abschieben, werden in den türkischen Gefängnissen keine freien Plätze bleiben. Die werden alle eingelocht. Ist es nicht so? Was sollen sie mit diesen [undeutlich]. Die alle werden eingelocht. In den Knast."

Als Herr Hacıoğlu beginnt, negative Eigenschaften der Jugendlichen aufzuzählen (mangelnder Respekt), meint Erdinc, der in dem Fall das Interview führte, dahingehend eingreifen zu müssen, Herrn Hacıoğlu darauf hinzuweisen, dass es hier ja nicht um deutsche, sondern um türkische Jugendliche gehe. Erdinc war davon ausgegangen, dass die gemachten Zuschreibungen eher auf die Gruppe der Deutschen zutrafen. Er hatte nicht damit gerechnet, dass Herr Hacıoğlu die eigene ethnische Gruppe so scharf kritisieren würde.

Der Rolle des Dolmetschers und Übersetzers, und wie in diesem Fall teilweise auch Interviewers, bei dem Zugang zu dem zu untersuchenden und aufbereiteten Material wird meiner Meinung nach in der deutschen Forschung bisher nur marginal thematisiert. Aufgrund meiner Türkischkenntnisse war es mir möglich, die großen Unterschiede zwischen der schriftlichen deutschen Version und dem realen Interviewablauf auf Türkisch überhaupt zu erkennen und entsprechend zu intervenieren. Es wäre eine wichtige Studie, in bisher erschienenen empirischen Arbeiten aus dem interkulturellen Forschungsfeld die Originalaussagen der Interviewten mit den übersetzen deutschen Texten zu vergleichen.

Auf einen weiteren sehr interessanten Aspekt qualitativer Untersuchungen mit zweisprachigen Personen, weist Whorf (vgl. in Newman, 95: 50f.) in seiner Arbeit hin. Er belegte 1964 anhand von Interviews mit zweisprachigen (englisch/japanischen) Frauen in Amerika, dass, je nach gewählter Sprache, stärker die japanische oder die englische Sozialisation und gesellschaftlich akzeptierte Verhaltensweisen in den Vordergrund traten[112]. Whorf kam zu dem Schluss: „[...] people [that] learn new languages they will come to think differently and therefore perceive reality differently." (ebd.: 50)

Auch hier wäre es ein spannendes Forschungsprojekt, eine ähnliche Untersuchung ebenfalls für die türkischen Männer dieser Studie durchführen zu können. Dies kann jedoch im Rahmen dieser Arbeit nicht in die Tiefe gehend geleistet werden. Der anschließende Exkurs zeigt, wo und bei welchen Themen die Sprache gewechselt wurden.

9. Exkurs: Sprachenwechsel in den Interviews

Im türkischsprachigen Interview Wechsel zu Deutsch:
Die auf Türkisch geführten Interviews waren die, die am konsequentesten in einer Sprache blieben. Es sind dort nur einzelne deutsche Worte aufgetaucht, die wie selbstverständlich in den türkischen Sprachfluss integriert wurden, oft mit türkischer Endung (Heim'ler) Nach genauer Durchsicht zeichnen sich folgende Wortfelder ab, aus denen die deutschen Begriffe in den türkischsprachigen Text integriert wurden:
- Arbeitsbereich („Stapler, Traktor, Transportzentrale, Blutbank, Notfall, Labor, Abteilung, Meister, Schlechtwetter(geld)");
- Ausbildung der Kinder („Informatiker, Sonderschule, Hauptschule, Taxifahrer, Fleischverkäuferin");
- Ausländerrechtlicher Bereich („Aufenthaltserlaubnis, Aufenthaltsberechtigung, Arbeitserlaubnis");
- sozialrechtlicher Bereich („Arbeitsamt, Kur, Arbeitslosengeld, Arbeitslosenhilfe, Sozialamt, Sozialgericht");
- Alltag („Grill, grillen, Brötchen, Frühstück");
- Alter und altern („Pflege, Heim, Altenheim, Seniorenheim, Betreuung").

Die Männer, die es vorzogen, die Interviews in ihrer Muttersprache zu absolvieren, benutzten dann deutsche Begriffe, wenn diese Bereiche beschrieben, die sie erst mit ihrem Aufenthalt in Deutschland kennengelernt[113] und für die sie keine türkische Entsprechung hatten oder verwenden wollten.

---

112 So gab die gleiche Frau auf die Frage, was ihr Berufswunsch sei, dem japanischsprachigen Interviewer die Antwort „Hausfrau", und dem amerikanischen Interviewer die Antwort „Lehrerin".
113 Was im Fall von „Frühstück" natürlich nicht zutrifft, aber in dem entsprechenden Fall war damit die Verabredung mit einem deutschen Kollegen zum Frühstück gemeint, und der Interviewte zog den deutschen Begriff dem türkischen vor.

Anders stellte sich die Situation in den Interviews dar, die hauptsächlich auf Deutsch geführt wurden. Die Verwendung türkischer Ausdrücke und Sätze ist nicht mit dem obigen Schema zu erklären.

Im deutschsprachigen Interview Wechsel zu Türkisch:
Grundsätzlich stand allen Befragten jederzeit der Wechsel zum Türkischen oder ins Deutsche offen. Entschieden sich die Interviewten dafür, das Interview auf Deutsch zu führen, erfolgte wesentlich häufiger ein Wechsel ins Türkische als dies im umgekehrten Fall geschehen ist. Bei der Durchsicht der Interviews lassen sich folgende Situationen unterscheiden:
- Alltagskommunikation: Der Interviewte unterbricht den deutschen Redefluss und fragt seine Frau nach einer Hintergrundinformation auf Türkisch, bsp. wie alt das Enkelkind sei, wie lange man schon in Deutschland wäre, wie der Name einer bestimmten Person laute. Die Sprache zwischen den Ehepartnern ist normalerweise Türkisch, so dass auch diese kurzen Fragen auf Türkisch gestellt werden. Die Antwort bekam ich dann wieder auf Deutsch, wie das Beispiel von Herrn Inan zeigt, in dem es um das Alter seiner Enkelkinder geht: HERR INAN [an seine Frau gewandt]: „Wie alt ist der Kleine?" [tr] FRAU INAN: „Sieben" [tr] HERR INAN: „Der andere? [tr] FAU INAN: „zwölf" [tr] HERR INAN [an Int1 gewandt]: Zwölf und sieben.
- Verständnisschwierigkeiten: Wurde eine auf Deutsch gestellte Frage nicht verstanden, erfolgte die Rückfrage auf Türkisch. Auch wenn sich die Interviewten über den Inhalt der Frage nicht sicher waren, erfolgte die Nachfrage auf Türkisch. Herr Sert war in der folgenden Passage nicht sicher, ob er meine Frage richtig verstanden hatte, und fasst noch mal auf Türkisch zusammen: INT1: „Und wenn Sie zurückgehen in die Türkei, was werden Sie von Deutschland vermissen?" HERR SERT: „Meint sie, was ich von Deutschland suchen würde?" [tr] INT2: „Ja" [tr]. Auch hier erfolgte die Antwort dann wieder auf Deutsch.

Des weiteren gab es das selbstverständliche „Switchen" ins Türkische. Wenn z.B. die Frage aus dem Deutschen ins Türkische übersetzt wurde, geht der Redefluss auch gleich auf Türkisch weiter:

„INT1: Und kennen Sie, ist das, Ihre Mutter ist ja sehr alt geworden. Und Sie sagten eben, dass Sie auch ganz alleine sich, alleine leben konnte. Würden Sie oder kennen Sie Leute, wo Sie sagen, der ist gut alt geworden. So wie der, so als Vorbild? [Herr Sert hat die deutsche Frage nicht verstanden] INT2: „Gibt es im Alter für Sie Menschen, die für Sie ein Vorbild sein können. Die für Sie als Vorbild gelten können? Also wo Sie sagen, ich möchte genauso alt werden wie er. Ich möchte mein Alter genau so verbringen wie er." [tr] HERR SERT: „Solche Menschen gibts auf jeden Fall. Aber nicht unbedingt wie er gelebt hat" [Ich muss nicht unbedingt wie er leben, Anm. Int2] [tr] INT2: „Jemand, den Sie selber kennen." [tr] HERR SERT: „Ich, z.B. meine Mutter. [unv2Wo] Trotz ihres Zustandes hat sie alles selbst erledigt. Es gibt also keine feste Person (als Vorbild Anm. Int) Mein einziger Wunsch für meine Freunde ist, wenn sie mal alleinbleiben, dann, egal ob sie jung sind oder alt, Einsamkeit ist nichts Gutes. Alleinbleiben ist nichts Gutes. Aber wenn der Mensch produktiv ist, dann ist es nicht mehr wichtig, wie alt er ist. Zum Beispiel wenn ich alt werde, wenn ich mir mit meinen Enkelkindern meine Zeit gut vertreiben kann, bin ich zufrieden. Wenn ich gesund bin. So was gibt es nicht. Soll ich das auf Deutsch sagen?" [tr]

Des weiteren gab es das bewusste „Switchen" ins Türkische bei dem der Prozess des Sprachwechsels mit dem als eingeschränkt erkannten Wortschatz erklärt und damit begründet wird, dies könne man im Türkischen besser ausdrücken.

„INT1: Haben wir jetzt irgendwas vergessen zu fragen, was aber für Sie wichtig ist und was Sie noch gern erzählen würden? Wir haben uns jetzt zwei Stunden, drei Stunden unterhalten über viele verschiedene Sachen und gibt es jetzt noch was, was wo Sie denken, das möchte ich noch sagen? HERR SERT: Eh? INT2: „Wir haben uns zweieinhalb Stunden mit Ihnen unterhalten. Wir haben die Fragen gestellt, die für uns wichtig sind. Haben Sie ein Gebiet, wo Sie sagen, es wäre besser, wenn wir auch über dieses gesprochen hätten." [tr] HERR SERT: „Es gibt viel. Aber ich bin nicht im Stande meine Probleme zu erzählen." [tr] [wegen der Sprache, Anm. Int2] „INT2: „Sie können auf Türkisch" [tr] HERR SERT: [hustet] „Meine deutsche Erzählung befriedigt mich selber nicht. Das befriedigt mich nicht." [tr] INT2:"Dann können wir ja sofort übersetzen." [tr] HERR SERT: „Bei solchen Sachen gibts die Übersetzung ins Deutsche nicht. Was alles in meinem Herzen liegt. Ich wünsche mir, dass in der Welt Frieden herrscht. Alkohol, Diebstahl, Vergewaltigung an Frauen soll es nicht geben. Auf das Recht des Nachbarn muss geachtet werden […]."

Vorgekommen ist auch das kurzfristige und erläuternde „Switchen" ins Türkische, wenn im Deutschen für einen bestimmten Ausdruck die Worte fehlen. So sucht Herr Mardın erst nach einer Entsprechung im Deutschen und schwenkt dann kurz ins Türkische ab, um gleich danach das Interview wieder auf Deutsch zu führen.

„Aber ich lieb meine Kinder. Ich aufpassen auch. Meine Frau schimpft: ‚Warum gehst du helfen'? Eh, weil du nicht gehst, alle im selben [unv1Wo Moment?] anrufen z.B. heute Abend Kinder aufpassen. Ich komm hin. Meine Frau andere Seite geht, andere Kinder. Ich machen so. Wie, meine eh, Frau ganz „wie soll ich sagen? Meine Frau hat ein gutes Herz" [tr] [Frau Mardın lacht im Hintergrund] Herz, ganz sauber meine Frau. Eine Schwiegermutter so alles gehört sein, lassen die „wie soll ich sagen? Jeder soll so eine Schwiegermutter haben" [tr] INT1: Haben Sie… HERR MARDIN: Ich denken so.

Was den Inhalt betrifft, so ist festzustellen, dass vor allem in Bereichen, in denen es um Gefühle und die Thematisierung von Zusammenhängen geht, der Rückgriff auf die türkische Sprache erfolgt.

Über den sensiblen Umgang mit Sprache – das Dilemma des Zitierens

Neun der zwanzig Interviews wurden in Deutsch geführt. Keiner der befragten Männer hatte je an einem Sprachkurs teilgenommen. Trotzdem hatten sie sich mit großem Engagement im Laufe der Jahre genügend Deutschkenntnisse angeeignet. Die von ihnen gesprochene deutsche Sprache ist nicht immer grammatisch korrekt und syntaktisch fehlerfrei. Die Männer haben jedoch Möglichkeiten gefunden, die ihre Ausdrucksweise sehr lebendig, bildhaft und klar verständlich erscheinen lässt. Die Interviews lebten zu einem Großteil durch eine reiche Bildersprache, unterstützt durch Gestik und Mimik. Unterschiedliche Intonationen, die Aneinanderreihung gleicher Wörtern, um eine Steigerung auszudrücken (nicht „sehr viel" oder „unglaublich viel", sondern „viel, viel, viel"…), die Erfindung von Bildern („mein glaublich viel", sondern „viel, viel, viel"…), die Erfindung von Bildern („mein Kopf sieht aus wie ein Flughafen", gemeint ist kahl, also eine Glatze) machen die Sprache im Interview leicht verständlich und sehr assoziativ. Diese Lebendigkeit verliert bei der Verschriftlichung jedoch ihre Anziehungskraft, Aussagefähigkeit und teilweise auch die Verständlichkeit. Trotzdem habe ich mich dafür entschieden, die Interviews grammatikalisch und inhaltlich nicht zu glätten.

Der/die eine oder andere Leser/in wird möglicherweise Schwierigkeiten mit dem Lesen der entsprechenden Passagen haben. Sprache, zudem verschriftlichte, ist in hohem Maße standardisiert. Abweichungen, grammatikalische Fehler, und mangelnde Ausrucksmöglichkeiten werden nur zu schnell als Hinweis auf eine eingeschränkte Intelligenz gesehen. Eva Barlösius bemerkt zu diesem Komplex

„ dass, Gesten, Rituale und ähnliche Verständigungsmittel weniger als gesprochene und geschriebene Worte gelten und nur Sprache (Rechts-) Verbindlichkeit beigemessen wird. Dabei wird leicht übersehen, dass auch mittels Gesten, Ritualen und von Menschen geschaffenen Gegenständen kommuniziert wird und diese Ausdrucksmittel häufig keiner Übersetzung in intellektuelle Sprache oder Bilder bedürfen um verstanden zu werden." (Barlösius, 1997: 138)

Die Gründe, die mich bewogen haben, die gesprochene Sprache zu übernehmen, und wo immer dies noch möglich war, Hinweise auf die verwendete Gestik und Mimik zu geben, sind vielfältig.

Ein Punkt ist der, dass so der Primärcharakter des Materials erhalten bleibt und anderen Forschern/innen eine direktere Auseinandersetzung mit den hier vertretenen Thesen erlaubt.

Vor allem geschieht es jedoch aus dem Respekt vor der Leistung der Interviewten heraus, die sich in Eigenleistung, teilweise als Analphabeten, die deutsche Sprache angeeignet haben und mit ihr einen Bilderreichtum ausdrücken können, der durch eine Glättung viel von seiner Spontaneität und Eindringlichkeit verlieren würde. Es ist auch der Respekt vor dem Mut der Interviewten einem Interview in deutscher Sprache zuzustimmen, und nicht in die Sicherheit der Muttersprache[114] auszuweichen, wohlwissend, dass die Fremdsprache nicht völlig beherrscht wird. Ich schließe mich hier der These von John H. Stanfield II an:

„Social Sciences discourse involves an elite way of talking and writing that in race-centred societies creates public images of the dominant and of the oppressed that appear to be objective and value free. In qualitative research, the leeway given to subjects to speak their minds, to speak from their hearts, is translated and reproduces in the lan-

---

114 Die Interviews, die auf Türkisch geführt wurden, wurden in „korrektes" Deutsch übersetzt.

guage of the academic elite, and so are the rough notes of the ethnographer in the field" (Stanfield II, 1993: 11).

Demographische Aspekte der Befragten

Räumliche Verteilung

Zwölf Interviewpartner lebten zum Interviewzeitpunkt im städtischen Bereich in Niedersachsen, acht Interviewpartner waren in ländlichen Gebieten im nordwestlichen Niedersachsen angesiedelt.

Altersverteilung

Die Interviewten waren zum Zeitpunkt der Befragung zwischen 53 und 64 Jahre alt. Das Durchschnittsalter liegt bei 60 Jahren.

Tabelle 11: Geburtsjahre der Interviewten

Jahr	1940	1941	1943	1932	1933	1934	1935	1936	1937
Anzahl	2	1	1	1	3	3	4	3	2

Religionszugehörigkeit

Alle Befragten bezeichneten sich selbst als Muslime. Bei sechs Interviewten war die Zugehörigkeit zum Alevitentum erkennbar. Entweder fand das entsprechende Interview im alevitischen Kulturverein statt bzw. konnte aus den Aussagen der Interviewten und dem Umfeld auf ihre Glaubensrichtung geschlossen werden. In der Türkei liegt der Anteil der Aleviten schätzungsweise bei etwa 20 % (vgl. Väth,93: 211). Die Zugehörigkeit zum Alevitentum hatte für einige der Befragten (z.B. Herrn Reyis) einen sehr hohen Stellenwert, gerade auch was das Rollenverständnis zwischen Mann und Frau angeht.

DIE EMPIRISCHE UNTERSUCHUNG

Geographische Herkunft

Grafik 1: Geographische Verteilung der Interviewten

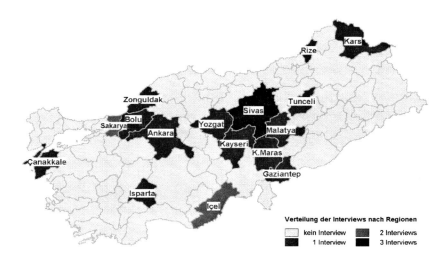

Der überwiegende Teil der Befragten (12) stammt aus Mittel- und Ostanatolien. Zwei Männer sind aus der Schwarzmeer- drei aus der Marmararegion migriert. Drei Interviewte kommen aus dem Mittelmeerraum. Drei Viertel der Befragten sind in Dörfern geboren. Vier Personen stammen aus einer Kleinstadt, und lediglich ein Interviewter ist in einer Großstadt geboren. Elf Männer des Samples hatten vor ihrer Ausreise nach Deutschland in der Türkei bereits eine Binnenmigration durchlaufen. Fünf Männer waren nach Istanbul, jeweils einer nach Sivas und Kirikale umgezogen. Drei Männer wechselten beruflich bedingt mehrmals ihren Wohnort. Ein Interviewter zog als Jugendlicher, durch familiäre Schwierigkeiten und Abenteuerlust bedingt, einige Jahre durch die südliche Türkei. Neun Befragte sind direkt aus ihrem Geburtsort nach Deutschland migriert.

Das Sample zeigt keine allzu großen Abweichungen zu den Werten, die Şen u.a. für ihre Untersuchung ermittelten. Auch dort stammte die Mehrzahl der Befragten aus Mittel- und Ostanatolien sowie der Schwarzmeerregion. Mehr als die Hälfte kam aus ländlichen Gebieten. 46 % der Befragten hatten eine Binnenmigration durchlaufen (vgl. Şen u.a., 1993: 33).

Familienstruktur

Alle Befragten waren zum Zeitpunkt der Befragung verheiratet, vier Männer zum zweiten Mal. Zwei der Interviewten lebten ohne Ehefrau in Deutschland. Die durchschnittliche Ehedauer betrug 35 Jahre. Zwei Männer heirateten erst nach erfolgter Migration, in einem Fall eine Deutsche.

Kinder

Lediglich einer der befragten Männer hatte keine Kinder.

Tabelle 12: Kinderzahl der befragten Türken

Anzahl der Kinder	Anzahl der Befragten
kein Kind	1
ein Kind	1
zwei Kinder	3
drei Kinder	2
vier Kinder	5
fünf Kinder	5
sechs Kinder	3
Kinder insgesamt	76

Insgesamt haben die Männer des Samples 76 Kinder, 36 Söhne und 40 Töchter. Der Durchschnitt liegt bei 3,9 Kindern pro Interviewpartner. Ein Paar ist kinderlos. Der hier ermittelte Wert nähert sich dem Ergebnis von Fersahoğlu an, der in seiner Studie über ältere türkische Migranten eine durchschnittliche Kinderzahl von 3,14 ermittelte (vgl. Fersahoğlu, 1993: 14). 65 % der befragten Männer haben mehr als vier Kinder. Auch in diesem Bereich nähern sich die Werte der Studie denen von Şen u.a. an. Diese ermittelten für 37 % ihrer Befragten eine Kinderzahl von 3 bis 4 (zum Vergleich: 30 % in dieser Studie). 37 % hatten fünf Kinder und mehr im Vergleich zu 45 % in dieser Studie (vgl. Şen u.a., 1993: 38). Erschreckend hoch war der Anteil der Kinder, die gestorben sind. Mindestens acht Kinder[115] waren gestorben.

---

115 Insbesondere in den Fällen, in denen die Kinder noch sehr jung gestorben waren, und ohne dass die in Deutschland arbeitenden Väter das Kind gesehen hatten, schwanken die Angaben.

Tabelle 13: Altersverteilung der Kinder

Alter	Anzahl der Kinder
50 bis 41 Jahre	2
40 bis 31 Jahre	28
30 bis 21 Jahre	31
20 bis 10 Jahre	4
Unbekannt[116]	11
Kinder insgesamt	76

Das Alter der Kinder reicht von 17 bis 42 Jahre. Der überwiegende Teil ist zwischen 21 und 40 Jahren alt. Von 76 Kindern leben 19 (7 Söhne, 12 Töchter) in der Türkei.

Tabelle 14: Aufenthaltsland der Kinder

Aufenthaltsland	Söhne	Töchter
in Deutschland	25	23
in der Türkei	7	12
im Drittland	0	1
Unbekannt	0	0
Verstorben	4	4
Insgesamt	36	40

In 11 Familien lebten alle Kinder in Deutschland, in sechs in beiden Ländern. Nur zwei Befragte lebten ohne die eigenen Kinder in Deutschland, wobei ein Interviewter seine Kinder bewusst nie nach Deutschland brachte, um vor allem die Mädchen von dem hiesigen Einfluss fernzuhalten. Im anderen Fall sind die beiden Kinder mit der Mutter wieder zurückgekehrt. In einigen Fällen waren die Kinder nie in Deutschland, oder sind nach einer Eheschließung zurück in die Türkei. Eine Tochter ist ins benachbarte Ausland verheiratet. Aufgrund des geschlechterdifferenzierenden Ansatzes weichen die Ergebnisse etwas von denen der Studie Şen u.a. ab. Dort lebten in 44 % der Familien alle Kinder in Deutschland (hier in über der Hälfte der Fälle), in

---

116 Eine Vielzahl der Befragten konnte keine genauen Angaben über das Alter ihrer Kinder machen. Ein Interviewter antwortete beispielsweise auf die entsprechende Frage: „Sechs Kinder ab 30 abwärts." Auch in den Fällen, in denen Kinder im Babyalter gestorben waren, konnten keine genauen Angaben getroffen werden.

55 % in beiden Ländern und in 7 % ausschließlich in der Türkei (vgl. Şen u.a., 1993: 39).

Der überwiegende Anteil der in Deutschland lebenden Kinder wohnt in unmittelbarer Nähe der Eltern. Lediglich fünf Kinder wohnen weiter als 200 km von ihren Eltern entfernt. 13 Kinder leben im gleichen Haus und/oder Haushalt.

Tabelle 15: Wohnort der Kinder

Wohnort	Söhne	Töchter
Im gleichen Haus(halt)	6	7
in der gleichen Stadt	13	7
bis zu 200 Km	5	5
weiter als 200 Km	1	4
in der Türkei	7	12
in einem Drittland	0	1
Unbekannt	0	0
Verstorben	4	4
Insgesamt	36	40

Bildungsstruktur

Die Befragten weisen ein allgemein niedriges Schulbildungsniveau auf. Ein Fünftel von ihnen hatte nie eine Schule besucht. Ein Befragter hatte ausschließlich die Koranschule besucht. In neun Fällen wurde die Grundschule abgeschlossen, zwei Interviewte besaßen den Mittelschulabschluss. In vier Fällen wurde die Lehrerakademie besucht. Ein Befragter hatte studiert.

Vier Befragte hatten vor ihrer Migration nach Deutschland keine Ausbildung durchlaufen, sondern waren in der landwirtschaftlichen Subsistenzwirtschaft tätig.

Aufenthaltsdauer und -status

Die Aufenthaltsdauer der türkischen Männer variierte zum Zeitpunkt der Untersuchung zwischen 16 und 36 Jahren. Im Median erfolgte die Migration im Jahr 1969. Das heißt, dass die Interviewten durchschnittlich auf einen 27-jährigen Aufenthalt in Deutschland zurückblicken. Dies entspricht den Ergebnissen, die Fersahoğlu 1993 für die Stadt Braunschweig ermittelt hat, wo 80 % der befragten Männer und Frauen aus der Türkei zwischen 20 und 30 Jahren im Bundesgebiet leben (vgl. Fersahoğlu,

1993: 15). In drei Fällen folgte der Interviewpartner seiner Ehefrau in die Bundesrepublik.

Alle Befragten verfügten über einen gesicherten Aufenthaltsstatus. 15 Personen besaßen die Aufenthaltsberechtigung, einer die deutsche Staatsbürgerschaft und die restlichen die unbefristete Aufenthaltserlaubnis. Die Ergebnisse weichen erheblich von den Daten der Studie von Şen u.a. ab. Dort besaßen 37 % der türkischen Befragten die unbefristete Aufenthaltserlaubnis und 55 % die Aufenthaltsberechtigung (vgl. Şen u.a., 1992: 32). Allerdings wurde dort keine geschlechtsspezifische Aufteilung erstellt. Meine Daten nähern sich eher den Ergebnissen der Repräsentativuntersuchung von Mehrländer an, in der 58,8 % der über 45-jährigen Türken die Aufenthaltsberechtigung und 23,8 % die unbefristete Aufenthaltserlaubnis besaßen (vgl. Mehrländer, 1995: 376). Die hier vorgestellten Ergebnisse nähern sich auch sehr stark den Werten an, die Fersahoğlu für die Stadt Braunschweig ermittelt hat. Dort verfügten 77,2 % der befragten älteren türkischen Migranten über die Aufenthaltsberechtigung und 17,54 % über die unbefristete Aufenthaltserlaubnis (vgl. Fersahoğlu, 1993: 16).

Erwerbstätigkeit

Vier Interviewpartner waren zum Interviewzeitpunkt arbeitslos, 11 erwerbstätig und fünf in Rente bzw. Frührente. 17 der Befragten waren in den ersten Jahren der Migration als Arbeiter beschäftigt. Sieben Personen arbeiteten zwischen 17 und 26 Jahre lang in der gleichen Firma. Fünf Männer hatten mindestens drei Arbeitsplatzwechsel durchgeführt. Zwei Männer sind von Süd- nach Norddeutschland gezogen, um dort eine bessere Arbeitsstelle anzutreten. Die meisten Männer arbeiteten als Fabrikarbeiter im metallverarbeitenden und produzierenden Gewerbe. Akkordarbeit, körperlich anstrengende und gefährliche Tätigkeiten wurden oft über lange Jahre hinweg durchgeführt. Ein Mann wurde als Akademiker angeworben, einer für den Dienstleistungsbereich gewonnen und ein dritter Mann begann als Lehrer. Drei Männer orientierten sich später beruflich um. Ein Mann fand eine Anstellung als Lehrer, einer wurde selbständig und ein Dritter wechselte in den Dienstleistungssektor.

10. Exkurs: Die Frage der Repräsentativität

An die qualitative Sozialforschung wird immer wieder die Frage nach der Repräsentativität, der möglichen Verallgemeinerung der Aussagen und der Übertragbarkeit der Ergebnisse herangetragen. Qualitative Forschung sollte nicht versuchen in Konkurrenz zu den quantitativen Methoden zu treten, da das Untersuchungsdesign, die Datenerhebung und die Generierung von Thesen nicht vergleichbar sind. Lamnek vertritt die These, dass es der qualitativen Methodologie in erster Linie um Typisierungen geht, weshalb er die Repräsentativität als „nicht so bedeutsam" empfindet (Lamnek, 1995: 92). Daher kommt eine Befragung auch nicht auf Grundlage einer Zufallsstichprobe zustande, sondern auf der Basis des „theoretical sampling", das heißt die Teilnehmer/innen einer Studie werden gezielt ausgesucht. Setzt sich Lamnek noch mit der Frage auseinander, ob und inwieweit Ergebnisse qualitativer Arbeiten als repräsentativ zu bezeichnen sind, vertritt Heinze die Auffassung: „Die Frage, ob spezifische Ansätze qualitativer Sozialforschung verallgemeinerbar sind, ist als sinnlos zurückzuweisen. Statt dessen sollte man in einen Verständigungsprozess darüber eintreten, wo die spezifischen Schwächen und wo die spezifischen Stärken qualitativer Sozialforschung in bezug auf die Verallgemeinerungsfrage liegen." (Heinze, 1987: 128) Heinze versteht darunter die Frage, ob der Grad der Verallgemeinerung „unter dem Gesichtspunkt der mit der Untersuchung verfolgten Ziele" (Heinze, 1987:128) als befriedigend angesehen werden kann. Die Frage der „Verallgemeinerbarkeit" von Ergebnissen, so Heinze, kann dabei nicht losgelöst von ihrem jeweiligen gesellschaftlichen Umfeld und in der Frage von Macht gesehen werden: Welche Faktoren führen dazu, dass welche Ergebnisse als repräsentativ angesehen werden? Wer bestimmt, was verallgemeinerbar ist und was nicht? Was soll verallgemeinert werden? Handelt es sich um gesellschaftliche Strukturen oder um Theorien (vgl. Heinze, 1987: 128ff.)?

Es handelt sich in der qualitativen Forschung also nicht in erster Linie um die Frage der Repräsentativität „an sich", sondern in einem noch viel stärkerem Umfang als dies in der quantitativen Forschung der Fall ist, um die Frage, was in welcher gesellschaftlichen Konstellation zu welchem Zeitpunkt sagbar ist. Die hier vorliegende Studie behandelt ein gesellschaftlich relevantes Thema: Migration. Die spezifische Fragestellung: türkische Männer der ersten Generation aus der Türkei, ist in der Männer- und Migrationsforschung bisher nur marginal gestreift worden. Es geht hier nicht darum, repräsentative Aussagen über diese Gruppe zu treffen, sondern sie überhaupt zum Thema in der wissenschaftlichen Öffentlichkeit zu machen.

So hat die vorliegende Studie explorativen Charakter und erhebt keinen Anspruch auf Repräsentativität. Ziel ist das Generieren von Hypothesen und Theorien. Die sozio-ökonomischen Daten zeigen jedoch, dass die ausgewählten Interviewpartner die Situation der ersten Generation der türkischen Arbeitsmigranten widerspiegeln.

VORSTELLUNG DER INTERVIEWPARTNER

Im Gegensatz zu den üblichen Verfahren, die Kurzbiographien der Interviewpartner in den Anhang zu stellen, habe ich mich hier bewusst dazu entschieden die Interviewpartner im Hauptteil der Arbeit vorzustellen. Sie sind die Hauptpersonen, aus deren Aussagen ich Theorien zu Männlichkeiten generiere. Die folgenden kurzen Lebensläufe sind nicht identisch aufgebaut, da sie die individuelle Entwicklung der Personen, und die Dinge, die in ihrem Leben als zentral erscheinen, berücksichtigen.

Herr Alkan

Herr Alkan wird 1941 in einer Kreisstadt in der Nähe von Ankara geboren. Seine Mutter stirbt als er 12 Jahre alt ist. Beim Tod seines Vaters ist er 17 Jahre alt. In diesem Alter verlässt er das Haus und durchläuft eine handwerkliche Lehre. Gegen die ausdrückliche Order des Vaters seiner Freundin entführt er seine langjährige, heimliche Verlobte mit deren Einverständnis und heiratet sie. Das Paar bekommt drei Kinder, zwei Söhne und eine Tochter. Herrn Alkan geht es in der Türkei finanziell gut, und er kann seine Arbeitstage als Handwerker, der für die Kommune arbeitet, frei gestalten. Nach Deutschland kommt er nur auf Druck seines Bruders und bereut die Entscheidung, als er die straff organisierten Arbeitstage und die körperlichen Anstrengungen, die mit der Arbeitsstelle verbunden sind, kennenlernt. Er leidet sehr unter der Trennung von Frau und Kindern. Nach eigenem Bekunden sind die Kinder das Wichtigste in seinem Leben.

Herr Alkan arbeitet an sehr vielen verschiedenen Arbeitsstellen, eckt immer wieder mit Vorgesetzten an, da er sich aktiv für die Rechte der Arbeiter einsetzt und sich gewerkschaftlich organisiert. Überhaupt ist er ein sehr kämpferischer Mann, der jede empfundene Ungerechtigkeit sofort aktiv angeht: sei es im Arbeitsleben, sei es im schulischen Bereich mit seinen Kindern, sei es in der Auseinandersetzung mit rassistischen Erfahrungen. Immer wieder betont er, er kenne seine Rechte und möchte das, was ihm zusteht, auch durchsetzen. Er engagiert sich zudem sehr rege und aktiv im christlich-islamischen Dialog. In dieser Position ist er auch mit tragender Funktion in zahlreichen Vereinen aktiv; eine Aktivität, die ihn auch über die Grenzen seines Wohnortes hinaus bekannt gemacht hat.

Sein Migrationsprojekt bereut er trotz allen Wohlfühlens in der vertrauten deutschen Umgebung, da sich seine finanzielle Situation durch die Migration nicht verändert habe und sich die berufliche Lage sogar verschlechtert hat.

Herr Bilen

Herr Bilen wird 1940 in einer Stadt in Mittelanatolien geboren, zieht jedoch nach dem Tod seiner Eltern mit 13 Jahren nach Istanbul, wo er eine Ausbildung in einem Handwerksberuf absolviert. Früh fühlt er sich zur Musik hingezogen und strebt auch einen musikalischen Beruf an. Den Militärdienst dient er als Musiker im Corps ab. Obwohl er auf dem Konservatorium studiert, als Musiker dort fest angestellt ist, kann er seine Existenz nicht auf einem musikalischen Beruf aufbauen. Parallel dazu macht er sich in seinem erlernten Beruf selbständig, scheitert jedoch mit seinem Unternehmen. Seine Frau, die er durch Bekannte kennengelernt hat, liegt noch auf der Entbindungsstation (das Paar hat eine Tochter), als Herr Bilen nach Deutschland migriert. Frau und Tochter holt er ein Jahr später nach. Auch in Deutschland versucht er musikalisch Fuß zu fassen, was ihm aber aufgrund mangelnder Sprachkenntnisse nicht gelingt. Er arbeitet in seinem bereits in der Türkei erlernten Handwerksberuf. Musik bleibt jedoch auch weiterhin bestimmend für sein Leben und er versucht, türkische Jugendliche durch musikalische Aktivitäten wie Folkloregruppe und Orchesterarbeit von der Strasse zu holen. Herr Bilen betont, dass er in einer deutschen Nachbarschaft lebt und er freundschaftliche Kontakte zu Deutschen unterhält. Er definiert sich als religiös, distanziert sich jedoch vehement von den Muslimen, die die Moschee besuchen. Als Ehemann für die einzige Tochter käme für ihn jedoch nur ein sunnitischer Türke in Frage. Herr Bilen hat für sich und seine Familie die deutsche Staatsbürgerschaft beantragt.

Herr Uçar

Herr Uçar wird 1933 in einem Dorf in der Provinz Tunceli geboren. Er hat keine Schulausbildung und arbeitet seit frühester Jugend auf dem Feld. Er heiratet eine Frau, die ihm an Bildung weit überlegen ist und die als Beamtin arbeitet. Das Paar zieht vom Dorf nach Istanbul, wo Frau Uçar ihren Mann vor vollendete Tatsachen stellt und ihm mitteilt, sie gehe nach Deutschland. Ihr Mann kommt kurz darauf nach und arbeitet 15 Jahre in der gleichen Firma. Herr Uçar spricht auch heute kaum Deutsch. Seine Frau regelt alles in der Familie und organisiert das Leben. Herr Uçar ist mittlerweile Rentner. Das Paar hat fünf Kinder, drei Söhne und zwei Töchter, die im ganzen Bundesgebiet verstreut leben. Ein Sohn ist psychisch krank und bedarf ständiger Betreuung. Der Zustand des Sohnes verschlechtert Herrn Uçars eigenen Gesundheitszustand und beeinträchtigt dessen Wohlbefinden. Herr Uçar beschreibt sich selbst als wenig ehrgeizig und antriebsarm.

Herr Demir

Herr Demir wird 1943 in einem Dorf in der Provinz von Canakkale als einziger Sohn geboren. Drei Jahre lang besucht er die Grundschule und arbeitet seit frühester Jugend in der Landwirtschaft und später in der Forstwirtschaft. Seine Frau lernt er durch Vermittler kennen. Das Paar beschließt, auch gegen den Willen der Mutter der Frau zu heiraten. Herr Demir entführt seine Freundin mit deren Einverständnis und heiratet sie. Sie haben einen Sohn und eine Tochter. Das Ehepaar hält die bedrückende Lebenssituation, die von großer Armut geprägt ist, nicht mehr aus und beschließt nach Deutschland auszuwandern. Frau Demir, zu diesem Zeitpunkt ist sie

16[117] Jahre alt, reist als erste nach Deutschland und holt ihren Mann drei Monate später nach. Die Ausreise nach Deutschland wird lange vor beiden Elternpaaren geheim gehalten, da diese nie zugestimmt hätten. Herr Demir arbeitet in Deutschland in vielen Städten und Firmen. Seit über zehn Jahren ist er nun bei der gleichen Firma angestellt. Er träumt davon, in die Türkei zurückzugehen, hat jedoch gleichzeitig starke Bedenken, ob er noch in der Lage wäre, sich dort anzupassen. Seiner Ansicht nach können dies seine Kinder nicht mehr. Für Herrn Demir war die Bildung seiner Kinder von großer Wichtigkeit. Das Universitätsstudium seines Sohnes bezeichnet er auch als seinen größten Verdienst in Deutschland, der allein die Migration bereits gerechtfertigt habe. Sein Migrationsprojekt bezeichnet er als gelungen.

Herr Gür

Herr Gür wird 1935 in einem Dorf in der Provinz Içel als ältester Sohn geboren. Er besucht zu seinem großen Bedauern lediglich die Grundschule, da das Dorf nicht über eine Mittelschule verfügt, und die Familie nicht das Geld besitzt, ihm in der Stadt den Mittelschulbesuch zu ermöglichen. Mit 12 Jahren beginnt er die regelmäßige Arbeit in der Landwirtschaft und seit seinem 15. Lebensjahr verwaltet er selbständig den elterlichen Hof. Er setzt sich dafür ein, dass seine jüngeren Geschwister und später auch die Kinder aus dem Dorf, die Möglichkeit haben, die Mittelschule zu besuchen. Bildung stellt für ihn, der selbst nie die Chance dazu hatte, die Grundvoraussetzung für ein selbstbestimmtes Leben und die einzige Möglichkeit dar sich aus der durch Nichtwissen verursachten Abhängigkeit zu befreien. „Die Welt kennen" bedeutet für ihn, sich dadurch nicht anderen unterwerfen zu müssen. Von frühester Jugend an beschließt er, seinen Kinder unter allen Umständen eine gute Bildung zu ermöglichen. Er selbst möchte spätestens bis zu seinem 30. Lebensjahr das Dorf verlassen haben. 1963 heiratet er zum ersten Mal. Von dieser Frau lässt er sich scheiden und heiratet 1968 erneut. Beide Frauen lernt er durch die Vermittlung von Verwandten kennen. 1965 migriert Herr Gür nach Deutschland. Diese Zeit ist durch eine Vielzahl von persönlichen Krisen geprägt, die die Migrationsentscheidung forcieren und begünstigen. In Deutschland arbeitet er bis heute bei der gleichen Firma. Auch seine Frau ist 25 Jahre lang erwerbstätig. Das Paar bekommt in Deutschland drei Kinder, zwei Töchter und einen Sohn, denen er in Deutschland allen eine Aus-

---

117 Da Frau Demir noch nicht 18 Jahre alt war, war sie auch noch nicht offiziell verheiratet. Das Paar hatte lediglich eine religiöse Zeremonie durchgeführt. Als Unverheiratete war es Frau Demir jedoch nicht möglich, ihren Mann nachzuholen. Frau Demir bittet daraufhin ihren Vater, ihr Geburtsdatum zwei Jahre noch oben zu „korrigieren", was dieser dann auch tut, so dass Herr und Frau Demir offiziell heiraten können und Herr Demir als Ehemann nach Deutschland nachkommen kann.

bildung ermöglicht. Überschattet wird das Familienleben durch den Selbstmord des ältesten Sohnes. Herr Gür betont seine Dankbarkeit, dass er in Deutschland die Chance hatte, seinen Kindern eine Ausbildung zu gewährleisten. Er fühlt sich jedoch Zeit seines Lebens als Ausländer, der von den Deutschen verachtet wird. Als Rentner möchten er und seine Frau zwischen der Türkei und Deutschland pendeln.

Herr Fener

Herr Fener wird 1936 in einer mittelgroßen Stadt am Mittelmeer als jüngstes von drei Kindern geboren. Seine Eltern sterben beide als er sieben Jahre alt ist. Er absolviert eine Ausbildung zum Lehrer und arbeitet unmittelbar vor seiner Migration als Rektor einer Schule. Sein Berufsleben in der Türkei ist durch hohe räumliche Flexibilität gekennzeichnet. Herrn Feners politische Tätigkeiten bringen ihn in Konflikt mit der Regierung, und er ist in seinem Beruf zahlreichen Schikanen ausgesetzt, so dass er beschließt, das Land zu verlassen. Er möchte sich jedoch offen halten, auch weiterhin als Lehrer tätig zu sein, so dass es nicht zu einem offenen Bruch zwischen ihm und seinem Arbeitgeber kommt. Seine Frau migriert zuerst und er zieht 1971 nach. In Deutschland ist er die ersten fünf Jahre als Arbeiter tätig, bis es ihm gelingt, als muttersprachlicher Lehrer wieder an seinen eigentlichen Beruf anzuknüpfen. Das Paar hat vier Kinder, die alle in der Türkei geboren wurden. Eine schwere Krankheit des ältesten Sohnes ist ein weiterer Auslöser dazu, die Türkei zu verlassen, da die medizinische Versorgung in Deutschland besser ist. Trotzdem stirbt der Junge zehn Jahre später an dieser Krankheit. Die Bildung seiner Kinder ist ihm, der sich selbst ebenfalls der gebildeten Schicht zurechnet, das wichtigste Ziel in Deutschland, für das er und seine Frau jedes finanzielle Opfer bringen. Er sieht in Gebildeten den Motor der gesellschaftlichen Entwicklung. Alle Kinder haben studiert und sind berufstätig. Beide Töchter sind je mit einem Deutschen, der Sohn mit einer Türkin verheiratet. Herr Fener distanziert sich von den „normalen Arbeitern", denen er blinden religiösen Fanatismus vorwirft und die nicht einsehen, dass, so Herr Fener, lediglich die Bildung die Möglichkeit zur gleichberechtigten Teilhabe an der Gesellschaft gibt. Er kritisiert die eigene ethnische Gruppe, die starken moralischen Druck auf ihre Mitglieder ausübt. Als Verfechter der Lehren Atatürks zählt er sich zu den aufgeklärten und modernen Türken. Er ist Mitglied der Gewerkschaft und Mitglied einer deutschen Partei.

Herr Hacıoğlu

Herr Hacıoğlu wird 1936 in einem kleinen Dorf im äußersten Osten der Türkei geboren. Erst in den 1980er Jahren erhält das Dorf Anschluss an die Stromversorgung.

Schon sehr früh wird er in die landwirtschaftlichen Arbeiten mit eingebunden und besucht lediglich vier Jahre lang die Grundschule. Seine Jugend ist geprägt durch Armut, harte körperliche Arbeit und einen strengen Vater, der ihm seinen Willen mittels Prügel aufzwingt. Mit 17 Jahren wird er mit einem zwölfjährigen Mädchen verheiratet, das sein Vater für ihn ausgesucht hat. Das Paar bekommt sechs Kinder – vier Töchter und zwei Söhne. Herr Hacıoğlu migriert 1970 nach Deutschland und arbeitet seit dieser Zeit in der gleichen Firma, für die er angeworben wurde. Weder seine Frau noch seine Kinder waren jemals in Deutschland. Seine Familie sieht er einmal im Jahr während der Urlaubszeit. Er hält an dem von seinem Vater erlernten Erziehungsstil, mit dem Vater als der obersten Entscheidungsinstanz in einer Familie und dem „Herrn über Leben und Tod" fest, was bereits mehrere Male zu Konflikten mit seinen Söhnen geführt hat, die sich der Autorität des Vaters entziehen. Er lebt fünf Jahre mit einer deutschen Frau zusammen, von der er sich jedoch trennt, als diese auf der Trennung von seiner Frau und Heirat mit ihr besteht. Nach seiner Verrentung möchte er in die Türkei zurückkehren.

Herr Inan

Herr Inan wird 1934 in einem kleinen Dorf in der Provinz Sivas geboren. Er besucht drei Jahre lang die Grundschule. Seine Mutter stirbt als er sieben Jahre alt ist. Sein Vater heiratet in zweiter Ehe eine Witwe mit mehreren Kindern. Diese Konstellation führt zu komplizierten Verwandtschaftsverhältnissen, da Herr Inan seine Stiefschwester geheiratet hat. Herr Inans Leben ist durch häufige räumliche Veränderung geprägt. Zunächst zieht er von dem kleinen Dorf nach Istanbul. In seiner Militärdienstzeit nimmt er als Soldat im Koreakrieg teil. 1970 entschließt er sich auf Anraten seines Vaters zur Migration nach Deutschland. 26 Jahre lang arbeitet er, mit einer kurzen Unterbrechung, bei der gleichen Firma. 1977 holt er seine Frau und seine vier Kinder (zwei Töchter, zwei Söhne) wiederum auf Befehl des Vaters nach. Der Vater ist eine Schlüsselfigur in seinem Leben, der ihm den Weg weist und der die eigentliche Autorität darstellt. Ihm versucht er alles recht zu machen und muss doch erkennen, dass ihm das von Deutschland aus nicht möglich ist. An den eigenen Ansprüchen gegenüber dem Vater zerbricht er fasst und verlangt dennoch gleiches von seinen Söhnen, die sich diesen Erwartungen jedoch entziehen.

Herr Sert

Herr Sert wird 1934 als mittleres Kind von fünf Geschwistern in einer Stadt im Südosten der Türkei geboren. Herr Sert verfügt über keinerlei Schulausbildung. Er erlernt unter sehr ärmlichen Lebensbedingungen einen traditionellen Handwerksberuf.

Gegen den ausdrücklichen Wunsch seiner Mutter und der großen Schwester (der Vater ist zu diesem Zeitpunkt bereits tot) heiratet er seine Frau. Das Paar bekommt sechs Kinder, drei Töchter und drei Söhne, wobei ein Sohn und eine Tochter noch im Säuglingsalter sterben. Sein Leben wird erschüttert, als ihn seine Parteiangehörigkeit nach dem Militärputsch von 1960 zwingt, seine Heimatstadt zu verlassen und nach Istanbul zu migrieren. Seine Frau, die sich in der Großstadt nicht wohlfühlt, bittet ihn, in ihren Heimatort zu ziehen, was das Paar dann auch tut. Dieses Mal ist es Herr Sert, der sich in der Kleinstadt nicht zurecht findet und die Familie zieht wieder in Herrn Serts Heimatstadt, als sich die politische Lage wieder etwas beruhigt hatte. Als die Schulden überhand nehmen, entschließt sich Herr Sert zur Migration nach Deutschland, obwohl seine Mutter ihm „Horrorgeschichten" über Deutschland erzählt und seine Frau ebenfalls strikt dagegen ist. Vier Jahre lebt er alleine in Deutschland und vermisst in dieser Zeit besonders seine Kinder sehr, dann holt er die Familie nach. Eine Tochter lebt heute in der Türkei, die übrigen Kinder in Deutschland. Herr Sert ist bereits seit vielen Jahren arbeitslos und lebt von kleineren Nebentätigkeiten. Er bereut die Migration nach Deutschland, weil sie ihn dazu gebracht hat, „drüben zu vergessen", womit er die empfundene Entfremdung in der Türkei umschreibt. Herr Sert fühlt sich sowohl in der Türkei als auch in Deutschland fremd.

Herr Reyis

Herr Reyis wurde 1940 in einem kleinen alevitischen Dorf in der Osttürkei geboren. Seine Jugend und sein Leben bis zur Migration sind geprägt durch Armut und häufige Umzüge. Ihm gelingt es jedoch zu studieren und Lehrer zu werden. Umzüge von einem Dorf zum anderen, vom Osten in den Westen und wieder zurück begleiten ihn sein gesamtes Leben in der Türkei. 1966 heiratet er seine Frau mit der er zwei Kinder bekommt. Die älteste Tochter stirbt als sie wenige Jahre alt ist. Dies ist der Auslöser für Frau Reyis Entscheidung, nach Deutschland zu migrieren, da sie nicht noch einmal ein Kind wegen mangelnder medizinischer Versorgung verlieren möchte. Herr Reyis, der nur als Lehrer, nicht aber als Arbeiter nach Deutschland kommen möchte, zieht mit der jüngeren Tochter erst 1981 nach Deutschland, wo er seit dieser Zeit als muttersprachlicher Lehrer arbeitet. In Deutschland ist er sehr aktiv im alevitischen Glaubensverbund engagiert. Im Gegensatz zu seiner Frau und Tochter hat er sich in Deutschland nie richtig heimisch gefühlt und möchte nach der Rente in die Türkei zurück.

Herr Levent

Herr Levent wurde 1935 in einem Dorf in Mittelanatolien als ältester von drei Söhnen geboren. Er hat noch zwei ältere Schwestern. Früh beginnt er in der familieninternen Landwirtschaft zu arbeiten. Herr Levent besucht ein paar Jahre die Koranschule. Im Alter von 13 Jahren wird er verheiratet. Das Paar hat vier Töchter und einen Sohn. Gegen den Willen seines Vaters migriert Herr Levent 1972 nach Deutschland. 24 Jahre lang arbeitete er in einem mit Blei verseuchten Umfeld, was seine Gesundheit geschädigt hat. Herr Levent bezeichnet sein Leben als hart und durch viel Arbeit geprägt. Herr Levent beschäftigt sich intensiv mit Religion, hat selbst eine Pilgerfahrt unternommen und sieht in ihr Halt und Richtungsweiser. Er ist Rentner und würde gerne in die Türkei zurück, was aber nicht möglich ist, da seine Frau bettlegerisch ist und ständiger medizinsicher Betreuung bedarf.

Herr Mardın

Herr Mardın wurde 1934 in einem kleinen Dorf im Westen der Türkei als ältestes Kind von fünf Schwestern und zwei Brüdern geboren. Er grenzt sich als Abchase bewusst von den Türken ab, auch wenn er sich selbst als Türken bezeichnet. Herr Mardın besucht drei Jahre lang die Grundschule und geht dann für sechs weitere Jahre an ein Dorfinstitut, wo er jedoch keinen Abschluss erlangt. Mit 22 Jahren entführt er seine 16-jährige Freundin mit deren Einverständnis und heiratet sie. Das Paar hat vier Kinder, drei Söhne und eine Tochter. Nach dem Ableisten des Militärdienstes arbeitet Herr Mardın mit seinem Vater auf den familieneigenen Haselnussplantagen. Ohne das Wissen des Vaters, den er als sehr autoritär beschreibt, migriert er 1968 nach Deutschland. Nach zweieinhalb Jahren erhält auch seine Frau eine Arbeitserlaubnis und zieht ebenfalls als Arbeiterin nach Deutschland. Nach dem ersten gemeinsamen Urlaub in der Türkei holt das Paar seine vier Kinder 1971 nach. Herr Mardın arbeitet das erste Jahr in Süddeutschland und zieht dann zu seiner Schwester nach Norddeutschland. Hier arbeitet er bis zu seiner Pensionierung 22 Jahre lang bei der gleichen Firma. Die drei Söhne sind mit deutschen Frauen verheiratet, die Tochter mit einem türkischen Mann. Alle Kinder haben einen deutschen Pass und auch das Ehepaar Mardın möchte die deutsche Staatsangehörigkeit erwerben. Herr Mardın betrachtet Deutschland als seine zweite Heimat.

Herr Nazim

Herr Nazim wird 1935 in einem Dorf im Süden der Türkei geboren. Aus zwei Ehen des Vaters hat Herr Nazim 15 Geschwister. Er besucht nie eine Schule und arbeitet auf dem Land seit er „begreifen" kann, also seit seiner frühesten Jugend. Seine zukünftige Frau entführt er mit deren Einverständnis und gegen den Willen der Brauteltern. Das Paar bekommt fünf Kinder, zwei Töchter und drei Söhne. Herr Nazim migriert 1965 direkt von dem Dorf nach Deutschland, wo er gleich zu Beginn einen schweren Arbeitsunfall hat. Die Arbeit ist körperlich sehr anstrengend und wird durch die geringen Sprachkenntnisse zusätzlich erschwert. Herr Nazim hat den Eindruck in „die Hölle" gekommen zu sein, da er jahrelang am Hochofen arbeitet. Nach vier Jahren holt Herr Nazim seine Frau und einen Teil seiner Kinder nach, entschließt sich aber nach 12 Jahren zur Rückkehr in die Türkei und schickt die Kinder wieder zurück. Nach einem Jahr wandert er jedoch nochmals nach Deutschland aus und holt seine Familie erneut nach. Die harte körperliche Arbeit zieht gesundheitliche Schädigungen nach sich (Wirbelsäule, Gelenke, Herz), und Herr Nazim geht Anfang der 1990er Jahre in Frührente. Seine Kinder sind alle verheiratet, eine Tochter lebt in der Türkei, die übrigen in Deutschland. Herr Nazim fühlt sich sowohl in der Türkei als auch in Deutschland fremd. Einen Halt im Leben findet er in der Religion. Sie ist bei ihm der Maßstab, der sein Handeln und das seiner Kinder bestimmt. Er engagiert sich aktiv am Moscheeleben und unternahm selbst bereits mehrere Pilgerfahrten nach Mekka. Die Religion gibt im Kraft und weist ihm den Weg in der kulturell und religiös fremden Umwelt.

Herr Olgun

Herr Olgun wurde 1937 in einem Dorf in der Provinz Yozgat geboren. Noch als Kind erlebt er Binnenmigration, als sich seine Familie aus wirtschaftlichen Gründen entscheidet in eine größere Stadt zu ziehen. Mit 12 Jahren beginnt er regelmäßig auf dem Feld seines Vaters zu arbeiten. Im Alter von 17 Jahren wird er gegen seinen Wunsch verheiratet. Das Paar bekommt eine Tochter und drei Söhne. Herr Olgun migriert 1968 nach Deutschland. Er hat starkes Heimweh nach den Kindern und holt Frau und Kinder 1972 nach. Die Migration nach Deutschland generell und speziell den Zuzug der Kinder bereut er sehr, da diese sich – unter deutschem Einfluss stehend – zu weit von dem entfernt haben, was er als seine türkische Kultur bezeichnet. Ein Sohn gerät in Konflikt mit dem Gesetz. Die Ehe seines zweiten Sohnes mit einer Türkin scheitert. Der jüngste Sohn ist mit einer Deutschen verheiratet. Herr Olgun selbst ist sehr krank (Herz, Lunge, Nieren) und möchte gerne in die Türkei zurück, sobald er seinen zweiten Sohn wieder verheiratet hat. Diese Rückkehr strebt er an, obwohl er thematisiert, dass sich auch die Beziehungen der Menschen in der Türkei untereinander zum Nachteil verändert haben. Sein Migrationsprojekt insgesamt bezeichnet er als „Fehler".

Herr Polat

Herr Polat ist 1935 in einem Dorf in der Provinz Sivas geboren. Sein Vater stirbt, als er drei Jahre alt ist. Die Mutter heiratet erneut. Sein Arbeitsleben beginnt in seinem siebten Lebensjahr. Herr Polat ist ein Autodidakt. Obwohl er keine Schulbildung hat, bringt er sich Lesen und Schreiben selbst bei. Sein Leben ist durch einen großen Wissensdurst gekennzeichnet. Nach dem Militärdienst engagiert er sich in einer Partei und ist für lange Jahre Dorfvorsitzender. In diese Zeit fallen seine Bemühungen, sich in der örtlichen Bibliothek zu bilden und den Nimbus des „Dorftrottels", wie ihn das Umfeld bezeichnet, loszuwerden. Über Deutschland (Geschichte, Philosophen, Gewerkschaftsbewegung) hatte er sich durch die Lektüre zahlreicher Bücher bereits vor seiner Migration informiert.

Auf starken Druck der Nachbarschaft (die Eltern waren bereits tot) heiratet Herr Polat eine Frau, mit der er sechs Kinder hat. Diese Ehe ist sehr unglücklich, und seine Migration nach Deutschland erfolgt auch in der Hoffnung, die Beziehung damit zu beenden, auch wenn die Scheidung erst Jahre später erfolgt. Die Entscheidung für die Übersiedlung nach Deutschland ist Herrn Polat sehr schwergefallen, da er die vertraute Umgebung vermisst. Herr Polat arbeitet fast seit Beginn seines Erwerbslebens in Deutschland in der gleichen Einrichtung im öffentlichen Dienst; dies ist eine Tätigkeit, die ihm viel Anerkennung einbringt und sein Selbstbewusstsein stärkt. Diese Anerkennung ist ihm sehr wichtig. So ist er auch in zahlreichen politisch-philosophischen Vereinen aktiv und veröffentlicht Artikel auch in großen türkischen Tageszeitungen. Auch in der Gewerkschaft ist er quasi seit seiner Einreise aktives Mitglied. In Deutschland heiratet Herr Polat erneut und hat mit dieser Frau eine Tochter. Zwei seiner sechs Kinder aus erster Ehe leben mittlerweile in Deutschland. Bildung bedeutet für ihn den Schlüssel zum Leben und er misst Menschen an dem Grad ihrer Bildung: „Derjenige, der nicht gebildet ist, ist wie ein lebendiger Toter; derjenige, der gebildet ist, stirbt nicht."

Herr Korkmaz

Herr Korkmaz wurde 1937 in einem Dorf der Westtürkei geboren. Er besucht die Grundschule. Dieser Schulbesuch ist ihm sehr wichtig, wenn er den Vergleich zieht, dass der Grundschulbesuch zu seiner Zeit soviel bedeutete, wie ein Universitätsbesuch heute. Wie sein Vater und sein Bruder arbeitete er im Wald, wobei unklar bleibt, ob er dort als Forstbeamter oder Waldarbeiter beschäftigt war. Die Rolle seiner Eltern bleibt im Unklaren. Dominante Person in seinem Leben in der Türkei ist sein Onkel. Mit 21 Jahren heiratet er seine erste Frau. Während seines Militärdienstes sterben seine Frau und ihr Baby an einer falschen medizinischen Behandlung. Nach dem Militärdienst heiratet er auf Drängen seines Onkels seine zweite Frau, die er nie zuvor gesehen hat. Das Paar bekommt einen Sohn und zwei Töchter. Der Onkel ist die dominante Figur in seinen Jahren in der Türkei, der Autorität über ihn ausübt, der er sich gerne entziehen würde und unter der er leidet, dies aber aufgrund der verinnerlichten Norm des Respekts gegenüber dem Älteren nicht kann. Nach einer nicht näher bezeichneten Wasserkatastrophe in seinem Heimatdorf (Überschwemmung) entschließt er sich 1971 zur Migration nach Deutschland, was gleichzeitig die Loslösung von dem machtvollen Onkel bedeutet. 1973 holt er seine Frau und 1976 seine Kinder nach Deutschland. Die Ehefrau arbeitet sieben Jahre lang, dann wird sie arbeitslos. Eine Tochter ist in der Türkei verheiratet. Die andere Tochter sowie der Sohn mit Ehefrau leben im Haushalt von Herrn Korkmaz. Zum Zeitpunkt des Interviews übt Herr Korkmaz seine Erwerbstätigkeit noch aus. Er möchte im Alter pendeln und begründet dies mit dem Satz: "Meine Heimat ist nicht nur die Türkei. Ich habe zwei Heimaten". Seine Migration bewertet er positiv und würde, hätte noch einmal die Wahl, noch einmal nach Deutschland kommen.

Herr Tufan

Herr Tufan wird 1933 in einem Dorf im Westen der Türkei geboren. Er ist das mittlere Kind und hat noch eine ältere Schwester und einen jüngeren Bruder. Im Alter von 18 Jahren wird Herr Tufan mit einer Neunjährigen verheiratet. Diese erste Ehe hält nur ein Jahr. Der Sohn aus dieser Ehe bleibt beim Vater. Sieben Jahre später heiratet er erneut. Das Paar bekommt fünf Töchter und einen Sohn, eine weitere Tochter stirbt. Zwei Kinder leben heute in der Türkei, die übrigen in Deutschland. Den Wunsch, nach Deutschland zu kommen, erklärt Herr Tufan mit Neugierde, er wollte "nur mal schauen". In Deutschland arbeitet er in dem bereits in der Türkei gelernten Beruf (Verkehrsbetriebe). Mitte der 1980er geht Herr Tufan mit seiner Familie in die Türkei zurück, entschließt sich aber ein Jahr später zur erneuten Einwanderung. Auch die Familie kommt wieder nach. Bis zu seiner gesundheitlich bedingten Frührente arbeitet Herr Tufan wieder bei dem gleichen Arbeitgeber. Finanzielle Absicherung stellt für ihn ein sehr wichtiges und zentrales Thema dar, das sich durch alle Lebensbereiche zieht.

Herr Çınar

Herr Çınar wird 1933 in einer Stadt in Nordostanatolien am Schwarzen Meer geboren. Der Vater ist Beamter und die Familie mit ihren insgesamt sechs Kindern zieht häufig um. Herr Çınar genießt eine sehr gute Schulbildung und erlangt einen universitären Abschluss in einem naturwissenschaftlichen Fach. Alle Geschwister, inklusive der Schwestern, haben ein Studium beendet. Nach Deutschland wird er Anfang der

1960er Jahre als Akademiker angeworben. Er heiratet die Schwester seines besten Freundes und hat mit ihr vier Kinder, drei Söhne, wovon einer bei einem tragischen Unfall stirbt, und eine Tochter. Alle Kinder werden in Deutschland geboren. Frau Çınar hatte nie nach Deutschland gewollt und ist als Tochter aus großbürgerlichen Verhältnissen über die Lebens- und Wohnumstände im Deutschland der 1960er Jahre entsetzt. Ihre Depressionen legen sich mit der Geburt der Kinder. Herr Çınar ist aktives Mitglied einer deutschen Partei und als Ansprechpartner für Behörden und Institutionen tätig, wenn es um die Belange einzelner Türken/innen geht. Er hat sich Mitte der 1980er Jahre selbständig gemacht. Herr Çınar setzt sich vehement für seine Rechte ein und scheut auch vor langen Gerichtsprozessen nicht zurück, wenn er sich im Recht glaubt.

Herr Volkan

Herr Volkan wurde 1937 in einem Dorf im Süden der Türkei geboren. Seine Mutter verstarb so früh, dass er keine Erinnerungen an sie hat. Auch zwei Stiefmütter sterben. Die vierte Stiefmutter kann ihm ebenfalls nicht das Gefühl eines zu Hauses geben und mit 13 Jahren reißt er für sechs Monate aus und schlägt sich als Kellner in der nächsten Großstadt durch. Nach dem Militärdienst wird Herr Volkan von seinem Vater gegen seinen ausdrücklichen Willen mit seiner Cousine, mit der er von zwei Seiten verwandt ist, verheiratet. Seine Hochzeit bezeichnet er als „Katastrophe" und er gibt dem verwandtschaftlichen Grad die Schuld an der Geburt von einem geistig- und einem körperbehinderten Kind. Diese Erlebnisse haben sein Verhältnis zur Akzeptanz von Tradition (Gehorsam, Respekt, Geschlechterverhältnis) nachhaltig verändert. Nach dem Militärdienst und der Arbeit in einer Fabrik träumt er vom Ausland und bewirbt sich um einen Arbeitsplatz in Deutschland, von dem er damals die Vorstellung eines „Wunderlandes" hatte. Deutschland war für ihn auch der Ort, an dem er berufliche Entwicklungs- und Aufstiegsmöglichkeiten für seine Kinder sah. Seine Frau und seine Kinder ziehen für zwei Jahre nach Deutschland, fühlen sich hier aber so unwohl, dass sie zurückkehren. Herr Volkan lebt als Untermieter bei einer deutschen Familie, bei der er bereits zu Beginn der Migration wohnte. Herr Volkan berichtet mehrfach von der erfahrenen Hilfsbereitschaft und Freundschaft der deutschen Nachbarn und Kollegen. Auch sein Freundeskreis besteht zu einem großen Teil aus Deutschen, mit denen er Karten spielt, Volksfeste besucht und in Kneipen zusammensitzt. Nach der Verrentung möchte er in die Türkei zurück, kann sich gleichzeitig aber nicht vorstellen, auf seine gewohnte Umgebung (Wohnung, Freunde, Freizeitaktivitäten) ganz zu verzichten.

Herr Ergin

Herr Ergin wurde 1936 in einer Kleinstadt in der Nähe von Ankara geboren. Über seine Familie trifft er keinerlei Aussagen. Als er nach Deutschland migriert, ist er unverheiratet. Er lernt eine Deutsche kennen und heiratet sie. Das Paar hat keine Kinder. Mit seiner Frau versucht er in die Türkei zurückzukehren, scheitert aber an den wirtschaftlichen Umständen und dem Gefühl, der Heimat fremd geworden zu sein. Nach zwei Jahren kehren die beiden nach Deutschland zurück. Herr Ergin arbeitet in gesundheitsschädigenden Bereichen und hat zahlreiche schwere Krankheiten und übersteht viele Operationen. Die vielen gesundheitlichen Einschränkungen machen ihn für den Arbeitsmarkt unvermittelbar. Zum Interviewzeitpunkt bewirtschaftet das Paar gemeinsam eine Gaststätte mit Übernachtungsmöglichkeit. Dies soll die Zeit bis zur Rente überbrücken helfen.

FALLSTUDIEN: SELBSTDARSTELLUNG TÜRKISCHER MIGRANTEN DER ERSTEN GENERATION IN IHRER FUNKTION ALS SOHN, EHEMANN, VATER UND GROßVATER

Typenbildung mit dem empirischen Material

Die vorliegende Arbeit möchte die Fragen nach Formen von Männlichkeiten türkischer Migranten der ersten Generation an familienbezogenen Rollen untersuchen. Dabei wurden in einem ersten Schritt Einzelfallanalysen durchgeführt, um zu erkennen, welche Vorstellungen über Männlichkeiten in diesen familienbezogenen Rollen in der Ursprungsfamilie vermittelt wurden und ob und wie damit eine kritische Auseinandersetzung stattfindet. Insbesondere sollte herausgefunden werden, wie sich die untersuchten Männer selbst verorten, welches Selbstbild als Mann sie thematisieren und inwiefern dieses Selbstbild mit ihrer Lebensrealität übereinstimmt oder sich von ihr entfernt. Mit anderen Worten: leben die befragten Männer in Übereinstimmung mit den von ihnen thematisierten familienbezogenen Werten und Normen, oder klaffen Selbstanspruch und Lebenswelt auseinander?

Die Einzelfallanalysen erlaubten es, die relevanten Vergleichsdimensionen herauszuarbeiten, und es zeigte sich, dass familienbezogene Männlichkeiten für alle Interviewten eine große Rolle spielten. Diese Männlichkeiten wurden in den Erzählsituationen deutlich, in denen die Interviewten über ihre Kindheit, ihre Ehe, ihre Vaterschaft und über die Interaktion mit der (Groß-)Familie berichteten. Aus dem Material wurde eine große Vielfalt ersichtlich, so dass der Auswertungsschritt der Einzelfallanalyse eine Vielzahl an Fragen aufwarf:

- Ändern sich die Vorstellungen von familienbezogenen Männlichkeiten und die Selbstpositionierung in diesen Fragen? Wenn ja warum und wenn nein, was sind die Gründe?
- Bei welchen Männern ändern sich diese Vorstellungen (nicht) und warum?
- Welche Rolle spielt dabei die Sozialisation in der Türkei und welche Rolle das Leben in Deutschland?
- Welcher Einfluss hat(te) das türkische und das deutsche Umfeld auf die Einstellungen zu und die Reflexion über (eigene) Männlichkeiten?
- Stellt die Migration einen Bruch mit dem zuvor Gewesenen dar oder ermöglicht sie wohlmöglich erst eine Form von Kontinuität oder den Beginn von etwas Neuem?
- Wird die eigene Männlichkeit reflektiert?
- Entscheiden sich die untersuchten Männer in einem bewussten oder einem unbewussten Prozess für die eine oder die andere Form familienbezogener Männlichkeiten?

Diese Überlegungen werden in der Abbildung 2 visualisiert.

Der linke Abschnitt zeigt, dass die untersuchten Männer sowohl in der Türkei als auch in Deutschland entscheidende Phasen ihres Lebens verbracht haben. In der Türkei verbrachten sie ihre Kinder- und Jugendzeit und erste Jahre ihres Erwachsenenlebens. Nach Deutschland kamen sie als Erwachsene.

Sowohl in der Türkei als auch in Deutschland wurden sie mit familienbezogenen Normen und Werten konfrontiert, haben diese angenommen oder abgelehnt. Als Junge, als Sohn, als Bruder haben sie ihre Kindheit und Jugend verlebt und wurden mit Erwartungen und Ansprüchen konfrontiert. Als Ehemann und Vater können sowohl selbst erlebte Werte und Normen übernommen werden; es ist aber auch eine teilweise oder vollständige Ablehnung möglich. Auch das soziale Umfeld beeinflusst die eigene Sichtweise und schränkt unter Umständen die individuelle Handlungsfähigkeit ein. Die Lebenserfahrung in der Türkei hat zunächst einmal direkten Einfluss auf familienbezogene Werte und Normen.

Mit der Migration nach Deutschland sehen sich die Männer mit den hiesigen familienbezogenen Werten und Normen konfrontiert, gleichzeitig wirken aber auch noch die Werte und Normen aus der Türkei. Auf die Ursprungsfamilie (Eltern, Verwandte), die Rolle als Ehemann und Vater, sowie die Interaktion mit dem türkischen und deutschen Umfeld haben beide (türkische und deutsche) Werte und Normen ebenfalls einen noch zu untersuchenden Einfluss. Der Blick aus Deutschland auf die Türkei, auf die eigene Kindheit- und Jugendzeit erlaubt (vielleicht) eine kritische, neue, ablehnende, unterstützende Bewertung dieser Zeit. Und der Blick von

Deutschland auf die deutsche Gesellschaft und die Auseinandersetzung mit den hiesigen familienbezogenen Männlichkeitsvorstellungen hat einen noch zu analysierenden Einfluss auf die eigene Verortung als Sohn, Ehemann und Vater.

Abbildung 2: Türkische Männer und familienbezogene Männerrollen in der Migration

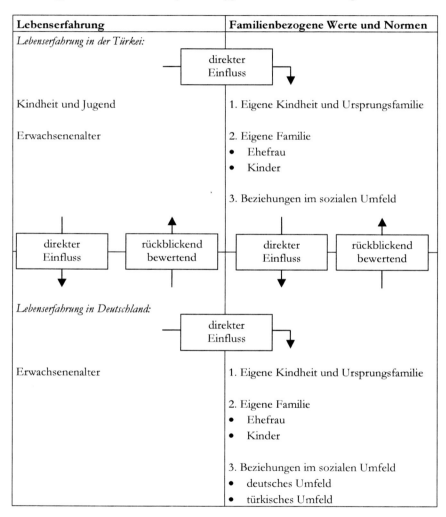

Diese Überlegungen führen zunächst zu der Forschungsfrage, ob es in den familienbezogenen Männlichkeitsvorstellungen der Untersuchungsgruppe in Bezug auf die Merkmalsausprägungen nach Barton und Lazarsfeld[118] „Ursprungsfamilie", „Ehefrau" und „Kinder" einen Wandel gegeben hat, der bereits schon in der Türkei hat stattfinden können, oder der eventuell erst in Deutschland eingetreten ist. Diese Möglichkeiten verdeutlicht die nachstehende Abbildung, in der die beiden Merkmale „türkische Männlichkeiten in der Türkei" und „türkische Männlichkeiten in Deutschland" dimensionalisiert werden, indem ihnen die Merkmalsausprägungen „Verhältnis zur Ursprungsfamilie", „Verhältnis zur Ehefrau", „Verhältnis zu den Kindern" zugeordnet werden. Durch Kreuztabellierung ergeben sich für jede Merkmalsausprägung drei mögliche Typen.

Abbildung 3: Merkmal „Männlichkeit" in Kreuztabellierung mit den relevanten Merkmalsausprägungen

	Türkische familienbezogene Männlichkeiten in der Türkei	Türkische familienbezogene Männlichkeiten in Deutschland
Verhältnis zur Ursprungsfamilie	Wandel Kein Wandel Bedingter Wandel	Wandel Kein Wandel Bedingter Wandel
Verhältnis zur Ehefrau	Wandel Kein Wandel Bedingter Wandel	Wandel Kein Wandel Bedingter Wandel
Verhältnis zu den Kindern	Wandel Kein Wandel Bedingter Wandel	Wandel Kein Wandel Bedingter Wandel

Für die Arbeit ist dann von Interesse zu sehen, in welcher Form dieser eventuelle Wandel stattgefunden hat. War es ein bewusster Wandel, der aktiv herbeigeführt wurde, war es ein Wandel der nur Teilbereiche betraf, so vielleicht das Verhältnis zur Ehefrau, während die Aufgaben eines Vaters nicht von dem Wandel berührt wurden. War es ein Wandel, der „erduldet" wurde, weil die Umstände oder die Persönlichkeit kein aktives Handeln zuließen? Oder hat sich der Interviewte selbst zwar nicht gewandelt, die Lebensumstände zwingen ihm jedoch ein Modell auf, in dem er nun zwar notgedrungen lebt, dies aber nicht für gut befindet? War es ein Wandel, der auch in den Interviews selbst thematisiert wurde? Geschah die Entscheidung

---

118 Vgl. dazu ausführlich Kapitel 5, S. 161ff.

zum Wandel oder die Entscheidung zur Beibehaltung tradierter familienbezogener Männlichkeitsformen in der Reflexion mit der eigenen Vergangenheit und in der Auseinandersetzung mit der türkischen und deutschen Gesellschaft?

Abbildung 4: Türkische Männer und familienbezogene Männerrollen in der Migration I

Kindheit und Erwachsenalter (in der Türkei und in Deutschland)	Männer und familienbezogene Männerrollen	heutige Reflexionsebene in Bezug auf tradierte Normen	aktiver und passiver Umgang in Bezug auf tradierte Normen
eigene Kindheit	*Verhältnis zu den Eltern:* • geprägt durch Modell der „interdependence" • geprägt durch Modell der „emotional interdependence" • geprägt durch Modell der „independence"	• kritsch bejahend • rückblickend kritisch • rückblickend ablehnend • damals ablehnend	• bewusstes „ja" zum Wandel • bewusstes „nein" zum Wandel • bewusstes „ja" zum teilweisen Wandel • nach wie vor bejahend • bewusstes „nein" zum teilweisen Wandel • unbewusster Nichtwandel
eigene Familie	*Ehe/Partnerschaft:* • geprägt durch Modell der „interdependence" • geprägt durch Modell der „emotional interdependence" • geprägt durch Modell der „independence" *Kinder:* • geprägt durch Modell der „interdependence" • geprägt durch Modell der „emotional interdependence" • geprägt durch Modell der „independence" Vermittlung von männl. Rollenbildern als Vater		
Soziales Umfeld (türkisches)	*Wirkung in Bezug auf (vor-)gelebte männl. Rollenbilder:* • stützend • verunsichernd • sanktioniert		

Die Abbildung 4 fasst diese Überlegungen noch einmal zusammen: An dieser Stelle sind die in Kapitel 2, S. 103ff. ausführlich vorgestellten Familienmodelle von Kağıtçıbaşı integriert. Sie stehen für die dort beschriebenen Familienstrukturen und die daraus abzuleitenden familienbezogenen Männlichkeiten.

Auch Abbildung 5 arbeitet mit den Modellen von Kağıtçıbaşı („model of interdependence; model of independence, model of emotional interdependence"). Die entsprechende Veränderung von familienbezogenen Männlichkeitsvorstellungen gehen damit ein in den Gesamtkontext sich ändernder Familienstrukturen. Um einen möglichen Wandel von einem Familienmodell in ein anderes mit entsprechender Veränderung der Männlichkeitsvorstellungen zu untersuchen, habe ich das Modell von Kağıtçıbaşı um einen Zeitindex (kontinuierlich einem Typ zugehörig; Wandel hat stattgefunden) erweitert. Dieser Zeitindex sagt jedoch nichts darüber aus, ob der Wandel, sofern dieser stattgefunden hat, oder das Festhalten an Bewährtem und Bekanntem ein bewusst gesteuerter Prozess oder ein unmerklicher Übergang war. Daher wurde das Merkmal „(möglicher) Wandel" durch die Merkmalsausprägungen „aktiver, passiver Wandel" verdeutlicht. Die nun folgende Abbildung fasst alle zuvor angestellten Überlegungen in einem Schaubild zusammen:

Abbildung 5: Türkische Männer und familienbezogene Männerrollen in der Migration II

Vergleichsebene aufgrund der Forschungsfrage	Männlichkeiten von türkischen Migranten der ersten Generation		
Merkmale	*Eigene Kindheit/ eigene Kinder:* Erziehung der Kinder im Vergleich zur eigenen Kindheit	*Ehe der Eltern/ eigene Ehe/ und die der Kinder:* Bewertung von Ehe und Partnerschaft im Vergleich zu vorgelebten, selbst erlebten und gewählten und gewünschten Modellen	*Räumliches Umfeld:* Entsprechende Förderung oder Widerspruch von/zu eigenen Rollenvorstellungen und Rollenverhalten
Vergleichsdimensionen	Männlichkeitstypen		
	Modell der „independence" • kontinuierlich • gewandelt	*Modell der „emotional interdependence"* • kontinuierlich • gewandelt	*Modell der „interdepence"* • kontinuierlich • gewandelt
	passiver Wandel, aktiver Wandel		

Schema in Anlehnung an Kelle/Kluge: Vom Einzelfall zum Typus, 1999: 89; und unter Hinzunahme der Familienmodelle nach Kağıtçbaşı: Family and Human Development across Cultures, 1996: 77ff.

Die Typisierung der untersuchten Fälle in Bezug auf familienbezogene Männlichkeiten erfolgt dann in einem nächsten Schritt hinsichtlich ihres aktiven und passiven Wandels

Abbildung 6: Verteilung der untersuchten Fälle hinsichtlich eines aktiven und passiven Wandels familienbezogener Männlichkeitstypen

Männlichkeitsmodelle in Familienformen nach Kağıtçıbaşı	Aktiver Wandel	Passiver Wandel
Wandel vom Modell der „interdependence" zum Modell der „emotional interdependence"	X Fälle	X Fälle
Wandel vom Modell der „interdependence" zum Modell der „independence"	X Fälle	X Fälle
Wandel vom Modell der „emotional interdependence" zum Modell der „independence"[119]	X Fälle	X Fälle

Die Vorgehensweise zur Typenbildung – visualisiert in den Abbildungen eins bis fünf – setzt familienbezogene Männlichkeiten der ersten Generation der türkischen Migranten in den Kontext des generellen Wandels von Familienstrukturen im Migrationsprozess. Dabei werden die Familienmodelle von Kağıtçıbaşı, die diese für türkische Familien in der Türkei modellhaft entwickelt hat, auf die Praxis der Migration angewendet und erprobt, wobei der Focus auf dem (möglicherweise stattfindenden) Wandlungsprozess der Familienväter liegt.

Analyseschritte für die ausgewählten Interviews

Ausgangspunkt der Typenbildung ist die für jedes Interview durchgeführte Einzelfallanalyse, die es erlaubt, die relevanten Vergleichsdimensionen herauszuarbeiten. Für den ursprünglich thematischen Bereich der Ausgangsstudie: „Migration und Alter" waren alle Interviews ähnlich strukturiert und damit vom Aufbau her vergleich-

---

[119] Theoretisch gäbe es noch drei weitere Typen eines möglichen Wandels, nämlich vom Modell der „independence" zum Modell der „interdependence"; vom Modell der „independence" zum Modell der „emotional interdependence" und vom Modell der „emotional interdependence" zum Modell der „interdependence". Diese Typen kamen in den von mir untersuchten Interviews nicht vor.

bar. Die relevanten Aussagen entsprachen den Fragen des Leitfadens. In der vorliegenden Arbeit ist diese direkte Vergleichbarkeit in der Struktur und im Aufbau nicht mehr möglich, da sich die Aussagen zu familienbezogenen Männlichkeiten über das gesamte Interview hindurch finden. Um die Vergleichbarkeit der Interviews dennoch zu gewährleisten und um mit den relevanten Vergleichdimensionen, die quer zu den Inhalten der Ursprungsstudie liegen, arbeiten zu können, erfolgte die Analyse der einzelnen Interviews wie folgt:

Für alle Interviews wurde die *Interviewsituation und Interviewverlauf* anhand des Forschungstagebuches rekonstruiert. Dort sind die Kontaktaufnahme zu dem Befragten, der Interviewverlauf, die Gefühle während des Interviews, die Beschreibung der konkreten Interviewsituation und Auffälligkeiten während des Gesprächs festgehalten. Wie bereits an anderer Stelle[120] ausgeführt, wird in der deutschen-, im Gegensatz zur angelsächsischen interkulturellen Forschung bisher viel zu wenig Wert auf die Interaktion zwischen Forscher/in und Erforschtem/er gelegt. Reflektierende Arbeiten wie die der Turkologin Ursula Mıhçıyazgan (1986) über die Lebensgeschichte von Türken/innen in Deutschland und in der Türkei, die sowohl die sprachliche als auch die inhaltliche Ebene selbstkritisch reflektiert und auch der Frage der „Emotions" einen breiten Raum einräumt, sind eher die Ausnahme als die Regel. Während z.B. in England die Frage der „Emotions" während des Interviewprozesses durchaus auch in die Auswertung mit einfließt, gilt dieses Vorgehen in Deutschland eher als ungewöhnlich bis unwissenschaftlich. Unter „Emotions" verstehe ich hier zweierlei. Zum einen die Gefühle, die während des Interviews bei mir auftauchen, aber auch die Gefühle, die der Interviewte in bestimmten Situationen bewusst oder unbewusst zulässt. Neben dem verbalen Kommunikationsprozess möchte ich verstärkt auf diese nonverbalen Kommunikationsstrukturen eingehen. Dies geschieht sowohl aus Gründen der Selbstreflexion und Verdeutlichung des Interviewverlaufs als auch zur Unterstützung der eigentlichen Auswertung.

In einem zweiten Schritt werden die *zentralen Themen in den jeweiligen Interviews* herausgearbeitet. Diese werden für alle Interviewpartner unterschiedlich sein. Ein solches Thema muss sich in unterschiedlichen Bereichen des Interviews wiederfinden, einen erkennbar starken Einfluss auf das Leben des Befragten haben und in unmittelbarem Zusammenhang zum Selbstverständnis und der Entwicklung der familienbezogenen männlichen Identität stehen.

Eine zentrale Rolle kommt im dritten Schritt der *Selbstverortung innerhalb der Ursprungsfamilie und der eigenen Familie sowie diesbezügliche Leerstellen in der Biographie (immer bezüglich*

---

120 Vgl. Kapitel 5, S. 175ff.

des männliches Selbstbildes) zu. In diesem Punkt wird es um Aussagen gehen, die der Interviewte zu seiner Funktion als Sohn und Bruder (in der Kindheit), als Familienvater, als Ehemann, als Großvater sowie als Sohn und/oder Neffe (im Erwachsenenalter) trifft. Ziel dieses Kapitels ist es somit, Aussagen über das männliche Selbstbild der Interviewten in unterschiedlichen Rollen zu erhalten. Dieser Teil berücksichtigt die Lebenserfahrung in der Türkei und in Deutschland im Sinn der Überlegungen, die in Abbildung eins und zwei visualisiert wurden.

Der nächste Gliederungspunkt, *geglaubte und gelebte Wertvorstellungen,* betrachtet die vorhergehenden Kapitel unter einem anderen Blickwinkel und stellt die vertretenen Wertvorstellungen der gelebten Realität gegenüber und untersucht, welche Funktion und welchen Zweck die Aufrechterhaltung oder gegebenenfalls Ablehnung dieser Wertvorstellungen im Leben des Interviewten erfüllen. Hier stehen die Fragen im Mittelpunkt, ob und wie, bewusst oder unbewusst, ein Wandel im Verhältnis zur Ursprungsfamilie sowie im Umgang mit der Ehefrau und den Kindern stattgefunden hat und lehnt sich damit an Abbildung drei an. Hier wären grundsätzlich zwei Herangehensweisen möglich:
- Untersucht wird, welche Wert- und Normvorstellungen der Interviewte in seiner Kindheit vermittelt bekommen hat und ob die Migration an dieser Einstellung etwas geändert hat. Dies berücksichtigt jedoch nicht, ob der Interviewpartner sich bereits in der Türkei kritisch damit auseinandersetzte und setzt zudem voraus, dass der Befragte die Werte und Normen seiner Kindheit und Jugend konsequenterweise auch auf seine eigene Familie überträgt.
- Untersucht wird, welche Wert- und Normvorstellungen der Interviewte in seiner Kindheit vermittelt bekommen hat, und wie er selbst bereits in der Türkei damit umgegangen ist. Im zweiten Fall, der auch der weiteren Analyse zu Grunde liegt, steht die Selbstpositionierung des Mannes im Mittelpunkt. Hier wird die Migration nicht von vornherein als Schnitt gesehen, der das Leben in ein „Davor und Danach" einteilt. Es geht also um den möglichen Wandel von dem, was man bereits in der Türkei selbst gelebt hat.

Mit der Bitte um die *persönliche Bewertung des eigenen Migrationsprojektes* wurden alle interviewten Männer danach befragt, ob sie mit dem Wissen, das sie heute über ihr Leben in Deutschland haben, noch einmal migrieren würden und ob sie mit dem Erreichten zufrieden sind. Beide Fragen ergänzen sich und wurden durchaus auch unterschiedlich bzw. scheinbar widersprüchlich beantwortet. Das Abwägen des Für und Wider hatte in vielen Fällen unmittelbar mit den Kosten bzw. dem Gewinn für die eigene Familie zu tun, und ist in diesem Sinn nicht unbedingt materiell zu verstehen. In allen untersuchten Fällen hatte die Migration Einfluss auf das (männliche) Selbstverständnis der Interviewten. Durch den Kontakt mit der deutschen – und durch die Reflexion über die türkische Gesellschaft (der Vergangenheit und Gegenwart) – wurden eigene Vorstellungen bezüglich männlichen Rollenverhaltens thematisiert, in Frage gestellt, bestätigt und/oder abgelehnt. In der Bilanz der Migration weisen die Männer vielfach auf diese familiären und persönlichen Auswirkungen hin.

Die Zusammenfassung stellt die Ergebnisse der Interviewanalyse noch einmal vor und berücksichtigt dabei, inwieweit die in den vorherigen Punkten herausgearbeiteten Persönlichkeitsstrukturen sich auch während der Durchführung der Interviews spiegeln (Stichwort: „Emotions"). Dieser Abschnitt geht auf diesen Aspekt gesondert ein. Insbesondere wird dabei die Frage berücksichtigt, inwieweit, im Vergleich zu ihrem Leben in der Türkei, die Migration nach Deutschland die Selbstverwirklichung ihrer Identität als Mann förderte oder behinderte.

Mit der *Begründung für die Aufnahme als Fallstudie* schließt die Einzelfallanalyse ab.

Im letzten Auswertungsschritt erfolgt auf der Basis der Einzelfallanalyse eine Gruppierung der Einzelfälle und die Herausfilterung der typischen Bestandteile, die unabhängig von den Einzelpersonen ein typisches Muster aufweisen und es erlauben, die eigentliche *Typenbildung* zu familienbezogenen Männlichkeiten der türkischen Migranten durchzuführen. Dieses Vorgehen entspricht der Abbildung vier und der Abbildung fünf.

In den nachfolgenden Kapiteln werden neun Einzelfallanalysen in aller Ausführlichkeit dargestellt. Dabei wird darauf geachtet, dass unterschiedliche Männlichkeitskonzepte in unterschiedlichen Familienmodellen vorgestellt werden, die stellvertretend für einen bestimmten „Typ" stehen. Die Zuordnung der anderen Interviews erfolgt, weniger ausführlich, an den Linien dieser Typen.

Herr Hacıoğlu[121] – Prototyp des kontinuierlichen Modells der „interdependence"

Interviewsituation

Das Interview fand in der Wohnung von Herrn Hacıoğlu statt. Die Atmosphäre war unangenehm, da trotz 0 Grad Außentemperatur die Wohnung nicht beheizt war und das Fenster offen stand. Weder Erdinc noch Murad, ein anwesender Freund Herrn Hacıoğlus, noch ich hatten die Jacken ausgezogen. Lediglich Herr Hacıoğlu saß kurzärmelig in der Wohnung. Zwei Drittel des Interviews war Murad anwesend, der

---

121 Zur Kurzbiographie Herrn Hacıoğlus vgl. Kapitel 5, S. 200ff.

sich jedoch eisern zurückhielt und auf keine direkt an ihn gerichtete Frage seitens Herrn Hacıoğlus einging. Herr Hacıoğlu hatte diesen Freund dazu gebeten, um eventuell einen Dolmetscher zu haben.

Die Wohnung wirkte ärmlich, ungepflegt und schmucklos. Herr Hacıoğlu thematisierte dies selbst, indem er sagte, diese Wohnung sei zwar nicht schön, für ihn als „Ledigen" (seine Familie lebt in der Türkei) aber ausreichend. Der einzige Schmuck, neben zwei Aquarellen mit Berg- und Waldmotiven, war die türkische Fahne über dem Sofa.

Unangenehm für mich kam hinzu, dass Herr Hacıoğlu nur dann den Blick auf – und das Wort an mich richtete, wenn er Aussagen über die Deutschen und Deutschland traf. So musste ich wahlweise als Vertreterin des deutschen Volkes („die Deutschen und die Eheschließungen"), der deutschen Politik („die deutschen Politiker und die Kurdenfrage") und als deutsche Stimme ganz generell („was denken die Deutschen denn über die Asylanten?") herhalten. Ein weiterer Punkt, der Distanz schuf, waren die Aussagen Herrn Hacıoğlus zum Geschlechterverhältnis. Sein Satz „wenn ich meiner Frau sag stirb, dann stirbt sie" haben mich dann auch so negativ beeindruckt, und war andererseits so bezeichnend für seine Denkweise, dass ich das komplette Interview darunter vercodet habe.

Interviewverlauf
Die Schwierigkeit bestand zunächst darin, das Interview überhaupt zu beginnen. Herr Hacıoğlu nutzte Erdinc und mich als Publikum, um mit Murad politische Fragen der Türkei und das Verhältnis Deutschland – Türkei zu erörtern. Dabei war dies eher ein Mono- denn ein Dialog, da Murad beharrlich schwieg und auf die, auch eher rhetorischen Fragen, nicht antwortete. Erst nach 15 Minuten gelang es uns mit dem Interview zu starten. Die gleiche Strategie, die Herr Hacıoğlu bereits bei Murad angewendet hatte, vermeintliche Fragen zu stellen, diese dann aber gleich selbst zu beantworten, wendete er auch während des Interviews an. Dabei antwortete er offen und ausführlich auf unsere Fragen. Das Interview dauerte zwei Stunden und 40 Minuten.

Erzählstil und wiederkehrende Themen
Die Interviewsprache war Türkisch mit einigen deutschen Wörtern, die Herr Hacıoğlu dann benutzte, wenn er entweder eine wörtliche Rede mit einem Deutschen wiedergab oder Worte aus dem Arbeitsleben benutzte. Auch wenn ich auf Türkisch mit ihm redete, versuchte Herr Hacıoğlu mir die Antwort auf Deutsch zu geben. Er sprach kein Türkisch mit mir. Sein türkisches Sprachniveau war nicht sehr ausgefeilt, und er sprach einen regionalen Dialekt, so dass auch Erdinc Schwierigkeiten hatte, ihm zu folgen. Ab und zu mischte er auch kurdische Worte in die Sprache. Herr Hacıoğlu wechselte oft mitten im Satz von der ersten Person Plural zur ersten Person Singular und umgekehrt. Er fühlte sich sehr stark in unterschiedliche Gruppen ein-

gebunden (die Dorfjugend, die Leute in der Türkei, die Arbeitsmigranten, die, die Refah wählen etc.) und bekam Sicherheit dadurch, dass er nicht allein mit seinen Erfahrungen und seiner Einstellung steht.

Herr Hacıoğlu polarisierte sehr stark. Er baute diverse Trennlinien auf – die türkischen Jugendlichen in der Türkei versus die türkischen Jugendlichen in Deutschland; deutsche Ingenieure versus türkische Ingenieure; die Städter versus die Landbevölkerung; die Deutschen versus die Türken; Männerarbeit versus Frauenarbeit – wobei er jeder Gruppe spezielle Eigenschaften zuschrieb.

Zentrale Themen in der Erzählung

Das zentrale Thema, das immer wieder während des Interviews auftauchte (Rückständigkeit der Türkei aufgrund der mangelnden Arbeitsdisziplin der Türken), spielte für ihn insofern eine große Rolle, als er sich und seine Männlichkeit sehr stark über das Arbeitsleben definierte.

Lebenserfahrung in der Türkei

Eigene Kindheit und Ursprungsfamilie
Herr Hacıoğlu hat fünf Brüder, trifft jedoch keine Aussagen über seine Stelle in der Geschwisterhierarchie. Seit frühester Jugend arbeitet er mit den Tieren und auf dem Feld.

„INT2: Was ich sagen wollte, wann hatten Sie mit der Arbeit angefangen? [er schaut, als hätte er die Frage nicht verstanden, Anm. Int2] In der Türkei. In welchem Alter? HERR HACIOĞLU: Gibt es in der Türkei ein ‚in welchem Alter'? Ich hab mit sechs oder so angefangen. Mit sechs bin ich zu den Lämmern gegangen, zu den Kälbern gegangen. Ich ging zum Acker. Ich ging aufs Feld. Angefangen. Vier Jahre habe ich die Schule erlebt. INT2: Vier Jahre in der Grundschule? HERR HACIOĞLU: Ja. Also dies... eine Grundschule gab es nicht. In einem Raum wurden wir unterrichtet."[122]

Früh wird Herr Hacıoğlu in den väterlichen landwirtschaftlichen Hof integriert. Seine individuelle Ausbildung tritt vor den Bedürfnissen des Gesamthaushaltes in den Hintergrund.

An zwei Stellen berichtet er über sein Verhältnis zu seinem Vater, den er zwar als Kind als autoritär erlebt hat, ihm heute jedoch Recht gibt. Herr Hacıoğlu beschreibt einen autoritären Vater, der seinen Willen auch mit Prügeln durchsetzt. So berichtet

---

122 An dieser Stelle wird bereits eine der Interviewstrukturen deutlich. Herr Hacıoğlu kommentiert unsere Fragen oft mit kurzen rhetorischen Gegenfragen, die unsere Kenntnis über die Türkei in Frage stellen und seine Kompetenz hervorheben.

er über die sich allmorgendlich abspielenden Szenen in seiner Jugend, in denen sein Vater ihn zum Gebet geprügelt hat. Auf die Frage, ob sich seine Einstellung zur Religion im Laufe seines Leben geändert habe, antwortet Herr Hacıoğlu folgendermaßen:

„Nein, das war immer das selbe. Ein bisschen hat es sich geändert. Ich habe im 12. 13. Lebensjahr mit dem Knüppel gebetet. Mein Vater hat mich jeden Tag geprügelt und geweckt. Eines Tages sagte meine Mutter: ‚Schäm dich doch‘, sagte sie zu mir. ‚Steh auf und bete! Jetzt kommt er gleich und prügelt dich.‘ Eine Zeitlang war es so und dann habe ich es gelernt. Egal, ob mein Vater oder jemand anderes, ich ging."

Herr Hacıoğlu kritisiert nicht die Gewalt, die sein Vater auf ihn ausgeübt hat, sondern sieht darin einen Lerneffekt. Er kritisiert auch nicht seine Mutter, die ihn nicht vor dem prügelnden Vater geschützt, sondern die ihn selbst dafür verantwortlich gemacht hat, dass er geschlagen wird. Die Autorität der Eltern stellt er nicht in Frage. Vielmehr wird er selbst als Vater den Erziehungsstil seines eigenen Vaters übernehmen und rechtfertigen. Diese Rechtfertigung wird auch an der zweiten Sequenz deutlich, in der es um einen Vater/Sohn Konflikt geht. Als sich Herr Hacıoğlu mit 14 Jahren in ein Mädchen verliebt, lehnt sein Vater diese ab und stellt ihn vor die Alternative entweder die Frau zu heiraten, die er für ihn ausgesucht hat, oder für immer ledig zu bleiben. Zwei Jahre hadert er, dann heiratet er die Wahl seines Vaters. Im Nachhinein rechtfertigt Herr Hacıoğlu das Vorgehen seines Vaters. Sich gegen dessen Willen zu entscheiden, war keine Alternative, die er thematisiert.

„Ich sage auch, wie es für mich ist. Ich war 13, 14 Jahre alt und lief hinter einem Mädchen her. Ich sagte immer zu meiner Mutter: ‚bitten wir um ihre Hand‘. Meine Mutter sagt es meinem Vater. Mein Vater sagt, ‚ich möchte nicht‘. Es gibt keine Möglichkeit. Zwei Jahre quälte ich mich. Mein Vater war nicht einverstanden. Mein Vater sagte: ‚diese Frau! wenn er sie nimmt dann ist es o.k, wenn nicht, soll er ledig rumlaufen‘. Dann bin ich hilflos geblieben und habe ‚ja‘ gesagt. Ich hab ‚ja‘ gesagt und geheiratet. Jetzt gucke ich mir meine Frau an, und ich gucke mir sie an [die Frau, die er ursprünglich wollte, Anm. Int1]. Mein Vater hatte recht, ich nicht. Wenn es so gewesen wäre, wie ich gesagt hatte, wäre ich auf der Strecke geblieben. Aber es ist geschehen, was mein Vater sagte, und es ist gut gewesen."

Diese Sequenz ist sehr aufschlussreich für das Rollen- und Generationenverständnis Herrn Hacıoğlus. Sie besagt, dass die Eltern am besten wissen, was für ihre Kinder richtig ist. Sie teilt den Müttern zwar eine emotionale Rolle zu, die Entscheidungsgewalt liegt jedoch beim Vater. In der heiklen Frage der Verheiratung wendet sich Herr Hacıoğlu zunächst an seine Mutter, die er um die Vermittlung in seinem Sinne beim Vater bittet. Der Vater hat jedoch letztendlich die Verfügungsgewalt über die Gegenwart und Zukunft seiner Kinder und diese müssen sich seinem Willen beugen. Auch wenn das Kind in dem Moment, wo es der väterlichen Gewalt ausgesetzt ist, zunächst leidet, wird es später einsehen, dass die Meinung des Vaters die einzig richtige war.

Ehe
Herr Hacıoğlu wird mit 17 Jahren mit seiner fünf Jahre jüngeren Frau verheiratet. Frau und Kinder bleiben während der gesamten Migration in der Türkei. Herr Hacıoğlu hat sehr klare Vorstellungen darüber, welche Rollen Mann und Frau in einer Ehe zu übernehmen haben. Wie bei seinen Eltern ist es auch in seiner eigenen Vorstellung so, dass er sich als derjenige sieht, der alle wichtigen Entscheidung trifft und die absolute Verfügungsgewalt über seine Frau und Kinder hat, sowie deren Schutz übernimmt.

Diese Ansichten thematisiert er nicht explizit im Verhältnis mit seiner Frau, es sind dies Bemerkungen, die man aus der Funktion seiner Ehe aus Sicht der Migration und im Zusammenhang mit einer jahrelangen außerehelichen Beziehung schließen kann. Daher wird auch an diesem Punkt ausführlicher auf das Rollenverständnis eingegangen.

Kinder
Das Ehepaar hat sechs Kinder – vier Töchter und zwei Söhne. Herr Hacıoğlu ist sich bei der Altersangabe nicht sicher, weiß lediglich, dass das älteste Kind so um die 30 ist, und die anderen eben jünger sind. Weder seine Frau noch seine Kinder waren jemals, auch nicht zu Besuch, in Deutschland. Erst auf mehrmaliges Nachfragen thematisiert er, dass er insbesondere die Mädchen vor dem nicht muslimischen Einfluss habe schützen wollen.

„Es gab vier Mädchen. Man ist Moslem, und man will als Moslem leben. Deswegen wollte ich meine Töchter nicht hierher bringen. Das wollte ich nicht. Deswegen. Wenn es nur zwei Jungen gewesen wären, hätte es mir nichts ausgemacht, wenn ich die beiden auf der Straße gelassen hätte. Wenn die am „Bahnhof" [dt] rumlaufen würden [lacht]. Das wollte ich nicht. Deswegen sind sie da geblieben."

Im Gegensatz zu den Söhnen, die er für stark genug hält, den schädlichen nichtmuslimischen Einflüssen Widerstand zu leisten, empfindet er für seine Töchter eine Fürsorgepflicht, die ihn dazu bringt, seine Kinder nicht nachzuholen. Bezeichnend ist hier, dass er in dem türkischen Interview das deutsche Wort „Bahnhof" benutzt und nicht das türkische „İstasyon". Hier beschreibt er den Bahnhof auch nicht als den Ort, an dem Züge abfahren und ankommen, sondern als einen sozialen Platz, den er für Jugendliche für gefährlich hält. Der „Bahnhof" erscheint als Sinnbild sinnlos verbrachter Zeit („am Bahnhof rumlaufen").

Was die Ausbildung der Kinder betrifft, so bleibt Herr Hacıoğlu seinen Rollenvorstellungen, des Mannes als dem Ernährer der Familie, der auch außerhalb des Hauses arbeitet, treu und erlaubt seinen vier Töchtern lediglich eine Grundschulausbildung. Für die Bedürfnisse des Dorflebens muss dies ausreichen sein. Zwei seiner vier Töchter hat Herr Hacıoğlu bereits mit Männern verheiratet, die er ausgesucht hat und sich dabei so verhalten, wie er das von seinem Vater leidvoll gelernt hat.

„INT2: Sie haben gesagt, dass vier ihrer Kinder verheiratet sind. HERR HACIOĞLU: Ja. INT2: Haben Ihre Kinder ihre Ehepartner selber gefunden oder lief es über die Eltern? HERR HACIOĞLU: Nein. Die können sie nicht selber finden. Wir sind die, die die gefunden haben. Ich und meine Frau [lacht]. Wenn sie sie selbst gefunden hätten, hätten sie es später bereut [lacht]. Wenn sie sie wie [in, Anm. Int2] Deutschland selber finden, werden sie es später bereuen."

Hier verwendet Herr Hacıoğlu die Worte, die er auch aus dem Dialog mit seinem eigenen Vater zitiert hatte und rechtfertigt noch einmal nachträglich nicht nur das Verhalten seines Vaters, sondern führt dies fort.

Der Vater/Sohn Konflikt, der im Fall Herrn Hacıoğlus in dessen Resignation, der Internalisierung des von ihm geforderten religiösen Verhaltens und der Verheiratung mit der Frau, die sein Vater für ihn ausgesucht hatte, geendet hatte, findet seine Fortsetzung in dem Konflikt mit seinem eigenen Sohn. Anders als Herr Hacıoğlu in seiner Jugend, entzieht sich sein Sohn jedoch der väterlichen Autorität und ist selbst durch Schläge nicht zu überzeugen. Sein zweitältester Sohn, der das Gymnasium absolviert hat, ist derjenige, der sich am Weitesten von seinem Vater und dessen Ansichten entfernt hat. Er stellt sich gegen die Autorität des Vaters und kehrt dem Dorf den Rücken zu.

„Einer hat die Mittelschule abgeschlossen, der andere hat das Gymnasium absolviert und ist nach X-Stadt (Großstadt) gegangen. Er achtet mich nicht. Es wäre besser, wenn er auch nicht in die Schule gegangen wäre. Er könnte auch bei mir im Dorf sein. Er kommt nicht zu mir. INT2: Kommt er nicht? HERR HACIOĞLU: Wie soll er denn kommen? Er ist wie ich. Er kommt einmal im Jahr in Urlaub. In Urlaub geht er nicht. Nach Hause geht er nicht."

Herr Hacıoğlu wechselt in dieser kurzen Passage, in der das Vater/Sohn Verhältnis thematisiert wird, zwei Mal die Perspektive. Sieht er sich selbst an der einen Stelle, entgegen der konkreten Lebensrealität, als die Person, die im Dorf lebt und seinen Sohn außerhalb der Dorfgemeinschaft („Er könnte auch bei mir im Dorf sein"), verortet er sich in der zweiten Hälfte des Satzes gemeinsam mit seinem Sohn als außerhalb des Dorfes stehend („Er ist wie ich. Er kommt einmal im Jahr in Urlaub"). Ob sein Sohn wirklich zu ihm kommt, wenn sich Herr Hacıoğlu in der Türkei aufhält, bleibt unklar, denn die Sequenz endet mit einer Verneinung: „In Urlaub geht er nicht. Nach Hause geht er nicht". Deutlich wird in dieser Sequenz auch seine Meinung zur Bildung. Er sieht sie nicht als individuellen Gewinn und als Möglichkeit des beruflichen Aufstiegs, sondern sieht das Ergebnis in der Entfremdung von traditionellen Werten und Normen und im Verlust seiner Verfügungsgewalt über seinen Sohn. Er thematisiert an keiner Stelle des Interviews, dass er für seine Kinder ein anderes/besseres Leben, vielleicht verbunden mit einem beruflichen Aufstieg, wünscht als er es hatte.

Obwohl Herr Hacıoğlu während des Interviews immer wieder betont, das Dorf sei der Ort, an dem er sich zu Hause fühlt, an dem die ihm vertrauten und von ihm geschätzten Traditionen noch praktiziert werden, hat er sich dem Dorf und seinen Kindern entfremdet und empfindet diese Entfremdung als Verlust. „Wir sind gekommen, wir kommen weder von hier noch von da los. Die Kinder sind da, und ich bin hier. Ist das überhaupt ein Leben?"

Auch mit dem ältesten Sohn, der nach dem Besuch der Mittelschule im Dorf geblieben ist, hat er Konflikte, da sich sein Sohn nicht so verhält und sich nicht so um die familiären Angelegenheiten kümmert, wie er sich das vorstellt. Mit den gleichen Methoden, die er von seinem Vater leidvoll erfahren hat, nämlich Schläge, versucht er seine Autorität gegenüber seinem Kind durchzusetzen. Dieser Sohn verweigert ihm die Anerkennung für das, was er mit dem in Deutschland hart verdienten Geld im heimischen Dorf gekauft hat und rüttelt damit an der Selbstdefinition des Vaters, der sich in erster Linie als der Ernährer der Familie sieht und absoluten Gehorsam verlangt. Als wir ihn danach fragen, wie er gerne von der Jugend behandelt werden möchte, berichtet er über den Konflikt mit seinem Sohn, der ihm den Respekt, den er sich wünscht, verweigert.

„INT2: Wie würden Sie gerne im Alter von den Jugendlichen oder von denen, die in ihrer Nähe sind, behandelt werden? HERR HACIOĞLU: [leise] Die sollen die respektieren. Ja respektieren. INT2: Sie meinen Sie? HERR HACIOĞLU: Ja. [laut] Bei uns ist es so. Bei uns ist es immer noch so. Bei uns gibt es viel Respekt. Aber heutzutage gibt es das in den größeren Städten nicht. Das ist da auch vorbei. Meine… Einer ist verheiratet zu Hause und der Andere ist in X-Stadt [Großstadt]. Zu Hause, auch wenn ich schlage oder töte, kann mir niemand was sagen. [leise] Es ist unmöglich. Den älteren Sohn im letzten Jahr… Einmal sind wir zum Acker gegangen. Unser Acker, ich hab den neu gekauft. Der ist groß. Ich habe gesagt: ‚Wem gehört dieser Acker?'. Er guck mich so an. [‚Ich sagte:, Anm. Int2] Wessen Acker ist das?'. Mein Cousin ist auch da. Er ist älter als ich. Er drehte sich um. Ich hab ihm [dem Sohn] eine in sein Gesicht gehauen. ‚Sag mir, wem gehört dieser Acker. Ich frag dich das, und du weißt es nicht. Warum kümmerst du dich nicht darum? Guck mal unsere Grundstücke, guck dir die Bäume an. Warum kümmerst du dich nicht darum?'. Ich hab ihn weggejagt. Er ist zu seiner Mutter gegangen und sagte: ‚Mein Vater hat mich geschlagen'. Sie sagte: ‚Hat dein Vater etwas Schlechtes getan? Dein Vater sagt dir ‚das ist deins, achte doch darauf.' Das gibt es bei uns. Bei uns ist alles beim Alten. Wem ich die Tochter geben will, dem gebe ich sie dann. Für den Sohn bitte ich um die Hand des Mädchens, welches ich will. Ich verzichte doch nicht auf meine Kinder. Von der Straße bringe ich doch kein Mädchen für die. Ich kann doch nicht meine Tochter einem, der auf der Straße ist, geben [hustet]. Bei uns fragt man nach der Herkunft. Ich muss erst die Lage des Jungen wissen, damit ich ihm [meine Tochter, Anm. Int2] geben kann. Wenn ich sie nicht gebe, dann ist das Geben verboten[123]."

Die gleiche Szene, die Herr Hacıoğlu aus seiner Jugend beschreibt, sein Vater schlägt ihn, er sucht Schutz bei seiner Mutter, die sich auf die Seite des Vaters stellt, beschreibt er hier mit veränderten Rollen. Er reproduziert sein eigenes Vater/Sohn Verhältnis im Umgang mit seinem ältesten Sohn, der sich der väterlichen Autorität entzieht. Dabei entwickelt Herr Hacıoğlu Allmachtsphantasien, in deren Zentrum die dörflichen Strukturen stehen und die sich auf seine Familie beziehen. „Wenn ich meiner Frau sag: Stirb! Dann stirbt sie." „Zu Hause, auch wenn ich schlage oder töte, kann mir niemand was sagen." „Wenn ich sie [meine Tochter] nicht gebe, dann ist das Geben verboten."

Als Mann, als Vater und als Ehemann erlauben Herrn Hacıoğlu in seiner Vorstellung die dörflichen Strukturen die Möglichkeit, Herr über das Leben seiner Frau und seiner Kinder zu sein. Die Migration nimmt ihm die Möglichkeit diese Norm zu leben. Sie schützt ihn jedoch auch davor, zu erkennen, dass sich die Normen in der Türkei geändert haben. Gleichzeitig erlaubt ihm die Migration jedoch, an diesen Normen festzuhalten. Folgerichtig definiert er sich selbst auch als Dörfler: „Ich finde mich nicht städtisch. Das Dorf ist besser als die Stadt." Das Dorf und die Werte und Normen, die er damit verbindet, haben für ihn die Funktion einer heilen Welt. Dort ist er der allmächtige Familienpatriarch. Doch schon mitten in der Beschreibung kippt dieses Bild. Die Konflikte mit seinen Söhnen sind ein Beispiel dafür, dass eben nicht mehr „alles beim Alten" ist. Obwohl er den Konflikt mit seinen Kindern benennt und analysiert (Schuld ist die Bildung), ändert dies nichts an der Vorstellung des Dorfes als „heile Welt". Er sieht zwar, dass sich die Bedingungen in der Türkei generell geändert haben, klammert das Dorf davon jedoch aus.

Trotz der von ihm angesprochenen Konflikte verneint er die Frage ganz explizit, ob sich durch seine Migration nach Deutschland das Verhältnis zu seinen Kindern verändert habe.

„INT2: Onkel Kemal, Gibt es Veränderungen in den Beziehungen mit Ihren Verwandten und mit Ihren Kindern durch Ihre Reise nach Deutschland? HERR HACIOĞLU: Nein. INT2: Alles beim Alten geblieben? HERR HACIOĞLU: Wir kümmern uns sehr umeinander. Wir schmeißen uns nicht weg, wie [in, Anm. Int2] Deutschland [lacht]."

Auch wenn Herr Hacıoğlu bei der direkten Frage verneint, es hätte sich in seiner Familie etwas geändert, wird doch seine große Verunsicherung deutlich, wenn es um

---

[123] Herr Hacıoğlu meint an dieser Stelle, wenn er seine Tochter nicht einem Mann geben möchte, hat kein anderer das Recht, seine Tochter jemandem zu versprechen. Er hat die alleinige Verfügungsgewalt über sein Kind.

seine spätere Versorgung geht. Nach seiner Verrentung möchte Herr Hacıoğlu in die Türkei, in das Dorf, aus dem er gekommen ist, zurück. Die folgende Textpassage reflektiert die eigene Unsicherheit. Er hat konkrete Vorstellungen darüber, wie sich Kinder gegenüber alt werdenden Eltern verhalten sollten. In dieser unbedingten Versorgung der Eltern unterscheiden sich seiner Meinung nach deutsche und türkische Kinder. Im weiteren Verlauf der Passage wird jedoch deutlich, dass er sich selbst keineswegs so sicher ist, dass seine eigenen Kinder, seinen Ansprüchen gerecht werden.

„INT2: Also, wie Sie sagten, haben Sie Beziehungen mit den Deutschen. Sie haben deutsche Freunde. Eee, sehen Sie Unterschiede beim Altern der Deutschen und der Türken. HERR HACIOĞLU: Es gibt einen Unterschied. Das Altern unserer Türken ist besser als das der Deutschen. Also warum ist es gut? Wenn die Türken alt sind, egal Mann oder Frau, sind die Kinder bei denen. Entweder ist sein Sohn bei ihm oder seine Tochter. Einer ist zu Hause. Wenn sie zu Hause sind, wird das Haus geputzt, das Essen gekocht. Der Mann geht in die Moschee, betet da, fastet. Hier ist es... Wenn er/sie verheiratet ist, ist es vorbei. [laut] Wenn er/sie verheiratet ist, verlässt er/sie am nächsten Tag, die Mutter und den Vater. Wenn dieser Mann alt ist, was soll er dann machen? Guck mich an. Ich habe eine Frau und sechs Kinder. Sie sind verheiratet und dann weggegangen. Und wir schaffen gar nichts mehr. Ist es nicht so? Der Mensch wird irgendwann nichts mehr schaffen. Wir brauchen Brot. Wir brauchen jemand, der auf uns aufpasst. Wer soll es machen? Niemand ist da. Da schmeißen sie mich in ein [leise] „Heim" [dt]. INT2: Die Altersheime meinen Sie. HERR HACIOĞLU: Ja. INT2: Also die [unterbricht]. HERR HACIOĞLU: Das ist nicht richtig. Ich habe mir so viele, so viele Mühe gegeben. So viel Reichtum habe ich geschaffen, nicht wahr? Also mein Besitz in der Türkei, genügt meinen Kindern für immer. Wenn ich Morgen in meinem Alter... Wenn mein Kind mich in ein Altersheim schmeißt... Ist so was richtig. [leise] Das ist nicht richtig."

Der Reichtum, den er geschaffen hat, und der den Kindern bis ans Ende ihres Lebens ausreichen sollte, ist für Herr Hacıoğlu die Legitimation, dass seine Kinder sich auch im Alter um ihn kümmern. Er hat seinen Teil, die finanzielle Versorgung der Familie, geleistet, nun ist es an den Kindern, ihren Teil einzuhalten. Herr Hacıoğlu fordert die Einhaltung eines Generationenvertrages.

Das Bild, das Herr Hacıoğlu von der Jugend zeichnet, ist durch starke Polarisierungen geprägt. Auf der einen Seite, und ganz unten in der Akzeptanz, stehen die türkischen Jugendlichen in Deutschland, die zweite Generation. Alle Jugendlichen in der Türkei seien „besser" als diese, sprich noch mehr den traditionellen Werten verhaftet. Doch auch innerhalb der Türkei, zieht er eine klare Trennlinie zwischen den Jugendlichen auf dem Land, die, wie seine Kinder, noch den nötigen Respekt zeigen und den Jugendlichen in den Städten, zu denen nun zu seinem größten Bedauern auch sein zweitältester Sohn zählt, die sich von der Tradition immer mehr entfernt haben.

„INT2: Für Sie. Eee, Sie sehen hier die Jugendlichen von der zweiten Generation, mittlerweile auch die dritte Generation. Sie sehen die türkischen Jugendlichen hier. Die Behandlung dieser Generation gegenüber den Alten. Wie beurteilen Sie das Verhalten dieser Generation? HERR HACIOĞLU: Die Jugendlichen haben nicht mal Respekt vor ihren Vätern, geschweige denn vor den Anderen INT2: Ich meine die türkischen Jugendlichen[124]. HERR HACIOĞLU: Ich meine auch die Türken. In dieser Beziehung sind die deutschen Jugendlichen besser als unsere türkischen Jugendlichen. Die trinken und so, aber sie machen keinen Krach. Unsere machen viel Krach und schlagen alles kurz und klein. Unsere Jugendlichen taugen auch nichts mehr. Also diese, wenn die Deutschen uns alle in die Türkei abschieben, werden in den türkischen Gefängnissen keine freien Plätze bleiben. Die werden alle eingelocht. Ist es nicht so? Was sollen sie mit diesen [undeutlich]. Die alle werden eingelocht. In den Knast."

Und wieder ist es das Dorf, das ihm als der Bewahrer der Tradition, der Achtung und Werte gilt. Lediglich in den Dörfern und Kreisstädten sind die Jugendlichen in der Türkei noch so, wie er sich vorstellt. In den Städten ist die Moral der Jugendlichen bereits dahin.

„In den Dörfern, in den Kreisstädten ist [das Verhalten der Jungen gegenüber den Alten, Anm. Int1] sehr gut. Guck aber nicht nach Istanbul, guck nicht nach Izmir, guck nicht nach Ankara. Alles mögliche hat sich da zusammengefunden. Unsere Jugendlichen, die Jugendlichen in der Türkei sind hunderttausend Mal besser als die hier."

Die Modernität der Großstädte führt zu einer Lockerung des Respekts und damit zum Verfall von Werten und Normen. Der zweitälteste Sohn ist Opfer dieser Moderne geworden, während die im Dorf gebliebenen Kinder, die Autorität des Vaters anzuerkennen scheinen.

Doch auch mit der im Dorf verbliebenen Familie wächst mit den Jahren die Entfremdung und Entfernung der Lebenswelten. Herr Hacıoğlu thematisiert diesen schmerzlichen Prozess am Beispiel seiner Enkelkinder.

Räumliches Umfeld
Herr Hacıoğlu wächst in einem von der Außenwelt ziemlich abgeschotteten Dorf auf, in dem zu seiner Jugendzeit streng religiöse patriarchalische Strukturen herrschten. Er hat diese Strukturen angenommen und sich entsprechend verhalten, was in seiner Interpretation bedeutet, dass er den Anweisungen und Befehlen seines Vaters und älterer Respektpersonen Folge geleistet hat. Dies war für ihn nicht immer unproblematisch, aber letztendlich legitimiert und stützt er diese dörflichen Werte auch

---

124 Über die Interaktion zwischen Erdinc und Herrn Hacıoğlu an dieser Stelle bin ich im Kapitel 5, S. 178ff. näher eingegangen.

mit der Distanz und aus der Migration heraus. Es stand außerhalb seines Vorstellungsvermögens sich diesen Menschen zu widersetzen.

Lebenserfahrung in Deutschland

Ursprungsfamilie

Die Passagen, die sich auf die Position Herrn Hacıoğlus im Familiengefüge seiner Ursprungsfamilie beziehen, sind sehr spärlich und erfolgen alle im Umfeld des Themas „Altern und Pflege". Der Vater Herrn Hacıoğlus starb noch vor der Migration nach Deutschland, seine Mutter vor wenigen Jahren. Sie wurde von einem Bruder Herrn Hacıoğlus gepflegt, der dafür das gesamte Vermögen der Mutter erbte. Doch auch die übrigen Geschwister haben sich finanziell um die Belange und Wünsche der Mutter gekümmert. Herr Hacıoğlu ist in seinen Äußerungen ein Verfechter eines Generationenvertrages. So wird dann auch der belohnt (Erbe), der sich um die Mutter gekümmert und diese gepflegt hat. Eltern geben sich mit dem Großziehen ihrer Kinder Mühe und möchten dafür später umsorgt und gepflegt werden.

„Wir sind auch sechs Brüder. Mein Vater ging [starb, Anm. Int2] als wir noch jung waren. Meine Mutter blieb noch. Meine Mutter war bei meinem jüngeren Bruder. Meine Mutter kam... Ich war [von ihr, Anm. Int2] getrennt... Meine Mutter kam und beschimpfte mich, sie beleidigte mich: ‚Du hast mir das nicht angeschafft oder das nicht angeschafft'. Ich sah, dass sie wütend war, und ich lief von zu Hause weg. Danach kam ich wieder und sagte: ‚Mutter, ist es jetzt besser'? So ist es. Als meine Mutter starb... Der Besitz von meinem Vater war noch da. Meine Brüder haben gesagt, ‚bekommt nur er [der die Mutter versorgt hat;, Anm. Int1] diesen Besitz, oder was?' Ich hab gesagt: ‚Alles bleibt ihm. Weder du noch ich können uns einmischen. Davon haben wir nicht mal eine Feder gekriegt. Wer davon was hat [haben will, Anm. Int2] soll zu mir kommen.' Warum? Bei denen ist [sie, Anm. Int2] geblieben, bei dem Kind ist sie geblieben. Bei dem ist sie gestorben. Der Besitz und Reichtum gehörem ihm. Er hat es behalten. Also das Kind hat sich auch [um sie, Anm. Int2] gekümmert. Wir haben uns auch gekümmert. Sie kam auch zu uns. Wir waren nicht unbedingt getrennt.[...]."

Auch hier wird ein Konflikt mit der Respektperson (der Mutter) nur angedeutet, und wieder besteht Herr Hacıoğlus Reaktion darin, wie auch schon in dem Konflikt mit dem Vater aus seiner Jugendzeit, „wegzugehen" und zu hoffen, dass sich der Konflikt in der Zwischenzeit erledigt hat. Dies scheint auch hier der Fall zu sein. Er trägt keine Konflikte mit Respektpersonen aus und erwartet, dass in der Hierarchie Tieferstehende (wie seine Kinder) sich seiner Autorität fraglos beugen.

Aus der Distanz der Migration und dem reifen Lebensalter heraus erfahren die Eltern im Nachhinein eine zusätzliche Bestätigung.

Ehe

Herr Hacıoğlu lebt fünf Jahre in einer eheähnlichen Gemeinschaft mit einer Deutschen. Seine Frau war nie, auch nicht zu Besuch, in Deutschland. Die Tatsache, dass Herr Hacıoğlu ohne seine Frau in Deutschland ist, bringt ihn in Konflikte mit dem eigenen Rollenverständnis. Innerhalb der Ehe sind die Rollen klar aufgeteilt: Die Hauptaufgabe des Ehemannes ist es Geld zu verdienen, die Verfügungsgewalt über das Geld zu behalten, die Familie zu schützen und die Kinder gut zu verheiraten. Der Mann arbeitet außerhalb, die Frau innerhalb des Hauses. Dadurch, dass Herr Hacıoğlu ohne seine Frau nach Deutschland gekommen ist, musste er sowohl die Arbeit außerhalb des Hauses (die Männerarbeit) als auch die innerhalb des Hauses (Frauenarbeit) übernehmen. Dies führt für ihn zum Thematisieren eines Rollenkonfliktes.

„INT2: Wie war es denn am Anfang für Sie, den Haushalt alleine zu organisieren?
HERR HACIOĞLU: Ich mach es selber. Ich habe zu meiner Frau in der Türkei gesagt: ‚Ich gehe zur Arbeit, dann bin ich ein Mann, ich komme nach Hause, ich bin ich eine Frau.' ‚Was erzählst du da?', sagte sie. ‚Es ist wirklich so', habe ich gesagt. Ich hab gesagt: ‚Ich gehe zur Arbeit, ich mache die Männerarbeit, ich komme nach Hause und mache die Frauenarbeit.' [lacht]. Ist es nicht so? Also ich bin es, der diesen Tee gemacht hat, ich bin auch der, der die Gläser abwäscht. Ich bin es, der alles hier macht."

In dieser Textstelle spricht er zwei Frauen an, deren Verständnis er voraussetzt. Zum einen seine Frau in der Türkei und zum anderen mich, als Interviewerin, die er direkt anspricht und deren Zustimmung er möchte. Eingedenk der Tatsache, dass nicht das Teezubereiten an sich, oder das Abspülen der Gläser eine rein weibliche Angelegenheit ist, so gibt es auch in türkischen Restaurants und Gaststätten genügend Männer, die diese Tätigkeit übernehmen, so geht es hier in erster Linie um unbezahlte Arbeit, die unbemerkt von der Öffentlichkeit zu Hause stattfindet. Dies ist für ihn eindeutig der Teil, der von Frauen übernommen werden sollte.

Er löst diesen Konflikt für sich, indem er sich als „Lediger" bezeichnet. Dies meint führ ihn sowohl den Zustand der Einsamkeit, dient aber auch der Rechtfertigung, dass er Arbeiten übernimmt, die seine Frau übernehmen müsste:

„Ich sagte ja bereits, ich bin ledig. Auf der Arbeit, bin ich ein Mann, und ich komme nach Hause, dann bin ich eine Frau. Ich soll die Wohnung putzen, staubsaugen, abwaschen. Diese Woche, nächste Woche werde ich hier tapezieren [lacht]."

Ein weiterer „Glaubenspfeiler" seines Rollenverständnisses liegt in der Verfügungsgewalt, die er glaubt, über Frau und Kinder zu haben. Dass dies nicht nur auf das Vater-Kind-Verhältnis beschränkt bleibt, sondern sich auch auf die Ehefrau erstreckt, wird deutlich, als er die Gründe aufzählt, warum er sich nicht von seiner Frau trennte und seine deutsche Freundin heiratete.

"Vier, fünf Jahre waren wir zusammen. Ich habe aber viele Kinder. Ich hab ihr gesagt: ‚Ich habe Kinder, ich habe sechs Kinder, ich hab eine Frau. [laut] Wenn ich meiner Frau sage ‚stirb!‘, dann stirbt sie. Wenn ich sage, ‚bleib hier!‘, bleibt sie. Aber du bist nicht so.‘ Ich sag ja, die [die Deutschen, Anm. Int2] sind in einer Beziehung gut, in einer Beziehung nicht gut. Wenn ich heiraten würde, wenn ich sie heiraten würde, würde sie mich vielleicht nach zwei Jahren rausschmeißen. Mein Lohn… Ich werde sowieso 3.000 kriegen. 1.500 wird er [der Scheidungsrichter, Anm. Int1] abziehen und ihr geben und 1.500 mir. Was soll ich denn mit 1.500 machen? Soll ich damit die Miete bezahlen oder mich ernähren, mir Klamotten kaufen. Ich könnte nicht mal Urlaub machen. Ist es nicht so?"

Er argumentiert nicht mit moralischen Argumenten („ich kann meine Kinder nicht verlassen; meine Frau braucht mich", „ich habe Verantwortung gegenüber meiner Familie" etc.), sondern mit der Feststellung, eine deutsche Frau erkenne seine Autorität und Verfügungsgewalt nicht an und wolle ihm gar einen Teil dessen wegnehmen, worauf seine Autorität gründet, nämlich sein Geld. Von seiner Frau, die im gleichen Dorf sozialisiert wurde, erwartet er, dass sie seine Vorstellungen kennt und als gegeben hinnimmt. In seiner Kritik an der deutschen Freundin geht er noch einen Schritt weiter und stellt die generelle Disposition der Männer in Deutschland in Frage:

„Deutschland ist also schön. In der Industrie gibt es nicht besseres als hier. Von allen Seiten sind sie gut, aber mit dem Heiraten… Lass es sein und lauf weg! Es gibt nichts. Das akzeptiere ich nicht. Weil sie in der Kneipe heiraten. Draußen heiraten sie. Aber wessen Tochter ist sie? Wer ist die? Was ist die? Das Mädchen sagt nicht, ‚was ist dieser Junge? Wird er mich später schützen oder nicht?‘ Das sagt sie nicht. Sie geht für drei, vier Monate, ein Jahr, zwei Jahre dann kriegt sie einen Tritt. Ihre Ehe geht kaputt und sie geht weg. [Undeutlich] Aber die Frauen haben viele Rechte. Es gibt keine Männerrechte. INT2: In Deutschland? HERR HACIOĞLU: Natürlich. Egal wie sehr die Frau im Unrecht ist, wenn sie sich scheidet, geben sie ihr Recht. Dem Ehemann geben sie kein Recht."

Die geltende Rechtsprechung legt er als Bevorzugung der Frauen aus, wobei er hier in erster Linie finanzielle Vorteile thematisiert. Herr Hacıoğlus Identität ist eng mit der des Arbeiters verknüpft, der den Lohn bekommt, den er sich durch seine Arbeit verdient. Sein Selbstbild konstruiert er in Abgrenzung zu Männern, die eben nicht arbeiten. Daher ist der Verlust der Kontrolle über die Finanzen ein sehr starker Eingriff in sein Selbstwertgefühl und seine männliche Identität. Herr Hacıoğlu fühlt sich noch als „richtiger Mann", was er seinen deutschen Kollegen abspricht, die sich ihr Geld, sprich ihre Männlichkeit klaglos nehmen lassen.

„Die [die Deutschen, Anm. Int2] sind nicht schlecht. Das sind gute Menschen. Aber in einer Beziehung sind sie nicht gut. Mit dem Verheiraten, nein. Mit der Sache des Heiratens sind sie auf jeden Fall nicht gut. Es gibt hier eine Schicht. Einer von den Männern ist verheiratet und der andere nicht. Die beiden sind in der selben Schicht. Der Ledige ist hingegangen und hat die Frau von dem Verheirateten von zu Hause abgeholt. Abgeholt. Also die Frau ist bei ihm. Ich hab ihm gesagt: ‚Du bist kein Mann. Geh doch hin, hau ein Eisen auf seinen Kopf und töte ihn doch!. Bleib im Knast.' Ich hab gesagt: ‚Geh doch in den Knast. Das ist doch besser als das hier. Die Frau nimmt doch dein Geld und macht auch so.' Ist es richtig? Das ist nicht richtig."

Herr Hacıoğlu zieht eine klare Trennungslinie zwischen dem, was einem Ehemann und dem, was einer Ehefrau erlaubt ist. Er selbst berichtet ohne Hemmungen von seinem fünfjährigen außerehelichen Verhältnis in Deutschland, während er dieses Verhalten bei der Frau seines Kollegen aufs Schärfste verurteilt und darin einen Grund sähe, den Liebhaber der Frau zu ermorden. Für ihn selbst, als Mann, ist dieses Verhalten jedoch akzeptiert. Auch wenn er an einer späteren Stelle religiöse Bedenken anmeldet, beeinflusst dies sein Verhalten nicht.

Kinder
Herrn Hacıoğlus Kinder lebten nie in Deutschland. Er kennt sie lediglich von seinen jährlichen mehrwöchigen Besuchen in der Türkei und so ist auch die Vorstellung, die er von den Kindern hat, die Erwartungen, die er an sie stellt, eine Mischung aus Absichtserklärungen und Erziehungsstatements. Trotz all seiner Beteuerungen, im Dorf, sprich an den ihm vertrauten Autoritäts- und Hierarchiestrukturen habe sich nichts verändert, wird doch die große Unsicherheit deutlich, die Herr Hacıoğlu in Bezug auf seine Kinder hat. Gefragt nach einer möglichen Pflege und Stütze im Alter, antwortet er zunächst spontan, die Kinder würden diese übernehmen. Gleich darauf kommt er jedoch ins Grübeln und letztendlich bleibt ihm nur als Argument, dass er seine Eltern auch versorgt, und dass er den Kindern Reichtum hinterlassen habe, so dass diese verpflichtet seien, ihn zu versorgen.

„INT2: Wenn Sie pflegebedürftig wären, von wem würden Sie sich die Pflege wünschen? Gott möge es erst möglichst spät zulassen, aber wenn Sie mal bettlägerig wären. HERR HACIOĞLU: [Antwortet schnell] Unsere Kinder. Unsere Kinder werden pflegen. INT2: Sie denken nicht, in Pflegeheime oder Altersheime zu gehen? HERR HACIOĞLU: [laut] Nein, [leise] das ist unmöglich. Sowieso die, die niemanden haben... Man kann niemanden haben, keine Angehörigen und so. Der wird dahin gehen und da bleiben. Dahin gehen ist auch gut, nicht wahr. Aber wenn ein Mann Reichtum hat, hat Kinder und so. Warum soll er dann hingehen? [...] Aber irgendwie, wenn meine Mutter und mein Vater dahin müssten, wäre es für mich tödlich. Sie haben mich erzogen, meinen jetzigen Zustand ermöglicht. Das war für die schwer. Sie haben sich doch viel Mühe gegeben, nicht wahr? Sie haben mich erzogen. Danach wirf doch die Mutter und den Vater dorthinein. Der Tod ist noch besser. Für mich ist es besser, wenn ich sterbe."

Herr Hacıoğlu wartet auf die Einlösung des Generationenvertrages. Er hat seinen Teil dazu geleistet, Geld und Reichtum angehäuft. Die eigenen Kinder sind jedoch für Herrn Hacıoğlu eine durchaus nicht durchschaubare Größe, zumal die Konflikte mit den Söhnen zeigen, dass es eben nicht mehr so ist, wie zu seiner Jugend.

Die Entfremdung mit den Kindern wird spürbar. Dieses Gefühl wird noch deutlicher im Zusammenhang mit seinen Enkelkindern. Herr Hacıoğlu hatte zum Interviewzeitpunkt zwei Enkelkinder. Über sein Verhältnis zu dem älteren Kind (das zweite war noch ein Säugling) sagt er Folgendes:

„Das Enkelkind zählt doch nicht auf mich. Es sagt: ‚Der ist ein Fremder.' [Int2 lacht]. Die Nachbarn fragen, und es sagt: ‚Er ist Deutschländer. Er ist zu uns gekommen' [wir lachen]. INT2: Sagen sie nicht deutschländischer Opa? HERR HACIOĞLU: [lacht] Nein. Manchmal stichele ich. Es geht zu seiner Oma und sagt: ‚Mama, sag dem Deutschländer, er soll weg von unserem Haus gehen. Warum ist er denn zu uns gekommen?'"

Während des gesamten Interviews lacht Herr Hacıoğlu (mit wenigen Ausnahmen) an Stellen, die eigentlich nicht lustig sind, so wenn es ums Sterben geht, um Erfahrungen mit Diskriminierung und Ausländerfeindlichkeit, um Tod und Religion. So ist auch diese Textstelle nicht lustig, sondern zeigt die sich verstetigende Entfremdung mit den Menschen aus seiner Familie. Herr Hacıoğlu möchte, gefragt nach seinen Zukunftsplänen, als Rentner in die Türkei zurückkehren und sich dort um seine Gärten kümmern, in die Moschee gehen, sich aber auch mit den Enkelkindern beschäftigen. Gerade diese Enkelkinder jedoch lehnen den ihnen fremden Mann ab. Da ein dreijähriges Kind wohl kaum von selbst den Begriff „Almancı", Deutschländer, erfinden würde, kann man davon ausgehen, dass es dem Großvater den innerfamiliären Diskurs vermittelt, in dem eben nicht nur das Enkelkind den Mann aus Deutschland, der seit Jahrzehnten einmal pro Jahr zu Besuch kommt, als fremd empfindet.

Herr Hacıoğlu verneint diese Entfremdung zwar, wenn er direkt befragt wird, an anderen Stellen, so bei der Frage, wie er sein Migrationsprojekt bewertet, thematisiert er jedoch genau die geographische und persönliche Entfernung von den Kindern, die sein gesamtes Migrationsprojekt fraglich erscheinen lassen.

„Wenn ich nicht gekommen wäre, wäre es noch besser gewesen. Wenn ich nicht gekommen wäre, wäre ich zufriedener. Ich bin gekommen, aber ich bin nicht zufrieden. Weil wir da, egal unter welchen Umständen, arbeiten und etwas verdienen konnten. Wir sind gekommen, wir kommen weder von hier noch von da los. Die Kinder sind da, und ich bin hier. Ist das überhaupt ein Leben?"

Räumliches Umfeld
Herr Hacıoğlu verkehrt in Deutschland sowohl in deutschen als auch in türkischen Kreisen. Er beobachtet sein deutsches Umfeld und kommt zu dezidierten Schlüssen: Die Deutschen sind nicht schlecht. Sie arbeiten gut, aber in allem, was den zwi-

schenmenschlichen Rahmen angeht, könne man sie „vergessen". Die Väter würden ihren Aufgaben nicht gerecht, einen/eine geeigneten/e Ehepartner/in für das eigene Kind auszusuchen und schlimmer noch, denn die Kinder täten dies selbst, indem sie ihren/ihre Zukünftige/n „in Kneipen" kennen lernten. Damit entziehen sie sich komplett der väterlichen Autorität, ein Zustand, der an Herrn Hacıoğlus Grundfesten rüttelt. Generell sei Deutschland ein Land, in dem es keine „Männerrechte" gebe, weil Frauen im Scheidungsfall immer die Hälfte des Einkommens der Männer zustände.

Für Herrn Hacıoğlu sind dies alles Szenarien, die ihn darin bekräftigen, weder seine Frau noch seine Kinder mit diesem Umfeld in Berührung kommen zu lassen. Sein Aufenthalt in Deutschland bestärkt ihn darin, dass seine dörfliche Welt in der Türkei die einzig richtige sei, in der der Mann noch unumschränkter Herrscher über die Finanzen der Familie und gar über „Leben und Tod" von Frau und Kindern ist.

Geglaubte und gelebte Wertvorstellungen

Herr Hacıoğlu ist ein Mensch, der sich durch und mit seiner Arbeit definiert. Allgemeiner formuliert glaubt er, dass nur der, der etwas leistet (Arbeit, Pflege, Religion), das Recht hat, etwas wiederzubekommen (Lohn, Pflege, Paradies). In seinem Leben spielt die Arbeit eine entscheidende Rolle. Stolz berichtet er, dass er seit 26 Jahren in der Firma arbeitet, die ihn angeworben hatte. Dabei hatte er sich die Arbeit in Deutschland ganz anders vorgestellt. Aus den Berichten der in Deutschland arbeitenden Türken, hatte er die Vorstellung, alle in Deutschland arbeiteten mit Anzug und Krawatte. Umso ernüchternder war dann der erste Kontakt mit der zukünftigen Arbeitsstelle. Herr Hacıoğlu arrangierte sich jedoch damit und zog sein Selbstbewusstsein aus der Tatsache, dass kein Deutscher so gut arbeiten konnte wie er:

„Deutschland… Diejenigen, die nach Deutschland kamen, hatten nur einen Anzug an. Sie hatten eine Krawatte um den Hals. Gebügelte Anzüge, wir sagten, ‚alle sind so'. Ich bin gekommen. Gerade bin ich hierher gekommen. Ich bin zum Bahnhof gekommen. Da unterstützten uns die Deutschen. Wir sind zu Zwölft gekommen. Vom Zug sind wir hier ausgestiegen. Da war auch ein Dolmetscher. Wir sahen, dass er Türkisch redet. Vom Zug sind wir ausgestiegen. Zum Bahnhof sind wir gekommen. Vier, fünf Autos warteten auf uns. [Sie sagten, Anm. Int2] ‚Steigt ein'. Wir konnten aber nicht einsteigen, wir hatten Angst. ‚Steigt ein,' sagt er, ‚hab keine Angst'. Die haben uns hingebracht. Die haben uns zum Büro gebracht. Die haben uns zum Arbeitsplatz geführt. Ich habe einen Schrecken gekriegt. Die Männer habe ich gesehen, so ganz schwarz. Die Klamotten sind verbrannt. Ich dachte, ich sterbe. [lacht] Dies ist [undeutlich]. So war die Firma X. X ee. Die jetzige Firma X. Der Deutsche konnte nicht arbeiten. Der Deutsche kam bei uns an… Wenn Sie in unserer Abteilung anfangen… Glaub mir, unsere Schicht hatte jeden Monat drei, vier Deutsche. Jung wie du [gemeint ist der zweite Interviewer]. Der arbeitet drei, vier Tage und läuft dann weg. Sie konnten nicht arbeiten. Nur die Türken haben gearbeitet. Jetzt ist alles technisch geworden. Die Arbeit ist leichter geworden. Jetzt arbeiten die Deutschen, und die Türken wurden zur dritte Klasse. [2 Sek. Pause] Sonst... Wenn ich gewusst hätte, wäre ich nicht gekommen. Wenn ich in der Türkei wäre, hätte ich auch in diesem Wohlstand sein können [Pause]."

In dieser Textstelle zeichnet Herr Hacıoğlu von sich und den Türken in der gleichen Situation zunächst das Bild eines verängstigten Mannes, dem die neue Umgebung Angst macht. Er traut sich nicht in das Auto zu steigen, er ist entsetzt von den „schwarz verbrannten" Arbeitern. Doch schon im nächsten Satz hat er die Situation nicht nur im Griff, sondern stellt sich (die Türken) quasi als den (die) einzigen hin, der überhaupt arbeiten kann. Daraus schöpft er einen großen Teil seines Selbstverständnisses. Doch zeigt die Passage einen Wandel: Waren es die Türken, die zu Beginn der Migration und vor der Technisierung, die Hauptarbeit geleistet haben, haben die Deutschen mit der Automatisierung diesen Anteil nun übernommen. Vor dieser Zeit bekamen die Türken, so Herr Hacıoğlu, für ihre Arbeit Anerkennung, nun, nachdem die körperliche Arbeit nicht mehr so gefragt ist, werden sie zu Arbeitern „dritter Klasse". Arbeit bleibt für Herrn Hacıoğlu jedoch die zentrale Größe, über die er sich als Mann definiert. Dabei umfasst Arbeit mehr als lediglich die bloße Tätigkeit. Sie ist eng mit Herrn Hacıoğlus Weltbild verknüpft, dass nur derjenige einen Anspruch auf Leistung hat, der seinerseits etwas leistet. Darin sieht er ein göttliches Gebot. Die enge Verknüpfung zwischen Arbeit und Religion verdeutlicht die folgende Textstelle:

„Gestern machten sie eine neue Abteilung. Ich habe sieben Stunden mit dem Ingenieur zusammen gearbeitet. Er arbeitete mehr als ich. Ich ging rauchen, aber der Mann ging nicht zum Rauchen. Ich bin zum Essen gegangen, dieser Ingenieur ist nicht gegangen. Sechs Stunden hat er dabei gewartet. Er zog seine Arbeitsklamotten an und arbeitete. Natürlich wird dieser Mann etwas hinkriegen. Ich werde zurückbleiben. Wir sind alle so. Das müssen wir machen. Wenn wir das nicht machen, werden wir in der Welt alles in Kauf nehmen. Warum nehmen wir in der Welt alles in Kauf? Alle arbeiten doch. Die Arbeitenden... Gott hat nicht gesagt: ‚Du bist Kemal, ich geb dir Geld.' Es ist unmöglich. Gott hat gesagt: ‚Dem Arbeitenden gebe ich. Wer arbeitet, verdient auch. Die nicht Arbeitenden werden sterben.' Weil Herr Gott dir eine Hand, einen Fuß, und einen Körper gegeben hat. Er hat dir auch ein Gehirn gegeben, damit du arbeitest und verdienst. Manche Deutschen sagen: ‚Warum gibt Gott euch gar nichts?' Gott hat nicht gesagt: ‚Geh hin und schlaf da, ich geb dir doch.' Er kann das nicht sagen. Er sagte: ‚Arbeite'. Die arbeiten, um zu verdienen. Unsere sind nicht so."

Vor der Automatisierung, so Herr Hacıoğlu, waren in Deutschland die türkischen den deutschen Arbeitern in Bezug auf Kraft und Ausdauer überlegen. Mit der Automatisierung waren diese Werte nicht mehr entscheidend. Die wirtschaftliche Entwicklung des Landes lag nun nicht mehr in erster Linie in den Händen der Arbeiter, sondern steht und fällt mit dem unabhängig von der sozialen und beruflichen Stellung zu erbringenden Einsatz am Arbeitsplatz. Hierin sind, erklärt Herr Hacıoğlu, die deutschen Fachkräfte, Ingenieure und Techniker, den türkischen überlegen, da

233

sie im Gegensatz zu diesen unabhängig von der hierarchischen Position im Betrieb, konkrete Arbeit leisten. Herr Hacıoğlu entwirft das Bild des fleißigen Deutschen und stellt diesem die eigenen Leute gegenüber, die trotz fachlichen Wissens aus Standesdünkel heraus nicht alle anfallende Arbeit leisten. Auch Herr Hacıoğlu selbst nimmt sich da nicht aus. Beschrieb er noch stolz, dass zu Beginn seines Arbeitslebens in Deutschland kein Deutscher so viel habe körperlich arbeiten können wie er, hat er heute nicht mehr das Durchhaltevermögen wie der deutsche Ingenieur, dessen Arbeit er beschreibt.

Obwohl sich Herr Hacıoğlu bemüht, seinen eigenen Vorstellungen zu entsprechen, zu arbeiten und gottgefällig zu sein, bekommt er nicht immer den Lohn, der ihm doch zustehen müsste. Im Gegenteil wird er mit Vorurteilen und Diskriminierungen konfrontiert. Herr Hacıoğlu versucht sich gegenüber diesen Angriffen zu schützen, indem er sich nichts zu Schulden kommen lässt, was eine Angriffsfläche bieten könnte und gleichzeitig akribisch aufzählt, wo es auch Deutsche gibt, die dem entsprechen, was ihm vorgeworfen wird – nämlich, schmutzig, laut und arbeitsfaul zu sein. Sehr häufig kommt in diesen Zusammenhängen das Wortpaar „schmutzig – sauber" vor. „Sauber" sind seine Töchter und deren Ehemänner; „schmutzig" die alkoholabhängigen deutschen Nachbarn und kurdischen Asylbewerber. „Schmutzig und sauber" meint in diesem Fall weniger das reale Vorhandensein von Dreck und Schmutz, sondern steht für eine moralische Grundhaltung. Herr Hacıoğlu steckt voller Vorurteile und Ingrimm gegenüber Leuten, die auf einer vermeintlich niedrigeren sozialen Stufe stehen, aber in seinen Augen besser behandelt werden als er selbst. Der deutsche Nachbar ist arbeitslos, ein Säufer und putzt nicht den Flur; die Asylbewerber nutzen den deutschen Staat aus, sind schmutzig, arbeiten nicht und bekommen zudem vermeintlich Leistungen, die er, trotz seiner Arbeit, nicht erhält. Als Türke wird Herr Hacıoğlu mit dem Vorurteil konfrontiert, Türken seien schmutzig. Diese Aussage beschäftigt ihn an unterschiedlichen Stellen des Interviews, wenn es um sein Verhältnis zu deutschen Kollegen, Hausbewohnern oder Krankenhausaufenthalte geht. Um zu beweisen, dass nicht alle Türken schmutzig und alle Deutschen sauber seien, führt er zahlreiche Beispiele heran: „Die Deutschen sind nicht alle schmutzig. Sie sagen: ‚Die Türken sind schmutzig'. Es gibt auch viele schmutzige Türken. Aber es gibt auch viele schmutzige Deutsche."

Hier bricht er die von ihm sonst so häufig benutzte Polarisierung auf und kommt zu einer „sowohl als auch Haltung".

„Der ist auch Deutscher. Es gibt auch Deutsche wie eine Blume. Es gibt auch saubere Deutsche. Ich sag denen immer in den Kneipen: ‚Macht mal nicht nur die Türken schlecht. Bei euch gibt es auch Schlechte. Schaut euch die auch an. Nehmt uns, aber nehmt auch euch' [lacht]. Ist es nicht so?"

Herrn Hacıoğlu ist es wichtig, eine Abgrenzung zwischen „guten Deutschen" (arbeitsam, sauber, zuverlässig) und „schlechten Deutschen" (schmutzig, alkoholabhängig, unzuverlässig und faul) zu treffen. Durch die Charakterisierung seiner Persönlichkeit (er trinkt nicht, er war nie krank, er arbeitet, er putzt) zeigt er, dass er selbst, als Türke, gleichwohl den Maßstäben der „guten" Deutschen entspricht. Ihm kann niemand nachsagen, er habe sich all die Jahre nicht wie ein „guter" Deutscher verhalten:

„Seit 26 Jahren bin ich da, soll nur ein Deutscher sagen, dass Kemal [Interviewte] betrunken zur Arbeit gekommen ist. Ein Tag sei er ohne zu schlafen zur Arbeit gekommen. Niemand kann es sagen. Die machen es und machen sich ihr Leben kaputt. Das Leben ist in ihrer Hand."

An dieser Stelle erscheint wieder die Verquickung von Religion und Arbeit. Jeder Mensch weiß, was richtig und falsch ist, und hat die freie Entscheidung, den Weg zu gehen, den er selbst für richtig hält. Durch das Pronomen „die", schafft Herr Hacıoğlu Distanz zwischen sich, der den richtigen Weg gewählt hat, und „denen", die dies nicht getan haben.

Trotz seiner Bemühungen ein arbeitsames und gottgefälliges Leben zu führen, erlebt Herr Hacıoğlu Diskriminierung am Arbeitsplatz und im Privatleben und ist rassistischen Bemerkungen ausgesetzt. Im Laufe des Interviews berichtet er über zahlreiche Situationen, in denen er als Türke von Deutschen diskriminiert wurde. Sowohl auf der Arbeit, als auch im Krankenhaus traf er auf Leute, die ihm mit Vorurteilen begegneten. Resignierend resümiert er: „Egal wer hier was macht, sagen sie ‚scheiße Türke'. ‚Scheiße Türke' [dt] sagen sie. Auch wenn es der Araber macht, egal welche Nation etwas macht... Wenn der Schwarze was gemacht hat, egal wer der ist, sagen sie ‚Türke' [dt]."

Herr Hacıoğlu beschreibt hier den empfundenen Sündenbockcharakter der Türken. Wieder polarisiert er, indem er „die Deutschen" und „die Türken" gegenüberstellt. „Die Deutschen" machen „die Türken" für alles Übel verantwortlich, ohne dass sie sich die Mühe machten zu untersuchen, wer der wahre Schuldige ist.

Diese erlebte Ausgrenzung und Diskriminierung hindern Herrn Hacıoğlu jedoch nicht daran, diese Rassismen der deutschen Umgebung in gleicher Weise an die weiter zu geben, die in der gesellschaftlichen Hierarchie vermeintlich unter ihm stehen. Er empfindet die allgemeine Zuschreibung „Scheißtürke" zwar als beleidigend, reagiert jedoch selbst mit negativen Zuschreibungen gegenüber Leuten, die in seinen Augen keine (berufliche) Leistung erbringen und dennoch (finanzielle) Leistung erhalten.

Vor allem die kurdischen Asylbewerber sind es, die seinen speziellen Zorn herausfordern. Steht er doch als Arbeiter und mit klarem Aufenthaltsstatus weit über ihnen: Die Abneigung speziell gegen kurdische Asylbewerber ist insofern befremdlich, als auch die Mutter Herrn Hacıoğlus Kurdin ist. Er empfindet sich jedoch als türkischen Nationalisten, dem die Aktivitäten der Kurden in Deutschland ein Dorn im Auge sind:

„Die [die Deutschen, Anm. Int1] schenken den Kurden so viel Aufmerksamkeit. Die wollen die Türkei teilen. In der Türkei... Meine Mutter ist auch Kurdin. Meine Mutter ist Kurdin, mein Vater Türke. Unser Dorf ist zu drei Vierteln kurdisch und zu einem Viertel türkisch. Wir machen doch keinen Unterschied. Die selbe Nation. Wir haben die selbe Religion. Wir haben das selbe Recht. Also die schenken denen so viel Aufmerksamkeit. Sie machen uns schlecht. Die haben sie hierher gebracht. Schau mal was sie denen antun. Also... Die machen Protestmärsche auf deren Autobahnen. Schlagen ihre Polizisten. Gut machen sie es. Es wäre besser, wenn sie die [laut] meisten von denen getötet hätten. Wäre besser, nicht wahr? Ich wäre zufrieden. [laut] Ich werde mich freuen, wenn sie zehn fünfzehn Polizisten töten. Weil sie die beachten. Das Geld gibt ja dieser Staat, nicht wahr? Die Wohnung gibt der Staat. Essen gibt der Staat. In zwei Jahren kaufe ich mir nicht mal zwei Klamotten. Obwohl ich arbeite. Die kriegen zwei Mal im Jahr das Geld für zwei Stück Klamotten. Ich spare an Strom, ich sag, ‚mein Geld soll nicht verschwinden.' Die lassen ihn [den Strom, Anm. Int1] bis zum geht nicht mehr an. Weil sie ihn nicht selbst bezahlen. Wenn meine Waschmaschine kaputt geht, muss ich selbst eine kaufen. Wenn mein Staubsauger kaputt geht, muss ich selbst einen kaufen. Die kriegen den umsonst. Ist das richtig? Ist es recht? Sag es mir! Obendrein machen sie auch Demonstrationen. Sagen sie [die Deutschen, Anm. Int1] nicht, sagen sie nicht, [laut] ‚du machst hier Demonstrationen, gehört dir dieses Land überhaupt?' Nein. [ziemlich ärgerlich] ‚Geh doch in die Türkei. Die Türkei ist da. Geh und mach die Demonstrationen in der Türkei. Mach das nicht hier bei mir.' [...] Wen schreien sie hier an? Hier soll er nicht schreien. Hier ist ein fremdes Land. Unsere Heimat ist nicht hier. Also die hier... Deutschland sagt denen nicht, ‚warum schreit ihr?' Mann, ich [Deutschland, Anm. Int2] gibt dir doch Brot. [unv3Wo]. Dann machst du so was.' Ein Tag gab es hier einen Ahmed zusammen mit Turan[125] [zwei kurdische Asylbewerber, Anm. Int1] Draußen sagt er: ‚Es gibt viele schlechte Deutsche'. Ich hab gesagt: ‚Natürlich sind sie sehr schlecht, weil sie dir umsonst Brot geben, eine Wohnung geben. Deswegen sind die schlecht. Warum sollen sie dir das geben? Geh in die Türkei!' Heutzutage sind... Sie sind alle so. Auf die Deutschen wird noch etwas zu kommen, weil sie die Türkei diskriminieren und sie unterstützen. [Er wird so sauer, dass man ihn hier drei bis Wörter überhaupt nicht verstehen kann, Anm. Int2]. [laut] Der Grund ist, dass die Türkei geteilt wird. Das ist deren Ziel. Was machen sie? Lieben sie die Kurden? Nein, auf keinen Fall. Alle sind Diebe, schmutzig. Wie viele von denen arbeiten überhaupt? Alle klauen. Tag und Nacht klauen sie. Das haben die Deutschen abgekriegt. Aber was soll man da machen? So sieht es aus."

---

125 Die Namen sind nicht die Originalnamen.

Hier baut Herr Hacıoğlu eine Dreier-Polarisierung auf. Die Akteure sind: Die Deutschen, die Türken und die Kurden. Die Deutschen sind zu naiv, die Kurden zu durchschauen, die mit ihrem Verhalten der Türkei und den hier lebenden Türken Schaden zufügen. Die Türken sind die einzigen, die das Szenario begreifen, sind aber machtlos gegenüber dem zu „weichen" deutschen Staat.

Diese Textstelle ist in mehrerlei Hinsicht für das Werte- und Normenverständnis Herrn Hacıoğlus aussagekräftig. Nur derjenige, der etwas leistet, hat das Recht auf eine Gegenleistung. Diese Gegenleistung erbringen seiner Meinung nach die kurdischen Asylbewerber nicht, bekommen jedoch trotzdem Leistungen des Staates, die er selbst trotz seiner jahrelangen Arbeit nicht erhält. Dies löst bei ihm Neid und Aggressionen aus. Diese Gefühle verarbeitet er, in dem er dieser Gruppe pauschal Eigenschaften zuschreibt, die ihm selbst von der deutschen Gesellschaft als Türke zugeschrieben wurden – alle Kurden seien Diebe, schmutzig und arbeitsscheu. Herr Hacıoğlu macht sich damit Argumentationsstrukturen zu eigen, die sein deutsches Umfeld ihm selbst gegenüber angewandt hat. In seinem Weltbild, das von der Symmetrie von Geben und Nehmen geprägt ist, erscheint es unverständlich, dass der deutsche Staat sich nicht gegen die Kurden wehrt, die die Autobahnen lahm legen, Polizisten verletzten und zudem nicht arbeiten. Die Rechnung, so Herr Hacıoğlu, wird Deutschland eines späteren Tages noch präsentiert werden („auf die Deutschen wird noch etwas zukommen"). Indem er diese „Prophezeiung" trifft, hat er sein Weltbild, zwar nicht für den Augenblick, wohl aber in der Zukunft wieder gesichert.

„Die Kurden" brechen in den Augen Herrn Hacıoğlus noch ein weiteres Tabu. Herr Hacıoğlu ist mit seinem Handeln bestrebt, der deutschen Gesellschaft keine Angriffsfläche zu geben, nicht aufzufallen und damit keine negativen Reaktionen hervorzurufen. Nicht nur, dass die Kurden nicht arbeiten, sie demonstrieren, ziehen die Aufmerksamkeit auf sich, erhalten eine Resonanz und werden dafür nicht einmal für Herrn Hacıoğlu in ausreichendem Maße sanktioniert. Für Herrn Hacıoğlu, der voll Stolz behauptet, eben nie auffällig geworden zu sein, muss dies eine tiefe Ungerechtigkeit sein. Er befürchtet, dass das negative Verhalten der „Kurden" das Image aller Türken in Deutschland, und damit auch sein eigenes, schädigt („Sie machen uns schlecht"). Denn diese halten sich nicht an seine Maxime: „Mir kann keiner was sagen, weil ich nichts Schlechtes getan habe". Umso mehr muss es Herrn Hacıoğlu kränken, dass ein solches nichtkonformes Verhalten nicht nur nicht bestraft wird, sondern vielmehr auch noch keinen Einfluss auf die Zuteilung diverser Sozialleistungen hat.

Wie wichtig es für Herrn Hacıoğlu ist, sich völlig im Rahmen der Legalität zu bewegen, nichts zu tun, was jemandem eine Handhabe gegen ihn geben könnte, verdeutlicht die folgende Textstelle:

„Niemand kann mich entlassen. Wenn ich nicht artig wäre, könnte der Mann [der Arbeitsgeber, Anm. Int1] mich entlassen. Jetzt kann er mich nicht entlassen. Mit dem Vorarbeiter haben wir uns… vor drei Jahren geprügelt, gestritten. Auf dem Arbeitsplatz hat er sich über mich drei Mal beschwert. Ich bin zum „Personalchef" [dt] gegangen. Der „Personalchef" [dt] hat die Akte geholt und dem Meister gesagt: ‚Der ist bis jetzt gut gewesen, ist dieser Mann jetzt schlechter geworden?' Ich hab erzählt, dass der Meister so und so macht. Ich hab gesagt: ‚Hat er mich aus der Türkei geholt? Das frage ich', habe ich gesagt. ‚Hat er mich aus der Türkei…?' Wenn er von einem Türken was Schlechtes hört, kommt er und sagt: ‚Türken alle raus, abschieben, Türkei abschieben.' [dt] Ich hab gesagt: ‚Ist er der Arbeitgeber? Ist er ein Staatsmann? Was ist er denn? Er ist auch wie ich ein Arbeiter.' Da hat er ihn angemotzt. […] Wenn wir keine schlechten Seiten haben, was sollen sie dann machen? Ab jetzt können sie mich gar nicht mehr entlassen [lacht]. Also 28, 26 Jahre sind es geworden. Was sollen sie mit mir machen?"

Herr Hacıoğlu beschreibt hier einen Konflikt mit einem ihm gleichgestellten Arbeiter („er ist auch wie ich ein Arbeiter"), den er dadurch gewinnt, indem er auf sein makelloses Verhalten in der Vergangenheit hinweist und gleichzeitig dem anderen Größenwahnsinn („ist er der Arbeitgeber, ist er ein Staatsmann") unterstellt und ihn damit zur Bedrohung des Chefs stilisiert. Dieser reagiert dann auch in seinem Sinn.

Ähnlich wie in seinem Arbeitsleben, versucht Herr Hacıoğlu auch in seiner religiösen Vita seinem Grundsatz: „Ich bekomme das, was ich mir erarbeite" getreu zu leben. Anders als in seinem Arbeitsleben ist sich Herr Hacıoğlu in diesem Bereich jedoch bewusst, dass er von seiner Idealvorstellung eines religiösen Lebens noch weit entfernt ist. Zwar hatte er mit „dem Knüppel beten gelernt", seine Töchter nicht der nichtmuslimischen Welt aussetzen wollen, thematisiert für sich selbst jedoch, dass er alles andere als ein gottgefälliges Leben in Deutschland führt: er trinkt, hatte eine deutsche Freundin, sprich ein außereheliches Verhältnis, und betet auch nicht regelmäßig. Folglich ist sein Verhältnis zur Religion kein ungetrübtes. Er hat Angst vor dem, was nach dem Tod kommt, dass ihm dann sozusagen die Rechnung für seine Verfehlungen präsentiert wird.

„Jeder träumt. Du, und die anderen auch. Manchmal gibt es schlimme Träume. Man fürchtet sich. So schrecklich und so nicht wahr. Der Tod ist [unv1Wo]. Also in unserer Religion, im Koran wird uns all das gesagt. Es gibt das Paradies und die Hölle. Wenn du was Gutes tust, gehst du ins Paradies. Wenn du was Schlechtes tust, schmeißen sie dich in die Hölle. Geh und bleibe für immer da. In unsrer Religion gibts die garantiert. Aber praktizierend oder nicht praktizierend… Egal wer die sind. Ich oder du. Wir sind nicht die wirklichen, vollständigen Muslime. Man lügt, man tut alle möglichen Untaten. Die gibts bei uns auch. Das müssen wir nicht machen. Gott hat uns nicht gesagt: ‚Mach das alles hier. Tue das'. Die sind uns verboten. Alkohol ist uns ganz verboten. Fremd gehen ist verboten. Lügen ist verboten. Klauen ist verboten. Aber wir fürchten uns ein bisschen. Die Deutschen fürchten sich überhaupt nicht [lacht]."

Herr Hacıoğlu beschreibt hier sehr anschaulich den Unterschied zwischen seiner geglaubten Theorie und seiner gelebten Praxis und gesteht an dieser Stelle die Angst ein, die ihn überkommt, wenn er sein eigenes Leben an seinen eigentlichen Maßstäben misst. In Deutschland habe er (und die anderen, daher das „wir") ihre religiösen Pflichten vernachlässigt und fürchtet nun die Konsequenzen:

„Dann sind wir hierher gekommen, und wir machten die Hälfte. Auf die Hälfte habe ich es reduziert. Es ist aber kein gutes Ergebnis. Das werden sie uns fragen. In diese Welt werden die Engel kommen und uns fragen: ‚Warum hast du es so gemacht. Gesündigt. Direkt zur Hölle. Die werden in der Hölle verbrennen.' [lacht]"

Auch diese Textstelle ist nicht lustig, trotzdem lacht Herr Hacıoğlu, wie an vielen Stellen, an denen er unsicher ist, oder die ihm Angst machen. Das Jüngste Gericht und die Angst vor der Hölle hängen wie ein Damoklesschwert über ihm und verfolgen ihn bis in seine Träume. Gleichzeitig versucht er, seine Handlungen zu relativieren, indem er bemerkt, es gäbe sowieso kaum noch „echte" Gläubige, so dass sein eigenes Fehlverhalten nicht mehr so schwer zu Buche schlägt. „Die echten Religiösen sind die Besten. Aber es gibt keine echten mehr. Wo sind sie geblieben?"

Arbeits- und religiöses Leben sind gleichermaßen durch die Vorstellung geprägt, das zu bekommen, was man sich selbst verdient. Diesen Anforderungen gerecht zu werden, fällt ihm als Arbeiter leichter als als Muslim. Als Muslim habe er bisher nichts wahrhaft Gottgefälliges zu Wege gebracht:

„INT2: Jedes Alter hat für sich seine schöne Seiten. Was ist das schöne im Alter oder in diesem Alter? HERR HACIOĞLU: Unsere... Bis zu diesem Alter denke ich, haben wir nichts Gutes geschaffen. Im Sinne des Moslem. Im Sinne des wirklichen Moslemlebens. Unsere Gebete, Fasten, Almosen haben wir nicht geschafft. Das ist uns ein bisschen schwer... Fällt schwer."

Pocht er in seinem Arbeitsleben auf seine Rechte, da er immer allen Anforderungen gerecht wurde, hofft er im religiösen Bereich, dass seine Sünden nicht zu schwer in die Waagschale geworfen werden.

Herr Hacıoğlu hat ein klares Werte- und Normenkonzept, das sich auf alle Bereiche seines Alltages und auf die Interaktion mit seiner Familie auswirkt: Wer gibt, hat auch das Recht zu nehmen. Im familiären Bereich, der für die vorliegende Arbeit zentral ist, manifestiert sich diese Einstellung im Festhalten an einem Generationenvertrag. Herr Hacıoğlu verlangt, dass die Werte seiner Jugend unhinterfragt auch für seine Frau und seine Kinder gültig sein sollen. Erst die Migration erlaubt ihm, daran festzuhalten und dies einzufordern, da sie es ihm ermöglicht, diese Werte nicht in der Interaktion mit seiner Familie leben zu müssen. Daher ist er auch, solange er in

Deutschland bleibt, nicht gezwungen, sich mit dem Wandel in der Türkei und damit auch in seinem Dorf auseinander zusetzen.

Migrationsbewertung

Die Migrationsbewertung fällt durchgehend negativ aus. Dies macht Herr Hacıoğlu gleich zu Anfang des Interviews deutlich, indem er auf die Frage, warum er nach Deutschland gekommen sei, gleich auch eine negative Bilanz zieht:

„Einen Grund gab es nicht. Wegen der Armut sind wir gekommen. Warum sind wir gekommen, sollen wir es verbergen? [lacht]. (Ein Wort undeutlich) Wir waren Bauern, Dörfler. Wir haben viel gearbeitet. Ich stand Morgens um sechs, sieben auf und kam Abends um sechs oder sieben nach Hause. Wir haben Acker, Vieh und Weizenfelder. Wenn wir es nicht machen... bei uns ist sechs Monate Winter, sechs Monate Sommer. Zwangsweise müssen wir es machen. Ich sah, dass alle [nach Deutschland, Anm. Int2] gehen. Wenn ich nicht gekommen wäre, wäre es noch besser gewesen. Wenn ich nicht gekommen wäre, war ich zufriedener. Ich bin gekommen, aber ich bin nicht zufrieden. Weil wir da [in Deutschland, Anm. Int1], egal unter welchen Umständen, arbeiten und etwas verdienen konnten."

Die Trennung von den Kindern thematisiert er noch an einer weiteren Stelle, in der es darum geht, ob sich durch seine Remittenten das Leben seiner Angehörigen in der Türkei verändert habe. Hier trifft er eine andere Definition von Armut, indem er Reichtum nicht mit dem Vorhandensein materieller Güter gleichsetzt, sondern Reichtum als ein Leben in und mit der eigenen Familie definiert:

„Nein[126]. Jeder arbeitet für sich. Verdient, seine Kinder... Ich bin doch der Ärmste. Ich bin so arm. Es gibt doch keine Kinder. Als ich gekommen bin, waren die Kinder so groß (zeigt mit der Hand, dass sie ungefähr ein Meter groß waren) jetzt haben sie selber Kinder. Und ich blieb hier, und lass meinen Kopf hängen."

Herr Hacıoğlu sieht sich selbst als ein Familienmensch, dem die Migration nach Deutschland und seine Weigerung Frau und Kinder nachzuholen, diese Möglichkeit genommen hat. In Deutschland kann er zudem seinen Pflichten als Vater nicht nachkommen, was ihn in einen Zustand ständiger Unruhe versetzt.

„INT2: Wenn Sie sich mal überlegen, denken Sie, wenn Sie in der Türkei geblieben wären, wäre ihre Entwicklung [die der Kinder, Anm. Int1] anders gewesen? HERR HACIOĞLU: Damals hatten sie alle ihre Ruhe. Hier bin ich unruhig. Die Unruhe... Als

---

126 Das „Nein" beantwortet die Frage, ob sich durch seine Geldüberweisungen das Leben seiner Angehörigen in der Türkei verändert habe.

ein Lediger lebe ich... Deswegen bin ich unruhig. Von der Arbeit her habe ich keine Beschwerden."

Herr Hacıoğlu fühlte sich gleich zu Beginn der Migration betrogen. Die Türken, die bereits in Deutschland arbeiteten und im Urlaub in die Türkei kamen, verschwiegen auf den Dörfern die harte Arbeitsrealität und malten statt dessen das Bild eine Landes, in dem jeder auf leichte Art und Weise zu Geld kommen konnte. Trotz der Angst, in ein unbekanntes Land zu gehen, und der umherschwirrenden Gerüchte über Deutschland, überwog der Wunsch, schnell Geld verdienen zu können.

„INT2: Ağbi, was dachten Sie über Deutschland bevor Sie hierher kamen? Bevor Sie nach Deutschland kamen. Als Sie noch in der Türkei, im Dorf waren. Was dachten Sie über Deutschland? Welche Vorstellung hatten Sie? HERR HACIOĞLU: Was sollte das sein? Einer sagte: ‚Ihr geht und werdet ungläubig.' Ein anderer sagte: ‚Ihr werdet da geschlachtet.' Und ein Anderer sagte: ‚Die werden alle getötet.' Alle sagten etwas [lacht]. Es ist wirklich so. INT2: Trotzdem sind Sie aber nach Deutschland gekommen. HERR HACIOĞLU: Trotzdem hielten wir alles aus und kamen hierher. Ich sagte mir; der Mensch macht alles wegen des Hungers. Wir sagten uns, der Mensch macht so ne schwierige Arbeit. Seine Klamotten sind sauber, gebügelte Anzüge dies und jenes. Niemand sagte aber die Wahrheit. Einer sagte, ich arbeite so, ein anderer sagte, ich arbeite so."

Trotz aller Widrigkeiten ist Herr Hacıoğlu auch dann in Deutschland geblieben, als er die „Wahrheit" über das Arbeitsleben wusste. Das Gefühl „betrogen worden zu sein" bleibt jedoch nicht nur auf das konkrete Arbeitsleben beschränkt, sondern durchzieht auch subtilere Bereiche, die er nicht so konkret benennt. Da sind zum einen die eigenen Kinder, die er verlassen hat und nicht hat aufwachsen sehen. Seine Rolle als Vater hat er nur in den jährlichen Urlauben wahrnehmen können und muss erkennen, dass zumindest ein Sohn, sich von ihm entfernt hat und er auch den Enkelkindern fremd ist. In der Migration war es ihm, so Herr Hacıoğlu, nicht möglich, ein gottgefälliges Leben zu führen, was bei ihm der Auslöser von Alpträumen ist. Auch um seine Identität als Mann fühlt er sich punktuell betrogen, da er auch die Arbeit von Frauen übernehmen muss.

Letztendlich fühlt er sich auch von den Deutschen betrogen, die das in seinen Augen „Fehlverhalten" kurdischer Demonstranten nicht ausreichend sanktionieren, während er selbst sich sein gesamtes Leben in Deutschland bemüht hat, nichts zu tun, was als „Fehlverhalten" ausgelegt werden könnte.

Auf die direkte Frage nach dem Erfolg seines Migrationsprojektes antwortet Herr Hacıoğlu trotzdem positiv, indem er die finanziellen Aspekte in den Vordergrund rückt:

„INT2: Bevor Sie nach Deutschland kamen, hatten Sie bestimmte Sachen im Kopf, Sachen, die Sie machen wollten, gab es Hoffnungen. In diesen 26 Jahren haben Sie Ihre Hoffnungen erfüllt oder Ihr Vorhaben geschafft? HERR HACIOĞLU: Natürlich haben wir alles geschafft. Die Kinder sind aufgewachsen, haben geheiratet. Also (zwei Wörter unverständlich). Wir haben Güter. Alle haben jetzt ein Haus, ein Heim. Das gibt es alles. Das hat alles geklappt. Wenn ich Rentner bin, dann habe die Rente. Ich werde gehen und mit dem Geld da leben. Der Älteste, der Sohn, wird bei mir bleiben. Er ist zu Hause. Er wird nicht von zu Hause weggehen. INT2: Sie werden zusammenleben also? HERR HACIOĞLU: Ja."

Die Vorstellungen bezüglich eines Zusammenlebens mit den eigenen Kindern, erweisen sich, eingedenk der im Interview thematisierten Konflikte, als fraglich. Zumal Herr Hacıoğlu auch an mehreren Stellen thematisiert hat, er und seine Frau seien letztendlich alleine. Auf die Frage, ob er gerne in einem Mehrgenerationenhaushalt leben wollte, äußert er sich zweifelnd:

„INT2: Würden Sie es sich aber wünschen, wenn es ginge? HERR HACIOĞLU: (2Sek. Pause) Wenn es ginge... Einerseits ist es gut und andererseits ist es nicht gut. In unserem Haus gibt es jetzt niemanden. Also manchmal gehen die Kinder und die Enkelkinder weg. Ich bleibe nur mit meiner Frau. Ich sage meiner Frau: ‚Du und ich wem nützen wir? Alle sind weg. Wir sind so allein geblieben'. "

Die Migration ermöglichte Herrn Hacıoğlu die finanzielle Absicherung seiner Familie. Das Leben in Deutschland entfremdete ihn jedoch von seinen Kindern und auch dem Leben in der Türkei. Er hofft, dass der gesellschaftliche Wandel, den er in der Türkei erkennt und negativ bewertet, sein Dorf noch nicht erreicht hat. Die Konflikte in der eigenen Familie zeigen, dass dies eine Wunschvorstellung ist. Die Migration kann er letztendlich nur dann positiv bewerten, wenn er im Alter all das wiederfindet (Ausübung religiöser Pflichten, Anerkennung und Machtbefugnis als Vater und Ehemann, freies Schalten und Walten im eigenen Land), was er durch die Migration verloren hat. Dass dies wahrscheinlich nicht in dem Ausmaß der Fall sein wird, gesteht sich Herr Hacıoğlu nicht ein.

Zusammenfassung

Herr Hacıoğlus Weltbild basiert auf dem Prinzip der Leistung und der Gegenleistung. Dies zieht sich durch alle Lebensbereiche. Im religiösen Bereich bedeutet dies, dass nur der Zugang zum Paradies hat, der ein gottgefälliges Leben geführt hat. Für das familiäre Umfeld heißt das, dass beispielsweise nur der Hilfe und Pflege von den Kindern im Alter erwarten kann, der seiner Rolle als Vater (Mutter) gerecht wurde, den Kindern den richtigen Weg ins Leben gezeigt hat und sich selbst seinen eigenen Eltern gegenüber respektvoll verhalten hat. Als Arbeiter bedeutet dies, dass nur der einen entsprechenden Lohn erhält, der mit ganzem Einsatz arbeitet. Als Ausländer in Deutschland bedeutet dies, dass nur der das Recht hat zu bleiben, der die Gesetze des Landes respektiert. Es gibt in Herrn Hacıoğlus Ethikverständnis immer eine höhere (göttliche und/oder weltliche) Instanz, die das Verhalten bewertet, sanktioniert oder belohnt. Im Umkehrschluss heißt das, dass diejenigen, die sich nicht anstrengen, nicht belohnt werden. Die Tatsache, dass das in seinen Augen unbotmäßige Verhalten (demonstrierende Asylbewerber erhalten trotzdem weiter Leistung, werden nicht abgeschoben) nicht sanktioniert wird, stürzt Herrn Hacıoğlu in eine Krise, die er nur dadurch überwinden kann, indem er der „höheren Instanz", in diesem Fall dem deutschen Staat, Blindheit unterstellt. Würden sie die Dinge „richtig" bewerten, müssten sie sich seiner Meinung anschließen. Doch allein die Tatsache, dass nicht immer alles so bewertet und belohnt wird, wie er selbst das einschätzt, macht ihn unzufrieden und lässt ihn mit der höheren Instanz hadern.

In die klare Struktur seines Weltbildes passt auch eine klare Aufteilung der Rollen für Mann und Frau, Eltern und Kinder. Mann und Frau haben getrennte Aufgabenbereiche. Der Mann trägt die Verantwortung für das materielle Wohlergehen seiner Familie, das er durch außerhäusliche Arbeit sichert und ist die letztlich maßgebende Instanz für alle Entscheidungen, die die Kinder betreffen. Die Frau trägt die Verantwortung für den häuslichen Bereich, die Erziehung der Kinder und ist dabei ebenfalls ihrem Mann untergeordnet („wenn ich sag stirb, stirbt sie"). In Deutschland ist Herr Hacıoğlu gezwungen, diese Rollen für sich neu zu definieren. Bleibt in der Türkei alles beim Alten („zu Hause, auch wenn ich schlage oder töte, kann mir niemand was sagen"), sieht er sich in Deutschland mit einer anderen Lebensweise konfrontiert. Hier hat er keine Frau, die ihm den Haushalt führt, während er arbeitet, hier muss er beide Rollen selbst übernehmen. Herr Hacıoğlu lebte jahrelang mit seiner deutschen Freundin zusammen, wobei ihm von Anfang an klar war, dass eine deutsche Frau, seinem Rollenverständnis nie entsprechen würde („du bist nicht so"). Hier trennt er zwischen deutschen und türkischen Frauen. Er stellt lediglich fest, dass eine Deutsche so ist, er hat nicht versucht, sie zu verändern. So deuten keine Stellen im Interview darauf hin, dass er ihr die Scheidung von seiner Frau, und die Ehe mit ihr für den Fall versprochen hätte, wenn sie sich geändert hätte. Vielmehr geht er davon aus, dass es sich hier um einen „Nationalcharakterzug" handelt, der Deutsche und Türken unterscheidet. („In Deutschland gibt es keine Männerrechte; in Deutschland bekommen die Frauen bei einer Scheidung immer Recht.") Herr Hacıoğlu bedauert zwar die deutschen Männer, die in solchen Verhältnissen leben müssen, entwickelt jedoch keinerlei missionarischen Eifer. Er ist damit zufrieden, dass in der Türkei, und zwar nur noch in seinem Dorf, noch alles beim Alten ist, während in den Städten die Sitten bereits lockerer geworden sind. Die Vorstellung, die bekannten Strukturen wiederzufinden, gibt ihm in seinem Leben in Deutschland Kontinuität. Herr Hacıoğlu benennt durchaus die Widersprüche (Konflikte mit den Kindern, Unsicherheit über Pflege im Alter, gesellschaftliche Veränderungen in der Türkei etc.), reflektiert sie aber nicht bezüglich ihrer Wirkung auf ihn und sein Leben. Kontinuität schafft er auch dadurch, dass er sehr stark polarisiert und jeder Gruppe (den Deutschen, den Türken, den Kurden, den Männern, den Frauen, den türkischen Jugendlichen in der Türkei, den türkischen Jugendlichen in Deutschland, den deutschen Arbeitern, den türkischen Arbeitern) spezielle Eigenschaften zuspricht. Dadurch vereinfacht er sich sein Leben und die Einschätzung seines Umfeldes.

Die Widersprüche in seinem eigenen Leben, insbesondere bezüglich seiner religiösen Ansprüche (kein regelmäßiges Beten, außereheähnliches Verhältnis) löst er, indem er das Leben in einem nicht-muslimischen Land als Grund angibt, nicht wie ein Muslim leben zu können. Schwieriger wird es für ihn, damit zurecht zu kommen, dass er seiner Rolle als Vater nicht immer genüge getan hat, und im Falle seines zweitältesten Sohnes seiner eigenen Einschätzung nach, sogar scheiterte und auch mit dem ältesten Sohn Konflikte hat. Trotz leidvoller Erfahrungen in der eigenen Jugend, hat Herr Hacıoğlu den autoritären Erziehungsstil seines eigenen Vaters übernommen. Im Gegensatz zu seinen Reflexionen über den technischen Fortschritt und dessen Weiterentwicklung, ist Herr Hacıoğlu nicht bereit zu erkennen, dass sich auch in den innerfamiliären Strukturen etwas geändert haben könnte. In diesem Fall setzt er auf die Fortführung der Tradition. Um so schlimmer trifft ihn das Verhalten seines Sohnes, der sich der väterlichen Autorität widersetzt und sich ihm durch den Wegzug aus dem Dorf entzieht. Dies ist ein Punkt, den er nicht auflösen kann. Ihm ist durchaus bewusst, dass mit der Umsiedlung in die Türkei dieser Bruch nicht wieder zu kitten ist, und auch bei seinen anderen Kindern ist er sich nicht so sicher, ob sie seinen Ansprüchen (z.B. Pflege im Alter) gerecht werden.

In gewisser Weise ist Herr Hacıoğlu ein Opportunist, der sich immer sicher ist, dass eine große Gruppe seiner Umgebung seine Meinung teilt. In Deutschland versucht er den Maßstäben an „gute" Deutsche gerecht zu werden, und schimpft über die sozial schwächer gestellten Personen. Er kann sich sicher sein, dass viele Deutsche in sein Klagelied über die kurdischen Demonstranten und über Sozialhilfeempfänger einfallen werden. Auch im religiösen Bereich steht er als Refah Anhänger, zumindest zum Zeitpunkt des Interviews, auf der Gewinnerseite. Herr Hacıoğlu denkt und handelt so, dass seine jeweilige Umgebung sich mit diesem Handeln arrangieren kann. So ist er zwar religiös, in Deutschland aber nicht praktizierend, so glaubt er zwar an die Allmacht des Mannes in der Familie und dessen Rolle als Entscheidungsträger, lebt dies in Deutschland jedoch nicht aus (deutsche Freundin).

Im Interview erscheint Herr Hacıoğlu als ein seltsam emotions- und wärmeloser Mensch. Er äußert keine positiven Gefühle, wie Zuneigung, Wärme oder Liebe und strahlt dies auch nicht aus. Berichtet er von den Menschen, bei denen man am ehesten erwartet, dass er diese Gefühle zeigt und verbalisiert (seine Eltern, seine Geschwister, seine Kinder, seine Frau, seine Freundin), überwiegt ein rationales Abwägen und der Hinweis auf deren finanzielle Absicherung. Finanzielle Gründe sind es dann auch, die er anführt, als er erklärt, warum er sich nicht von seiner türkischen Frau hat scheiden lassen und seine deutsche Freundin geheiratet hat. Gefühle werden in diesem doch höchst emotional besetzten Thema nicht thematisiert. Die beiden Frauen in seinem Leben und seine Position ihnen gegenüber bleiben blutleer und blass. Diese strenge Rationalität strahlt auch die Wohnung Herrn Hacıoğlus aus, in der es keinerlei Hinweise (z.B. Photos) auf seine Familie gibt. Im Gegenzug dazu äußert Herr Hacıoğlu durchaus negative Gefühle wie Wut und Angst. Die Angst erscheint zwar als individuelle Erfahrung (seine Angst vor der Hölle), ist jedoch eingebettet in einen religiösen Kontext, den er mit anderen teilt. So überwiegt in diesen Passagen auch das „wir", oder „der Mensch" und nicht die erste Person Singular. So bleibt die Wut (auf Asylbewerber, auf rassistische Kollegen, auf diskriminierendes Verhalten im Krankenhaus) die einzige Emotion, die er auslebt und zulässt. Die Wut kommt dann zum Ausdruck, wenn sich etwas ereignet, was seinem Weltbild widerspricht – sei es der Sohn, der sich nicht so verhält, wie Herr Hacıoğlu dies wünscht, sei es der deutsche Staat, der nicht entschlossener sanktioniert, seien es Kollegen, die ihn beleidigen. Herr Hacıoğlu erträgt keinen Widerstand und kann keine andere Meinung neben seiner gelten lassen.

Begründung der Typ-Zuschreibung

Herr Hacıoğlu steht als Prototyp für das von Kağıtçıbaşı entwickelte Modell der kontinuierlichen „interdependence". Er erfüllt die Kriterien, die die Forscherin für diesen Typ herausgearbeitet hat: Als Kind und Jugendlicher wächst er in einem patriarchalen ländlichen Haushalt heran. Dem Vater ordnet sich seine Mutter genauso unter wie er selbst. Seine individuelle Ausbildung spielt keine Rolle. Der landwirtschaftliche Familienbetrieb braucht ihn schon mit sechs Jahren als Arbeitskraft. Als Jugendlicher wird er ohne seine Zustimmung mit einer Zwölfjährigen verheiratet. Emotionale Bindungen zwischen den zukünftigen Ehepartnern waren dabei nicht ausschlaggebend. Die Kinder gelten als die Versorger der Eltern im Alter (Generationenvertrag). Daher werden die Söhne vor den Töchtern bevorzugt, da erstere Geld verdienen können, was der gesamten Familie von Nutzen ist. In dem patrilinearen Modell ist es auch der Sohn, der im Haushalt der Eltern bleibt, während die Töchter in den Haushalt ihres Mannes überwechseln. Herr Hacıoğlu erlebt die Allmacht des Vaters am Beispiel des allmorgendlichen Prügelns zum Beten und dem Befehl, eine bestimmte Frau zu heiraten.

All diese Werte hinterfragt Herr Hacıoğlu nicht, sondern legitimiert und bestärkt sie. Der Konflikt, der mit seinem Vater anlässlich der Frage seiner Verheiratung aufgetreten ist, entschärft er aus der rückblickenden Perspektive damit, Kinder seien halt eben manchmal uneinsichtig, aber der Vater wisse immer, was gut für die Kinder sei. Herr Hacıoğlu hat sich während seiner Kindheit und Jugend mit diesen Werten identifiziert.

In der Erziehung seiner Kinder geht er den gleichen Weg. Er ist nicht nach Deutschland gekommen, um den Kindern eine bessere Ausbildung zu ermöglichen. An keiner Stelle im Interview erwähnt er, dass es die Kinder einmal besser haben sollen als er. Die Ausbildung seiner Töchter ist unwichtig, da sie heiraten werden. Deren Ehepartner hat Herr Hacıoğlu, ganz in der Tradition seines eigenen Vaters, selbst ausgesucht. Zwei Söhnen ermöglicht er eine weiterführende Ausbildung (Mittelschule, Abitur) und bereut dies an mehreren Stellen, da die Kinder mit zunehmender Bildung seine Autorität in Frage stellen. Ein Sohn entzieht sich gar auch räumlich seinem Einfluss, indem dieser das Dorf verlässt und in eine weiter gelegene Großstadt zieht. Der Verlust der Autorität ist für ihn gleichbedeutend mit dem Verlust der Kinder. Zumal Herr Hacıoğlu seine Investitionen in die Kinder (Bewahrung vor Hunger, stetiger Kauf von Äckern, Bau von Häusern) in Form von Zuwendung und Pflege im Alter zurückhaben möchte. Bei ihm überwiegt klar der utilitaristische Nutzen gegenüber seinen Kindern. Er tradiert bruchlos die Werte weiter, die seine Kindheit und Jugend bestimmt haben.

Hort und Bewahrer all dieser Traditionen und Lebensweisen ist für Herrn Hacıoğlu das Dorf, das in seinen Erzählungen fast schon mythischen Charakter erhält. Dort ist er buchstäblich Herr über Leben und Tod, dort ist seine Autorität unangefochten, dorthin wird er nach einem Leben in der Fremde zurückkehren. Genau an dieser Stelle liegt jedoch die große Selbstillusion. Dadurch dass Herr Hacıoğlu durch die Migration das Dorf verlassen hat, war es ihm in Deutschland möglich, zwanghaft an dieser Norm festzuhalten, ohne sich mit den in der Türkei und in seiner Familie stattfindenden Wandel auseinandersetzen zu müssen, und ohne die Konsequenzen aus dem von ihm in Deutschland gelebten Leben ziehen zu müssen. Die Migration ist letztlich das Vehikel für die Idealisierung und Lebbarkeit (wenn auch nur in der eigenen Vorstellung) eines Generationen- und Geschlechterverhältnisses, das auch in der Türkei (und auch in seinem Dorf) längst brüchig geworden ist, an das er sich jedoch klammert und was ihm Halt gibt. Während er sich in der Türkei weigert, den Wandel zu erkennen („zu Hause, auch wenn ich schlage oder töte, kann mir niemand was sagen") sieht er sich in Deutschland mit einer anderen Lebensweise konfrontiert. Hier beharrt er nicht auf seinem starren Rollenkonzept, sondern findet Wege, auch in der geänderten Situation mit sich im Einklang zu leben. Er trennt die beiden Lebensbereiche Deutschland und die Türkei. Während er für sich und seine Familie in der Türkei auf der kontinuierlichen Fortführung des Modells der „interdependence" besteht, lebt er in Deutschland ein von diesem Modelle weit entferntes Leben als stark individualistisch geprägte Person.

Herr Inan[127] – Der verhinderte Typ des kontinuierlichen Modells der „interdependence"

Interviewsituation

Das Interview fand in der Wohnung Herrn Inans statt. Die Atmosphäre war offen, gelöst und herzlich. Herr Inan zeigte sich interessiert und redete und lachte gerne. Frau Inan war während der gesamten Dauer anwesend, kommentierte das Geschehen jedoch nur ein einziges Mal, um eine Aussage ihres Mannes zu relativieren, der angegeben hatte, er helfe viel im Haushalt. Das Paar stand etwas unter Zeitdruck, da Herr Inan seine Frau zu einem Arzttermin begleiten musste. Das Interview dauerte zweieinhalb Stunden.

Interviewverlauf

Herr Inan war zunächst sehr offen und erzählte auch ohne wiederholte Redeimpulse. Er verschloss sich jedoch zunehmend, als wir zu den Bereichen Tod, Alter und Pflege kamen. Es scheint offensichtlich, dass er es nicht verarbeitet hat, dass sein alter Vater, den er nach Deutschland geholt hatte, um ihn hier pflegen zu können, wieder in die Türkei zurück wollte. Dort verstarb er völlig vereinsamt. Wenn wir zu diesen Themen kamen, sagte er öfter: „Darüber sollte man nicht reden", „Frag nicht!" etc.

Erzählstil und wiederkehrende Themen

Die Sprache des Interviews war Deutsch. Herr Inan hat nie einen Sprachkurs besucht, dennoch war er bereit das Interview auf Deutsch zu führen, nachdem wir ihm versichert hatten, dass außer uns das Band niemand hören und sich niemand über seine Aussprache lustig machen werde. Das Erzählte war in der Interviewsituation sehr gut zu verstehen, da Herr Inan fehlende Sprachvarianten durch Ausrufe, Gestik, Mimik und Lautstärke ersetzte. Dies erschwerte jedoch die Verständlichkeit der Tonbandaufzeichnung erheblich und führt dazu, dass die Verschriftlichung nur mit großen Mühen zu verstehen ist.

Drei Themen tauchten im Laufe des Interviews immer wieder auf. Da ist zum einen seine Arbeit, die für sein Selbstbild von großer Wichtigkeit ist, die ihm Bestätigung im deutschen Umfeld gibt, und die er mit Freude erledigt. Ein zweiter Punkt ist das Verhältnis zu seinem Vater und ein drittes Thema sein eigenes Verhältnis zu seinem jüngsten Sohn. Sowohl der Vater als auch das Kind führen ihn in Konflikt mit seinen eigenen Ansprüchen, denen er auf unterschiedliche Weise nicht gerecht werden kann.

---

127 Zur Kurzbiographie Herr Inans vgl. Kapitel 5, S. 201ff.

Zentrale Themen in der Erzählung
Das zentrale Thema im Interview ist die starke Vaterfigur. Weder zu seinen Lebzeiten noch jetzt, nach seinem Tod, hat der Vater den Einfluss auf Herrn Inan verloren. Auf diesen Punkt werde ich ausführlich in den Abschnitten zur Ursprungsfamilie eingehen. Ein weiteres Thema, das im gesamten Interview auftaucht, ist der Mythos: „Früher war alles besser". Gleich im ersten Textabschnitt wird dieser Mythos eingeführt, als er vom Beginn seiner Migration in Deutschland erzählt: „Ich komme und eh diese Zeit das besser wie heute. Diese Zeit ohh!, alle Freunde, Deutsche Türke, ne?" Das Motiv des „goldenen Zeitalters" im Verhältnis zwischen Deutschen und Türken taucht im gesamten Interview immer wieder auf. Auch am Ende des Interviews, nach der Bewertung seines Migrationsprojektes befragt, bemüht er noch einmal den Mythos:

„Ja, das Moment mal, ja früher war gut. Aber was gut? Und keine Arbeitslos und Leute keine böse und [unv2Wo] ausländer Leute immer Freunde bleiben. War arbeiten oder war Straße oder oder gehen eh, X-Stadt [Stadt in Deutschland] eine Lokal, wo dann oh! Freunden ‚Moin!', eine ausgeben, dann o.k., gut. Aber heute, das heute ganz anderes. Aber heute hier warum? Früher ganz an, aber früher war komm. Viele Kollegen mal jede Woche Sonnabend gehen tanzen. Ausgeben und das zwei Uhr, alle kommen wieder heim, aber heute? Hast du gesehen, das, schon vier Jahre hier in X-Stadt Leute gar nicht gehen tanzen, oder gehen ausgehen oder oder trinken, nix! Gar nix. Früher gaaaanz anders. Nur [Pause] Regierung das ganz falsch gemacht. Überall Krieg. Überall Leute tot. Überall. Da machen, da machen [kaum verständlich]. Das früher besser. Ganz."[128]

Herr Inan beschreibt hier die „goldene Zeit" der Anfangszeiten der Arbeitsmigration, die aber objektiv so golden nie gewesen ist: Eine Epoche, in der es keine Arbeitslosen gab, in der alle Menschen, ob Ausländer oder Deutsche, brüderlich zusammenstanden, hat es in dieser Form nie gegeben. Herr Inan spürt als Ausländer den ökonomischen Druck in einer Gesellschaft mit zunehmender Arbeitslosigkeit und Ausländerfeindlichkeit.

---

128 Die Schwierigkeit, der verschriftlichten Version eines sehr gut verständlichen mündlichen Interviews zu folgen, dürfte an dieser Stelle deutlich geworden sein. Ich werde im Folgenden auf längere Zitatpassagen verzichten und stärker paraphrasieren.

Lebenserfahrung in der Türkei

Eigene Kindheit und Ursprungsfamilie
Herr Inan stammt aus einem armen ländlichen Milieu. Er hat die Schule lediglich drei Jahre lang und sehr unregelmäßig besucht. Herr Inans leibliche Mutter stirbt als er sieben Jahre alt ist. Sein Vater heiratet erneut, und diese Frau behandelt Herrn Inan wie ein eigenes Kind: „Und dann meine Papa gehen verheiraten und sie Frau holen, aber, aber beste Frau! Aber wie!" Über die Zeit als Kind und Jugendlicher berichtet Herr Inan nicht viel, aber es wird deutlich, dass sein Vater eine autoritäre Persönlichkeit war, die sein Leben Zeit seines Lebens bestimmt. Diese Autorität bezeichnet Herr Inan als „Respekt" und ihr gehorcht er fraglos. Sehr früh im Interview, in den ersten Minuten, zeichnet sich ab, welche Rolle der Vater im gesamten Leben Herrn Inans spielt. Aufgrund der Intervention des Vaters migriert Herr Inan nach Deutschland. Nach sieben Jahren ist es wiederum der Vater, der ihm sagt, es sei nun an der Zeit die Familie nachzuholen. Obwohl Herr Inan stark unter der Trennung zu seiner Familie gelitten hat, holt er seine Familie erst nach, als der Vater dies von ihm verlangt.

Über die Anzahl seiner Geschwister und sein Verhältnis zu ihnen, trifft Herr Inan keine Aussagen.

Ehe
Die Ehe Herrn Inans führt zu komplizierten Verwandtschaftsverhältnissen, da er seine Stiefschwester, die Tochter seiner Stiefmutter aus deren erster Ehe heiratet. Zumindest die Stiefmutter scheint gegen die Ehe gewesen zu sein, so dass das junge Paar beschließt, gemeinsam wegzulaufen.

Frau Inan bleibt mit den Kindern zunächst in der Türkei. Auch nach Monaten der Trennung achtet Herr Inan darauf, dass er keines der Gebote und Verbote verletzt, wenn er zum Urlaub in die Türkei kommt.

„Und gehen zu Hause und Frau macht Tür auf. Da war manchmal meine Papa, Mutter da. Frau, Frau nicht kommt. Neu sagen, ne sagen das, das etwas anders, war Disziplin. [Die Frau konnte ihn nicht bei den Schwiegereltern empfangen, Anm. Int2] Aber meine Mutter oder Papa allein. Frau kommt. Hab ich bisschen Küssen. Bisschen, nicht viel (alles lacht) ‚Moin, Moin' gesagt, ehrlich! Diese Zeit, aber [unv4Wo] Mein, meine Sohn oder andere seine Frau geboren eine Kind und seine selbe Namen geben. Aber Türkei früher. Meine Sohn beide vier Kinder, meine Frau kriegt und ihnen Namen nicht geben. Meine Papa."

Er beschreibt diese ungeschriebenen Regeln, die er kennt und einhält, wieder mit dem Wort „Disziplin". Dies beinhaltet auch, dass weder er noch seine Frau sondern der Großvater den Kindern ihre Namen geben. In dieser Aussage ist keine Wertung zu finden. Lediglich an dem Wort „früher" wird erkennbar, dass dies heute wohl nicht mehr der Fall ist.

Es wird im Interview nicht erkennbar, welche Rolle Frau Inan bei wichtigen Entscheidungen im Leben des Paares gespielt hat. Es ist der Vater, der Herrn Inan zur Migration auffordert, und es ist wiederum der Vater, der ihm nahe legt, die Familie nachzuholen. Eine Interaktion des Paares in diesen Fragen wird nicht thematisiert. Herr Inan stellt sich in erster Linie als Sohn und nicht als Ehemann dar.

Kinder

Das Ehepaar hat zwei Söhne und zwei Töchter. Eine dritte Tochter war im Babyalter in der Türkei gestorben. Die zweitälteste Tochter stirbt als jungverheiratete Frau bei einem tragischen Verkehrsunfall während ihres Urlaubs in der Türkei. Herr Inan ist sieben Jahre lang von seinen Kindern getrennt.

Räumliches Umfeld

Es wird aus dem Interview nicht deutlich, welche Rolle das räumliche Umfeld für Herrn Inan spielte. Lediglich der Vater als Richtungsweiser wird immer wieder thematisiert. Dabei hat Herr Inan zwei Mal das räumliche Umfeld gewechselt. Als Soldat im Korea Krieg kommt er mit einer komplett anderen Lebensweise in Berührung und vor seiner Migration nach Deutschland hat er in der Türkei eine Binnenmigration hinter sich. Beide Erfahrungen spielen in der Erzählung nur eine marginale Rolle, die Binnenmigration wird nur mit einem Nebensatz erwähnt. Das Erlebnis der räumlichen Trennung von dem Elternhaus hat keine Auswirkungen auf das enge Verhältnis zwischen Vater und Sohn.

Lebenserfahrung in Deutschland

Ursprungsfamilie

Mutter und Geschwister spielen in seinen Erzählungen kaum eine Rolle. Auch in Deutschland bleibt der Vater die bestimmende Figur in seinem Leben. Doch erstmals äußert er hier eine Distanz, die dadurch entstanden ist, dass er Erfahrungen gemacht hat, die seinem Vater fremd sind: Sein Vater könne ihn nicht mehr richtig verstehen, weil er nie ohne Familie hat leben müssen und das Gefühl nicht kennt, sich Sorgen um diese machen zu müssen.:

„Bei X-Firma früher viel zu viel immer am Arbeiten, immer am Arbeiten [leise] dann immer, aber Familie nicht vergessen. Da immer, immer bleiben. Oh, ich war da, was macht mein Papa. Was machen meine Kinder. Was machen meine Frau. Da war schwer [leise]. Ganz schwierig. [Pause] Aber meine Papa habe nie gesehen eine Stunde alleine sitzen, alleine leben. Immer seine Frau kocht, zusammen egal wo gehen, eine Dorf gehen oder oder hierhin gehen oder dahin gehen. Die waren immer zusammen. Immer war zusammen! Aber seine Kinder ganz anderes. Meine Bruder auch. [atmet schwer] Ja, das, sieben, acht Jahre allein."

„Die Kinder seines Vaters", in dieser distanzierten Form beschreibt Herr Inan sich selbst und seinen Bruder in dieser Passage, haben Erfahrungen gemacht, die über den Horizont des Vaters hinausgehen, vor allem die Erfahrung der Einsamkeit in einem fremden Land. Bezeichnend für Herrn Inan ist auch die Reihenfolge, in der er sich Sorgen um seine Familie in der Türkei macht. An erster Stelle steht der Vater, gefolgt von den Kindern und der Frau.

Herr Inan unterstützt von Deutschland aus seine Eltern finanziell. Als seine Eltern alt werden, beschließt Herr Inan, der durch seine Arbeit in Deutschland eingebunden ist, seine Eltern, also seinen leiblichen Vater und seine Stiefmutter, die leibliche Mutter seiner Frau, aus der Türkei nach Deutschland zu holen. Nur in Deutschland kann er sich so um sie kümmern, wie dies seinem Anspruch gerecht würde. Beide fühlen sich jedoch nicht wohl, sind einsam und möchten gegen den Willen Herrn Inans wieder in die Türkei zurück.

Wie Herr Inan findet, eine falsche Entscheidung, doch beugt er sich dem Willen des Vaters. Herr Inan gerät durch die Entscheidung seines Vaters in die Türkei zurückkehren zu wollen jedoch in einen inneren Zwiespalt. Nur in Deutschland kann Herr Inan seinen Pflichten als Sohn nachkommen und sich um die alt werdenden Eltern kümmern. Durch seine Entscheidung wieder in die Türkei zu gehen, nimmt der Vater Herrn Inan die Möglichkeit, seinen Pflichten als Sohn nachkommen zu können. Herr Inan konnte durch die Weigerung seines Vaters seinen eigenen Ansprüchen nicht gerecht werden.

Herr Inan und sein Bruder versuchen sich von Deutschland aus um den nun verwitweten kranken Vater in der Türkei zu kümmern, bringen ihn ins Krankenhaus und bleiben abwechselnd bei ihm. Die Arbeitsmarktsituation erlaubt jedoch keinen ständigen Aufenthalt. Als der Vater schließlich stirbt, ist er alleine. Eine Tatsache, die für den Sohn nur sehr schwer zu verkraften ist. Allerdings zieht Herr Inan nicht in Betracht, seine Arbeit in Deutschland aufzugeben, in die Türkei zu ziehen und sich nur noch um seinen Vater zu kümmern. In einer längeren Passage schildert er, dass er die Pflege seines Vaters durchaus auch als eine sinnvolle Investition in die eigene Zukunft begreift. („aber manchmal viele Leute, Papa Hunger, Papa alle Zeug kaputt da kaputt und seine Sohn war rauchen oder trinken und nachher seine Sohn auch selbe wie Papa.") Herr Inan thematisiert hier den Generationenvertrag, der für ihn von immenser Bedeutung ist: Kümmert sich der Sohn nicht um den hungrigen Vater, der mit abgerissenen Kleidern herumläuft, sondern lieber raucht und trinkt, kann dieser Sohn davon ausgehen, dass auch sein Sohn ihn später in genau diesem Zustand lässt („nachher seine Sohn auch selbe wie Papa").

Dennoch sind der körperliche und geistige Zerfall im Alter des bis dato allmächtigen Vaters für Herrn Inan schwer zu verkraften. Der Perspektivwechsel, dass plötzlich der Sohn derjenige sein muss, der für den Vater denkt und handelt („Papa,

Mutter wieder klein, wie Kind, wie Junge"), kann er nur ertragen, indem er sich unmittelbar nach dieser Passage den Vater in Erinnerung ruft, der mit 50, 60 Jahren in der Blüte seines Lebens stand, und dessen Autorität zu diesem Zeitpunkt niemand angezweifelt hat. Selbst als erwachsener Mann hat Herr Inan den Vater um Erlaubnis gebeten, wenn er nur eine Stunde mit Kollegen spazieren gehen wollte. Dies war und ist für ihn eine Selbstverständlichkeit. Sein Sohn jedoch entzieht sich diesem Anspruch („meine, mein Sohn alle machen. Nicht bei mir sagen"). Im Hinblick auf den weiter oben ausgeführten Generationenvertrag bekommt die Weigerung des Sohnes, sich der Autorität und der Disziplin zu beugen, gerade im Hinblick auf die eigene Versorgung im Alter noch eine weitere Dimension. Dieses fraglose Akzeptieren der väterlichen Autorität beschreibt Herr Inan mit dem Wort „Disziplin". An keiner Stelle des Interviews stellt Herr Inan dieses Modell in Frage. Die Autorität des Vaters bleibt unhinterfragt.

Ehe
Über das gemeinsame Leben des Ehepaares in Deutschland finden sich keine Aussagen. Lediglich die Interaktion des Paares während des Interviews gibt Hinweise auf das Verhältnis. Frau Inan ist während der gesamten Dauer anwesend und unterstützt ihren Mann mit Hintergrundinformationen, die dieser ständig bei ihr abfragt: „Wann ist der Neffe geboren; wann hat die Tochter geheiratet; wann sind die Eltern nach Deutschland gekommen etc.". Sie greift jedoch an einer Stelle direkt in das Interview ein. „INT1: Helfen sie ihrer Frau im Haushalt? HERR INAN: Ja, muss. Ja ich komme, meine Frau gehen kochen und ich Glas holen oder Käse machen oder Tisch machen. FRAU INAN: „Davon stimmt kein Wort!" [tr] [alle lachen spontan und sehr laut] HERR INAN: Ich zwei immer manchmal etwas „faul" [tr]. Ja ich war faul, etwas faul." Das Helfen Herrn Inans im Haushalt ist eher eine Absichtserklärung als die Realität. Er begründet dies jedoch nicht mit einer geschlechtsspezifischen Arbeitsteilung, sondern führt seine eigene Faulheit als Grund an. Verspürt er Hunger, ist er durchaus bereit auch selbst die notwendigen Vorbereitungen zu treffen. Herrn Inan erscheint es jedoch wichtig mir, der deutschen Interviewerin gegenüber, zumindest den Eindruck zu vermitteln, er helfe im Haushalt.

Das „Ehemann sein" spielt im Leben Herrn Inans eine bedeutend geringere Rolle als das „Sohn sein" und „Vater sein". Über die beiden letzten Bereiche gibt es eine Fülle an Aussagen in den Interviews, jedoch kaum etwas über das Verhältnis zu seiner Frau, ihre Interaktionen, den Weg der Entscheidungsfindung in der Familie etc.

Kinder
Über Berufsausbildung und etwaige Erziehungsprobleme bei seinen Töchtern berichtet Herr Inan nicht. Dies ist bereits ein deutlicher Hinweis, dass Herr Inan dem Modell der „interdependence" nahe steht, in dem die Ausbildung der Kinder gene-

rell, und der Töchter im Speziellen nicht im Vordergrund stehen. Beiden Söhnen hatte Herr Inan privaten Sprachunterricht finanziert, als diese im Jungenalter nach Deutschland kamen. Bei den Töchtern, die ebenfalls bei der Einreise kein Deutsch sprachen, erwähnt er keine diesbezüglichen Bemühungen. Umso intensiver setzt er sich im Interview mit seinen beiden Söhnen auseinander, die jeder auf seine Weise den Ansprüchen Herrn Inans nicht gerecht werden.

Der älteste Sohn wollte Lehrer in der Türkei werden. Es ist der Großvater, der ihn in diesem Berufswunsch unterstützt. Unmittelbar nach dem Studium gerät er dann jedoch zwischen die Fronten in den Kämpfen vor dem Militärputsch der 1980er Jahre. Herr Inan war mit dem Berufswunsch seines Sohnes zunächst zufrieden, zumal er ihn, im Gegensatz zu sich selbst, nicht fähig sieht als Arbeiter harte körperliche Arbeit zu leisten. Als sein Sohn ihn immer mehr bedrängt, ihn nach Deutschland zu holen, weil er dem politischen Druck nicht mehr gewachsen ist, gibt sein Vater nach. Herr Inan bedauert, dass sein Ältester nach Deutschland gekommen ist, da er in der Türkei ein angenehmeres Leben als Lehrer hätte haben können. Trotzdem erfüllt das älteste Kind in anderen Bereichen die Wünsche des Vaters. Er heiratet und arbeitet schließlich auch als Fabrikarbeiter.

Anders als beim ältesten Sohn, der besser nicht nach Deutschland gekommen wäre, sieht Herr Inan für seinen jüngsten Sohn keine Möglichkeit der Rückkehr in die Türkei. Dieser Sohn ist das Sorgenkind Herrn Inans, der seinen Vater durch einen vermeintlich unklaren Lebensplan irritiert. Anders als er, der zielgerichtet auf ein Ziel zuging: arbeiten, heiraten, Familie gründen, nimmt sich das jüngste Kind sehr viel Zeit, besucht seit 6 Jahren die Universität. Herr Inan beschreibt das mit „Faulheit" der zweiten Generation. Für ihn, den Arbeiter, ist unklar, was sein Sohn so lange an der Universität macht. „Und jetzt sechs Jahre, aber eh, heute, junge Leute, weiß ich nicht, Deutsche oder Türke, etwas faul. Stop. Ach egal, wo Problem kommt, wo verdient, wo verheiratet und dann eine große Familie, aber heute junge Leute denkt, ach wir haben Zeit genug."

Zum Leidwesen des Vaters, zeigt dieser Sohn keine Ambitionen zu heiraten, entzieht sich der väterlichen Autorität auch in diesem Bereich. Damit nimmt er dem Vater die Möglichkeit, dass dieser seinem Anspruch als Vater, nämlich als Ausrichter der Hochzeit, gerecht werden kann. (Eine ähnliche Konstellation wie bei dem Vater Herrn Inans, der dem Sohn mit seiner Rückkehr in die Türkei die Möglichkeit nimmt der Rolle als fürsorglicher Sohn der alten Eltern gerecht zu werden.) Dies ist für den Vater sehr schwer zu verkraften. Für ihn ist es nicht vorstellbar, dass sein jüngster Sohn ohne seine Hilfe zurecht kommen könnte. Die nicht stattfindende Hochzeit dieses Kindes belastet Herrn Inan sehr, der darin die letzte, vor seinem Tod zu lösende Aufgabe ansieht, die er als Vater noch erfüllen muss: „Und nur meine Denkens [Gedanken, Anm. Int1] meine kleine Selim. Denken, immer nicht vergessen. Nach lange Arbeit, egal, ich hab meine Rente, egal, ja, ich war tot, egal ich war, ja aber meine Sohn seine Problem fertig, ist besser [leise]."

Der Konflikt mit dem Sohn endete bereits einmal in einem Eklat, als dieser sich weigerte, die väterliche Autorität anzuerkennen. Herr Inan beschreibt, wie sein Kind immer nur fordert (Essen, Geld, Autoschlüssel), nicht aber bereit ist, eine Gegenleistung (Respekt, Disziplin) dafür zu leisten. Als Selim wieder einmal zu spät nach Hause kommt, ohrfeigt ihn der Vater und verweist ihn kommentarlos der Wohnung. Als sich die Mutter mit dem Sohn solidarisch zeigt, weist er auch ihr die Tür. Dem Sohn bleibt das Verhalten des Vaters unklar. Herr Inan erwartet von seinem Sohn etwas, was noch für ihn selbstverständlich gewesen war, jedoch fremd ist für sein Kind. Diese unhinterfragbare Akzeptanz der Autorität des Vaters leistet sein Sohn nicht mehr. Herr Inan seinerseits hat Angst, dies in aller Konsequenz einzufordern, da er befürchtet sein Sohn könne ins Drogenmilieu abgleiten: „Aber ich nichts schimpfen, Moment mal im Fernsehen gesehen. Viiiele Familie, türkische Familie Hasch, Hasch, war Heroin und war gehen nix zu Hause, ne? Ich nix sagen, aber wenn Türkei so machen, aber ganz Disziplin genug. Aber Deutschland das Disziplin, das geht nicht." Die Konsequenz für ihn aus diesem Dilemma ist der vollkommene Rückzug, indem er gar nichts mehr sagt. Schuld an der Misere ist seiner Meinung nach die „mangelnde Disziplin" in Deutschland, was gleichbedeutend ist mit dem Verlust der väterlichen Autorität. Der Sohn hat sich seiner Meinung nach bereits so weit an Deutschland angepasst und von der Türkei entfremdet, dass Herr Inan nicht glaubt, sein Sohn könne in der Türkei leben: Daher begrüßt er dessen deutschen Pass und seine Entscheidung in Deutschland zu bleiben:

„Ich glaube [unv2Wo] meine Sohn, mach ich auch. Gerne! Das fahr nicht Türkei zurück! Der besser bleiben hier [leiser]. INT1: Hmh HERR INAN: Oder weiß nicht genau, nachher kommen eine, aber später, eine Adolf Hitler kommt. [unv5Wo] zwei Zimmer oben, oder drei Zimmer oben [Teelöffel wird im Glas gerührt]. Aber Frau möchte eine ganz andere Haus haben. Ah, Kosten, kostet Geld."

Die obigen Gedankengänge sind in ihrer Verknüpfung ziemlich irritierend. Befürchtet Herr Inan, dass ein neuer „Adolf Hitler" die Türken alle ausweisen könnte, und dass daher der deutsche Pass seines Sohnes, der sich seiner Meinung nach in der Türkei nicht mehr zurechtfindet, einen gewissen Schutz darstellt? Oder befürchtet er, dass der deutsche Pass in einer solchen Situation keinerlei Schutz bietet? Dieser Gedanke wird jedoch nicht weiter ausgeführt und auch im weiteren Verlauf des Interviews nicht mehr aufgegriffen. Mitten in der Ausführung zu einem möglichen neuen „Adolf Hitler" folgt ein sehr abrupter Themenwechsel, in dem Herr Inan aus dem Zusammenhang gerissen über den teuren Kauf eines Hauses spekuliert. Das Thema ist ihm unangenehm, und er möchte darüber nicht weiter nachdenken.

Im Verhältnis zu seinen Söhnen (über die Töchter gibt es diesbezüglich keine relevanten Textstellen) möchte Herr Inan die Werte weitertradieren, die er selbst von seinem Vater gelernt hat. Dies sind die kritiklose und selbstverständliche Akzeptanz der väterlichen Autorität einerseits und im Gegenzug dazu der väterliche Schutz, das väterliche Wohlwollen und die Sorge um materielle Belange der Kinder.

Zumindest sein jüngster Sohn ist nicht bereit, diesen Ansprüchen gerecht zu werden. Damit gerät er Herr Inan in einen zweifachen Konflikt. Einerseits bekommt er nicht die Anerkennung, die er von diesem Kind verlangt und andererseits ist es ihm dadurch nicht möglich der eigenen Vaterrolle gerecht zu werden. Diese Weigerung seines Sohnes stellt seine Identität als Vater in Frage. Hier besitzt Herr Inan nicht die nötige Flexibilität andere Lebensentwürfe als seinen eigenen anzuerkennen. Die Moderne, mit ihren nebeneinanderstehenden unterschiedlichen Lebensentwürfen (heiraten, ledig bleiben, unverheiratet zusammenleben, wechselnde Partnerschaften) verunsichern Herrn Inan. In seiner Vorstellung bedeutet ein glückliches Leben für seine Kinder, möglichst schnell einen Beruf zu ergreifen und zu heiraten. Am eigenen Modell ist nichts falsch, aber die Umgebung unterstützt ihn nicht in der Weitertradierung der eigenen Werte. Indem Herr Inan die deutsche Gesellschaft für das Verhalten seines Sohnes verantwortlich macht, kann er seinem Lebensentwurf verbunden bleiben. Er selbst hat damit auch nicht als Vater versagt, denn er hat die Werte weitertradieren wollen. Sein Sohn hat sich unter dem Einfluss der deutschen Gesellschaft von ihm entfernt.

Räumliches Umfeld
Das räumliche Umfeld spielt eine große Rolle für Herrn Inan. Die deutsche Gesellschaft hat ihn von seinem jüngsten Sohn entfernt, der sich die hiesigen Normen angeeignet hat. Anderseits war Deutschland der Ort, an den sich sein ältester Sohn flüchten konnte, als er durch die politische Situation der Türkei in den 1980er Jahren gezwungen wurde, die Universität zu verlassen.

Herr Inan fühlt sich in Deutschland, speziell an dem Ort, den er für sich und seine Familie als Lebensmittelpunkt ausgewählt hat, sehr wohl. Mit 35 Jahren war er schon relativ alt, als seinem Antrag auf Arbeitsaufnahme in Deutschland statt gegeben wird. Heute, mit 64 Jahren hat sich sein Blick auf die Anfangszeit verklärt. „Früher" war alles besser – in der Türkei und in Deutschland. In Deutschland gab es keine Arbeitslosen, keine Asylbewerber und Ausländer und Deutsche waren Freunde. Besonders vermisst er in deutschen Schulen die „Disziplin":

„INT2: Und zu ihrem Verhalten, dass die [die Kinder in der Türkei, Anm. Int1] anders im Verhalten wären?" [tr] HERR INAN: Ja das bleibt eh, Türkei besser. [Pause] Türkei weiß ich meine Kinder Schule gehen, gut Disziplin. Und gut lernen. Aber hier Deutschland? Da Lehrer gar nix sagen. Keine Disziplin! Das glauben, das Türkei besser so Schule oder Disziplin. Oder lernen oder vielleicht diese Kind eine große Mann oder eine Onkel gewesen. Dann lieben Frage, ‚na Onkel, wie geht's?', egal kennen oder nicht kennen. ‚Wie geht's'? Aber hier? Hier wie, wie, wie Robot. Schule gehen gut, manchmal gut, aber, eh, gut blutwarme [warmherzig, Anm. Int2] türkische Kinder besser."

Herr Inan attestiert hier den deutschen Kindern „roboterhaftes" Verhalten und meint damit, dass ihnen Warmherzigkeit fehlt. Diese müsste sich, so Herr Inan, in einem höflichen und interessierten Umgang mit älteren Leuten ausdrücken, gleichgültig ob die Kinder diese Person kennen oder nicht. Das deutsche Umfeld verhindert mit seiner Erziehung aber genau dieses Verhalten. „Warmherzigkeit" und „Disziplin" sind hier eng miteinander verknüpft. Hier liegt für Herrn Inan auch die Erklärung für das Verhalten seines Sohnes, denn bereits in der Schule werden in Deutschland für ihn grundlegende Werte nicht vermittelt.

Deutsche und Türken unterscheiden sich auch noch in anderen Punkten für ihn. Nicht nur die türkischen Kinder sind warmherziger und hilfsbereiter, auch die erwachsenen Türken sind menschlicher, mutiger und ehrlicher als die Deutschen. Zur Erläuterung erzählt er von zwei Unfällen in Deutschland, bei denen in beiden Fällen ein türkischer Retter zur Stelle war, während den Deutschen lediglich eine Zuschauerrolle zukam. Herr Inan attestiert in diesen beiden Fällen den türkischen Helfern eine in der Praxis gezeigte moralische Überlegenheit gegenüber den Deutschen. Er selbst definiert sich selbst ungebrochen als Türken. An keiner Stelle im Interview trifft er Aussagen über Dinge, die er in Deutschland gelernt oder angenommen hat. Daher stellt er sich selbst in diesen Fällen auf die gleiche Ebene mit den moralisch überlegenen Türken. Einen großen Teil seiner Identität kreiert Herr Inan als Gegenbild zu den Deutschen. Die Türken sind arbeitsam, hilfsbereit und mutig, während die Deutschen viel reden, aber im Notfall nichts tun. Es gibt jedoch noch eine andere Facette in seiner Einschätzung des deutschen Umfeldes, die ihm so wichtig ist, dass er dies als erstes erwähnt, als er nach der Bewertung seines Migrationsprojektes befragt wird: Herr Inan beschreibt das Verhalten von deutschen Behörden und von Ärzten als positiv zu nennendes Beispiel eines guten Umgangstones in Deutschland. Er benutzt hier jedoch nicht die Worte „Respekt" oder „Disziplin", obgleich er hier mit „Respekt" behandelt wurde. Respekt kann der Ältere von dem Jüngeren, der Höhergestellte von dem Niedriggestellten erwarten. In den oben beschriebenen Fällen ist es jedoch der Höhergestellte (Arzt, Polizist), der einen „Bittsteller", so hatte Herr Inan die ähnliche Situation in der Türkei beschrieben, mit „Respekt" behandelt. Dies ist so ungewöhnlich, dass Herr Inan darauf ausführlich eingeht.

Der Blick auf das deutsche Umfeld ist eine Mischung aus Stereotypen und durch Erfahrung konkretisierte Vorstellungen, die diese Bilder stark relativieren. Diese Relativierung führt jedoch nicht zu einer konkreten Veränderung der Stereotype. Das Stereotyp des mutigen, ehrlichen und disziplinierten Türken steht zunächst dem disziplinlosen, feigen und wenig hilfsbereiten Deutschen gegenüber. In den konkreten Erzählungen relativiert sich dieses Bild jedoch fast ins Gegenteil. Die höflichen und hilfsbereiten deutschen Ärzte oder Polizisten erscheinen als direktes Gegenstück zu ihren türkischen Pendants, die Herrn Inan nicht beachteten und ihm das Gefühl der Minderwertigkeit vermittelten. Dass sich Herr Inan letztlich in seinem deutschen Umfeld sehr wohlfühlt, wird an der sehr positiven Migrationsbewertung deutlich.

Geglaubte und gelebte Wertvorstellungen

Herr Inan versucht sein ganzes Leben lang den Maximen seines Vaters gerecht zu werden. Zum einen betrifft das die Arbeitsmoral: „Aber meine Arbeit, meine Papa immer mit Deutschland kommen. Sag ‚wenn du gehen Deutschland, egal wo arbeit, du musst richtig arbeiten. Nicht was machen, faul machen. Sollst richtig arbeiten […]."

Aus der Arbeit schöpft er einen nicht unerheblichen Teil seines Selbstbewusstseins. Über die Arbeit erhält er ein Selbstwertgefühl und die Anerkennung der deutschen Kollegen und des Arbeitgebers. Arbeit spielt im Leben Herrn Inans eine wichtige Rolle. Herr Inan definiert sich maßgeblich über die Arbeit.

„INT1: Haben sie ihre Arbeit gerne gemacht? oder machen sie HERR INAN: [unterbricht] Auuu, aber wie!! [lacht] Arbeit besser. Moment mal. Diese ein Jahr alte Eisen, das ist nicht, egal hier immer lassen eine Monat oder ein Jahr. Und nun einmal kommt, oh, da Rost, da Rost, da Rost. Mensch selber wie ein Eisen. Aber Mensch arbeiten, oder oder diese diese arbeiten. Immer so bleiben. Immer so sauber bleiben. Mensch ist selbe. Ich immer arbeiten […]."

Getreu dem deutschen (und türkischen) Sprichwort: „Wer rastet, der rostet" (Işleyen demir pas tutmaz), ist Arbeit für ihn eine natürliche und gegebene Notwendigkeit für jeden Menschen, deren Sinn nicht hinterfragt wird. Er, der kein Wort Deutsch sprach, konnte sich Kraft seiner Arbeitskraft unter Beweis stellen.

Auch im rein familiären Bereich möchte Herr Inan die Werte seiner Jugend leben und weitergeben. Dies gelingt jedoch nicht in dem gewünschten Maße. Seine Pflichten als Sohn den alten Eltern gegenüber kann er nicht erfüllen, weil sich die Eltern durch ihre Rückkehr in die Türkei seinen Pflegmöglichkeiten entziehen, worunter Herr Inan sehr leidet. Auf der anderen Seite kann er seinen Pflichten als Vater nicht gerecht werden, da sich sein Sohn ihm entzieht. Dies hat noch eine weitere Dimension, da Herr Inan damit auch um seine eigene Versorgung im Alter bangen muss. In seinem Verständnis des Generationenvertrages, bekommt der Vater die Pflege, Fürsorge und Aufmerksamkeit von seinen Kindern in dem Maße, wie er sich um sie in ihrer Jugend gekümmert hat. Dadurch, dass sich sowohl sein Vater als auch sein Sohn nicht an diese Regeln halten, wird er stark verunsichert.

Migrationsbewertung

Herr Inan ist einer der wenigen Männer aus dem Sample, die mit Entschiedenheit eine endgültige Rückkehr in die Türkei ausschließen. Freunde, Kinder und Enkel sind hier, also wird er höchstens pendeln. Er möchte sich im Alter die Unabhängigkeit bewahren, mit seiner Frau zu kommen und zu gehen. Erst als Toter wird er Deutschland endgültig verlassen, um in der Türkei begraben zu werden. Seine ursprüngliche Vorstellung, drei Jahre in Deutschland zu bleiben, hat er zunächst in fünf, dann in zehn Jahre und schließlich völlig revidiert.

Trotz seiner Bedenken bezüglich der „Disziplinlosigkeit" in Deutschland fühlt er sich in Deutschland wohl. Herr Inan hat sich bewusst für den Ort entschieden, an dem er mit seiner Familie lebt. Er hat andere Orte ausprobiert, hat Arbeitskollegen an anderen Orten besucht, und hat für sich entschlossen sein Wohnort habe die richtige Mischung von Größe und dörflichem Charakter. Sehr wichtig für Herrn Inan ist seine Behandlung in Deutschland. Er thematisiert sehr klar den Unterschied dessen, wie er als junger Mann auf türkischen Behörden behandelt wurde, und die Art und Weise, wie er in Deutschland behandelt wird. Denn vermisst er einerseits den „Respekt" von Jüngeren gegenüber den Älteren, anerkennt er hier das Verhalten von Behörden und Dienstleistern ihm gegenüber.

Zusammenfassung

Herr Inan erlebt in seinem Leben drei Ortswechsel. Als junger Mann kämpft er ein Jahr lang im Koreakrieg. In Erinnerung geblieben sind ihm vor allem die Armut der Menschen, die Bedrohung durch Krankheiten und die Hitze. Zurück in der Türkei migriert er nach Istanbul. Nach sechs Jahren Wartezeit erhält er die Zusage zur Migration nach Deutschland. Das bedeutet, dass er eigentlich ein sehr flexibler und mobiler Mensch ist, der sich in vielen unterschiedlichen Situationen zurecht finden musste. Die Ortswechsel haben keinerlei Einfluss auf die starke Bindung zu seinem Vater, und den Einfluss, den dieser Zeit seines Lebens auf ihn und sein Normen und Wertesystem ausübte.

Das gleiche Verhalten, was er seinem Vater gegenüber zeigt, erwartet Herr Inan auch von seinen Kindern. Zumindest sein jüngster Sohn entzieht sich dem und setzt damit Herrn Inan seinerseits unter Druck. Für Herrn Inan in zweifacher Hinsicht eine sehr belastende Situation. Einerseits gibt ihm sein Sohn nicht das, was er erwartet, andererseits kann er seinem Sohn aber auch nicht das geben, was er ihm als Vater gerne geben würde. Dadurch sieht er sich als Vater gescheitert.

Der eigene Vater ist allgegenwärtig. Obwohl der Vater seit einigen Jahren verstorben ist, ist er gegenwärtiger als seine Frau, die er in dem gesamten Interview kaum erwähnt. Sein Leben als Ehemann bleibt diffus und bekommt im gesamten Interview keine Konturen. Nur sehr verhalten äußert Herr Inan, dass sein eigener Vater ihn gar nicht verstehen könne, da Herr Inan Erfahrungen gemacht habe, bsp. die Einsamkeit, die der immer in dörflichen Strukturen eingebundene Vater nie erlebt hat. Als der Vater älter und seniler wird, hat der Sohn Schwierigkeiten damit umzugehen und ruft sich sofort wieder das Bild des in der Blüte seiner Autorität stehenden Vaters vor Augen.

Herr Inan ist einer der wenigen Männer aus dem Sample, die so vorbehaltlos ihr Leben in Deutschland und ihre Entscheidung nach Deutschland gekommen zu sein, bejahen.

Begründung der Typ-Zuschreibung

Herr Inan gehörte in der Türkei dem Modell der „interdependence" an. In diesem Sinne wurde er selbst großgezogen und hat dieses Modell selbstverständlich und ohne es zu hinterfragen für sich selbst übernommen und gelebt. Sein Vater war das Oberhaupt der Familie, dessen Autorität Herr Inan nie anzweifelte. Er selbst hat nur wenige Jahre die Schule besucht. Die individuelle Ausbildung der Kinder musste hinter dem Bedürfnis der Familie als landwirtschaftliche Produktionseinheit zurückstehen. Dies ist eines der Kennzeichen des Modells der „interdependence". Das fraglose Akzeptieren der väterlichen Autorität beschreibt Herr Inan mit dem Wort „Disziplin". An keiner Stelle des Interviews stellt Herr Inan dieses Modell in Frage. Diese „Disziplin" betrifft sehr unterschiedliche Lebensbereiche: So war es für Herrn Inan nicht möglich, seine Frau in Anwesenheit seiner Eltern zu küssen, als er zum Urlaub in die Türkei kommt. Es ist für ihn auch eine Selbstverständlichkeit, dass sein Vater den Namen der Kinder aussucht und nicht er oder seine Frau. Diese „Disziplin", also die Anerkennung der Autorität des Vaters in jedem Lebensalter, und im übertragenen Sinne die generelle Anerkennung von Autorität, z.B. auch in der Schule, was für ihn noch eine Selbstverständlichkeit war, führt zum Konflikt mit seinen Kindern, die sich dem mehr und mehr entziehen. Herr Inan versucht das Modell der „interdependence" auch in Deutschland weiterzutradieren, scheitert jedoch an den hiesigen Lebensumständen. Besonders der Sohn entzieht sich der väterlichen Autorität. Herr Inan verfügt jedoch über keine Sanktionsmaßnahmen mehr, die er dem

Sohn gegenüber anwenden könnte. Zusätzlich dazu hat sich auch das Umfeld geändert. Das deutsche Umfeld stützt sein Modell nicht mehr. Seine Macht als Vater versagt gegenüber dem Einfluss der deutschen Gesellschaft. Würde er in seinen Augen adäquat reagieren, bestünde die Gefahr, den Sohn entgültig zu verlieren. Herr Inan möchte die gleiche kritiklose Anbindung der Kinder an sich, wie er sie für seinen Vater empfunden hatte. Die Ausbildung seines Sohnes kommentiert er mit Skepsis und sieht sie eher als eines der Elemente, die die Entfremdung zwischen Vater und Kind hervorgerufen haben. Ausbildung ist kein Wert als solcher. Hier unterscheidet er sich von den meisten Männern des Samples.

Herr Inan ist auch in Deutschland weiterhin dem Modell der „interdependence" verhaftet. Er wird durch die Umstände jedoch dazu gezwungen, so zu leben wie es in Teilen dem Modell der „emotional interdependence" entspricht. Er artikuliert dies sehr klar wieder am Beispiel seines Sohnes. Würde er dessen in seinen Augen unangemessenes Verhalten so sanktionieren, wie er das in der Türkei und mit der Unterstützung des Umfeldes tun könnte, würde er in Deutschland sein Kind endgültig verlieren. Um dies nicht zu tun, passt er sich in Teilen an. Er bleibt jedoch von seinen Einstellungen und idealen Vorstellungen her dem Modell der „interdependence" verhaftet.

Zuordnung weiterer Fälle des kontinuierlichen Modells der „interdependence"

Herr Nazim – „Wir haben keinen Einfluss mehr auf unsere Kinder"

Lebenserfahrung in der Türkei
Eigene Kindheit und Ursprungsfamilie: Herr Nazim wächst in einer großen Familie mit 15 Geschwistern auf. Er besucht keine Schule und arbeitet seit frühster Jugend in der familieneigenen Landwirtschaft. Das Leben in dieser Zeit ist geprägt durch „Respekt" vor den Eltern, was bedeutet, dass ohne das Einverständnis der Eltern keine Entscheidungen getroffen werden dürfen. Die Brüder verlassen ein paar Jahre nach der Heirat den bäuerlichen Hof, allerdings empfinden sich die Geschwister weiterhin als Teil der Großfamilie:

„Also, alle drei Jahre ging einer weg. Mit seinem, oder mit dem Einverständnis meiner Mutter und meines Vaters. ‚Gut, mein Sohn, ich wünsche dir alles Gute', hat man gesagt. So hat man sich getrennt. Wir waren aber dennoch zusammen. Als Familie, meine ich. Das war nicht so sehr getrennt. Also nicht so, dass der eine da und andere irgendwo anders war. Zusammen aber jeder hatte seinen eigenen Haushalt. So war es."

Herr Nazim ist in diese Gemeinschaft integriert. Es gibt keine Aussagen, die auf ein gespanntes Verhältnis schließen lassen oder die Struktur und Wirkungsweise der Großfamilie in Frage stellen. Es gibt ebenfalls keine Hinweise auf das Geschlechterverhältnis in dieser Zeit. Aufgabe der Kinder ist es, beiden Elternteilen Respekt zu zollen.

Ehe: Herr Nazim entführt seine spätere Frau mit deren Einverständnis. Beide Partner sind zu diesem Zeitpunkt 23 Jahre alt. Über das Verhältnis zu seiner Frau, das gemeinsame Leben und/oder Entscheidungsfindungen werden im ganzen Interview keine Aussagen gemacht. Dies ist ein Zeichen des Modells der „interdependence". Das individuelle Gattenverhältnis steht hinter dem Kollektiv Familie zurück.

Kinder: Herr und Frau Nazim haben fünf Kinder, drei Söhne und zwei Töchter. Die Kinder erleben eine Kindheit, die zwischen Aufenthalten in der Türkei und Deutschland schwankt. Ein Teil der Kinder kommt nach Deutschland, ein Teil bleibt in der Türkei, dann kehren alle gemeinsam zurück in die Türkei, als Herr Nazim zurückkehren möchte. Nach einem Jahr entschließt er sich erneut zur Migration und kommt dieses Mal mit allen Kindern nach Deutschland. Über das Leben seiner Kinder in der Türkei finden sich nur Aussagen zum Schulbesuch. Ausführlicher berichtet er von der Zeit in Deutschland.

Räumliches Umfeld: Herr Nazim wächst in einem ländlichen Umfeld auf und migriert von dort direkt nach Deutschland. Dieser Wechsel ist ihm sehr schwer gefallen, schwerer als er nach seinen Überlegungen anderen Türken fallen musste, die bereits eine Binnenmigration hinter sich hatten. Das Leben ist durch die Arbeiten in der Landwirtschaft und das Leben in der Großfamilie geprägt. Außer den Eltern tauchen keine Personen auf, die er als wichtig für seine Kindheit und Jugend beschreibt. Als er in die Türkei zurückkehren möchte, sieht er, dass er sich von dem Milieu seiner Kindheit bereits entfernt hat und eine Rückkehr nicht mehr möglich ist: „Als ich ein Jahr in der Türkei blieb, verstand ich auch, dass wir in der Türkei nicht mehr Dings machen können. Wir haben uns ja auch an hier gewöhnt. An die Gewohnheiten hier haben wir uns auch gewöhnt."

Lebenserfahrung in Deutschland
Ursprungsfamilie: Die Bindungen zur Ursprungsfamilie beschreibt er als nach wie vor sehr eng, was sich in Besuchen und regelmäßigen Telephonaten äußert. Den Vater, die Stiefmutter und die Geschwister hat Herr Nazim finanziell unterstützt und leistet auch heute noch Hilfe.

Ehe: Über die Ehe in Deutschland und das Verhältnis der Ehepartner gibt es keine relevanten Textstellen. Wenn Herr Nazim von seiner Frau spricht, dann in ihrer Funktion als Mutter, die von ihren Kindern Respekt erwarten kann. Sie taucht jedoch nicht als seine Vertraute, Partnerin oder Gefährtin auf. Auch an dieser Stelle wird deutlich, dass das individuelle Verhältnis der Eheleute hinter dem Zweck der

Ehe, nämlich gemeinsam Kinder zu haben und großzuziehen, zurücksteht. Das Lob, das er seiner Frau zollt, beschränkt sich auf ihre Fähigkeiten als Mutter. Auch dies ist ein Merkmal des Modells der „interdependence".

Kinder: Sehr ausführlich redet Herr Nazim über die gute Erziehung von (seinen) Kindern. Diese muss geprägt sein durch ein ausgewogenes Verhältnis zwischen weltlicher (schulischer) und religiöser Unterweisung. Die Ideale seiner Kindheit, den Respekt und den Gehorsam erwartet er auch von seinen eigenen Kindern. Dies ist nicht in dem Maße eingetroffen, wie er sich das erwünscht hat, da das deutsche Umfeld einen (negativen) Einfluss auf die Kinder ausübt.

„Die Kinder, die sind hier aufgewachsen sind natürlich ein bisschen… Die wachsen mit dem Dings hier. Mit der Disziplin. Wie die Disziplin hier… Mit der Schule hier und so. Wie sie mit ihren Freunden so, was sie in der Schule lernen, da entwickeln sie sich auch dementsprechend. Egal was für einen Druck wir als Familie hier ausüben, es bringt nicht viel. Sie nehmen es nicht wahr. Die Erziehung, die sie hier genießen, ist genauso wie die der anderen Kinder hier. Sie möchten auch genauso leben."

Für ihn werden die gesamten Erfahrungen aus seiner Jugend auf den Kopf gestellt, wenn die junge Generation verlangt, dass er sich als Vater und damit als Autoritätsperson seinen Kindern anpassen soll:

„Die junge Generation passt sich nicht an die Alten an. Ich schaffe es nicht, mich so zu verhalten, wie es sich ein Junger wünscht. Die wünschen sich, dass ich hin und her springe, alles toleriere; dass ich toleranter werde. Im Grunde machen wir es auch manchmal. ‚Die sind noch jung, sei noch ein bisschen toleranter', sage ich mir und so. Dadurch werden aber die Jungen nicht respektvoller gegenüber den Alten."

Für Herrn Nazim zeichnet sich deutlich ab, in welche Richtung diese Entwicklung gehen wird. Denn bringen die Kinder den Eltern keinen Respekt mehr entgegen, wird die gesamte Einheit „Familie" nicht mehr existieren können.

„Wenn der Sohn zu seinem Vater sagt: ‚Vater, ich gehe dahin und werde in einer Stunde wieder da sein.' Gut, in einer Stunde… In einer muss er wieder da sein. Was wird dann, wenn es nicht so abläuft? Wenn das Mädchen dahin geht, wo sie hingehen will. Wenn der Sohn dahin geht, wo er hinwill, wird es zu Hause keinen Zusammenhalt geben. Die Familie wird zerrissen. Es wird nicht mehr ersichtlich, wer was macht. Es wird nicht mehr ersichtlich, wer was ausgegeben hat. Die Familie wird weder die Ordnung noch das Glück haben. Weil der Gottesbefehl so lautet. Die Ruhe wird es nicht mehr geben."

Vor diesem Zustand hat Herr Nazim große Angst, da er seinem (religiösen) Weltbild widerspricht. Er sieht, dass Veränderungen auf ihn und seine Familie zukommen, denen er mehr oder weniger machtlos gegenüber steht. Diesen Veränderungen hatte er bei den eigenen Kindern noch entgegenwirken können, ist jedoch sehr unsicher, was die Enkelkinder betrifft.

Bei den Kindern unterscheidet er zwischen den Söhnen und den Töchtern. Die jüngste Tochter hatte als einziges der Kinder die Möglichkeit gehabt, das Abitur zu machen. Herr Nazim erlaubte ihr jedoch den weiteren Gymnasialbesuch nicht, da das Mädchen jeden Tag hätte pendeln müssen. Noch zur Schulzeit verheiratete Herr Nazim seine Tochter, deren Ausbildung damit beendet war. Die Söhne haben keine abgeschlossene Berufsausbildung.

Die Ehen der Kinder wurden von den Eltern mit dem Einverständnis der Kinder arrangiert. Ein Sohn, der sich seine Frau selbst und ohne Hilfe der Eltern ausgesucht hatte, scheiterte in der Ehe und heiratete beim zweiten Mal eine Frau, die ihm seine Eltern vorgeschlagen haben, was Herr Nazim in seiner Meinung bestätigt, dass es die Eltern sind, die das Beste für ihre Kinder kennen. Herr Nazim versucht die Erziehungskriterien, die für ihn in der Türkei galten auch auf die Erziehung seiner Kinder zu übertragen, scheitert jedoch daran, dass das Umfeld ein anderes ist, und die Kinder Einflüssen ausgesetzt sind, die er nicht steuern kann.

Räumliches Umfeld: Zu Beginn der Migration zog sich Herr Nazim aus dem deutschen Umfeld zurück, weil er befürchtete durch Alkoholkonsum und sonstige „Vergnügungen", auf „schlechte Wege" zu kommen. Abschreckendes Beispiel sind ihm die zahlreichen Ehen seiner türkischen Kollegen, die in die Brüche gegangen sind. Mittlerweile pflegt er jedoch auch freundschaftliche Kontakte zu Deutschen.

Herr Nazim leidet darunter, dass sich sein bekanntes Umfeld in der Türkei verändert hat, und sein Zugang zu den Menschen eingeschränkt ist:

„Was ich fühle ist, dass ich sie alle vermisse, wenn ich hier bin. Die Verwandten und Bekannten aber auch die anderen, die nicht dazu gehören. Die Bewohner im Dorf oder in der Stadt. Ich möchte mich mit denen unterhalten. Aber bei denen gibt es eine Veränderung. Ich weiß nicht, ob es mir so vorkommt. Oder sie denken, dass ich mit denen nichts zu tun haben will, weil ich Deutschländer bin. Ich weiß also nicht, was das ist. Aber es gibt eine Kälte zwischen uns. Wir fühlen uns da auch fremd. Also wir sind in der Türkei Deutschländer und hier Ausländer."

Halt findet Herr Nazim in der Religion, die ihm allmächtig erscheint. Derjenige, der richtig betet, ist gegen alle Anfeindungen immun. Herr Nazim ist zwei Mal nach Mekka gepilgert und besucht regelmäßig die Mosche seines Wohnortes.

„Dem Betenden, aber dem richtig Betenden, kann keiner was antun. Wenn man ihm was Schlechtes antun will, kann man es nicht schaffen. Er wird es nicht zulassen. Wenn er es zulässt dann macht er es nicht echt. Wenn so was zugelassen wird, ist dieses Gebet dann bestimmt künstlich gewesen."

Begründung der Typ-Zuschreibung
In der Türkei lebte Herr Nazim im Modell der „interdependence". Die Großfamilie bewirtschaftete zusammen die Landwirtschaft und verwaltete das Geld gemeinsam.

Auch als die Brüder nach ein paar Jahren gemeinschaftlichen Zusammenlebens jeweils den Hof verlassen, empfindet sich die Familie weiterhin als Großfamilie. An der Spitze der Familienhierarchie steht der Vater, dem Gehorsam entgegengebracht wird. Die Schulbildung der Kinder muss sich den wirtschaftlichen Anforderungen unterordnen, so dass Herr Nazim nie eine Schule besucht hat. Die Kinder werden als Versorger im Alter angesehen.

In Deutschland hält Herr Nazim an diesem Modell fest – allerdings nicht ohne Brüche. Die Kinder sieht auch er als seine Versorger im Alter und begründet dies damit, dass er als Vater das Recht habe, von seinen Kindern das zu bekommen, was er in sie investiert hat. Auch er fordert den Generationenvertrag ein. Die Schulbildung seiner Kinder und eine spätere Ausbildung stehen nicht im Mittelpunkt seiner Anstrengungen. Nach Kağıtçıbaşı ist dies ein Zeichen des Modells der „interdependence".

In Deutschland lebt er mit der Familie seines Sohnes zusammen. Die Brüche, die sich andeuten liegen einerseits darin, dass sich Herr Nazim sehr bewusst ist, dass sich die Zeiten geändert haben, und dass seine Autorität nicht ausreicht, seine Kinder zu etwas zu zwingen, beispielsweise zu seiner Versorgung im Alter. Der Einfluss des deutschen Umfeldes tritt in deutliche Konkurrenz zu seinen Erziehungsvorstellungen und Normen. Doch auch in der Türkei hat er vergeblich das Umfeld seiner Jugend gesucht. Die Remigration scheitert, und die Familie wandert erneut nach Deutschland ein.

Herr Nazim kritisiert seine Jugend und die genossene Erziehung nicht und möchte die gleichen Werte gerne an seine Kinder weitergeben. Er sieht jedoch, dass sich sowohl in der Türkei als auch in Deutschland die Normen und Werte geändert haben, was bei ihm jedoch nicht zu einer anderen Einschätzung führt. Er stellt dies lediglich bedauernd fest. Halt ist ihm dabei die Religion, die ihm ein gesellschaftsunabhängiges Werte- und Normensystem vermittelt, in dem er die Grundsätze seiner Kinder- und Jugendzeit wiederfindet. Die Religion erlaubt es ihm, unabhängig von den Veränderungen in der Türkei und in Deutschland das Modell der „interdependence" weiterzuleben.

Herr Olgun – „Das ist der Ablauf des Lebens hier"

Lebenserfahrung in der Türkei
Eigene Kindheit und Ursprungsfamilie: Herr Olgun lebt mit seinen Brüdern und deren Frauen und Kindern bis zu seiner Migration in einem großen Haushalt zusammen.

„Ich habe weder einen Beruf gelernt, noch konnte ich von zu Hause ausziehen. Der Grund, warum ich nicht ausziehen konnte, war, dass ich sehr an meinem Vater, an meiner Mutter, an meiner Familie hing. Ich ging auch nicht irgendwo hin um zu arbeiten. Ich war immer als Landwirt mit der Familie zusammen."

Nach einem fünfjährigen Schulbesuch, beginnt Herr Olgun in der familieneigenen Landwirtschaft zu arbeiten. Seine Eltern erwarteten von Herrn Olgun in erster Linie Respekt und Gehorsam, die er ihnen auch entgegenbringt.

Ehe: Die Ehe zwischen Herrn und Frau Olgun wird auf Initiative der Mutter von Herrn Olgun geschlossen, da sie für die anfallenden Arbeiten eine Arbeitskraft (=Schwiegertochter) braucht. Herr Olgung beugt sich der Entscheidung seiner Eltern:

„Meine Mutter sagte meinem Vater: ‚Lass uns den Sohn verheiraten. Die Arbeit fällt mir schwer, ich schaff die nicht mehr. Lass ihn uns verheiraten', sagt sie. Ein Nachbar von uns kam zu mir und sagte: ‚Orhan, ich möchte dich etwas fragen'. ‚Bitte Kemal', habe ich gesagt. Er ist älter als ich. ‚Dein Vater möchte dich verheiraten, wessen Tochter möchtest du?' In unserem Dorf gibt es die Gleichaltrigen. Meine Frau ging damals noch zur Schule. Sie war ein sechzehnjähriges[129] Mädchen. ‚Wollen wir sie nehmen, oder die'. Ein sechzehnjähriges Kind weiß doch nicht, was heiraten bedeutet. Das weiß doch nicht, was gut und was schlecht ist. Ich habe mich zurückgezogen. ‚Ich möchte nicht heiraten', habe ich gesagt. ‚Ich misch mich nicht ein.' Am nächsten Tag gingen sie hin. Sie gingen zu denen und machten es fertig. Wie ich sagte: In Anatolien ist es halt so. Man fragt nicht. Das Mädchen wird auch nicht gefragt. Der Sohn wird sowieso gar nicht gefragt. Wenn zwei Männer sich einigen können. Als wollte der Vater von dem Mädchen und der Vater von dem Sohn heiraten. Sie machen es unter sich, das wärs dann."

Die Kritik an dieser Praxis schimmert zwar unterschwellig durch, wird jedoch nicht deutlich thematisiert. Über die Zeit der Ehe vor der Migration, das Verhältnis der Ehepartner untereinander, mögliche Aufgabenverteilungen, macht Herr Olgun keine weiteren Angaben. Auch hier spielt die Beziehung zwischen den Eheleuten in der Außendarstellung eine weitaus geringere Rolle als das Verhältnis zu den Kindern oder den eigenen Eltern.

Kinder: Das Paar hat vier Kinder, drei Töchter und einen Sohn. Die Kinder verbringen ihre frühe Jugend in der Türkei und besuchen dort erfolgreich die Schulen. Mit den Eltern gemeinsam wachsen sie in der Großfamilie auf, die Herr Olgun erst mit der Migration verlässt. Es gibt keine Aussagen zur Erziehung der Kinder in diesem frühen Stadium.

---

129 Was das Alter seiner Frau angeht, macht Herr Olgun widersprüchliche Angaben. In dieser Passage gibt er das Alter seiner zukünftigen Frau mit 16 Jahren an. Vergleicht man jedoch das Heiratsdatum und das Geburtsdatum der Frau, so war das Mädchen zur Eheschließung 13 Jahre alt.

Räumliches Umfeld: Das Umfeld aus den Zeiten vor der Migration ist in erster Linie die Familie und das Umfeld, das nach den gleichen Prinzipien handelt wie die eigene Familie. Herr Olgun ist in diese Welt eingebunden, die er auch im Nachhinein nicht kritisiert, deren Verschwinden er eher bedauert.

Lebenserfahrung in Deutschland
Ursprungsfamilie: Der Vater behält den Einfluss auf den Sohn auch über die Entfernung hinweg. Er zwingt Herrn Olgun ein Grundstück zu erwerben, um dem Bruder, der als Makler tätig ist, damit finanziell unter die Arme zu greifen. Obwohl Herr Olgun weiß, dass das Geschäft ein finanzieller Verlust sein wird, willigt er ein, um sich dem Wunsch des Vaters nicht zu widersetzen. Im Laufe der Jahre in Deutschland ist Herr Olgun jedoch zu der Einsicht gelangt, dass er sich auf seine Familie in der Türkei nicht verlassen kann, da diese durch ihn lediglich finanzielle Vorteile bekommen wollen.

„INT2: Haben Sie Verwandte in der Türkei? HERR OLGUN: Verwandte haben wir noch viel. Auf die kann man sich nicht verlassen. Wie ich sagte, wenn du etwas besitzt, hast du viele Verwandte. Wenn du gar nichts hast, hast du auch keine Verwandte, keinen Bruder, keine Schwester."

Herr Olguns Kommentare zeugen von einer großen Enttäuschung gegenüber seiner Ursprungsfamilie und von einer steigenden Entfremdung.

Ehe: Herr Olgun erzählt nicht direkt über seine Ehe oder das Verhältnis zu seiner Ehefrau. Sie taucht jedoch an mehreren Stellen im Interview in Nebensätzen auf, in denen er Situationen schildert, in denen auch seine Frau anwesend ist. Beispielsweise berichtet er über das in seinen Augen respektlose Verhalten seines Sohnes, der, nur mit der Schlafanzughose bekleidet, zum Frühstück erscheint. An dieser Stelle führt er aus, dass sowohl er als auch seine Frau sich durch dieses Verhalten provoziert fühlen. Aus diesen und ähnlichen Äußerungen ist jedoch nichts Grundsätzliches über das Verhältnis der Eheleute abzulesen. Sie spielt in seinen Erzählungen keine dominante Rolle. Im Gegensatz zu anderen Männern dieses Typs taucht sie jedoch in der Bezeichnung „meine Frau" und nicht in der Umschreibung als „die Mutter meiner Kinder" auf.

Kinder: Herr Olgun hat ein sehr intensives Verhältnis zu seinen Kindern. Besonders zu Beginn der Migration, als er vier Jahre ohne seine Kinder lebt, hat er ständiges Heimweh nach ihnen: „Es war so, als wäre jeder Tag wie ein Jahr – getrennt von Kindern zu sein." Herr Olgun schildert aus der heutigen Sicht jedoch zahlreiche Situationen mit seinen Kindern, aus denen deutlich wird, dass er mit deren Entwicklung nicht einverstanden ist. Die Kinder haben Angewohnheiten übernommen, die für Herrn Olgun „deutsch" sind, und die er nicht tolerieren kann. Er gibt sich selbst die Schuld dafür, weil er seine Kinder nach Deutschland gebracht hat: „Wir haben die Kinder hierher gebracht und sie konnten sich an diese Gesellschaft nicht anpassen, deswegen gingen sie auf ganz unterschiedlichen Wegen. Was war es denn gewesen? Das war doch der Ablauf des Lebens hier. Das hat die auf diese Wege gebracht."

Herr Olgun ist nicht der autoritäre Vater, den er in seiner Jugend kennengelernt hat. Seine Kinder machen viele Dinge, die er nicht gutheißt und worauf er keinen Einfluss hat: sie haben die falschen Freunde, haben Verhältnisse mit den falschen Frauen, heiraten Frauen, die Herr Olgun nicht für geeignet hält. Die Kinder führen ein bedeutend individualistischeres Leben als dies Herr Olgun getan hatte.

Räumliches Umfeld: Das räumliche Umfeld in Deutschland erfüllt nicht die Funktionen, die das Umfeld in der Türkei erfüllen könnte. In der Türkei hätten die Kinder nichts tun können, was dem Vater nicht durch die Umgebung mitgeteilt worden wäre. Dieser Faktor fehlt in Deutschland und hindert den Vater daran, frühzeitig einzugreifen, wenn etwas im Argen liegt. Doch nicht nur das deutsche Umfeld unterscheidet sich von dem türkischen Umfeld aus der Türkei, auch zwischen dem türkischen Umfeld in Deutschland und der Türkei „liegen Berge", wie sich Herr Olgun ausdrückt. Gerade von den türkischen Jugendlichen in Deutschland wird er nicht so respektvoll behandelt, wie er das gerne hätte. Zudem kritisiert Herr Olgun den Materialismus der türkischen Gemeinde, wobei seiner Meinung nach „die Menschlichkeit" auf der Strecke bleibt.

„Die Menschen hier, ich würde sagen, achtzig Prozent hier denken an materielle Dinge. Ich habe in Istanbul das angeschafft, ich habe in Bursa jenes angeschafft. Ich habe das da gekauft. Sie erzählen nur das, was sie sich angeschafft haben anstatt zu fragen, ob jemand hier Sorgen oder Probleme hat. Sie erzählen davon und denken gar nicht, dass sie die Anderen verletzen oder sie traurig machen. Vor allem denkt man an das Materielle. Sei es in der Türkei oder hier. Der Mann hier... Wenn du dir was angeschafft hast, gehört es dir und nicht mir. Ich würde hier niemals über meinen Besitz hier... Der Mensch spricht von der Menschlichkeit."

Herr Olgun hat nirgendwo mehr ein Umfeld, in dem er sich wohl fühlt und das ihn unterstützt. Das Ideal, das ihm vorschwebt, stammt aus seiner Jugend und ist auch in der Türkei heute nicht mehr anzutreffen. Dies thematisiert er und fühlt sich selbst weder in Deutschland noch in der Türkei mit seinen Werte- und Normvorstellungen zu Hause.

Begründung der Typ-Zuschreibung: Herr Olgun lebte in der Türkei im Modell der „interdependence". Die Großfamilie, also die Eltern und die Geschwister mit ihren Familien, lebten bis zur Migration zusammen und arbeiten gemeinsam in der Landwirtschaft. Der Vater Herr Olguns war der Familienpatriarch, dem seine Söhne zuarbeiteten. („Wir haben ihm gedient.") Die individuelle Lebensplanung der Kinder steht hinter den Ansprüchen des Kollektivs zurück. So bedeutet die Verheiratung Herr Olguns in erster Linie die Zuführung einer neuen Arbeitskraft für die Familie und nicht die individuelle Verbindung zweier Menschen. Auch in Deutschland bleibt er dem Ideal seiner Jugend verhaftet, ist aber nicht mehr in der Lage, dies hier zu leben. Die Kinder haben sich vom Haushalt des Vaters getrennt und gehen ihre eigenen Wege. Er selbst wird als Familienoberhaupt nicht in dem Maße akzeptiert, wie er es gerne hätte. Herr Olgun sieht, dass die Welt seiner Jugend so nicht mehr existiert und bedauert dies. Obwohl er gezwungen ist, sich mit den Kindern, die eher ein Modell der „emotional interdependence" leben, zu arrangieren, bleibt er selbst in seinen Ansprüchen und Wertungen dem Modell der „interdependence" verbunden.

Herr Tufan – „Was der Vater sagt, ist 100 % in Ordnung"

Lebenserfahrung in der Türkei
Eigene Kindheit und Ursprungsfamilie: Herr Tufan berichtet fast nichts über seine Ursprungsfamilie, seine Kindheit und Jugend. Er besucht fünf Jahre lang die Schule. Beruflich tritt er dann in die Fußstapfen seines Vaters, der im öffentlichen Dienst arbeitet. Bis zu seiner Migration lebt er im Familienverband und auch das erwirtschaftete Geld wird gemeinschaftlich verwaltet. Der Tod seines Vaters, Herr Tufan ist zu diesem Zeitpunkt über 30 Jahre alt, deprimiert ihn sehr stark und beeinträchtigt nach eigenen Aussagen seine Gesundheit. Es lassen sich keine Textstellen finden, die etwas über das Verhältnis der Eltern untereinander, das gelebte Geschlechterverhältnis und die Normen und Werte sagen, die die Eltern an die Kinder weitergegeben haben könnten.

Ehe: Herr Tufan ist zwei Mal verheiratet. Die erste Ehe, die auf Vermittlung der Nachbarn geschlossen wird, hält nur ein Jahr. Seine erste Frau ist zum Zeitpunkt der Eheschließung neun Jahre, er selbst 18 Jahre alt. Acht Jahre nach der Scheidung heiratet er, ebenfalls nach Vermittlung seine zweite Frau, die zu diesem Zeitpunkt 15 Jahre alt ist. Hier beschreibt er, dass er, im Gegensatz zur ersten Ehe, seine zukünftige Frau durchaus gesehen und mit ihr gesprochen hat, bevor sich beide für die Heirat entschieden haben. Mit ihr bespricht er die Migration nach Deutschland. Über das gemeinsame Leben in der Türkei gibt es keine signifikanten Textstellen.

Kinder: Herr Tufan hat insgesamt sieben Kinder, einen Sohn mit der ersten Frau und sechs Kinder, fünf Töchter und einen Sohn mit der zweiten Frau. Drei Kinder werden in Deutschland geboren, drei in der Türkei. Wichtig ist für ihn, dass alle seine Kinder, egal ob Junge oder Mädchen, eine Ausbildung absolvieren, damit sie sich auch in schlechten Zeiten versorgen können. Über die Zeit der Kinder in der Türkei macht er keine detaillierten Angaben.

Räumliches Umfeld: Herr Tufan berichtet wenig über das räumliche Umfeld in der Türkei und über Leute, die ihn beeinflusst haben. Lediglich die Nachbarn (für die erste Ehe) und die Tante (für die zweite Ehe) werden als Personen genannt, die Einfluss auf sein Leben hatten.

Lebenserfahrung in Deutschland
Ursprungsfamilie: Die Migration nach Deutschland signalisiert nicht nur das Ende der Lebensform einer Großfamilie (mit dem Vater und dem Bruder), sondern auch das Ende eines gemeinschaftlich verwalteten Familieneinkommens, da Herr Tufan nun sein Geld alleine verwaltet.

„Ich bin bisschen früher ich meine Vater arbeiten, meine Bruder mit zusammen eine Haus. Nix und dann. Eh türkische Familie bisschen anders machen. Immer zusammen Geld eine Tasche und nur Vater ausgeben. Alles einkaufen und, und, und. Nicht so gut Geld. Hierher ich bin, war ich bin fast zwei Jahre allein hier sein. Aber ich hab kein Geld geschickt, nein."

Der Kontakt mit den Geschwistern bezeichnet Herr Tufan besser als vor der Migration, da man sich nicht so häufig, dann aber bewusst sieht.

Ehe: Herr Tufan möchte nicht, dass seine Frau in Deutschland arbeitet, da er befürchtet, die Kinder könnten verwahrlosen. Ihm ist die starke Arbeitsbelastung bei sechs Kindern durchaus bewusst, und er gibt an, anders als dies früher der Fall war, zu helfen.

„Ich hab schon gesagt sechs Kinder keine Probleme, aber manchmal eine Kinder doch große Probleme. Lieber Kinder eh, Frau zu Hause bleiben. Kinder ja, Frau muss Hause gehen. Hause bleiben. Aber keine Kinder natürlich ganzen Tag Langweile zu Hause. Nicht gut. Aber Kinder muss Frau hat genug zu tun. Frau viel arbeiten! 24 Stunden Frau arbeiten! Sehr schwer. Wirklich so. Richtig korrekt! Korrekt überlegt. So ist das. Männer ist Männer aber trotzdem nicht wie Frau, ne? Wie Zeit, die Zeit ja, Männer auch arbeiten helfen, aber eh, früher gar nichts, ne? Früher nix. Hier auch Frau arbeiten, Mann arbeiten kommt alle zusammen arbeiten, aber trotzdem Frau bisschen anders machen."

Er hat jedoch die klare Vorstellung, dass es in erster Linie die Frau ist, die sich um die Kinder und deren Wohlergehen kümmert. Aussagen über das gemeinsame Leben und über mögliche Entscheidungsfindungen kommen nicht vor. Er thematisiert seine Frau lediglich in ihrer Funktion als Mutter, und in dieser Rolle zollt er ihr Anerkennung und Respekt.

Kinder: Herr Tufan hat zwei Maxime bei der Erziehung seiner Kinder. Zum einen ist es ihm wichtig, dass alle, die Töchter wie die Söhne eine Ausbildung absolvieren, und zum andern soll ein Kind das tun, was die Eltern sagen, da sie das Beste für das Kind wollen. „Ich sagte immer seine Eltern aufpassen, hab ich gesagt. Und Ausbildung Eltern aufpassen, seine Mutter, seine Vater was gesagt 100 Prozent Ordnung." Auch Herr Tufan ist ein Verfechter des Generationenvertrages und vertritt die Meinung, dass die Kinder den Eltern das zurückgeben müssen, was die Eltern in die Erziehung der Kinder investiert haben. Die Versorgung der Eltern durch die Kinder im Alter ist der Lohn für das Aufziehen der eigenen Kinder. „Eine Eltern gehen Altersheim. Hat seine Kind, draußen andere Leute das so viel Ärger. Warum? Seine Vater, Vater, Mutter hat er für dich großgeworden, wenn jetzt ich jetzt Türke schickt seine Eltern Altersheim, darf nicht mehr. Ist Gott ist böse gesagt." Herr Tufan hat sich in einem Punkt vom klassischen Modell der „interdependence" entfernt: Die Ausbildung der Kinder wird als ein erstrebenswertes Ziel gesehen, damit sich die Kinder selbst versorgen können. Gleichzeitig betont er jedoch, dass die Kinder immer den Anweisungen der Eltern kritiklos folgen sollen. Hier nähert er sich dem Modell wieder an.

Räumliches Umfeld: Auch als Herr Tufan bereits in Deutschland ist, wirkt das türkische Umfeld in der Türkei weiter auf ihn und übt Druck auf ihn aus. Als er zur Beerdigung seines Vaters in die Türkei fliegt, überreden ihn die Nachbarn gegen seinen Willen ein teures Grundstück zu kaufen. Obwohl Herr Tufan den Kauf für eine Fehlinvestition hält, kann er sich den Ansprüchen seines Umfeldes nicht verschließen. Das türkische Umfeld in Deutschland zeigt ihm die Gefahren, denen die türkischen Kinder in Deutschland ausgesetzt sind, wenn sie nicht „richtig" erzogen werden.

Begründung der Typ-Zuschreibung
Herr Tufan ist schwierig einzuordnen, da sich im Interview nur sehr wenige Angaben finden, die Rückschlüsse auf das Geschlechterverhältnis in der Türkei und einen möglichem Wechsel oder eine Kontinuität in Deutschland finden lassen. Die wenigen Aussagen führen zu dem Schluss, dass Herr Tufan bereits in der Türkei dem Modell der „interdependence" angehört hat. Hier gibt es jedoch Brüche: Trotz des gemeinsamen Haushaltseinkommens, das für den Familientyp der „interdependence" steht, erscheint der Lebenslauf Herrn Tufan eher als ein individualistischer als ein lediglich auf das Kollektiv ausgerichteter. Herr Tufan arbeitet in Istanbul, bekommt dort Kontakt mit deutschen Touristen und beschließt aus Abenteuerlust nach Deutschland zu reisen. Finanzielle Gründe habe es nicht gegeben. Auch seine Kinder erzieht er in gewissem Maße zu Individualisten, setzt ihnen jedoch gleichzeitig Grenzen: Sie müssen das tun, was Vater und Mutter sagen und die Ehepartner heiraten, die er ihnen ausgesucht hat. In gewissem Maße erkennt Herr Tufan Veränderungen an (früher habe der Mann seiner Frau gar nicht im Haushalt geholfen; früher hätte man heiraten müssen, ohne sich gesehen zu haben), aber er wertet diese

Veränderungen nicht. In Deutschland bleibt er dem Modell der „interdependence" mit dem Vater im Zentrum der Autorität stehend, auch dann verhaftet, wenn er einige Züge des Modells der „emotional interdependence" aufweist.

Herr Levent – „Wir hatten den Respekt"

Lebenserfahrung in der Türkei
Eigene Kindheit und Ursprungsfamilie: Herr Levent wächst im engen Familienverbund einer Großfamilie auf. Er ist der älteste von drei Söhnen und hat noch zwei ältere Schwestern. Sein Schulbesuch endet im Alter von 13 Jahren. Ab diesem Zeitpunkt ist er in die Feldarbeit integriert. Ein Jahr später wird er verheiratet. Seine „Frau" ist zu diesem Zeitpunkt 11 Jahre alt. Während des Militärdienstes, die erste Zeit in seinem Leben, in der er nicht in der Großfamilie lebt, entschließt sich Herr Levent nach Deutschland zu migrieren. Dies setzt er gegen den Wunsch seines Vaters durch, der ihn als Arbeitskraft nicht verlieren möchte. Seine Jugend ist geprägt durch die immer wieder erwähnte Norm des „Respekts", die bedeutet, dass ein junger Mensch sich in allen Fragen älteren Menschen gegenüber respektvoll zu verhalten hat, und immer das tun muss, was ihm von einem Älteren aufgetragen wird. Die Regeln des Dorflebens gehen so weit, dass es als respektloses Verhalten angesehen wird, wenn ein Vater sein Kind in Gegenwart des eigenen Vaters auf den Arm nimmt, weil Kinder in den Zuständigkeitsbereich der Frauen fallen und die Beschäftigung mit ihnen als unmännlich gilt.

Ehe: Das Paar wird verheiratet als Herr Levent 14 und Frau Levent 11 Jahre alt ist. Keiner der beiden Ehepartner hat Einfluss auf die Entscheidung der Eltern. Sie leben im Haushalt des Vaters von Herr Levent. Über das Verhältnis der Eheleute in der Türkei finden sich im Interview keine Aussagen. Dies erklärt sich daraus, dass der Vater eine bedeutend dominantere Figur im Lebens Herrn Levents ist als seine Frau. Seine Entscheidungen sind es, die respektiert und befolgt werden.

Kinder: In der Ehe werden fünf Kinder geboren, ein Sohn und vier Töchter. Als Herr Levent nach Deutschland migriert, sind zwei Töchter bereits verheiratet. Er trifft eine klare Unterscheidung bezüglich der Erziehung seiner Töchter und seines Sohnes. Die Töchter besuchten drei, maximal fünf Jahre die Schule, der Sohn sollte in Deutschland studieren, oder zumindest eine Lehre machen. Beides lehnt dieser jedoch ab. Wichtigstes Ziel war es für Herrn Levent seine Kinder zu verheiraten. Es wird deutlich, dass es ihm ein großes Anliegen war, gerade auch die Töchter zu verheiraten, bevor er migrierte („wir haben uns davon befreit"). Die Ehepartner seiner Kinder suchte er selbst aus, im Fall des Sohnes verweist ihn seine Tochter an eine geeignete Schwiegertochter.

Räumliches Umfeld: Das Umfeld, das Herr Levent aus seiner Jugend und aus der frühen Zeit seines Erwachsenenalters schildert, ist ein traditionell geprägtes ländliches Milieu, dessen Gesellschaft stark hierarchisierte Züge aufweist. An der Spitze der Hierarchie stehen ältere Männer, denen bedingungsloser Gehorsam zu schulden ist. Herr Levent wächst in diesem Umfeld auf, dem er auch im Nachhinein unkritisch gegenüber steht:

„Es gab Gehorsamkeit, man wurde respektiert. In den Dörfern gab es diesen Respekt. Du kennst ja die Dörfer, da gab es viel Respekt voreinander. Vor den Älteren haben wir viel Respekt. Wir haben die Älteren viel respektiert. Wenn jemand was machen wollte, halfen wir ihm sofort. Also auch wenn wir nicht hingegangen sind, schickten uns unsere Älteren hin. Aber leider würden die Jugendlichen heute das nicht machen. Das geht nicht mehr. Das klappt nicht mehr. [leise] das wird immer weniger."

Herr Levent bedauert, dass es die Gesellschaft seiner Jugend mit ihren Regeln und klaren Geboten nicht mehr gibt.

Lebenserfahrung in Deutschland
Ursprungsfamilie: Obwohl Herr Levent gegen den Willen seines Vaters migriert ist, scheint es nicht zu einem dauerhaften Zerwürfnis gekommen zu sein. Sein Vater verlangt von ihm Geld für Investitionen, was Herr Levent ihm auch gibt. Zum Konflikt mit dem Vater kommt es, als Herr Levent bemerkt, dass sein Vater nun seinerseits dieses Geld gegen hohe Zinsen verleiht, was er als gläubiger Muslim nicht akzeptieren kann und die Summe von seinem Vater zurückfordert.

Nach dem Tod des Vaters löst sich der Großhaushalt, bestehend aus dem Vater und den beiden jüngeren Brüdern sowie deren Frauen und Kinder, auf. Die Brüder haben wirtschaftlich keine Erfolge, und Herr Levent unterstützt sie zunächst finanziell. Das Verhältnis der Brüder kühlt ab, als Herr Levent klarstellt, dass er nicht jedes Jahr alle finanziellen Verluste der Geschwister auffangen kann. Herr Levent kümmert sich auch um das finanzielle Wohlergehen seiner Mutter, die hochbetagt stirbt. Der Zusammenhalt der Großfamilie ist jedoch zerbröckelt.

Ehe: Frau Levent spielt in den Erzählungen Herrn Levents lediglich als kranker Mensch eine Rolle. Hier erzählt er ausführlich über ihre vielen Krankheiten, die Behandlungsmethoden, die unterschiedlichen Krankenhäuser, die Pflegeerwartungen etc. Die Krankheit erscheint ihm ungerecht, da seine Frau viel für die Familie getan habe:

„Mir gehts gut. Mir geht es wirklich gut. Mir hat die Krankheit meiner Frau zu schaffen gemacht. Ich mache mir viel Gedanken darüber. Wenn du fragst warum: Sie hat viel getan. Sie hat für uns sehr viel getan. Sie hat sehr viel getan. Die Arbeit, die sie gemacht hat, kann ich bei den anderen nicht sehen. Ich bestreite es nicht."

Im Interview lassen sich ansonsten keine Textstellen finden, die ausführlicher auf das Miteinander, mögliche Entscheidungsfindungen oder die Organisation des gemeinsamen Lebens schließen würden. Herr Levent sieht sich als derjenige, der die Familie finanziert hat und der aufgrund der anstrengenden Arbeit ein schweres Leben hatte. Seine Frau hat nie außerhäuslich gearbeitet. Seine Welt ist getrennt in den außerhäuslichen Arbeitsbereich, den der Mann übernimmt und die häuslichen Tätigkeiten, für die Frauen zuständig sind.

Kinder: Über die in der Türkei verheirateten Töchter, die bereits vor seiner Migration verheiratet bzw. verlobt waren, trifft Herr Levent keine Aussagen. Ausführlicher äußert er sich über seinen einzigen Sohn, dem er zwar einerseits ein respektloses Verhalten attestiert, gleichzeitig jedoch einsieht, dass sich die Zeiten generell und auch in der Türkei geändert haben:

„Die jetzige Generation, die haben überhaupt keinen Respekt vor den Älteren. Sie werden es auch nicht machen können. In der Tat. Ich konnte bei meinem Vater, ich konnte meine Kinder nicht dahin bringen. Die habe ich nicht auf meinen Schoß genommen, bei meinem Vater. Unsere Gebräuche und Sitten sind so. Das ist wirklich so. Aber leider nimmt mein Sohn sein Kind auf seinen Schoß, wenn ich dabei bin. Er soll es machen, er ist mein Kind aber... Die machen es nicht, was wir machten. Vielleicht ist es mit der Sache hier. Es verändert sich immer. Ich weiß es aber nicht so genau."[130]

Diese Feststellung trifft er auch an anderer Stelle, wobei er sich auch in diesen Fällen mit Kritik zurückhält. Er stellt lediglich fest, dass sich die Zeiten geändert haben, wünscht diese aber nicht wieder herbei und kritisiert seinen Sohn nur sehr verhalten.

„Wir saßen unten. Wenn ein Älterer etwas haben wollte, standen wir sofort auf. Mein Sohn wird mir doch kein Wasser bringen. Wenn ich ihm sage: ‚Bring mir doch ein bisschen Brot', wird er, [er hätte fast sagen wollen; er wird es nicht tun. Dann entscheidet er sich mitten im Satz anders., Anm. Int2] er wird es zwar tun aber, nicht so gerne. Wir hatten den Respekt. Also wirklich, ne. Das ist in der Tat so."

Herr Levent stellt zwischen sich und seinen Kindern einen erheblichen Unterschied im Umgang mit der väterlichen Autorität dar und bedauert diese Entwicklung.

---

130 Herr Levent beschreibt ein Verhalten gegenüber den Kindern, das Sümer 1969 für die Region um Sivas untersucht hatte. Er hatte dabei festgestellt, dass zum einen die Schwiegertochter erst dann ein Recht hatte mit den Schwiegereltern zu sprechen, wenn sie das erste Kind geboren hat, zum anderen wies er darauf hin, dass es den Eltern bei Anwesenheit der Großeltern verboten war, liebevoll mit ihren Kindern umzugehen (Sümer zit.n. Fişek, 1982: 298). Herr Levent beschreibt hier diese lokale Besonderheit und erkennt gleichzeitig den gossen Wandel im Verhalten von seiner zur Generation seines eigenes Sohnes.

Räumliches Umfeld: Herr Levent hat keinen Kontakt zu Deutschen, auch wenn er berichtet, mit seinen Kollegen immer ein sehr gutes Verhältnis gehabt zu haben. Auch türkische Familien besucht er nur in Ausnahmefällen. Sein Umfeld stellt die Moschee dar, sowie die Beschäftigung mit dem Koran. Der Koran ist ihm Lebensanleitung, Trost und Beschäftigung. Auf Grundlage des Korans vermag er sich auch traditionellen Autoritäten, wie dem Vater, zu widersetzen, indem er sich einer noch höheren Autorität, Gott, unterordnet.

Begründung der Typ-Zuschreibung
Herr Levent ist in der Türkei dem Modell der „interdependence" zuzuordnen. Es gibt einen hohen Grad an verwandtschaftlicher Bindung – die Mitglieder eines Haushaltes sind die Mitglieder einer Familie, die gemeinsam produziert. Die individuelle Ausbildung der Kinder steht hinter den Bedürfnissen des Kollektivs Familie zurück. Die Loyalität gilt dem Kollektiv. Unterschiedlichen Kollektiven (Familie, Türken, Arbeitsmigranten) bleibt Herr Levent auch in Deutschland verhaftet. Sie sind es, mit denen er sich identifiziert. Zahlreiche Faktoren deuten darauf hin, dass Herr Levent auch in Deutschland dem Modell der „interdependence" verhaftet bleibt: So hat die individuelle Bildung der Kinder keinen großen Stellenwert; die Ehepartner der Kinder werden im verwandtschaftlichen Umfeld gefunden; die Tätigkeiten der Ehefrau bleiben auf das Haus beschränkt. Allerdings gibt es auch Hinweise darauf, die belegen, dass sich Herr Levent gezwungenermaßen, um es nicht zum Bruch mit seinem Sohn kommen zu lassen, dem Modell der „emotional interdependence" angenähert hat. Herr Levent hat erkannt, dass die Werte und Normen aus seiner Kinder- und Jugendzeit in Deutschland und bei seinen Kindern nicht mehr die Bedeutung haben, die diese noch für ihn hatten. Was ihn jedoch nicht zu einer eigenen Umorientierung bringt. Die Umstände erlauben es ihm nicht, das zu leben, was er gerne leben möchte. Die Familie als Versorgungseinheit spielt keine Rolle mehr. Jeder arbeitet für den eigenen Profit:

„Mein Sohn arbeitet also seit drei, vier Jahren. Ich habe weder nach seinem Verdienst gefragt… Das ist wirklich so. Noch habe ich gefragt; wofür gibst du das Geld aus, mein Sohn. So also. Ich sage so was nicht. Meine Kinder sollen für sich und für ihre Kinder selber sorgen, was in deren Macht steht. Nicht wahr. „

Trotzdem lebt die Familie weiterhin zusammen. Herr Levent führt das Modell der „interdependence" seiner Kindheit auch in Deutschland fort, macht jedoch kleine Abstriche.

Der Typ des kontinuierlichen Modells der „interdependence"

Die Ursprungsfamilie

Die Vertreter des Modells der „interdependence" kommen aus dem ländlich strukturierten Raum, dem teilweise elementare Anbindungen an Infrastrukturen fehlen. Die Familie sieht sich als Produktionseinheit und lebt vor allem von der Landwirtschaft. Als Kinder wurden die Männer schon früh (zwischen dem siebten und dem 12. Lebensjahr) in die bäuerliche Arbeitswelt miteinbezogen und tragen mit ihrer Arbeit zum Unterhalt der Familie bei. Bildung und Ausbildung stehen nicht im Mittelpunkt ihrer Jugend. Falls ein Schulbesuch überhaupt stattfindet, endet er spätestens nach fünf Jahren. Die harte körperliche Arbeit setzt früh ein und die Fähigkeit, schwere Arbeiten übernehmen zu können, bleibt bei allen Männern Zeit ihres Leben ein wichtiges Kriterium für die Selbstdefinition und die Anerkennung durch das Umfeld. Ob eine Binnenmigration durchlaufen wurde oder nicht, ist kein Kriterium für die Zuordnung zu diesem Typ. Auch über große Entfernungen hinweg behält der Vater einen entscheidenden Einfluss auf das Leben seines Sohnes. Bei allen Männern dieses Typs sind die Eltern der Befragten gestorben, als die Interviewpartner bereits verheiratet waren und Kinder hatten, oder sie lebten noch zum Zeitpunkt des Interviews. In einem Fall war die Mutter (eine von zwei Frauen des Vaters) früh gestorben, doch blieb der Familienverband erhalten. Gehört die Herkunftsfamilie der Befragten dem Modell der „interdependence" an und lebt der Vater lange genug, um Kindheit, Jugend und frühes Erwachsenenalter seines Sohnes beeinflussen zu können, bleibt auch der Sohn dem Modell der „interdependence" verhaftet.

Die Familienstruktur der Herkunftsfamilie ist durch einen dominanten Vater geprägt, der auch im Erwachsenenalter der Söhne nie seinen Einfluss verlieren wird. Die Entscheidungen des Vaters werden akzeptiert und gelten den Söhnen als Richtschnur für ihr eigenes Verhalten. Das Verhältnis zwischen Eltern und Söhnen beruht auf einem ausbalancierten System des Gebens und Nehmens. Die Eltern investieren in ihre Kinder, ziehen sie auf, sorgen für Nahrung und Kleidung und erwarten dafür von diesen im Alter Hilfe und Unterstützung. Das System wird zusätzlich durch die im Umfeld verankerte Überzeugung gestützt, alle Eltern wollten nur das Beste für ihre Kinder, so dass die Kinder, auch wenn sie zunächst mit den Entscheidungen der Eltern nicht einverstanden sind, unter dem Einfluss des Umfeldes gezwungen werden, diese Entscheidungen dennoch zu akzeptieren. Als Verhandlungspartner werden die Kinder nicht ernst genommen. Die Eltern nehmen die Kinder nicht als eigenständige Individuen wahr, sondern sehen in dem Kind den unvollständigen Menschen, der durch ihren Einfluss gelenkt und geleitet werden muss. Das Verhältnis zwischen Kindern und Eltern ist geprägt durch den Wert des „Respekts". Er bedeutet die widerspruchslose Akzeptanz der väterlichen und generell männlichen, alters-

und statusbedingten Autorität. Religion kann, muss aber nicht notwendigerweise, eine Rolle spielen. Bei drei der hier vorgestellten sechs Männer spielt die Religion als zusätzliche Autoritätsebene neben dem eigenen Vater eine große Rolle. Die Religion ist es auch, die in diesen Fällen den Männern die Kraft gibt, sich gegen ihre Väter zu stellen, wenn diese etwas verlangen, was der Religion entgegensteht. Die Autorität des Vaters kann nur durch die Autorität Gottes in Frage gestellt werden.

Ehe

In diesem Typ suchen die Eltern die Ehepartner für ihre Söhne aus, ohne dass die Ehe auf Basis zwischenmenschlicher Gefühle geschlossen würde. Mit der Frau des Sohnes kommt eine neue Arbeitskraft in die bäuerliche Produktionseinheit. Auffällig ist das niedrige Heiratsalter der Söhne in den Fällen, wo die Verheiratung auf Veranlassung der Eltern erfolgte:

Tabelle 16: Alter der Ehepartner im Modell der „interdependence" zum Zeitpunkt des Zustandekommens der Ehe

Name	Alter des Mannes	Alter der Frau	Zustandekommen der Ehe
Herr Tufan	18	9 erste Ehe	Druck der Eltern
	25	15 zweite Ehe	Vorschlag und Zusage [131]
Herr Hacıoğlu	17	12	Druck der Eltern
Herr Olgun	17	13	Druck der Eltern
Herr Levent	14	11	Druck der Eltern
Herr Nazim	23	23	Eigene Wahl
Herr Inan	19	19	Eigene Wahl

Die Eheschließung ist der einzige Bereich, in dem sich die befragten Männer dieses Modells dem Willen der Eltern widersetzen. Heiraten die Söhne eine Frau ihrer Wahl, liegt das Heiratsalter auch bedeutend höher. Herr Nazim und seine Frau sind beide 23 Jahre, Herr und Frau Inan sind 19 Jahre alt, als sie gegen den Willen der Eltern heiraten. Die „Entführung der Braut" mit deren Einverständnis ist zwar von den Eltern nicht erwünscht, doch stellte sie in der ländlichen Türkei ein durchaus le-

---

[131] Unter „Vorschlag und Zusage" verstehe ich in den folgenden Tabellen, dass der Vater dem Sohn mehrere Frauen vorgeschlagen hat, und der Sohn sich dann für eine Frau entschieden hat.

gitimes Mittel dar, den/die Ehepartner/in zu ehelichen, die man selbst sich ausgesucht hat. So führt dann auch diese eigenmächtige Entscheidung der Söhne nicht zum Bruch mit den Eltern.

Das generell feststellbare frühe Heiratsalter und die von den individuellen Wünschen und Gefühlen unabhängige Gattenwahl durch die Eltern erweist sich von hohem Einfluss auf das Verhältnis zwischen den Ehepartnern. Die Ehe stellt eine Zweckgemeinschaft dar und basiert nicht auf einer individuell getroffenen Wahl. Sie ist der Ort, an dem Kinder aufgezogen werden. Entscheidungen werden eher im Einverständnis mit dem Vater getroffen als mit der Ehefrau. Dies ist in den Interviews dieses Typs durchgängig spürbar: Die Ehefrau taucht, falls überhaupt, nur in ihrer Funktion als Mutter auf, nicht jedoch als die Lebenspartnerin, mit der man gemeinsam wichtige Dinge des Lebens aushandelt und beschließt.

Kinder

Alle Männer diesen Typs haben zwischen vier und sechs Kinder. Wie in der eigenen Jugend, spielt auch bei den Kindern deren Ausbildung keine zwingende Rolle. Der Wunsch, dass die eigenen Kinder es einmal besser haben sollen als man selbst, wird hier nicht thematisiert. Die meisten der Kinder haben lediglich die Grundschule besucht. In den Fällen, in denen (ausschließlich) die Söhne eine weiterführende Ausbildung absolviert haben, wird die Bildung als Entfremdung zwischen sich und den Kindern wahrgenommen und negativ bewertet. Die Schulbildung oder das Erlernen eines Berufes kann nur dann als erfolgreich angesehen werden, wenn die Kinder trotzdem noch die Autorität des Vaters anerkennen. Dazu sind die Kinder jedoch zum Teil nicht mehr bereit. In allen Interviews mit den Männern dieses Typs kommt es mit der Generation der eigenen Kinder zum Bruch mit den eigenen Werten und Normen. Dies gilt in allen Fällen und ist nicht nur auf die Kinder beschränkt, die eine Ausbildung durchlaufen haben. Die Väter müssen sich alle mit den Ansichten ihrer Kinder, die sich teilweise erheblich von der eigenen Meinung unterscheiden, auseinandersetzen. Die Männer reagieren jedoch nicht mit der gleichen Härte, mit der noch ihre Väter Regelverletzungen sanktioniert hätten, sondern nehmen das „respektlose" Verhalten der Kinder in Kauf, um es nicht zum Bruch kommen zu lassen. Verantwortlich für diesen Wandel machen sie die deutsche Gesellschaft mit ihrem differenten Erziehungssystem.

Von den Kindern erwarten die Männer eine Versorgung im Alter und damit die Fortführung und Einlösung des Generationenvertrages. Auch in diesem Zusammenhang wird deutlich, dass sich die Männer durchaus bewusst sind, dass ihre Kinder diese Leistung eventuell nicht erbringen werden.

Die Hauptaufgaben als Vater sehen alle Männer in der passenden Verheiratung ihrer Kinder. Mit der Heirat ist ihre zentrale Aufgabe als Vater in letzter Konsequenz erfüllt. Für anderslautende Lebenspläne der Kinder bringen die Väter kein Verständnis auf.

Die Männer dieses Typs haben das Modell ihrer Jugend übernommen und versuchen dies auch mit ihren Kindern zu leben. Schon in ihrer Kinder- und Jugendzeit wurden diese Werte und Normen verinnerlicht, und eine kritische Auseinandersetzung damit hat nicht stattgefunden. Selbst schmerzhafte Erfahrungen (beispielsweise eine ungewollte Ehe) führten nicht zu einer Revision oder Ablehnung der väterlichen Autorität. Für die befragten Männer überwiegt der Nutzen, wie z.B. die erwartete Versorgung im Alter oder das respektvolle Verhalten Jüngerer, ist man selbst erst einmal älter geworden. Die „Früchte" des Modells der „interdependence" sind zudem nur im Alter „einzufahren", wenn man selbst zu einer Respektperson geworden ist. Eine Kritik an diesem Modell oder seine Ablehnung käme einem Verzicht gleich und rechtfertigte nicht mehr all die Anstrengungen, die man in jungen Jahren unternommen hat. Die Männer führen das Modell kontinuierlich weiter, auch wenn sie Brüche bei der nächsten Generation sehen.

Herr Polat[132] – Prototyp des kontinuierlichen Modells der „independence" (Der Rebell)

Interviewsituation

Das Interview fand in den Räumlichkeiten eines alevitischen Kulturvereins statt. Herr Polat war hochmotiviert an dem Interview teilzunehmen, da er uns behilflich sein wollte, mit seiner Hilfe „Wissen" zu erlangen. Er hatte sich auf das Interview vorbereitet, indem er Zeitungsartikel, Briefe etc., die er geschrieben hatte oder die über ihn veröffentlicht worden waren, mit sich führte.

Außerhalb des Interviewraumes fand eine Veranstaltung statt, so dass öfter Leute den Interviewraum betraten, um das eine oder andere reinzubringen, bzw. rauszutragen. Diese Störungen waren jedoch nur von kurzer Dauer und beeinträchtigen das Interview nicht.

Interviewverlauf

Herr Polat erzählte gerne und ausführlich und brauchte dazu keine Redeimpulse. Es erwies sich jedoch als schwierig, ihn von Themen allgemeinen Interesses (Politik, Religion, Kultur etc) hin zu mehr persönlichen Bereichen zu lenken. In längeren

---

132 Zur Kurzbiographie Herrn Polats vgl. Kapitel 5, S. 205ff.

Passagen las er Briefe oder Gedichte vor oder zitierte diese aus dem Gedächtnis. Das Interview dauerte zweieinhalb Stunden.

Erzählstil und wiederkehrende Themen
Herr Polat erzählte mit Freude und Engagement. Die Interviewsprache war Türkisch. Allerdings verstand er unter einem Interview in erster Linie von den Menschen zu erzählen, die für ihn und seine Entwicklung wichtig waren. Das waren Philosophen, Politiker, Dichter und religiöse Wegweiser, deren Werke er aus dem Stand und über lange Passagen hinweg rezitierte. Ich hatte dadurch den Eindruck, dass dem privaten Bereich lange nicht der gleiche Stellenwert in der Erzählung zukäme. Dies bewirkte bei mir eine steigende Nervosität, da ich die Stunden schwinden sah, ohne die Informationen zu bekommen, die ich für die Studie für wichtig hielt. Ich griff jedoch nicht in das Interview ein, das Erdinc führte. Erdinc hatte meine Nervosität wohl bemerkt und sagte mir später, er hätte es unhöflich gefunden, den älteren Mann zu unterbrechen. Ich als Deutsche hätte das jedoch tun können. Für ähnliche Fälle verabredeten wir zukünftig Zeichen, wenn ich das Gefühl hätte, ein Interview behandele nicht die relevanten Themen. Bei Durchsicht der verschriftlichten Version stellte sich jedoch heraus, dass meine Befürchtungen unbegründet waren. Das Interview enthält reichhaltige Informationen über das Privatleben Herrn Polats.

Zentrale Themen in der Erzählung
Die Bildung ist der Bereich, über den Herr Polat in unterschiedlichster Form spricht. Bildung ist für ihn der Schlüssel zu einem selbstbestimmten Leben und der Maßstab, mit dem er Menschen misst und selbst gemessen werden möchte. In der intellektuellen Auseinandersetzung mit Geistesgrößen der Vergangenheit und Gegenwart schärft Herr Polat seinen Verstand, und teilt uns gleichzeitig sein eigenes Wissen mit. Ein weiterer Punkt, der immer wieder auftaucht, ist der Schutz der Natur und das Leben der Menschen im Einklang mit der Natur.

Lebenserfahrung in der Türkei

Eigene Kindheit und Ursprungsfamilie
Herr Polat hält sich mit Informationen über seine Ursprungsfamilie sehr zurück. Der Vater stirbt als er drei Jahre alt ist, die Mutter heiratet wieder. Aus dieser Verbindung hat Herr Polat vier Stiefgeschwister, die jedoch im gesamten Interview keine Rolle spielen. Auch die Mutter findet keine Erwähnung. Herr Polat konstruiert eine direkte Linie zwischen sich und seinem Großvater und überspringt dabei den Vater. Den Großvater beschreibt er als Freiheitskämpfer unter Atatürk, der die Aleviten siegreich im Kampf geführt habe. Mit dem Großvater verbindet ihn nicht nur der gleiche Vorname sondern auch der unabhängige Geist, den er immer wieder betont.

„Mein Name ist Polat. Der Name meines Opas ist... Letztes Jahr kam er in einem Buch vor. Eh mein Opa, als Mustafa Kemal zur Dings kam, zur Konferenz in X-Stadt, schickte er meinen Opa zum Dings, in den Krieg nach Erzurum. Damit hat er also die Aleviten organisiert. Der Hacı Bektaş Anhänger, Mehmet Efendi[133] kam zum Dings, kam zum Dorf, zu Polat Aga [zum Großvater]. Er zieht über X-Stadt in den Krieg, weil er [Großvater] zu einer bestimmten [angesehenen, Anm. Int2] Familie gehört. INT2: Hm. HERR POLAT: Nicht wahr, das ist der Name meines Opas. Sie haben mich nach ihm genannt. Ich bin der Enkel von Polat Aga. Deswegen mein Opa... Er ist hingegangen, aber er kam nicht wieder zurück. [...] Als ich drei Jahre alt war, starb mein Vater. Wir zogen in ein anderes Dorf. Wir sind in diesem Dorf groß geworden. Ich bin nie Schüler gewesen. Aus den alten Zeitungen, die als Einlage bei den Mützen benutzt werden, habe ich die Buchstaben gelernt. Es gab weder eine Schule noch einen Lehrer. Der Mann, der auf mich aufgepasst hatte, war Analphabet. Von den Nachbarn, von den Bekannten... Der Mann, der auf mich aufgepasst hatte, war Dorfvorsteher. Von den Gendarmen habe ich ein bisschen gelernt. Ich habe von denen ein Papier gekriegt. Die haben mir auch ein bisschen was beigebracht. So habe ich ein bisschen Lesen und Schreiben gelernt."

In den ersten Minuten des Interviews legt Herr Polat die wesentlichen Dinge in seinem Leben offen. Das ist zum einen die Identifikation mit dem Großvater, einem Befreiungskämpfer, der für seine Überzeugung starb und zum anderen der starke Wunsch, sich Bildung anzueignen. Dieser Wunsch wird ihn sein gesamtes Leben lang begleiten.

Er geht nicht darauf ein, wieso ein Mann auf ihn aufpasste und nicht seine Mutter. Über die Mutter berichtet er nichts. Nur andeutungsweise lässt sich aus seinen Äußerungen entnehmen, dass er mit dem Stiefvater nicht zurecht kam und auch mit seinen Stiefgeschwistern kein herzliches Verhältnis aufgebaut hat. Rückblickend charakterisiert er seine Jugend mit dem Worten: „Ich bin im Kummer großgeworden." Es wird jedoch nicht klar, worin dieser Kummer bestanden hat.

Mit sieben Jahren beginnt Herr Polat mit regelmäßiger Arbeit auf den Feldern. Er sieht sich bereits in seiner Jugend als etwas Besonderes an. Dies wird in der folgenden Passage deutlich, in der er über sich als Kind erzählt:

„Ich war in einem anderen Dorf. Da war ich auch oft mit den Älteren zusammen. Ich habe also nicht mit dem Ball gespielt oder die Musik gemocht. Wenn ich gehört habe, dass ein Geistlicher gekommen ist, war ich sofort da. Problematisch war, dass mich die Älteren immer rausgeschmissen haben. ‚Geh raus. Du bist noch ein Kind.' Die schickten mich immer raus. Aber ich hörte ihnen immer hinter der Tür zu. Ich hatte also Lust dazu. Das hatte ich also. Ich wollte von denen etwas lernen. Was? Sie haben gezeigt, was die Alten gesprochen haben. Es wurde erzählt, was sie denken. Ich wollte unter denen sein."

---

[133] Wahrscheinlich einer von den damaligen alevitischen Befreiungskämpfern im Befreiungskrieg.

Herr Polat berichtet in dieser Passage so über sein Leben, dass deutlich wird, dass er sich bereits in seiner Kindheit und Jugend von all den anderen seines Alters unterschieden hat. Dazu konstruiert er den unbekannten Großvater zu seinem Helden und definiert sich nicht als Sohn seines Vaters, sondern als Enkel seines Großvaters. Und er versucht aus eigener Kraft, Lesen und Schreiben zu lernen, was ihm von zu Hause aus verwehrt war.

Ehe

Im gesamten Interview gibt es nur eine Passage, in der Herrn Polat gegen seinen Willen etwas aufgezwungen wurde: Es handelt sich um seine erste Eheschließung im Alter von 15 Jahren. Um zwischen zwei verfeindeten Familien Frieden zu stiften, der Stiefvater Herrn Polats war von Mitgliedern der Familie der Braut zusammengeschlagen worden, wurden die Kinder verheiratet. Nach Aussagen Herrn Polats war die Ehe bereits nach 20 Tagen unglücklich. Mit dieser Frau hat er jedoch sechs Kinder, drei Jungen und drei Mädchen. Das Verhältnis zur ersten Frau spielt in der Erzählung kaum eine Rolle. Immer wieder versucht er, diese Ehe zu beenden, was die Verwandten und Nachbarn jedoch nicht zulassen. Auch die außereheliche Affaire mit der Frau eines Soldaten bringt nicht die erwünschte Trennung:

„Ich war auch ein bisschen Dings. Weil ich durch die Entscheidung der Nachbarschaft... Ich habe auch die Frau eines Soldaten entführt. Sie war verheiratet, deswegen schickten sie mich ins Gefängnis. Weil sie mich erschießen konnten, kam ich nach X-Stadt und wohnte da zwei Jahre. Als ich zum Militärdienst musste, kam ich zurück. Die Älteren kamen an und brachten die alte Frau [Herr Polats erste Frau, Anm. Int1] wieder zu mir. INT2: Die neue Frau? HERR POLAT: Die haben sie mir weggenommen. Sie war verheiratet. Sie haben sie mir weggenommen. Nur zwei Tage blieb ich mit ihr. Ich blieb nur zwei Tage mit ihr. Mein Leben ist sehr abenteuerlich. INT2: Allerdings. HERR POLAT: Wenn ein Baum das hätte erleben müssen, was ich erlebt habe, wäre er bestimmt eingegangen. [Int2 und Herr Polat lachen] INT2: Dann hoffen wir, dass Sie genug Zeit haben. Dieses Interview wird uns wohl sehr nützlich sein. HERR POLAT: Es ist sehr abenteuerlich. Man kann darüber ein Buch schreiben."

In dieser Passage wird deutlich, dass Herr Polat sein Leben als sein individuelles Erleben ansieht, das er frei gestaltet. Er rechnet sich keinen Kollektiven zu, sondern sieht sein Leben als sein ganz persönliches Abenteuer, das wert ist, erzählt zu werden. An anderer Stelle bezeichnet er sein Leben als „Roman".

Die Erzählungen aus seiner ersten Ehe kreisen alle um die Versuche, sich aus dieser ungewollten Beziehung zu befreien. Herr Polat hat unter dem Druck des nachbarschaftlichen und familiären Umfelds jedoch nicht den Mut, sich scheiden zu lassen. Statt dessen versucht er so oft wie möglich räumliche Distanz zwischen sich und seine Frau zu bringen. So hält er sich in den Wintermonaten bei seinem Kirve[134] im Süden der Türkei auf. Als auch dies nichts nützt, entschließt er sich zur Migration nach Deutschland.

„INT2: Warum haben Sie sich entschieden nach Deutschland zu kommen? HERR POLAT: Ich sagte mir, ich fahr mal hin und werde ein bisschen reicher. Und auch um mich von der anderen Frau befreien zu können. Wir mochten uns nicht mehr. Das hat auch damit zutun. Es lief nicht mehr mit uns. Die Nachbarschaft ließ es auch nicht zu [dass wir uns scheiden lassen, Anm. Int2]. Ich habe das Dorf verlassen, es hat aber trotzdem nicht geklappt. Ich fuhr sogar nach X-Stadt, aber es klappte dennoch nicht. Zwei Jahre, drei Jahre fuhr ich hintereinander im Winter nach X-Stadt. Bei uns ist der Kirve sehr wichtig."

In all diesen Passagen über seine erste Ehe erzählt Herr Polat aus einer sehr egozentrierten Perspektive. Über die Gefühle seiner Frau, die zu diesem Zeitpunkt bereits sechs Kinder mit ihm hat, ihre Gedanken zu einer möglichen Scheidung, berichtet er nichts. Die Protagonisten sind Herr Polat und die Nachbarschaft, nicht jedoch Herr Polat und seine Frau. Eine Interaktion des Paares Polat wird nicht thematisiert.

Drei Jahre nach seiner Migration nach Deutschland lässt sich Herr Polat von seiner ersten Frau scheiden. Er sorgt weiter finanziell für sie und die gemeinsamen Kinder, hat jedoch auch aus der räumlichen Entfernung heraus kein positives Wort für die Frau übrig. Im Gegenteil wirft er ihr vor, die Kinder gegen ihn aufzuwiegeln.

In seiner zweiten Ehe, die er in Deutschland schließt, wird sich das Verhältnis zwischen den Ehepaaren anders gestalten.

Kinder

Herr Polat hat insgesamt sieben Kinder. Sechs Kinder, drei Jungen und drei Mädchen, aus der ersten Ehe und eine Tochter aus der zweiten Ehe. Im Interview ist es auffällig, wie wenig Platz das Leben seiner Kinder gegenüber den Erzählungen seines eigenen Lebens einnehmen. Auffallend ist, dass er im Interview die Namen von drei Kindern überhaupt nicht erwähnt. Es handelt sich hierbei um die beiden älteren Töchter, die bereits verheiratet sind, und den Namen des jüngsten Sohnes, der noch mit seiner ersten Frau zusammenwohnt. Die beiden älteren Töchter kritisiert er, weil sie die Position der Mutter übernehmen und sich gegen ihn stellen. „Die Töchter, die verheiratet sind, haben so was[135]. Sie sind, sie sind so… Sie ergreifen manchmal Partei [für ihre Mutter, Anm. Int2]. Sie haben auch von nichts eine Ahnung. Aber die Anderen sind gut, die, die studiert haben oder in die Schule gegangen sind." An

---

134 Ein religiöser Wegweiser.
135 Die Frage hatte gelautet, ob die Kinder Verhaltensweisen hätten, die ihn störten.

dieser Stelle wird noch ein weiterer Punkt deutlich, weswegen er diese Kinder nicht ernst nimmt: Sie haben keine Ausbildung und haben nicht studiert. Die übrigen vier Kinder, die er im Laufe des Interviews mit Namen vorstellt, werden sofort mit der Berufsbezeichnung oder dem Studienziel beschrieben. Herr Polat nimmt Menschen erst dann für voll, wenn sie eine Ausbildung durchlaufen haben. Es finden sich im Interview jedoch keine Hinweise darauf, die zeigen, dass es sein Ziel als Vater war, den Kindern eine Ausbildung zu ermöglichen. Eine Reflexion über seine Aufgaben als Vater findet ebenfalls nicht statt. Das Vatersein spielt bei der Selbstdefinition Herrn Polats keine Rolle. Er ist zu sehr Individualist, als dass er in der Förderung anderer als sich selbst eine Erfüllung fände.

Räumliches Umfeld
Das räumliche Umfeld ist während seines Lebens in der Türkei sehr einflussreich. In negativer Hinsicht sind die nicht weiter beschriebenen Verwandten und Nachbarn zu nennen, die ihn in eine ungewollte Ehe gezwungen haben und ihn von einer Scheidung abhalten. Eine bedeutend größere Rolle spielen jedoch positive Einflüsse des Umfeldes: Die Gendarmen, die ihm Lesen und Schreiben beigebracht haben, der Bibliothekar, der ihm die Bibliothek zugänglich macht, die Dichter, Philosophen und religiösen Führer, die, selbst wenn bereits gestorben, für Herrn Polat genauso allgegenwärtig sind, wie amtierende Politiker, mit denen er sich schriftlich auseinandersetzt. Er selbst ist Dorfvorsteher, Gewerkschaftsmitglied, Parteigenosse. Diese Positionen sind ihm sehr wichtig, denn sie geben ihm Anerkennung und Achtung. Diese erwirbt er zum einen durch Bildung, und zum anderen ererbt er die Anerkennung und Achtung als Enkel seines bekannten Großvaters:

„Wie ich sagte; mein Opa ging in den Krieg. Ich bin ein Kind von einem... [...] Bevor ich hierher kam, war ich der Dorfvorsteher. Ich hatte den Stempel in der Tasche [ich hatte die Macht, Anm. Int2]. Ich machte also den Dings. Ich habe mich auch weitergebildet. Wenn einem Menschen etwas gegeben wird. Damit der Mensch also nicht ruiniert wird, weißt du. Das ist wie ein Amt, weißt du. So bildet sich der Mensch weiter. Durch ihre Namen also... Ich gehe irgendwo hin und die fragen da, wessen Enkel ich bin. Dann... sagen sie: ‚Er ist der Enkel von Polat Aga.' Das habe ich früher auch erlebt. Sie nahmen mich sofort auf. Sie interessierten sich für mich, weißt du? Deswegen habe ich Interesse gehabt und habe mich weitergebildet. Ich langweile euch wohl nicht? INT2: Nein."

Fast hat es den Anschein als wollte Herr Polat im ersten Satz die direkte Linie zwischen sich und seinem Großvater ziehen. „Ich bin ein Kind von einem..." Dann stockt er jedoch und wechselt das Thema. Der Großvater ist gegenwärtiger als der Vater, von dem außer dem Todesjahr nichts mitgeteilt wird. Das Leben des Großvaters ist wegweisend für die Herausbildung seiner eigenen Identität und gleichzeitig bereits dann ein Mittel in höhere Bildungskreise Eintritt zu erhalten, bevor die eigene Bildung begonnen hatte. Herr Polat fühlt sich dem Erbe des Großvaters verpflichtet.

In der Türkei setzt er sich als Dorfvorsteher selbstbewusst für die Rechte seines Dorfes ein und zögert nicht Kenan Evren persönlich einen Brief zu schreiben, in dem er kritisiert, dass sein Dorf immer noch keinen Straßenanschluss habe. Stolz berichtet er im Interview, unmittelbar auf seinen Brief hin seien Bagger geschickt worden, die die gewünschte Strasse gebaut hätten. Im Bewusstsein seiner eigenen Bildung hat Herr Polat den Mut, sich Autoritäten zu stellen. Diesen Brief hatte Herr Polat für das Interview mitgebracht und las ihn uns vor. Das Bedürfnis als gebildeter, machtvoller Mensch zu erscheinen, der Dinge bewegen kann, ist bei Herr Polat sehr stark ausgeprägt und stellt einen wesentlichen Teil seiner Identität dar.

Lebenserfahrung in Deutschland

Ursprungsfamilie
Die Ursprungsfamilie, die bereits in den Erzählungen aus der Türkei kaum eine Rolle gespielt hat, taucht auch in Deutschland nicht mehr auf. Mutter und Stiefvater sind beide gestorben. Der Zeitpunkt ihres Todes bleibt auch auf Nachfrage im Dunkeln. Zwei Stiefgeschwister leben in Deutschland, doch besteht kaum Kontakt zu ihnen. Herr Polat hatte sich bereits in der Türkei nicht als Familienmensch definiert, sondern eher als Individuum.

Ehe
In Deutschland heiratet Herr Polat eine wesentlich jüngere Frau, die er an seiner Arbeitsstelle kennenlernt. Im Gegensatz zu seiner ersten Ehe berichtet er von dieser Frau bedeutend mehr Persönliches. Sie hat in Deutschland eine Ausbildung absolviert und hat damit in Herrn Polats Augen eine intellektuelle Qualifikation, die ihm einen gleichberechtigten Umgang möglich macht. Im Alltagsleben scheint sich Herr Polat auf seine Frau und seine Tochter zu verlassen, die für ihn Behördengänge u.ä. übernehmen. Hier hat er nicht den Ehrgeiz, selbst tätig zu werden und gibt zu, er sei zu „faul" richtig Deutsch zu lernen. Das Sprachenlernen scheint nicht seiner Bildungsvorstellung zu entsprechen.

Im Haushalt beschreibt Herr Polat eine Aufgabenteilung. Er gibt an, dass Mann und Frau die Arbeit gleichberechtigt erledigen:

„INT2: Sie sagten eben, dass Sie kochen. Eh, helfen Sie ihrer Frau im Haushalt? HERR POLAT: Ich helfe ihr. Wenn sie z.B. Staub saugt, dann bringe ich den Müll weg. Wenn wir Reis kochen, wäscht sie den Reis, ich brate die Nudeln. Wir helfen uns gegenseitig. Wir tragen dieselbe Verantwortung."

Mit einer Frau, die er als „klug" bezeichnet, kann Herr Polat wohl eher eine Beziehung eingehen als mit seiner ersten Frau, die keine Bildung hat und die seiner Meinung nach die Kinder gegen ihn aufwiegelt. Dennoch ist seine Identität als Ehemann nicht besonders ausgeprägt. Das Miteinander mit der Frau und das gemeinsame Leben spielt im Gegensatz zu der großen Selbstdarstellung kaum eine Rolle.

Kinder
Aus der zweiten Ehe hat Herr Polat eine Tochter. Von ihr redet er zwar mehr als von allen anderen Kindern, aber auch nur im Zusammenhang mit ihrer Schulbildung und ihrer Absicht, auf die Universität zu gehen. Auch hier ist nicht erkennbar, wo er seine Aufgabe als Vater sieht, in welchen Bereichen er Einfluss auf sein Kind nehmen möchte und/oder dies getan hat. Kindererziehung scheint Frauensache zu sein:

„Gülay ist... Gülays Mutter ist auch gebildet. Sie hilft ihr dabei. Die Andere [die erste Frau] hatte die Kinder gegen mich aufgewiegelt. Sie machte also ein bisschen Dings aber... Sie erzieht sie neutral. Nicht nur mit Vater und Mutter, sie erzieht sie über die Welt auch neutral. Ihre Mutter ist klug."

Fast hat man an dieser Stelle den Eindruck, Herr Polat beschreibe als neutraler Beobachter eine Familienkonstellation. Seine Aufgabe als Vater thematisiert er nicht. Von seiner Frau spricht er als der Mutter seiner Tochter Gülay – ohne ihren eigenen Namen zu erwähnen. Die Mutter erzieht das Kind – wohl in seinem Sinne, aber ohne seinen Einfluss. Dies hatte auch bereits die erste Frau getan. Auch dort war er als Vater nicht erkennbar. Er, der die Welt verbessern möchte, hat in der Türkei nicht darauf hingewirkt, dass seine beiden ältesten Töchter eine Ausbildung erhalten. Die mangelnde Bildung dieser Kinder macht er für den gestörten Kontakt verantwortlich. Auch in Deutschland beobachtet er eher die Erziehung seiner Tochter, als selbst in irgendeiner Form einzugreifen. Es finden sich im gesamten Interview keine Hinweise auf eine Interaktion zwischen Vater und Kindern. Auch bei der Eheschließung der in der Türkei verbliebenen Kinder hält er sich bewusst zurück:

„INT2: Haben Sie sie für sie ausgesucht [die zukünftigen Ehepartner/innen der Kinder, Anm. Int2] oder... HERR POLAT: [unterbricht] nein, sie selbst. Ich misch mich nicht ein, weil es bei mir durch die Entscheidung der Nachbarschaft gewesen war. Ich misch mich da gar nicht ein. So was ist völlig verkehrt. Ich werd dieses Leben nicht leben, sie werden es leben. Die, die hier sind oder die da sind... Ich rate es allen Jungen. Die Mutter und der Vater werden irgendwann sterben. Du kaufst doch keine Tomaten vom Kiosk. Als Mensch... Sucht sie euch selbst aus. Ich denke so darüber."

Drei seiner Kinder aus der Türkei leben mittlerweile in Deutschland. Über die Gründe für deren Übersiedlung und den Kontakt mit dem Vater finden sich keine Äußerungen. Die jüngste Tochter aus erster Ehe ist mit einem Deutschen verheiratet. Auch hier finden sich keinerlei Reflexionen oder Bemerkungen.

Herr Polat definiert sich genauso wenig als Vater, wie er sich als Ehemann oder Sohn definiert hat. Er ist auch in Bezug auf seine Kinder zu sehr mit sich selbst und dem persönlichen Vorwärtskommen beschäftigt als dass er die Zeit und Lust hätte, sich mit den Kindern auseinander zusetzen. Seinen ältesten Sohn, der in Deutschland lebt, bezeichnet er als schwierig. Ohne genauer zu sagen, was er damit meint, erklärt er das Verhalten seines Kindes damit, dass dieser als studierter Naturwissenschaftler Dinge eben anders sähe als er, der mehr durchgeistigte Mensch. In diesem Fall wird Bildung, die ansonsten als das verbindende Element zwischen den Menschen gesehen wird, als etwas Trennendes dargestellt, indem Herr Polat einen Unterschied zwischen naturwissenschaftlichem und geisteswissenschaftlichem Wissen konstruiert. Herr Polat ist hier nicht bereit, sich wirklich mit seinem Sohn auseinanderzusetzen. Die Rolle des Vaters beschränkt sich bei all seinen Kindern auf die des Beobachters.

Herr Polat hat sieben Enkelkinder in der Türkei. Gefragt, ob er gerne mit ihnen zusammenleben würde, bejaht er dies mit der Begründung, für sie ein Vorbild sein zu wollen:

„INT2: Wenn Sie also mit Ihren Kindern, mit Ihren Enkelkindern zusammensein könnten. HERR POLAT: Ja. [leise] ja, das möchte ich. [leise] es wäre sehr... Wenn ich mir es zutrauen würde, wäre ich vielleicht ein Vorbild für sie. Also ein Licht. Es ist schwer ein Mensch zu sein. Es ist leicht etwas zu werden aber... Das ist ein Gedicht von Nazim [Hikmet, Anm. Int2]. Es ist leicht ein Staatspräsident zu werden, ein Gouverneur zu werden. Das oder jenes zu werden ist leicht, aber ein Mensch zu sein, ist schwer, sagt er. Das ist sehr schwer."

Hier geht es nicht um das konkrete Projekt des Zusammenlebens, was schon deshalb äußerst schwierig wäre, weil die Enkelkinder die Kinder der Töchter sind, mit denen er kaum Kontakt hat. Diese Enkel spielen auch im gesamten Interview keine Rolle. Herr Polat weiß auch nicht, wie alt die Kinder sind. Er träumt jedoch davon eine Vorbildfunktion für seine Enkelkinder einzunehmen, die er für seine eigenen Kinder nicht thematisiert hatte. Hier schließt sich der Kreis zu seiner eigenen Jugend, in der nicht der Vater, sondern der Großvater sein eigenes Vorbild war.

Räumliches Umfeld
Ähnlich wie in der Türkei führt Herr Polat auch in Deutschland ein reges Leben in unterschiedlichen deutschen und türkischen Vereinen, Parteien, Gewerkschaften, Zirkeln etc. Der Umgang mit bekannten Personen des öffentlichen Lebens ist ihm sehr wichtig, und im Interview wird er nicht müde, all diese Begegnungen minutiös und meist in direkter Rede zu schildern. Aus diesen Begegnungen schöpft er sein Selbstwertgefühl und seine Energie und zeigt uns seine Wichtigkeit. Dieses räumliche Umfeld ist die eigentliche „Familie" Herrn Polats. Hier ist er engagiert, hier setzt

er sich mit den Personen auseinander, hier verwirklicht er seine Vorstellungen des Bildungsbürgers. Im Gegenzug bekommt er Anerkennung, er wird um Ratschläge gebeten, seine Gedanken werden veröffentlicht. Er schreibt in türkischen Tageszeitungen, und es wird über ihn geschrieben. Er wird als Vorbild für die Jugend dargestellt und das ist eine Rolle, die der eigenen Vorstellung seiner Person sehr nahe kommt.

Anerkennung bekommt er auch von seiner Arbeitsstelle, an der er seit seiner Einreise nach Deutschland arbeitet. Diese Arbeit in einer Behörde ist ihm sehr wichtig, kommt er doch tagtäglich mit gebildeten Menschen zusammen und kann sich selbst fortbilden.

Ähnlich wie in der Türkei ist es auch in Deutschland das räumliche Umfeld, durch das sich Herr Polat definiert.

Geglaubte und gelebte Wertvorstellungen

Herr Polat ist fest in der Überzeugung verwurzelt, den Gebildeten und Wissenden gehöre die Welt und nur sie hätten das Recht und die Möglichkeit, die Welt zu verändern. Zu dieser Gruppe möchte Herr Polat gehören, und er tut während des Interviews alles, damit wir davon überzeugt sind. Im Laufe der Jahre hat er sich autodidaktisch ein breites Wissen angeeignet, was sowohl die Türkei als auch Deutschland betrifft. Schon vor seiner Migration nach Deutschland hatte er sich über das Land, seine Geschichte und Philosophen informiert. Dies ist für ihn das Rüstzeug, mit dem er sich in einer Gesellschaft Anerkennung verschafft und sich als Teil der intellektuellen Elite zeigt. Sein Traum ist es, mit dem was er selbst schreibt und produziert die Menschen zum besseren Menschsein zu bewegen. Da er auch selbst in Zeitungen veröffentlicht und von anderen Autoren als Vorbild für die Jugend dargestellt wird, drückt die folgende Passage durchaus auch seine eigenen Ambitionen aus:

„[lacht] Er[136] sagt: ‚Was in den Mund kommt, wird uns nur stören. Was aber aus dem Mund kommt, wird die Millionen stören'. Ich habe eben zu Freunden gesagt: ‚Alevismus ist nicht mehr Dings, also sich selbst schlagen oder so, das ist nicht Alevismus. Lest doch Uğur Mumcu[137], entwickelt euch weiter. Seid nicht mehr so primitiv.' Es ist nicht mehr wie früher, dass man mit Gewalt handelt. Das ist vorbei. Es ist die Zeit des

---

136 Unmittelbar vor diesem Teil hatte Herr Polat von der Begegnung englischer Professoren mit dem türkischen Dichter und Volkssänger Asik Veysel berichtet. Veysel habe, nach Herrn Polat, im Gespräch mit den britischen Gelehrten gesagt, das was man isst (das, was in den Mund kommt) sei egal, vielmehr zähle das, was aus dem Mund herauskomme (die Gedanken und Ideen).
137 Ein ermordeter Journalist.

Schreibens. Du kannst mit Gewalt nur zwei Personen zu etwas zwingen, aber mit Schreiben kannst du Millionen zu etwas bringen. Das Mittel ist doch jetzt das Schreiben. INT2: Schreiben ist also immer noch ein wirksames Mittel. HERR POLAT: Es ist ein noch wirksames. Dadurch macht man alles. Das ist so."

Herr Polat möchte die Welt verändern, ein Vorbild sein. Er denkt jedoch eher in globaler Hinsicht als sich konkret den Bereichen zu widmen, in denen er Einfluss haben könnte, bsp. in der Erziehung seiner Kinder. Auffällig im Interview ist, dass Herr Polat fast ausschließlich die Ideen und Gedanken berühmter Personen rezitiert, zu denen er immer wieder ein ganz persönliches Verhältnis herstellt. Mal ist er mit dem Sohn eines berühmten Dichters befreundet, mal hat er diesen oder jenen Politiker bei einem Fest getroffen, mal wurde er von dieser oder jener wichtigen Person des öffentlichen Lebens um seine Meinung oder um eine anregende Diskussion gebeten. Er zeigt, dass man sich um ihn und um seine Meinung bemüht. Durch die Herstellung eines solchen individuellen Kontaktes zu Personen des öffentlichen Lebens verstärkt er einem/einer Zuhörer/in gegenüber die eigene Wichtigkeit. Es handelt sich hierbei um einen Mechanismus, der auch schon im Verhältnis zu seinem Großvater Anwendung gefunden hatte. Die Verbindung zwischen ihm und dem Großvater, einer bekannten Persönlichkeit des Befreiungskrieges, hatte Herrn Polat, schon bevor er selbst tätig wurde, ein gewisses Maß an Anerkennung und Achtung gesichert. Indem er sich nun als einen Menschen darstellt, der mit Politikern und Dichtern verkehrt, profitiert er wiederum von dem Bonus, den er durch den Umgang mit diesen Personen erhält.

Es würde jedoch der Persönlichkeit Herrn Polats nicht gerecht, ihn lediglich als „Trittbrettfahrer" der Eliten zu sehen. Er hat sich aus eigener Kraft und augenscheinlich ohne familiäre Unterstützung ein beachtliches Wissen angeeignet. Um von den Leuten in der Stadt nicht mehr als „Dorftrottel" bezeichnet zu werden, wendet er sich an einen Bibliothekar, der ihm von nun an Bücher empfiehlt und ihm zum Lesen gibt. Lesen hat für ihn den Stellenwert eines Jungbrunnens

„Die Alterserscheinungen gibt es bei mir, aber ich mach nicht viel Dings. Ich ignoriere sie, weil ich mich gebildet habe. Ich erneuere mich immer. Ich lese jeden Tag etwas Neues. Ich versuche jeden Tag etwas Neues zu lernen. So kann ich mich immer erneuern. Jung zu sein heißt: Sich erneuern. Erneuern... Deswegen fühle ich mich nicht alt. Man ist alt, wenn man irgendwo stecken bleibt. Wenn du dich jeden Tag erneuern kannst, bist du auch jung. Wenn du immer neue Sachen erfahren kannst, bist du jung. Weil du so kreativ bist. Ich liebe die Jugend. Wie Atatürk es auch sagte, ist die Jugend noch dynamischer, noch beweglicher."

Die von ihm thematisierte „Liebe zur Jugend" bleibt jedoch ein Lippenbekenntnis. Es finden sich keine Stellen im Text, aus denen ersichtlich wäre, dass er mit Jugendlichen arbeitet, oder ihnen in einer anderen Funktion als Vorbild nahe tritt. Auch der

Umgang zu seinen Kindern ist eher durch Distanz als durch aktive Auseinandersetzung geprägt.

Schon von Jugend an geht er konsequent seinen individuellen Weg – mit Ausnahme der ersten Hochzeit, wo er mit 15 Jahren wohl noch zu jung ist, um sich gegen das gesamte nachbarschaftliche und familiäre Umfeld zu stellen. Auch in Deutschland verfolgt er seine Ziele mit bemerkenswerter Zielstrebigkeit. Als sein Vertrag ausläuft, hört er von einer neu gegründeten öffentlichen Einrichtung, die Arbeitskräfte suchten:

„1970 kam ich hierher. Ich kam nach X-Stadt. [...] Da habe ich bei der Firma Y gearbeitet. Ich habe ein Jahr bei der Firma Y gearbeitet. Ich kam durch einen Vertrag hierher. Als mein Vertrag ablief... wir wussten, was Arbeitgeber bedeutet. Ich wusste, was Imperialismus, Kapitalismus, Arbeiterklasse bedeutet. Dann sagte ich mir: ‚Ich lass mich am besten beim öffentlichen Dienst einstellen.' Die Türken, uns, die Ausländer, haben sie von den „Bahnhöfen" [dt] gesammelt. Ich kam am „Bahnhof" [dt] in A-Stadt an. Da gab es viele Landsmänner. Ich hörte, dass einer gesagt hat, dass eine neue Einrichtung als Teil des öffentlichen Dienstes geöffnet worden ist. Ich habe es aufgeschrieben und stieg in ein Taxi ein. Ich fuhr direkt zu dieser Einrichtung. Da habe ich den Job gekriegt. Ich habe da diesen Job gekriegt. Also seit 1971 arbeite ich bis heute an der gleichen Stelle. INT2: Sie arbeiten noch? HERR POLAT: Ich arbeite immer noch. INT1: In der selben Stelle? HERR POLAT: In der selben Stelle."

Herr Polat sieht sich selbst als einen vorausschauenden Menschen, der seiner Zeit weit voraus ist. Dies erläutert er am Beispiel eines Waldstückes. Tief beeindruckt von einem Gedicht des Volkssängers Veysel, der den Wald besungen hatte, verbot er in seiner Zeit als Dorfvorsteher den Dorfbewohnern/innen das weitere Abholzen des Waldes:

„Ich ging hin und sah, dass sie ein Gedicht von Asik Veysel geschrieben haben. Über den Wald hat er geschrieben: ‚Sie dir den Schatz des Waldes an/es wird daraus eine Kinderwiege/Sieh dir den Schatz des Waldes an/ es wird daraus gekocht und Speisen gemacht/Sieh dir den Schatz des Waldes an/es werden daraus Schiffe gebaut/und damit werden die Welten entdeckt. Er hat neunzehn Zeilen geschrieben. Mit seiner Saz. Dann kam ich zurück und sperrte den Wald ab. Ich sagte mir: Ich bin mit der Natur zusammen. Meine Töchter sprechen jetzt in Ankara darüber. ‚Wie hat er es denn vor vierzig Jahren gewusst, dass die Natur für den Menschen ist? Wie hat er den Wald abgesperrt?' Ich sagte ja schon, dass ich Dorfvorsteher war. Die Dorfbewohner haben daraus Dings gekocht. Die haben die Bäume abgesägt und Häuser gebaut. Das habe ich denen verboten. Ich ging zu dem Landrat. Er sagte mir: ‚Es ist kein Waldgebiet [Naturschutzgebiet, Anm. Int2], deswegen können wir es nicht absperren. Aber du kannst das. Du kannst sagen, dass niemand die Bäume sägen darf.' Wir sollen die Wälder schützen. Die Jugendlichen von heute sprechen nach fünfzig, vierzig Jahren über mich: ‚Dieser Mann war doch nie in der Schule, aber wie hat er es gewusst, dass das Abholzen der Wälder zu Erdbeben, zu Hochwasserkatastrophen führt?' Sie diskutieren jetzt darüber, wie ich es damals schon gewusst hatte."

Der starke Individualismus, der ein Zeichen von Herrn Polats Charakter ist, führt dazu, dass er auf eigenen Beschluss und aus der Machtposition des Dorfvorstehers heraus, den Dorfwald für die Bewohner/innen sperrt und diesen damit einen wichtigen Teil ihrer Existenzgrundlage nimmt. Diesem Verbot war kein Diskussionsprozess innerhalb der Dorfgemeinschaft vorangegangen, es wurde lediglich durch seine Ergriffenheit über ein Gedicht ausgelöst. Über die damaligen Reaktionen der Bevölkerung sagt er nichts, sondern beschreibt lediglich die heutige Resonanz, wo ihm Bewunderung für die damalige Weitsicht entgegengebracht wird. Auch hier setzt sich Herr Polat in ein sehr gutes Licht und stellt sich als ein Vorbild dar und als jemanden mit großer Weitsicht. Über die Fragwürdigkeit seiner eigenmächtigen Entscheidung reflektiert er nicht. Dazu ist er zu sehr von seiner individuellen Mission überzeugt, zumal er sich auf einen bekannten Dichter beruft, um seine Handlung zu rechtfertigen. In diesem Fall ist für ihn die Meinung der Dorfbewohner/innen nicht mehr relevant.

Herr Polats Menschen- und Gesellschaftsbild ist durch eine Geistes- und Bildungshierarchie geprägt. Der, der über Bildung verfügt, hat die Legitimation, Macht auszuüben – auch ohne das Einverständnis der Menschen, über die diese Macht ausgeübt wird. Er nimmt nur die Menschen als gleichberechtigte Gesprächspartner an, von denen er im Austausch etwas lernt und mit denen er sich gleichberechtigt unterhalten kann, die diese Kriterien erfüllen. Von Menschen, die einen niedrigeren Bildungsstand haben, nimmt er gerne Abstand, auch wenn es sich um seine eigene (erste) Frau oder seine eigenen Kinder handelt. Probleme, die in seinem Leben auftauchen (Schwierigkeiten in der ersten Ehe, Verhältnis zu den Kindern, Abstand zu den Türken in der Türkei und in Deutschland) werden mit unterschiedlichen Bildungsniveaus erklärt. Da er selbst in ausreichendem Maße über Bildung verfügt, sieht er den Fehler immer bei den anderen. An keiner Stelle im Interview stellt er sich selbst in Frage.

Migrationsbewertung

Die Migrationsbewertung fällt positiv aus. Herr Polat berichtet, mehr erreicht zu haben als er sich vorgestellt hatte. Die Bewertung hat ausschließlich finanziellen Charakter. Im Gegensatz zu den meisten der anderen Interviewpartner erwähnt er die berufliche Ausbildung der Kinder nicht. Er führt Häuser, Aktien und Ländereien als positive Effekte der Auswanderung auf. Auch die Frage, ob er wiederkäme, wüsste er alles, was ihm in Deutschland passiert, beantwortet er positiv.
Nicht ganz klar hingegen ist die Frage, ob er nach Erreichen des Rentenalters in die Türkei zurückkehren möchte. Die direkte Frage beantwortet er jedes Mal mit einem klaren Ja. An vielen Stellen im Interview wird jedoch deutlich, dass er sich in der Türkei, die er für rückständig hält, nicht wohlfühlt. Auch die Enkelkinder, für die er

gerne ein Vorbild sein möchte, kommen im Umfeld der Migrationsbewertung oder der Entscheidung zurückzukehren nicht mehr vor. Herr Polat hat sich in Deutschland mittlerweile ein Umfeld aufgebaut, in dem er sich wohlfühlt und von dem er akzeptiert wird.

Zusammenfassung

Herr Polat definiert sich im Laufe des Interviews als Suchender auf dem Weg zu Wissen und Weisheit. Damit hat er in seinen Augen die einzige Legitimation, Macht auszuüben und gleichzeitig die Voraussetzung, eine Vorbildfunktion für die Jugend zu haben. Bildung, reduziert auf humanistische und geisteswissenschaftliche Ideale, ist dabei der Schlüsselbegriff und die Antriebsfeder für sein Leben. Herr Polat definiert sich nicht als ein im Familienverband stehender Mensch. So ist auch seine Verortung als Ehemann und Vater sind trotz seiner sieben Kinder eher rudimentär ausgeprägt. Im Interview äußert er ein bedeutend näheres und wärmeres Verhältnis zu Dichtern, Volkssängern und Philosophen als zu seiner Frau und seinen Kindern. Die eigentliche Familie Herrn Polats ist nicht die biologische, bestehend aus den eigenen Eltern und später den eigenen Kindern, sondern das jeweilige personelle Umfeld, das er sich selbst sucht. Dabei spielt es keine Rolle, ob die „Mitglieder" dieses familiären Umfeldes bereits tot sind, wie sein Großvater oder Pir Sultan, oder ob sie noch leben. Das familiäre Verhältnis zu diesen Menschen wird auch an der Sprache deutlich, die Herr Polat benutzt, wenn er von ihnen erzählt. So spricht er beispielsweise von „Väterchen Veysel" (Volksdichter) oder „Onkel Azis" (Azis Nesin, ein Schriftsteller), wenn er über deren Werke referiert. Damit schafft er eine direkte Verbindung zwischen sich und seiner gewählten Familie, definiert sich selbst als „Familienmitglied".

Begründung der Typ-Zuschreibung

Herr Polat gehört dem kontinuierlichen Modell der „independence" an. Aus den wenigen Äußerungen, die über die Kinder- und Jugendzeit bekannt sind, wird deutlich, dass er in einem Umfeld aufgewachsen ist, das typische Züge des Modells der „interdependence" aufweist: Er wird in einem ländlichen Umfeld groß, besucht keine Schule und arbeitet seit seinem siebten Lebensjahr auf dem Feld. In frühem Alter wird er gegen seinen Willen verheiratet. Trotzdem geht er schon seit frühester Jugend einen sehr individuellen Weg, indem er sich als Autodidakt Lesen und Schreiben beibringt. Damit grenzt er sich von seinem Umfeld ab. Über die Familienstruktur und die in der Familie vermittelten Rollenbilder ist kaum etwas bekannt. Er beruft sich an keiner Stelle im Interview auf etwas, was ihn Vater, Stiefvater oder Mutter gelehrt haben könnten. Statt dessen identifiziert er sich mit dem Freiheitskämpfer, seinem Großvater, der durch sein Leben auch das Vorbild einer sehr individuellen Lebensgeschichte gegeben hat. Durch ihn, und nicht durch seine Mutter oder seinen Vater und Stiefvater, schafft er für sich Kontinuität.

Das Verhältnis zu dem Stiefvater gestaltet sich als sehr schwierig, die Mutter erwähnt er nicht. Schon als Kind und Jugendlicher definiert sich Herr Polat nicht als Mitglied einer Familie, sondern als individuelle Person. Aufgrund des Stiefvaters wird er gegen seinen Wunsch verheiratet, um Frieden zwischen zwei Familien zu schaffen. Dies ist die einzige Stelle im Interview, in der er gegen seinen Willen zu etwas gezwungen wird. Er arrangiert sich jedoch nicht in der ungewollten Ehe, sondern sucht Möglichkeiten, die Frau zu verlassen. Hier entspricht er nicht den Erwartungen, die sein Umfeld an ihn hat, und das Umfeld ist es auch, das sich einer Scheidung widersetzt. Als all seine Versuche, die Frau zu verlassen scheitern (Affaire mit einer verheirateten Frau, Verbringen des Winters alleine im Süden der Türkei), wählt Herr Polat den Weg der Migration, um sich aus der Ehe zu befreien. Seine Freiheit wiederzuerlangen ist ihm wichtiger als die Trauer, die er beim Verlassen des Dorfes empfindet, in dem er eine Machtposition inne hatte.

Herr Polat hat das Bestreben, die Welt nach seinen Vorstellungen zu verändern. Durch seine Mitgliedschaft in zahlreichen Organisationen, Parteien etc. besitzt er als Individuum Macht und übt diese auch aus. Besonders deutlich wird dies in seiner Funktion als Dorfvorsteher, wo er eigenmächtig entscheidet, was das Wohl des Dorfes ist, und den Wald sperren lässt. Das Überzeugtsein von der eigenen Mission führt soweit, dass er Entscheidungen selbstherrlich trifft.

In Deutschland führt er sein unabhängiges Leben konsequent weiter. Er sucht sich selbständig einen Arbeitsplatz, der seinen Bedürfnissen entspricht, lässt sich scheiden und heiratet eine Frau seiner Wahl. Im Laufe seines Lebens hat er sich autodidaktisch vom Analphabeten hin zum Kenner türkischer und deutscher Philosophie, Geschichte und Dichtkunst entwickelt, immer getrieben von dem Drang anerkannt zu werden und in den Besitz von Wissen zu kommen.

Weder seine Frau noch seine Kinder nehmen im Leben Herrn Polats eine zentrale Rolle ein. Sie werden beiläufig erwähnt. Das berufliche Weiterkommen seiner Kinder wünscht er sich zwar, unternimmt jedoch keine Anstrengungen, dass diese dieses Ziel auch erreichen. Ähnlich wie er selbst es ohne Hilfe geschafft hat, erwartet er auch von seinen Kindern, dass sie ihren Weg finden. Die Erziehung seiner Kinder, jenseits von dem Wunsch eine Vorbildfunktion zu haben, überlässt er seiner Frau. Herr Polat hat in die Entwicklung seiner Kinder finanziell investiert, indem der die finanzielle Basis dafür legte, dass sie eine Ausbildung absolvieren können, er erwartet jedoch keine Gegenleistung von den Kindern. Er formuliert sehr eindeutig, dass seine Tochter sich nicht um ihn kümmern wird. Statt dessen hofft er, dass seine Schwiegertochter ihn im Alter versorgen wird: Nicht weil er ihr finanzielle Leistungen hat zukommen lassen, die er nun in Form von Pflege zurückfordert, sondern weil es zwischen ihm und seiner Schwiegertochter ein großes Sympathieverhältnis gibt. Der Generationenvertrag spielt bei Herrn Polat keine Rolle mehr. Individuelle Zuneigung zählen mehr als Blutsbande und daraus möglicherweise resultierenden Verpflichtungen.

Herr Polat führte bereits in der Türkei ein sehr individuelles, teilweise egoistisches Leben. Er ordnete sich keinen Kollektiven zu und gestaltete sein Leben ausschließlich nach seinen Vorstellungen. In der ersten Ehe, die auf Druck zustande kam, spielte individuelle Zuneigung zur Partnerin keine Rolle. In Deutschland heiratet er erneut. Dieses Mal ist die Verbindung von persönlicher Zuneigung und Achtung geprägt. Diese intensivere Gattenbeziehung ist ebenfalls ein Zeichen des Modells der „independence". Die Migration nach Deutschland erlaubt Herrn Polat seine Individualität ohne Rücksicht auf das türkische Umfeld seiner Kindheit leben zu können. Diese starke Individualität, die sich konsequent durch sein ganzes Leben zieht und die er bewusst für sich gewählt hat, erlaubt die Einordnung in den kontinuierlichen Typ des Modells der „independence".

Herr Fener[138] – der kemalistische Prototyp des kontinuierlichen Modells der „independence"

Interviewsituation

Das Interview fand in der Wohnung der Familie Fener statt. Herr Fener führte uns in sein Arbeitszimmer, so dass wir während der gesamten Interviewdauer ungestört waren. Es waren keine Dritten anwesend. Frau Fener unterbrach das Interview zwei Mal kurz, um Getränke und Pizza zu bringen. Das Interview dauerte drei Stunden.

Interviewverlauf

Herr Fener war zunächst unsicher, wie weit uns seine persönliche Lebensdetails interessierten. Anfangs sah er sich eher als Sprecher der ersten Generation der Arbeitsmigranten. Als wir ihm versichert hatten, dass uns seine persönliche Meinung, sein Leben und seine Schlussfolgerungen interessierten, brauchte er kaum noch Redeimpulse. Am Ende des Interviews bedankte er sich bei uns, dass wir ihm die Vergangenheit haben wieder lebendig werden lassen. „INT1: Wir bedanken uns sehr. Sie haben unserem drei Stunden gegeben, drei Stunden gegeben, deswegen bedanken wir uns. HERR FENER: Ich danke auch. Wir haben uns gleichzeitig unterhalten.

---

138 Zur Kurzbiographie Herrn Feners vgl. Kapitel 5, S. 200ff.

Wir haben uns an die Vergangenheit und an die Zukunft erinnert. Aus diesem Grund habt ihr vielen Dank."

Erzählstil und wiederkehrende Themen
Das Interview fand auf Türkisch statt. Obwohl Herr Fener die deutsche Sprache beherrschen muss (er hat eine Zusatzausbildung an einer deutschen Universität absolviert; er ist Mitglied einer deutschen politischen Partei und aktiver Gewerkschaftler), zog er es vor, auf Türkisch zu sprechen. Besonders im ersten Viertel des Interviews definiert sich der Befragte sehr stark mit Kollektiven, besonders mit den Menschen der ersten Generation. So spricht er nicht von seinen konkreten Rückkehrvorstellungen, sondern davon, wie schwierig bzw. unmöglich es für die erste Generation allgemein ist, in die Türkei zurückzukehren. Er nutzt das Kollektiv, um aus der geschützten Perspektive des „wir" seine eigene Geschichte besser erzählen zu können. Deutlich wird dies in dem folgenden Beispiel, wo er mitten im Satz das Subjekt wechselt: „In der ersten Zeit haben sie *uns* nur ein Jahr Aufenthaltserlaubnis gegeben. *Man* wusste nicht, was im zweiten Jahr mit *mir* passieren würde." Dieser Aufbau vom Allgemeinen hin zum Persönlichen, findet sich an vielen Stellen im Interview, so als er von den politischen Unruhen in der Türkei in den 1970er und 1980er Jahren erzählt. Zunächst berichtet er sehr allgemein über die Vorgänge um Türkeş und die Grauen Wölfe. Er kommt jedoch vom Allgemeinen zum Speziellen, zur Geschichte seines Sohnes, der eben aufgrund der politischen Unruhen nach Deutschland gekommen ist. Herr Fener sieht sich als ein politisches Subjekt. Die politische Situation ist nichts Abstraktes, etwas das geschieht, vielmehr nimmt er daran als handelndes Subjekt teil. Sie hat unmittelbaren Einfluss auf sein privates Leben.

Zentrale Themen in der Erzählung
Im Interview dominieren drei Themen, die oft miteinander verknüpft werden:
- Die berufliche Ausbildung der Kinder und deren Hochzeit.
- Herr Feners Erfahrung mit und seine Einstellung zu ultrareligiösen Kräften.
- Herr Feners politisches und gesellschaftliches Engagement für Bildung.

Sehr ausführlich berichtet er über sein Berufsleben als Lehrer. Er beschreibt sich als einen den Idealen Atatürks verbundenen, engagierten, politischen Menschen, der sich für die Bildung der Kinder und der Erwachsenen eingesetzt hat. Dabei gehen seine Tätigkeiten weit über das pure Unterrichten hinaus. Er war aktives Mitglied in der Lehrergewerkschaft, demonstrierte für seine Rechte, wurde strafversetzt und war als Dorfvorsteher eingesetzt. Er setzte sich aktiv dafür ein, dass die 1960er Verfassung in der Bevölkerung bekannt wird, und in dem entsprechenden Memorandum für ein „Ja" gestimmt wird. Hier grenzt sich Herr Fener das erste Mal von den „Religiösen" ab, ein Thema, das während des gesamten Interviews immer wieder durchschimmert.

Einen sehr wichtigen Part nimmt die berufliche Ausbildung der Kinder ein, die er ausführlich an mehreren Stellen im Interview beschreibt. Der berufliche Erfolg all seiner Kinder ist etwas, worauf er sehr stolz ist, und das in engem Zusammenhang mit seinem Lebenskonzept steht, nachdem Bildung den Zugang zu den „besseren" Kreisen einer Gesellschaft ermöglicht.

Lebenserfahrung in der Türkei

Eigene Kindheit und Ursprungsfamilie
Über seine Jugend spricht Herr Fener so gut wie nicht – weder über seine Eltern noch über seine Geschwister. Erst gegen Ende des Interviews, im Zusammenhang mit der Trauererfahrung um den eigenen verstorbenen Sohn, sagt er, dass seine Eltern beide innerhalb einer Woche gestorben seien, als er sieben Jahre alt war. Er führt nicht auf, bei wem er großgeworden ist. Die Kindheit spielt in seiner Biographie keine Rolle und ist nicht prägend für seinen weiteren Lebensweg.

Ehe
Seine Ehefrau lernt er über Verwandte in einer näher gelegen Stadt kennen, die er ab und zu besucht. Die Verlobungszeit, in der sich das Paar oft sieht, dauert ein Jahr. Die Entscheidung zur Ehe war bereits eine sehr individuelle. Als Lehrer muss Herr Fener oft den Wohnort wechseln, so dass sich das Paar ständig auf eine neue Umgebung und ein neues Umfeld einrichten muss. Auch dies ist ein Hinweis auf ein eher paarorientiertes und weniger am Kollektiv ausgerichtetes Leben. Als deutlich wird, dass der älteste Sohn an einer Krankheit leidet, die nur in Westeuropa mit Aussicht auf Erfolg behandelt werden kann, entschließt sich das Ehepaar gemeinsam, nach Deutschland zu migrieren. Frau Fener ist die Pioniermigrantin, die ihren Mann wenige Monate später nachholt.

Kinder
Das Ehepaar hat zwei Töchter und zwei Söhne. Bildung ist für Herrn Fener ein Schlüsselbegriff. Nahezu alle Aussagen über die Kinder hängen mit der Bildung zusammen. Dem Ziel, den Kindern eine gute Ausbildung zu ermöglichen, ist auch der Wunsch eines gemeinsamen Familienlebens unterzuordnen. In der Türkei sind der jüngere Sohn und die älteste Tochter an Privatschulen. Der kranke älteste Sohn und die jüngste Tochter gehen mit ihrem Vater nach Deutschland, der seiner Frau nach wenigen Monaten gefolgt war. Als in der Türkei die politische Situation eskaliert, kommt der zweitälteste Sohn zunächst auch nach Deutschland:

„Er hat mir geschrieben und sagte: ‚Vater, die Lage sieht hier so aus. Wir sollen jede Nacht aufstehen und heulen' – schrieb er. Dann sagte ich: ‚Bist du ein Wolf oder ein Hund, gibt die Schule auf und komm hierher.' 1977 hat er die Schule aufgegeben und ist hierher gekommen. Ein Jahr ist er in X-Stadt [in Deutschland] geblieben. Ee, die Aussichten waren für ihn hier nicht so gut. Dann haben wir ihn auch nach Istanbul zu dieser Privatschule gebracht, somit haben beide in Istanbul das Gymnasium abgeschlossen. Es ist ja klar, dass das für uns nicht schön ist, wenn die Kinder da sind. Aber der Schwiegervater war ein guter Mensch. Er hat, ee, die gut geschützt. Ee, wie soll ich sagen, also er hat die gut erzogen, es gab keinen Schaden. Weil die von uns getrennt sind, bleiben sie uns gegenüber ein bisschen kalt. Natürlich… Eee mit der Zeit haben sie sich daran gewöhnt."

Die unmittelbare Lebensgefahr für den Sohn führt zunächst dazu, dass das Kind seiner Familie nach Deutschland folgt. Als sich jedoch abzeichnet, dass der schulische Erfolg ausbleiben wird, schicken ihn die Eltern wieder in die Türkei, diesmal in eine andere Stadt, zurück, wo er in der gleichen Stadt wie seine Schwester auf einer privaten Internatsschule sein Abitur machen wird. Nur sehr verhalten deutet Herr Fener an, dass sich die beiden Kinder, die zunächst in der Türkei geblieben sind, von ihm entfremdet haben („die bleiben uns gegenüber ein bisschen kalt"). Darauf geht er jedoch nicht näher ein, sondern konstatiert lediglich, dass sie sich an die Trennung gewöhnt haben und der Zweck, das Abitur, schließlich die Mittel rechtfertigte. Fast zehn Jahre nach den Eltern und den beiden anderen Geschwistern kommen die beiden älteren Kinder ebenfalls zum Studium nach Deutschland.

Räumliches Umfeld

Das räumliche Umfeld spielt im Leben Herrn Feners in der Türkei eine große Rolle. Als überzeugter Anhänger der Lehren Atatürks, als Lehrer und als Gewerkschaftler steht er im öffentlichen Interesse und eckt immer wieder an. Gefragt, ob die politische Situation der ausschlaggebende Faktor für die Migration gewesen sei, verneint er dies zwar, und führt die Krankheit seines Sohnes an, doch unmittelbar danach berichtet er ausführlich von erlebten Repressalien, die seine Migration auch in diesen Zusammenhang stellen:

„Der eigentliche Grund eee, also die politische Lage war nicht klar, ich habe zum Beispiel eine schwere Untersuchung erlebt. Das hatte aber mit der türkischen Lehrer Gewerkschaft zu tun, meine Untersuchung. Damals, ee [deutlich leise], wie Sie wissen jetzt gab es immer noch keine Gewerkschaftsbewegungen, immer noch schwach. Wir als Gewerkschaftslehrer, wir hatten es offen gemacht. Manche Freunde verhielten sich unauffällig. Wenn du als Lehrer Gewerkschaftsmitglied bist, machen sie es dir schwer. Sie berufen dich nicht als Schuldirektor. Wie soll ich es sagen, ee, [hustet] wenn dir etwas zusteht, versuchen sie es dir nicht zu geben. Oder sie versuchen dich in die schlechten, mit schlecht meine ich, in die unterentwickelten Orte, zu schicken. Sie verfolgen dich. Eee, wenn zum Beispiel ein Gewerkschaftsmitglied kommt, halt von außen, der noch mehr… also von Gymnasien oder Mittelschulen. Dann fragen sie dich: ‚Du hattest Besuch, warum ist er gekommen?' Solche unnötige Dinge haben wir erlebt. Damals in unserer Zeit in den 1970er Jahren [hustet] im Vergleich zu jetzt waren die Lehrer einflussreicher. Wir konnten uns wehren. […] Wie ich sagte, mein Kommen hatte in erste Linie damit zu tun, dass das Kind ziemlich krank war. Eee, im Grunde wurden wir auch durch den politischen Druck müde. Schauen Sie mal da, was Sie da drüben sehen [Dokumente an der Wand] sind Auszeichnungen vom Erziehungsministerium usw. Die an der Wand] sind Auszeichnungen vom Erziehungsministerium usw. Die da unten unter dem Glas sind Auszeichnungen. Die wurden mir gegeben, weil ich erfolgreich war. Die hatten überhaupt keinen Wert. Wenn du die Partei an der Macht nicht unterstützt, dann hatten diese Papiere keinen Wert. Also deswegen gab es Unterdrückung. Ich hab nicht mal mein Abschlusszeugnis mitgebracht. Ich habe nicht daran gedacht, hier als Lehrer zu arbeiten. Aus diesem Grund, eee, obwohl wir den Beruf lieben, haben sie uns dazu gebracht, dass wir müde wurden. Es ist so passiert. Aber ich bin normal gekommen, von politischer Seite hatte ich keine Untersuchung oder so was, ich war nicht schuldig."

Ein nicht näher benanntes „Sie" bedroht die aktiven Lehrer in der Gewerkschaft und sorgt dafür, dass diese bei Beförderungen übergangen werden, führt Untersuchungen durch und erreicht durch den dauernden Druck schließlich, dass ein Zustand der „Müdigkeit", der Resignation („die Papiere haben keinen Wert wenn du die Partei an der Mach nicht unterstützt") eingetreten ist. Diese Textstelle ist sehr aussagekräftig bezüglich des Selbstverständnisses von Herrn Fener: Er ist ein politisch denkender aktiver Mensch, der sich gänzlich im Rahmen der Legalität bewegt („„ich war nicht schuldig") diesen Rahmen jedoch auch ausschöpft im vollen Bewusstsein auf der Seite des Rechts zu stehen.

In Deutschland wird Herr Fener ähnliche Probleme mit religiösen Gruppen bekommen.

Lebenserfahrung in Deutschland

Ursprungsfamilie
Der Kontakt mit der Ursprungsfamilie ist sehr locker und beschränkt sich auf gelegentliche Telephonate („wenn es sich so ergibt"). Ein Neffe wird finanziell unterstützt, genauso die Schwiegereltern bei Bedarf. Es finden sich keine Textstellen, aus denen eine stärkere emotionale Verbundenheit hervorgeht. Auch in diesem Fall hat eine Ablösung von der Ursprungsfamilie, vielleicht auch durch den frühen Tod der leiblichen Eltern bedingt, stattgefunden.

Ehe
Beide Ehepartner arbeiten in Deutschland. Als die jüngste Tochter noch im Haushalt wohnte, war die Hausarbeit stärker zwischen dem Paar aufgeteilt:

„INT2: Sie arbeiten und Ihre Frau arbeitet nicht. Helfen Sie dann Ihrer Frau im Haushalt? HERR FENER: Ich mag so gerne kochen, sogar abwaschen, weißt du? Manchmal mache ich so einfach. Mache ich also. Es gibt Sachen zu Hause, die ich machen kann. Im Vergleich zum Anfang habe ich nicht mehr so viele Aufgaben, weil sie zu Hause ist. Für zwei haben wir sowieso nicht viel zu machen. Was es gibt, ist zu essen und zu trinken einkaufen usw."

Bereits die Frage des Interviewers enthält hier eine implizierte Vorgabe, die eine Wertung enthält: Arbeit ist das, was außerhalb des Hauses stattfindet, während Hausarbeit nicht als solche gewertet wird. Herr Fener geht darauf auch ein, indem er sagt, nur dann stärker in der Hausarbeit involviert gewesen zu sein, als seine Frau ebenfalls „arbeitete", also außerhäuslich tätig war. Nun, da sie nicht mehr berufstätig ist, fällt ihr der Hauptanteil der Hausarbeit zu. Weitere Aussagen über die Interaktion des Paares finden sich nicht.

Herr Fener äußert jedoch eine sehr dezidierte Meinung z.B. über „die türkischen Frauen" in Deutschland: Er distanziert sich bewusst von dem Frauenbild, das seiner Meinung nach ultrareligöse Kräfte verbreiten. Im Zusammenhang mit dem Thema „Alter und Migration" kritisiert er diese Kräfte, die den alten Menschen lediglich noch die ausschließliche Hinwendung zum Religiösen erlauben. Hier sind es seiner Meinung nach besonders die Frauen, die darunter zu leiden haben: Im Gegensatz zu deutschen Frauen, die Wert auf ihr Äußeres legen, wird dies von religiösen türkischen Kreisen verpönt und die Frauen dafür in der Jugend kritisiert, im Alter verspottet.

„INT2: Wir stellen mal als Frage, wann ist eine türkische Frau alt? HERR FENER: Die türkischen Frauen, eee, wenn ihre Kinder Enkelkinder auf die Welt bringen, kann man sie als alt sehen. Man sagt ja, du hast doch Enkelkinder. Wenn die Frauen also auf ihre Kleidungen aufpassen oder sich Klamotten mit bunten Farben [hustet] anziehen... Aber hier ist es nicht so, man geht jeden Tag zum Frisör, die Haare werden jeden Tag gepflegt. Aber unsere [Frauen, Anm. Int2] können es nicht. Als Schande, also so wird es gesehen. Sie sollen sich zudecken und so. Einen Dings muss sie sich anziehen. Einen Mantel bis zu den Füßen und so. Und wenn noch religiöser Druck dazu kommt... Ist klar – sie sagen den Frauen [Mit der Intonation lässt er hier deutlich zu spüren, dass er die Menschen, die wie in den folgenden Sätze denken, verabscheut und sich über sie lustig macht., Anm. Int2] Das Mädchen: ‚Du wirst sterben, willst du zur Hölle gehen oder was. Pass auf deine Klamotten auf, damit du ins Paradies kommst'. Also solche Unterdrückungen und so... Dann fühlen sie sich natürlich alt. Das ist ja völlig falsch. Mit Achtgeben auf die Klamotten, zeigt die Frau sich nur ordentlicher, nicht wahr. Das ist... Die Frauen haben hier auch Anpassungsprobleme. Weil sie sich nicht in der Gesellschaft integrieren, schließen sie sich noch mehr ab. Die Religiositäten stammen auch daraus. Weder bei den Frauen und auch bei den Männern existiert dieser Fall. Sie kriegen hier keine Anerkennung, aber unter denen kriegen sie Titel wie Ahmet aga oder Mehmet aga, Mahmut aga. Normal sind sie Mehmet, Hasan. Sie werden [unter normalen Umständen, Anm. Int2] diskriminiert. Aber da [unter den Religiösen, Anm. Int2] nicht, weil sie da bestimmte Bedingungen erfüllen. Um diese [religiöse Gruppierungen, Anm. Int2] zusammenzuhalten, machen sie sich gegenseitig wichtig."

Hier kritisiert Herr Fener in der Rolle des außenstehenden Beobachter („unter denen") einerseits die ultrareligiösen Gruppen, die aus der äußeren Erscheinung eines Menschen auf dessen Religiosität und Ehre schließen. Die Frauen sind seiner Meinung nach unterdrückt und in ihrer Entfaltungsmöglichkeit eingeschränkt, da sie sich diesem Diktat beugen müssen, wollen sie in der türkischen Gesellschaft in Deutschland anerkannt werden. Allerdings richtet sich seine Kritik auch explizit an die deutsche Gesellschaft, der er eine Mitschuld an der Islamisierung der türkischen Community attestiert. Die verstärkte Hinwendung zur Religion sei ein Mittel, durch vorbildliches religiöses Handeln, wie beispielsweise die Hatsch, wenigstens in den türkischen Kreisen die Anerkennung zu bekommen, die die deutsche Gesellschaft verweigert.

Kinder

Als Lehrer, als ein Mensch, der Bildung als Voraussetzung für die aktive Teilnahme in der Gesellschaft sieht, ist Herr Fener darauf bedacht, seinen Kindern die bestmögliche Ausbildung zu gewähren. Dies bedeutet, dass er die jahrelange Trennung mit seinen Kindern in Kauf nimmt. Die beiden mittleren Kinder waren zum Zeitpunkt der Migration bereits eingeschult und sollten ihr Abitur in der Türkei absolvieren. Der älteste Sohn und die jüngste Tochter kommen mit dem Vater nach Deutschland. Der älteste Sohn stirbt als Teeanger an einer Krankheit der inneren Organe. Herr Fener deutet während des gesamten Interviews Gefühle nur an und wechselt mitunter mitten im Satz das Thema, wenn die Erinnerungen zu persönlich oder zu schmerzhaft werden. Er berichtet jedoch ausführlich über die alles betäubende Trauer beim Tod seines ältesten Sohnes:

„Der Name des Verstorbenen war Fatih. Das Kind, diese kleine Tochter und seine Mutter sind hier. Es gibt keinen Unterschied zwischen denen. Er war zwar krank aber es ging ihm nicht schlecht. Er fuhr Motorrad und so. Wir hatten ihm ein schönes „Moped" [dt] und so gekauft. Er hatte den Arzt darum gebeten und ihn angefleht. ‚Aber fahr damit nicht so viel', haben die gesagt. Und er konnte es da in X-Dorf nicht anspringen lassen. Er regt sich auf und fällt zu Boden. [Deutlich leiser] Sie bringen ihn zwar zum Krankenhaus aber es war vorbei. Ich hab in meinem Leben nie so einen Schmerz erlebt. Ich hab viel erlebt, aber nie so was."

Seinen Schmerz beschreibt er als unbeschreiblich und selbst nicht zu vergleichen mit dem Schmerz, den er als Siebenjähriger beim Tod seiner Eltern hatte. Er scheint sich (oder seine Frau?) eine Mitverantwortung dafür zu geben, dass der Sohn starb. Hätte man an einem Samstag auf ihn aufgepasst, hätte die Frau nicht gearbeitet und wäre er nicht weg gewesen, hätte das Motorrad seines Sohnes keine Panne, und der Sohn nicht vor Aufregung einen Anfall gehabt... . Er unterbricht sich aber mitten in diesem „was wäre wenn Satz", um auf die erfolgreiche Ausbildung der anderen Kinder einzugehen.

„Wenn aber aufgepasst worden wäre... Ich war damals weg... mit diesem Motorrad... Als kleines Kind hat er sich nicht schützen können. Seine Mutter arbeitet. Sie konnte sich darum nicht kümmern. Es war an einem Samstag. Eigentlich waren Samstage und Sonntage Dings. Eee, das andere ist, dass die Kinder studiert haben also dass, sie einen Beruf haben... Eee, auch das ist passiert. Der Mensch lebt sowieso für seine Kinder...

Ein guter Mensch, nützlich für die Gesellschaft will er [aus den Kindern, Anm. Int2] – machen, nicht wahr? Das hat geklappt."

Herr Fener erlaubt sich nicht an dieser Stelle weiterzudenken, sondern wechselt mitten im Satz das Thema, um das Gespräch wieder auf den beruflichen Erfolg der übrigen Kinder zu bringen.

Nachdem die beiden Älteren das Gymnasium in der Türkei erfolgreich abgeschlossen haben, holt er sie nach Deutschland und finanziert ihnen einen privaten Sprachkurs an einem renommierten Sprachcenter. Nach Abschluss des Studienkollegs beginnen die älteste Tochter und der zweitälteste Sohn ein Universitätsstudium. Dies bedeutet wieder die Trennung von der Familie.

„Eigentlich auch nachdem sie hierher kamen, blieben sie in den Schulen, in den „Heimen" [dt] mussten sie bleiben. Im Grunde haben wir darauf auch gut Acht gegeben. 79, 80 kommen und 90 das Pharmaziestudium abschließen, ist keine einfache Sache. Aber ich hab viel darauf geachtet. In X- Institut [Sprachinstitut] ee hat Zeki vier Monate Kurs gemacht. Und zwei Monate hat Sevda, sie war früher hier, in X-Stadt, [...] Jeden Tag, nein zwei Mal in der Woche brachte ich Sevda mit dem Auto zum Kurs nach X-Stadt. Sie hatte ein bisschen gelernt, deswegen hat sie zwei Monate Kurs gemacht. [Pause] Na ja das war eben Schicksal. Eigentlich sollte Zeki an der Universität X Physik studieren. Nach dem Studienkolleg kam heraus, dass er erfolgreich ist. Mit 1,2 hat er es abgeschlossen. So... Er hat sich beworben und sie haben ihn in Y-Stadt an der Pharmaziefakultät aufgenommen. In der Pharmaziefakultät... Er hat aber Tag und Nacht gearbeitet. Sonst [deutlich leiser] wäre es schwer, also Deutsch, in so kurze Zeit, wäre unmöglich [lauter]."

Beide Kinder, die ihre schulische Sozialisation in der Türkei durchlaufen haben, werden den hohen Ansprüchen des Vaters gerecht und absolvieren innerhalb kürzester Zeit ihr Studium. Auch während des Studiums verfolgt der Vater das Fortschreiten ihrer Studien, indem er wöchentliche Berichte fordert, in denen die Kinder über den Stand berichten. Er setzt den Kindern auch Grenzen, was eine Verheiratung angeht. Übers Heiraten dürfe erst gesprochen werden, wenn die Ausbildung abgeschlossen sei. Jeder Pfennig, den die Familie entbehren kann, wird in die Ausbildung gesteckt. All dies führt zu Spannungen in der Familie:

„Meine Töchter sind beide mit einem Deutschen verheiratet. Ich habe nichts gemacht... Die älteste Tochter [Pause] hat es [dass sie heiraten möchte, Anm. Int1] also ihrer Mutter gesagt. Ich hatte aber als Prinzip gesagt, dass keine vor dem Abschluss vom Heiraten sprechen soll. Sechs Monate lang sagt meine Frau... Versucht etwas zu sagen aber sie kriegt es nicht fertig. Sie wird sagen, so ist es mit Sevda... Ein Mal war ich so fröhlich, wir hatten auch was getrunken. ‚Du willst mir etwas sagen, was ist denn?' habe ich gesagt. Das hat sie ausgenutzt. Das hat sie [die Tochter, Anm. Int1] so sehr gestört. Sie zog sich zurück, weil ich alles mit dem Studium in Verbindung gebracht habe. Ich hab am Anfang gesagt, wenn ihr studieren wollt, Geld oder so was ist... Wenn ich zehn Mark hatte und sie haben kein Geld gehabt, habe ich alles denen gegeben. Zumindest habe ich die Hälfte gegeben. Ihre Mutter hat davon nicht viel abgekriegt, sie hat davon nichts gesehen. Sie sagt immer, ‚du gibst den Kindern, aber mir...' ‚Die werden studieren. Wenn du auch studieren willst, gebe ich dir auch', sagte ich. Weil es so aussah, könnte so ein Vorschlag [zu heiraten vor Abschluss des Studiums, Anm. Int1] schwierig sein. Ich sagte schon so. Na ja hat sie jedenfalls erzählt. ‚Wer ist er denn', fragte ich. ‚Er studiert, hieß Ralf.' ‚Und?' ‚Er hat das Studium beendet', Sevda hat noch ein Jahr... ist also noch nicht fertig, die ersten... [Frage an uns] was sagt ihr? erste Examen... ja das erste Examen ist fertig, das zweite noch nicht. Ich sagte ihr: ‚Ich hab dir doch gesagt, Studium'. Na ja sie ist auch älter geworden. Sie ist 1960 geboren. Vor sechs Jahren hat sie geheiratet. ‚Ja gut' sagte ich, ‚bring ihn mal hierher dann sehen wir, wer dieser Ralf ist.'

Dem eigenen Wunsch, dass die Kinder ein Universitätsstudium absolvieren sollen, ordnet Herr Fener zunächst sowohl die Wünsche seiner Frau (mehr Geld) als auch die seiner Kinder (Ehe vor Abschluss des Studiums) unter. Er ist jedoch durchaus bereit, sich den Forderungen seiner Frau und Kinder anzupassen. Seine jüngste Tochter wählt nicht mehr den Weg über die Vermittlung der Mutter, sondern sagt dem Vater selbst, dass sie gedenkt noch vor Abschluss ihres Studiums einen Deutschen zu heiraten.

Für Herrn Fener ist die Hochzeit der Töchter mit einem Deutschen mit einer „Inszenierung" der türkischen Kultur verbunden, die bei der Hochzeit des Sohnes mit einer Türkin so keine Rolle spielt. Bei beiden Töchtern achtet die Familie darauf, dass alle Sitten und Gebräuche eingehalten werden. In einem langen Gespräch mit Ralf, dem zukünftigen Schwiegersohn, klärt ihn Herr Fener darüber auf, was es für ihn bedeuten wird, eine Türkin zu heiraten:

„Ich sagte ihm: ‚Ihr seid Deutsche und wir Türken. Es kann sein, dass Verständnisprobleme auftauchen. Bei uns, wenn genommen wird, kann nicht mehr verlassen werden. Wenn du verheiratet bist, dann ist die Sache erledigt. Vor der Trauung gibt es das Zusammenleben nicht.' Und das hat es auch nicht gegebenen. Der Junge war ein artiger Junge. ‚Wer seid ihr, von wem seid ihr?' – habe ich gefragt. Seine Eltern sind auch Lehrer. Sie sind Rentner jetzt. Seine Mutter hat die Rente durch Krankheit gekriegt, der Vater hat das Rentenalter erreicht. Seine ganze Verwandtschaft ist eine sehr gute, gute Familie. Lehrer oder so was, sie arbeiten als Beamte. Wir haben ganz genau gefragt, ob sie sich gut verstehen werden. Das Ende also, wenn es bei uns hinterher vorkommt; wir verstehen uns nicht mehr, wir lassen es – das wäre bei uns ziemlich falsch. Ihr seid damit dann verantwortlich. Sie sagten, ‚wir verstehen uns, wir werden uns verstehen. Das wird gut.' Und gleich danach... Ich wollte eigentlich unsere ganze Rituale. Gold und so weiter gibt es bei uns. Sevda wollte nicht. ‚Wir kaufen es uns später', hat sie gesagt. ‚Ja gut', sagte ich. Die Verlobung wurde gemacht. Die Verlobung wurde bei uns hier gemacht. [zeigt uns ein Photo] Hier ist sie bei der Trauung mit Blumen."

In dieser Passage zeigt sich deutlich, was für Herrn Fener eine „gute" Familie ist. Dies ist eine Familie mit einem gehobenen Bildungsniveau. Er stellt hier den gemeinsamen Bildungshintergrund als stärker verbindend fest, als die unterschiedlichen Herkunftsgesellschaften. Für Herrn Fener ist es wichtig, die Form zu wahren, den zukünftigen Schwiegersohn auf Dinge hinzuweisen, dann jedoch überlässt er letztendlich alles der Entscheidung seiner Tochter („,ja gut', sagte ich"). Herr Fener stellt zwar Regeln auf, auf deren Einhaltung er jedoch nicht pocht. So missachteten beide Töchter die Regel, erst nach Abschluss des Studiums zu heiraten und die Frage der traditionellen Goldgeschenke, die die Braut bekommt, lösen beide Töchter individuell. Während die älteste Tochter nicht darauf besteht, dies jedoch später bereut, bekommt die jüngere Tochter Schmuck von ihrer Schwiegermutter, der als den Goldgeschenken ebenbürtig gesehen wird. Bei den Töchtern, die einen Deutschen heiraten, besteht Herr Fener auf der traditionellen Form des „um die Hand Anhaltens". Die jüngste Tochter, die bis auf sieben Monate der Trennung immer mit den Eltern zusammengelebt hat, bringt ihre Wünsche direkt zum Ausdruck und braucht auch dem Vater gegenüber nicht mehr die Mutter als Vermittlerin. Auch Herr Fener empfindet das Verhältnis zu diesem Kind als sehr intensiv, eben weil es keine lange Trennung gegeben hat:

„Die Kleine ist uns noch näher weißt du, weil sie hier ist. Sie sagte uns so direkt: ‚Ich möchte heiraten. Lass meinem Vater nicht alle seiner Gelder ausgeben' soll sie gesagt haben – dem Bruder – [wir lachen]. Im Wirklichkeit war das Geld alle. Für Zeki habe ich 50.000 ausgegeben. Für 10.000 Mark Schmuck, 12.000 für Möbel gekauft und eine Wohnung haben wir gemietet. Wie soll ich sagen, Maklergebühr, Küche usw. so haben wir auch 10.000 DM dafür ausgegeben. Eee, genau 10.300 habe ich bei der Hochzeit ausgegeben. Mit Essen, Getränke usw. 500, 600 Gäste gab es da. Und alles war mit Essen. Bier und die anderen Getränke waren alle frei. Allein 70 Flaschen Weinbrand gab es. Die Whiskey, 20, 30 Flaschen Raki. Die meisten sind auch da geblieben. Keiner konnte mehr was trinken. Das war zu teuer. Bis auf eine Bauchtänzerin... sogar eine nationale Tanzgruppe ist gekommen. Essen usw. Nachdem die Sache mit der Hochzeit fertig war, sagte Canan [jüngste Tochter, Anm. Int1] mir, so ist es. Ich sagte: ‚Warte mal erst ab. Alle Hochzeiten werden beendet sein, und wir werden keine Hochzeit mehr sehen'. Der Junge, den sie geheiratet hat, heißt Ingo. Eee seine Mutter ist Professorin an der Universität X. So haben wir das gemacht. Aber bei denen haben wir es genau nach dem türkischen System gemacht. Wir haben gesagt, sie sollen kommen und um die Hand bitten. Sein Vater und seine Mutter sollen kommen. Und sie sind auch gekommen. Sevda hat es bereut, das Gold oder so was abgelehnt zu haben. Wir haben für Zeki eine Menge Geld ausgegeben. Es wurde Gold und so ähnliches gekauft. Sevda dann zu uns... [ich sagte, Anm. Int2] ‚wir sind aber an der Seite der Braut. Dir sollen die anderen kaufen. Nach den Ritualen sollen sie dir kaufen. Du wolltest aber nicht.' Wir sagten zu den Eltern des zweiten Schwiegersohnes: ‚Bei uns ist es so'. Sie sagten: ‚Wir wollen sowieso'. Die Frau hat von ihrer Mutter Schmuckstücke geerbt. Schöne, alte Sachen. Kette usw. Sie haben sowieso nur einen einzigen Sohn. ‚Ich wollte die [Schmuckstücke] immer meiner Schwiegertochter schenken.' ‚Mit Vergnügen, gut', sagten wir. So haben wir ihrer Heirat zugestimmt. Verlobung wurde bei uns, unter uns zu Hause gemacht. Dann die Trauung."

Im Fall der zweiten Eheschließung möchte die Tochter auf das der Braut nach türkischen Normen zustehende Brautgeschenk nicht verzichten, und der Vater agiert in ihrem Sinne.

Herr Fener hat damit seiner Pflicht als Vater genüge getan. Er hat seinen Kindern, auch unter persönlichen finanziellen Opfern, eine gute Ausbildung gewährt und sie bei einer angemessenen Heirat unterstützt. Dafür nahm er jahrelange Trennung und damit letztendlich auch die Entfremdung mit seinen Kindern in Kauf. Die Entfremdung wird jedoch von der positiven Bilanz überwogen:

„Ich bin eigentlich zufrieden. Weil ich denke, dass wir unsere Aufgabe [als Eltern, Anm. Int2] erfüllt haben. Ab jetzt hängt es von ihrer Leistung ab. Alle drei haben normal das Studium beendet. Sie gehören zu einer kultivierten Gruppe. Ich glaube, dass sie hier bessere Dienste leiten können. Wenn Sie nicht studiert hätten, müssten sie irgendwo als Arbeiter arbeiten [hustet]. Der Arbeiter leistet seinen Dienst nur in der Fabrik. Aber wenn man z.B. Pharmazie studiert hat, dann leistet man für die ganze Menschheit den Dienst."

Damit erwartet er von seinen Kindern ein ähnliches Engagement für ihr Umfeld, das auch er in der Türkei und in Deutschland angestrebt hatte. Das Selbstverständnis Herrn Feners erfolgt zu einem guten Teil über die erfolgreiche Berufsbiographie der Kinder. Wichtigstes Ziel der Eltern ist für ihn, den Kindern eine gute Ausbildung zu ermöglichen, dass sie den ihnen angemessenen hohen Platz in der Gesellschaft einnehmen können. Hier hat er sein Lebensziel erreicht. Dies vermittelt er auch durch das gesamte Interview hindurch. Nach der Ausbildung und der Hochzeit werden die Lebensbereiche zwischen Eltern und Kindern noch weiter getrennt. Für Herrn Fener ist seine Lebenswelt von der seiner Kinder ausdrücklich getrennt:

„INT2: Ihre Kinder sind verheiratet, sie haben jeweils einen Sohn. Sie haben drei Enkelkinder. Lassen Sie sich das Zusammenleben mit den Kindern und Enkelkindern unter einem Dach durch den Kopf gehen? HERR FENER: Nein. Ee, ist sowieso unmöglich, so was. Das ist auch in der Türkei nicht mehr möglich. Alle gehen einer bestimmten Arbeit nach. Das ist schwer. Also ein großes Haus zu mieten und zusammenzuleben ist sehr schwer. Alle sind es anders gewohnt. Ee, unmöglich. Bei den Festtagen, wenn es für sie möglich ist, kommen sie oder wir fahren zu denen. Ee, wir telefonieren usw. So läuft es ab. Und das ist für mich besser. Jeder muss seine eigene Verantwortung kennen, wenn sie selbst, eee, Familie sind. Seine Sachen in Ordnung bringen. Sogar zusammen in Urlaub zu fahren, ist auch nicht möglich. Jede fährt getrennt, wenn es zufällig hinhaut, treffen wir uns."

Erst der zweite Blick verdeutlicht den Unterschied zwischen dem Getrenntleben der Kinder zur Zeit ihrer Ausbildung und dem Getrenntleben nach Abschluss des Studiums und Gründung einer Familie. In beiden Fällen hatte de facto kein gemeinsames Leben stattgefunden. Die älteren beiden Kinder haben quasi immer in Internaten und Wohnheimen gelebt, allerdings hatte sich Herr Fener noch verantwortlich gefühlt und die Trennung war für ihn nur eine räumliche. Dies verdeutlicht er, indem er das Verhalten deutscher Eltern dem türkischer Eltern gegenüberstellt:

"Also, so wie ich bist jetzt erfahren habe... Es gibt natürlich unter den Deutschen, die ihren Eltern nahe stehen. Wie ich es bis jetzt gesehen hab, so was gibt es bei denen, die in Wohlstand leben [hustet]. Die Deutschen, die sich nicht von ihren Kindern entfernen... Ich sah immer, wenn Elternabend im Gymnasium gemacht wurde [hustet]. Diejenigen, die sich gebildet haben und in einem bestimmten Wohlstand leben, leben mit ihren Kindern. Nach der Arbeit zu Schulz[139] ... Was wird aus Schulzens Kind, natürlich wird es weiter bei Schulz sein. Dieser als „einfach" [dt] zu bezeichnende Bevölkerungsteil hat ab 18 Jahren nicht mehr so viel zu tun mit ihren Kindern wie wir. Also wie ich es beobachten konnte. Sogar zu meiner Frau sagten sie: ‚Was soll das, die sind schon 18, was arbeitest du noch für die? Du gibst alles denen und so.' Bei uns wünscht man sich so sehr, dass das Kind in die Schule geht, sich bildet, ein guter Mensch wird."

Das „sich um die Kinder kümmern" hat nichts mit einem auch räumlich stattfindenden gemeinsamen Leben zu tun, sondern meint die Verantwortung der Eltern, den Kindern eine gute Ausbildung zu gewährleisten. Dies wiederum ist eine Frage der Bildungsschicht und nicht nationalitätsspezifisch. Herr Fener unterscheidet in diesem Zusammenhang nicht zwischen seinem Sohn und seinen Töchtern.

Räumliches Umfeld
Als Herr Fener aus der Türkei nach Deutschland kommt, hatte ihn die politische Arbeit in der Türkei „müde" gemacht. Bei der Einreise hat er nicht einmal seine Zeugnisse dabei und beginnt zunächst in der Fabrik zu arbeiten. Für ihn, den überzeugten Bildungsbürger, muss dieser berufliche Abstieg schwer zu verkraften gewesen sein. Er äußert sich jedoch nur sehr verhalten über die Arbeitsbedingungen und man muss schon sehr genau hinhören, um aus seiner Aussage: „Die Mitarbeiter sprechen verkehrt und ein bisschen grob" die diskriminierenden Erfahrungen erkennt, die ihn dann doch bewogen, nach vier Jahren Fabrikarbeit wieder als Lehrer zu arbeiten.

Herr Fener sieht sich in Deutschland sowohl in seinem privaten als auch in seinem beruflichen Umfeld mit religiösen Gruppen konfrontiert, die Druck auf die von ihm unterrichteten Kinder ausüben, was sich seiner Meinung nach in deren schulischem Versagen äußert:

„Die Schüler in den Anfangsjahren waren viel erfolgreicher als die jetzt. Es gibt viele Kinder, die zum Gymnasium oder zur Universität gehen. Es gibt Absolventen. Aber jetzt schicken wir nicht mehr so viel. [er spricht vorsichtiger, langsamer, Anm. Int2] Das ist na ja... hat zu tun mit dem... dem religiösen Erziehungsdruck in den letzten Jahren. Ich meine, dass das schädlich ist. Diese religiöse Institutionen, am meisten diese Milli Görüş Einrichtungen. Die sind nicht nur religiös, ich finde sie mehr politisch. Die ma-

---

139 Schulz ist ein bekannter Großhändler in X-Stadt, der für die Migranten als Symbol für Reichtum und beruflichen Erfolg steht. Schulz ist kein Akademiker.

chen, führen unter dem Deckmantel der Religion [spricht aufgeregter, lauter]. Alles ist Religion. Nimm es mir nicht übel, aber es hat mit der Realität nichts zu tun. So zeigen sie es aber. Wenn sie ein Zehntel von dem, wie sie als Religion betrachten, den Kinder geben, werden die Kinder besser. Sie geben nicht mal ein Zehntel davon. Sie tun Schleier auf die Köpfe und schicken sie los. Religion unterrichten wir auch. Wir achten mehr auf die moralische Seite der Religion. ‚Wer ist dein Prophet?' guckt er/sie so. Nichts! Ich bin auf dieser Stelle des Koran. ‚Ja, lies mal vor, erzähl mal, was sagt uns das?' Auch nichts! Also was wird daraus? Du wirst es bald vergessen und es wird dir nicht nutzen. Du sollst erst deinen Propheten kennen, du sollst wissen, woher deine Religion kommt usw. Das wissen sie gar nicht. Sie lassen sie auf Arabisch auswendig lernen. Aber das Kind macht viele Fehler hinterher. Es baut keine gute Beziehung mit den Lehrern in der Schule auf. Liest nicht viel. Bevor die neunte Klasse fertig ist, schicken sie es nach X-Dorf. Nach der achten Klasse. Weil er nicht in die Schule geht. Sie absolvieren nicht mal die Hauptschule. Dieser Fall ist natürlich nicht so schön. Die Kinder bleiben auf der Strecke. Wenn du zu den Spielotheken gehst, sind sie da. Was weiß ich, sie tun so, als ob sie hinter den Frauen, Tussis, her wären. Eee, wenn du was sagst... Ist mit mir zwar noch nicht passiert aber so wie: ‚Ach lass mal Alter', sagen sie und machen weiter. Sie hören nicht auf den Älteren. Das war früher nicht so."

Herr Fener bricht hier eine Lanze für einen individuellen Zugang zur Religion, was ihn in Konflikt mit religiösen Kräften seines Umfeldes bringt, die den Kindern eher die formalen Seiten des Glaubens näher bringen. Für ihn ist der individuelle Zugang der Kinder zur Religion wichtiger als eine Annäherung, die nur im Auswendiglernen besteht. Durch den von ihm konstatierten Einfluss der religiösen Gruppen sieht er sich zudem in seiner Kompetenz als Lehrer angegriffen und empfindet gleichzeitig ein Ohnmachtgefühl, dass er gegen diesen Zustand nichts tun kann. Da diese Kinder über kein ausreichendes Bildungsniveau verfügten, führe ihr Weg, so Herr Fener, zu asozialem Verhalten. Für ihn bedeutet dies einen permanenten Konflikt mit dem religiösen Umfeld. Diese Gruppierungen setzen Herrn Fener in ähnlicher Weise unter Druck, wie er es noch aus seiner Zeit in der Türkei erlebt hat. Wurde er in der Türkei als „Kommunist" beschimpft, wird er nun als „Ungläubiger" bezeichnet. Beides findet er gleichermaßen absurd, zumal seine Gegner nicht einmal wüssten mit welchen Begrifflichkeiten sie operierten: „Ja o.k. egal, was sie sagen, aber das geht bei mir nicht. Ich hab eigentlich keine Angst. Sie haben zu mir jahrelang Kommunist gesagt, Ungläubiger gesagt, verstehst du?. Wenn du fragst, was ein Kommunist ist Kommunist, weiß er es bestimmt nicht." Die Auseinandersetzung mit diesen Gruppen hilft Herrn Fener in der Abgrenzung seine eigene Position klarer zu definieren. Auch hier wird der individuelle Zugang zur Religion deutlich – eine bloße Einhaltung der Regeln lehnt Herr Fener ab.

Durch das gesamte Leben Herrn Feners zieht sich der Druck, der aufgrund seiner religiösen und politischen Einstellung sowohl in der Türkei als auch in Deutschland auf ihn ausgeübt wurde. Dieses Drucks ist er „müde" geworden, wie er an zahlreichen Stellen im Interview beschreibt. So wünscht er sich für sein Alter auch in erster

Linie Ruhe, gerade vor ungerechtfertigten Angriffen. Dies erwähnt er ein weiteres Mal, als er sein Migrationsprojekt bewertet. Auch hier sagt er, Geld allein spiele keine Rolle, ein ruhiges Leben ohne Anschuldigungen sei viel wichtiger. Andererseits scheint es auch dieser Druck und die Auseinandersetzung mit demselben zu sein, der ihn antreibt und durch den er sich und seine Position immer wieder definiert und Bestätigung seiner Ansichten erhält.

Geglaubte und gelebte Wertvorstellungen

Herr Fener ist ein Mensch, der sich für seine Ideale einsetzt und seine Rolle als Lehrer ernst nimmt. Offenheit und ehrlich zu dem zu stehen, was man als richtig erachtet, ist eine Grundstruktur Herrn Feners. Auch wenn es für ihn persönliche Nachteile hat, Nachrede und Verfolgung mit sich bringt, steht er zu seinen Ansichten und setzt sich selbstbewusst mit seinen Anklägern auseinander. Eine zentrale Rolle in seinen Wertvorstellungen nimmt die Bildung ein, die für ihn ein Passe-Partout in viele Richtungen darstellt: Erst Bildung ermöglicht ein selbstbestimmtes Leben. Nur der gebildete Mensch kann der Menschheit „dienen". Diese Maxime verfolgt er konsequent bei der Erziehung seiner Kinder. Die erfolgreiche Ausbildung stellt er über das Leben im Familienverbund und nimmt auch starke finanzielle Einschränkungen dafür in Kauf. Bildung ist bei ihm jedoch auch ein Mittel zur Demontage politischer und religiöser Gegner, denen er Bildung und damit das Recht auf eine akzeptable Meinung abspricht. Er hat eine bildungshierarchisch gegliederte Gesellschaftsvorstellung, in der er sich und seine Kinder mit an der Spitze sieht.

Migrationsbewertung

Daher fällt auch die Migrationsbewertung entsprechend positiv aus: Das Leben des Erstgeborenen konnte durch die in Deutschland stattgefundenen Operationen verlängert werden. Die Kinder haben mit ihrem Studium ihren Platz in der Gesellschaft gefunden und in der Türkei konnte sich die Familie Häuser kaufen. Die materiellen Migrationsziele sind also erfüllt worden. In einer anderen Hinsicht jedoch gibt es zwischen der Türkei und Deutschland keine Verbesserung: Beide Umgebungen ermöglichen es ihm nicht, in Ruhe zu leben. Sowohl das türkische Umfeld in der Türkei als auch in Deutschland verhindern mit ihren Anschuldigungen („Kommunist, Ungläubiger") die „Ruhe", die er braucht, um auch selbst in Ruhe leben zu können. Die Migration hat es ihm ermöglicht, seinen Kindern ein „guter Vater" zu sein, was in seinem Fall bedeutet, ihnen seine gute Ausbildung ermöglicht zu haben.

Zusammenfassung

Herr Fener sieht sich in erster Linie als Lehrer, was bei ihm mehr bedeutet als die reine Ausübung eines Berufes. Diese Ausbildung ist nicht nur der Schlüssel zur gesellschaftlichen Teilhabe, sondern die Berechtigung und Notwendigkeit auf alle Gruppen der Gesellschaft pädagogisch einzuwirken. Sowohl in der Türkei als auch in Deutschland stößt er dabei an seine Grenzen. Die Erwachsenen, auf die er ebenfalls seine erzieherischen Ambitionen richtet, denunzieren und verleumden ihn. Umso intensiver widmet er sich der Ausbildung seiner Kinder, die zwar nicht immer mit seiner Methode (wöchentliche Berichte) wohl aber mit dem Grundsätzlichen einer universitären Ausbildung einverstanden sind. Die Ausbildung seiner Kinder ist für das Selbstbild Herrn Feners von immenser Wichtigkeit. Dadurch kann er zeigen, dass er weder als Vater noch als Pädagoge versagt hat. Er sieht seine Aufgabe als Vater jedoch nahezu ausschließlich auf diesen pädagogischen Bereich reduziert. Es finden sich im Interview, mit Ausnahme der Trauersequenz um den ältesten Sohn, kaum Hinweise, die die emotionale Seite der Vater-Kind-Beziehung berücksichtigen. Entfremdungen zwischen ihm und seinen Kinder, die durch die lange Trennung begründet sind, werden nur ansatzweise und in Halbsätzen thematisiert.

Herr Fener legt eine gewisse Arroganz bei der Beurteilung all der Gruppen an den Tag, die seinen Meinungen aus unterschiedlichen Gründen widersprechen. Er nimmt diese Argumente nicht ernst, sondern demontiert sie dadurch, in dem er ihnen eine unzureichende Bildung unterstellt. Neben seiner Meinung lässt er keine andere Ansicht und Meinung bestehen. Er sieht sich selbst als das Maß aller Dinge und schöpft seine Legitimation aus einem kemalistischen Bildungsideal.

In seinem Leben spielt seine Identität als Sohn und als Ehemann kaum eine Rolle. Er ist ein Individualist, der sich mehr mit seinen Außenaktivitäten identifiziert als durch sein Leben innerhalb der Familie.

Begründung der Typ-Zuschreibung

Obwohl sich im Interview kaum Aussagen über die Kindheit und Jugend und die diese Zeit prägenden Werte- und Normvorstellungen finden, scheint es mir vertretbar, Herrn Fener bereits in der Türkei als Vertreter des Modells der „independence" zu begreifen. In den Erzählungen aus der Türkei wird eine stark individualisierte Persönlichkeit deutlich, die selbstbewusst, auch im Gegensatz zu dem gesamten Umfeld, die eigenen demokratischen Normen und Werte vertritt. Im Sinne individualisierten Handelns war Herr Fener schon immer ein modernes Individuum und weniger eine Person, die sich durch Familienverbände definiert hat. Aus seiner Zeit in der Türkei finden sich keine Textstellen, die sein Leben in Kooperation mit anderen Mitgliedern der eigenen Familie hervorheben. Allerdings erscheint in seiner Logik der Mensch nicht per se in der Lage ein sinnvolles Leben zu führen, sondern muss mittels der Bildung erst das nötige Rüstzeug dazu an die Hand bekommen.

Seine Kinder verbindet er mit keinerlei ökonomischen Nutzen, vielmehr überwiegt der utilitaristische Aspekt. Mit der Ausbildung seiner Kinder tätigt er eine Investition in die Zukunft, denn dadurch ermöglicht er seinen Kindern, den ihnen zustehenden Platz in der Gesellschaft einzunehmen und sich gleichzeitig zu beweisen, dass er als Pädagoge nicht gescheitert ist. Das Leben von Herrn Fener ist weitgehend isoliert von dem seiner Kinder. Eine gemeinsame Planung, ein Zusammenleben ist nicht wünschenswert. Auch dies stellt ein Kriterium des Modells der „independence" dar. Allerdings sind auch hier Brüche bemerkbar. Sie werden dann erkennbar, wenn Herr Fener über die Hochzeit seiner Kinder berichtet. Besonders bei der Verheiratung seiner Töchter, die Deutsche geheiratet haben, war es ihm sehr wichtig türkische Sitten und Gebräuche einzuhalten.

Herr Fener geht in Deutschland konsequent den Weg weiter, den er bereits in der Türkei eingeschlagen hatte: den einer großen Individualität und einem damit verbundenen hohen Bildungsideal. Er definiert sich als handelndes politisches Subjekt, das aktiv an der Gestaltung der Umwelt beteiligt ist. Herr Fener gehört damit dem Typ des kontinuierlichen Modells der „independence" an.

Zuordnung weiterer Fälle zum kontinuierlichen Modell der „independence"

Herr Çınar – der großbürgerliche Prototyp des kontinuierlichen Modells der „independence"

Herr Çınar ist der großbürgerliche Prototyp des kontinuierlichen Modells der „independence". Er grenzt sich jedoch von den übrigen Männern des Samples ab: Er ist der einzige der Befragten, der nicht als Arbeiter angeworben wurde, sondern bereits vor dem offiziellen Beginn der Arbeitsmigration als hochqualifizierter Akademiker nach Deutschland eingeladen wurde. Er steht damit stellvertretend für die Gruppe der Akademiker (u.a. 700 Ärzte Anfang der 1960er Jahre. vgl. Seidel-Pielen, 1995: 8), die noch vor dem offiziellen Beginn der Migration angeworben wurden. Gleichzeitig steht er als Vertreter einer (Lebens-)Form des Bildungsbürgertums, die in der Türkei weitaus häufiger anzutreffen ist, als innerhalb der Gruppe der nach Deutschland migrierten Arbeitsmigranten/innen.

Lebenserfahrung in der Türkei
Eigene Kindheit und Ursprungsfamilie: Herr Çınar entstammt einer bürgerlichen Beamtenfamilie und gehört damit einer Schicht an, die sich von der all der anderen Männer des Samples unterscheidet. So ist Bildung und der Zugang zur Universität für Herrn Çınar und seine Schwestern eine nicht einmal erwähnenswerte Selbstverständlichkeit. Herr Çınar erzählt ausführlich von seiner Ursprungsfamilie. Seine Jugend ist durch häufige Umzüge geprägt, die durch die regelmäßigen Versetzungen des Vaters bedingt sind. Aber auch der Besuch einer weiterführenden Schule für die Schwester ist einmal der Grund für einen Umzug der ganzen Familie. Als er zehn Jahre alt ist, stirbt die Mutter und wenig später der Vater. Die ältere Schwester, die in einer anderen Stadt studiert, nimmt die Geschwister auf und zieht sie groß. Alle Kinder haben studiert. Bildung scheint in der Familie für alle Kinder gleichermaßen erstrebenswert und förderungswürdig gewesen zu sein.

Ehe: Herr Çınar migriert als unverheirateter Mann nach Deutschland, wo er es zunächst genießt als „exotischer Mann" zu gelten, der leicht Freundinnen finden kann. Mit Anfang 30 entschließt er sich jedoch ernsthaft eine Familie zu gründen und sucht seine zukünftige Frau in der Türkei: „Wissen Sie negativ gesagt, aber eh, jedenfalls eh, nach eh, türkische Sitte, ich wollte nie heiraten nämlich eh, die Eltern entscheiden für die der A oder B. Such dir mal von den beiden aus. Und eine heiratest du. Nee, das war nicht meine Art und Weise." Hier distanziert sich Herr Çınar von den von ihm als „traditionell" definierten Heiratspraktiken seines Umfeldes. Gleichwohl geht er den traditionellen Weg, als er seine zukünftige Frau gefunden hat. Er bittet seine ältere Schwester darum, um die Hand der Frau anzuhalten:

„Ich war in Urlaub. Und eh, beim nächsten Treffen, hat er [der Bruder der Frau, Anm. Int1] seinen Segen gegeben. Hab ich meine ältere Schwester offizielle eh, hab ich hingeschickt. Und eh ganz, wie nennt man das? INT1: Um die Hand anhalten? FRAU ÇINAR: Ja HERR ÇINAR: Hand anhalten. Und hab die Gespräche geführt, und dann durften wir zusammen paar Mal ausgehen. Und haben wir uns kennengelernt. FRAU ÇINAR: Paar Mal? Jeden Tag! [Int1 lacht, Frau Çınar lacht]."

Was zunächst „traditionell" aussieht, ist bei näherem Hinsehen jedoch eher die Einhaltung einer Konvention. Herr und Frau Çınar kannten sich bereits seit Jahren und Herr Çınar war mit den Geschwistern seiner zukünftigen Frau befreundet. In der obigen Textpassage ist es auch Frau Çınar, die dann darauf hinweist, dass sich die Verlobten regelmäßig alleine getroffen haben. Frau Çınar, die ebenfalls aus einer großbürgerlichen Familie stammt, wollte zunächst nicht nach Deutschland und es bedarf langer Überredungskünste seitens Herrn Çınars, um sie zu einer Übersiedlung zu bewegen:

„Also die ein- Zimmer oder zwei-Zimmer wollt ich nicht haben. Wenigstens musste die Bad haben. Das war ja das die Kuriose damals. Das hab ich in der Türkei nicht gesehen, nicht, nicht gelernt. Dass man in einem Hochhaus, eh, sagen wir mal Altbauhochhaus, in eh, zwischen den Treppen war eine Toilette. Die obere und untere Nachbarn immer in Toilette gegangen und haben die nicht mal die Waschraum gehabt. Zum Waschen. Also keine Dusche! Kein Bad! Hab ich immer mich gewundert, wie die Deutschen sich waschen."

Erst als er ihr ein Haus und keine Mietwohnung mit Etagenklo bieten kann, ist sie bereit, ihm nachzuziehen. Für Herr und Frau Çınar bedeutete der Umzug nach Deutschland erhebliche Abstriche an ihr gewohntes Lebensniveau.

Kinder: Alle Kinder werden in Deutschland geboren.

Räumliches Umfeld: Über das räumliche Umfeld finden sich keine Angaben. Als Angehöriger der Oberschicht und als Kind einer Beamtenaristrokratie verkehrte Herr Çınar in der Türkei in westlich orientierten Kreisen. Das Dorfleben mit seinen Zwängen ist ihm unbekannt. Seine berufliche Karriere war durch das Vorbild des Vaters bereits vorgegeben. Es stand für ihn nie außer Zweifel, dass er studieren würde.

Lebenserfahrung in Deutschland
Ursprungsfamilie: Der Kontakt zu den Geschwistern in der Türkei ist zwar noch vorhanden, jedoch hat er sich, nach Angaben Herrn Çınars durch die Entfernung abgekühlt. Die Ursprungsfamilie verliert gegenüber der eigenen Familie stark an Wichtigkeit und Präsenz.

Ehe: Frau Çınar ist in Deutschland entsetzt von den hygienischen Umständen und findet sich zunächst nur schwer zurecht. Herr Çınar möchte nicht, dass seine Frau arbeitet, da er möchte, „dass sie das Leben genießen soll". Frau Çınar bekommt in der abgelegenen Wohnung und ohne Kontakt zu Nachbarn starke Depressionen und Angstzustände. Nach der Geburt der Kinder beginnt Frau Çınar stundenweise Kurse zu geben und entwickelt sich in Herrn Çınars Augen zur „Mutter der Nation" für die türkischen Frauen im Umfeld, die Probleme mit Kindern und Mann haben. Herr Çınar ist sehr um das Wohl seiner Frau besorgt. Dinge, die sie physisch oder psychisch belasten könnten, versucht er von ihr fernzuhalten. So übernimmt er auch „schwerere" Arbeiten im Haushalt, wie Staub saugen, putzen etc. Herr Çınar unternimmt keine geschlechtsspezifischen Arbeitsaufteilungen. Seine Frau ist während des gesamten Interviews in seinen Erzählungen präsent. Immer wieder beruft er sich auf sie, bittet uns, sie zu fragen, um in seinen Aussagen Unterstützung zu finden. Er vermittelt den Eindruck, dass das Paar Entscheidungen gemeinsam trifft, und sie eine gleichberechtigte Stellung haben. Herr Çınar definiert sich in großem Maße als

Ehemann, der das gemeinsame Leben in Absprache mit seiner Frau plant und gestaltet und ihr ein geruhsames und arbeitsfreies Leben bieten möchte.

Kinder: Die Kinder, drei Söhne und eine Tochter, werden alle in Deutschland geboren. Herr Çınar setzt durch, dass keines seiner Kinder auf die Sonderschule muss, was die Empfehlung der Lehrkräfte nach der vierten Klasse gewesen war. Hier setzt er sich aktiv mit dem deutschen Schulsystem auseinander und kämpft in zahlreichen Briefen für ihren weiteren Besuch an Regelschulen. Die Jungen absolvieren eine Ausbildung, die Tochter studiert. Das Ausbildungsniveau der Söhne entspricht jedoch nicht den Ansprüchen Herrn Çınars, der seine Kinder gerne alle in einer gewinnträchtigen Branche gesehen hätte, und der Meinung ist, wäre die Familie in der Türkei geblieben, wären alle Kinder in Führungspositionen aufgestiegen. Die Migration bedeutete in diesem Fall für Herrn Çınar den beruflichen Abstieg der nächsten Generation.

Herr Çınar möchte einerseits auf seine Kinder acht geben, auf sie einwirken, und sie eben nicht mit 18 Jahren aus der elterlichen Fürsorge entlassen, gleichzeitig thematisiert er, dass den Kindern individuelle Freiheiten zustehen. Für ihn war es eine Selbstverständlichkeit, dass bei der Planung des Eigenheims den Kindern die obere Etage gehört, und die Kinder dort ihren Freiraum haben. Im Interview finden sich sonst keine Stellen, die nähere Auskunft über Erziehungsvorstellungen geben und/oder Vergleiche mit der Situation der Kinder mit der eigenen Situation in der Türkei ziehen würden. Herr Çınar identifiziert sich ebenfalls sehr stark mit seiner Rolle als Vater. Die intensivste Bindung hat er mit seiner Tochter, die als Jüngste und als einziges der Kinder, den beruflichen Vorstellungen des Vaters entspricht. Die Söhne gehen mit ihrer beruflichen Selbständigkeit einen Weg, den der Vater nur sehr verhalten kritisiert. Es lassen sich keine Stellen im Interview finden, die einen Konflikt mit den Söhnen um die berufliche Zukunft zeigen. Herr Çınar hat ihren Lebensweg akzeptiert, genauso wie die Tatsache, dass sein Sohn mit seiner deutschen Freundin zusammenlebt und ein Kind mit ihr hat. Auch an dieser Stelle äußert er keine Kritik an der Lebensweise, sondern lediglich der Hinweis, sein Sohn habe ihn „zum Opa gemacht", was ihn sehr freue und man lebe „schließlich im 20. Jahrhundert". Dieses „Leben im 20. Jahrhundert" thematisiert Herr Çınar öfter im Zusammenhang mit seinen Kindern und legitimiet damit deren Verhaltensweisen in einer Art, die keinen Widerspruch erlaubt. Herr und Frau Çınar besuchen diesen Sohn, der einige hundert Kilometer von den Eltern entfernt wohnt, regelmäßig. Seine Aufgaben als Vater sieht er darin, seinen Kindern „etwas Besseres" zu bieten, womit er damit zum einen eine schöne Wohnumgebung meint, aber auch die berufliche Ausbildung. Es geht ihm nicht darum, den Kindern etwas Besseres zu bieten, als er selbst es hatte.

Räumliches Umfeld: Herr Çınar ist in Deutschland in zahlreiche Auseinandersetzungen mit deutschen Behörden verwickelt gewesen. Er hat sich immer aktiv für seine Rechte eingesetzt und diese auch durchgeboxt. Sein Leben in Deutschland beschreibt er als permanenten Kampf mit Behörden, die vom intellektuellen Niveau her unter ihm stehen:

„Also eh, [kleine Pause] wenn sie Ausland sind länder sind in Deutschland, dann müssen sie mal eh, nicht aufgeben, sondern immer weiter kämpfen. Dann erreichen sie was sie wollen. Nur, eh, leider Gottes, deutsche Behörden, das kommt wahrscheinlich von der Schule her, weiß es nicht, betrachten die, was nicht deutsch ist, hatte jetzt mit Nationalismus nichts zu tun, das ist Erziehungsfrage wahrscheinlich oder Bildungsfrage. Das sind zwei zweitklassige. Musste man immer wieder kämpfen."

Herr Çınar, im Bewusstsein seines eigenen Bildungshintergrundes und mit dem generationenübergreifenden Selbstbewusstsein der Führungselite der Türkei, geht Auseinandersetzungen aktiv an und ficht seine Rechte durch.

Der Kontakt mit deutschen Nachbarn und dem deutschen Umfeld ist regelmäßig, wenn auch nicht sehr intensiv. Herr und Frau Çınar sind im türkischen Umfeld Ansprechpartner bei Problemen innerhalb der türkischen Gemeinde oder in Auseinandersetzungen mit deutschen Behörden. Die Deutschen erscheinen ihm kalt und unfähig zu tieferer Bindung („jedes Haus ist eine Berliner Mauer"). Weder das türkische noch das deutsche Umfeld haben jedoch Einfluss auf wichtige Lebensentscheidungen Herrn Çınars. Er führt sein Leben sehr individuell und trifft wichtige Entscheidungen in Absprache mit seiner Frau.

Begründung der Typ-Zuschreibung
Herr Çınar gehörte sowohl in der Türkei als auch in Deutschland dem kontinuierlichen Modells der „independence" an. Im Gegensatz zu vielen anderen Männern des Samples handelt er dabei in Übereinstimmung mit dem Umfeld seiner Kindheit und Jugend. Er geht den Weg, der ihm vorgelebt worden war, sowohl in Deutschland als auch in der Türkei weiter. Bereits in seiner Kindheit steht seine berufliche Ausbildung und der Aufstieg in eine Führungsposition fest. Die Selbstverständlichkeit der beruflichen Verwirklichung sowohl von Herrn Çınar als auch von seinen Schwestern ist eines der Zeichen des Modells der „independence". Nach dem Tod der Eltern besteht nur ein loser Kontakt mit den noch lebenden Geschwistern. Die eigene Familie ist ein stärkerer Bezugspunkt als die Herkunftsfamilie. Herr Çınar definiert sich als ein Individuum, das selbst für den Erfolg und Misserfolg in seinem Leben verantwortlich ist. Um den erwünschten Erfolg zu bekommen, handelt er aktiv und in bewusster Konfrontation mit Behörden oder Einrichtungen, die sich ihm entgegenstellen. Ehefrau und Kinder sind wichtige Identifikationspunkte in seinem Leben. Er möchte ihnen mit seiner Arbeit die Grundlage schaffen, für ein selbstbestimmtes Leben im Wohlstand. Obwohl er angibt, die Kinder schützen zu wollen, verfügen

diese bereits im Haushalt der Eltern über ein hohes Maß an individueller Freiheit. Die Interaktion mit seiner Ehefrau ist durch gemeinschaftliches Handeln geprägt. Beide agieren als Paar. In der Partnerschaft ist genügend Platz für individuelle Aufgaben und Hobbies, die von den Partnern wechselseitig anerkannt werden. Herr Çınar führt das Modells der „independence" in Deutschland konsequent weiter.

Herr Volkan – „Das muss er selbst entscheiden"

Lebenserfahrung in der Türkei
Eigene Kindheit und Ursprungsfamilie: Es gibt wenig detaillierte Angaben über die Ursprungsfamilie. Herr Volkans leibliche Mutter stirbt unmittelbar nach der Geburt. Auch zwei Stiefmütter sterben. Der Vater, ein Hoca, wird als eine Person beschrieben, die immer sehr viele Leute (Schüler?) um sich herum hatte, aber weniger auf den eigenen Sohn achtete. Als der Vater sich weigert, dem Sohn ein eigenes Zimmer zur Verfügung zu stellen, wo dieser sich in Ruhe hätte auf die anstehenden Prüfungen (Mittelschule) vorbereiten können, reißt Herr Volkan mit 13 Jahren für sechs Monate von zu Hause aus. Es finden sich keine Hinweise auf die Reaktionen des Vaters auf diesen Ausbruch.

Über seinen Vater berichtet er weiterhin, dass dieser ihn gelehrt habe, dass es bei allen Menschen, gleich welcher Religion, gute und böse Menschen gäbe, und man selbst danach beurteilt werde, mit wem man verkehre.

„Und meine Vater hat er immer gesagt: ‚Du Junge, Menschen alle gleich. Keine unterschiedlich. Keine unter... du musst immer guter Menschen zusammenbleiben. Wenn du bist gut, wenn du schlechte Menschen zusammen sind, du bist auch schlecht dann. Wenn du eh, gutes Menschen zusammen sind, du bist immer guter Menschen bleib'. "

Frauen (Mutter, Schwester, Tante o.Ä.), die für seine frühe Biographie eine Rolle gespielt haben, lassen sich im Interview nicht erkennen.

Ehe: Herr Volkan wird gegen sein Wissen und gegen seinen erklärten Willen mit 23 Jahren mit einer 15-jährigen Verwandten verheiratet. Er wehrt sich gegen die Entscheidung seines Vaters und seines Onkels, beugt sich aber dann der Autorität und der massiven Drohung des Vaters:

„Und zwei Monate später, und ich geh dann mal Stadt und die Leute sagen: ‚Oh, gratulier'. ‚Was hast du denn?' ‚Ja du bist verlobt, und weißt du denn nicht?' ‚Nee!' [Alle lachen] ‚Ist so! Ja, ja, deine Onkel Tochter.' Ich hab gesagt, ‚wer hat er gesagt?' ‚Ja, dein Vater und so.' Ich hab sofort zu Hause. Ich sag meine Vater gesagt. ‚Ja, du musst verheiraten, du dann nachher, du gehst mal Fremde und so weiter und so weiter.' Ich hab gesagt: ‚Ich bin nicht dumm die, eh Fremde gehen und so weiter. Und auch will nicht heiraten.' ‚Warum nicht?' ‚Die ist meine Tante Tochter, ihre Tochter [unv1Wo] meine

Onkel Tochter. Ich bin genau wie sie ihr! Onkel Sohn und Tante Sohn. Wie soll ich die dann heiraten?' ‚Ne', sag... sagt er. ‚Du musst so heiraten sonst ich eh, eh, rede nicht, red nicht mehr. Du bist nicht meine Sohn.' Damals hab ich, wir glauben unsere Eltern. Was du unsere Eltern sagt, wir glauben dran. Wir denken denn, unsere Eltern macht er nicht verkehrt. Ne?"

Hier deutet sich bereits ein Wandel im Verhältnis zu den Eltern an. Als Kind und Jugendlicher hatte er keine andere Wahl als den Eltern zu glauben. Heute, aus der Distanz heraus, sieht er, dass viele Entscheidungen aus dieser Zeit eben nicht dem Wohle des Kindes gedient haben und dass das, was die Eltern sagen, nicht immer richtig ist.

Mit dem Einverständnis seiner Frau migriert Herr Volkan nach Deutschland. Über die Ehe in der Türkei und das Verhältnis der Eheleute untereinander sind im Text keine relevanten Stellen zu finden.

Kinder: Beide Kinder werden in der Türkei geboren. Die schwere Behinderung seines Erstgeborenen führt Herr Volkan auf den Umstand zurück, dass er seine zweifache Cousine hatte heiraten müssen.

Räumliches Umfeld: Herr Volkan wächst in einem religiös geprägten Umfeld auf. Es gibt außer dem Vater und dem Onkel (dem Vater seiner Frau) jedoch keine Hinweise auf Personen oder Gruppen, die ihn in seinen Entscheidungen beeinflusst oder diese bestimmt hätten.

Lebenserfahrung in Deutschland
Ursprungsfamilie: Der Kontakt zu den Geschwistern ist durch die Migration weniger geworden. „Jaha [unv3-4Wo] wenn ich telephonierte, dann geben die Antwort, wenn ich nicht telephonierte, dann fragt da keiner [alle lachen]. Das ist so."

Der Vater ist Anfang der 1980er Jahre verstorben. Aus der heutigen Perspektive reflektiert Herr Volkan über seine Jugend in der Türkei und den starken Einfluss der Eltern, den er mittlerweile als falsch erachtet. In erster Linie im Umfeld seiner eigenen Eheschließung kritisiert er die Eltern, die ihn gegen seinen Willen verheiratet haben. Dieser Eheschließung gibt er die Schuld an seinen behinderten Kindern:

„Meine älteste Sohn eh, von Geburt. Er kann auch nichts sehen, geistige behindert. Und auch blind.[...]. Und eh, wer ist denn Schuld dran? Ich nicht! Meine Eltern. Meine Eltern. Dann hab ich meine ganze Verwandten, meine, ich hab des zwei Schwestern, ich habe einen Bruder, jeder hatte sechs, sieben Kinder. [lacht] Meine Bruder hat er sechs, sieben, meine beiden Schwestern hatte sechs, sieben. Und ich hab gesagt: ‚Meine Neffen und meine Nichten. Pass bloß du nicht diese Verwandte, Verwandte eh, Verwandte heiratet.' Nicht nur [unv1Wo] alle hat er die Fremde geheiratet. Das sagt dann die, die verheiratet ist: ‚Onkel, Onkel Cem seine Kinder sind behindert. Wir wollen dann auch nicht eh, Verwandte heiraten.' So wars gewesen."

Seinen Nichten und Neffen stellt er die Geburt seiner Kinder als Negativbeispiel dar und versucht sie dahingehend zu beeinflussen, dass sie auf keinen Fall Verwandte heiraten sollen. Hier ruft er die Kinder zur Rebellion gegen mögliche Ansprüche der Eltern auf.

Ehe: Vor der Migration hatte Herr Volkan das Einverständnis seiner Frau erhalten, nach Deutschland gehen zu können. Im Interview vermittelte Herr Volkan nicht den Eindruck, er habe ein Interesse daran gehabt, seine Familie nach Deutschland nachzuholen. 12 Jahre lebte er ohne sie in Deutschland. Frau Volkan kommt auf eigenen Wunsch nach Deutschland, als sich in der Türkei die politische Lage zu Beginn der 1980er Jahre zuspitzt. Nach zwei Jahren möchte sie wieder zurück, da sie sich ohne Nachbarn und Freunde einsam fühlt. Es finden sich keine Äußerungen im Interview, die einen Eindruck von dem Zusammenleben des Paares liefern. Auch in diesem Fall war die Ehe nicht auf Basis individueller Zuneigung geschlossen worden, sondern kam gegen den erklärten Widerstand Herrn Volkans zustande. Das Paar hat nur wenige Jahre in der Türkei zusammengelebt. Herr Volkan lebt bis auf drei Jahre, alleine in Deutschland.

Kinder: Die Kinder waren lediglich für drei Jahre in Deutschland. Danach kehrten sie mit der Mutter in die Türkei zurück. Für seinen jüngeren Sohn wünscht sich Herr Volkan eine gute Ausbildung:

„‚Du Junge [kurze Pause], meiner Leben ist, meiner Leben ist momentan futsch, eh kaputt gegangen. Ist gegangen. Ich hab die gute Seiten gehabt, schlechte Seiten. Gut, schlechte Seiten ist nur von Familietrennung, alleine leben. Das ist da die Schlimmste, sonst nicht. Ich magte, ich möchte, ich möchte, du nicht meine Stelle werden. Wir müssen anderes werden. Du ein denken, nicht Arbeiter werden. Du musst selbständig machen oder was anderes machen, aber nicht Arbeiter werden.'"

Die in Dialogform mit seinem Sohn dargestellte Sequenz zeigt, dass Herr Volkan möchte, dass sein Sohn sein Leben aktiv in die Hand nimmt, und die Chancen wahrnimmt, die sich ihm bieten. An anderer Stelle kritisiert er auch die türkischen Freunde in Deutschland, die nicht den Ehrgeiz hätten, ihren Kindern eine andere Zukunft zu bieten als die eines Arbeiters.

Im Gegensatz zur Geschichte seiner eigenen Eheschließung hat er bei der Ehe seines Sohnes entschieden mit den Traditionen der eigenen Kindheit gebrochen, unter denen er selbst sehr gelitten hat. Er stellt sich nicht nur gegen eine arrangierte Ehe, er weigert sich auch, mit der Entscheidung überhaupt in Kontakt zu kommen.

„Ich hab, da war nur eine Mal mal Anruf gekommen. Und war da meine Frau. ‚Ja? Was gibt's?' ‚Ja, ich kenne eine Bekannte und hübsche Frau, eh hübsche Frau, entschuldige, eh, eh Mädchen. So gut, intelligent und so weiter und so weiter'. Ich hab gesagt: ‚Ja und?

Ich will doch nicht die heiraten. Du musst du deine Sohn Bescheid sagen. Warum sagst du dann zu mir?"'

Es finden sich im gesamten Interview keine Hinweise auf das Geschlechterverständnis von Herrn Volkan.

Räumliches Umfeld: Herr Volkan setzt sich ausführlich mit dem deutschen und türkischen Umfeld auseinander. Er, der sehr viele deutsche Freunde hat, und mit diesen viel Zeit verbringt, kritisiert die Türken seiner Umgebung, denen er vorwirft, sich auszuschließen. Er selbst ist fest im deutschen Umfeld integriert, lebt als Untermieter mit kurzer Unterbrechung seit über 20 Jahren bei der gleichen deutschen Familie, bei der er sich sehr wohl fühlt. Selbst wenn er nach der Rente in die Türkei zurückkehrt, wird er seine deutschen Freunde vermissen und aus diesem Grund nach Deutschland pendeln wollen.

Begründung der Typ-Zuschreibung: Die Zuordnung zu einem Männlichkeits- und Familientypus in der Türkei ist nicht eindeutig leistbar. Durch den frühen Tod der Mutter und drei aufeinanderfolgende Stiefmütter scheint keine starke emotionale Anbindung an die Ursprungsfamilie bestanden zu haben. Früh geht Herr Volkan eigene Wege, beschließt für sich, dass er die Schule weiter besuchen möchte und verlässt für einige Monate das Elternhaus, als ihm der Vater nicht den nötigen Raum zur Examensvorbereitung zur Verfügung stellt. Erst im Umfeld seiner Hochzeit wird der patriarchalische Einfluss des Vaters deutlich, dem sich der Sohn beugt. Er heiratet unter Protest seine Cousine. In allen anderen Lebensbereichen stellt sich Herr Volkan jedoch als ein sehr individualistischer Mensch dar, der seine Ziele durchsetzt. Er entscheidet sich für eine Migration nach Deutschland, wobei er als Motiv Abenteuerlust angibt. Hier lebt er ohne seine Familie und baut sich in Deutschland ein Leben auf, das von allen familiären Zwängen befreit ist. Weder die Familie, noch die Religion, noch das türkische Umfeld haben Einfluss auf seinen persönlichen Lebensstil. Er reflektiert auch kritisch die eigene Erziehung und ändert einige Punkte bei seinem eigenen Kind. Die Eheentscheidung legt er gänzlich in die Hände seines Sohnes. Herr Volkan kann als Vertreter des kontinuierlichen Modells der „independence" verstanden werden. Er sieht sich in erster Linie als Individualist, der sein Leben so in die Hand nimmt, wie es ihm gefällt. Frau und Kindern gegenüber erfüllt er finanzielle Verpflichtungen, die weiteren Familienmitglieder spielen keine große Rolle mehr.

Herr Ergin – „Dann habe ich meine Frau kennengelernt"

Lebenserfahrung in der Türkei
Eigene Kindheit und Ursprungsfamilie: Herr Ergin wächst in einer Kleinstadt auf. Er besucht die Volksschule und beginnt im Alter von 12 Jahren eine Lehre. Es finden sich keine Aussagen im Text, die Rückschlüsse auf Erziehung, sowie Werte- und Normentransfer liefern könnten. Die Eltern von Herrn Ergin sterben 10 Jahre nach seiner Migration nach Deutschland. Sie spielen weder in den Erzählungen aus der Türkei noch aus denen in Deutschland eine Rolle.

Ehe: Herr Ergin lernt seine deutsche Frau in Deutschland kennen.

Kinder: Das Paar hat keine Kinder.

Räumliches Umfeld: Herr Ergin erzählt nichts über sein Umfeld zur Zeit seiner Kindheit und Jugend in der Türkei. Etwas ausführlicher berichtet er von den Gefühlen, die er bei seiner versuchten Rückkehr in Türkei hatte. Dort erlebt er die Entfremdung zwischen sich und dem türkischen Umfeld sehr schmerzlich. Er empfindet die Menschen als kalt, unnahbar und berechnend.

„Ja klar hat, alles alles sich geändert so Freundschaft ist überhaupt keine; Bekannte so wenig und das heißt in Deutschland gekommen: reich, viel Geld. Wenn irgendwo Geld borgen, die sind da, ne? Wenn ich jemand brauchen we'n Hilfe oder was fragen, die sind nicht da. Das ist Freundschaft oder Bekanntschaft aus."

An diesem Umfeld scheitert dann auch die Rückkehr und das Paar zieht wieder nach Deutschland.

Lebenserfahrung in Deutschland
Ursprungsfamilie: Von der Familie Herrn Ergins lebt noch eine Schwester, die er bei Urlauben besucht. Die Ursprungsfamilie spielt keine Rolle mehr in den Erzählungen Herrn Ergins. Finanzielle Transferleistungen zur Ursprungsfamilie fanden nicht statt, da es den dortigen Familienmitgliedern finanziell besser ging als Herrn Ergin in Deutschland.

Ehe: Herr Ergin ist der einzige Mann aus dem Sample, der eine Deutsche geheiratet hat. Zum Zeitpunkt der Eheschließung ist Herr Ergin 31 und seine Frau 43 Jahre alt. Im Interview ist Frau Ergin anwesend und sehr dominierend. Sie antwortet für ihren Mann, erzählt seine Geschichten so, als sei sie dabei gewesen, was Herr Ergin ab und zu mit einem: „So war es aber gar nicht" kommentiert, um dann seine Version zu erzählen – selbst dann immer wieder unterbrochen von seiner Frau. Obwohl kinderlos spricht sich das Paar mit „Mutti" und „Vati" an. In der Ehe scheint es eine geschlechtsspezifische Arbeitsaufteilung zu geben: Herr Ergin kümmert sich um alle anfallenden „Bastelarbeiten" im gemeinsamen Haushalt und im Hotel, während Frau Ergin für das Waschen, Saubermachen und Kochen zuständig ist. Da es aber keine Aussagen über das Geschlechterverhältnis in der Türkei gibt, können hier keine Rückschlüsse auf eventuelle Wandlungen gezogen werden.

Kinder: Das Paar ist kinderlos.

Räumliches Umfeld: Herr Ergin hat nicht viel Kontakt mit den Türken aus seinem Umfeld. Er geht nicht in die Moschee, besucht keine Teehäuser und macht selten Besuche. Seine Freizeit verbringt er zu Hause mit seinen Hobbys und seiner beruflichen Tätigkeit, die er von zu Hause aus erledigt, und deren Arbeitsaufwand nie im Vorhinein abgeschätzt werden kann. Ein Einfluss des räumlichen Umfeldes auf das Leben Herrn Ergins ist nicht erkennbar.

Begründung der Typ-Zuschreibung
Die Einordnung Herrn Ergins fällt außerordentlich schwierig, da es kaum Aussagen zum Leben in der Türkei und einen möglichen Wandel gibt und auch keine Kinder vorhanden sind, an denen sich ein Wandel am ehesten manifestiert. Jedoch schon in der Türkei gibt es Hinweise, dass Herr Ergin dem Modells der „independence" angehört an. Als einer der wenigen Männer aus dem Sample wird er nicht in jungen Jahren verheiratet. Nach seiner Lehre arbeitet er einige Jahre lang selbständig, bis sich sein Geschäft finanziell nicht mehr trägt. Auch in Deutschland kann Herr Ergin dem Modell der „independence" zugerechnet werden. Er begreift sich als Individuum, das keinem (familiären) Kollektiv zugeordnet ist. Starke familiäre Bindungen mit der Ursprungsfamilie sind nicht mehr erkennbar. Herr Ergin hat ein intensives Verhältnis zu seiner Ehefrau. Die Ehe wurde auf persönlicher Sympathie gegründet. Für Herrn Ergin bedeutete die Heirat mit der 12 Jahre älteren Frau den Verzicht auf eigene Kinder. Die Gattenbeziehung steht im Vordergrund seiner männlichen Identität.

Herr Bilen – „Das muss meine Tochter selbst wissen"

Lebenserfahrung in der Türkei
Eigene Kindheit und Ursprungsfamilie: Herr Bilen hält sich sehr zurück, was Details aus seiner Kindheit und Jugend angeht. Über die Eltern sagt er lediglich, sie seien gestorben, als er noch in der Türkei war. Er macht keine Angaben über das Verhältnis zu seinen Eltern, dem gemeinsamen Leben oder den Geschwistern. Das einzige Mal in dem Interview, in dem er sich auf seine Eltern, in deren Funktion als Vermittler von Tradition beruft, geschieht im Zusammenhang mit Religion, die man quasi von

den Eltern erbt. Mit 13 Jahren verlässt er sein Elternhaus, um Tausende von Kilometern entfernt von seinem Geburtsort eine Lehre zu machen. Über die näheren Umstände dieses Umzuges, seine Gefühle bei der Trennung von seiner Familie, und die Lebensbedingungen in der Großstadt, schweigt er. Er erscheint in seinen Erzählungen erst wieder als handelnde Person zur Zeit seines Militärdienstes. Zu diesem Zeitpunkt lebt er bereits in einer anderen Großstadt. Sein Leben zwischen 13 und 18 Jahren bleibt im Dunkeln. Herr Bilen war sehr früh auf sich selbst gestellt und verfolgte, neben dem Aufbau eines traditionellen Handwerkergeschäfts, konsequent seinen Traum, Musiker zu werden. Als er mit dem Handwerksgeschäft scheitert, und auch die Musik ihn nicht ernähren kann, entschließt er sich zur Migration nach Deutschland. Herr Bilen führt bereits in der Türkei ein sehr individuelles Leben.

Ehe: Herr Bilen lernt seine spätere Frau durch die Vermittlung einer Nachbarin kennen. Beide Beteiligten, er ist zu diesem Zeitpunkt 27, seine Frau 20 Jahre alt, beschließen zu heiraten. Zumindest bei Herrn Bilen ist nicht ersichtlich, dass seine Familie bei dieser Entscheidung eine Rolle gespielt hat. Zum Beginn der Migration waren auch die Eltern von Frau Bilen bereits verstorben, so dass das Paar alle Entscheidungen alleine traf.

Kinder: Die Tochter verlässt mit der Mutter die Türkei als sie acht Monate alt ist. Sie wächst in Deutschland heran.

Räumliches Umfeld: Herr Bilen berichtet nicht, dass sein Umfeld in der Türkei in irgendeiner Weise Einfluss auf ihn oder seine Entscheidungen hatte. Er thematisiert weder positive noch negative Sanktionen. Im Interview hat es den Anschein, als habe er sein Leben in der Türkei gänzlich ohne äußere Einflüsse geplant und gelebt.

Lebenserfahrung in Deutschland
Ursprungsfamilie: Der Kontakt zu den Geschwistern ist sehr reduziert. Zunächst erzählt Herr Bilen seine Geschwister alle ein, zwei Jahre bei den regelmäßigen Besuchen in der Türkei zu sehen, dann relativiert er dies, indem er berichtet bereits seit fünf Jahren nicht mehr in der Türkei gewesen zu sein. Geldtransferleistungen hatten noch nie, auch nicht zu Beginn der Migration, stattgefunden. Seine Familie besteht aus seiner Frau und seiner Tochter.

Ehe: Bereits in der Türkei hatte das Paar gemeinsam über die Migration nach Deutschland entschieden. Das partnerschaftliche Verhältnis wird auch in Deutschland beibehalten. Beide Ehepartner arbeiten außerhalb des Hauses und teilen sich die anfallende Hausarbeit:

„Ja, wir, wir teilen uns mit meiner Frau Haushalt. Z.B. ich wasch ab, Geschirr und nach Essen. Oder ich sauge. Ja. Gründlich machen wir am Wochenende. Wer Zeit hat. Meine Frau oder ich. Dies bei uns gibts nicht unbedingt die Frau macht, oder der Mann macht."

Kinder: Die Tochter, die das musikalische Talent ihres Vaters geerbt hat, hat sich gegen eine musikalische und für eine herkömmliche Ausbildung entschieden. Ihr Vater, der große Stücke auf die Intelligenz seines Kindes hält, lässt ihr in allen Lebensbereichen Freiräume bis auf die Eheschließung. Hier gibt er ihr klare Vorgaben: Sie muss einen sunnitischen Türken heiraten. Ehen mit Christen lehnt Herr Bilen ab, da sich unterschiedliche Religionen seiner Meinung nach auf Dauer „nicht vertragen". Aber auch einen nichttürkischen Muslim lehnt Herr Bilen für sein Kind ab, da sich auch „unterschiedliche Mentalitäten" auf Dauer für das Gelingen eines harmonischen Lebens als hinderlich erweisen. Wobei er die Mentalitäten lediglich an verschiedenen Essgewohnheiten erklärt. In der Frage der Ehe seiner Tochter greift Herr Bilen das einzige auf, was er seiner Meinung nach von seinen Eltern gelernt hat, nämlich die Religion. Dies möchte er nun seinerseits an sein Kind weitergeben und besteht darauf, dass sie dieses Erbe annimmt.

Räumliches Umfeld: Herr Bilen betont mehrmals, dass seine Familie die einzige ausländische Familie im Wohnviertel ist. Aus dem türkischen Gemeindeleben hat er sich weitgehend zurückgezogen. Er geht nicht in die Moschee und besucht keine Teehäuser. Seine Religion übt er individuell zu Hause aus. War er in den ersten Jahren seines Lebens in Deutschland noch rege in türkische Vereinsaktivitäten (Aufbau einer Musik- und Tanzgruppe) involviert, hat er sich aus diesen Bereichen nach Enttäuschungen und aus dem Wunsch heraus, mehr Zeit für sich selbst zu haben, zurückgezogen. Herr Bilen hat für seine gesamte Familie die deutsche Staatsbürgerschaft beantragt. Er hat für sich den Umweltschutz entdeckt und identifiziert sich in weiten Teilen mit dem Land, in dem er lebt.

„Wir sind auch bewusst viele. Umweltbewusst z.B. Schonen wir auch deutsche Staat wie unsere Heimatstaat, weil wir leben hier und z.B. ich persönlich, ich schone deutsche Straßen beim Straßen, Bäume. Wer macht beschädigt, denn ich bin sehr böse, weil ist meine Staat Deutschland, weil ich lebe hier. Muss ich schützen, muss ich schonen."

Herr Bilen ist der Meinung, dass sein individueller Einsatz (Schutz der Umwelt) eine Rolle spielt und Wirkung hat.

Begründung der Typ-Zuschreibung: Auch bei Herrn Bilen ist es schwierig, einen Wandel in Männlichkeitsvorstellungen festzustellen, weil die Informationen über das familiäre Gefüge in der Türkei, den Umgang miteinander, die tradierten Werte und Normen zu wenig aussagekräftig sind. Alle Aussagen, die Herr Bilen trifft, deuten jedoch darauf hin, dass er bereits in der Türkei eher dem Modell der „independence" angehört hat und dies in Deutschland noch ausbaut. Die Großfamilie spielt keine Rolle mehr. Die Eltern Herrn Bilens sterben früh, und als Dreizehnjähriger beginnt er fernab der Familie eine Lehre. Das Individuum, und dessen individuelle Aktionsmöglichkeiten (Umweltschutz, Bewahren türkischer Jugendlicher von der Strasse durch musikalische Aktivitäten) stehen im Mittelpunkt. Der Erziehungsstil gegenüber der Tochter ist geprägt von Werten wie „Selbstverantwortung" und „Eigenständigkeit". Einziger Bruch in dieser Sichtweise ist der Stellenwert der Religion. Seine Tochter soll nur einen sunnitischen türkischen Muslim heiraten. Doch auch sein Verhältnis zur Religion ist durch eine hohe Individualität geprägt. Ein gemeinsames Gebet mit anderen Gläubigen findet nicht statt. Die Religion wurde individualisiert und in den privaten Bereich transferiert. Herr Bilen definiert sich nicht so sehr über seine Rolle als Vater oder Ehemann, sondern ist in erster Linie Musiker. Die familiären Identitäten stehen hinter der individuellen Wahl zurück. All dies sind Zeichen des Modells der „independence".

Der Typ des kontinuierlichen Modells der „independence"

Die Ursprungsfamilie

Die Vertreter des Modells der „independence" kommen aus dem kleinstädtischen und städtischen Raum. In der Regel haben sie alle zumindest die Grundschule besucht. Alle Männer dieses Typs verfügen über eine Ausbildung, teilweise Studium, und haben in ihren erlernten Berufen bereits vor ihrer Migration nach Deutschland gearbeitet. Die familiäre Struktur der Herkunftsfamilie kann sowohl dem Modell der „interdependence" als auch dem Modell der „independence" zuzuordnen sein. „Kontinuität" erklärt sich in diesem Fall aus der Perspektive des Befragten. Er kann sowohl das Modell, das ihm seine Eltern vorgelebt haben, kontinuierlich weitergelebt haben, es kann jedoch auch vorkommen, dass er sich selbst auch dann dem Modell der „independence" von frühester Jugend an kontinuierlich verbunden fühlt, wenn seine Eltern dem Modell der „interdependence" angehören. Für die Entscheidung in Hinblick auf den eigenen Lebensweg ist ausschlaggebender, wie lange die Ursprungsfamilie gemeinsam gelebt hat. Es ist auffällig, dass in allen Familien (mit Ausnahme der Familie Ergin) mindestens ein Elternteil, häufig beide Eltern, früh verstorben ist. Bis auf Herrn Çınar, der im Haushalt seiner ältesten Schwester aufwächst, wachsen alle Söhne in Stieffamilien auf. Keiner der Befragten redet ausführlich über diese Zeit, doch die Andeutungen im Interviewtext zeigen, dass die Jugendzeit als ein schwieriger Lebensabschnitt definiert wird. Der Verlust der Eltern oder eines Elternteils, insbesondere der Respektperson des Vaters, der in besonderer Weise familienbezogene Werte vermittelt, scheint zu einer Lösung von Strukturen des Modells der „interdependence" zu führen.

Tabelle 17: Alter der Interviewten zum Todeszeitpunkt der Eltern

	Tod der Mutter	**Tod des Vaters**
Herr Polat	Erwachsenenalter	3 Jahre
Herr Fener	7 Jahre	7 Jahre
Herr Bilen	„früh"	„früh"[140]
Herr Ergin	Erwachsenenalter	Erwachsenenalter
Herr Volkan	bei der Geburt	Erwachsenenalter
Herr Çınar	10 Jahre	10 Jahre

Es sind verstärkt die Männer dieses Typs, die sich ihre Identifikationsfiguren außerhalb des familiären Umfeldes suchen und die familiären Strukturen ihrer Herkunftsgesellschaft scharf kritisieren: Herr Polat identifiziert sich mit Dichtern, Philosophen und Denkern. Herr Bilen wählt sich die Musik als seine geistige Heimat. Herr Fener wird überzeugter Anhänger der Ideale Atatürks. Herr Ergin grenzt sich vollkommen von seinem türkischen Umfeld ab und heiratet eine bedeutend ältere deutsche Frau. Herr Volkan kritisiert die Einflussnahme der Väter auf die Kinder und ruft seine Neffen und Nichten zur Rebellion gegen die Heiratspraktiken ihrer Väter auf. Herr Çınars Herkunftsfamilie ist bereits dem Modell der „independence" zuzuordnen, und er geht diesen Weg weiter.

Alle Männer dieses Typs haben eine Binnenmigration durchlaufen. Diese ist zum einen beruflich bedingt, hängt aber auch mit dem Wechseln des Ortes nach dem Tod eines Elternteils/der Eltern zusammen. Auch hier erfolgt, teilweise in jungem Alter, eine Loslösung von den Strukturen des Geburtsortes.

Bei den Männern dieses Typs fehlt in den Erzählungen eine dominante (lebende) Person aus dem familiären Umfeld, die erkennbar Einfluss auf die Entwicklung der Interviewpartner genommen hat. Einzige Ausnahme von dieser Regel sind bei einigen der Befragten die Umstände der Eheschließung:

---

[140] Herr Bilen gibt keine genauen Angaben zum Todeszeitpunkt seiner Eltern. Mit 13 Jahren zieht er in das Hunderte von Kilometern entfernte Istanbul, um dort eine Lehre zu machen. Die Eltern spielen im gesamten Interview keine Rolle.

Ehe

In diesem Typ erfolgt die Partnersuche weitgehend auf der Basis individueller Zuneigung.

Tabelle 18: *Alter der Ehepartner im Modell der „independence" zum Zeitpunkt des Zustandekommens der Ehe*

Name	Alter des Mannes	Alter der Frau	Zustandekommen der Ehe
Herr Polat	15	?	Druck der Nachbarschaft
	40	22	Eigene Wahl
Herr Fener	22	16	Eigene Wahl
Herr Bilen	27	20	Eigene Wahl
Herr Ergin	31	43	Eigene Wahl
Herr Volkan	23	16	Druck des Vaters
Herr Çınar	29	26	Eigene Wahl

Das Heiratsalter beider Ehepartner, besonders jedoch der Männer, ist bedeutend höher als im Modell der „interdependence". In den Fällen, in denen die Ehe unter Druck geschlossen werden musste, erfolgt eine starke Distanzierung von der Ehefrau. Herr Polat lässt sich von der ungeliebten ersten Frau scheiden und heiratet in Deutschland erneut – diesmal ohne jegliche Form der familiären Einflussnahme. Herr Volkan lebt ein sehr individuelles Leben ohne seine Ehefrau und Kinder in Deutschland. Beide Männer kritisieren vehement den Druck, der auf sie von Familie, Verwandten und Nachbarn ausgeübt wurde und distanzieren sich explizit von dieser Form der Verheiratung.

Die Beziehung zwischen den Ehepartnern in diesem Typ ist geprägt durch im Interview verbalisierte Zuneigung und ein gemeinsames Lebensprojekt. Im Interview wird deutlich, dass die Männer anteilmäßig Arbeiten im Haushalt übernehmen und eine geteilte Verantwortung für den häuslichen Bereich zumindest verbalisieren. Die Frauen werden nicht in erster Linie als die Mütter der gemeinsamen Kinder thematisiert, sondern als Ehefrauen.

Kinder

Die Männer dieses Typs haben zwischen keinem (Herr Ergin) und sieben Kindern (Herr Polat), wobei im letzteren Fall sechs der sieben Kinder aus der ersten, d.h.

durch Druck der Eltern entstandene Ehe, stammen. In zweiter Ehe hat Herr Ergin nur eine Tochter. Im Leben aller Männer spielen die Kinder zwar eine wichtige Rolle, ihnen kommt aber nicht der zentrale Stellenwert zu wie in den Familien des Modells der „interdependence". In dem dortigen Modell werden die Kinder auch als die Versorger im eigenen Alter gesehen. Dies wird von keinem der Männer dieses Typs thematisiert. Der Generationenvertrag wird nicht verbalisiert. Das mag daran liegen, dass die Eltern der Interviewten früh verstorben sind, und sich die Männer selbst nicht um die Eltern gekümmert haben.

Ein zentraler Punkt in der Erziehung der Kinder betrifft deren (Aus-) Bildung. Bildung spielte bereits im Leben dieser befragten Männer eine große Rolle. Entweder erfolgte sie autodidaktisch und unter großen Anstrengungen, wie bei Herrn Polat, oder sie war in der Struktur des Elternhauses bereits angelegt, wie bei dem aus dem Großbürgertum kommenden Herrn Çınar. Konnte aus finanziellen Gründen oder wegen der mangelnden Einsicht der eigenen Eltern keine Ausbildung absolviert werden, so führte dieses Manko zu einem schmerzlichen Vermissen dieser, wie beispielsweise bei Herrn Volkan. Die Bildung als zentraler Wert wird als die Voraussetzung für ein selbstbestimmtes Leben gesehen, was für die eigenen Kinder angestrebt wird. Hierbei machen die Männer keine Unterschiede hinsichtlich der Ausbildung der Söhne oder der Töchter. Unter teilweise erheblichen finanziellen Einbußen wird den Kindern eine Ausbildung oder ein Studium ermöglicht. In allen Familien des hier vorgestellten Typus hat zumindest eines der Kinder, häufig auch mehr oder alle Kinder, erfolgreich ein Universitätsstudium absolviert.

Im Modell der „interdependence" gilt die Erziehung der Kinder dann als gelungen, wenn sich die Kinder auch in Deutschland an den traditionellen Werten und Normen der Väter orientieren. Im Modell der „independence" hingegen gilt eine Erziehung dann als erfolgreich, wenn die Kinder ein Studium absolviert oder eine Lehre abgeschlossen haben. Häufig wird der Wunsch thematisiert, die Kinder sollen „ihren Platz in der Gesellschaft einnehmen" und die Kinder sollen in die Lage versetzt werden, „aktiv zu handeln". Erziehungsziel ist die Unabhängigkeit der Kinder und das Schärfen des Bewusstseins für die eigenen Rechte und Fähigkeiten. Die Väter dieses Typs sehen sich dann auch mehr als Lehrer und als Vorbild ihrer Kinder, denn als leitender, bestimmender und lenkender Vater.

Konsequenterweise ist es für diese Väter nicht vorstellbar, die Ehepartner ihrer Kinder diktatorisch auszusuchen. Lediglich ein Vater (Herr Bilen) schränkt ein, seine Tochter dürfe nur einen sunnitischen Türken heiraten. Welchen jedoch, das überlasse er selbstverständlich ihr selbst. Doch auch für die Männer dieses Typs ist es nicht vorstellbar, dass ihre Kinder vielleicht andere Lebensentwürfe als eine eheliche Partnerschaft wählen könnten. Für alle Befragten steht fest, dass ihre Kinder früher oder später heiraten werden.

Die Männer dieses Typs haben entweder das Modell ihrer Jugend übernommen oder sich bewusst von diesem abgegrenzt. Der direkte lebenslange Einfluss der Eltern findet durch den frühen Tod eines Elternteiles, insbesondere des Vaters oder beider Elternteile nicht mehr statt. Die Männer entwickeln ein Gefühl für die Unverwechselbarkeit ihrer individuellen Lebensgeschichte. Dies drückt Herr Polat mit den Worten: „Mein Leben ist wie ein Roman" aus. Dadurch unterscheiden sie sich maßgeblich von den Männern des Modells der „interdependence", die sich selbst eher als Teile von Kollektiven (Bauer, Dorfjunge, Migrant) wahrnehmen. Diese Männer treten aktiv für ihre Rechte ein und entwickeln ein Sendungsbewusstsein gegenüber den Menschen ihres Umfeldes.

Herr Gür[141] – Prototyp des kontinuierlichen Modells der „emotional interdependence"

Interviewsituation

Das Interview fand in der Wohnung der Familie Gür statt. Während der Hälfte des Interviews war lediglich Herr Gür anwesend. Wir hatten erklärt, dass es in unserer Studie um die Männer ging, so dass Frau Gür wieder aufstand und meinte, sie müsse sowieso noch arbeiten. In der zweiten Hälfte des Interviews setzte sie sich wieder dazu und kommentierte auch die eine oder andere Frage. Das gesamte Interview fand in einer entspannten und angenehmen Gesprächsatmosphäre statt.

Interviewverlauf
An dem Thema „Migration und Alter" hatte Herr Gür ein großes Interesse und begrüßte die Idee, die Migranten der ersten Generation direkt zu befragen. In häufigen Nachfragen vergewisserte er sich, ob wir nicht noch mehr Fragen an ihn hätten. Er erzählte ausführlich und brauchte kaum Redeeimpulse. Das Interview dauerte drei Stunden.

Erzählstil und wiederkehrende Themen
Die Interviewsprache war Türkisch. Obwohl Herr Gür auch Deutsch spricht, zog er seine Muttersprache vor, in der er sich besser ausdrücken konnte. Dominierend im gesamten Interview ist der Selbstmord seines Sohnes. Damit beginnt er das Interview und auf dieses Thema kommt er immer wieder zurück, da alle Lebensbereiche von diesem Verlust überschattet sind.

---

141 Zur Kurzbiographie Herrn Gürs vgl. Kapitel 5, S. 199ff.

Ebenfalls sehr ausführlich reflektiert er die Situation seiner in Deutschland geborenen Töchter im Gegensatz zu seiner eigenen Biographie. In weiten Teilen beschreibt er die Wege, die die Familie geht, um die kulturellen Konflikte, die es zwischen Vater und Kindern gibt, zu lösen.

Erst im letzten Viertel des Interviews beginnt er über diskriminierende Erfahrungen zu berichten, die jedoch in ihrer Tragweite ausschlaggebend für die gesamte Bewertung der Migration sind und die ihn in Bezug auf seine Töchter ängstigen.

Zentrale Themen in der Erzählung
Das zentrale Thema im Interview stellt der Selbstmord des Sohnes dar. In den Erzählungen Herrn Gürs markiert dessen Tod eine klare Zäsur im persönlichen Leben: Es gibt ein Leben vor dem Selbstmord und ein Leben danach. Die gesamte Familie Gür gerät in eine tiefe Krise. In der folgenden Passage antwortet Herr Gür auf die Frage, was ihm beim Thema Tod und Sterben durch den Kopf geht:

„[leise] hatten wir nicht, aber nachdem wir es selbst erlebt haben, haben wir drüber nachgedacht. Bis jetzt... [spielt mit seinem Teeglas, Anm. Int2]. Vielleicht hatten wir doch schon mal drüber nachgedacht. Der Tod ist halt ein Gottesbefehl. Das kommt. Das kann bei jedem passieren. Aber, mit seinem Tod, der ist zwar auf unsere Unwissenheit zurückzuführen... Wir haben uns von der Welt zurückgezogen. [langsam und traurig] In der Welt... Wir haben manchmal Spaß am Leben gehabt. Wenn wir vielleicht unsere zwei Kinder nicht gehabt hätten, wären wir, Frau und Mann, unserem Sohn gefolgt. [...] Weil die Mädchen am Leben waren, haben wir weiter gelebt. FRAU GÜR: [gleichzeitig mit Herrn Gür] Gott hat sie uns... HERR GÜR: In dieser Unwissenheit hätten wir [außer sich geraten oder Selbstmord begehen, Anm. Int2] auch gehen können. Ich sogar fast... Ich hab was erlebt. Als ich mit dem Auto fuhr, wäre fast mein Herz stillgestanden. Das hat mich so bedrückt. Es hat weh getan. Ich war außer mir, so... [...] Das kann man niemandem wünschen. In der Welt... Man muss das Leben, weiterleben. [leise] Das Leben muss weitergelebt werden. [laut] aber man macht überall Erfahrungen. Mit diesen Erfahrungen, die ich damit gemacht habe... Mit denen versuche ich allen Jugendlichen einen Rat zu geben. Lasst euch nicht reinlegen. In der Welt wird gelebt. Reichtum, Armut, gewinnen, verlieren, [leise] lasst euch von den [Sachen, Anm. Int1] nicht reinlegen. Du wirst gewinnen, dann verlieren, du wirst verlieren, dann gewinnen. Deswegen lohnt es sich in der Welt nicht, über etwas traurig zu sein. Wir sind in die Welt gekommen, um zu leben. [schneller] Deswegen muss man sich damit abfinden, was man eben findet."

Die eigene Schuld und die „Dummheit" des Sohnes sieht Herr Gür als die beiden Elemente, die zur Katastrophe geführt haben, wobei das Gefühl der Mitschuld nur verhalten und in einem Nebensatz angedeutet ist („der ist zwar auf unsere Unwissenheit zurückzuführen"). Herr Gür verarbeitet diesen Verlust, indem er, ohne dies als solche zu benennen, in religiösen Sichtweisen Trost findet. Er beschreibt das Leben quasi als Wellenbewegungen („du wirst gewinnen, dann verlieren, dann gewinnen"), wo gute Tage auf schlechte Tage folgen werden und umgekehrt. Diese Überzeugung gibt ihm selbst die Kraft weiterzumachen und in ihr findet er eine Art Berufung, indem er versucht, Jugendlichen diese Sichtweise näherzubringen und ihnen damit zeigt, dass nichts einen Selbstmord rechtfertigt. Es scheint, als habe er in den Gesprächen mit den Jugendlichen erneut seinen Sohn vor Augen und als trage er durch solche Gespräche einen Teil seiner Mitschuld ab. Denn erst mit dem Tod seines Kindes sind diese Gedanken in ihm gereift („mit diesen Erfahrungen, die ich damit gemacht habe… .Mit denen versuche ich allen Jugendlichen einen Rat zu geben"). Das Erreichen von Bildung für seine Kinder war zuvor das beherrschende Thema seines Lebens. Das Wissen um die Wichtigkeit der Ausbildung könnte einen enormen Druck auf die Kinder ausgeübt haben.

Durch den Todesfall zieht sich die Familie in Deutschland aus ihren türkischen und deutschen sozialen Kontakten zurück. „Nur der Fehler, den mein Sohn begannen hat, der hat uns von allem zurückziehen lassen." Der Kontakt zu Deutschen ist seit diesem Zeitpunkt fast abgebrochen und wird nicht mehr aufgebaut. In dieser elementaren Lebenskrise erlebt die Familie Hilfe und Unterstützung in der Türkei und von den Türken in Deutschland:

„Als wir unsere Trauer hatten, waren Freunde da, die ich nicht [gekannt habe, oder vergessen habe, Anm. Int2]. Die Straße war komplett voll. [...] Da habe ich gesehen, dass ich in meiner Trauer viele Freunde habe. Ich habe da verstanden, was Freunde im Leben bedeuten [4 Sek.Pause]."

In dieser Zeit lernt er den Wert wahrer Freundschaft zu schätzen und sagt, ohne die Hilfe seiner Freunde hätte er ein Weiterleben nicht geschafft. In dieser existenziellen Krise zieht sich Herr Gür emotional in seine kulturelle Heimat zurück, die ihn in dieser Situation auffängt.

Lebenserfahrung in der Türkei

Eigene Kindheit und Ursprungsfamilie
Herr Gür wächst in ärmlichen Verhältnissen auf. Er kann lediglich die Grundschule besuchen, da das Dorf über keine Mittelschule verfügt, und die Familie nicht das Geld besitzt, ihm in der Stadt den Mittelschulbesuch zu ermöglichen. Mit 12 Jahren beginnt er die regelmäßige Arbeit und seit seinem 15. Lebensjahr verwaltet er selbständig den elterlichen Hof. Im Rahmen seiner Möglichkeiten setzt er sich dafür ein, dass seine jüngeren Geschwister die Möglichkeit bekommen, die Mittelschule zu besuchen. Bildung bedeutet für ihn, wie für viele andere Männer der Untersuchung, die Grundvoraussetzung für ein selbstbestimmtes Leben. „Die Welt kennen" bedeutet für ihn, dass niemand Druck auf ihn ausüben kann, wie das noch seine Eltern konn-

ten. Obwohl er sich als Dorfjungen charakterisiert, möchte er das Dorf bis spätestens zu seinem 30. Lebensjahr verlassen.

„Ach ja, ich strebe nach der Stadt. Ein Haus wollte ich da bauen. Ich hatte überhaupt keine Lust mehr auf das Dorf. Seit meinem... Ich will zwar nicht übertreiben, aber seit meinem zehnten oder fünfzehnten Lebensjahr hatte ich keine Lust mehr auf das Dorf. [...] ‚Ich will nicht im Dorf bleiben', sag ich mir. Mit dreißig, mit neunundzwanzig kam ich hierher. Bis zu meinem dreißigsten Lebensjahr wollte ich nicht im Dorf bleiben. Das sagte ich mir immer. Ich fand aber keinen Ausweg. Na ja, so bin ich gekommen."

Er gibt hier nicht die Gründe an, die ihn zu dieser Überlegung bewogen haben, doch wird im weiteren Verlauf deutlich, dass es zu einer Krisensituation mit den Eltern kam, mit denen er immer noch zusammenwohnte. Aus dieser Krise erscheint die Migration als der einzige mögliche Ausweg. Die Krise mit den Eltern wird durch zwei Streitpunkte ausgelöst, in denen er sich in seiner Rolle als ältester Sohn übergangen und missachtet fühlt:

Im ersten Fall handelt es sich um seine erste Ehe, die auf Vermittlung des Vaters hin zustande gekommen ist. Diese Ehe ist durch den Widerstand der Eltern nach nur einem Jahr in einer Krise. Warum die Eltern sich plötzlich gegen die Frau richten, die sie ja für ihren Sohn ausgesucht hatten, bleibt im Unklaren. Lediglich seine Beschreibung, sie habe als „Stadtmädchen" Schwierigkeiten mit dem Dorfleben gehabt, lassen mögliche Konfliktfelder erahnen. Auch im Nachhinein sagt er, dass seine Eltern an der Scheidung schuld seien, weil sie die Frau nie akzeptierten. Nach einem Jahr des Zusammenlebens mit den Eltern zieht er mit seiner Frau in die Stadt und entschließt sich zur Migration nach Deutschland.

„Meine Frau war eine aus der Stadt. Sie ist in der Stadt geboren und auch aufgewachsen. Ein Stadtmädchen. Ihre Mutter und Vater waren in X-Stadt. Ihre Schwester war in X-Stadt, da gingen wir manchmal hin. Wir lebten auch da, aber zu ihr gingen wir hin. Ich habe nirgendwo in der Stadt eine Arbeit gekriegt, wo ich mich auch beworben habe. Weil ich keine Arbeit gekriegt habe, bin ich dann gekommen. Hierher. Mein Glück, gerade zu dieser Zeit hatte ich auch die Zusage gekriegt. Ich hatte daran zwar ein bisschen gezweifelt... Um hierher zu kommen. Trotzdem habe ich es riskiert. So sind wir also gekommen. Damals war es schwer für uns, in die Fremde zu gehen. Vor allem für uns, für uns Dorfjungen, nicht wahr? In die Fremde gehen war schwer damals. Es fing gerade an. Unter uns gab es einige, die gegangen waren. Vor mir, sechs Monate vor mir sind zwei, zwei meiner Freunde gekommen. Nach Holland. Die hatten uns dazu ermutigt. Wir sind also gekommen."

Hier wird der Zwiespalt deutlich, in dem sich Herr Gür befindet. Einerseits will er bis zu seinem 30. Lebensjahr das Dorf verlassen und in die Stadt ziehen, andererseits versteht er sich als „Dorfjunge", dem die „Fremde" Angst macht. Die Migrationsentscheidung wird forciert, als Herr Gür in einen weiteren Konflikt mit seinen Eltern gerät. Während die Eltern seine Frau ablehnen, finden sie sich damit ab, dass ihre jüngere Tochter mit einem Mann durchbrennt und diesen heiratet, den Herr Gür als älterer Bruder ablehnt. Er reagiert äußerst ungehalten auf seine jüngere Schwester, die seine brüderliche Autorität durch ihre Hochzeit untergräbt und auf die Eltern, die ihn wegen seiner Frau unter Druck setzten und ihn zudem im Konfliktfall mit der Schwester nicht unterstützen und zu ihrer jüngeren Tochter halten:

„Wir waren aus familiären Gründen gekränkt. Es ging nicht um einen Mangel an etwas oder so. Eine unserer Schwestern hat nicht auf uns gehört und ist weggelaufen. Deswegen war ich meinem Vater und meiner Mutter gegenüber gekränkt. Meine Mutter stand auf der Seite des Mädchens. Sie haben mich nicht geachtet. Sie wollten mich unter Druck setzen. Weil ich der Älteste war, habe ich es nicht akzeptiert [lacht]. Ich war beleidigt. Ich habe mich auch nicht richtig benommen, aber meine Mutter und mein Vater auch nicht. So kam es zustande."

Er hat kein Verständnis für seine Eltern, die von ihm verlangen, ihre Entscheidungen als Eltern zu respektieren, während gleichzeitig seine Autorität als älterer Bruder untergraben wird. Auch aus der Distanz heraus empfindet er das Verhalten der Eltern immer noch als ungerecht. Der Streitfall führt zu einem Zerwürfnis innerhalb der gesamten Familie:

„Weil meine Schwester ohne [meine, Anm. Int2] Erlaubnis geheiratet hatte, war meine Mutter sauer auf mich. Mein Vater war wütend auf mich. Meine Verwandten waren wütend auf mich und ich war wütend auf die und so weiter. Wir konnten uns nicht mehr riechen [lacht]."

In dieser Situation rät ihm ein Onkel, nach Deutschland zu gehen.

„Doch, es gab jemand[142]. Vielleicht, wenn er keinen Einfluss gehabt hätte. Meine Tante hatte einen Mann. Er wusste von unseren Streitereien zwischen meiner Mutter und mir und zwischen meinem Vater und mir. Er wollte, dass wir wieder zur Versöhnung kommen sollten. [...] Mein Onkel. Timur. sagte: ‚Du hast die Zusage schon. Bleib nicht hier, geh doch fort'. [...] Seine Unterstützung, seine moralische Unterstützung war also so, sonst hatte er nichts machen können [er konnte mich lediglich moralisch unterstützen, Anm. Int1]. Er hat mich nicht finanziell unterstützen können. Nur, ‚geh fort', sagte er. Weil er: ‚Geh fort', sagte, fühlte ich mich halt unterstützt. Die Unterstützung also... Weil meine Mutter und Vater meine Frau nicht akzeptierten, fühlte ich mich von ihm unterstützt."

Das erklärte Ziel seines Deutschlandaufenthaltes war es, den Kontakt zur eigenen Familie wieder herzustellen. Durch die räumliche Distanz sollte wieder eine größere

---

142 Die Frage hatte gelautet, ob es jemanden gegeben habe, der ihn in seiner Entscheidung nach Deutschland zu gehen, beeinflusst habe.

Nähe hergestellt werden. Die Wiederherstellung des Familienverbandes spielte bei der Migrationsentscheidung eine wesentliche Rolle.

Herr Gür führt in der Türkei ein Leben im engen Verbund mit der Ursprungsfamilie. Dennoch steht er bereits in seiner Jugend diesen Strukturen nicht unkritisch gegenüber. Die Loyalität gegenüber seiner ersten Frau ist größer als die gegenüber seiner Eltern, als er ihr zuliebe den elterlichen Hof verlässt. Dennoch können die Eltern soviel Einfluss ausüben, dass die Ehe letztendlich scheitert. Zum Bruch mit der Familie kommt es, als seine Eltern und seine jüngere Schwester seine Vormachtstellung in Fragen der Eheschließung seiner Schwester nicht anerkennen. Hier fühlt er sich um seine Autorität als älterer Bruder betrogen und ist in diesem Fall auch nicht willens, die Autorität der Eltern anzuerkennen. Diese Situation führt erst mal zum Bruch mit der Familie und zur Migration nach Deutschland.

Ehe
Beide Ehen kommen durch die Vermittlung Dritter zustande. Im ersten Fall durch die Empfehlung des Vaters, im zweiten durch einen Verwandten, der auch schon bei der ersten Eheschließung eine Rolle gespielt hatte. Herr Gür migriert im Einverständnis mit seiner ersten Frau nach Deutschland. Diese bleibt jedoch in der Türkei zurück. Als sich abzeichnet, dass er nicht wie geplant, nach einem Jahr wieder zurückkehrt, scheitert die Ehe und das Paar lässt sich scheiden. Über die genaueren Hintergründe dieser Scheidung teilt Herr Gür nichts mit.

Ein nicht näher bezeichneter Verwandter versucht zunächst Druck auf Herrn Gür auszuüben, damit sich dieser nicht scheiden lässt, um dann, als er feststellt, dass Herr Gür sich von diesem Vorhaben nicht abbringen lässt, ihn sofort erneut zu verheiraten:

„Mit ihr[143] war es auch das selbe. Mit ihr war es auch genau so. Wir hatten uns nicht kennengelernt. Beide liefen über Vermittler. Mit ihr also... Im Urlaub. Als ich mich von der Anderen scheiden ließ... Wir sind vors Gericht gegangen. Vom Gericht bekamen wir Bescheid. Wir sind zur Scheidung gegangen. Als ich zur Scheidung ging, übte ein Verwandter von uns Druck auf mich aus, damit ich mich nicht scheiden lasse. Ich habe gesagt: ‚Ich werde mich scheiden lassen, ich habe keine Lust mehr.' Der selbe Verwandte, als es ihm klar wurde, dass ich mich scheiden lassen werde, traf sie [die jetzige Frau, Anm. Int2].[...] Er sagte mir einmal: ‚Was wirst du machen, Yussuf? Wirst du dich von ihr scheiden lassen und noch mal heiraten? Wie wir gehört haben, hast du in Deutschland eine Beziehung', hat er gesagt. Ich hab gesagt: ‚Nein, ich habe keine.' Ich wollte in der Tat nicht heiraten. Wenn es ginge... Es kann sein, aber es muss ganz sicher sein. Ich muss sehr vertrauen können und so weiter. Als er sie gesehen hat, dachte er, ‚die können

---

143 Die Frage hatte gelautet, ob er seine zweite Frau auch über einen Vermittler kennengelernt habe, wie es bei der ersten Frau der Fall gewesen war.

wir für ihn gewinnen' [lacht]. Er fragt sie und sie meinte: ‚Wenn es möglich ist, warum nicht.' Wir hatten uns noch nicht gesehen. [Atmet tief ein, lauter] Er kam zu uns und sagte: ‚Es gibt ein Mädchen. Ich kenne sie sehr gut.' Er kennt sie, seit dem sie ein Säugling war. ‚Sie hat keine schlimmen Seiten. Sie ist ein sehr gutes Mädchen. Das machen wir für dich',[sagte der Verwandte mir, Anm. Int2]. [...] Sie haben uns bekannt gemacht. Sie hatte sich auch nicht ganz entschlossen. Sie hatte diejenigen noch nicht gefunden, die sie beraten konnten. ‚Ich kann nichts versprechen, bevor ich die nicht gefragt habe', sagte sie. Ich war auch nicht richtig entschlossen zu heiraten. So bin ich da fort gegangen und danach habe ich nichts mehr gefragt. Später hat sie sich beraten lassen. Ihre Verwandten, die sie beraten haben, riefen mich zu sich [unv3Wo]. Ich gefiel ihrer Schwester. ‚Er ist ehrlich, du wirst ihn heiraten', sagte sie ihr. Und mein Verwandter übte Druck auf mich aus, der, der zwischen uns ist. Er machte Druck auf mich, damit ich heirate. Das war eben Schicksal und wir heirateten."

Auch in dieser Passage zeigt sich, dass Herr Gür einerseits bereit ist, seine Interessen auch gegen die Interessen der Familie durchzusetzen („ich habe gesagt, ich werde mich scheiden lassen, ich habe keine Lust mehr"), sich andererseits jedoch auch wieder dem familiären Druck beugt und auch gegen seine vorherige Absicht bereit ist, erneut zu heiraten. Allerdings nimmt er dies nicht widerspruchslos hin, sondern stellt an eine mögliche erneute Ehe sehr individuelle Ansprüche („ich muss sicher sein; ich muss vertrauen können"). Das Wohl der Familie spielt in seinen diesbezüglichen Überlegungen keine Rolle. Letztendlich ist es die Schwester seiner Frau, die für die beiden eher zögerlichen Heiratskandidaten entscheidet. Ihrem Urteil beugen sich sowohl Frau als auch Herr Gür. Unmittelbar nach der Hochzeit kommt Frau Gür nach Deutschland.

Kinder
Alle Kinder werden in Deutschland geboren, dennoch hat Herr Gür bereits in der Türkei Vorstellungen entwickelt, was ihm bei der Erziehung seiner Kinder wichtig sein wird und was er unter allen Umständen erreichen möchte. Auf die Frage, ob seine Wünsche, die er mit der Migration verbunden hatte, in Erfüllung gegangen sind, erinnert er sich an ein Versprechen, das er sich selbst und den damals noch ungeborenen Kindern gegeben hatte:

„Als Drittes habe ich mir gesagt, dass ich meine Kinder unbedingt in die Schule schicken wollte. Von Geburt an sag ich nicht, aber seitdem ich Verstand habe, sagte ich mir: ‚Wenn ich Kinder habe, werden sie in die Schule gehen. Das werde ich auf jeden Fall machen', habe ich mir gesagt. Entweder werde ich betteln oder klauen, aber ich werde sie in die Schule schicken, habe ich mir gesagt. Ich werde aus denen nicht so einen wie ich machen."

Bildung ist der zentrale Wert, den er seinen Kindern zugänglich machen möchte. Das ist ihm so wichtig, dass er in diesen frühen Phantasien über seine spätere Vaterschaft, es sich sogar vorstellen kann, selbst einen sozialen Abstieg in Kauf zu nehmen („ich werde betteln oder klauen"), nur damit seine Kinder nicht so werden wie er. Konkret meint er damit, so unwissend zu sein, dass er darauf angewiesen ist, alles zu glauben, was ihm Respektpersonen sagen, ohne die Möglichkeit zu haben, sich eine eigene Meinung bilden zu können. Auf die Frage, worin er den Unterschied zwischen seiner Jugend und der seiner Kinder sieht, betont er den Aspekt, dass die heutigen Jugendlichen „die Welt kennen" und damit nicht mehr den Respektpersonen (Vater und Mutter) ausgeliefert sind:

„Für mein damaliges Leben konnte es anders sein, würde ich sagen. Aber die Bedingungen damals und die jetzt sind ganz anders. Da ist es Europa ähnlich. Da können Vater und Mutter auf ihre Kinder keinen Druck ausüben, wie unsere Väter und Mütter. Das ist nicht mehr möglich. Weil jedes Kind von Geburt an angefangen hat, die Welt zu sehen. Wir kannten damals die Welt nicht. Als ich nach X-Stadt kam, war ich fünfzehn Jahre alt. Als ich meine Stadt sah, war ich fünfzehn Jahre alt.

Seine Vorstellungen von Bildung für seine Kinder wird er in Deutschland konsequent in die Tat umsetzen.

Räumliches Umfeld
Es sind in erster Linie zwei Verwandte, die einen starken Einfluss auf das Leben Herrn Gürs in der Türkei haben. Zum einen sein Onkel, der ihm zur Migration rät und ihm das Gefühl gibt, ernst genommen zu werden. Während der Kontakt zu den Eltern zu diesem Zeitpunkt (die erste Ehe ist im Begriff zu scheitern, die Schwester hat seine Autorität ignoriert) abgebrochen scheint, setzt sich sein Onkel mit ihm auseinander und überlegt mit ihm, wie mit dieser Situation umgegangen werden kann. Der Mann kann ihn zwar nicht finanziell unterstützen, doch die moralische Stütze überzeugt Herrn Gür davon, dass die Migration zu seinem Vorteil und zu dem der gesamten Familie sein wird. Herr Gür hat zu diesem Zeitpunkt zwar den Kontakt mit den Eltern abgebrochen, doch ist er dem Argument seines Onkels, die Entfernung würde eine Annäherung wieder ermöglichen, zugänglich. Bereits in dieser Phase der Entfremdung und des Streits ist somit die Möglichkeit einer späteren Annäherung wieder gegeben.

Des Weiteren taucht ein nicht näher bezeichneter Verwandter im Umfeld beider Eheschließungen auf. Dieser Mann übt in erster Linie Druck auf Herrn Gür aus, dem dieser letztendlich zwar stattgibt, aber erst nachdem Herr Gür seine eigene Meinung als ausschlaggebenden Faktor („ich muss vertrauen können") artikuliert hat. Beide Verwandte spielen in späteren Erzählungen keine Rolle mehr.

Lebenserfahrung in Deutschland

Ursprungsfamilie
Erst die Migration nach Deutschland ermöglicht es Herrn Gür, sich seiner Familie wieder langsam anzunähern. In den ersten Jahren scheint der Kontakt weiterhin gestört und unterbrochen gewesen zu sein. Herr Gür weigert sich zunächst, irgendein Mitglied seiner Familie nach Deutschland als Arbeiter/in einzuladen. Doch in der rückblickenden Bilanz wird die Migration als der Faktor gesehen, der eine Annäherung mit der Familie wieder möglich gemacht hat:

„INT2: Wo wir gerade von den Geschwistern reden. Hat sich die Beziehung zwischen Ihren Geschwistern und Ihnen durch Ihre Reise nach Deutschland geändert? Also, dass da eine gewisse Distanz entstanden ist oder einige Gegebenheiten, die durch Ihren Aufenthalt in Deutschland verursacht worden sind. HERR GÜR: Nach Deutschland kam ich, da war ich auch [in Bezug auf meine Eltern, Anm. Int2] gekränkt. INT2: Gegenüber Ihren Geschwistern? HERR GÜR: Gegenüber allen. Auch gegenüber meinem Vater und meiner Mutter. [Lauter und schneller] Ich kam alleine hierher. Ich war meinen Eltern gegenüber gekränkt. Deswegen habe ich keines meiner Geschwister nachgeholt. Man konnte es damals einfach hierher holen. Dem in Ankara, ihm gings gut. Er verdiente gut. Er kümmerte sich sowieso nicht darum. Mein jüngster Bruder... Meine Schwester hatte geheiratet. Wir mochten uns nicht, deswegen habe ich sie nicht hierher gebracht. Meinen jüngsten Bruder habe ich nicht gebracht, weil ich ihm gegenüber gekränkt war [lacht]. Ich war meiner Mutter und meinen Vater gegenüber gekränkt [2 Sek. Pause]. Danach, nachdem ich hierher gekommen war natürlich... Ich bin in Urlaub gefahren. Dann habe ich mich von der Frau getrennt. Von der ersten Frau. [...] Also, [2 Sek. Pause] immer wieder, wenn wir in Urlaub fuhren, kamen wir uns näher. Mit dem Vater und mit der Mutter haben wir uns versöhnt. Den Geschwistern... Ich hab es denen verziehen. Ich bin ja der Älteste. Jetzt verstehen wir uns sehr gut. Uns geht es mit den Verwandten sehr gut."

Die Scheidung von der ersten Frau scheint bereits eine Entspannung in der Situation mit den Eltern herbeigeführt zu haben. Genau der gleiche Grund, der zu dem Konflikt geführt hat, nämlich die Missachtung seiner Rolle als ältester Bruder, löst den Konflikt letztendlich, indem sich Herr Gür wieder auf seine Funktion als ältester Bruder besinnt und diese Stellung nutzt, um den Geschwistern die Versöhnung anzubieten („ich bin ja der Ältere"). Dies reinigt das Verhältnis zu seinen Geschwistern. Im Konflikt mit den Eltern geht Herr Gür einen andern Weg. In Deutschland selbst Vater geworden, erkennt er, wie schmerzhaft sein Verhalten wohl für seine Eltern gewesen sein muss und bittet sie um Entschuldigung:

„Nachdem wir hierher gekommen waren, kam auch das Leben in der Fremde zwischen uns. Dann die Kinder... Meine zweite Ehe... Ich hatte Kinder und so. Dann haben wir gelernt, was Vatersein oder Muttersein heißt. Als ich noch nicht Mutter, also Vater war, konnte ich nicht richtig nachvollziehen, wie es dann ist, sich gegen sie zur Wehr zu setzen. Nachdem ich selbst Kinder hatte, habe ich es auch gelernt. Ich bin selbst hingegangen, um meinen Vater und meine Mutter zu umarmen."

Doch auch in diesem Fall beugt sich Herr Gür nicht fraglos einer über ihm stehenden Autorität, sondern begeht den traditionellen Weg („ich bin selbst hingegangen, um meinen Vater und meine Mutter zu umarmen") erst, als ihm selbst bewusst wird, dass er sich falsch verhalten hat. Erst durch die eigene Einsicht erscheint die Einhaltung der Norm wieder lebbar und sinnvoll.

Herr Gür unterstützt seine Eltern in der Türkei finanziell und hat diese Hilfe seinen Eltern quasi aufgedrängt:

„Finanziell bin ich der Einzige. Ich schicke Geld. Das läuft so seit fünfzehn Jahren. Ich habe meinen Vater mit sechzig von der Arbeit abgehalten und ihm gesagt: ‚Du wirst nicht mehr arbeiten.' Er kümmerte sich um den Garten, um den Weinberg. ‚Du machst das nicht mehr', habe ich ihm gesagt. Den Garten hat er zur Miete gegeben. Somit zog er sich zurück. Er ist über achtzig. Meine Mutter ist genauso. Ich besorge ihnen das Essen, ihre Kleidung. Ich schicke es von hier oder wenn ich im Urlaub bin, kaufe ich für sie das Essen, ihre Kleidungen und so auf einmal. So. Sonst hat er seine Tochter. Er hat Enkelkinder. Sie kommen, schauen vorbei. Einer seiner Enkelsöhne hat seinen Militärdienst beendet und ist jetzt bei ihm. Er lebt mit denen zusammen. Er lebt mit dem Opa und der Oma zusammen. Ob er helfen kann oder nicht ist... Wenigstens ist er bei denen. Sein Enkelsohn."

Im Alter hat sich das Autoritätsverhältnis umgedreht. Während Herr Gür in seiner Jugend auf die Eltern hören musste, weil er die „Welt nicht kannte", ist es nun Herr Gür, der genügend Selbstsicherheit und Überzeugungskraft besitzt, um den Vater aus dem aktiven Erwerbsleben in den von ihm finanzierten Ruhestand zu schicken. Er ist nun derjenige, der die komplette Versorgung der Eltern übernommen hat.

Ehe

Die erste Frau war nie nach Deutschland gekommen. Unmittelbar nach der zweiten Eheschließung kommt jedoch seine zweite Ehefrau nach Deutschland.

„INT1: Ihre erste Frau ist in der Türkei geblieben? HERR GÜR: Sie ist da geblieben. Sie ist nie hierher gekommen. Ee für Deutschland hatte ich mich 62 angemeldet. 65 habe ich die Zusage gekriegt. In Hektik bin ich dann hierher gekommen. Innerhalb eines Monats hatte ich die Zusage gekriegt, und in der Hektik bin ich hergekommen. Gleich danach kam die Scheidung. Dazwischen gab es nicht mal zwei, drei Monate, dann kam (2 Sek. Pause) die Scheidung. Die hat natürlich ein bisschen gedauert. [2 Sek. Pause] Somit... Ich bin hierher gekommen. Sie [seine jetzige Frau, Anm. Int2] habe ich hierher geholt. Mit dieser Frau habe ich ein gutes Leben gehabt. Aber letztendlich, was unserer Sohn gemacht hat [Selbstmord, Anm. Int1] [langsamer] Das hat uns ein bisschen mitgenommen. Das hat uns ganz schön mitgenommen."

Die glückliche Ehe, die er mit seiner zweiten Frau führt, wird, wie fast alle Bereiche seines Lebens, überschattet vom Selbstmord des Sohnes.

In der Ehe waren beiden Partner berufstätig, dennoch bleibt die Hausarbeit zum größten Teil die Aufgabe von Frau Gür. Dies scheint zu Diskussionen zwischen dem Paar geführt zu haben, wie das kurze Streitgespräch mit Frau Gür deutlich macht:

„INT2: Gerade, wo Ihre Frau hier sitzt, fangen wir mit den Fragen über die Wohnung an [wir lachen]. Helfen Sie Ihrer Frau im Haushalt? HERR GÜR: Mach ich nie [wir lachen sehr laut über seine Antwort, die er ziemlich entschieden gibt, Anm. Int2]. Das kann ich auch nicht. Daran bin ich nicht gewöhnt. FRAU GÜR: Weil er daran nicht gewöhnt ist, schafft er es deswegen nicht. HERR GÜR: Das krieg ich nie hin. Wenn ich z.B diesen Staubsauger nehme, mach ich den entweder kaputt oder ich gehe hin und her damit. [Int2 lacht] Zum Beispiel will ich diese Decke ausbreiten. Wenn ich es mache, gefiel es bestimmt meiner Frau nicht, wie ich sie hier ausbreite. Sie verändert es bestimmt und macht es anders. Dann sag ich mir, das gefällt ihr nicht und ich lasse es. FRAU GÜR: [zu Herrn Gür] Als hättest du das denn jemals so versucht. [an Int2 gewandt:] Ich hab alle meine drei Kinder, Verzeihung, mit Kaiserschnitt geboren. Ich hab sie hier geboren. Durch die Heirat kam ich hierher. [Er nimmt einen tiefen Zug von der Zigarette]. Ich wurde vom Krankenhaus entlassen. Ich liege fünfzehn Tage im Bett [zu Hause, Anm. Int2] Die Wunde ist immer noch nicht heil. Der Mann ging zur Arbeit. Da hatten sie auch viel gearbeitet. Zehn Stunden, zwölf Stunden, fünfzehn, sechzehn Stunden haben sie gearbeitet. Da gab es ganz schön Arbeit. Die haben gearbeitet. [atmet tief ein] Ich habe meinen ersten, meinen verstorbenen Sohn geboren. Zu Hause gab es kein Kind. Aber ich habe meine zweite, meine Tochter, geboren. Da ist der Sohn noch klein. Es gab ja niemanden. Hier ist es ja nicht wie in der Türkei, wo deine Nachbarinnen kommen oder Verwandten kommen können, um zu helfen. Ich halte meinen Bauch und koche das Essen. Ich mach den Haushalt. Ich passe auf die Kinder auf. [...] Ich habe den Seligen [den toten Sohn, Anm. Int1] zur Pflege gegeben. Meine kleine, als meine älter Tochter geboren war, kam die Frau zu uns und passte [auf die Kinder, Anm. Int2] auf. Aber für das dritte Kind... Für drei Kinder ist das Geld für die Pflege zuviel. Ich hab ihm [gemeint ist Herr Gür, Anm. Int2] gesagt; wir werden in Schicht arbeiten. Er ging Morgens. Ich bin halt „Hausfrau" [dt] geworden. Zwanzig Jahre habe ich als „Hausfrau" [dt] gearbeitet. In der Nacht meine ich. Zwanzig Jahre habe ich gearbeitet. Jetzt bereue ich es, dass ich in der Nacht gearbeitet habe. Ich war auch getrennt von meinen Kindern. HERR GÜR: Lüg doch nicht. Ich habe meine kleine Tochter selbst gefüttert. [hier sprechen Frau Gür und Herr Gür gleichzeitig, Anm. Int2] HERR GÜR: Du hast sie mir doch gegeben. FRAU GÜR: Aber... HERR GÜR: Ich hab ihr Babynahrung gegeben. FRAU GÜR: Er hat ihr Nahrung gegeben, sie sauber gemacht. HERR GÜR: Ich habe sie sogar sauber gemacht. Wir haben eine Pflegerin angestellt. Sie bekam achthundert, neunhundert [Mark, Anm. Int2]. Danach haben wir gesehen, dass es nicht geht. [unv3Wo]. Na ja. [Frau Gür unterbricht]. FRAU GÜR: Aber [unv2Wo]. HERR GÜR: [Unterbrechend, lauter] Wir haben darauf bestanden. Ich musste doch [auf sie, Anm. Int2] aufpassen. FRAU GÜR: N... Als Hava geboren war, als meine kleine Tochter geboren war, habe ich ohne mit der Arbeit anzufangen... Ich fing sofort als „Hausfrau" [dt] zu arbeiten. Mit Schichtarbeit... "

In dieser Sequenz wird die starke berufliche Doppelbelastung als Hausfrau und Schichtarbeiterin von Frau Gür deutlich, während sich die Aktivitäten Herrn Gürs auf gelegentliches Waschen und Füttern der Kleinkinder beschränken. In seiner

Wahrnehmung hat er damit jedoch einen großen Anteil an der Erziehung übernommen, was Frau Gür leugnet.

Das Verhältnis des Ehepaares weist eine eher klassische Rollenverteilung auf was Herrn Gür anbelangt, während Frau Gür sowohl außerhalb als auch innerhalb des Hauses arbeitet und den Hauptanteil in der Versorgung der Kinder und die komplette Hausarbeit übernimmt. Herr Gür begründet sein mangelndes Engagement bei der Hausarbeit nicht mit dem Hinweis, von ihm als Mann können solche Arbeiten nicht verlangt werden, vielmehr zieht er sich auf eine Position zurück, die ihn als unfähig und tollpatschig darstellt. Da es sich jedoch um eine Arbeit handelt, die eher von Frauen als von Männern übernommen werden, hat er mit dieser Selbstdarstellung keine Probleme.

Kinder

Herr Gür setzt sich während des gesamten Interviews sehr ausführlich mit seinen Kindern auseinander. Dabei steht die Darstellung der täglichen Balance zwischen seiner Herkunftskultur und der Kultur seiner Töchter, die in Deutschland geboren und aufgewachsen sind, im Vordergrund. Herr Gür ist sich bewusst, dass seine Töchter die türkische Kultur allein durch die Vermittlung der Eltern kennen und viele Überlieferungen der türkischen Kultur nur deshalb akzeptieren und annehmen, weil sie den Eltern einen Gefallen tun und nicht etwa, weil sie selbst von den Werten überzeugt sind.

„Die Kinder, die hier aufwachsen, haben sich an unsere eigene Mentalität nur unter dem Einfluss der Mutter und des Vaters anpassen müssen. ‚Guck mal mein Kind, so ist es mein Kind' und so weiter. Wenn du Druck ausübst, kriegst du es sowieso nicht hin. Mit der vernünftigen Erklärung. Wenn es darauf ankommt. Die passen sich da an, damit die Mutter und der Vater nicht traurig werden. Zum Beispiel meine Kinder haben sich daran angepasst. Ich sag denen: ‚Wenn ihr mit einem Mann ausgehen wollt, sollt ihr ihn genau kennen und verstehen. Wenn ihr nur paar Tage mit ihm bleibt und ihn dann aufgeben werdet, wird es meiner Ehre nicht passen'. Und das haben sie auch erfüllt, Dank dem Herrn."

Normen und Werte aus dem Herkunftsland sind für Herrn Gür zwar weiterhin wichtig, doch ist es nicht die automatische und unhinterfragte Einhaltung von Normen, die er fordert, vielmehr möchte er seine Kinder mit Argumenten davon überzeugen („mit der vernünftigen Erklärung"). Er ist sich dabei durchaus bewusst, dass es jedoch weniger die überzeugenden Argumente sind, die die Kinder veranlassen, diesen Werten nachzukommen, als der Wunsch der Kinder, den Eltern eine Freude zu machen („die passen sich an, damit die Mutter und der Vater nicht traurig werden").

Die Achtung der Ehre des Vaters scheint der einzige Punkt, in dem Herr Gür keine Kompromisse zulässt und darüber froh ist, dass seine Töchter dies akzeptiert haben:

„Beide sind ledig. Bevor sie mit dem Studium fertig sind, rechnen sie nicht mit einer Heirat. Sie haben nicht mal einen Freund. Also, unsere türkische Art... Unsere Disziplin ist auch ein bisschen hart, glaube ich. So haben sie keinen Freund gehabt. Sie haben keinen Freund gehabt und sind niemals mit einem Freund ausgegangen. [mit Stolz] In dieser Hinsicht sind wir die einzigen in X-Stadt [derzeitiger Wohnort], meine Kinder also."

Er reflektiert in dieser Passage, dass er von seinen Töchtern etwas verlangt, was für sie schwierig ist („unsere Disziplin ist auch ein bisschen hart"), doch möchte er in dieser Frage nicht von seiner Vorgabe abweichen. In seiner Einschätzung geht er sogar soweit, zu artikulieren, dass seine Töchter, die einzigen türkischen Töchter seines Wohnortes sind, die dies eingehalten haben. Hier geht es weniger um die konkrete Überprüfbarkeit dieser Vermutung, vielmehr drückt er hier seinen Stolz auf seine Kinder einerseits, aber auch auf den Erfolg seiner Erziehung andererseits aus.

Der Bereich partnerschaftlich-sexueller Beziehungen ist das einzige Feld, in dem Herr Gür nicht bereit ist, ein eigenständiges und von seinen Vorstellungen abweichendes Verhalten der Töchter zu akzeptieren. In allen anderen Bereichen werden Lösungen durch gemeinsame Diskussionen gefunden. Herr Gür vermittelt das Bild eines Familienvaters, der auf partnerschaftliches Verhalten, gegenseitige Unterstützung und Aushandeln bei Konflikten setzt. So hätte es Herr Gür vorgezogen, wenn seine Kinder eine Berufsausbildung gemacht hätten. Sie aber wollen studieren und Herr Gür ist einverstanden. Gegen seinen Willen entscheiden sich seine beiden älteren Kinder dann für eine weiter entfernte Universität.

„Meine ältere Tochter und mein Sohn, die haben beide die Universität hier [am Wohnort, Anm. Int1] nicht vorgezogen. Für beide habe ich es hier vorgezogen. Ich wollte, dass sie in meiner Nähe sind. [...] Ich sah es ein. Sie ging dahin. Das fiel uns zwar sehr schwer. Uns von dem Kind zu trennen. Mit der Zeit gewöhnt man sich daran. Sie wohnt jetzt da. Sie hat sich da eine Wohnung gemietet."

Mit großem Einfühlungsvermögen seinen Kindern gegenüber schildert Herr Gür deren Loslösungsprozess aus dem elterlichen Haushalt und seine widerstrebende Gefühlslage. Er selbst hätte es in beiden Fällen vorgezogen, wenn die Kinder an der Universität am Wohnort studiert und in der gemeinsamen Wohnung wohnen geblieben wären. Als sich beide Kinder dagegen entscheiden, kommt es jedoch nicht zum Bruch. Vielmehr trägt Herr Gür die Entscheidung seiner Kinder mit und unterstützt sie. Voraussetzung für dieses Verhalten ist die Einsicht in einem Sachverhalt („ich sah es ein").

Im Zusammenhang mit den Kindern schildert Herr Gür immer wieder, wie durch gemeinsame Diskussionen Lösungen gefunden werden, bei denen jede Seite nachgibt und sich den Argumenten des anderen gegenüber offen zeigt. Im Selbstverständnis Herrn Gürs ist er es oft, der nachgibt und die Argumente seiner Kinder annimmt bzw. deren Wünsche erfüllt. So zieht die Familie beispielsweise nicht in eine größere Wohnung, weil die Töchter nicht aus dem Haus, in dem sie aufgewachsen sind, ausziehen möchten. Herr Gür agiert nicht wie ein autoritärer Familienpatriarch, vielmehr reflektiert er, lässt sich überzeugen und ist dennoch noch der Meinung, dass er manche Sachen falsch auffasse.

„Es gab nichts Störendes, Gott sei Dank. Mich hat an meinen Kindern gar nichts gestört. Sie haben sich niemals gegen mich geäußert. Ich hab keine schlechte Gegenwehr erlebt. Was ich dann sagte: ‚Geht klar', sagten sie. In Sachen, die ich nachvollziehen konnte... Es gab auch einige Sachen, die ich nicht nachvollziehen konnte, die hatten sie mir auch selbst erklärt. ‚Vater das ist so. Das ist falsch.' Ich sagte mal: ‚Gut'. Passte mich ihnen an. Wir lebten in einer Anpassung."

In dieser Passage schildert er zunächst, dass für ihn ein angemessenes Verhalten der Kinder sei, ihm keine Widerrede zu leisten („was ich sagte... [dann sagten sie, Anm. Int2] ‚Geht klar, Vater') Es wird jedoch deutlich, dass damit keineswegs die fraglose Anerkennung seiner Autorität als Vater gemeint ist. Vielmehr ist Herr Gür bereit, sich auch von seinen Kindern eines besseren belehren zu lassen. Er nimmt seine Kinder als Diskussionspartner ernst und setzt sich mit ihren Auffassungen auseinander. Diese partnerschaftliche Lösung von Problemen wird auch wieder deutlich, wenn Herr Gür darüber berichtet, wie in der Familie Probleme gelöst werden:

„Ein tägliches Problem, das für uns sehr schwer war, hatten wir noch nicht. Wenn wir einfache Familienprobleme haben, setzen wir uns, die ganze Familie, zusammen... Frau und Mann und meine Kinder. Wir lösen unsere einfachen Probleme unter uns. Wenn ich traurig bin, kommen meine Kinder und [sagen]: ‚Väterchen, warum bist du traurig?' Sie umarmen mich sofort. Wenn meine Frau traurig ist, umarme ich sie dann. Wenn meine Kinder traurig sind, tue ich mich mit meiner Frau zusammen und versuche ihre Traurigkeit zu unterdrücken. Schulprobleme... Zum Beispiel meine Tochter ist letztens bei der Prüfung durchgefallen. Sie sitzt da und heult. Wir haben das ja mit unserem Sohn erlebt. Wir rufen da jeden Tag zwei, drei Mal an. Sonst kriegen wir nichts Großes ab. Wir sind in der Lage, die kleineren Sachen unter uns zu lösen. Wir haben nichts, wo wir uns gegenseitig... Unter der Familie. Es wird auch gemacht, was der Vater sagt. Es wird auch gemacht, was die Kinder sagen."

Herr Gür gibt seinen Kindern zum einen emotionale Sicherheit und einen starken familiären Rückhalt, gleichzeitig akzeptiert er sie als ebenbürtige Partner. Dies steht in krassem Widerspruch zu seiner eigenen Jugend, wo es den Eltern noch möglich war, Druck auf ihre Kinder auszuüben. Nur verhalten deutet er an, dass, falls dies damals nicht der Fall gewesen wäre, sein eigenes Leben auch anders verlaufen wäre.

Heutzutage können Eltern seiner Ansicht nach keinen Druck mehr ausüben, weil „jedes Kind angefangen hat, die Welt von der Geburt an zu sehen." Er vergleicht dies mit seiner Situation: „Wir kannten damals die Welt nicht". Die Kinder als ebenbürtige Gesprächpartner/innen anzuerkennen und im gegenseitigen Austausch auch von der eigenen Meinung abzurücken, bedeutet jedoch gleichzeitig auch, dass er seine Aufgabe als Vater ebenso deutlich als Richtungsweiser für die Kinder definiert. Besonders in der Kritik am Verhalten deutscher Eltern tritt diese Sichtweise klar hervor:

„Unsere Kultur... ich sag es zwar so, weil ich Türke bin, ist hundert Mal oder tausend Mal besser. Warum besser? Nur die Familienverbundenheit. Egal, ob ich meiner Familie gegenüber gekränkt bin oder mich mit denen gestritten habe, dennoch bin ich der, der sie aus problematischen Verhältnissen rausholen wird. Meine Mutter, meinen Bruder, meine Schwester... Bei denen [den Deutschen, Anm. Int1] sind die Kinder... Sie ziehen das Kind groß, wenn es aber achtzehn ist, sagen sie... Bei denen gibt es auch. Man kann es nicht verallgemeinern. Bei denen gibt es auch viele, [die ihre Kinder mit achtzehn aus dem Haus jagen Anm: Int2]. Wir haben nicht das Recht, alle Deutschen so zu bezeichnen. Bei denen gibt es einige, die sich mehr um ihre Kinder kümmern als wir. Solche Menschen haben sie auch also. [lauter] Aber wenn man das so im Allgemeinen betrachtet... Mädchen oder Junge, wenn sie achtzehn sind, sagen sie, er soll gehen und sich selbst darum kümmern. Zum Beispiel das Mädchen bleibt bis Morgens in den Diskotheken. Der Junge bleibt in den Diskotheken. Da lernen sie Heroin kennen. Ob sie es merken oder nicht, wird ihnen etwas in ihr Getränk reingemischt. Sie werden zu den verkehrten Orten gebracht. Die Mutter und der Vater kümmern sich nicht darum. Auch wenn sie etwas davon hören, sagen sie: ‚Die haben ein bestimmtes Alter erreicht, soll ich sie immer noch belehren oder was?'. Das achtzehnte Jahr ist das Alter, wo das Kind viel Blödsinn machen wird. Ich habe über meinen Sohn, der dreiundzwanzig Jahre alt war, gesagt, dass er bald auf eigenen Füßen stehen wird. Aber guck mal, das war doch nicht der Fall. Das heißt also, dass man das Kind bis zu seinem fünfundzwanzigsten Lebensjahr unter Aufsicht halten muss. Aber das muss man auch nicht übertreiben. Man muss sich auch an es anpassen. Man muss es langsam überzeugen. Bis zu einer Grenze sollen sie selbständig handeln. Aber wenn es darauf ankommt, muss man dann sagen: ‚Mein Sohn, meine Tochter wir müssen die Richtung wechseln.' Damit das Kind nicht so kommt. Das find ich besser. Wir als türkische Menschen, wir hängen so sehr an der Familie. Egal wie gekränkt wir sind oder wie nachtragend wir sind, hängen wir dennoch so sehr an der Familie. Bei den Deutschen ist es ziemlich locker. Ihre Kinder... Das nennt man Freiheit, aber wenn man das Ende dieser Kinder sieht... Zum Beispiel mit den Deutschen und bei uns... Angenommen beim Heiraten... Wenn wir die Kinder vor Augen haben, die auf der Strecke bleiben, wenn es bei uns zehn Prozent sind, dann sind es bei denen siebzig, achtzig Prozent. Na ja, ich soll nicht übertreiben. Also fünfzig Prozent. Die Kinder sind auf der Strecke geblieben. Die Mutter steht auf einer Seite und der Vater irgendwo anders. Das Kind ist entweder beim Stiefvater oder bei der Stiefmutter. Oder sie sind in einem Heim. Letztendlich sind die... Die werden... So was wird uns Türken traurig machen. Das Kind von einem anderen erziehen lassen zu müssen, wo die Mutter und der Vater noch am Leben sind. Dass das Kind hin und her geschupst wird also. In ein Heim gehen zu müssen. [schneller] Die machen uns halt traurig. [...] Das macht uns sehr traurig, aber die Deutschen nicht so sehr. Auch wenn sie traurig werden, werden sie es nicht so sehr wie wir. Die sind Mutter und Vater, die werden auch traurig, aber nicht so sehr wie wir. Die machen es kurz. Deswegen leben sie länger, glaube ich [lacht]. Die Deutschen zerbrechen sich damit nicht ihren Kopf. Aber wir tragen die Belastung bis zum Tode. Wir sind andauernd [unv2Wo]. Wir wiederholen uns immer. Deswegen machen wir es uns immer schwer. Das sind meine Meinungen. Ich weiß nicht, die können natürlich falsch sein."

In dieser Passage stellt Herr Gür die türkische der deutschen Familie stark polarisierend gegenüber und vergleicht die Auffassung von Elternschaft in beiden Gesellschaften. Hier kritisiert er explizit die Verantwortungslosigkeit der Deutschen gegenüber ihren Kindern. Die Aufgabe der Eltern muss es sein, dem Kind die Richtung zu weisen und im Zweifelsfall korrigierend einzugreifen („wir müssen die Richtung ändern"). Auch in diesem Fall setzt Herr Gür nicht auf Druck, sondern auf die Einsicht in die vorgebrachten Argumente. Die empfundene Verantwortung für das Leben der Kinder und gegenüber der Familie beschreibt er als etwas Belastendes, was nie ein Ende hat („aber wir tragen die Belastung bis zum Tode"). Dadurch, dass die Deutschen seiner Auffassung nach die Aufgaben der Elternschaft leichter nehmen („die machen es kurz") seien sie weniger psychischen Belastungen ausgesetzt als die türkischen Eltern. Hier definiert sich Herr Gür in seiner Rolle als Vater in der Abgrenzung zu deutschen Eltern und sieht die Hauptaufgabe seiner Vaterschaft darin, ein Wegweiser und „sanfter Korrektor" im Leben seiner Kinder zu sein. Dabei lässt er den Kindern zwar einen gewissen Spielraum, doch letztendlich sieht er sich als derjenige, der die Verantwortung für die Kinder trägt und damit die Hauptrichtung vorgibt.

Herr Gür weist ein sehr emotionales Verhältnis zu seinen Kindern auf. Seine Aufgabe als Vater sieht er zum einen darin, den Kindern eine gute Ausbildung zu ermöglichen und ihnen damit die Möglichkeit zu geben, sich ihren Platz in der Welt behaupten zu können. Durch diese starke Konzentration auf die Bildung, über die er bereits als Jugendlicher in der Türkei Phantasien hatte, übt er jedoch einen starken Druck auf die Kinder aus, und der älteste Sohn zeigt sich diesem Druck letztendlich nicht gewachsen und begeht nach einer nicht bestandenen Prüfung Selbstmord. Für Herrn Gür ist es zwar in erster Linie ein Fehler, „den sein Sohn gemacht hat", dennoch schwingt auch ein kleiner Teil eigener Schuld mit, wenn er ausführt, er habe auf seinen Sohn nicht richtig „aufgepasst". Dies führt ihn jedoch nicht zu einer generellen Revision seiner Bildungswünsche für seine Kinder. Im Fall der zweiten Tochter, die ebenfalls unter Prüfungsangst leidet, reagiert die Familie mit stärkerer Zuwendung und häufigeren Telephonaten.

Im gemeinschaftlichen Miteinander hat Herr Gür ein annähernd partnerschaftliches Verhältnis mit seinen Kindern aufgebaut, wobei er dann bereit ist, die Meinung der Kinder zu übernehmen, wenn diese ihn mit ihren Argumenten überzeugen können. Dennoch begreift er sich als die letztendliche Autorität, die richtungsweisende Funktionen inne hat. In der Erziehung des Sohnes und der Töchter wurden keine geschlechtsspezifischen Unterschiede artikuliert.

Das Verhältnis zu den Kindern wünscht er sich auch nach deren Ausbildung weiterhin als eng. Herr Gür ist sich unsicher, was seine Versorgung im Alter anbelangt, aber er hofft, dass seine Kinder sich um ihn kümmern werden.

„Über die Informationen[144]... Natürlich habe ich ein paar [Informationen, Anm. Int2]. Aber... [2 Sek. Pause] Ich glaube, dass das damit zusammenhängt, dass ich Türke bin. Ich ziehe das nicht vor. Weil ich sage, dass ich für meine Kinder gearbeitet habe. Meine Kinder sollen für diese Zeit auch für mich arbeiten, sag ich mal. [...] Wenn ich hier jetzt arbeitslos werde, langweile ich mich zu Hause zu Tode. Wenn ich so alleine bleibe und wenn ich in so einem Heim bleibe, kann ich mit meinem Freunden meine Zeit verbringen. Das ist sehr toll und gut. Ich sehe es nicht schlecht. Aber... Dahin gehen müssen... Dahin gehen müssen, wo meine Töchter draußen sein werden, und ich werde von den anderen gepflegt werden. Das fiel mir auch zu schwer."

Herr Gür ist sich nicht sicher, ob seine Kinder diesen Generationenvertrag erfüllen werden.

Räumliches Umfeld
Der generelle Einschnitt in sein Leben, der durch den Freitod des Sohnes bewirkt wird, findet seinen Ausdruck auch im Verhältnis zu seinem deutschen Umfeld und seinen Gefühlen zu Deutschland. Vor dem Tod seines Kindes hatte die Familie auch Kontakte zu deutschen Freunden. Diese Kontakte sind mit dessen Tod abgebrochen, wobei Herr Gür keine näheren Gründe für den Abbruch angibt. Ausführlicher berichtet er jedoch über diskriminierende Erfahrungen in Deutschland, und das Gefühl, in einem Land als Fremder behandelt zu werden, in dem er schon so viele Jahre lebt. Insbesondere die Rechtlosigkeit ist es, die ihn wütend macht:

„Ehrlich gesagt. Natürlich, das Gesetz gehört denen. Aber das Gesetz so hart zu halten... Die deutsche Nation... Das Gesetz für die Menschen so hart zu halten, die diesem Land gedient haben... Das finden wir nicht gerecht. Weil wir mit unserem Recht [Gesetzgebung, Anm. Int2] denjenigen alle Rechte geben, wenn sie sich sechs Monate irgendwo aufhalten oder irgendwo migriert sind. In türkischen Gesetzen. Wählen, gewählt werden, was weiß ich. Der lebt doch in Armut oder in Reichtum mit. Nach sechs Monaten. Bis zu sechs Monaten wird man als Gast angesehen. Ich bin hier seit dreißig Jahren. [laut] Ich hab kein Recht. Über nichts, über gar nicht zu sprechen. Warum? [laut] Ich habe auch diesem Staat gedient. [laut] Von mir werden mindestens alles in allem tausend Mark Steuern abgezogen. Meine tausend Mark kriegt dieser Staat ab. Da drin ist auch mein Rentenbeitrag. Das rechne ich auch dazu. Sie werden mir zwar die Rente geben, aber für alles habe ich in diesem Staat gedient. Ich bin mit neunundzwanzig ge-

---

144 Herr Gür antwortet hier auf die Frage, ob er über Informationen über Möglichkeiten der Pflege im Alter verfüge.

kommen. Jetzt bin ich mittlerweile einundsechzig. Ich bin seit dreißig Jahren hier. Seit einunddreißig Jahren hier. Obwohl ich seit einunddreißig Jahren diene, [laut] [habe ich, Anm. Int1] nicht ein Wort zu sagen… [sehr laut] Wenn ich hier raus gehe. Beispiel jemandem sage: ‚Geh nicht da, sondern hier'. [sehr laut] Oder wenn sich hier einige prügeln und ich sage: ‚Hau doch hier ab!' Sie werden sagen: ‚Du bist Türke, was mischst du dich denn ein'. Ich wurde auch ein Teil dieses Landes. Mein ganzes Leben ist hier. Ich bin einen Monat im Jahr in der Türkei. Elf Monate bin ich hier. Mein ganzer Verdienst, mein Einkommen ist hier… Ich habe alles gründlich bezahlt. Deswegen, warum soll ich denn nicht das Recht haben, etwas zu sagen. INT2: Stimmt. HERR GÜR: Mit dieser Unbarmherzigkeit… INT2: Ja, ja, natürlich. HERR GÜR: Sie sollen uns das auch geben. Ich werde nicht hingehen und Abgeordneter werden. Vielleicht gehe ich auch nicht zur Wahl. [laut] Aber als Recht muss und das zustehen. Damit wir sprechen können, also. Stimmrecht sollen wir haben. Das wär's, sonst gibt es nichts. Wir müssen ihre Gesetze beachten. Wo wir leben, da müssen wir uns Hundertprozent anpassen. Da gibt es keinen Ausweg. Das ist ein menschliches, traditionelles Ding. Aber uns müssen sie die Rechte auch geben. Das sehe ich hier, sonst… "

Die deutschen Gesetze vermitteln Herrn Gür das Gefühl der Rechtlosigkeit und Ohnmacht. Da ihm nicht die gleichen Rechte wie Deutschen zustehen, obwohl er dafür die gleichen Leistungen erbringt („ich habe dem Land gedient, ich zahle hier meine Steuern"), fühlt er sich ausgeschlossen und der Willkür seiner Umgebung ausgesetzt („du bist Türke, was mischst du dich denn ein") In diesem Abschnitt polarisiert er sehr stark („die Deutschen und wir Türken") und benutzt die für seine Erzählung untypische Form der ersten Person Plural. Damit verortet er sich in dem Kollektiv der türkischen Migranten der ersten Generation und hebt damit seine Erlebnisse von der individuellen auf eine kollektive Ebene.

Das auf Herrn Gür wirkende räumliche Umfeld in Deutschland kann in zwei Bereiche geteilt werden: Zum einen Freundschaften auf individueller Ebene, die durch den Tod des Sohnes unterbrochen wurden, und zum anderen sein Verhältnis zur deutschen Gesellschaft, das aufgrund seiner diskriminierenden Erfahrungen sehr negativ geprägt ist. Dieses individuelle Erleben ist es auch, was ihn in Bezug auf die Zukunft seiner Kinder in Deutschland ängstigt:

„Wenn ich an die Zukunft denke, habe ich keine Sorge um mich. Ich habe ja ein bestimmtes Alter erreicht. Mehr oder weniger haben wir was erlebt. Unsere Rente wird kommen. Mein Unterhalt ist gesichert. Krankheit ist Gottesbefehl. Aber für die Zukunft habe ich Angst um die Kinder. Wie wird es denn in der Zukunft aussehen. Mir gefällt der Lebensablauf in Deutschland nicht. Es [das Leben, Anm. Int1] geht fast zu Grunde, kommt es mir vor. Wie die Türkei damals hierher migriert ist, passiert es nun, dass von hier in die Türkei migriert wird [hier sind die türkische Migranten gemeint, Anm. Int2]. Das ist der Fall. Hier wird es ganz schön eng. Mir kommt es so vor, als dass die Deutschen die Ausländer rausschmeißen werden, um ihren eigenen Unterhalt zu schaffen. Weil unsere Kinder nicht an die Türkei gewöhnt sind, habe ich deswegen Bedenken. Da sehe ich ein bisschen schwarz."

Herr Gür gibt hier eine äußerst pessimistische Bewertung, was die Zukunft seiner Kinder in Deutschland anbelangt. Im Vergleich zu ihm, der aus der Türkei kommt und die dortigen Gewohnheiten kennt, traut er seinen Kindern, die in Deutschland aufgewachsen und sozialisiert sind, eine Anpassung an ein Leben in der Türkei nicht mehr zu.

Geglaubte und gelebte Wertvorstellungen

Herr Gür lebt im Einklang mit seinen geglaubten Wertvorstellungen und hat diese konsequent in die Praxis umgesetzt. Dabei kommt dem Punkt der Bildung eine zentrale Rolle zu. Für ihn ist Bildung der Schlüssel, der zu einer selbstbewussten und fundierten Anteilnahme an der Gesellschaft berechtigt. Ihm selbst war der Zugang zur Bildung aufgrund der finanziellen Verhältnisse verwehrt geblieben. Dieser Fakt hatte in seiner Vorstellung eine unmittelbare Auswirkung auf sein Leben, da er zu diesem Zeitpunkt nicht in der Lage war, sich argumentativ mit seinem türkischen Umfeld (Eltern, Verwandte) auseinander zusetzen. Er „kannte die Welt nicht" und musste sich den Autoritäten beugen. Selbst noch kinderlos beschließt er, seinen späteren Kindern um jeden Preis Bildung zu ermöglichen. Umso größer ist seine Enttäuschung, als er feststellt, dass diese Bildung in Deutschland den Kindern nicht die gewünschte Position sichert. Die von ihm erlebten rassistischen Reaktionen des deutschen Umfeldes rütteln an den Grundfesten seines Menschenbildes, das auf einer durch Bildung geschaffenen Hierarchisierung aufbaut. Die folgende Passage ist in mehrerlei Hinsicht aussagekräftig. Zum einen verdeutlicht sie, wiederum dargestellt in polarisierender Weise (die Deutschen – die Türken), ein Ohnmachtgefühl, das Herr Gür in Deutschland erlebt. Er selbst fühlt sich diesen Reaktionen des Umfeldes hilflos ausgeliefert, weil er selbst nicht über die „Bildung" verfügt, um sich adäquat zur Wehr zu setzen. Für die zweite Generation zieht Herr Gür jedoch andere Schlüsse:

„[Atmet tief ein und aus, ziemlich langsam und überlegend] Ich glaube, ich wäre nicht gekommen.[145] [unv1Sa] Warum ich nicht komme? Wenn ich mit meinen jetzigen Zustand kennen würde, wäre ich nicht gekommen. Weil ich hier, seit dem Tag, an dem ich hierher kam, Ausländer bin. Sie haben uns wie ein Dings, wie ein Ungeheuer angeguckt. Die deutsche Nation also. Obwohl wir denen gedient haben. Ich habe auf alles mehr geachtet als auf meine eigenen Sachen. Obwohl wir auf alles mehr geachtet haben als wären es meine. Sie haben uns verkehrt gesehen, verkehrt verstanden. Immer: Wir wissen gar nichts, sie wissen über alles Bescheid. Vielleicht sind viele unter uns, die nichts wissen, aber es gibt auch viele, die etwas wissen. Deswegen haben wir die Schnauze voll davon,

---

145 Die Frage hatte gelautet, ob Herr Gür, wenn er noch einmal jung wäre und genau wüsste, was ihn in Deutschland erwartet, noch einmal migrieren würde.

uns immer klein kriegen zu lassen. Sie wollen uns immer klein kriegen. Wir können uns nicht verteidigen. Wir sagen: ‚Vielleicht kommen sie zu sich, und sie sehen die Menschen als Menschen an.' Das haben sie nicht gemerkt. Die neue Generation auch. Bei der neuen Generation sieht man das auch nicht. Natürlich ist es nicht wie bei den alten Generationen. Die neue Generation denkt noch offener. Wenn zwanzig Prozent von denen uns erniedrigen, fünfzig Prozent sag ich mal, achtzig Prozent würde ich nicht sagen aber... Es gibt noch Menschen, die die Menschen als Menschen ansehen. FRAU GÜR: Die gibt es auch. INT2: Die gewöhnen sich auch daran. HERR GÜR: Die gewöhnen sich daran. Bei uns auch. Unsere Generation, wir sind als Arbeiter gekommen. Wir waren Arbeiter. Fabrikarbeiter oder Bauern, aber Arbeiter. Wir wurden als Arbeiter hierher geholt. Aber die Kinder von uns, die haben studiert, die haben bestimmte Stellen bekommen, oder sie sind selbständig geworden, oder sie sind in einigen Orten Berater geworden. Mehr oder weniger zeigen sie sich auch. Wenn du Universität sagst. War es da möglich, dass damals, in unserer Zeit jemand an der Universität studiert? Das findest du kaum. [...] Was ich sagen will, der Deutsche hat auch ein bisschen erfahren. [Auch der Deutsche hat seinen Lebenshorizont etwas erweitert, Anm. Int1]. Er wurde noch offener. [unv1Sa] Als ich hierher kam, sagten sie für Zucchini Gurke. Für Wassermelone sagten sie Ball. Wir hatten hier eine einzige Wassermelone gefunden. Da wussten die Deutschen doch gar nichts."

Für Herrn Gür ist Bildung gleichbedeutend mit Entscheidungsfähigkeit und dem Ausüben von Macht über andere. In der obigen Passage stellt er die Beziehungen zwischen den Türken und den Deutschen zu Beginn der Migration von der Bildung her gleichberechtigt dar – die Türken waren zwar die Bauern, die Arbeiter, aber die Deutschen kannten nicht einmal eine Zucchini. Damit stellt Herr Gür das Gleichgewicht im Wissensstand beider Gruppen her und kritisiert von dieser Annahme ausgehend, das dünkelhafte, diskriminierende Verhalten der Deutschen. Durch diesen Schachzug hat er den Deutschen die einzige von ihm selbst akzeptierte Legitimation (Bildung) für eine Ungleichbehandlung entzogen. Dreißig Jahre später stellt er das Gleichgewicht erneut her, indem er nun die gebildeten Deutschen den gebildeten Kindern der Arbeitsmigranten/innen gegenüberstellt. Auch in dieser Gegenüberstellung ist keine Hierarchisierung mehr möglich und die Diskriminierungen werden umso unverständlicher. In diesem Part verknüpft er ebenfalls die individuelle mit der kollektiven Ebene und integriert die persönliche Einzelerfahrung in das kollektive Erleben, wodurch er eine größere Aussagekraft erreicht.

Herr Gür legt Wert darauf, dass seine Kinder seine Autorität als Vater anerkennen. Doch es wird sehr deutlich, dass es Herrn Gür nicht um Automatismen geht. Seine Kinder, die einen höheren Bildungsstand als er selbst erreicht haben, werden als ernstzunehmende Gesprächs- und Diskussionspartner/innen akzeptiert. Er legt Wert darauf, dass diese den Sinn und Zweck einer Norm und/oder einer väterlichen Anordnung verstehen. Dieser Weg bedeutet keine Einbahnstrasse, denn auch er ist im Gegenzug bereit, sich den Argumenten seiner Kinder offen gegenüber zu zeigen.

Herr Gür steht Religion indifferent gegenüber: „Ehrlich gesagt, bin ich nicht religiös. Nicht übertrieben also. Ich glaube aber. Ich glaube an Gott. Ich bin Muslim. Ich hab nicht so viel zu tun mit Gebeten und so." Seine Lebensphilosophie ist jedoch geprägt durch ein religiöses Grundverständnis, das beispielsweise. besagt, dass es im Leben immer eine Auf- und Abwärtsbewegung gibt. Wem es Heute gut geht, wer Erfolg hat, darf nicht übermütig werden, da sich schon Morgen das Blatt wenden könnte. Dies gilt auch für den umgekehrten Fall: auf Phasen von Erfolglosigkeit, Depression und Versagen folgen Phasen des Erfolgs. Vor allem im Zusammenhang mit dem Selbstmord seines Sohnes und den Lehren, die er daraus gezogen hat, wird diese religiös beeinflusste Lebensphilosophie deutlich. Diese Sichtweise hat es ihm ermöglicht, selbst den Freitod seines Kinder zu verkraften und die Kraft zu finden, weiterzuleben.

Im Zusammenhang mit dieser existenziellen Krise, die durch den Tod seines Kindes ausgelöst wurde, besinnt sich Herr Gür auf seine kulturellen Wurzeln d.h. er sucht und findet Trost und Hilfe im türkischen Umfeld. Er vermutet jedoch, dass schon seine Töchter in diesem Umfeld nicht mehr die gleiche Aufgehobenheit erleben wie er, da sie in Deutschland aufgewachsen sind und hier sozialisiert wurden.

Herr Gür erscheint im Interview als ein Mensch ohne innere Brüche, der seine Wertvorstellungen konsequent in die Praxis umsetzt und dabei die Flexibilität bewahrt, von seinen Kindern ausgehende Impulse zu verarbeiten und zu integrieren.

Migrationsbewertung

Bei Herrn Gür klaffen die Migrationsbewertung und die Beantwortung der Frage, ob eine erneute Migration mit dem heutigen Wissen erfolgt wäre, weit auseinander. Die direkte Beantwortung der Frage nach seiner Migrationsbewertung fällt durchweg positiv aus.

„Einen Teil meiner Erwartungen habe ich erreicht, einen Teil aber immer noch nicht. Wir sind also noch dabei. Bei einigen Sachen wurde ich enttäuscht. Was ich erreicht habe ist... Am Anfang... Was ich mir mit der Reise vorgenommen habe; ein Haus zu kaufen. Das war sowieso unser erster [Wunsch, Anm. Int1] [...] Ein Haus zu kaufen. Ein kleines Geschäft zu öffnen. Dieses Geschäft mit der Zeit zu vergrößern, damit die Armen um mich herum... die meine Männer bei mir arbeiten lassen, davon profitieren lassen. Das haben wir nicht erreichen können. [2unvSa] Als zweites wollten wir, dass wir Geld haben. Dank dem Herrn, das gibt es irgendwie auch. Ich kann nicht sagen, dass ich das nicht habe. Mehr oder weniger, habe ich das auch. Also das reicht uns. Als drittes habe ich mir gesagt, dass ich meine Kinder unbedingt in die Schule schicken wollte. [...] Das haben wir auch teilweise erreicht."

Finanzielle Ausstattung und Ausbildung der Kinder sind hier die beiden zentralen Momente in der Bewertung. Die Kinder haben somit das verwirklichen können, wozu Herr Gür zwar das Potential, nicht aber die finanziellen Möglichkeiten besaß.

Bezogen auf sein Leben in Deutschland, die hier erlebte Diskriminierung und Rechtlosigkeit, erfolgt jedoch die sehr negative Einschätzung, dass Herr Gür trotz allem Erreichten nicht noch einmal nach Deutschland kommen würde („Ich würde nicht kommen"), wie im Kapitel zum deutschen Umfeld bereits ausführlich erläutert wurde. Hier benutzt er zum ersten und einzigen Mal den Begriff „Ausländer". Er wurde diskriminiert, weil er Ausländer war. Diese Erfahrungen müssen für ihn so tiefgehend gewesen sein, dass alle Migrationserfolge nicht ausreichen, dieses Gefühl der Inferiorität auszugleichen. Das Wissen um diese Form der Behandlung ist der Grund für Herrn Gür, weswegen er nicht noch einmal nach Deutschland kommen würde. Zumal dies seine Überzeugung in Frage stellt, derjenige, der gebildet sei, habe ein Anrecht auf eine gute Behandlung.

Zusammenfassung

Herr Gürs Leben weist zwei große Einschnitte auf. Zum einen der Konflikt mit den Eltern und Geschwistern, der das auslösende Moment für die Migration nach Deutschland darstellt und der Tod seines Sohnes. Im ersten Fall wird der Bruch mit der Familie durch die räumliche Entfernung wieder gekittet. Die Migration ermöglichte damit die Wiederaufnahme von Kontinuität und stellt nur einen kurzen vermeintlichen Bruch dar.

Der Verlust seines ältesten Sohnes lässt ihn sein Leben in eine Phase vor dem Tod und eine nach dem Tod einteilen. Seine Identität als Sohn und als Vater ist maßgeblich durch den nicht erfolgten (in seinem Fall) und ermöglichten (im Fall seiner Kinder) Zugang zu Bildung bestimmt. Erst mit einem bestimmten Bildungsniveau hat man das Recht, Entscheidungen von Autoritätspersonen anzuzweifeln und sich mit ihnen kritisch auseinanderzusetzen. Die Reaktion der deutschen Gesellschaft auf seine Kinder, die er den deutschen Kindern in Bezug auf die Bildung als ebenbürtig betrachtet, empfindet er als hochgradig unbefriedigend und diskriminierend.

Begründung der Typ-Zuschreibung

Herr Gür gehörte bereits in der Türkei dem Modell der „emotional interdependence" an. Obwohl sein familiäres und soziales Umfeld dem Modell der „interdependence" zuzuordnen sind, hat er diese Werte nie als seine eigenen angenommen. Damit grenzte er sich von der abgeschiedenen bäuerlichen Welt ab. Er wünscht sich eine Ausbildung, was aber aufgrund der finanziellen Engpässe in seiner Familie nicht möglich ist. Er setzt sich jedoch dafür ein, dass seine jüngeren Geschwister zumindest die Mittelschule besuchen können und gibt sich selbst das Versprechen, dass seine Kinder unter allen Umständen eine Ausbildung erhalten werden. Bildung ist für ihn die einzige Möglichkeit, ein selbstbestimmtes Leben zu führen. Hier findet eine bewusste Loslösung von dem von seinen Eltern praktizierten Modell statt, die nicht in die Kinder investierten (Schulbildung), sondern ihrerseits auf deren Arbeitskraft (Landwirtschaft) angewiesen waren.

Dieser Bruch mit der Welt seiner Eltern und seines Umfeldes findet sich in abgeschwächter Form auch in seinen beiden Eheschließungen wieder. Beide Partnerinnen findet er nicht durch eine individuelle Wahl, sondern über den traditionellen Weg der Vermittlung. Hier verhält er sich den Normen seiner Eltern entsprechend. Einmal verheiratet, lehnt er sich im ersten Fall jedoch gegen den elterlichen Haushalt auf, als die Eltern mit der Frau nicht einverstanden sind. Er verlässt den elterlichen Hof, die Produktionseinheit, und beginnt ein eigenes Leben mit seiner Frau. Hier geht er bereits einen individuelleren Weg. Auch in der zweiten Ehe beugt er sich in der grundsätzlichen Frage der Eheschließung zwar dem Druck der Verwandten, aber erst nachdem er seine eigenen Wünsche artikuliert und deutlich gemacht hat. Die Ehe begreift er nicht mehr als die „Zufügung einer Arbeitskraft" für die bäuerliche Produktionseinheit, sondern als ein subjektives Bündnis zwischen zwei Menschen. Auch hier hat er sich von dem traditionellen Modell der „interdependence" entfernt.

Herr Gür geht diesen Weg des Modells der „emotional interdependence" jedoch nicht ohne Brüche. Im Konfliktfall mit seiner Schwester beharrt er auf seiner Autorität als Bruder, die ihm die Jüngere jedoch verweigert. Er selbst beugt sich jedoch ebenfalls nicht der Autorität des Vaters, der die Tochter unterstützt und von ihm Gehorsam erwartet, sondern lässt es eher zum Bruch mit den Eltern kommen als nachzugeben. Dieser Bruch ist jedoch nur ein vorübergehender, der durch die räumliche Entfernung wieder gekittet werden wird. Die enge Verbundenheit mit der Ursprungsfamilie bleibt bestehen, obwohl (und gerade weil) ein individuelles Leben in Deutschland geführt wird. Dies ist ein Zeichen des Modells der „emotional interdependence".

Herr Gür hat die Vorteile getrennter Haushalte kennen- und schätzen- gelernt. Aus den Erfahrungen seiner Jugend folgert er, dass er seinen Kindern eine räumliche Nähe nicht zumuten möchte, sind diese erst einmal verheiratet. Erst mit der Verheiratung seiner Töchter und der damit einhergehenden Gründung deren eigener Haushalte, sieht er seine erzieherische Aufgabe abgeschlossen. Trotzdem ist er in der Lage zu akzeptieren, dass seine Tochter (wie auch sein Sohn) ein Leben außerhalb der Familie, d.h. in einer anderen Stadt vorziehen, obwohl die Kinder auch am Wohnort hätten studieren können. Hier stellt er die Bedürfnisse seiner Kinder über den eigenen Wunsch, die Kinder in der Nähe zu haben. Der Wunsch, den Kindern eine gute Ausbildung zu ermöglichen, und zwar unabhängig von deren Geschlecht, ist ebenfalls ein Zeichen des Modells der „emotional interdependence".

Diese getrennten Haushalte bedeuten jedoch auch in diesem Fall keine emotionale Trennung von den Kindern. Der Kontakt zu ihnen soll auch trotz getrennter Wohnbereiche aufrechterhalten werden.

Im Vergleich zu seiner eigenen Jugend lässt er seinen Kindern gegenüber die dörflichen Strukturen, die er selbst für sich bereits abgelehnt hatte, hinter sich und öffnet sich deren Argumenten gegenüber, auch wenn er sich letztendlich das Recht auf das entscheidende Wort vorbehält. Damit verwirklicht er das, was er für sich persönlich erträumt hatte, was ihm aber in seiner Jugend nicht möglich war. Da seine Kinder „die Welt kennen", besitzen sie die Voraussetzungen dafür, in Eigenverantwortung ihr Leben zu leben.

Er lebt konsequent das Modell der „emotional interdependence". Dies ist das Modell, das er bewusst und in Abgrenzung zu seinem Umfeld gewählt hat. Damit folgt er eigenen Ansprüchen, die er in der Jugend nur bedingt, in Deutschland jedoch gänzlich ausleben kann.

Weitere Varianten des kontinuierlichen Modells der „emotional interdependence"

Herr Alkan – „Meine Kinder bedeuten mir mehr als mein Leben"

Lebenserfahrung in der Türkei
Eigene Kindheit und Ursprungsfamilie: Herr Alkan wächst in einer Kleinstadt auf. Er besucht lediglich die Grundschule. Als er 12 Jahre alt ist, stirbt seine Mutter. Sein Vater heiratet wieder. Fünf Jahre später verstirbt auch dieser. Seine Stiefmutter heiratet erneut, und Herr Alkan verlässt dieses Stieffamilie zwei Jahre später, um eine Handwerkerlehre zu beginnen. Das Leben mit der Stiefmutter, insbesondere als diese wieder heiratet, beschreibt er als problematisch. Er erzählt nicht ausführlich über diese Zeit. Verhalten spürt man den Konflikt, wenn er andeutet: „Wir sind also mit unserer Stiefmutter so ein, zwei Jahre zusammengeblieben. Dann haben wir es nicht mehr geschafft, konnten nicht mehr." Bis zum Tode seines Vaters arbeitet und lernt er in dessen handwerklichem Betrieb. Der Tod des Vaters markiert auch das Ende seiner Kindheit, da er ab diesem Zeitpunkt auf sich selbst gestellt ist und in die nächst größere Stadt geht. Das Familienleben erscheint in seinen Erzählungen nur andeutungsweise und mit Hinweisen auf Schwierigkeiten. Geschwister spielen in seiner Erzählung aus dieser Zeit keine große Rolle.

Ehe: Zum Zeitpunkt der Ehe ist Herr Alkan 23 und seine Frau 19 Jahre alt. Sein persönliches Glück setzt Herr Alkan höher als die Verbote der Umwelt und entführt seine heimliche Verlobte. Das Leben mit dieser Frau ist ihm sehr wichtig und spielt eine entscheidende Rolle in seinem Leben. Aus dem Interview geht nicht hervor, welche gelebten Ehebilder Herr Alkan durch seinen Vater oder sonstige Verwandte erlebt hat. Die Entscheidung nach Deutschland zu migrieren, trifft er aufgrund des Drucks seines Bruders und gegen den ausdrücklichen Wunsch seiner Frau.

Kinder: Das Ehepaar hat drei Kinder, zwei Söhne und eine Tochter. Nach eigenen Aussagen sind die Kinder das Wichtigste im Leben von Herrn Alkan. Die Bindung zu den Kindern beschreibt er als sehr eng, was er anschaulich mit dem Beispiel der Trennung von seinen Kindern zu Beginn der Migration thematisiert:

„Das ich hab, ich vergess erste Tag, überhaupt erste Nacht, vergess ich nicht. Also drei Tage wir sind mit Zug gefahren, von Istanbul bis hierher. Nach X-Stadt [in Deutschland], mein ich. Und erste Tag bin ich alleine in Bett gegangen und dann ganze Nacht bin ich geweinet. Also Morgen bin ich aufgewacht so nach er Arbeit ich gucke meine Kissen so ganz nass. Weil eh, also für mich eh, mehr als meine Leben, meine Kinder, bedeutet, ne?"

Im ersten Jahr seiner Migration nimmt er auch mehrere Male den weiten Weg mit dem Auto in die Türkei auf sich, um seine Kinder zu sehen.

Räumliches Umfeld: Herr Alkan geht nicht gesondert auf das türkische Umfeld in seiner Kindheit ein.

Lebenserfahrung in Deutschland
Ursprungsfamilie: Spielen die eigenen Geschwister sowie die Nichten und Neffen in den Erzählungen zur Kinder- und Jugendzeit sowie im Erwachsenenalter in der Türkei keine Rolle, so nimmt deren Stellung für das Leben in Deutschland zu. Herr Alkan betont, der Kontakt sei ihm sehr wichtig, er bestehe aus mindestens monatlichen Telephonaten, die im Notfall (Operation) auch zu tagtäglichen telephonischen Konferenzen führen könnten. Seine eigene Familie sowie seine Ursprungsfamilie sind der Dreh- und Angelpunkt seines Lebens. Herr Alkan definiert sich vor allem als Familienmensch, dem das Wohl seiner Kinder, das harmonische Zusammenleben mit der Kernfamilie und der enge Kontakt mit der Familie in der Türkei das Wichtigste in seinem Leben ist.

Ehe: Herr Alkan thematisiert die gute, lang andauernde und liebevolle Beziehung zu seiner Frau wie folgt:

„Dann also, seit 1964 wir sind geheiratet. Jetzt 32 Jahre und plus fünf 36 Jahre wir sind zusammen. Ich bin ganz glücklich. Zwischen uns überhaupt nicht eine einzige Problem gewesen. Hoffentlich läuft immer so, wenn wir so lange leben. Ne? Und ich hoffe für jeden so wie mich [unv]."

Innerhalb der Familie hat seine Frau eine starke Stellung. Ihre Kinder wenden sich im Konfliktfall an sie. Sie ist die Vermittlerin zwischen Kindern und Vater. Im Streitfall, so beschreibt es Herr Alkan, gibt mal der eine, mal die andere nach. Das Paar lässt sich seine Räume, um auch nach einem Streit wieder zusammenzukommen. Sie ist es auch, die den Außenaktivitäten ihres Mannes Grenzen setzt, wenn sie mehr Zeit für sich und die Familie einfordert. Ihren Wünschen ordnet Herr Alkan seine (Vereins-)Aktivitäten unter und schränkt seine außerhäuslichen Tätigkeiten ein: „In Deutschland[146] hier genug für uns. Wenn ich frei zu Hause, wenn meine Frau erlauben mir, ne? Ja, hat sie auch Recht. Ich sag als Spaß, aber hat sie auch recht." Die enge Gattenbeziehung ist ein Merkmal des Modells der „emotional interdependence".

Kinder: Seine Kinder erzieht er seiner Meinung nach auf der Grundlage partnerschaftlicher Prinzipien basierend auf Vertrauen und Schutz. Er sieht sich selbst mehr als ein Freund, denn als ein Vater. „Ne, weil ich hab mit meine Kinder immer so nicht Vater und Sohn. Ich hab mit ihnen geblieben also mit eine Kumpel, wie eine Freund, ne? Ich sage immer zu meine Kinder, wenn irgendwelche Probleme, erst mal müssen sie mir melden. Egal was!" Das Glück seiner Kinder ist bei ihm nicht gekoppelt mit dem Anspruch, diese sollten beruflich aufsteigen, sondern manifestiert sich in dem Wunsch, auch seine Kinder mögen ihrerseits ein glückliches Familienleben haben. Das Familienleben, das er nur die ersten Jahre seines Lebens hatte, möchte er mit seinen Kindern leben. Das Ziel, das er sich für alle Kinder wünscht, ist deren Hochzeit. Hier gerät er in Konflikt zu seinem jüngsten Sohn, der keine Anstalten macht zu heiraten.

Räumliches Umfeld: Herr Alkan wechselt oft den Arbeitsplatz, legt sich mit Vorgesetzten an und setzt sich sowohl für die eigenen als auch für die Rechte der Kollegen ein. Lieber sucht er sich eine neue Arbeit, oder riskiert Arbeitslosigkeit als unter für ihn unwürdigen Arbeitsbedingungen auszuharren. Rassistischen Erfahrungen begegnet er offensiv und sucht das Gespräch. Individualistisch auf der beruflichen Seite, sucht er die Gruppe und den Zusammenhalt nicht nur in der Familie sondern auch in der türkisch-islamischen Gemeinde seines Wohnortes. Hier wird er aktives Mitglied, setzt sich für die Belange der Gemeinde ein und ist als Vermittler tätig. Der Kampf um Rechte, sowohl privat für sich selbst (die Frau zu heiraten, die man liebt), für eine gerechte Schulbildung seiner Kinder, für die Belange der islamischen Gemeinde oder stellvertretend für die Belegschaft führen Herrn Alkan oft zu Konflikten mit ganz unterschiedlichen Gruppen und Personen.

---

146 Es geht um Freizeitaktivitäten für Türken im Rentenalter.

Begründung der Typ-Zuschreibung

Aufgrund der wenigen Informationen, die über Kindheit und Jugend, sowie über die Familienstrukturen im Interview enthalten sind, gestaltet sich eine Zuschreibung vor allem im Vergleich mit der Herkunftsfamilie als schwierig. Aus den Äußerungen zum Leben in Deutschland und den hier vertretenen Werten und Normen lässt sich jedoch eine Zuschreibung zum kontinuierlichen Modell der „emotional interdependence" rechtfertigen. Die Charakteristika dieses Modells finden sich in den Ausführungen Herrn Alkans. Zum einen die zentrale Stellung der Kinder im Leben des Interviewten. Dabei steht das Glück der Kinder im Mittelpunkt. Herr Alkan ist kein autoritärer Vater, sondern setzt sich mit seinen Kindern gemeinsam auseinander. Bezüglich der Ausbildung der Kinder ist ein Unterschied in der Behandlung der Jungen im Vergleich zur Tochter zu sehen. Dem Sohn bezahlt er eine private Sprachausbildung, der Tochter nicht. Die Ehe des Paares ist durch eine intensive Gattenbeziehung geprägt, die auch im Interview thematisiert wird. Frau Alkan ist wie alle Frauen dieses Typs erwerbstätig gewesen. Die erweiterte Familie in der Türkei und in Deutschland bleibt ein wichtiger Bestandteil im Leben Herrn Alkans.

Herr Mardın[147] – Prototyp des Wandels vom Modell der „interdependence" zum Modell der "emotional interdependence"

Interviewsituation

Das Interview fand im Wohnzimmer der Familie Mardın statt. Gleich von Beginn an war die Atmosphäre entspannt, freundlich und offen. Frau Mardın, die Enkeltochter und eine Freundin von Frau Mardın waren während der gesamten Dauer des Interviews anwesend. Die Aussagen Herr Mardıns wurden jedoch in keiner Weise von den Anwesenden kommentiert. Frau Mardın, die fast akzentfrei Deutsch spricht, unterstützte ihren Mann in einer angenehmen unaufdringlichen Weise, wenn er nach deutschen Worten suchte, oder ihm sinnentstellende Grammatikfehler unterliefen. Gegen Ende des Interviews kam noch der Mann der bereits anwesenden Freundin hinzu. Leider zu einem Zeitpunkt, wo es um sehr persönliche Fragestellungen, zu Alter, Tod und Pflege ging. Ich hatte den Eindruck, dass dies Herrn Mardın etwas hemmte. Ebenfalls anwesend war eine Enkeltochter, die mit ihren fünf Jahren öfter versuchte, die Aufmerksamkeit auf sich zu lenken und was, wenn ihr das nicht gelang, in Gekreische endete.

---

147 Zur Kurzbiographie Herr Mardıns vgl. Kapitel 5, S. 203ff.

Der Umgang des Ehepaars miteinander war ein sehr angenehmer und liebevoller. Herr Mardın vermittelte deutlich seine Zuneigung für seine Frau und die Anerkennung ihrer Arbeit.

Interviewverlauf
Herr Mardın begann das Interview mit dem Zeitpunkt seiner Geburt in der Türkei, um dann gleich mit der Chronologie seines Lebens in Deutschland fortzufahren. Über die Türkei berichtete er erst auf Nachfrage. Er begann zunächst flüssig zu erzählen, brach dann aber ab und fragte, was wir noch wissen wollten. Dies passierte mehrmals im Laufe des Interviews. Er vergewisserte sich mehrmals, ob das, was er erzählte ausreichend, interessant und wichtig sei. Er hatte selbst Spaß bei dem, was er erzählte. Herr Mardın besitzt viel (selbstkritischen) Humor und während des Interviews wurde viel gelacht.

Erzählstil und wiederkehrende Themen
Das Interview wurde auf Wunsch Herrn Mardıns in Deutsch geführt. Obwohl Herr Mardın die Grammatik nicht in allen Feinheiten beherrschte, erzählte er flüssig, lebendig und anschaulich. Konjugationen und Deklinationen wurden nicht immer eingehalten. An einigen Stellen im Interview wich er ins Türkische aus, um einen Sachverhalt näher zu erläutern. Doch bereits nach ein zwei Sätzen, oder auch mitten im Satz, wechselte er wieder über ins Deutsche. Deutsch ist auch die Sprache, die er mit seinen Enkelkindern und den Schwiegertöchtern spricht, da diese kein oder nur wenig Türkisch können.

Aussagen zur Zufriedenheit mit dem eigenen Leben, der Entscheidung nach Deutschland gekommen zu sein und dem Aufenthalt in Deutschland ziehen sich durch das ganze Interview. Ebenfalls von großer Bedeutung ist für ihn das Wohlergehen seiner Kinder, die er in allen Lebensbereichen unterstützt, sowie das herzliche Verhältnis mit seiner Frau.

Zentrale Themen in der Erzählung
Wie ein roter Faden ziehen sich Aussagen zur Zufriedenheit durch das gesamte Interview. An 17 Stellen im Interview und bei Inhalten, bei denen es um komplett andere Themen geht, thematisiert er dies. Der häufige Gebrauch des Satzes „ich bin zufrieden" ist auffällig im Vergleich zu den anderen Interviews. Um die Häufigkeit des Wortes *zufrieden* zu testen, habe ich alle Interviews nach dem Wortstamm *zufrieden* untersucht. Der Auto-coding Process[148] ergab in allen 20 Interviews eine

---

148 Das Autokodieren ist eine automatische Kodieranweisung in Atlas.ti. Alle Texte werden nach dem Wortstamm *zufrieden* (das heisst, auch die Worte wie Unzufriedenheit oder Zufrieden-

Anzahl von 133 Nennungen des Wortstammes „zufrieden" mit all seinen Vor- und Nachsilben. In einem nächsten Schritt wurden all die Nennungen gestrichen, die in Fragen von mir oder Erdinc vorhanden waren. Danach blieben noch 108 Nennungen übrig. Durchschnittlich wurde der Wortstamm „zufrieden" pro Interview etwa sechs Mal benutzt. Zwei Interviews heben sich davon deutlich ab: Zum einen Herr Hacıoğlu mit 17 Nennungen zum anderen Herr Mardın mit 19 Nennungen. Bei einer näheren Analyse der Inhalte fällt auf, dass bei Herrn Hacıoğlu von den 17 Nennungen, lediglich drei positiv konnotiert sind (Zufriedenheit mit den Kindern und mit der Wohnung). Der Rest thematisiert die Un*zufrieden*heit in verschiedenen Bereichen. Bei Herr Mardın ist auffällig, dass im Gegensatz zu den meisten anderen Interviews, in denen Zufriedenheit oder Unzufriedenheit nur nach gezielten Fragen (sind Sie mit Ihrer Lebenssituation zufrieden? sind sie mit ihrer Wohnung eher zufrieden oder unzufrieden?) thematisiert wurde, er unvermittelt und ohne direkt erkennbaren Zusammenhang Aussagen zu seiner Zufriedenheit trifft.

Dies geschieht zum ersten Mal gleich zu Anfang des Interviews. Herr Mardın berichtet, er sei krank geworden und nun seit zwei Jahren Frührentner: „Wann ungefähr? Zwei Jahre schon Rente ich bin. Jetzt helfen meine Sohn. Der ist, ich zufrieden aber Deutschland. Ich meine Geld verdient. Ich kann nicht hier meine Kinder verlassen, nicht ganz, nicht zurück."

Ein paar Zeilen weiter untermauert er dieses Statement noch einmal:

„Ich versichert hier. Ich bin Rente hier. Besser Deutschland Krankenhaus. Wann ich bin krank ist, noch besser da bleibe. Mein Le, mein Leben, halbes Deutschland gewesen. Ich bin 34 Jahre alt gekommen Deutschland. Ich zufrieden Deutschland. Dann eh, X-Stadt [Wohnort in Deutschland] meine zweite Heimat."

Auch das dritte Statement zu diesem Thema steht in Zusammenhang mit dem deutschen Versorgungssystem im Krankheitsfall, geht jedoch in seiner Tragweite weit über den gesundheitlichen Aspekt hinaus. Herr Mardın erklärt, dass seine Kinder bestimmt in Deutschland bleiben, und er es auch nicht einsieht, weswegen sie in der Türkei Militärdienst leisten sollten. Danach erfolgt ein abrupter Wechsel zu seinem Krankenhausaufenthalt, in dem er wieder seine Zufriedenheit in Deutschland thematisiert:

„[unv2Wo] hier Krankenhaus, zum Beispiel meine kranken... ich war ich krank gewesen auch. Das ist ehrlich so sauber, so eh Höflichkeit und Freundlichkeit. Ich zufrieden

---

sein sind bei der Suche miteingeschlossen) untersucht und der zuvor gebildeten Kategorie „Zufriedenheit" zugeordnet. Das Ergebnis ist zunächst eine rein quantitative Aussage, die in weiteren Schritten qualitativ ausgewertet wird.

Deutschland, ehrlich [leise]. Politische auch. Für mich keine Problem gewesen. Ich nicht so gewesen. Das gut für mich Deutschland. So ehrlich ich denken meine Herz eh, heute Deutschland X-Stadt meine zweite Heimat. Denken so. Wir gehen Türkei. Monat immer hier möchte kommen. Ja, ich bin 30, 34 alt gekommen hier. Jetzt 62. Mei, meine eh, eh halbes Leben Deutschland gewesen. [unv2Wo] und mehr. Ich wohn hier."

Weitere Aussage bezüglich der Zufriedenheit beziehen sich auf die deutschen Schwiegertöchter. Obwohl Herr Mardın in der vorausgehenden Passage beschreibt, was er gerade an seinen Schwiegertöchtern, im Gegensatz zu seiner Tochter vermisst, ist er „zufrieden" mit den Schwiegerkindern.

„Beide! Aber meine Tochter nicht so. Ruft so an, ‚Papa, Mama kommst du, wir Frühstück fertig, zusammen Frühstück machen. [unv5Wo] Kaffee gibt. Kaffee bald kriegst du. [lacht]' Schön, ne? Oder ne? Aber nicht alle gesagt. Aber ich zufrieden. Wir nicht gegen. Hauptsache, eh, Schwiegertochter und meine Sohn gut leben. Andere interessiert nicht mehr."

In dieser Passage deutet er die Zufriedenheit etwas um. Er ist zufrieden, wenn seine Kinder zufrieden sind. Solange sein Sohn zufrieden ist, und das ist dieser mit seiner deutschen Frau, ist er es auch. Auch an anderer Stelle spricht er positiv über die deutschen Schwiegertöchter, fügt jedoch gleich ein, dass das Verhältnis zu seiner Tochter ein anderes ist.

Die Zufriedenheit erscheint bei ihm als Lebenseinstellung bzw. als Lebensmotto. Daher ist es für ihn auch schwer mit Konflikten umzugehen. Streit hat für ihn nichts Konstruktives, sondern ist ein Zeichen von Unzufriedenheit. Daher ist das zweite Lebensmotto, das unmittelbar mit dem Wunsch nach Zufriedenheit zusammenhängt, die Abwesenheit von Streit in seinem Leben. Streit wird als Störung der Zufriedenheit gesehen, nicht als konstruktiver Prozess und wird von ihm daher vermieden. Auch in Fällen, in denen klar ersichtlich wird, dass sich Herr Mardın keineswegs wohlfühlt und mit einer Situation nicht einverstanden ist, gestattet er sich selbst nicht mehr als die Andeutung einer Kritik.

„Aber ich Mensch ist Mensch. Ich nicht, aber jeder auch alle türkisch Schwiegertochter haben, ne? Aber nicht geschafft. Auch heiratet, Kinder kommt [spricht lächelnd]. Ich bin auch nicht gegen. Ich nicht gan, frag mal meine Frau. Überhaupt keine meine Kinder. „Ich habe über die Kinder nie böse gedacht. Ich habe nie böse gedacht. Ich habe mich nie mit denen gestritten." [tr] Und dann hab ich überhaupt nicht Kinder geschimpft. Was die wollen gemacht alles meine Kinder. Ich hinten her gelaufen. Jetzt auch meine Sohn jetzt Firma aufgemacht. Ich hinterher ‚ohne Geld kannst du nicht.' Fünf Uhr aufstehen, bis sechs Uhr gekommen jetzt. Ohne Geld arbeiten, Hauptsache meine Kinder zufrieden."

Was Herr Mardın hier sehr verdeckt andeutet, ist die Tatsache, dass er sehr gerne eine türkische Schwiegertochter gehabt hätte, und er es als persönlichen Misserfolg ansieht, dass seine drei Söhne eine Deutsche geheiratet haben. Er erstickt eine mögliche Kritik oder den Anflug einer Unzufriedenheit jedoch gleich im Keim, indem er seine eigene Unzufriedenheit als unwichtig gegenüber der Zufriedenheit seiner Kinder ansieht. Deren Zufriedenheit wiederum, sieht er als Voraussetzung für seine eigene Zufriedenheit an. Er fühlt sich selbst durch die Kinder.

Die Suche nach Harmonie beeinflusste auch sein Leben in Deutschland. Sein Leben hier beschreibt er als harmonisch und streit- und konfliktfrei.

„Das ist meine Heimat, Türkei. Unsere Heimat ganz schön. Deutschland auch schön. Ich nich gegen. Aber Heimat ist Heimat. Der Mensch ist für mich egal. Egal ein Zigeuner auch Mensch, denken ich. Auch Mensch. Ne? Menschen [oder manche?] politische schlecht, aber für mich egal. [rührt in seiner Teetasse] Dann ich bin keine Deutsche, keine Türke. Ich bin ungefähr 68 gekommen, Deutschland. Nie eine Mann, eine Mann geschimpft und eine Herz nicht kaputtgemacht. Ehrlich. „Ich hab mit niemandem Streit gehabt. Das würde ich auch nicht machen" [tr] aber ganze Zeit, jetzt meine Zeit jetzt, ne? Zigarett aufgehört, ich ganz nervös. Wenn eine politische egal, eh Spaß sagen, ich nervös, ich weiß nicht."

Trotz der von ihm beschworenen harmonischen Zeit wird in dieser Passage, in der er auch über Nervosität, starken Zigarettenkonsum und leichte Erregbarkeit berichtet, deutlich, dass es sehr wohl Konflikte gegeben hat, die er jedoch eher physisch zu verarbeiten scheint als durch eine verbale Auseinandersetzung.

Das Festhalten an Zufriedenheit und Harmonie und das Selbstverständnis als ein durch und durch harmonischer Mensch bestimmen das Selbstbild Herrn Mardıns. Streit, Aggressionen und Unzufriedenheit stören dieses Bild, werden nicht zugelassen und werden dann eher durch physische Reaktionen (starkes Rauchen, Nervosität) verarbeitet. Glück und Zufriedenheit sind bei Herrn Mardın gekoppelt mit der Abwesenheit von Streit und Meinungsverschiedenheiten.

Lebenserfahrung in der Türkei

Eigene Kindheit und Ursprungsfamilie
Über Kindheit und Jugend sowie die eigene Stellung in der Geschwisterhierarchie erzählt Herr Mardın nicht viel. Der Vater Herrn Mardıns war zwei Mal verheiratet. Aus dieser Ehe gibt es noch eine ältere Schwester. Herr Mardın ist das älteste von fünf Kindern aus der zweiten Ehe. Die Mutter erwähnt er nicht. Während seiner Schulzeit lebt Herr Mardın für zwei Jahre bei einer Tante, da das eigene Dorf keine Schule hatte. Den zum Interviewzeitpunkt hochbetagten Vater beschreibt er als autoritär, was er mit der abchasischen Herkunft erklärt. Die Abchasen, so Herr Mardın, seien in ihren moralischen Ansichten noch um ein Vielfaches strenger als die

Türken. Als Kind habe er Angst vor dem strengen Vater gehabt. Auch als 34-jähriger Mann traut er sich nicht, seinem Vater von seinen Plänen, nach Deutschland auszuwandern zu berichten. Einer offenen Konfrontation geht er aus dem Weg, indem er sein Migrationsprojekt vor dem Vater geheim hält und ohne Abschied geht. Der Kontakt zum Vater wird durch eine Geldüberweisung wieder hergestellt. Erst mit diesen 1.000 DM, Beleg für einen ersten wirtschaftlichen Erfolg, hat er den Mut, sich dem Vater wieder anzunähern. Nach diesem Beweis seines wirtschaftlichen Erfolges sei Herr Mardın der „beste Sohn" für seinen Vater gewesen.

„Nachher, Papa nicht gesagt. Papa nach einem Jahr ich bin Deutschland gekommen. Eh, bisschen Geld geschickt. 1.000 Mark, so was. Hat so viel, ne? Damals 1.000 Mark [überlegt] tausend, dreitausend so gewesen, ne? Ach! So viele nicht gesagt, ich beste Sohn jetzt, ne? Noch helfen auch [immer noch, Anm. Int1]."

Herr Mardın hatte vor seinem Vater „Respekt", was er gleichbedeutend mit Angst benutzt. Am Beispiel seiner Migration nach Deutschland thematisiert er dieses Verhältnis. Herr Mardın, damals 34 Jahre alt und selbst Vater von vier Kindern hatte weder mit seiner Frau noch mit seinem Vater über die bevorstehende Migration nach Deutschland gesprochen.

„Der meine Vater bisschen Autorität, weißt du? Kann nicht mehr alles sagen. Wir Angst gewesen. Ja unsere Autorität so gewesen, kavkasische. Darf nicht Papa so sagen. Ich gehn einfach weg. Aber ich Versteck gespielt. Und Papier fertig und dann ich sag: ‚Wiedersehen, ich gehe Deutschland.' So gekommen."

In diesen retrospektiven Sätzen zeichnet sich jedoch bereits der Wandel ab. Herr Mardın berichtet von Dingen, die der Vergangenheit angehören und benutzt dazu auch bewusst die Vergangenheitsform.

Ehe

Herr und Frau Mardın stammen aus der gleichen Stadt. Herr Mardın war mit den Brüdern Frau Mardıns befreundet. Die Eltern Herrn Mardıns scheinen gegen die Verbindung gewesen zu sein, denn das junge Paar (Frau Mardın ist 16, Herr Mardın 20 Jahre alt) brennt gemeinsam durch. Die Entführung einer Frau ist zum Zeitpunkt Herr Mardıns Jugend eine Möglichkeit für junge Menschen, auch gegen den Willen der Eltern, zu heiraten. Nachdem Herr Mardın in Deutschland war, wartete das Paar mit dem Nachzug bis seine Frau ebenfalls eine Arbeitserlaubnis erhalten hatte. Erst dann zog Frau Mardın nach Deutschland, wo sie 25 Jahre lang arbeitete. Es war für das Paar selbstverständlich, dass beide Partner erwerbstätig waren.

Herr Mardın thematisiert die starken Gefühle für seine Frau an mehreren Stellen des Interviews. Seine Frau ist ihm Partnerin, Bank, Gefährtin, Geliebte in einer Person. An mehreren Stellen im Interview führt er seine Frau als seine Zeugin auf („ehrlich, frag meine Frau!"), um dem Gesagten, vielleicht auch mir, als Frau gegenüber, eine stärkere Relevanz zu geben.

Im Laufe der Zeit hat die Partnerschaft einen Wandel erlebt. Zu Beginn der Ehe war Herr Mardın noch stärker einem Rollenverständnis verhaftet, das von der alleinigen Entscheidungsbefugnis des Mannes in einer Ehe ausging. Er thematisiert dies am Beispiel der Migration nach Deutschland. Er selbst hatte nicht den Mut, mit seinem Vater über die Migration zu sprechen, trifft die Entscheidung jedoch auch ohne seine Ehefrau.

„INT1: Mhm, gehen wir noch mal zurück zum Anfang als sie nach Deutschland kamen, haben sie das alleine entschieden? HERR MARDIN [unterbricht] Ja INT1: oder haben sie das mit ihrer Frau zusammen entschieden? HERR MARDIN: Nein. Nein ich bin alleine entscheiden. FRAU MARDIN: er Mann [unv1-2Wo] nicht viel zu sagen. HERR MARDIN: Damals ja, aber jetzt. Ich liebe meine Frau, aber damals eh, meine Denken, dass ich möchte, kann nicht mal meine Vater auch sagen."

Das „damals" und das „aber jetzt" signalisieren, dass dieses Rollenverständnis der Vergangenheit angehört, und dass sich seine Denkweise geändert hat. In der Migration wird diese Sichtweise noch ausgeprägter.

Kinder

Das Paar hat vier Kinder, drei Söhne und eine Tochter. Alle Kinder wurden in der Türkei geboren und kamen 1971 nach Deutschland. Über die Erziehung der eigenen Kinder in der Türkei berichtet Herr Mardın lediglich, dass sie beim Großvater waren.

Räumliches Umfeld

Das Bewusstsein als Abchase einer anderen Ethnie als den Türken anzugehören, denen er sich gleichwohl zugehörig fühlt, bestimmt sein Selbstbild in der Türkei. Die starke Autorität des Vaters, die seine Kinder- und Jungendzeit durchdringt, begründet er mit eben dieser ethnischen Zugehörigkeit. Von den Türken grenzt er sich durch diese Autorität ab.

Lebenserfahrung in Deutschland

Ursprungsfamilie

Die Migration und das fortschreitende Alter der Eltern führen zu einer Änderung im Verhältnis zueinander. Der Respekt, respektive die Angst vor seinem Vater legt sich, so Herr Mardın, mit zunehmendem Alter des Vaters. Wie Herr Mardın es ausdrückt, hat der Vater nicht nur an Körpergröße sondern auch an Autorität eingebüßt.

„Der hat ganz Kind geworden jetzt. Ehrlich. [unv1Sa] Früher ganz autorität. War er stark autoritär, ne? Kannst du nicht sagen. Wir Angst gehabt. Aber jetzt nicht so. Jetzt kleine Kind, kleine. Nachher damals ganz große gewesen, meine Vater, ganz große Körper gehabt. Jetzt ganz kleine geworden. Ich auch."

Dies ist der einzige Punkt im Interview, in dem er sich mit dem Vater identifiziert: beide verlören mit zunehmendem Alter an Körpergröße. Herr Mardın betont zwar an mehreren Stellen, dass sie als Abchasen eine noch stärkere Autoritätsgläubigkeit als die Türken besäßen, erwähnt jedoch an keiner Stelle des Interviews, dass er selbst dies auch gegenüber seinen Kindern oder seiner Ehefrau vermittelt habe, wie noch sein Vater ihm gegenüber. So hat er auch die Sprache, die ihn sein Vater noch gelehrt hatte, nicht an seine Kinder weitergegeben. Herr Mardın hat sein Verhältnis zu seinen Kindern in Abgrenzung zu dem seines Vaters gestaltet. Seine Kinder müssen nicht erst durch finanzielle Leistung beweisen, dass sie der Liebe des Vaters würdig sind.

Auch seinem Vater würde er gerne diese Form der Anerkennung zeigen, die nicht an finanzielle Leistungen gekoppelt ist. Für ihn bedeutete dies die konkrete Pflege seiner Eltern, was aufgrund der Entfernung jedoch nicht möglich ist. „Seit langer Zeit konnte ich meinem Vater, meiner Mutter nicht helfen. Mit Geld habe ich denen geholfen, sie aber nicht gepflegt. [tr]"

Hier unterscheidet sich Herr Mardın von den meisten der Männer im Sample, die unter Pflege eben gerade das Bereitstellen finanzieller Leistungen verstehen. Trotzdem ist der Vater Herr Mardın in einer Hinsicht auch Vorbild. Er möchte so alt werden wie sein Vater und hofft, dass er, wie sein Vater auch, noch im hohen Alter dazu in der Lage sein wird, sich selbst zu versorgen und nicht auf fremde Hilfe angewiesen zu sein.

Ehe

In Gegensatz zu der Zeit in der Türkei sieht Herr Mardın seine Frau heute als gleichberechtigte Partnerin, die ihren Anteil an dem gemeinsamen Leben geleistet hat. Das Ferienhaus, das an eine Familie vermietet ist, konnte nur durch den harten Arbeitseinsatz seiner Frau erworben werden: „Jetzt wohnt eine Familie. [Pause] Jetzt meine Knochen, meine Frau Knochen verdienen diese Haus."

Herr Mardın betont, dass es in der Partnerschaft keine Geheimnisse gäbe und dass er sich eine Leben ohne seine Frau nicht vorstellen könnte:

„INT1: Und wann würden Sie sagen, ist eine türkische Frau alt? HERR MARDIN: Türkische Frau? Jetzt sagen, meine Frau nicht alt. [lachen] Immer jung. FRAU MARDIN: Bloß nicht! HERR MARDIN: Meine Herz zum Beispiel sagen meine Frau, ich ohne Frau, meine Frau kann ich nicht leben. Ehrlich. So leben wir zusammen. Schon über 40 Jahre zusammen, keine schlechte Wort gesprochen. Nicht gesagt, ne? Ich immer meine Frau sagen ‚recht' [du hast recht, Anm. Int1]. Meine Bank – meine Frau! Geld alles da.

Wie was die wollen machen. Die auch nicht zu mir verstecken, was die kaufen nix. Immer zeigen. Ich sach, du bist jetzt 58 oder 59. Ich sag, was du wollen kaufen anziehen, kannst du sagen. Ich möcht. Vor ein paar Tagen hat die, hat die einen Mantel gekauft. Ganz schick aus."

Ähnlich wie im Verhältnis zu seinen Kindern, sucht Herr Mardın auch in der Beziehung zu seiner Frau die Übereinstimmung („keine schlechte Wort gesprochen"). Er geht Streit aus dem Weg. Dieser stört die für ihn so wichtige Harmonie. Es ist einfacher für ihn, ihr in allen Fragen recht zu geben, als sich im Streitfall mit ihr auseinander zusetzen.

Was die Hausarbeit angeht, so übernimmt Herr Mardın große Teile, wie Fensterputzen, Kochen, Frühstück zubereiten etc. Er erklärt dies mit seiner permanenten Nervosität und seiner Unfähigkeit, nichts zu tun, weniger damit, dass er denkt, auch als Ehemann müsse er seinen Teil der Hausarbeit erledigen und seine berufstätige Frau entlasten. Gefragt nach dem, was er denn in seiner Rente machen möchte, erklärt er, dass die Vorstellung, nichts zu tun, ihn ängstige. In diesem Zusammenhang berichtet er von seinen Aktivitäten im Haushalt, die ihm geholfen haben, mit seiner inneren Unruhe umzugehen.

„Ich, wenn Rente jetzt ich bin, dann ich denken meine Kinder alles. Was helfen egal, vier Kinder wenn ich kann Geld oder körperliche ich helfen. Nicht eine Minute bleib. Dann ich bin eh, Rente gewesen. Z.B. wann Türkei gehen, ich kann nicht mehr. Ich bin Rente. Sitzen so. Hier immer was zu tun haben. Ne? Wenn immer setze auch. Ich vier Jahre gesessen, ja? Ganz Schwierigkeiten kriegt. Meine Frau zusammen manchmal [unv2Wo] Ich ganz waschen, aber hier, aus dem Fenster alle saubermachen. Ne? Küche saubermachen. Immer Frühstück fertig machen, meine Frauen trinken nur, sitzen essen oder was. Gemacht so, ehrlich? Vier Jahre gemacht. Habe nix [unv2Wo]. Wenn Frau arbeiten, dann sie kommt, ich alle kochen, aber manche Sachen ich kann kochen machen. Dann ich koch fertig, aber andere Sachen meine Frau gemacht. Fleisch gekocht, Bohnen gekocht, ne? Fertig. Ne? Wenn die fertig ist, die kommt sowieso. Wir machen Salz und eh Öl und weiß nicht, die fertig machen, wir zusammen essen. Ältere Leute auch nicht sitzen, hilft. Sagen immer bisschen was zu tun haben. Besser."

Aus den Aussagen Herr Mardıns über seine Frau spricht Achtung und Respekt, sowie gegenseitige Wertschätzung. Für Herr Mardın ist sie die ideale Frau, Mutter und Schwiegermutter. Beschreibt er die Gefühle als gleichbleibend stark in den 40 gemeinsamen Jahren, so thematisiert er einen Wandel in der Einstellung gegenüber einem mehr gleichberechtigten Verhältnis. Ähnlich, wie der „Respekt", die Angst, die er gegenüber seinem Vater empfunden hat, der Vergangenheit angehört, so ist auch ein Verhältnis zwischen Ehepaaren, in dem der Mann allein entscheidet nicht mehr zeitgemäß. Er stellt das deutlich mit der Formulierung „damals ja, aber heute" heraus, als er seine alleinige Entscheidung zur Migration thematisiert. Was seine rege Beteiligung an der Hausarbeit anbelangt, so ist dies eher auf seine innere Unruhe, als auf die Überzeugung, auch ein Mann müsse im Haushalt mit anpacken, zurückzuführen. Herr Mardın thematisiert jedoch keine geschlechtsspezifische Arbeitsteilung.

Kinder
Bis auf den ältesten Sohn haben alle Kinder eine Ausbildung absolviert. Die Kinder sind eine wichtige Identifikation für Herrn Mardın. Ihr wirtschaftliches und seelisches Wohlergehen ist für ihn von immenser Wichtigkeit. Die Zufriedenheit der Kinder steht in engem Zusammenhang mit der eigenen Zufriedenheit und hat sogar Stellvertreterfunktion: Sind die Kinder zufrieden, ist es auch Herr Mardın.

Über die Erziehung macht Herr Mardın keine weiteren Angaben. Ihm ist es wichtig, die Werte des „Humanismus" an seine Kinder weiterzugeben, was für ihn bedeutet, dass sich seine Kinder höflich benehmen. Diese Höflichkeit ist jedoch nicht gleichzusetzen mit dem bedingungslosem und unhinterfragtem Respekt, der von ihm in seiner Jugend verlangt wurde. Doch ist ihm dies nicht in dem Maße gelungen, wie er das gewünscht hatte. Das Leben in Deutschland hat seine Kinder auch Einflüssen ausgesetzt, die er nicht gutheißt, gleichwohl im Namen der Harmonie, nicht weiter verbalisiert.

„INT1: Und glauben Sie, dass ihre Kinder anders wären, wenn die in der Türkei aufgewachsen wären? HERR MARDIN: Wenn Türkei wachsen ist, ich glaube anders wären. Aber hier Deutschland gewachsen. Deutsche, eh, kültürelische eh „Wie soll ich sagen. Weil die in Deutschland groß geworden sind, weil sie die Kultur hier so erlebt haben, passen sie nicht mehr zu der türkischen Kultur." [tr] Dann in Deutschland meine Kinder Schule gegangen. Nur deutsche kültürelische gelernt, aber türkische Null. Die auch nicht setzen, nicht aufstehen. Ich manchmal schimpfen. Die auch nicht machen so, aber ich mach nicht Herz kaputt, ne. Vorher sagen müssen, ne „wir hätten sie von klein auf erziehen müssen" [tr] eh, wenn bisschen gewachsen, Schule Ende ist. Bisschen Geld verdient. Kinder raus gegangen. Genau wie Deutschland. Ne? Deutsche Familie genau so. Aber bei uns nicht so. Guck mal ich, 62[149] Jahre alt, noch meine Vater zusammen wohnen. Aber Deutschland nicht so. Wenn gewachsen ist, Geld verdient, raus gegangen. Ja, wachsen, rausgegangen. [...] Alleine gehen weg Nicht sagen, hier wachsen sind. Davon kommt alles. Aber ich nicht schlecht denken."

Herr Mardın thematisiert hier einen Konflikt zwischen sich und seinen Kindern, den er jedoch nur andeutet. Das Verhalten seiner Kinder entspricht nicht immer dem, was er in seiner Jugend noch gelernt hatte. Dies führt er darauf zurück, dass der Einfluss der deutschen Umgebung, der Schule und dem sonstigen Umfeld, größer gewesen war, als der Einfluss seiner eigenen Erziehung beziehungsweise, dass die eigene Erziehung in der Jugend der Kinder nicht konsequent genug war. Doch in dieser Passage zeigt sich, dass auch bei Herrn Mardın ein Wandel in den Einstellungen

---

149 Hier ist ein Zahlendreher drin. Herr Mardın meint 26. Zu diesem Zeitpunkt hatte er mit seiner Frau und den Kindern noch bei seinem Vater gewohnt.

stattgefunden hat. Hat er selbst noch mit 26 Jahren bei seinem Vater gelebt, so haben seine Kinder nach Ende der Schule die elterliche Wohnung verlassen. Herr Mardın akzeptiert diese Tatsache damit, indem er sich sagt, dies sei in Deutschland nun mal so. Er versucht seinen Kindern nicht, seine Wertvorstellungen aufzuzwingen. Er konfrontiert sie zwar mit seiner Sichtweise („ich schimpfe manchmal"), er insistiert jedoch nicht darauf und erkennt an, dass es sich bei Deutschland und der Türkei um unterschiedliche Umfelder handelt, die unterschiedliches Handeln bedingen.

Hatte Herr Mardın den abgebrochenen Kontakt zu seinem Vater durch eine Geldzahlung wieder hergestellt, so spielt der Geldtransfer auch im Verhältnis zu seinen Kindern eine große Rolle – allerdings unter komplett anderen Bedingungen: Das Ehepaar gewährt seinen Kindern eine breite finanzielle Unterstützung.

„Alles ich bezahlen. Aber die Kinder Hauptsache gut für mich. Ich Geld geben, ich nicht denken so. Ich erste die Kinder 20.000 Mark Hochzeit gemacht. Und was die Geschenke kommt Geld. Keine Pfennig genommen. Und Hausmiete bezahlen, alle Möbel gekauft, alle, meine Frau zusammen gemacht, Cem [ältester Sohn]. Andere Kinder nicht so viel. Geld gegeben aber nicht so Cem, große Sohn. Erste Sohn denken, viel Geld ausgegeben, Hochzeit gemacht. Andere Kinder nicht haben. Denken meine Kinder andere so wir, Vater, Mutter, Besuch gehen, Geschenke geben, drei, viertausend Mark, gegeben. Dreitausend Mark gegeben [Eltern geben Kindern Geld, Anm. Int1]. So gemacht. Enkelkinder kommt, Bett gekauft, Wagen gekauft. Alles meine Frau die machen. Wir gemacht, ne? Kinder nicht denken. Für mich Kinder gut. Ich auch gute Vater. Ehrlich!"

Herr Mardın verkoppelt hier in einem Gedankengang die Tatsache, dass er seine Kinder finanziell unterstützt mit seinem Gefühl, ein „guter Vater" zu sein. Das bedeutet, dass er seine Vaterrolle darin sieht, seine Kinder finanziell zu unterstützen. Anders als im Verhältnis zu seinem eigenen Vater, wo er derjenige war, der versuchte mittels Geld den abgerissenen Kontakt nach seiner heimlichen Emigration wieder herzustellen, ist es hier der Vater, der seine Kinder unterstützt. Die Gründe hierfür könnten jedoch ähnliche sein. In beiden Fällen soll mit dem Geldtransfer das gegenseitige Verhältnis gestärkt werden und Herr Mardın Anerkennung bekommen. War er selbst durch die Geldüberweisung an seinen Vater plötzlich „der beste Sohn", thematisiert er hier unmittelbar im Zusammenhang mit den Geldüberweisungen ein „guter Vater" zu sein. Ist auch die Position unterschiedlich, Herr Mardın handelt einmal als Sohn und im zweiten Fall selbst als Vater, wird doch in beiden Fällen mit dem Geld eine Leistung erkauft, nämlich die Hoffnung auf die Anerkennung durch das Gegenüber.

Sehr ausführlich berichtet Herr Mardın über die Hochzeit seiner Kinder. Deren Hochzeitspläne haben zu im Interview nur angedeuteten Spannungen in der Familie geführt. Alle seine Söhne haben sich seinem Wunsch widersetzt, eine Türkin zu heiraten. Hat er dies in den ersten beiden Fällen noch akzeptiert, versuchte er den jüngsten Sohn auch mittels Bestechung dazu zu überreden, keine Deutsche zu heiraten. Lediglich die Tochter „schafft es" einen Türken zu heiraten und erfüllt damit den Wunsch ihres Vaters. Dieses Kind ist es auch, dem er sich am nächsten fühlt.

„INT1: Und wie war das bei Ihren Kindern? Haben die sich ihre Ehepartner selbst ausgesucht oder haben Sie da auch geholfen? HERR MARDIN: „Das habe ich also jetzt nicht verstanden" [tr] FRAU MARDIN: Du [tr] INT2: „Haben Ihre Kinder ihre Ehepartner selbst ausgesucht oder" [tr] FRAU MARDIN: [unterbricht] „sie selbst" [tr] HERR MARDIN: „Sie haben sie selbst ausgesucht" [tr] Ich bin nicht gegen meine Kinder. Eh, Sohn, erste dieser große Sohn hatte deutsches Mädchen lieb und heiraten möchte. Keine Geld. Ich helfen. Hochzeit gemacht. Meine Frau Türkei geschickt, Armband gekauft, Goldkette gekauft. Große Hochzeit gemacht. Zweite Sohn auch Deutsche lieb. Möchte heiraten. Ich nie gegen. Und dann heiraten auch. Gleiche. Ich zufrieden meine Schwiegertochter beide. Meine Tochter hat eh, auch eh, eh ich Tochter anders. Ich bin [ich habe, Anm. Int1] eine Tochter, weißt du. Kinder alle gleich, aber Tochter ist eigentlich mir. [Bringt damit zum Ausdruck, dass die Tochter etwas ganz Besonderes für ihn ist, Anm. Int1]. [Frau Mardın lacht] ich lieb. Und dann hatte, ich möchte nicht Deutschen heiraten. Ich möchte meine Tochter eine türkisch Mann heiratet. So gerne ich! Und hat er [sie, Anm. Int1] geschafft. Eh, zwei zusammen geheiratet. Beide deutsche Pass. Kinder auch deutsche Pass, türkisch Pass alles. Aber Ende dritte, vierte Kind dann. Ich möchte keine Deutsche heiraten. Also ich kenn so, ich sag meine was ich verdiene Haus, alle geben. Möbel kaufen, Auto kaufen. Was, Hauptsache eine türkisch Mädchen heiraten, ne? Aber ich, Mensch ist Mensch. Ich nicht, aber jeder auch alle türkisch Schwiegertochter haben, ne? Aber nicht geschafft. Auch heiratet, Kinder kommt [spricht lächelnd]. Ich bin auch nicht gegen. Ich nicht gegen, frag mal meine Frau. Überhaupt keine meine Kinder."

Obwohl Herr Mardın mit der Wahl seiner Kinder nicht zufrieden ist, beugt er sich deren Entscheidung. Konflikte kann er nicht offen austragen, das stände im Widerspruch zu seinem Harmoniebedürfnis. Einen Konflikt auszutragen ist für Herr Mardın gleichbedeutend mit „gegen die Kinder" zu sein, was er weit von sich weist. Trotzdem bleibt ein Gefühl des persönlichen Versagens „jeder möchte doch eine türkische Schwiegertochter haben, aber das habe ich nicht geschafft". Lediglich seine Tochter „hat es geschafft" und einen türkischen Mann gewählt. Der Druck des Vaters war in diesem Fall auch stärker als auf die Söhne („ich wollte so gerne, dass meine Tochter einen türkischen Mann heiratet").

Herr Mardın hat ein enges Verhältnis zu seinen Kindern. Sie sind für sein eigenes Wohlergehen ausschlaggebend. Anders als in der Beziehung zu seinem Vater ist er es, der sich um die Gunst der Kinder bemüht, ihnen Arbeiten abnimmt und sie finanziell unterstützt. Er formuliert keine geschlechtsspezifischen Unterschiede in der Erziehung oder der Ausbildung.

Herr Mardın hat zum Interviewzeitpunkt sieben Enkelkinder, ein achtes war unterwegs. Die Enkelkinder sind mit ein Grund für ihn nicht mehr in die Türkei zurückzukehren, da keines seiner Kinder mit der Familie in die Türkei zurückkehren wird. Das Verhältnis zu den Enkelkindern beschreibt er als sehr eng. Er „vergesse die eigenen Kinder", wenn die Enkelkinder da seien. Sowohl Herr als auch Frau Mardın übernehmen die Betreuung der Enkel, wenn die Eltern unterwegs sind. Herr Mardın schildert, dass es sein kann, dass seine Frau zu dem einen Sohn und er zu dem anderen Sohn gehe, um baby zu sitten.

Auffällig ist, dass ein permanenter Sprachverlust in der Familie stattgefunden hat. Sprach Herr Mardın Abchasisch, Türkisch und Deutsch; können seine Kinder lediglich noch Deutsch und Türkisch. Die Enkelkinder sprechen kein Türkisch mehr, sondern nur noch Deutsch. Herr Mardın führt das auf die Einstellung der Schwiegertöchter zurück, die ihre Kinder als Deutsche und nicht als Türken und Deutsche begreifen.

„INT1: Keines der Enkelkinder [spricht Türkisch, Anm. Int1]? HERR MARDIN: Enkelkind kein Türkisch weiß. Nicht mal einer Türkisch weiß. Ihre Vater Mutter türkisch eh Türke, aber Schwiegertochter sagen, ‚Kinder deutsch ist, ne'? Schwiegertochter Deutsche, ne? Cem [ältester Sohn] vier Söhne so. Die verstehe überhaupt kein türke [türkisch, Anm. Int1]. Türkisch, türkische Sprache nix, null!"

Die Schwiegertöchter hatten zwar Türkisch gelernt, praktizieren die Sprache aber nicht. Über die Sprachkompetenz der Enkelkinder, die aus der Ehe seiner Tochter mit einem Türken hervorgegangen sind, macht Herr Mardın keine Angaben.

In den Erzählungen über seine Kinder kommt das Wort „Respekt" nur selten vor. Er erwähnt nicht, dass er selbst von ihnen „Respekt" erwartet, erwartet jedoch Respekt gegenüber Dritten (Aufstehen, wenn jemand ins Zimmer kommt). Auch hier ist ein entscheidender Unterschied zu seiner eigenen Jugend. Hier spielte der „Respekt" eine entscheidende Rolle in der Charakterisierung des Verhältnisses zu seinem Vater. „Respekt" war im dortigen Fall gleichbedeutend mit Angst. Diese Deutung ist im Umgang mit seinen Kindern nicht mehr erkennbar.

Räumliches Umfeld
Die abchasische Umgebung, die noch so bestimmend in seiner Zeit in der Türkei gewesen ist, spielt in Deutschland immer weniger eine Rolle. Herr Mardın gab weder die Traditionen noch die Sprache weiter. Er hat sich von dem Umfeld seiner Jugend weit entfernt. Das Paar pflegt Kontakt zu Deutschen und Türken. Es wird im Interview nicht ersichtlich, dass dieses Umfeld eine Rolle bei Entscheidungen und Prozessen spielt.

Geglaubte und gelebte Wertvorstellungen

Die abchasische Identität:
An zahlreichen Stellen im Interview weist Herr Mardın darauf hin, dass er sich als Abchase von den Türken unterscheide. Gleichzeitig betont er jedoch auch seine Identität als Türke. Seine abchasische Identität wird dann wichtig, wenn es um Fragen des Respekts, seiner Ehre als Mann und um den Umgang der verschiedenen Altersgruppen geht.

Herr Mardıns Großvater war in das damalige Osmanische Reich eingewandert. Herr Mardın berichtet nichts Näheres über die Umstände dieser Umsiedlung, aber es ist anzunehmen, dass der Großvater zu der Gruppe von Flüchtlingen gehörte, die im Laufe der Kämpfe des zaristischen Russlands mit dem Osmanischen Reich in die heutige Türkei geflohen sind.[150] Die Rückbesinnung auf diese Form der eigenen ethnischen Identität gewinnt im Laufe des Interviews immer dann an Bedeutung, wenn es um Familienstruktur, Heirat, und Umgang der Generationen geht. Beispielsweise auf die Frage, ob Herr Mardın in der Türkei in einem Mehrgenerationenhaushalt gelebt habe, antwortet er:

„Ja [Pause] „wenn wir also jetzt so sagen würden" [tr], Bisschen Türkisch auch. INT1: Mhm HERR MARDIN: „Wir sind eigentlich Abchasen" [tr] Wir haben türk Pass, aber wir haben kaukasische Herkunft und andere Sprache auch. Unsere eh, richtige türkische eh „würde ich nicht sagen" [tr] Autorität anders aus. Wir heiraten keine Verwandten. Türke nix so. Ne? Deutsche auch so. Ich gehört. Ich weiß, auch Deutsche auch Verwandte nicht heiraten. Kinder bisschen schlechte kommen oder geboren schlecht, ne? Bei uns nicht so. Ganz bisschen so verwandt, ne? Nicht heiraten. Und eh, Nachbarin auch nicht. Nachbarin auch Schwester, Bruder. So denken. Eh, ich andere Sprache auch, Kaukasisch. Ich drei Sprache: Deutsch, Türkisch und kavkasische Sprache. INT1: Mhm HERR MARDIN: Ne? Aber kavkasische kann man nicht schreiben, aber kann sprech und weiß nicht was sagen [lacht], so was, was sie machen mir fragen. Wir haben eh, eh, meine Heimat jetzt z.B. geboren viele verschiedene Leute. [Pause] eh, Schwarze Meer Leute andere eh Dialekt sprechen, Türkisch. Und eh Hemşinler[151] [Volksgruppe, Anm. Int2] und „Georgier" [tr] auch anders kafkasische Sprache, andere Sprache. Viel Variation. Aber geboren Türkei."

Durch den Gebrauch des Personalpronomens „wir" stellt Herr Mardın eine Distanz zu den Türken und eine Gemeinsamkeit zu den kaukasischen Einwanderungsgruppen in der Türkei her. Dies ist insofern bemerkenswert, als das gesamte Interview fast ausschließlich in der ersten Person Singular geführt wird. Er unterscheidet diese

---

150 Dazu ausführlicher im Kapitel 3, S. 116ff.
151 Bei den Hemşinliler handelt es sich um eine ehemals christlich armenische Minderheit aus Nordostanatolien, die wahrscheinlich im 16. und 17. Jahrhundert zum Islam übergetreten sind (vgl. Anrews,1992: 182ff.).

Gruppen von den Türken durch eine andere Sprache und eine stärkere „Autorität". Mit dem Wort „Autorität" umschreibt er ein Regelwerk sozialen Verhaltens, insbesondere im Verhältnis Mann-Frau, das sich von dem der Türken unterscheidet. Hierzu eine weitere Stelle, an der er berichtet, dass es den Abchasen, anders als den Türken, erlaubt sei, mit einem Mädchen auszugehen, weil das Vertrauen da sei, dass der Mann die ihm anvertraute Frau „unversehrt" zurückbringt. Auch hier grenzt er sich wieder von den Türken ab, auch wenn er kurz darauf betont ein Türke zu sein:

„Früher [unv1Wo] anders, heute ganz anders, ne? Damals junge Zeit, ne? Da anders gewesen. Ich bin 24 Stunden nicht schlafen, meine junge Zeit. [lacht] Damals „Bei uns ist das so: Bei den Tschetschenen und Abchasen heißt es die ‚Unterhaltung'. In keiner Nation gibts so was. Bei uns gibt es das, sag ich dir. In unserer Jugend, als wir noch jung waren, machten wir so." [tr] Erzähl. Ich kann nicht mehr diese Deutsch sagen jetzt. INT1: „Ich verstehe" [tr] HERR MARDIN: Ja. „Bei uns, bei den Abchasen und Tschetschenen kannst du ein Mädchen abholen und irgendwohin bringen, aber nur unter der Bedingung, dass du sie nicht antasten darfst. Es gab dieses Vertrauen. Aber das hat man heutzutage abgeschafft. So was gibt es bei den Türken nicht. Wir sind zwar alle Türken, aber ich möchte uns nicht ausklammern. So was hat es bei den Türken nicht gegeben. Nimm es mir nicht übel, aber bei den Türken kannst du außer deiner Schwester alle anderen wegbringen [wegbringen hier mit unlauteren Absichten, Anm. Int2]. So was gibt es bei uns nicht. Bei uns gibt es ein großes Vertrauen. Was wir geliehen haben, bringen wir unversehrt zurück." [tr] Ja, ich damals meine Zeit, ne? Das anders, ganz schön gewesen. Jetzt ich bin nicht alte sagen, aber der kann nicht mehr machen, so ne? [Int1 lacht] Das ist ja Unterschied, ne?"

Die Erklärung „wir sind zwar alle Türken" umschließt die Menschen mit einem ähnlichen ethnischen, sprich kaukasischer Herkunft. Die Distanz zu den Türken wird schon im nächsten Halbsatz („bei den Türken hat es so was nicht gegeben") deutlich.

Zu der kaukasischen und türkischen Identität kommt durch den Aufenthalt in Deutschland eine dritte Identität, die deutsche, hinzu. Im Anschluss an die Schilderung eines Krankenhausaufenthaltes, in dem er sich wohlversorgt und gepflegt sah, führt er aus:

„Ich zufrieden Deutschland, ehrlich [leise]. Politische auch. Für mich keine Problem gewesen. Ich nicht so gewesen. Das gut für mich Deutschland. So ehrlich ich denken meine Herz eh, heute Deutschland X-Stadt meine zweite Heimat. Denken so. Wir gehen Türkei [nach einem, Anm. Int1] Monat immer hier möchte kommen. Ja, ich bin 30, 34 alt gekommen hier. Jetzt 62. Mei, meine eh, eh halbes Leben Deutschland gewesen. [unv2Wo] und mehr. Ich wohn hier. Meine Sachen alles hier. Meine Kinder alles hier. Ich nicht so. Ich bin Türke, nicht gegen, ich meine Heimat lieb. Liebe meine Heimat, ehrlich. Jeder so denken. Heimat ist Heimat. Ne? Ohne Heimat Menschen nich gl nicht gut. Wenn meine Flamme [Fahne, Anm. Int1] sehen, ich wein, ehrlich. „Wenn ich die Fahne sehe, dann weine ich. Unsere Vorfahren" [tr], ich komm, [unv1Wo] ich nicht gekommen, aber meine Opa gekommen Kavkasien. Und Türkei meine Vater gebor...

Türkei, ich geboren auch Türkei. Das ist meine Heimat, Türkei. Unsere Heimat ganz schön. Deutschland auch schön. Ich nich gegen. Aber Heimat ist Heimat. [...]. Dann ich bin keine Deutsche, keine Türke."

Herr Mardın trifft Unterscheidungen in seiner Identität, die u.a. einen Einfluss auf sein Selbstverständnis als Mann haben. Als Abchase sieht er sich eher mit den Einwanderern aus dem Kaukasus verbunden als mit den Türken. Die Unterscheidung liegt für ihn in der stärkeren Autorität, dem Respekt, den er Kaukasiern gegenüber Älteren zuschreibt und darin, dass die Lebenswelten zwischen Männern und Frauen noch stärker getrennt sind als bei den Türken. So war es ihm als jung verheiratetem Mann nicht möglich, zusammen mit seiner Frau in dem gleichen Raum mit seinem Vater zu sein. Dies widersprach den Moralvorstellungen seines Vaters.

Mit den Türken verbinden ihn die nationalen Symbole und die Staatsangehörigkeit. Er ist in der Türkei geboren; er ist türkischer Staatsbürger; er betrachtet die Türkei als eine seiner Heimaten, aber ansonsten distanziert er sich von „den" Türken.

Bedeutend emotionaler ist sein Verhältnis zu Deutschland, das er als seine zweite Heimat bezeichnet, und wo er viele Beispiele aufzeigt, dass er sich wohlfühlt. Die Aussage „ich bin weder Deutscher noch Türke" spricht dafür, dass bei ihm die abchasische Identität am stärksten ausgeprägt ist. Es handelt es sich hier eher um eine „ruhende" Identität. Darunter verstehe ich ein Zugehörigkeitsgefühl zu einer Gruppe, ohne die der Gruppe zugeschriebenen Eigenschaften und Tätigkeiten selbst zu reproduzieren. Herr Mardın berichtet von dem autoritären Vater und seiner Angst, dem Vater sowohl von seiner Heirat als auch von seiner Migration nach Deutschland zu berichten. Dieses von ihm als „Respekt" oder „Autorität" beschriebene Verhalten hat er bei seinen Kindern nicht eingefordert und gelehrt.

Der Humanismus
Für Herrn Mardın ist die Kultur gleichbedeutend mit dem Humanismus, den er wiederum als Erziehung definiert. Im Kern geht es ihm um den Umgang miteinander und er unterscheidet zwischen Abchasen, Türken und Deutschen und zwischen der gebildeten, sprich reichen Schicht und der ungebildeten, armen Schicht. Dies ist die einzige Stelle im Interview, an der er Frustration und Enttäuschung über seine eigene Behandlung in Deutschland zulässt. Er hatte sich in Deutschland einen höheren kulturellen Standard, sprich ein höflicheres Umgehen miteinander und ihm gegenüber erwartet.

„Ich erzähl mal auf Türkisch. Das schaff ich besser. Eh, als wir nach Deutschland kamen, also." [tr] Jetzt denken so. „Kultur in Deutschland. Die Kultur, die ich kenne, ist der Humanismus. Das ist die Erziehung, nicht wahr? Die Kultur ist in der Türkei noch besser für mich. Die Menschen sind noch warmherziger. Wenn ich Kultur sage, wie soll ich sagen? Wenn der Mensch verachtet wird, ja gut, auf die Gebildeten wird in Deutschland Wert gelegt. Ich bin nach Deutschland gekommen." [tr] Wann eine Besuch kommt, Sie Hausbesitzer, ne? Dann Sie eine Besuch gekriegt. Muss, Türken nicht denken: „Pass auf, ich meine nicht die Türken." [tr] Meine Autorität, meine, ah, andere Sprach, andere Autorität ich. Wenn eine Besuch kommt egal kleine Kind. Wir aufstehen. Platz geben. Ja? Aber Deutsche nicht alle so. [Kurze Pause] [...] Das ist die Kultur für mich. Kultur bedeutet nicht, sich zu bilden, es ist der Humanismus. Man muss den Menschen achten. [unv1Satz] Bei uns ist das so. Auch wenn ein Jüngerer reinkommt, zeigt man ihm einen Platz. Das ist eben so bei den Türken." [tr]. Deutsche gibts auch. Aber junge Generation Deutschland nix. Wenn die Besuch kommt, aber „seien es Deutsche oder Türken" [tr] egal muß, für mich egal. Wenn ein Mann sitzen: ‚Guten Tag' mich gesagt, die Menschen für mich null. „Das meine ich ja, aber über die Gebildeten sage ich nichts [unv2Wo]." [tr] Dann große Mann, Kapitalist Mann, menschlich anders. Aber normal Mensch, überall so. Aber unsere Mensch auch andere Autorität, andere Kültür. Kavkasische andere Autorität. [Pause, hustet] „Meine Frau, mit meiner Frau konnte ich bei meinem Vater nicht erscheinen. Das war eine Schande." [tr] Wenn dann heiraten ich z.B. meine Frau, meine Vater da ist, andere Zimmer geht. Darf nicht mehr reinkommen mit Frau. Das so Autorität gewesen. „Das war der Respekt. Das wurde aber mittlerweile auch abgeschafft." [tr] Denke jetzt meine Kinder, unsere Sprache, der weiß [zeigt auf die Enkeltochter], aber ich kann nicht mehr reden. Vergessen alle. Ihre Kinder sowieso kein Türkisch."

Für Herrn Mardın ist der höfliche Umgang miteinander eine Frage der Bildungsschicht und eine Frage der Zeit, denn das, von dem er berichtet, gibt es auch in der Türkei nicht mehr und selbst seine eigenen Kinder entsprechen nicht seinen diesbezüglichen Wünschen. Seine geglaubten und gelebten Wertvorstellungen sind eng mit dem verknüpft, was er als seine eigene Identität ansieht. Er definiert sich als Abchase. Damit verbindet er Moralvorstellungen, die zu seiner Jugend aktiv waren, die er jedoch selbst nicht weitertradiert hat, und von denen er weiß, dass die nicht mehr aktiv sind.

Migrationsbewertung

Herr Mardıns Migrationsbewertung fällt sehr positiv aus. An mehreren Stellen thematisiert er seine große Zufriedenheit in Deutschland und die Tatsache, dass es ihm und seiner Familie gut gehe. Die Aussagen zur Zufriedenheit in Deutschland sind eng verkoppelt mit der impliziten Frage der Rückkehr.

„[Seit] wann ungefähr [bin ich in Rente]? Zwei Jahre schon Rente ich bin. Jetzt helfen meine Sohn. Der ist, ich zufrieden aber Deutschland. Ich meine Geld verdient. Ich kann nicht hier meine Kinder verlassen, nicht ganz, nicht zurück. Aber ich gehen meine Heimat. Für sechs Monate oder ein Jahr. Aber ich kann in meine Pass den Beruf nicht machen. Ich versichert hier. Ich bin Rente hier. Besser Deutschland Krankenhaus. Wann ich bin krank ist, noch besser da, bleibe. Mein Le, mein Leben, halbes Deutschland gewesen. Ich bin 34 Jahre alt gekommen Deutschland. Ich zufrieden Deutschland. Dann eh, X-Stadt meine zweite Heimat. Was sagen noch? [lacht] Ne?"

Auch in einer späteren Textstelle verbindet er die Zufriedenheit in Deutschland mit der Aussage, nicht in die Türkei zurückkehren zu wollen: „INT1: Und ihre Kinder wo leben die? HERR MARDIN: Meine Kinder alle hier X-Stadt leben. Alles. Meine Familie alles X-Stadt, Deutschland leben. Geh überhaupt nicht zurück."

Auch bei der gezielten Frage nach der Migrationsbewertung fällt das Resümee sehr positiv aus und wieder verbindet Herr Mardın die Frage mit der Zufriedenheit in Deutschland mit einem Statement gegen die Rückkehr in die Türkei. Als erwarte er die Frage „Möchten Sie in die Türkei zurückgehen", antwortet er darauf, obwohl die eigentliche Frage anders gelautet hatte.

„INT1: Sie sind jetzt sehr sehr lange in Deutschland. Wenn sie jetzt mal so zurückdenken. Sind ihre Hoffnungen und Wünsche, die sie damals hatten in Erfüllung gegangen? HERR MARDIN: Ganz? INT1: Mhm. HERR MARDIN: Ich denken nicht mehr so. Ganz zurück ich denken nicht mehr. Möchte, aber nicht ganz. INT1: Mhm. Also hin- und herfahren. HERR MARDIN: Hin und her ja. [unv1Wo] kann man auch nicht. Und ich lebe mein Lebens halbes Leben hier Deutschland gewesen. Und Enkelkind hier. Ich kann nicht mehr einfach hier verlassen. Dann zwei Jahre, drei Jahre mein Enkelkind nicht sehen. Ach schlecht. INT1: Mhm INT2: „Sie leben seit 26 Jahren in Deutschland. Sie hatten Hoffnungen und Erwartungen bevor sie nach Deutschland kamen. Wenn sie sich mal diese 26 Jahre vor Augen führen, sind alle diese Hoffnungen und Erwartungen in Erfüllung gegangen?" [tr] HERR MARDIN: „Sie sind ungefähr alle in Erfüllung gegangen" [tr] Ich zufrieden meine Leben Deutschland. [lacht] Ehrlich! „Und die Sachen hab ich hingekriegt, die ich mir vorgestellt hatte. Ich hatte kein Auto, ich wünschte mir ein Auto. Ich hab ein Auto gekauft" [tr].

Herr Mardın würde auch wenn er noch einmal vor der Entscheidung stände, wieder nach Deutschland kommen. Seine Struktur erlaubt es ihm nicht, zu einer anderen als zu einer durchweg positiven Bewertung des eigenen Migrationsprojektes zu kommen. Herr Mardıns Selbstverständnis hängt damit zusammen, dass er sich wohl fühlen möchte, dass es in seinem Umfeld zu keinen Konflikten kommen soll und dass er in Harmonie leben kann. Eine negative Bewertung würde das Selbstbild empfindlich stören. So ist es ihm auch möglich, potentielles Konfliktpotential zu entschärfen, indem er negative Aspekte ignoriert und immer versucht, seinen Schwerpunkt auf das Positive zu legen. So steht nicht im Mittelpunkt der Überlegung, nicht mehr in die Türkei zurückzukehren, sondern die Tatsache, dass er sich in Deutschland wohlfühlt, und dass seine Familie hier ist.

Zusammenfassung

Herr Mardın hat für sein Leben beschlossen, dass er mit dem zufrieden ist, was er erreicht hat. Er hat ein großes Harmoniebedürfnis entwickelt, das für sein Wohlergehen ausschlaggebend ist. Gelingt es ihm nicht selbst diese Harmonie herzustellen, sucht er Wege diesen Zustand trotzdem zu erreichen. Dafür hat er zwei Strategien entwickelt. Zum einen verbietet er sich Streit und Auseinandersetzung. Diese Gefühle erlaubt er sich lediglich bei Fußballspielen oder politischen Diskussionen, zu Anlässen also, die nicht unbedingt etwas mit ihm als Person zu tun haben.

Die zweite Strategie ist die, dass er sich Stellvertreter sucht, deren Zufriedenheit seine eigene Zufriedenheit bewirken. Hierbei handelt es sich um seine Kinder. Geht es ihnen gut, ist Herr Mardın auch bereit Dinge zu akzeptieren, die er als unschön und störend empfindet, wie die Tatsache, dass seine Söhne alle eine deutsche Frau geheiratet haben, der Kontakt zu den Söhnen nicht so ist, wie er sich das wünscht, und die Enkelkinder kein Türkisch mehr sprechen.

Der Wunsch nach Harmonie ist gekoppelt mit dem Bedürfnis geliebt zu werden. Im Interview thematisiert er das in seiner Rolle als Vater, wenn er sagt „ich bin den Kindern hinterhergelaufen und habe das getan, was sie wollten". Als Sohn hatte er sich die Anerkennung des Vaters mit finanzieller Zuwendung gesichert und unterstützt nun, selbst Vater, seine Kinder ebenfalls finanziell, aber auch durch die zur Verfügungstellung seiner Arbeitskraft in dem Geschäft seines Sohnes oder als Babysitter für seine Enkelkinder. Er fühlt sich nur dann nützlich, wenn er eine Aufgabe hat.

Begründung der Typ-Zuschreibung

Herr Mardın gehört in der Türkei dem Modell der „interdependence" an, mit einem patriarchalen Vater, dem Arbeiten der Familienangehörigen in der eigenen Landwirtschaft und dem Zusammenleben der Großfamilie. In Deutschland findet ein Wandel zum Modell der „emotional interdependence" statt. Die Zufriedenheit der Kinder rückt mehr und mehr in den Mittelpunkt seines Lebens, der seinerseits seine Zufriedenheit aus dem Wohlergehen seiner Kinder schöpft. In der Erziehung seiner Kinder sind keine geschlechtsspezifischen Unterschiede festzustellen. Allerdings bevorzugt er offen die Tochter, die seinem Wunsch, einen türkischen Ehepartner zu suchen, als einzige seiner Kinder entsprochen hat.

Herr Mardıns Rollenverständnis hat sich im Laufe der Zeit gewandelt. Als Türke abchasischer Herkunft hatte er in seiner Jugend eine strenge Teilung der Geschlechter erlebt und war auch als ältester Sohn der Autorität des Vaters unterworfen. Vor diesem hatte er „Respekt", was er sinngleich mit „Angst" wiedergibt. All dies gehört für ihn der Vergangenheit an, was er mit den Worten „damals ja, aber jetzt" verdeutlicht. Ihm ist der Wandel, der sich in der Türkei, in der abchasischen Gemeinschaft und auch in ihm vollzogen hat, bewusst. Er tradiert kein traditionelles eher patriarchalisch orientiertes Männerbild, sondern lebt und arbeitet mit seiner Frau partnerschaftlich zusammen. Herr Mardın definiert sich selbst als Abchasen, wobei er jedoch immer wieder bemerkt, dass das „Abchasentum", was er kannte, nicht mehr existent ist. Zudem hat er auch selbst diese Werte und die Sprache nicht an seine Kinder weitergegeben. Es handelt sich bei ihm eher um eine „ruhende Identität", die ein Relikt seiner Vergangenheit ist.

Am deutlichsten wird der Wandel, wenn sich der Blick auf das Kinder-Vater Verhältnis richtet. Hier bricht Herr Mardın bewusst und radikal mit dem Modell seiner Kindheit. Herr Mardın ist sich des Wandels bewusst, den die Familienstrukturen durchlaufen haben. Der Wechsel hin zum Modell der „emotional interdependence" erfolgte zwar nicht als Resultat einer bewussten Entscheidung, nach dem Motto: ‚Ich wollte alles anders machen', wird jedoch sehr reflektiert beobachtet und für gut befunden.

Herr Korkmaz[152] – Prototyp des unbewussten Wandels vom Modell der „interdependence" zum Modell der „emotional interdependence"

Interviewsituation

Das Interview mit Herrn Korkmaz ist eines der zwei Interviews, die in den Räumen einer Moschee stattfanden. Als wir die Moschee betraten, wurden wir zunächst in den Aufenthaltsraum geführt. Hier war ich die einzige Deutsche und die einzige Frau unter lauter älteren Männern. Diese Situation war sehr ungewöhnlich und verursachte erst einmal Schweigen bei den Anwesenden und einige Minuten der Unsicherheit bei mir. Der Hoca, mit dem wir zuvor bereits geredet hatten, erklärte unser Anliegen und stellte sein Büro zur Verfügung. Insgesamt hatte ich die Situation zwar als ungewöhnlich, wohl aber als sehr aufgeschlossen und freundlich empfunden. Erdinc, mein studentischer Mitarbeiter hat dies anders empfunden. Als Alevit stufte er sein Verhältnis zum sunnitischen Islam und zu religiösen Gruppen als sehr problematisch ein und fühlte sich während des gesamten Interviews unwohl. Das Verhalten des Hocas wurde von Erdinc und vor mir sehr unterschiedlich bewertet. Der Geistliche kam drei Mal während des Interviews kurz in sein Büro. Ich habe dies als Interesse interpretiert, zumal er fragte, ob er noch weitere Interviewpartner für uns finden sollte. Für Erdinc stellten diese Besuche eine Kontrolle dar. Zusätzlich hatte er

---

152 Zur Kurzbiographie von Herrn Korkmaz vgl. Kapitel 5, S. 205ff.

das Gefühl, es würde von ihm erwartet, dass er an der anstehenden Gebetsstunde teilnehmen sollte, was für ihn überhaupt nicht in Frage gekommen wäre. Während der Moscheebesuch und die hier geführten Interviews für mich sehr spannend und interessant waren, überwog bei Erdinc der Stressfaktor.

Interviewverlauf
Die Dauer des Interviews betrug eine Stunde. Das Interview wurde von mir mit dem Begriff: „Kaugummiinterview" vercodet. Ich hatte den Eindruck, Herr Korkmaz sei nur aufgrund der Bitte des Hocas zu dem Interview bereit. Im Laufe des Interviews stellte sich heraus, dass „Respekt" im Leben Herrn Korkmaz' eine zentrale Rolle einnahm. Der „Respekt" vor dem Hoca machte es ihm wohl unmöglich, dessen Bitte für ein Interview abzuschlagen. Gleich zu Beginn stellte Herr Korkmaz eine große räumliche Distanz zu mir her, indem er sich hinter den großen, den Raum bestimmenden Schreibtisch des Hocas, plazierte. Als Alternative hätte ein kleinerer Tisch mit vier Sesseln zur Verfügung gestanden. (Diesen Platz hat der andere Interviewpartner später spontan angesteuert.) Das gesamte Interview verlief sehr zäh und bestand vor allem in der ersten Phase in gezielten Fragen und gezielten Antworten. Während des Interviews war ich überzeugt, dass das Interview nicht nur zäh verlaufen war, sondern dass wir auch kaum verwertbare Informationen erhalten hatten. Nach der Verschriftlichung stellte sich diese Vermutung aber als falsch heraus. Ich vermute, dass das Unwohlsein meines studentischen Mitarbeiters in der Moschee einerseits und andererseits mein Eindruck, Herr Korkmaz wolle eigentlich gar kein Interview geben, auch mich in eine angespannte Situation gebracht hatte, und ich ständig befürchtete Herr Korkmaz könnte das Interview beenden, bevor wir alle Fragen des Leitfadens gestellt hatten. Herr Korkmaz brach nach einer Stunde ab, weil er an dem Gebet teilnehmen wollte. Alle Fragen zu Sterben und Tod wurden nicht mehr beantwortet.

Ein freier Redefluss kam bei einzelnen Erzählsequenzen zustande. In diesen Sequenzen redete Herr Korkmaz durchaus auch mehrere Minuten am Stück, und ich glaubte, dass nun „das Eis gebrochen sei". War die entsprechende inhaltliche Sequenz jedoch abgeschlossen, verfiel Herr Korkmaz erneut in Schweigen und brauchte gezielte Fragen und neue Redeimpulse, um weiter zu erzählen. Sehr ausführlich berichtete Herr Korkmaz von der Anfangsphase seiner Migration in Deutschland und den verschiedenen Stationen seines Arbeitsleben, von den unbefriedigenden Verhältnissen, die in der Türkei herrschen und sehr ausführlich von seinen beiden Eheschließungen, die er folgendermaßen einleitete: „Das ist bei mir sehr Dings. Du wirst lachen. Das war nicht so... Ich erzähl mal, du wirst lachen." Dabei war der Inhalt alles andere als humorvoll, sondern sehr tragisch. Das Lachen war eine Möglichkeit, die Herr Korkmaz nutzte, um eine Distanz zwischen sich und dem Gesagten herzustellen.

Je persönlicher die Fragen wurden, umso demonstrativer sah Herr Korkmaz auf die Uhr und die Umdrehungen der Gebetskette wurden schneller und lauter. Mehrmals im Verlauf des Interviews fragte er nach, wie viel Zeit wir noch benötigten und wies darauf hin, dass sich die Stunde des Gebets nähere und er daran teilnehmen möchte. Als der Hoca im letzten Drittel in den Raum kaum, und fragte wie lange es noch dauerte, da er noch einen weiteren „Interessenten" habe, wäre Herr Korkmaz sofort bereit gewesen, das Interview abzubrechen und dem Interviewbereiten seinen Platz zu überlassen. Folgende Passage verdeutlicht das Unwohlsein von Herrn Korkmaz in der Interviewsituation:

„Ich wollte bei Euch um die Erlaubnis bitten. Es ist gleich die Gebetszeit. INT2: Hm. Es ist aber nicht mehr so viel. Haben Sie noch eine halbe Stunde Zeit? HERR KORKMAZ: Nein. Um halb eins... Zwanzig Minuten sind es noch. INT2: Können wir noch zwanzig Minuten weiter machen, oder wollen Sie sofort aufhören? HERR KORKMAZ: Ich muss sofort aufhören. Vielleicht zehn Minuten noch."

Das Interview endet damit, dass Herr Korkmaz uns darauf hinweist, dass noch andere Männer aus der Moschee darauf warten, interviewt zu werden und er jetzt zum Gebet müsse.

Erzählstil und wiederkehrende Themen
Herr Korkmaz führte das gesamte Interview in türkischer Sprache. Er benutzte kaum deutsche Worte und schätzte seine eigenen Deutschkenntnisse als passiv ein. Er könne zwar viel verstehen, sich aber nicht ausdrücken. Im türkischen Text fällt der häufige Gebrauch (über 40 Mal) des Wortes „Dings" („sey") auf. Herr Korkmaz nahm sich nicht die Zeit, Sachen klarer und präziser zu erläutern, so dass einzelne Sätze mit zahlreichen „Dings" keine Seltenheit sind, was wiederum die Verständlichkeit beeinträchtigt. Auch bei Umständen, Gefühlen, Ansichten die für ihn schwierig zu formulieren waren, zog er sich auf den Gebrauch des „Dings" zurück. Der Interviewte war darauf bedacht, das Interview möglichst rasch hinter sich zu bringen. Je persönlicher die Themen wurden, umso nervöser reagierte er. Häufiges Lachen an Stellen die keineswegs humorvoll, sondern vielmehr schmerzhaft und nachdenklich waren, zeigte ebenfalls die innere Angespanntheit. Auffällig war der Gebrauch der Personalpronomina „ich" und „wir". Herr Korkmaz unterschied sehr stark zwischen Ereignissen, die nur ihn betrafen, und in dem Fall benutzte er logischerweise die erste Person Singular, und Dingen, die ihm zwar widerfahren waren, bei denen er sich aber eher als Teil einer Gruppe mit den gleichen Erfahrungen denn als Individuum begriff. So sagte er: „*ich* reise nach Deutschland: *Wir* kamen in X-Stadt an." „*Ich* kann Deutschland nicht für immer verlassen. *Wir* haben Dings gemacht." Dadurch bettete er sich in einen größeren Zusammenhang ein und sah sich als Teil einer Gruppe (Migranten aus der Türkei; Soldaten; Menschen, die aus Not nach einer Überschwemmung nach Deutschland gekommen waren) mit gleichen Erfahrungen

und gleichem Hintergrund. Seine Geschichte wird damit Teil einer Gesamtgeschichte. Er betont nicht die Einzigartigkeit der eigenen Biographie.

Die zentrale Wertvorstellung ist für ihn der „Respekt", der in unterschiedlichen Konstellationen das Interview als Anspruch, als Erwartung und/oder als Kritikpunkt durchzieht. Respekt wird von den Kindern gefordert, den Alten entgegengebracht, ist in Deutschland kaum und der Türkei nicht mehr so sehr vorhanden.

Die Sequenz, die am ausführlichsten erzählt wird, und die unmittelbar mit dem Schlüsselbegriff „Respekt" verknüpft ist, erzählt die Geschichte seiner beiden Eheschließungen. Dies ist die Passage im Interview, in der Herr Korkmaz am Flüssigsten und Lebendigsten erzählt. Er wiederholt wörtlich Gesprächsituationen aus dieser Zeit, die immerhin 40 Jahre zurückliegen und schildert zum ersten und einzigen Mal ausführlich seine Gefühle. Auch die Gestik und Mimik wird lebendiger. Mehrmals holt er tief Luft und redet teilweise mit sehr belegter Stimme.

Zentrale Themen in der Erzählung

Der dominierende Onkel
Die dominierende Person im Leben von Herrn Korkmaz in der Türkei war sein Onkel, der Bruder seines Vaters. Im Gegensatz zum Vater von Herrn Korkmaz, der als Waldarbeiter arbeitete, hatte der Onkel einen höheren gesellschaftlichen Rang. Er war Bürgermeister und im Stadtrat. Dies könnte den Einfluss erklären, den er auf die Familie seines Bruders ausüben konnte.

Herr Korkmaz schildert aus seiner Zeit in der Türkei drei Situationen, in denen der Onkel dominierend in sein Leben eingriff:

1. Der Tod der ersten Ehefrau: Herr Korkmaz wird als frischverheirateter Mann zum Militärdienst eingezogen. Während er seinen Dienst ableistet, erkrankt seine Frau schwer. Die Behandlung, so Herr Korkmaz, habe nicht angeschlagen und die acht Monate alte Tochter, die noch von der Mutter gestillt wurde, habe sich an der Muttermilch vergiftet und sei gestorben. Nicht seine Familie ist es, die ihn über die Krankheit seiner Frau und seines Kindes informiert, sondern ein ihm bekannter Krankenpfleger.

„Als ich eingezogen wurde, hatte ich ein acht Monate altes Kind, ein Mädchen. Mein Kind wurde krank. Das ist ja halt eine Krankheit. Damals mit dem Arzt. Es war ja eine Kreisstadt. Da war ein Arzt. [unv1Sa] Es gab auch einen Krankenpfleger, der jetzt gestorben ist. Ich habe den Bescheid vom Rathaus gekriegt."

Herr Korkmaz veranlasst, dass seine Frau nach Istanbul ins Krankenhaus gebracht wird. Er selbst kann nur zwei Tage bei ihr bleiben und muss wieder zum Militärdienst zurück. Sein Onkel bringt die Schwerstkranke in ihren Heimatort zurück, wo der Onkel sich bemüht einen guten Arzt für sie zu finden. „Sie haben sie nach X-Stadt gebracht. In X-Stadt gab es einen guten Arzt. Mein Onkel war damals im Stadtrat. Er kannte als Stadtrat die Ärzte sehr gut." Trotz intensiver ärztlicher Bemühungen stirbt seine Frau wenig später.

„Sie lebte noch ein paar Monate und dann starb sie. Ich hatte keine Ahnung. Ich war seit einem Jahr Soldat in Z-Stadt... Ich hatte einen Bataillonskommandeur als Vorgesetzten. Er war ein guter Mann aus Y-Stadt und ich aus X-Stadt.[…] Er mochte mich sehr. Er hat mich dem Warenlager zugeteilt. Ich war Unteroffizier bei ihm. Ich wollte am Wochenende nach Istanbul fahren. Ich bin in S. [Stadtteil], und in A. [Stadtteil] gibt es ein Kaffeehaus, in dem wir uns treffen. Unsere Landsleute kamen auch hin. Ein Landsmann war auch da. Er hat Ziegen hingebracht, mit dem Lastwagen. Sie verkauften die in Istanbul. ‚Herzliches Beileid,' sagte er mir. Ich hatte nichts davon gehört. Sie hatten mir gar nichts gesagt. Vor ein paar Monaten ist sie gestorben. Ich hatte aber davon geträumt. Als er vom Tod redete, zeigte ich ihm gar nichts. ‚Danke Onkel', habe ich ihm gesagt. Ich war Soldat. Ich war einundzwanzig Jahre alt. Meine Frau ist gestorben, und sie halten es auch geheim vor mir."

Das Geschehen ist auch noch nach 40 Jahren sehr präsent. Herr Korkmaz erinnert sich bis in die Details (der Mann aus seinem Heimatort hatte Ziegen zum Verkauf nach Istanbul gebracht, wörtlich wiedergegebene Rede) an den Ablauf. An der mehrfachen Wiederholung: „Sie sagen mir nicht; sie halten es geheim vor mir", drückt sich auch noch viele Jahre später das Unverständnis und die Fassungslosigkeit darüber aus, dass seine Familie den Tod seiner Frau geheim gehalten hat. Es ist für ihn keineswegs „normal", dass er weder über die Krankheit, noch den Tod seiner Frau und seines Kindes informiert wurde. Er führt die beiden Attribute auf, die seiner Meinung ausreichen müssten, ihn als erwachsenen Menschen zu achten: Er war 21 Jahre alt, und er war Soldat. Es ist für ihn unverständlich, dass seine Familie ihm den Tod seiner Frau nicht mitgeteilt und ihn darüber hinaus bereits mit einer anderen Frau verlobt hat. Zwei Mal sagt er, wir werden lachen, wenn er das erzählt. Ihm ist bewusst, wie fremd seine Geschichte heute und gerade auch in den Ohren einer Deutschen klingen muss.

2. Zweite Ehe: Wiederum kommt dem Onkel eine entscheidende Rolle zu. Herr Korkmaz, gerade aus dem Militärdienst entlassen, erfährt bei seiner Ankunft im Dorf, dass er bereits ohne sein Einverständnis und gegen seinen Willen von dem Onkel verlobt worden ist. „Mein Onkel sagt über meine jetzige Frau, dass sie gut für mich ist. Du kannst doch bei dem Onkel gar nichts sagen, egal, was er sagt. Das ist der Respekt also." Die Wut gegen den Onkel, die aufgrund des Respekts nicht ausgelebt werden darf, richtet sich gegen die Mutter, die sich den Wünschen und Bestimmungen des Onkel widerstandslos fügt und ihm nichts über seine bevorstehende Heirat gesagt hatte. Auch hier ist er trotz der zeitlichen Distanz in der Lage, das Gespräch mit seiner Mutter wortwörtlich wiederzugeben: „Es ist schon drei Tage her. Du sagst mir ja gar nichts!" ‚Sohn, wenn dein Onkel hier ist, haben wir überhaupt nichts zu sagen', sagte sie. Schau mal, sie hat Angst vor meinem Onkel. INT2: Hm. HERR KORKMAZ: [Sehr leise] wegen dem Respekt. Ich regte mich auf. Ich habe alles da gelassen und ging in die Stadt."

Wie beim Tod seiner ersten Frau wird Herr Korkmaz von Entscheidungen ausgeschlossen und es werden ihm Dinge, die ihn betreffen, nicht einmal mitgeteilt. Hier ist die einzige erzählte Situation, in der sich Herr Korkmaz der Respektsperson seines Onkels (zunächst) widersetzt. „Er geht in die Stadt." Allerdings scheut er die direkte Auseinandersetzung mit dem Onkel und beugt sich schließlich dessen Willen. Zwei Wochen später findet die Hochzeit statt. Jahre später wird er ein zweites Mal gehen, dies Mal jedoch nach Deutschland. Und ab diesem Zeitpunkt taucht der Onkel in den Erzählungen nicht mehr auf.

3. Migration nach Deutschland: Herr Korkmaz entscheidet sich nach Deutschland zu migrieren, wird aber aufgrund seiner fehlenden beruflichen Qualifikationen bereits bei der Registrierung abgewiesen. Zum ersten Mal profitiert er nun von der Stellung seines Onkels, der sich kraft seines Amtes dafür einsetzt, dass sein Neffe nach Deutschland kann.

„Viele haben sich eingetragen, und ich habe mich auch eintragen lassen. Ich hatte keinen anderen Beruf. Ich arbeitete als Förster. Ich habe mich auch eintragen lassen. ‚Du kannst nicht', haben sie gesagt. ‚Warum kann ich nicht?' Der Bürgermeister war mein Onkel. ‚Lass dich eintragen, du kannst', hat er gesagt. Ich habe mich eintragen lassen wegen der Katastrophe."

An dieser Stelle, die gleichsam den Übergang zur Erzählung des Lebens in Deutschland darstellt, hat der Onkel zum letzten Mal Einfluss auf das Leben seines Neffen genommen. Seit diesem Zeitpunkt scheint er im Leben von Herrn Kormaz keine Rolle mehr zu spielen. Er taucht nicht mehr auf. Wenn man davon ausgeht, welch großen Einfluss dieser Onkel auf das Leben der gesamten Familie hatte (der Vater erscheint nie als ein Mensch mit eigener Meinung, und die Mutter hat Angst vor dem Onkel) ist zu vermuten, dass die Migration nach Deutschland für Herrn Kormaz auch ein Mittel war, dieser Einflussnahme zu entkommen und sein Leben nach seinen Maßstäben zu gestalten. Der einzige Versuch, sich den Wünschen seines Onkels zu widersetzen, führte ihn nicht weiter als bis in die Kreisstadt. Er wagt nicht ernsthaft, sich gegen den Wunsch des Onkels zu entscheiden. Erst der Weg nach Deutschland ermöglicht es ihm, für sich einen Weg zu finden, zukünftig mit der Norm des „Respekts" umzugehen.

Der Respekt als die Grundnorm, die das ganze Leben durchzieht
„Respekt" ist für Herrn Korkmaz ein Schlüsselbegriff, der sein gesamtes Leben durchzieht. Die wenigen Aussagen, die sich mit seiner Kindheit und Jugend befassen, belegen, dass Respekt für ihn eng mit „Angst" gekoppelt ist: "In unserer Zeit war es so. Wir gingen in die Moschee. Wir passten genau auf, wie wir uns verhalten haben. Es gab Respekt. Wir hatten auch Angst vor den Alten. Wir respektierten die. Die jetzige Jugend ist nicht mehr so." Wie nahe Angst und Respekt beieinander liegen, zeigt auch die Angst vor dem Onkel, unter der er und seine Mutter gleichermaßen litten. Trotz dieser negativen Erfahrungen bleibt der Respekt für Herrn Korkmaz eine Schlüsselnorm, an deren Vorhanden- bzw. Nichtvorhandensein er sowohl den Zustand einer Gesellschaft als auch die erfolgreiche Erziehung seiner Kinder misst. Die türkische und die deutsche Gesellschaft unterscheiden sich durch den Grad des Respekts. In Deutschland vermisst er zwar den Respekt, aber in erster Linie erwartet er ihn von den türkischen Jugendlichen in Deutschland. Er vermutet, dass die Erziehung in Deutschland keinen Wert auf die Vermittlung des Respekts lege:

„Zwischen Deutschen und den Türken gibt es einen großen Unterschied. Es gibt gute Jungen. Es gibt zwei Jungen, die mit uns arbeiten. Die haben Respekt vor mir, als wären Sie meine Kinder. Die haben den Respekt. Aber bei den Deutschen gibt es das nicht. Es gibt einen Unterschied zwischen unseren [Jugendlichen, Anm. Int2] und den Deutschen. Aber bei uns gibt es noch Schlimmere als bei den Deutschen. Aber selten. Vielleicht fünf, zehn Prozent. INT2: Was sehen Sie sonst noch als Unterschied? HERR KORKMAZ: Zwischen den Deutschen und den Türken? Sonst sehe ich keinen Unterschied. Beim Respekt sind die Türken bisschen Dings also. Bei den Deutschen ist es nicht so sehr... Die sind vielleicht so erzogen. Ich meine nicht, dass die Deutschen schlecht sind."

Verläuft seine Grenze einerseits zwischen dem unterschiedlichen Grad an Respekt in Deutschland und der Türkei, verläuft die zweite Grenzlinie zwischen der Türkei seiner Jugendzeit und der heutigen Türkei. Früher, so Herr Korkmaz, hatten die Jungen, und damit er, Respekt vor den Alten und den religiösen Werten. Das habe sich geändert. In der folgenden Passage, wird auch die zunehmende Entfremdung mit der Türkei deutlich, die ihn nicht mehr an die Türkei seiner Jugend erinnert. Er hat den Zugang zur jüngeren Generation verloren und erfährt nun, als alter Mann nicht mehr die Wertschätzung, die er selbst als Kind und Jugendlicher älteren Männern noch gezollt hatte:

„Von unserer Zeit bis 75, 80 bis 75 war es anders, wenn wir in die Türkei fuhren. Die Dorfbewohner... Ich war in der Kreisstadt, die ist jetzt eine Kreisstadt. Alle unsere Freunde, seien es Jugendliche oder Ältere. Wir hatten uns gut miteinander unterhalten. ‚Herzlich willkommen' und so. Die Jungen kenne ich jetzt nicht mehr. Ich kenne nur die, die älter sind als ich. Die Jüngeren kenne ich nicht. Es liegen ja fünfundzwanzig Jahre dazwischen. Die Kinder von [unv1Wo]. Es gibt keinen mehr, der mich grüßt. In unserer Zeit war es so. Wir gingen in die Moschee. Wir passten genau auf, wie wir uns verhalten haben. Es gab einen Respekt. Wir hatten auch Angst vor den Alten. Wir respektierten die. Die jetzige Jugend ist nicht mehr so. INT2: Wenn Sie es hier sehen würden, wie würden Sie es vergleichen? HERR KORKMAZ: Ehrlich gesagt, gibt es das hier auch. Das gibt es auch hier. Du weißt es ja selber, nicht wahr. Sie haben gearbeitet. Du siehst diese auch in der Moschee. Das ist unterschiedlich von Familie zu Familie. Es gibt einige Familien, die sind gut. Es gibt aber auch Familien... Aber im Vergleich zu den alten Zeiten, gibt es jetzt keinen Respekt. Es ist nicht wie damals. Der Respekt ist jetzt nur an den religiösen Festtagen."

Respekt erstarrt in dieser Beschreibung, vor allem im letzten Teil, zu einer bloßen Einhaltung traditioneller Gesten. Der Begriff „Achtung" umschreibt wohl am ehesten, was sich Herr Korkmaz wünscht. Er möchte geachtet werden. Eine genauere Analyse des Respekts und dessen Bedeutung und Funktion im Leben Herrn Korkmaz wird im Punkt eglaubte und gelebte Wertvorstellungen erfolgen.

Dazu erzogen, gegenüber den entsprechenden Personen Respekt zu haben, wagt er nicht, sich gegen die Autorität aufzulehnen. Er hat zwei Strategien entwickelt, um nicht den von ihm geforderten und von ihm verinnerlichten Werten offen Widerstand leisten zu müssen. In dem einen Fall wendet er die Wut gegen eine andere Person, in dem Fall die Mutter. Als andere Strategie sehe ich die Migration nach Deutschland, die es ihm ermöglicht, sein Leben ohne den Einfluss des Onkels zu gestalten. Hier ist er zum ersten Mal Herr seiner Geschichte und seiner eigenen Familien. Da er dieses Vorhaben sogar mit dem Placet des Onkels angetreten hat, verstößt er nicht gegen den geforderten Respekt und kann diese Norm weiterhin verinnerlichen, ohne daran zu zerbrechen.

Lebenserfahrung in der Türkei

Eigene Kindheit und Ursprungsfamilie
Über seine Kindheit und Jugend macht Herr Korkmaz keine direkten Angaben. Er stammt aus einer eher traditionellen Familie, in der Werte wie Respekt, Achtung und Religiosität vermittelt werden. Der Grundschulbesuch bis zum Abschluss der fünften Klasse bedeutet für ihn viel. Er bemerkt, dass kaum ein Kind aus seiner Generation eine solche Schulbildung hat, und vergleicht den Stellenwert mit dem heutigen Besuch einer Universität. Bildung spielt jedoch im weiteren Verlauf seiner Biographie für ihn keine Rolle mehr.

Herr Korkmaz wächst in einem religiös geprägten Umfeld auf. Religion gehört seit seiner Kindheit zu seinem Leben. Später wird er nach Mekka pilgern. Als Kind besuchte er regelmäßig die Moschee und achtete darauf, nichts falsch zu machen. Seine Affinität zur Religion wird ihn sein Leben lang begleiten.

Mit den Eltern, den beiden Brüdern und drei Schwestern lebt er auch nach seiner Verheiratung hinaus in einem Mehrgenerationenhaushalt.

Nach dem Militärdienst arbeitet er wie sein Vater und Bruder in der Forstwirtschaft. Herr Korkmaz vermittelt nicht den Eindruck, er habe in dieser Zeit selbständig Ziele verfolgt. Sein Leben scheint von dem geprägt zu sein, was sich ihm bietet, bzw. was seine Familie ihm bietet. Er erwählt den Beruf, den schon sein Vater und Bruder ausüben.

Ehe
Herr Korkmaz berichtet ausführlich über den Tod seiner ersten Frau und ihres gemeinsamen Kindes. Während er die Umstände seiner zweiten Heirat ebenfalls noch minutiös schildert, findet das tägliche Miteinander des Ehepaars weder in der Türkei noch in Deutschland im gesamten Interview kaum Erwähnung. Es gibt keine Passagen, die sich ausschließlich um Frau Korkmaz drehen.

Kinder
Über das Leben der Kinder in der Türkei und die dreijährige Trennung zwischen Vater und Kindern finden sich keine Aussagen im Text.

Räumliches Umfeld
Den stärksten Einfluss auf das Leben von Herrn Korkmaz in der Türkei hat sein Onkel. Obwohl er mit den Entscheidungen seines Onkels nicht einverstanden ist, beugt er sich dessen Urteil, weil seine Erziehung es ihm verbietet, dagegen zu rebellieren. Auch die eigenen Eltern unterwerfen sich dessen Entscheidungen.

Lebenserfahrung in Deutschland

Ursprungsfamilie
Herr Korkmaz berichtet nicht viel über das Verhältnis zu seiner eigenen Familie nach der Migration. Es sind nur kurze Sequenzen, aus denen man Rückschlüsse auf das Verhältnis ziehen kann. Das Verhältnis zu seinen Brüdern, seiner Tante, und seinem Vater ist dadurch geprägt, dass Herr Korkmaz finanzielle Verpflichtungen übernommen hat. Diese finanziellen Leistungen sind für den Interviewten etwas, was „man" tun muss, Teil einer Verpflichtung gegenüber dem Kollektiv. In der folgenden Passage ging es um die Frage, ob sich durch seine Migration die finanzielle Lage der Angehörigen verbessert habe:

„INT2: Gibt es durch Ihre Hilfe eine Veränderung bei ihren Angehörigen? HERR KORKMAZ: Ich helfe ihnen auf jeden Fall. Das muss sein. INT2: Sie können denen also helfen. HERR KORKMAZ: Ich helfe ihnen. Ich hatte meinem Vater, meiner Mutter. Denen habe ich… Meine Mutter ist neulich gestorben, vor drei, vier Monaten. INT2:

Möge Gott ihr die ewige Ruhe geben. HERR KORKMAZ: Möge Gott ihr die ewige Ruhe geben. Ich habe meinem Bruder geholfen. Meinem Vater habe ich, meinem Bruder. Auf jeden Fall. INT2: Lebt Ihr Vater noch? HERR KORKMAZ: Mein Vater lebt noch. Zur Zeit ist er noch am Leben. Ich helfe denen auf jeden Fall. INT2: Wo lebt er? In X? HERR KORKMAZ: In Y-Dorf. Das gehört zu X-Stadt. INT2: Wer kümmert sich um Ihren Vater? HERR KORKMAZ: Mein Bruder kümmert sich um ihn. Mein Bruder kümmert sich um ihn. Bei ihm wohnt er. Wenn sie etwas brauchen, schicke ich es von hier. Mein Bruder ist auch Rentner. Sie kriegen das irgendwie hin. INT2: Haben Sie noch Verwandte in der Türkei? HERR KORKMAZ: Die gibt es natürlich. Meine Tante, meine Tochter, meine Brüder. Ich habe auch zwei Schwestern. Ich habe drei Schwester. Eine ist hier in X-Stadt [in Deutschland]. Die anderen zwei wohnen in Y-Dorf. INT2: Wie sind Ihre Kontakte mit ihnen? Eh, mit Ihren Geschwistern. HERR KORKMAZ: Gut, sehr gut. Mit allen geht es uns gut. Wir gehen zu denen. Die kommen zu uns. Allen geht es gut."

In dieser kurzen Sequenz verwendet Herr Korkmaz allein vier Mal die Worte: „Ich helfe denen auf jeden Fall". Die finanzielle Absicherung oder Unterstützung seiner Familie sieht er als seine Verpflichtung gegenüber dem Kollektiv. „Allen geht es gut", wohl auch deshalb, weil Herr Korkmaz Geld überweist. Dabei ist ihm nicht wichtig, wie das alltägliche Leben, z.B. von Vater und Bruder konkret vor Ort organisiert wird. „Die kriegen das irgendwie hin." Im gesamten Interview bezeichnet Herr Korkmaz seine Brüder als „Kardeş (jüngere Brüder)". Daher gehe ich davon aus, dass er der ältere der Brüder ist. Nach türkischen Normen müsste der älteste Bruder die konkrete Pflege der Eltern übernehmen. Mit der Geldüberweisung hat Herr Korkmaz seinen Teil erbracht. Diese Transferleistung erfolgt von Deutschland aus. Obwohl er den Kontakt zu seinen Geschwistern auf die direkte Frage hin als gut bezeichnet, wird in einem späteren Teil deutlich, dass das Zusammenleben vor Ort nur kurzzeitig funktioniert: „Ich habe die für mich eingerichtet [es geht hier um die Wohnung in der Türkei, die er für sich eingerichtet hat, Anm. Int2]. Auch wenn sie meine Brüder sind... Du kannst ja höchstens zwei Tage bei denen bleiben. Man fühlt sich nicht ganz wohl. Das muss sein."

Herr Korkmaz, der bisher immer von den Kosten der Verpflichtungen seiner Familie gegenüber berichtet, hofft, dass er im Alter und im Zustand der Pflegebedürftigkeit von den familiären Netzwerken profitieren kann. Diese Passage ist durch das unpersönliche „man" jedoch sehr vage gehalten. Zwar erscheint es durch den Gebrauch des „man" wie ein Dogma, dass die eigene Familie die Pflege übernehmen wird, aber die große Unsicherheit, ob dies denn wirklich so eintreffen wird, wird deutlich:

„Nein, Gott sei Dank war ich noch nie in so einer Lage [der Pflegebedürftigkeit, Anm. Int1]. INT2: Wie ich sagte, möge Gott es so spät wie möglich zu lassen, aber wenn Sie in so einer Lage wären, von wem würden Sie sich denn die Pflege wünschen? HERR KORKMAZ: Also damit... Da kannst du doch selber gar nichts sagen. INT2: Aber wie wünschen Sie es sich? HERR KORKMAZ: Man hat ja den Sohn, die Tochter, den Bruder. Ich wünsche mir, dass die mich pflegen, nicht wahr. Zu allererst die eigenen... Wenn die nicht pflegen, die anderen... Wenn man die noch hat, kann man doch einen Fremden nicht... Nicht war? Wenn man in so einer Lage ist, hat man doch den Sohn, die Tochter... Man hat die Familie, die müssen sich doch darum kümmern."

Viele unvollendete Sätze und der Wechsel von der persönlichen Form („*ich* wünsche mir, dass die mich pflegen") zu dem unpersönlichen „man" („*man* hat ja den Sohn, die Tochter, den Bruder") zeigen die große Unsicherheit von Herrn Korkmaz. Er ist sich nicht sicher, ob seine Familie ihn im Falle der Pflegebedürftigkeit pflegen wird, und er dann von dem Kollektiv der Familie profitieren wird. „Man hat die Familie, die müssen sich doch darum kümmern." Er kümmert sich finanziell um seine Familie, weil er es von seinem Selbstverständnis her tun muss. Er hat jedoch keineswegs die gleiche Sicherheit, was die Gegenleistung betrifft. An keiner Stelle erwähnt er, dass er Hilfe, Dienste oder Unterstützung seitens seiner Geschwister und/oder seiner Eltern erhalten hat. Und der Blick in die Zukunft vermittelt eher seine diesbezügliche Unsicherheit.

Ehe

Frau Korkmaz war ihrem Mann 1973 als Arbeiterin gefolgt. Zu dieser Zeit hatte das Paar auch die Hausarbeit aufgeteilt. Frau Korkmaz beendet nach acht Jahren ihre Berufstätigkeit. Herr Korkmaz unternimmt keine geschlechtsspezifische Unterteilung der Arbeit in Männer- und Frauenarbeit. Als beide noch ohne Kinder in Deutschland lebten, hat er seine Frau im Haushalt unterstützt. Nun, in einem Haushalt mit Ehefrau, Tochter und Schwiegertochter lebend, bliebe ihm, so der Interviewte, kaum mehr etwas zu tun. Andererseits sieht er sich als Rentner als die Person, die im Haushalt hilft.

Kinder

Das Ehepaar hat zwei Töchter und einen Sohn. Die älteste Tochter ist in der Türkei verheiratet und hat drei Kinder. Der Sohn lebt mit seiner Frau im Haushalt von Herrn Korkmaz. Gleiches gilt für die noch unverheiratete Tochter. Herr Korkmaz bejaht die direkte Frage, ob er mit dem Verhalten seiner Kinder zufrieden sei:

„INT2: Wenn Sie sich ihre Kinder ansehen, wie beurteilen Sie die Entwicklung Ihrer Kinder? Wie haben sie sich als Menschen, vom Charakter her entwickelt? HERR KORKMAZ: Die Lage der Kinder ist gut. Mit Respekt und so sind sie gut. Meine Tochter hat Respekt vor mir. Der Sohn auch. INT2: Haben die Kinder sich so entwickelt, wie Sie es sich gewünscht haben? HERR KORKMAZ: Ja. INT2: Denken Sie, dass sich die Kinder anders entwickelt hätten, wenn sie in der Türkei geblieben wären? HERR KORKMAZ: Ehrlich gesagt, kann ich darüber gar nichts sagen. Ich gucke die Jugendlichen in der Türkei an. Zehn Prozent von denen, zwanzig Prozent von denen sind gut. Aber achtzig Prozent sind nicht gut. Einige kriegen ihre Sachen geregelt, aber diejenigen, die von hier kommen, können es nicht. Die sind daran nicht gewöhnt. Ich auch nicht. Die in der Türkei sind daran gewöhnt. Sie kriegen es irgendwie hin. Aber wir [unv1Sa]. Aber hier [unv1Sa]. INT2: In der Türkei ändert sich auch alles. Man kann hier zwar vieles mitkriegen aber in der Türkei kann man schwer folgen. HERR KORKMAZ: Du kannst die nicht verstehen."

Wieder ist der höchste Wert, an dem Herr Korkmaz den Charakter eines Menschen bemisst, der Respekt. Da seine Kinder ihn respektieren, ist ihre Erziehung geglückt. In dieser Textstelle wird jedoch auch wieder die Entfremdung zur derzeitigen türkischen Gesellschaft deutlich. Herr Korkmaz glaubt, dass weder seine Kinder, die weitgehend in Deutschland aufgewachsen sind, noch er, der als erwachsener Mann nach Deutschland migriert ist, sich in der Türkei zurechtfinden werden. Das Land ist ihm fremd geworden. Darüber hinaus ist sein Urteil über die türkische Jugend vernichtend, wenn er befindet, dass 80 % der dortigen Jugendlichen „nicht gut" seien, was in seinen Augen bedeutet, dass diese Jugendlichen den Wert des Respekts nicht mehr aufrechterhalten.

Dennoch ist das Verhältnis zu seinen Kindern nicht ungetrübt. Das thematisiert er an keiner Stelle explizit, vielmehr ist dies zwischen den Zeilen zu lesen. Wobei er selbst zwischen dem eigenen Anspruch einerseits, die türkischen Werte und Normen im engen Familienverbund zu leben, und seinem Wunsch nach individueller Freiheit andererseits gespalten ist. Zunächst kritisiert Herr Korkmaz, dass sich die Kinder in der heutigen Zeit, sobald sich ihnen eine Möglichkeit bietet, von zu Hause lösen und ihre eigenen Wege gehen. Dies steht im Gegensatz zu seiner eigenen Erfahrung. Er hatte jahrelang in einer Großfamilie mit den Brüdern, den Eltern und den jeweiligen Ehefrauen gelebt. Wiederum verliert er kein Wort, über möglicherweise schöne Aspekte dieses Zusammenwohnens. Er hat es so hingenommen und nicht hinterfragt. In dem gleichen Satz, in dem er vordergründig die Jugend kritisiert, die eben nicht mehr bereit ist, mit den Eltern zusammenzuwohnen, kritisiert er jedoch direkt seinen Sohn, der nicht bereit ist, auszuziehen.:

„Drei Brüder... Wir waren ja drei Brüder. Acht, zehn Jahre waren wir zusammen. Mit ihren Frauen und so. Heutzutage möchte nicht mal dein Kind mit dir zusammen sein. Sobald sie eine Wohnung finden, ziehen sie aus. Aber mein Sohn geht nicht. Ich sage: ‚Sohn, zieh doch aus', sage ich. Er geht aber nicht von mir weg. Aber warum? Das ist besser für ihn. Aber die Anderen möchten es nicht. Aber warum zieht mein Sohn nicht aus? Er ist ja mit seiner Cousine [verheiratet, Anm. Int2]. Meine Frau ist also ihre Tante. Sie verstehen sich auch gut miteinander. Deswegen zieht er nicht aus."

Innerlich hat sich Herr Korkmaz bereits von dem Anspruch, in der Solidargemeinschaft zu leben, verabschiedet, auch wenn er auf den ersten Blick zu kritisieren scheint, dass alle Generationen nicht mehr unter einem Dach leben. Seine explizite Aufforderung an den Sohn, er möge doch auszuziehen, macht dies deutlich.

Herr Korkmaz hat einerseits das Selbstverständnis als Familie zusammenzuleben und zusammenzuhalten, andererseits leidet er unter diesen Ansprüchen. Dies wird noch deutlicher an der nächsten Textstelle. Vordergründig kritisiert er hier die Deutschen und deren Verhältnis zu ihren Kindern und ihrer Familie. Eigentlich jedoch kritisiert er sein eigenes Anspruchsverhalten, das ihn „kaputt" machen wird. Nach seinem Normen- und Wertesystem muss man sich um die Kinder, die Eltern und die erweiterte Verwandtschaft kümmern, auch wenn der Preis hoch ist und dies den Alterungsprozess beschleunigt. Herr Korkmaz würde wohl auch gerne „weggehen", und die Verpflichtungen gegenüber der Familie vergessen, was er mit seinem Selbstverständnis jedoch nicht vereinbaren kann. Er nennt den Preis, den er dafür zu zahlen hat: rasche Alterung und ständige Sorgen.

„INT2: Sie haben eben gesagt, dass Sie mit den Deutschen zusammenarbeiten. Sehen Sie einen Unterschied beim Altern der Deutschen und beim Altern der Türken? HERR KORKMAZ: Also die Deutschen haben das Problem mit dem Dings nicht. Mit den Kindern und so. Wir arbeiten ja zusammen. Der Deutsche arbeitet fünf Tage und geht für zwei Tage weg. Er denkt an seine Ruhe, er denkt an seine... Er macht nicht den Dings mit seinen Kindern. Deswegen geht er dadurch nicht kaputt. Das ist der Unterschied zwischen uns und den Deutschen. Lass die eigenen Kinder bei Seite, du denkst an deine Mutter, an deinen Vater, an deine Tante. Du fährst einmal im Jahr in Urlaub... Es gibt viele Probleme. Dieses Problem haben sie nicht. Sie machen sich damit nicht kaputt."

An keiner Stelle im Interview erwähnt er den Gewinn, den er aus diesen Strukturen ziehen könnte. Herr Korkmaz zählt lediglich die Kosten aus den gegenseitigen Verpflichtungen auf.

In seiner eigenen Logik verhaftet, bleibt Herr Korkmaz auch, wenn er über die Erziehung seiner Kinder reflektiert. Zwar steht an erster Stelle der Respekt der Kinder ihrem Vater gegenüber im Vordergrund, allerdings relativiert Herr Korkmaz diese Norm. Er berichtet von türkischen Familien in seinem Umfeld, deren Kinder an dem Druck, den die Eltern auf sie ausgeübt haben, zerbrochen sind. Dies lehnt er für sich und seine Kinder ab:

„Ich kann zwar drüber nicht viel sagen [über diesbezügliche Probleme mit den eigenen Kindern, Anm. Int1], aber ich gucke mir die Kollegen an. Sie haben viele Probleme. Hier hat man es nicht so sehr. Sei es die Tochter oder der Sohn, ich übe nicht so sehr Dings auf sie aus. Die sind meine Kinder aber... Bei manchen ist der Sohn weggelaufen oder mit der Tochter ist Dings passiert, also es gibt viele Probleme."

Auch bezüglich der Eheschließung seiner beiden älteren Kinder hat Herr Korkmaz vordergründig den traditionellen Weg beschritten. Er hat die Ehepartner ausgesucht, aber im Gegensatz zu seiner eigenen Erfahrung hatten seine Kinder die Möglichkeit, sich mit der Wahl einverstanden zu erklären: „Das Heiraten war also ... Für meine ältere Tochter habe ich [den Mann Anm. Int1] auch ausgesucht. Die selbst, was sie gesehen haben also... Der Sohn hat seine Cousine geheiratet. So ein Problem hatten wir also nicht." Das Problem, auf das Herr Korkmaz hier anspielt, könnte auf dem Hintergrund seiner Biographie die Tatsache sein, dass er eine völlig Unbekannte hatte heiraten müssen. Seine Kinder wurden gefragt und hatten das Recht, selbst zu schauen, ob der vom Vater ausgesuchte Partner akzeptabel ist.

Herr Korkmaz anerkennt die Kompetenz seiner Kinder, die sich in der deutschen Gesellschaft besser zurechtfinden als er, und die im Gegensatz zu ihm die Sprache sprechen. Er sieht, dass er keinen Einfluss mehr auf die Entscheidungen der Kinder hat, und dass diese ihren eigenen Weg gehen müssen. Und im Gegensatz zu seiner eigenen Erfahrung in der Türkei, scheint er seinen Kindern auch den Raum zu lassen, ihre Entscheidungen selbst zu treffen. In der folgenden Interviewsequenz ging es um die Frage, ob Herr Korkmaz seinen Kindern die deutsche Staatsbürgerschaft empfehlen würde, die Sequenz lässt sich jedoch auch in Bezug auf seine generellen Ansichten über die Selbständigkeit seiner Kinder interpretieren:

„Sie können die annehmen. Der Sohn auch. Was ich sowieso ab jetzt sage, wird es... Die Tochter ist fünfundzwanzig, der Sohn ist dreißig. Was kann ich denn noch ab jetzt für sie... Bis zwanzig konnte ich zu denen... Sie müssen das ab jetzt selber wissen. Sie sehen selbst die Zukunft. Sie sind ja dabei besser als ich. Seit zwei Jahren... Wenn sie was sagen, ‚sollt ihr selber wissen', sage ich. Sonst nichts."

Im Verhältnis zu seinen Kindern bleibt Herr Korkmaz seinen inneren Widersprüchen treu. Dem Wort nach vertritt er in deren Erziehung Werte wie Respekt und Gehorsam, und lehnt die von ihm als „deutsch" charakterisierte singuläre Lebensform von Kindern und Eltern ab. Zwischen den Zeilen ist jedoch auch hier die Spannung zwischen den Werten einer kollektiven Gesellschaft einerseits und den Vorzügen der Individualität andererseits zu spüren. Allerdings werden diese Vorzüge nicht ex pressis verbis hervorgehoben. In deren vermeintlicher Negativbeschreibung „die Deutschen machen sich eben nicht kaputt, weil sie sich nicht ständig um ihre Kinder und Verwandten Gedanken machen", beschreibt er sehr deutlich, was seine eigenen Ansprüche in ihm selbst auslösen. Herr Korkmaz erkennt die Vorzüge des Individualismus, wohingegen er nie mögliche Vorzüge traditioneller Gesellschaften auflistet. Die freie Wahl in Individualgesellschaften steht der „Schicksalsgemeinschaft" traditioneller Gesellschaften gegenüber. In eine solche hineingeboren hat er nicht die Kraft und wohl auch nicht den direkten Willen, sich daraus zu lösen. Herr Korkmaz vertritt auf der einen Seite klare Werte und Normen, allerdings ohne diese in der Praxis zu leben. Dieser Bruch ist ihm auch nicht bewusst. Er lebt in der Überzeugung im Einklang mit seinen Wertvorstellungen zu stehen.

Enkelkinder
Herr Korkmaz hatte zum Zeitpunkt des Interviews drei Enkelkinder in der Türkei im Alter von sechs Jahren bis sechs Monaten. Das Verhältnis zu den Kindern ist sehr eng, vor allem den ältesten Enkel hatte er bereits ein paar Mal zum Urlaub mit nach Deutschland gebracht.

Zum ersten Mail im Laufe des Interviews berichtet Herr Korkmaz über ein ausgeglichenes „Geben und Nehmen" das ihm entgegengebracht wird bzw. er leistet. Die Enkelkinder sind es, die ihren Großvater jede Woche anrufen. Herr Korkmaz reagiert darauf mit Liebe und Zuneigung. „Die Enkelkinder sind in der Türkei. Die Enkelkinder liebe ich mehr als meine Kinder. Die, die in der Türkei sind. Sie rufen jede Woche an. Oder ich rufe sie an. Das Enkelkind ist ja so süß. Süßer als die eigenen."

Zwar scherzhaft, aber dennoch mit ernstem Unterton erzählt er von der finanziellen Unterstützung, die er der Familie seiner Tochter zukommen lässt. Im Gegensatz zu den Enkelkindern, die ihren Großvater ohne Gegenleistung mögen, schwingt an dieser Stelle die Angst mit, nur aufgrund der finanziellen Leistungen anerkannt und gebraucht zu werden:

„Wir bezahlen von hier ihre [unv] Wir machen für sie [unv]. Verstehst du? Sonst, du kennst die Bedingungen in der Türkei. So sieht die finanzielle Lage aus. ‚Ihr liebt nicht mich, ihr liebt meinen Geldbeutel', sage ich denen. Dann lachen sie aber [wir lachen]."

Die Passage über die Enkelkinder ist die einzige Stelle im Interview, in der Herr Korkmaz seine Gefühle zu einer dritten Person, in diesem Fall zu den Enkelkindern, thematisiert. Er lässt freiwillig und ohne gesellschaftlichen Druck Emotionen zu und bekommt Anerkennung zurück.

Räumliches Umfeld
Der Kontakt zu Deutschen ist nicht sehr ausgeprägt. Herr Korkmaz verbringt viel Zeit in der Moschee, wo er in den Gesprächen mit seinen Altersgenossen immer wieder auf die Gefahren aufmerksam wird, die türkischen Kindern in Deutschland drohen, wenn sich die eigenen Familien falsch in der Erziehung verhalten. Hier findet jedoch ein gleichberechtigter Austausch statt und weniger eine Beeinflussung, wie das noch in der Türkei möglich gewesen war.

Geglaubte und gelebte Wertvorstellungen

Durch das Interview wird eine starke Diskrepanz von vertretenen und gelebten Wertvorstellungen deutlich. Verbal vertritt Herr Korkmaz die Werte, die seine Jugend geprägt haben. Das ist in erster Linie der Respekt vor älteren Menschen und vor in der Familienstruktur hierarchisch höher stehenden Familienmitgliedern. Respekt bedeutete in seinem Fall ganz konkret, widerspruchslos die Entscheidungen hinzunehmen, die von einer solchen „Respektperson" getroffen wurden, auch wenn dies gegen den eigenen Willen geschieht. Nach außen vertritt er diese Wertvorstellung immer noch. In seiner eigenen Biographie und in dem Umgang mit seinen Kindern ist jedoch festzustellen, dass zwischen seinen Äußerungen zum Thema „Respekt" und der gelebten Realität ein Unterschied besteht. Ohne gegen die Werte offen zu verstoßen, entzieht sich Herr Korkmaz diesen Ansprüchen durch seine Migration nach Deutschland. Hatte ihn der Widerstand gegen die von seinem Onkel arrangierte Hochzeit lediglich kurzzeitig „in die Stadt" getrieben, war die Migration eine endgültige Entscheidung, die er nie bereut hat. Damit konnte er seinem Wertesystem treu bleiben, ohne daran zu zerbrechen. In einer Sequenz berichtet er von einem Zeitungsartikel, der von einer Frau handelt, die sich gegen den Willen ihres Mannes zur Migration entschlossen hat. Die Frau bricht die bestehenden Normen, indem sie gegen den Willen ihres Mannes handelt, holt ihren Mann jedoch kurz danach nach Deutschland, und lebt im Einklang mit ihren Werten weiter:

„Einmal fuhr ich mit dem Zug, als ich noch in X-Stadt (in Deutschland) arbeitete nach Z-Stadt... nach Y-Stadt. V (Stadtteil). gehörte noch zu Y-Stadt. Ich las eine Zeitung und ein Mann... Damals brauchten sie hier eher die Frauen. [...] Die wohnten in Istanbul, und die Frau kam abends nach Hause und sagte: ‚Herr[153], ich war heute beim Arbeitsamt, ich fahre nach Deutschland. Was sagst du denn dazu?' fragte sie. Sie hatten auch drei Kinder. Das geht nicht. Das geht nicht oder doch? und dann... Ich lese in der Zeitung, der Mann sagt: ‚Wenn ich eine Pistole hätte, hätte ich sie erschossen'. Also? Ich lese es in der Zeitung. Die Nachbarn kommen rein und sagen: ‚Was soll's, wenn sie hinfährt?' ‚Ich fahre hin und hole dich nach', hat sie gesagt. Sie kam hierher und lud nach sechs Monaten den Mann ein. Sie hatten auch drei Kinder. Die Kinder sind... +Sie verdienten damals eine Million Lira. Eine Million Lira damals, kannst du dir das vorstellen?"

Die Migration nach Deutschland beinhaltet in dem Zeitungsbeispiel zwar einen Bruch mit den eigenen Normen und Werten, dies war jedoch nötig, um ein Leben in finanzieller Sicherheit zu führen. Zwar lehnt sich die Frau gegen die Autorität ihres Mannes („Herr") auf, doch lediglich um der Familie, dem Kollektiv, und nicht etwa nur sich selbst, ein besseres Leben zu ermöglichen. Dadurch, dass die Frau ihren Mann nachholte, bewegte sie sich auch weiterhin innerhalb des gesellschaftlich anerkannten Normensystems. Herr Korkmaz mag dieses Beispiel durchaus auch im Hinblick auf seine eigene Biographie angeführt haben. Durch den Weggang aus der Türkei hat er sich zwar von dem Kollektiv der Großfamilie räumlich getrennt, bleibt

---

153 Im türkischen Original: „Bey".

jedoch durch Geldtransferleistungen mit ihm verbunden, kommt so seiner Fürsorgepflicht nach und lebt ex pressis verbis nach den Werten und Normen seiner Jugendzeit. Trotzdem kann er in Deutschland mit einem höheren Anteil an individueller Freiheit ein selbstbestimmtes Leben führen.

Auch im Hinblick auf das Geschlechterverhältnis ist diese Stelle bedeutsam. Im Interviewverlauf trifft Herr Korkmaz weder auf der normativen noch auf der persönlichen Ebene Aussagen zum Geschlechterverhältnis. Im Gegensatz zu dem Konzept der „Ehre", das er an zahlreichen Interviewstellen ausführt, thematisiert er weder in der Erziehung seiner Kinder noch im Verhältnis zu seiner Frau klare geschlechtsspezifische Vorstellungen. Seine Sichtweise wird eher „zwischen den Zeilen" deutlich. In der Kommentierung des obigen Zitates zeigt er eine durchaus liberale Einstellung. Er zeigt für die Frau, die sich zunächst ohne Wissen ihres Mannes als Arbeiterin nach Deutschland beworben hat, und die dieses Vorhaben auch gegen den Willen ihres Mannes durchsetzt, Verständnis. Auch in der Erziehung seiner Kinder kommt diese Liberalität zum Vorschein. Die jüngste Tochter hat am längsten die Schule besucht und im Gegensatz zum Sohn auch eine Ausbildung absolviert.

„Dann ist meine jüngste Tochter 71 geboren. Sie hat auch gearbeitet. Bei X. und so. Dann hat sie die Schule abgeschlossen. Sie hat die Schule ganz abgeschlossen. Sie hat sich beim Arbeitsamt in Dings eingetragen. Wenn das Arbeitsamt sie zu einer Arbeit schickt, wird sie auch hinfahren. Sie ist noch beim Arbeitsamt. INT2: Ging Ihre älteste Tochter in Deutschland zur Schule? HERR KORKMAZ: Sie ist nicht in die Schule gegangen. Der Sohn und die Andere sind gegangen. INT2: Eh. HERR KORKMAZ: Sie hatte die Schule in der Türkei abgeschlossen. INT2: Die Grundschule? HERR KORKMAZ: Die Grundschule. Hier haben wir nicht Dings gemacht. Sie ist hierher gekommen und hat dann mit der Arbeit angefangen. Mein Sohn und meine jüngste Tochter haben die Schule hier ganz abgeschlossen. Beide können gut Deutsch. INT2: Haben sie hier eine Berufsausbildung gehabt? HERR KORKMAZ: Meine Tochter hat einen Beruf. Aber der Sohn hat keinen. Bei [unv] oder Dings aber der Sohn hat keinen. INT2: Ich habe nicht ganz gut verstanden, was war noch ihr Beruf. HERR KORKMAZ: Die Büroarbeit oder so was. Beim Arbeitsamt ist sie. Sie hat also einen Beruf. INT2: Ja. HERR KORKMAZ: Der Sohn hat keinen. Er arbeitete beim Bau und hier oder dort. Seit sechs Jahren arbeitet er bei der Post."

Die Aussagen von Herrn Korkmaz zeigen, dass er bei der Ausbildung seiner Kinder keine geschlechtsspezifischen Vorstellungen vertrat. Die älteste Tochter, die im Alter von 16 Jahren nach Deutschland kam, hatte ihre Schulpflicht in der Türkei bereits beendet und begann hier gleich mit der Arbeit. Die jüngste Tochter, zum Migrationszeitpunkt vier Jahre alt, durchlief das deutsche Schul- und Ausbildungssystem komplett und mit größerem Erfolg als der neun Jahre ältere Bruder, der lediglich die Schule abgeschlossen hat, danach aber keine Ausbildung begann.

Als er seine Frau 1973 nach Deutschland holte, fünf Jahre bevor die Kinder nachkamen, war klar, dass das Ehepaar gemeinsam arbeiten werde.

„Meine Frau hatte ich 73 nachgeholt. Meine Frau. Dann habe ich 76 die Kinder nachgeholt. INT2: Wie war es für Sie? Sie haben von 71 bis 74 in Deutschland allein gelebt? HERR KORKMAZ: Ich habe nicht lange allein gelebt. Vier Jahre... +Nur in [unv1Wo] habe ich allein gelebt. Ich habe meine Frau nachgeholt, ich habe sie als Arbeiterin geholt [ich habe für sie die Arbeitserlaubnis bekommen, Anm. Int2]. Dann haben wir hier zusammengearbeitet."

An dieser Stelle ist kein Unterschied in der Wertung der Arbeit seiner Frau und seiner eigenen Tätigkeit zu erkennen. Das Ehepaar hat gleichberechtigt „zusammengearbeitet". Frau Korkmaz beschließt nach acht Jahren, dass sie nicht mehr arbeiten will und ist seit dem Zeitpunkt zu Hause. Als das Paar noch ohne Kinder in Deutschland lebte, hatte sich Herr Korkmaz an der Hausarbeit beteiligt. Für ihn ist die Arbeit im Haushalt eine Frage der Beschäftigung und der anfallenden Arbeit. Er unternimmt keine Einteilung in Frauen- oder Männerarbeit, wie das andere Männer des Samples tun.

„Ich kann nicht so einfach sitzen. Ich mache immer etwas. Ich helfe ihr (der Ehefrau). Aber jetzt sind die Tochter und die Schwiegertochter da. Sie machen alles. Es gibt ja nicht viel. Wenn sie nicht da sind, mache ich auch etwas. In X-Stadt waren sie nicht da. Ich habe da alles gemacht. In Y-Stadt auch. Ich hatte ihr geholfen. Aber jetzt, wo die Schwiegertochter und die Tochter da sind, bleibt mir nichts zu machen."

Die Normen und Werte zum Geschlechterverhältnis unterscheiden sich in einem zentralen Punkt von dem Konzept des Respekts und der engen Bindung an die Großfamilie. Herr Korkmaz' Handeln und Aussagen stehen in diesem Punkt in Einklang miteinander. Er vertritt keine Geschlechterstereotypen. In diesem Bereich thematisiert er nicht das Gegenteil von dem, was er lebt. Er hat hier, ohne dies explizit zu verbalisieren, eine liberale Grundeinstellung, die er selbstbewusst vertritt und lebt. Seine Reibungspunkte verlaufen eher entlang der Linien alt versus jung; Türkei heute versus Türkei seiner Jugend; Jugend in der Türkei versus Jugend in Deutschland, nicht aber entlang der Linie Mann versus Frau.

Diese Liberalität ist eng verknüpft mit einem weiteren Wert, den Herr Korkmaz zwar gleichermaßen nicht thematisiert, jedoch ebenfalls lebt, und den er auch seinen Kindern und seiner Frau zugesteht. Gemeint ist hier die Möglichkeit, sein eigenes Leben selbst zu bestimmen. Er selbst hatte sich zur Migration entschlossen, um ein Leben außerhalb der Strukturen der Großfamilie leben zu können. Er selbst jedoch lässt seine Kinder ihre Ausbildung wählen und unterstützt seine Frau, die nicht mehr arbeiten möchte.

Eine weitere wichtige Norm ist die der „Fürsorgepflicht" gegenüber den Angehörigen der eigenen (Groß-)Familie. In seinem Fall bedeutet dies in erster Linie finanzielle Zuwendung. So unterstützt er den Bruder, der seinerseits den Vater pflegt. Die räumliche Distanz zwischen der Türkei und Deutschland erlaubt es ihm auch hier die Anforderungen der Familie zu erfüllen, andererseits jedoch die eigene Unabhängigkeit zu bewahren. Schwieriger wird die Situation bei seinem Sohn, der auch nach seiner Heirat den elterlichen Haushalt nicht verlassen möchte. Zwar befürwortet Herr Korkmaz den Auszug, kann ihn aber nicht forcieren, da er sich dem Sohn gegenüber ebenfalls in der Fürsorgepflicht sieht. Die Norm der Fürsorge ist stärker als der Wunsch, sein Leben unabhängig zu gestalten.

Um die Selbstbestimmung über das eigene Leben zu behalten, ist Herr Korkmaz immer wieder zum Aushandeln von Kompromissen gezwungen. Sein Leben besteht zu einem großen Teil aus dieser Kompromissbildung. Dies geschieht unbewusst und dient der Stabilität seiner Person. Diese Fähigkeit zur Kompromissbildung ermöglicht ihm das Ausbalancieren zwischen verbalisierten und gelebten Werten, insbesondere im Umgang mit der Großfamilie. Diese Fähigkeit zur Kompromissbildung erlaubt es ihm beispielsweise auch, den Wert der Selbstbestimmung über das Konzept des Respekts zu stellen, wenn er seinen Kindern ein besseres Verständnis der deutschen Gesellschaft einräumt und ihnen ein Leben ermöglicht, in das er nicht lenkend eingreift.

Das Verhältnis zum Kollektiv, der hierarchisch strukturierten Familie, ist sehr zwiegespalten. In allen Ausführungen listet er die (moralischen und finanziellen) Kosten auf, ohne von dem zu berichten, was er selbst zurückbekommt. Dieses Verhältnis ist jedoch nicht in einer einfachen Kosten-Nutzen-Rechnung zu fassen, denn die Möglichkeit, sich diesem Kollektiv und den damit verbundenen Verpflichtungen zu entziehen, erwägt Herr Korkmaz nicht. Man wird in diese Familie hineingeboren und ist auch dann in dem hierarchischen Gefüge verankert, wenn der eigene Nutzen gering ist. Seine Einschätzung dessen, ob er eine Leistung zurückbekommen wird, ist sehr zweifelhaft, gerade wenn man sich die Sequenz zur Pflege in Erinnerung ruft. Herr Korkmaz fühlt sich der Familie gegenüber verantwortlich. Doch auch hier geht er seinen eigenen Weg und hat diese Fürsorgepflicht auf finanzielle Unterstützung reduziert. Wiederum erfüllt er einerseits die Norm, sich um seine Familie zu kümmern, verweigert jedoch andererseits die emotionale Zuwendung.

Die Persönlichkeit des Interviewten ist nur scheinbar widersprüchlich. Während Herr Korkmaz verbal die Notwendigkeit des Respekts unterstreicht, wird durch seine Erzählung deutlich, dass er sich bereits von der starren Tradition gelöst und einen Weg gegangen ist, in dem dem Individuum eine stärkere Rolle zukommt als in traditionellen Gesellschaften. Selbstbestimmung als Maxime seines eigenen Lebens und dem seiner Kinder sowie eine liberale Grundhaltung im Geschlechterverhältnis zeigen deutlich, dass der Bruch zwischen Tradition und Moderne stattgefunden hat. Durch seine Fähigkeit zur Kompromissbildung wird Herr Korkmaz dieser Bruch jedoch nicht deutlich. Er sieht sich in der Tradition der alten Normen stehend, während es die Welt um ihn herum ist, die sich scheinbar verändert. Dass er sich selbst bereits im Wandlungsprozess befindet, und sich von den Traditionen seiner Jugend entfernt hat, nimmt er nicht bewusst wahr. Im Spannungsfeld zwischen Tradition und Moderne hat Herr Korkmaz einen Weg gewählt, der ihn in seinem artikulierten Selbstverständnis als Traditionalist ausweist, durch seine Handlungen jedoch zeigt er, dass er bereits in einer Individualgesellschaft verwurzelt ist.

Migrationsbewertung

Herr Korkmaz' Migrationsbewertung ist extrem positiv. Sowohl die Frage nach der Migrationszufriedenheit als auch nach einer Wiederholung der Migration, wenn er alles wüsste, was ihn in Deutschland erwarte, beantwortet er positiv:

„INT2: Eh, sind Ihre Wünsche, Erwartungen in Erfüllung gegangen, die Sie vor Ihrer Reise nach Deutschland hatten? HERR KORKMAZ: Gott sei Dank sind sie alle in Erfüllung gegangen. Alle sind... Ich habe mich über nichts zu beschweren. Weder von hier noch von der Türkei. Ich bin also zufrieden. Ich bin zufrieden, hierher gekommen zu sein. In Deutschland bin ich mit der Familie zusammen, nicht wahr? Deutschland hat uns nicht zwangsweise hierher gebracht. Wir sind freiwillig gekommen. Wenn es mir nicht mehr passt, kann ich ja zurückfahren. Deutschland sagt ja nicht, dass man so lange bleiben muss. Es sind mittlerweile vierundzwanzig Jahre her. Ich habe den Deutschen nichts zu sagen [Ich kann mich nicht über die Deutschen beschweren, Anm. Int1]. Man ist ja selbst gekommen, nicht wahr? Es gibt kein Problem. INT2: Wenn Sie zurück ins Jahr 71 zurückgehen würden, wenn Sie wieder vor der Entscheidung stehen würden, würden Sie noch mal hierher kommen? HERR KORKMAZ: [Pause] Ich würde kommen. INT2: Sie wissen ja, wie alles hier abläuft. HERR KORKMAZ: Ich würde kommen. Ich bin mit meinem Leben zufrieden. Ich habe freiwillig gearbeitet. Ich blieb hier freiwillig. Ich habe gar keine Sorgen."

Herr Korkmaz hat in Deutschland schwere körperlich anstrengende Arbeit geleistet, und war mit seinen 59 Jahren zum Interviewzeitpunkt noch auf dem Bau beschäftigt. Trotzdem gibt er eine der uneingeschränktesten positiven Migrationsbewertungen aus der gesamten Interviewreihe. Die Migration nach Deutschland stellt für ihn in der Tat einen wichtigen Schnitt in seinem Leben dar. Erst in Deutschland wird es ihm möglich, ein selbstbestimmtes Leben mit seiner eigenen Familie und räumlich getrennt von dem Einfluss der Großfamilie und des Onkels zu führen. Dieser Schnitt bedeut jedoch keine Abkehr von den Werten seiner Kindheit, sondern vielmehr die Möglichkeit, diese Werte nun „nach seiner Façon" zu leben. Durch die Migration gelingt es ihm, sein Leben und das seiner eigenen Familie in seine Hände zu nehmen, ohne sich dadurch einer Konfrontation mit dem Onkel stellen zu müssen, die sich bereits angedeutet hatte, bisher aber nicht ausgelebt, bzw. auf andere (Mutter) übertragen wurde. So wurde es Herrn Korkmaz möglich, nicht mit den Werten und Normen (Respekt), die ihm anerzogen worden sind, und die er verinnerlicht hat in Konflikt zu kommen und diese Werte auch weiterhin in sein Leben zu integrieren. So kann er den „Respekt", der für ihn in der Türkei sehr eng mit dem Begriff der „Angst" verbunden war, angstfrei leben und weitergeben. Daher ist die Migration rückblickend für ihn eine durch und durch positive Entscheidung.

Zusammenfassung

Herr Korkmaz wächst in einer traditionellen werteorientierten Gesellschaft auf. Respekt vor Älteren generell und vor allem vor in der eigenen Familienhierarchie Höherstehenden sind die Werte und die Anforderungen seiner Jugend. Dabei ist Respekt bei ihm eng mit dem Begriff der Angst verknüpft. Diese Werte werden nicht hinterfragt, sondern als gegeben angenommen. Da eine Auseinandersetzung mit „Respektspersonen" im eigenen Selbstverständnis nicht möglich ist, Herr Korkmaz andererseits den Druck, der auf ihn z.B. durch den Onkel in der Türkei ausgeübt wurde, nur schwer ausgehalten hat, wählt er den Weg der Migration nach Deutschland. So kann er sich dem direkten Druck des Kollektivs entziehen, ohne die auch für ihn wichtigen Wertvorstellungen aufgeben zu müssen. Er definiert sich eher als Traditionalist, der die Vorzüge des Individualismus jedoch zu schätzen weiß und lebt – auch wenn er das vermeintliche Gegenteil verbalisiert. Deutschland hat sich für ihn zu dem Ort entwickelt, an dem er im Einklang mit seinen Werten leben kann, er selbst jedoch in der Lage ist, die Distanz und Nähe zur Großfamilie zu bestimmen. Es ist der Ort, an dem sich Kompromisse leben lassen. So bietet Deutschland für ihn die ideale Lösung sich verbal zur Tradition zu bekennen, in seinem alltäglichen Leben jedoch seine eigenen Vorstellungen leben zu können.

Die Interviewsituation brachte Herrn Korkmaz in eine Lage, die in ihrer Konstellation an die ohnmächtigen Gefühle in der Türkei erinnerte. Dort hatte er sich dem Willen seines Onkels aus Respekt nicht widersetzen können, obwohl er die arrangierte Heirat nicht gewollt hatte. Hier nun bat ihn der Hoca, das religiöse Oberhaupt der Gemeinde uns für ein Interview zur Verfügung zu stehen. Diese Bitte konnte er nicht abschlagen, da sie von einer Respektperson an ihn herangetragen wurde. Obwohl Herr Korkmaz während des Interviews deutliche Anzeichen von Unwohlsein zeigte, war er nicht in der Lage, das Interview selbständig abzubrechen. Erst als er einen konkreten Anlass formulieren konnte (die Stunde des Gebets rückte näher) und somit sein eigenes Unwohlsein der religiösen Pflicht unterordnete, konnte er das

Interview beenden. Auch hier hatte er wieder einen Weg gefunden, der nicht in einer Konfrontation mündet.

Begründung der Typ-Zuschreibung

In der Türkei gehörte Herr Korkmaz dem Modell der „interdependence" an. Die Familie lebte als Großfamilie (Eltern und verheiratete Söhne) zusammen, und die Männer arbeiteten gemeinsam in der Forstwirtschaft. Der Familienpatriarch, in diesem Fall der Onkel, bestimmt das Leben Herrn Korkmaz' bis zu dessen Migration nach Deutschland. Bereits in der Türkei litt Herr Korkmaz darunter, dass er nichts gegen den autoritären Onkel ausrichten (durfte), da er die Norm des Respekts bereits verinnerlicht hatte. Die Migration nach Deutschland gibt ihm die Möglichkeit, dem Wert „Respekt" an sich treu zu bleiben, auch wenn er dann sein eigenes Leben und das seiner Kinder anders organisiert. Durch das Interview wird eine starke Diskrepanz von vertretenen und gelebten Wertvorstellungen deutlich. Verbal und nach außen vertritt Herr Korkmaz die Werte, die seine Jugend geprägt haben immer noch. In seiner eigenen Biographie und in dem Umgang mit seinen Kindern ist jedoch festzustellen, dass zwischen seinen Äußerungen zum Thema „Respekt" und der gelebten Realität ein Unterschied besteht. Was er von seinen Kindern heute als „Respekt" fordert, ist in erster Linie „Höflichkeit". Dieser Bruch ist ihm nicht bewusst. Er lebt in der Überzeugung im Einklang mit seinen Wertvorstellungen zu stehen. Im Spannungsfeld zwischen Tradition und Moderne hat Herr Korkmaz einen Weg gewählt, der ihn in seinem artikulierten Selbstverständnis als Traditionalisten ausweist, durch seine Handlungen jedoch zeigt er, dass er bereits in einer Individualgesellschaft verwurzelt ist.

Verbal gehört Herr Korkmaz nach wie vor dem Modell der „interdependence" an, sein konkreter Lebensplan weist ihn jedoch viel stärker als Individualisten aus, als er sich dies eingestehen würde. Er lebt das Modell der „emotional interdependence".

Weitere Varianten des Übergangs vom Modell der „interdependence" zum Modell der „emotional interdependence"

Herr Demir – „Man muss sich um alle Belange seiner Kinder kümmern"

Lebenserfahrung in der Türkei
Eigene Kindheit und Ursprungsfamilie: Herr Demir wächst in einer traditionell orientierten ländlichen Gegend auf. Die Jugend Herrn Demirs ist geprägt durch große Armut. Der einzige Sohn wird als Arbeitskraft gebraucht, so dass er nur unregelmäßig

und nur drei Jahre lang die Schule besuchen kann. Seit seinem 14. Lebensjahr wird er wie ein erwachsender Arbeiter behandelt und in der Land- und Forstwirtschaft eingestellt. Seinen Vater schildert er als eine autoritäre Persönlichkeit, vor der er Angst hat. Auch als verheirateter Mann muss er sich der Autorität seines Vaters beugen und hat bsp. nicht den Mut, sich für die Migration nach Deutschland und damit gegen den Willen seines Vaters zu entscheiden. Statt dessen trägt er seine Frau für die Migration ein. Auch als ihre Erlaubnis kommt, hat er Angst vor der Reaktion seines Vaters: „Auch nachdem das Papier gekommen war, habe ich das vor meinem Vater verheimlicht. [Pause] Der hat das natürlich aus dem Dorf gehört. Er war autoritär. Vor dem Vater wird sowieso nichts gesagt. Ich sagte nichts." Erst als dieser ihm sein Einverständnis signalisiert, kann seine Frau, und später er, ohne den Bruch mit dem Vater zu riskieren, migrieren. Herr Demir verlässt seine Ursprungsfamilie erst mit der Migration nach Deutschland.

Ehe: Herr Demir heiratet mit 25 Jahren seine 17 Jahre alte Frau. Beide haben sich über einen Vermittler kennengelernt und wie Herr Demir sagt, auf den ersten Blick ineinander verliebt. Die Ehe ist zu Zeiten in der Türkei durch große Armut geprägt. Um dieser Situation zu entgehen, beschließt das Paar gemeinsam und gegen den Willen beider Elternpaare, nach Deutschland zu migrieren. Frau Demir lässt sich heimlich für Deutschland eintragen. Sowohl Frau Demir als auch Herr Demir verstoßen damit gegen die Autorität der jeweiligen Eltern. Das Ehepaar handelt gemeinsam für die eigene Zukunft und entscheidet sich damit gegen bestehende Traditionen, die das eigenmächtige Handeln auch der verheirateten Kinder nicht billigen.

Kinder: Das Paar hat zwei Kinder, einen Sohn und eine Tochter. Der Sohn ist drei Jahre alt, als seine Eltern nach Deutschland gehen. Er bleibt sieben Jahre lang bei den Großeltern, bevor er ebenfalls nach Deutschland kommt. Die Schwester bleibt bis zu ihrem vierten Lebensjahr bei den Großeltern und kommt zusammen mit dem Bruder nach. Über diese Zeit der Trennung sagt Herr Demir, dass es eine „sehr schwere Zeit" gewesen sei, geht dann jedoch nicht näher auf das Thema ein.

Räumliches Umfeld: Herr Demir erscheint in seinen Erzählungen fest in das dörfliche Leben mit seinen Strukturen und Hierarchien integriert. Ältere Personen (Vater, Schwiegereltern, Dorfvorsteher etc.) haben Einfluss auf sein Leben. Ihre möglichen antizipierten Reaktionen wirken wie eine Schere in seinem Kopf, so dass er sich sehr wohl bewusst ist, wenn er etwas tut, was den Normen widerspricht (Entführung seiner späteren Frau, Pläne für die Migration etc.) Dies hindert ihn jedoch nicht daran, dies trotzdem zu tun. Er bleibt jedoch darauf bedacht, dass es nicht zum kompletten Bruch mit der vertrauten Umgebung kommt.

Lebenserfahrung in Deutschland
Ursprungsfamilie: Herr Demir unterstützt von Deutschland aus seine Eltern und seine Schwester finanziell. Im Interview beklagt er sich darüber, dass sie diese Hilfe nicht zu würdigen wussten und nicht wissen, wie sehr er für dieses Geld arbeiten musste. Die Beziehung zu seiner Schwester hat sich verschlechtert. Sie möchte, dass ihre Tochter den Sohn von Herrn Demir heiratet, damit ihre Tochter, und im Rahmen der Familienzusammenführung auch die Söhne, nach Deutschland kommen können. Cousin/Cousinenehen sind in der Türkei nichts Ungewöhnliches, trotzdem lehnt Herr Demir dies ab. Er hat sich aus der traditionellen Welt seiner Kindheit und Jugend bereits zu weit entfernt. Dies wird ebenfalls deutlich, als er rückblickend über die schwierige Zeit mit seinen Eltern berichtet, wo er auch als verheirateter Mann gewohnt hat. Das Zusammenleben mit den Eltern, das im Dorf als etwas Normales angesehen wurde, war ihm zuwider, da er zuviel Rücksicht nehmen musste. Zudem empfand er die Eigenheiten alterwerdender Menschen als unangenehm. Dies ist mit ein Grund, weswegen er selbst seinen Kindern nie zumuten würde, mit ihm unter einem Dach zu leben.

Ehe: In Deutschland agieren und handeln Herr und Frau Demir gemeinsam als Paar. Entscheidungen, z.B. den Wohn- und Arbeitsort betreffend, werden gemeinsam gefällt. Beide arbeiten. Zum ersten Mal leben die Beiden nur mit sich alleine, auch die Kinder sind in der Türkei, und ohne stützende/fordernde Familie. Frau Demir erscheint als die ebenbürtige Partnerin an seiner Seite. Diese Gleichheit stoppt jedoch vor Arbeiten im Haushalt. Diese erledigt Frau Demir alleine oder mit Hilfe ihrer Tochter. Eine Arbeitsteilung im Haushalt findet nicht statt. Herr Demir äußert zumindest im Interview Bedauern über diesen Fakt. Er hat den Anflug eines schlechten Gewissens, zumal seine Frau ja auch außerhäuslich arbeitet.

Kinder: Herr Demir wollte seinen Kindern eine bessere berufliche Zukunft bieten, als er selbst sie hatte. Dies ist ihm in beiden Fällen gelungen. Seine Tochter hat eine Ausbildung absolviert, der Sohn studiert. Er macht jedoch einen klaren Unterschied in der Bewertung und auch in dem eigenen Nutzen der Ausbildung. Die Tochter wird die Familie irgendwann verlassen, heiraten, und damit eher an die Familie des Schwiegersohnes angeschlossen sein, während der Sohn und seine Frau an die eigene Familie angebunden bleiben. Hier bleibt er traditionellen Vorstellungen verhaftet – die Tochter verlässt das Haus, die Schwiegertochter kommt ins Haus. Hauptziel Herrn Demirs ist die Verheiratung seiner Kinder. Sein Sohn, der sich gegen eine Verheiratung sträubt, bereitet ihm große Sorgen. Herr Demir kann sich nicht vorstellen, dass jemand freiwillig ledig bleiben kann, und akzeptiert dies auch nicht. Er ist sich des Unterschiedes zwischen sich, seinen Erfahrungen und Lebenseinstellungen und der seiner Kinder, speziell seines Sohnes, sehr bewusst:

„Es gibt eine 30 Jahre unterschiedliche Kultur. Ich habe die Vergangenheit vor 30 Jahren gesehen und erlebt. In diesen 30 Jahren, Dings, der ist noch weitsichtiger. Natürlich passen seine Verhaltensweisen nicht zu uns, zu meinen Ansichten. Zum Beispiel passt das nicht zu unserer türkischen Gesellschaft. Es gibt immer noch manche Verhaltensweisen, die mir nicht gut gefallen. Ich sage in sein Gesicht: ‚Mach das nicht so, mein Sohn. Mach das so'. Zum Beispiel tolerieren wir einander natürlich trotzdem. Nun, wir sind trotzdem zufrieden. So ist das."

Herr Demir hat nicht die gleiche Wirkung auf seinen Sohn, wie sein Vater auf ihn hatte. Auch wenn ihm das Verhalten seines Kindes nicht passt, „toleriert" er es.

Räumliches Umfeld: Über das Umfeld in Deutschland wird kaum etwas gesagt. Aufgrund der mangelnden Deutschsprachkenntnisse beschränken sich die Kontakte der Eltern auf türkische Freunde. Deren Einfluss auf das Familienleben ist nicht erkennbar.

Begründung der Typ-Zuschreibung
In der Türkei gehörte Herr Demir dem Modell der „interdependence" an. Die Familie arbeitete als Produktionseinheit. Die Arbeitskraft Herrn Demirs war wichtiger als seine individuelle schulische Ausbildung. Die Familie war patrilinear organisiert, der Vater stellt eine Autorität dar. Als junger Mann beginnt sich Herr Demir von diesem Modell bewusst und mit schlechtem Gewissen zu entfernen. In der rückblickenden Betrachtung empfindet er das Leben mit den Eltern als anstrengend, teilweise unangenehm. In der Türkei traute er sich nicht dagegen zu rebellieren, weil die Umgebung von ihm erwartete, dass er in diesen Zusammenhängen lebte. In Deutschland entscheidet er für sich, dass er dies seinen Kindern nicht zumuten möchte. Ebenfalls in der Türkei entwickelt er eine starke Loyalität zu seiner Frau und gemeinsam planen sie ihr individuelles Leben. Bereits vor der Migration befand sich Herr Demir mit seiner Frau in einer Phase des Übergang zum Modell der „emotional interdependence". Dieser Weg wird mit der Migration noch verstärkt. Herr Demir führt diesen Wandel bewusst durch. Er ist nicht mehr der autoritäre Vater, den er selbst in seiner Jugend kennengelernt hatte. Er setzt sich mit seinen Kindern auseinander und erkennt, dass seine und ihre Erfahrungen unterschiedlich sind, und er ihnen nicht seine Meinung aufzwingen kann. Damit nimmt er auch die teilweise Entfremdung von seinen Kindern in Kauf („es gibt eine 30 Jahre unterschiedliche Kultur"). Das Verhältnis zu seiner Frau ist in weiten Teilen gleichberechtigt. Allerdings sind zahlreiche Brüche erkennbar. Herr Demir unterscheidet sehr wohl zwischen der Ausbildung des Sohnes und der der Tochter. Die Ausbildung des Sohnes wird auch als Investition in die eigene Zukunft gesehen, da er sich von dem Sohn Unterstützung im Alter erhofft. Die Tochter glaubt er an die Familie des Schwiegersohnes zu verlieren. Der Bruch mit der Vergangenheit wird offen thematisiert. Die Kinder sind ins Zent-

rum der elterlichen Aufmerksamkeit gerückt („wir lieben unsere Kinder, weil sie hier Chancen haben").

Herr Uçar – „Ich habe keinen Ehrgeiz"

Lebenserfahrung in der Türkei
Eigene Kindheit und Ursprungsfamilie: Herr Uçar stammt aus ärmlichen bäuerlichen Verhältnissen. Er ist in die Feldarbeit und die Viehzucht involviert solange er denken kann. Auch er berichtet wenig von seiner Familie und den Lebensumständen – insbesondere auch nichts darüber, welche Normen und Werte in der Familie tradiert wurden, wie die Familienmitglieder miteinander umgegangen sind, und wer welche Aufgaben hatte. Die Armut verhindert, dass er je eine Schule besuchen kann. Bis zur Binnenmigration nach Istanbul lebt er in seiner Ursprungsfamilie.

Ehe: Herr Uçar lernt seine Frau durch einen Vermittler kennen, beide verlieben sich ineinander und beschließen zu heiraten. Frau Uçar ist ihrem Mann intellektuell weit überlegen. Im Gegensatz zu ihm verfügt sie sowohl über Schulbildung als auch über einen erlernten Beruf und arbeitet als Beamtin. Ihr Arbeitsplatz ändert jedoch nichts an der miserablen finanziellen Situation des Paares. Nachdem ein Versuch Herrn Uçars als Bergarbeiter nach Deutschland zu kommen, scheitert, entschließt sich Frau Uçar ohne das Wissen ihres Mannes zur Migration. Sie sieht darin die einzige Möglichkeit, die Kinder vor Verarmung und Verwahrlosung zu retten.

Kinder: Das Paar hat fünf Kinder, drei Söhne und zwei Töchter. Die Erzählungen über die Kinder vor der Migration nach Deutschland sind gekennzeichnet durch die bedrückende Armut und den Wunsch, den Kindern überhaupt eine (berufliche) Zukunft zu ermöglichen. Hierbei wird nicht zwischen den Söhnen und Töchtern unterschieden. Der Wunsch, dass es den Kindern besser ergehen möge, als einem selbst im Kindesalter, tritt dabei klar hervor.

Räumliches Umfeld: Die wenigen diesbezüglichen Bemerkungen zeigen, dass insbesondere Frau Uçar darunter gelitten hat, dass man ihnen, da sie arm waren, kaum Aufmerksamkeit und Respekt entgegenbrachte.

Lebenserfahrung in Deutschland
Ursprungsfamilie: Herr Uçar berichtet kaum etwas über seine eigene Familie. Die Eltern waren kurz nach der Migration nach Deutschland gestorben, der Kontakt zu den Brüdern erscheint eher sporadisch. Ausführlicher berichtet er hingegen über die finanzielle Hilfe, die er den Verwandten seiner Frau zuteil werden ließ. Die eigene

Ursprungsfamilie spielt im täglichen Leben in Deutschland keine Rolle. Eine sehr enge Bindung wird im Interview nicht erkennbar.

Ehe: Herr Uçar folgt seiner Frau nach Deutschland nach. Hatte sie in der Türkei bereits die bessere Schulbildung, erlangt sie auch als Pioniermigrantin in der Familie eine Vormachtstellung, die sie über die Jahre beibehält. Herr Uçar spricht im Gegensatz zu seiner Frau kein Deutsch, hat kein deutsches Umfeld und bezeichnet sich selbst, im Gegensatz zu seiner Frau, als einen Menschen ohne Ehrgeiz. Frau Uçar ist diejenige, die in der Familie die wichtigen Entscheidungen trifft, ihr Mann stimmt zu. Beide arbeiten außerhalb des Hauses. Spätestens seit seiner eigenen Arbeitslosigkeit nimmt Herr Uçar seiner Frau nach eigenen Aussagen (was sie im Interview auch bestätigt) Arbeiten ab.

„INT2: Sie, eh, zwar, eh, Dings, eine Frage, helfen sie der Tante zu Hause? HERR UÇAR: Ich habe der Tante immer, ich habe der Tante, wenn sie zur Fabrik geht, ich mache den Tee für die Tante, ich wecke sie, ich gieße den Tee in die Thermoskanne, [unv] es bleibt nicht übrig [für die Tante zu machen, Anm. Int2] [unv] ich wasche. Das Essen macht sie selbst [lacht]. FRAU UÇAR: Er leert den Mülleimer."

Frau Uçar ist die treibende Kraft in der Familie, und durch die Aussagen über die Familiengeschichte liegt die Vermutung nahe, dass sie es ist, an die Probleme herangetragen werden, und sie auch diejenige ist, die sie löst.

Kinder: Alle Kinder, egal ob Mädchen oder Jungen, hatten in Deutschland die Möglichkeit, zur Schule zu gehen, und eine Ausbildung zu absolvieren. Damit ist der Hauptgrund für die Migration in Erfüllung gegangen. Herr Uçar ist mit der Entwicklung seiner Kinder zufrieden. Lediglich sein jüngster Sohn, der seit Jahren in psychiatrischer Behandlung ist, bereitet ihm Sorgen und beeinflusst seine eigene psychische und physische Gesundheit negativ. Was die Ursachen für das Ausbrechen der Krankheit seines Jungen sind, thematisiert er nicht. Herr Uçar ist ohne seine Frau nicht in der Lage, Aussagen zu seinen Kindern zu treffen. Weder weiß er ihr genaues Alter, noch deren Beruf, noch kennt er die Namen und die Anzahl seiner Enkelkinder.

Räumliches Umfeld: Im räumlichen Umfeld unterscheidet sich das Ehepaar erheblich voneinander. Während Frau Uçar für sich viele deutsche Freunde und Bekannte thematisiert, betont Herr Uçar, dass er lediglich türkische Freunde habe, die er gelegentlich träfe. Teehäuser besucht er nicht, und als Alevit ist er auch kein Besucher der Moscheen. Welche Auswirkungen sein Umfeld auf seine Entscheidungen haben, wird nicht deutlich.

Begründung der Typ-Zuschreibung: Die Ursprungsfamilie Herrn Uçars kann dem Typus des Modells der „interdependence" zugerechnet werden. Die Ursprungsfamilie (bestehend aus den Eltern, den Kindern und den verheirateten Kindern) war als Produktionseinheit zu sehen, die gemeinsam die Landwirtschaft bewirtschafteten. Das individuelle Wohl des Kindes (Schulbildung) musste hinter den Ansprüchen der gesamten Familie (jemand muss das Vieh hüten, dessen Arbeitskraft sonst noch nirgendwo eingesetzt werden kann) zurücktreten. Frau Uçar ist es, die den Wandel herbeiführt, und den eher passiven Herrn Uçar mitzieht. Das Paar verlässt die bäuerliche Produktionseinheit und migriert nach Istanbul. Vor die Wahl gestellt, entweder ins Dorf zurückzukehren, da die Kinder ohne Aufsicht und bei zwei arbeitenden Elternteilen verwahrlosten, oder etwas komplett Neues zu versuchen, entscheidet sich Frau Uçar für die Migration nach Deutschland und führt damit zu Ende, was ihr Mann einige Jahre zuvor versucht hatte, damit aber gescheitert war. Auch hier bleibt Herr Uçar passiv und folgt seiner Frau nach. In Deutschland ändert sich an dieser Rollenkonstruktion nichts. Herr Uçar folgt der Richtung, die seine Frau bestimmt, und unternimmt keine Anstrengungen, den Vorsprung, den seine Frau hat (Sprache, Arbeit, Sozialkontakte) aufzuholen. Die Familie entwickelt sich von dem Ursprungsmodell weg und ist nun eher dem Typus der „emotional interdependence" zuzurechnen. Dieser Wandel führt Herr Uçar nicht bewusst durch. Er selbst bleibt passiv und lässt sich von seiner Frau mitziehen. Sie entspricht nicht in allen Punkten den Kriterien, die Kağıtçıbaşı aufgestellt hat. So hat sich hier der Stellenwert der Frau nicht nur verbessert, vielmehr ist es in diesem Fall die Frau, die der eigentliche (und auch als solcher anerkannte) Motor der Familie ist. Die Verbindung zu der Verwandtschaft ist eher kleiner als in dem Modell. Zutreffend ist, dass die Kinder nicht mehr als mögliche Versorger der Eltern im hohen Alter angesehen werden und sie daher auch individuell ihre Ausbildung für sich abschließen können. Die emotionale Bindung ist trotz großer räumlicher Distanz zu den Kindern gegeben, aber nicht mehr in dem Maße zu Geschwistern in der Türkei. Herr Uçar hat das Modell der „interdependence" hinter sich gelassen und befindet sich auf dem Weg zum Modell der „emotional interdependence".

Herr Sert – „Wir haben versucht, uns hier anzupassen und wir haben ‚drüben' vergessen"

Lebenserfahrung in der Türkei
Eigene Kindheit und Ursprungsfamilie: Herr Sert stammt aus sehr armen Verhältnissen und beginnt bereits im Alter von sieben Jahren mit einer Lehre in einem traditionellen Handwerk: „INT1: Wie alt waren sie denn, als sie angefangen haben zu arbeiten? HERR SERT: Tja, sieben Jahre, sechs Jahre, sieben Jahre. Und schwer arbeiten. Türkei, nicht? Ohne Schuhe, ohne Strümpfe, kalt, nass." Sein Vater stirbt als er 18 Jahre alt ist. Über das Familienverhältnis zu Lebzeiten des Vaters berichtet er ledig-

lich, dass sie nie in Form einer Großfamilie gelebt hatten. Nach dem Tod seines Vaters erkennt er die Autorität seiner Mutter und der älteren Schwester nicht an. Der ältere Bruder hat sich nach eigenen Aussagen nicht um ihn gekümmert. Gegen den Willen der Mutter und Schwester heiratet er und migriert nach Deutschland.

Ehe: Herr Sert heiratet trotz Widerstand seine Cousine. In der Türkei begreift er sich als derjenige, der die Entscheidungen in der Ehe zu treffen hat, und fragt seine Frau auch nicht um ihre Meinung, als er nach Deutschland migriert. Trotzdem respektiert er auch den Wunsch seiner Frau, die es in der Großstadt nicht aushält und zieht mit ihr wieder in die Kleinstadt. Doch wiederum beschließt er den erneuten Wechsel in seine Heimatstadt. Aus den wenigen Anmerkungen über diese Zeit lässt sich schließen, dass das Verhältnis, zumindest in Herrn Serts Bewusstsein, nicht partnerschaftlich organisiert war.

Kinder: Das Paar hat sechs Kinder, drei Söhne und drei Töchter. Alle Kinder werden in der Türkei geboren. Zwei Kinder sterben im Babyalter. Ein Kind stirbt bevor es Herr Sert gesehen hat, der zu diesem Zeitpunkt bereits in Deutschland ist. Über das Verhältnis zu seinen Kindern und seine Erziehungsmethoden in dieser Zeit sind keine Textstellen zu finden.

Räumliches Umfeld: Das räumliche Umfeld bestimmt insofern Herrn Serts Leben als es ihn zwingt, den Wohnort und die vertraute Umgebung zu verlassen, als er im Rahmen des Militärputschs von 1960 Schwierigkeiten aufgrund seiner politischen Einstellung bekommt. Im Interview tauchen jedoch keine Personen auf, über deren Einfluss in seinem Leben Herr Sert berichtet.

Lebenserfahrung in Deutschland
Ursprungsfamilie: Herr Sert hat lediglich seine Frau und seine Mutter mit Geldzahlungen unterstützt, ansonsten hat er keine Familienangehörigen finanziert. Die Bindungen zu den Geschwistern scheinen durch die Entfernung sehr locker geworden zu sein, wenn er berichtet, die jährlichen Kontakte beschränkten sich auf ein zweistündiges Kaffeetrinken, wenn man sich im Urlaub trifft.

Ehe: In Deutschland ist sich Herr Sert der Unterschiede bewusst geworden, die zwischen dem Geschlechterverhältnis in der Türkei und in Deutschland herrschen. Meine Frage nach der Migrationsentscheidung konnte er dann auch nicht einfach mit einem „Nein" – nein seine Frau habe damals kein Mitspracherecht gehabt – beantworten, vielmehr sieht er sich gezwungen mich über die damaligen Hintergründe aufzuklären:

„Meine Frau, eh Türkei ganz anderes. Mann was sagen, dann Frau muss sagen, andere geht nicht. Türkei nicht wie Deutschland hier. Hier ist Deutschland. Frau arbeit, Mann auch arbeit. Frau Geld, Mann auch Geld. Frau versichert, Mann auch versichert. Alles da. Frau Fahrrad fahren, Mann auch. Oder Führerschein. Alles gleich. Aber Türkei nicht so. Meine Frau nicht Arbeit, nicht Geld. Nicht unterwegs so. Mir sagen, ne du nicht weg. Du weg, dann ich auch weg. So nix."

Dass es sich hierbei um einen Rückblick handelt, wird bei Betrachtung der gegenwärtigen Paarkonstellation deutlich. Frau Sert war in Deutschland erwerbstätig, hatte also ihr eigenes Geld verdient. Herr Sert behauptet von sich, alle im Haushalt anfälligen Arbeiten zu erledigen, da seine Frau mittlerweile auch sehr krank ist und vieles nicht mehr erledigen kann. Die Kinder wenden sich an Frau Sert, wenn sie bei ihrem Vater etwas erreichen wollen (Zustimmung zur Hochzeit), die als Vermittlerin zwischen den Kindern und ihrem Mann auftritt. Die strikte Einteilung der Zuständigkeitsbereiche, die Herr Sert noch für die Türkei thematisiert, werden in Deutschland aufgeweicht.

Kinder: Über die Grundsätze bei der Erziehung seiner Kinder gibt es im Interview kaum relevante Passagen, allerdings zeigen die geschilderten Konflikte ziemlich deutlich, wo Herr Sert mit seinem Anspruch als Vater und den Erwartungen an seine Kinder in Konflikte kommt. Lediglich die jüngste Tochter heiratet nach den „Traditionen" einen Mann, den die Eltern im Einverständnis mit der Tochter in der Heimatregion aus der Türkei ausgesucht haben. Die älteste Tochter sucht sich ihren (türkischen) Mann in Deutschland selbst aus und bringt damit den Vater in tiefe Konflikte, da er nicht prüfen kann, ob der Mann und dessen Familie ein geeigneter Partner für sein Kind ist, wie er dies in der Türkei mit Hilfe von Freunden und Verwandten leichter hätte herausfinden können. Erst dem permanenten Druck von Tochter und Ehefrau beugt er sich schließlich und gibt seine Zustimmung, ohne die gewünschten Informationen letztendlich gehabt zu haben.

Schwierigkeiten bereitet ihm auch sein Sohn, der keine Anstalten macht zu heiraten und dessen Verhalten (spätes Weggehen, langes Schlafen, keine geregelte Arbeit) er kritisiert.

Seine Autorität als Vater ist für seine Kinder zumindest in Frage gestellt, da diese ihren individuellen Weg gehen, wenn sie auch die direkte und dauerhafte Konfrontation mit dem Vater vermeiden. Auch Herr Sert beharrt nicht auf seinem Standpunkt, sondern setzt sich, zwar widerstrebend, aber dennoch mit seinen Kindern auseinander. Dies umso mehr, als ihm die Unterschiede zur Türkei seiner Jungend sehr wohl bewusst sind.

„Ich hab manchmal fragen, mit deutschen Mädchen oder Mädchen oder deutsche Mann, zusammen leben, sechs Jahre oder vier Jahre, zwei Jahre, halbes Jahr: ‚Wann heiratet?' ‚Weiß nicht. Erst mal überlegen, diese Man gefällt mir oder nicht gefällt oder so.' Diese viel, viel besser. Aber andere Seite geht nicht so. Türkei geht nicht und andere Land auch nicht. [Pause]."

Er unterscheidet jedoch strikt zwischen Deutschen und Türken, auch wenn ihm deutsche Lebensweisen als sinnvoller erscheinen.

Räumliches Umfeld: Herr Sert nimmt sein deutsches Umfeld bewusst auf, zieht Vergleiche und entscheidet sich dennoch für eine Trennung zwischen Deutsch und Türkisch. Eine Trennung, von der er genau weiß, dass sie schon längst so nicht mehr funktioniert. 30 Jahre Deutschland haben auch die eigenen Ansichten verändert, auch wenn er sich dagegen sträubt.

„Wir sind hierhergekommen und wollten ein paar Monate bleiben, dann hat sich alles geändert. Wir haben Drüben vergessen. Unser Leben da, haben wir vergessen. Unsere Unwissenheit, unsere Güte, unsere schlechten Seiten haben wir vergessen. Wir haben versucht, uns hier anzupassen. Mit den ganzen Trinkereien, Rauchereien, Frauengeschichten, Abende, dies und jenes. Drüben haben wir ganz vergessen!" [tr]

Herr Sert reflektiert, dass es einen deutschen Einfluss gibt, den er in der Beschließungssequenz des Interviews jedoch eher negativ sieht.

Begründung der Typ-Zuschreibung
Die Einordnung gestaltet sich als schwierig, da über die Kindheit und Jugend Herrn Serts nur wenige Details bekannt sind. Die Tatsache, dass er bereits mit sieben Jahren zum Lebensunterhalt der Familie beitragen muss, sowie seine Aussagen zum Geschlechterverhältnis, lässt ihn eher in ein Familienmodell verorten, das dem Modell der „interdependence" nahe kommt. Seine Beschreibung der Familie, die Aussage, dass die Familienmitglieder eher getrennt gelebt hatten, dass sich sein großer Bruder nicht für seine Belange interessiert habe, lässt eher an eine frühe Übergangsphase zum Modell der „emotional interdependence" denken. In Deutschland wird dieser Weg weiter beschritten, jedoch bewusst weder forciert noch bestärkt. Das Verhältnis zu seiner Frau wird gleichberechtigter. Die Kinder werden nicht als die möglichen Versorger im Alter fest eingeplant, auch wenn dies erwünscht wird. Die Konflikte mit den Kinder zeigen, dass sich diese bereits viel weiter von dem entfernt haben, was ihnen ihr Vater noch als Werte vorgelebt hatte. Herr Sert registriert diesen Wandel und arrangiert sich damit. Dies geschieht keineswegs aus freien Stücken heraus, vielmehr machen ihm dies die Lebensumstände in Deutschland unmöglich. Das bewirkt, dass er in Teilen seiner Denkweisen zwar noch dem Modell der „interdependence" verhaftet ist, er jedoch gezwungen wird, um ein harmonischen Miteinander mit seinen Kindern zu ermöglichen, das Modell der „emotional interdependence" zu leben.

Der Typ des kontinuierlichen Modells der „emotional interdependence"

Die Ursprungsfamilie

Mit den Männern des Modells der „interdependence" haben die Männer dieses Typs die dörfliche Herkunft und die ärmlichen Lebensbedingungen in der Jugend gemeinsam. Zwei von fünf Männern aus dieser Gruppe geben an, in einer Stadt geboren zu sein. Doch auch in diesen Fällen ist die Jugendzeit von Entbehrungen gekennzeichnet. Nur ein Mann besuchte die Lehrerakademie, alle andern Männer gingen lediglich zur Grundschule. Auch dies stellt einen Punkt dar, der sie mit den Männern des Modells der „interdependence" verbindet. Ähnlich verläuft das Leben mit der Familie auch nach der Heirat und bedeutet immer noch das gemeinsame Arbeiten im eigenen landwirtschaftlichen Betrieb. Die individuelle Ausbildung muss hinter den Bedürfnissen der gesamten Familie zurückstehen. Hier ist jedoch der erste Unterschied im Vergleich zum Modell der „interdependence" festzustellen. Während dort Bildung auch weiterhin nicht als ein zentraler Wert erachtet wird, zeigte sich bei den Männern dieses Typs, ähnlich wie bei den Männern des Modells der „independence" schon früh der Wunsch, selbst Bildung zu besitzen und/oder diese auf jeden Fall ihren Kindern zu ermöglichen. Es ist ein Streben in dieser Gruppe erkennbar, die eigene Vergangenheit hinter sich zu lassen und selbst aufzusteigen bzw. den eigenen Kindern diesen Weg zu ebnen. Der Wunsch, das eigene Leben selbst aktiv zu gestalten, wird immer wieder als Lebensziel geäußert. So erfolgen die Erzählungen zwar auch in der für das Modell der „interdependence" charakteristischen Form der ersten Person Plural (dies insbesondere, wenn es sich um Erzählungen aus der Zeit in der Türkei handelt), doch ebenso oft in der ersten Person Singular.

Gemeinsam ist allen Männern eine dominante männliche Person in ihrer Kindheit und Jugend, die einen erheblichen Einfluss auf ihr Leben in der Türkei ausübte. In den meisten Fällen handelt es sich hierbei um den eigenen Vater, in einem Fall um den Onkel. Charakteristisch an dieser Person scheint, dass die Männer von dieser nicht als eigenständige Individuen wahrgenommen werden, sondern in ihnen, auch im jungen Erwachsenenalter, das Kind, der unvollständige Mensch, gesehen wird, der durch ihren Einfluss gelenkt und geleitet werden muss.

Alle Männer verwenden das Wort „Respekt" deckungsgleich mit dem Begriff „Angst", um die Beziehung zum Vater (oder Onkel) zu benennen. Im Gegensatz zu den Vertretern des Modells der „interdependence" wird diese ausgeübte Macht jedoch nicht im Nachhinein legitimiert, sondern bereits in der Türkei kritisiert. Diese Kritik wird jedoch nicht offengelegt, sondern kann erst aufgrund der räumlichen Distanz und auch im Vergleich mit differenten Strukturen in Deutschland geäußert werden. Keiner der Männer lässt es zu einem offenen Bruch mit dem Vater (bzw. Onkel) kommen. Vor allem in Fragen der Eheschließung beugen sich die Söhne, wenn auch unter Protest, letztendlich dem Befehl des Vaters (bzw. Onkels). Anders als bei den Männern des Modells der „independence" waren die Eltern bei den Vertretern dieses Typs alle erst im Erwachsenenalter der Söhne verstorben, so dass die Loslösung von Strukturen der Herkunftsfamilie in einem bewussten Prozess vonstatten gegangen sein muss. Die Migration nach Deutschland bietet eine Möglichkeit, sowohl an den traditionellen Werten und Normen festzuhalten als auch gleichzeitig das erwünschte Maß an individuellen Freiheiten leben zu können. Deutschland erscheint als der Ort, an dem sich Kompromisse leben lassen. Anders als bei den Vertretern des Modells der „interdependence" taucht bei den Männern, die den Wandel zum Modell der „emotional interdependence" durchlaufen haben, der Vater (bzw. Onkel) im weiteren Leben nicht mehr als einflussnehmender Faktor auf. Gleichwohl reißt der Kontakt mit der Ursprungsfamilie nicht ab. Alle Söhne überweisen den Eltern auch weiterhin regelmäßig Geld und kommen so formal ihren Pflichten als Söhne nach.

Ehe

Wie im Modell der „interdependence" ist es der Vater (bzw. Onkel) der befragten Männer, der die zukünftige Frau seines Sohnes (bzw. Neffen) ausgesucht hat. Ein Mann entführt seine Freundin mit deren Einverständnis und ein Mann heiratet, 26-jährig, unter dem Protest der Mutter, der Vater war bereits verstorben, seine Cousine. Das Heiratsalter beider Ehepartner/innen liegt höher als im Modell der „interdependence".

Tabelle 19: Alter der Ehepartner im Modell der „emotional interdependence" zum Zeitpunkt des Zustandekommens der Ehe

Name	Alter des Mannes	Alter der Frau	Zustandekommen der Ehe
Herr Demir	25	17	Vermittlung und Zusage
Herr Mardın	22	18	Eigene Wahl „Entführung"
Herr Korkmaz	20	?	Druck der Eltern
	22	17	
Herr Uçar	23	16	Vermittlung und Zusage
Herr Sert	26	28	Eigene Wahl

An der Ehegattenbeziehung lässt sich der Wandel vom Modell der „interdependence" zum Modell der „emotional interdependence" sehr gut veranschaulichen. Mehrere Männer thematisieren diesen Wandel. In ihrer Zeit in der Türkei, so die befragten Männer, habe der Mann das Sagen gehabt und die Frau habe getan, was der Mann sagt. In der Migration habe sich dieses Verhältnis geändert. Besonders Herr Mardın und Herr Sert beschreiben diesen Wandel. Das Wissen darum, dass die Vergangenheit anders war als die Gegenwart und die Vergangenheit abgeschlossen ist, kennzeichnet diesen Typ. Das Paar als erkennbare Handlungsträger eines gemeinsam gestalteten Lebens taucht bedeutend öfter in den Interviews auf als bei anderen Typen. Teilweise haben sich Mann und Frau als jungverheiratete Paare heimlich gegen die Autorität der Eltern und Schwiegereltern gestellt, um ihre Ziele (Migration nach Deutschland) durchzusetzen. Dies taten sie jedoch mit schlechtem Gewissen und in der Gewissheit, etwas Verbotenes zu tun. Aber in diesem Typ steht die Solidarität mit der Ehefrau bereits über der Solidarität mit der Herkunftsfamilie. Die Ehe wird, wie bei den Männern des Modells der „independence", als Partnerschaft definiert. In den Erzählungen der Männer wird die Frau nicht nur auf ihre Rolle als Mutter reduziert, sondern erscheint als geschätzte Gefährtin und Beraterin.

Alle Frauen der Männer dieses Typs sind berufstätig. Damit entsprechen sie den Frauen des Modells der „independence" und unterscheiden sich von den Frauen der Ehemänner im Modell der „interdependence". Dies ist die einzige Gruppe, in der es „Nur-Hausfrauen" gibt. Die Erwerbstätigkeit ist jedoch kein Hinweis auf die Aufgabenverteilung im Haushalt. Zwar propagieren die Männer nicht mehr explizit geschlechtsspezifische Arbeitsaufteilungen, doch sieht es in den meisten Fällen so aus, dass die Hauptlast der Hausarbeit von den berufstätigen Frauen selbst getragen wird. Allerdings gaben alle Männer an, mehr oder weniger im Haushalt zu helfen. Einige formulieren dabei deutlich, dass eine Partnerschaft auch partnerschaftlich geteilte Hausarbeit beinhaltet.

Kinder

Bedeutete im Modell der „interdependence" die gelungene Erziehung der Kinder, dass diese die aus der eigenen Jugend bekannten Normen weiterführen, und im Modell der „independence" der erfolgreiche Abschluss einer Ausbildung, so wird hier das Lebensglück der Kinder ausschlaggebend für das eigene Wohlbefinden und als Maßstab für eine geglückte Migration thematisiert. Die Kinder bekommen eine zentrale Stelle im Leben der Interviewten. Bei keinem anderen Typ erfolgt auch eine so dezidierte Reflexion über das Leben der eigenen Kinder in unterschiedlichen Kulturen. Sowohl Herr Demir, als auch die Herren Korkmaz, Gür und Sert erklären über lange Abschnitte, dass man sich als Vater den Kindern anpassen müsse und Verständnis für deren Lebenslage aufbringen müsse. Allerdings wird auch deutlich, dass das deutsche Umfeld einen sehr hohen und nicht immer befürworteten Stellenwert in der Erziehung der Kinder einnimmt.

Zentral ist bei diesem Typ die Umdeutung und Erweiterung des traditionellen Werts des „Respekts". Galt für diese Männer in ihrer Jugend noch die kritiklose Akzeptanz der Anordnungen des Vaters, stellen sich die Väter dieses Typs der Auseinandersetzung mit ihren Kindern und formulieren, dass ihre Kinder eine traditionelle Norm nicht blind befolgen sollen, sondern sie begreifen müssen. In der Erziehung wird der Diskussion und der Erklärung der väterlichen Norm daher ein breiter Raum eingeräumt. Dabei wird hervorgehoben, dass dies kein einseitiger Weg ist, da auch die Väter bereit sind, von ihren Kindern Dinge anzunehmen und ihre Kompetenzen anzuerkennen. Hier hat ein gravierender Unterschied im Vergleich zur eigenen Jugend stattgefunden, in der sie nicht als gleichberechtigte Partner, sondern als unmündige Kinder angesehen wurden. Die Väter selbst nehmen ihre Kinder in all ihrer Individualität wahr und setzen sich intensiv mit ihnen auseinander. Mit den Männern des Modells der „interdependence" verbindet sie jedoch die Ansicht, die Verantwortung eines Vaters für sein Kind endet erst mit dessen Hochzeit. Die Väter sehen sich, bei aller gleichberechtigten Diskussion, letzten Endes jedoch als diejenigen, die den Weg ihrer Kinder bestimmen. Vor allem in Fragen vorehelichen Umgangs mit dem anderen Geschlecht sind die Väter nicht bereit, von ihrer traditionellen Sichtweise abzuweichen. Allerdings sind sie eher bereit bei ihren Söhnen Freundinnen zu akzeptieren als bei ihren Töchtern Freunde.

Wie bei den Männern des Modells der „independence" kommt der Bildung ein zentraler Wert zu. Alle Männer formulieren zwar, dass sie sich für ihre Kinder, Mädchen und Jungen gleichermaßen, eine Ausbildung wünschen, doch sind Unterschiede der Realisierung dieser Ansichten in Bezug auf die Söhne und die Töchter zu erkennen. Es sind eher die Söhne, für die eine Universitätsbildung angestrebt wird. Die Töchter durchlaufen überwiegend eine traditionelle Ausbildung. Diese Ausbildung dient unabhängig vom Geschlecht der Kinder nicht lediglich dazu, den eigenen Lebensunterhalt bestreiten zu können, sondern soll, wie im Modell der „independence" dazu führen, dass sich die Kinder einen adäquaten Platz in der Gesellschaft sichern können. Der Wunsch, die eigenen Kinder mögen es einmal besser haben als man selbst, ist von zentraler Bedeutung in den Erzählungen.

Der Generationenvertrag ist noch im Bewusstsein der Männer verankert, wird aber vorsichtiger formuliert als bei den Männern des Modells der „interdependence". Hier ist es mehr ein Hoffen auf dessen Erfüllung und weniger ein Einklagen.

Bedingungen, die den Wandel vom Modell der „interdependence" zum Modell der „emotional interdependence" fördern

Zwischen den Männern beider Modelle bestehen bei aller Gemeinsamkeit in der Jugend auch Unterschiede. Die Männer des kontinuierlichen Modells der „interdependence" waren bei ihrer Hochzeit bedeutend jünger als diejenigen Männer, die später einen Wandel durchlaufen haben. Auch ihre Ehefrauen waren jünger. In der Regel blieb das Paar im väterlichen Haushalt wohnen, während sich bei den Männern, die später einen Wandel zum Modell der „emotional interdependence" durchlaufen, schon früher Loslösungstendenzen und nicht ausgelebte Konflikte mit dem Vater sichtbar werden. Bei den Männern des Modells der „interdependence" sind die einzigen Frauen anzutreffen, die nicht außerhäuslich arbeiten, während dies für die Frauen der Männer im Übergang zum Modell der „emotional interdependence" nicht zutrifft. Dort sind alle Frauen erwerbstätig. Es scheint, als verändere sich die Paarstruktur dann mehr in Richtung einer Partnerschaft, wenn auch die Frau berufstätig ist. Die Unterstützung durch die Ehefrau, in der auch eine Verbündete gegen den dominierenden Vater angesehen wird, ist ein wichtiger Faktor, der dazu führen kann, dass sich die Männer stärker von der Einflussnahme ihrer Herkunftsfamilie ablösen.

Im Wandel von dem einen Modell zum anderen scheint die eigene Herkunft keine Rolle zu spielen. Sowohl Männer aus dörflichen als auch aus städtischen bzw. kleinstädtischen Zusammenhängen weisen einen Wechsel von dem einen in das andere Modell auf.

Demgegenüber spielt das eigene Verständnis von Religion durchaus eine wichtige Rolle. Bei den Männern des Modells der „interdependence" kommt ein starker religiöser Faktor hinzu. Für die Hälfte der Männer dieses Modells ist Religion schon immer zentral im Leben gewesen und nimmt im Alter an Bedeutung eher noch zu. Eine solche Aussage trifft nur ein Mann aus der Gruppe derer, die später den Weg zum Modell der „emotional interdependence" einschlagen werden. Keiner der Männer aus dem Modell der „independence" hingegen thematisiert eine zentrale Rolle von Religion für sein Leben. Religion mit ihrer hierarchischen Struktur und ihren klaren Geboten und Verboten scheint einem patriarchalen Familienmodell förderlich zu sein. Wenn die alten Familienstrukturen zerbrechen, der eigene Vater gestorben ist oder man in Konflikte mit ihm gerät, gibt die Religion weiterhin Halt und stellt damit ein klares Regelwerk und Orientierungshilfe dar.

Keine Rolle scheint hingegen hierbei eine erfolgte bzw. nicht erfolgte Binnenmigration zu spielen. Ist der Einfluss des Vaters erst einmal verinnerlicht, wird dieser auch nicht durch eine räumliche Distanz nicht mehr abgeschwächt.

Letztendlich hat auch die Persönlichkeitsstruktur und die Fähigkeit, Visionen für sich, aber vor allem für seine Nachkommen zu entwickeln, eine wichtige Funktion. Alle Männer, die einen Wandel durchlaufen haben, thematisieren, dass sie sich in ihrer Jugend vorgenommen haben, ihre Kinder sollten es einmal besser haben. Dies war eine ausreichende Motivation, das eigene Leben zu verändern und sich auch mit Traditionen und Normen kritisch und reflektierend auseinanderzusetzen, die diesem Ziel im Weg stehen könnten oder einer eigenen Entwicklung hinderlich waren. Die Männer des kontinuierlichen Modells der „interdependence" formulieren solche Ansprüche und Vorstellungen nicht. Sie möchten, dass sich das Leben ihrer Kinder genauso wenig von ihrem Leben unterscheidet, wie das eigene von dem ihrer Väter. Jede Veränderung stellt eine Bedrohung dar. Die Männer, die sich aus den alten Strukturen bewusst lösen, sehen in der Veränderung hingegen die Erfüllung der Träume ihrer Jugend – verwirklicht in ihren Kindern.

Herr Reyis[154] – Mischform zwischen dem Modell der „emotional interdependence" und dem Modell der „independence"

Interviewsituation

Interviewverlauf
Nachdem wir Herrn Reyis noch einmal den Sinn und Zweck unserer Studie erklärt hatten, begann Herr Reyis zu reden und war nicht mehr zu stoppen. Das Interview dauerte drei Stunden. Während dieser gesamten Zeit redete Herr Reyis fast ununterbrochen. Erdinc und ich versuchten mehrere Male (oft vergeblich) in das Interview einzugreifen, den thematischen Schwerpunkt zu verschieben oder einzelne Fragen hervorzuheben. Herr Reyis nahm alle Fragen interessiert auf und antwortete spontan. Allerdings konzentrierte er sich nie lange auf die Beantwortung einer Frage und sprang von Thema zu Thema, oft auch innerhalb der Sätze. Längere Pausen kamen nicht vor. Herr Reyis hat auf alle Fragen ausführlich geantwortet. Dritte waren während des Interviews nicht anwesend, bis auf Frau Reyis, die in regelmäßigen Abständen in das Zimmer kam, um ihren Mann darauf hinzuweisen, dass die Zeit dränge und sie weg müssten.

Erzählstil und wiederkehrende Themen
Das Interview begann auf Deutsch. Das klang zwar zunächst sehr flüssig, war aber inhaltlich fast nicht zu verstehen. Unzureichende Variationsformen in der deutschen Sprache wurden durch Lautstärke, lebhafte Mimik und Gestik sowie Wiederholun-

---

154 Zur Kurzbiographie Herrn Reyis vgl. Kapitel 5, S. 202ff.

gen ausgeglichen. Ich habe daraufhin bewusst weitere Fragen auf Türkisch gestellt, und auch Erdinc sprach nach einem zwischen uns verabredeten Zeichen Türkisch, um Herrn Reyis zu einem Wechsel der Sprachen zu bewegen. Dies gelang auch. Im türkischsprachigen Interviewteil wurde deutlich, dass Herr Reyis einen Sprachstil pflegt, in dem er auch immer wieder deutsche Wörter mit türkischen Endungen einflicht und in die gesprochene türkische Sprache mit einfließen lässt. „Biz schaffen yaptık" für „wir haben es geschafft" verdeutlicht dieses Konstrukt. Auch die folgende Stelle zeigt die Mischung zwischen Deutsch und Türkisch, die Herr Reyis beim Sprechen der türkischen Sprache verwendet:

„Der Mensch kann nicht alleine leben. X-Stadt [Stadt in der Türkei] liegt nahe bei meiner „Familie" [dt]. Wenn die „Familie" [dt] krank wird, wenn einer „schwerbehindert" [dt] wird, oder wird „tot" [dt] oder so was, dann bin ich einer Stunde da, „eine Stunde, höchstens, spätestens zwei Stunden. Ich bin dort sein nie" [dt]. Nicht wahr, das ist sehr wichtig. Meine „Familie" [dt], meine „Verwandte" [dt], so „Bekannte" [dt]. X-Statdt, Y-Stadt , Z-Stadt, eine „Kreis" so [dt]."

Herr Reyis brauchte keine Impulse und keine Redeaufforderung. Ich hatte den Eindruck, er versetzte sich unmittelbar in die Zeit zurück, von der er gerade sprach, indem er beispielsweise mittels Streichholzschachteln, Zigaretten und Feuerzeugen die Struktur ganzer Dörfer für uns entwarf. Herr Reyis ließ seinen Erinnerungen freien Lauf, so dass für uns unverständlich und thematisch zunächst nicht zu verstehen plötzlich völlig neue Gedankenstränge auftauchten. Dies machte das Zuhören sehr anstrengend. Immer wieder forderte er uns auf, ihn was zu fragen, ließ uns dazu aber kaum die Zeit, da er schon wieder mitten im Erzählen war. Unsere Fragen kommentierte er auch „das ist eine gute Frage" , „das ist richtig, das zu fragen". Herr Reyis ließ sich von seinen Assoziationen leiten und kommentierte oft seine eigenen Gedankenassoziationen. So kam er bei der Erläuterung der alevitischen Philosophie auf das Thema „die Frau im Islam" und kommentiert das mit „ach worauf sind wir denn jetzt gekommen. Die Frau im Islam." Teilweise benahm er sich uns gegenüber wie ein Lehrer gegenüber seinen Schülern/innen, indem er nachfragte, ob wir auch alles verstanden hätten, ob wir zuhören würden und ob er sich klar ausgedrückt habe. Herr Reyis hatte einen großen Drang zu reden. Als Erdinc an einer Stelle eine Frage näher ausführen wollte, unterbrach er ihn mehrere Male:

„INT2: Sie haben gesagt, dass sie in der Türkei einen Unfall hatten. Wegen des Unfalls haben Sie die Krankenhäuser in der Türkei HERR REYIS: [unterbricht] Frag mich doch. Frag mich. INT2: Ich frage. Sie kennen die Gesundheitsorganisationen und Krankenhäuser hier in Deutschland. HERR REYIS: Die kenne ich sehr gut. INT2: Wenn Sie mal vergleichen würden HERR REYIS: [unterbricht] Hab ich auch. Damals habe ich gemacht. INT2: Sie HERR REYIS: [unterbricht und zwar sehr laut] Ich habe verstanden. Du brauchst das nicht in die Länge zu ziehen. Das muss nicht sein. INT2: Ich HERR REYIS: [unterbricht, sehr laut] Weil ich verstanden habe. [hier sprechen Int2 und Herr Reyis gleichzeitig, Anm. Int2] Ich habe dich doch verstanden, mein lieber Erdinc, ich habe dich verstanden. Ich habe natürlich verstanden. Also in der Türkei... Sei mir nicht böse, dass ich unterbrochen habe, ich weiß es."

Im Besitz von Wissen und damit Autorität zu sein, ist für Herrn Reyis von zentraler Bedeutung. Durch den gesamten Text zieht sich der Satz „ben öğretmenim – ich bin Lehrer". Damit unterstreicht er viele seiner Aussagen, lässt damit quasi keinen Widerspruch zu („ich muss das wissen, ich bin Lehrer") und stellt seine Autorität heraus. Dies geschieht unabhängig von dem Thema, das gerade angesprochen wurde. Über das gesamte Interview verteilt, kommt das Wort „Lehrer" 100 Mal vor. Dies war so auffällig, dass ich das Interview auch mit „ben öğretmenim" (ich bin Lehrer) vercodet habe.

Im Interviewtagebuch hatte ich unter dem Punkt, ob es bestimmte Themen gebe, auf die die Befragten immer wieder zurückkamen, unmittelbar nach Durchführung des Interviews geschrieben: „Wenn es nicht zu abgedroschen klingen würde, würde ich sagen, dass er innerlich zu strahlen und zu glühen begann, wenn er uns die alevitische Idee verständlich machen wollte." Dem Alevitentum kommt im Leben Herrn Reyis eine wesentliche Rolle zu.

Zentrale Themen in der Erzählung

„Ich bin Lehrer"
Für Herrn Reyis Selbstbild spielt sein Beruf eine große Rolle. Während des gesamten Interviews kommt er immer wieder auf diesen Umstand zu sprechen. Lehrer zu sein bedeutet für ihn, im Besitz von Wissen zu sein, über die Fähigkeit zu verfügen, über andere zu urteilen und die Möglichkeit zu haben, mit Erziehung die Welt zu verändern. „Lehrer sein", so Herr Reyis, sichert ihm sowohl in der Türkei als auch in Deutschland einen gewissen gesellschaftlich anerkannten Status.

Der Beruf des Lehrers war schon früher in der Türkei seiner Meinung nach mit hohem gesellschaftlichem Ansehen verbunden. Insbesondere erleichterte ihm das die Suche nach einer passenden Frau erheblich, da der Lehrerberuf, seiner Einschätzung nach, neben dem Chauffeur, fast schon ein Garant dafür war, dass die Eltern ihre Töchter gerne verheirateten:

„So habe ich sie umworben. Ich sag mal auch nebenbei, in der Türkei kriegten die Chauffeure damals die besten Frauen ab. Nach den Chauffeuren kamen die Lehrer. Beamte, Lehrer... Also alle wollen ihre Töchter den Lehrern geben. Unsere [unv1Wo] galt noch. Es galt noch. Lehrersein war damals was besseres. Damals sagten auch viele. Wenn es mit (Frau Reyis) nicht geklappt hätte, hätte es mit jemand anderem geklappt."

Sein Beruf führt ihn quer durch die Türkei, hin in wenig entwickelte streng religiöse Gebiete. Aufgrund seines Status gelingt es ihm, dort Neuerungen einzuführen. Nicht nur die Kinder sind es, die er erzieht (Klassenlehrer), vielmehr sieht er sich als der Erzieher des gesamten Dorfes (Dorflehrer).

„Zwei Jahre bin ich da gewesen. Nach zwei Jahren haben sie sich von mir mit [unv1Wo] verabschiedet. Eh, das ganze Dorf kam hinter mir her. Mit Gebeten, mit Hocas haben sie mich weggeschickt. Da hab ich aber viele Neuigkeiten eingeführt. Das Anziehen habe ich geändert. Ich bin da kein Klassenlehrer, ich bin Dorflehrer. Sie machen Steinbackofen. Sie machen Brot „kochen" [dt]. Die Klappe ist auf [vom Steinbackofen, Anm. Int2]. Weil die auf ist, gehen die Hunde rein und schlafen da. Am nächsten Tag backen sie da Brot. Das geht nicht. ‚Mach mal da schnell eine Klappe hin. Sofort!' Gendarm. Der Spitzname meiner Frau war Gendarm. Gendarm [lacht]. ‚Mach mal schnell... Die Klappe sollt ihr machen'. Sie bauen ein Haus, die Zeichnungen mache ich. Hinterher machten sie nichts, ohne uns zu fragen."

Auch in Deutschland glaubt er durch seinen Beruf gesellschaftliche Anerkennung sowohl innerhalb der türkischen Gemeinde als auch im deutschen Umfeld zu finden. Mit Stolz erwähnt er an mehreren Stellen, dass er ständig eingeladen werde, Vorträge zu halten. Diese Aussagen schwächt er jedoch sofort dahingehend ab, dass er eigentlich gar nicht wisse, warum ihn immer Alle einladen, da er eigentlich doch gar kein so großes Wissen habe. Hier wird bereits eine der Grundstrukturen der Persönlichkeit Herrn Reyis deutlich, die durch starke Ambivalenzen geprägt ist. Einerseits ist er stolz auf seinen Beruf, der ihn seiner Meinung nach als Teil der intellektuellen Oberschicht ausweist, andererseits verbietet ihm seine Religion, die ihn zur Bescheidenheit verpflichtet, diesen Umstand zu sehr herauszustellen.

Der Lehrerberuf ermöglichte ihm zwar eine gewisse gesellschaftliche Stellung, aber der Preis war hoch. Die häufigen Umzüge in entlegene Regionen, die er als rückschrittlich und religiös befremdlich empfindet, die Lebensumstände, die so viel schlechter waren als die Gegend, aus der er mit seiner Frau gekommen ist, haben viel zur Unzufriedenheit des Paares beigetragen.

Das Gefühl es Fremdseins zieht sich dann auch wie ein roter Faden durch das gesamte Leben Herrn Reyis.

Fremdheit
Die Erfahrung der Fremdheit spielt im Leben Herrn Reyis eine entscheidende Rolle. Religiöse, geographische und familiäre Fremdheitserfahrungen prägen sowohl sein berufliches als auch sein privates Leben und damit auch sein Verhältnis zu seiner Frau und Tochter. Daher werde ich im Folgenden ausführlich auf dieses Fremdheitsgefühl eingehen.

Herr Reyis gehört einer religiösen Minderheit in der Türkei an. Die Aleviten machen nach Schätzungen etwa 20 % der Gesamtbevölkerung aus. Sobald er als Kind sein alevitisches Heimatdorf verlassen hat, lebt er in einer sunnitisch geprägten Umwelt. Er äußert sich nie direkt zu den Schwierigkeiten, sondern spricht diese immer nur kurz an, bricht dann rasch ab und wechselt das Thema. Auch diese Struktur zieht sich durch das gesamte Interview. Herr Reyis berichtet nie direkt und ausführlich von Problemen und Schwierigkeiten. Bestenfalls deutet er schwere Lebensumstände und harte Schicksalsschläge an, die nur der begreifen könne, der sie erlebt habe. Nie führt er jedoch ausführlich aus, was er meint. Nach einer solchen Andeutung wechselt er entweder sehr abrupt das Thema, oder unternimmt in anderer Hinsicht einen Bruch, indem er z.B. heftig und laut den Tee umrührt.

Herr Reyis erlebt schon früh ein Gefühl der Nichtzugehörigkeit – zum einen als Mensch einer anderen Religion und zum anderen in der Erfahrung, sich auch räumlich immer wieder auf ein neues Umfeld einlassen zu müssen. Die Jugend Herrn Reyis ist geprägt durch häufige Umzüge. Die Familie verlässt quasi nach jeder Schulstufe den Ort.

Auch als Lehrer muss er häufig den Ort wechseln und erlebt die Fremdheit in der neuen Umgebung immer wieder neu. Die erste Stelle tritt er in einem Dorf bei X (Großstadt im Süden der Türkei) an. Dies empfindet er als Rückschritt. Er, der aus dem Dorf kommt, es bis in die Stadt gebracht hat, muss nun die erste Stelle in einem Dorf antreten. Das ist ihm schwergefallen, zumal er diese Entscheidung nicht selbst treffen konnte, sondern dorthin geschickt wurde.

„In der Nähe von X bin ich zuerst gewesen. Ich bin zwar in das Dorf gegangen, aber es ist mir schwer gefallen. So was ist überhaupt nicht mein Fall. Im Dorf geboren, in die Stadt gehen und dann wieder in ein Dorf, na ja. Ich kann mich ganz gut erinnern, es ist mir ziemlich schwer gefallen. Mein Mittelschullehrer, ne Gymnasiallehrer, wurde da Schuldirektor in der Mittelschule. Ich habe es ihm auch erzählt. Er sagte mir, ‚das Leben fängt im Dorf an. Du wirst deinen Dienst im Dorf leisten,‘ sagte er mir. ‚Der Dienst wird hier geleistet‘ [sagte er mir, Anm. Int2]".

Nach der Erfahrung in dem Dorf in der Nähe von X-Stadt erfolgt die gewünschte Versetzung in die Westtürkei, aber nicht in die angestrebte Stadt, sondern in ein unzugängliches strengreligiöses Bergdorf. Herr Reyis beschreibt das Dorf als einen von Subsistenzwirtschaft lebenden Ort, ohne jede Zivilisation. Er fühlt sich betrogen, da ihm erst nach der Aufnahme seiner Stelle gesagt wird, dass es sich um ein sunnitisches, streng religiöses Dorf handelt.

„Dann wurde ich nach Y-Stadt [in der Westtürkei] versetzt. Ich habe geheiratet. Ach so. An dem Tag, an dem ich geheiratet habe, wurde ich [nach Y-Stadt, Anm. Int2] versetzt. Ich wurde versetzt, aber heimlich. Dann hat es sich natürlich rumgesprochen. Wir sind gerade seit einer Woche verheiratet. Nach einer Woche bin ich mit meiner Frau nach Y-

Stadt. gekommen, wo wir einige unserer Sachen zurückgelassen und einige mitgenommen haben. Aber wo war ich denn, in Y-Stadt? Es war ein Dorf in den Bergen. Interessant, mit vielen Bergen. Eh also, weil es in den Bergen war, wurde ich in ein sehr abgelegenen Dorf geschickt. Also ziemlich religiös. Y-Stadt war auch genauso. Obwohl es westlich ist, ist Y-Stadt die religiöseste Gegend im Westen. Die erzählen mir das erst später.[...] Ein Ort namens X-Dorf bis dahin sind wir gegangen. Von da aus sind wir in eine Kreisstadt mit einem Auto gefahren. Von da aus sind wir fünf, sechs Stunden zu Fuß gegangen, mit dem Pferd geritten, mit dem Trecker. Wir sind geritten, glaube ich. Die ganzen Klamotten wurden hinter uns her geschickt. Wie ich sagte eine Seite Hütte... Davor war auch... So was kam uns vor wie... Im Dorf fehlte jede Spur von Zivilisation. Wir kommen ja halt von der Stadt [hustet]."

In dem Dorf, in das er beruflich migrieren muss, durchlebt Herr Reyis diverse Fremdheitserfahrungen: Da ist zunächst die religiöse Entfremdung als Alevit, die er auch schon in dem vorherigen Dorf thematisiert hat. Auch die Sprache und die Eßgewohnheiten sind unterschiedlich. Und dem ersten Arbeitsplatz ähnlich, an dem er sich als „Dorflehrer, als Lehrer des gesamten Dorfes" definiert, entwickelt er auch hier ein gewisses Überlegenheitsgefühl gegenüber der ansässigen Bevölkerung. Er übernimmt nach eigenen Aussagen alle zentralen Funktionen im Dorf. Er sieht sich als Lehrer, Geistlicher, Abgeordneter und Arzt und vermittelt damit das Bild, die einflussreichste und wichtigste Person in diesem Dorf geworden zu sein.

„Das Dorf hat keine Verkehrsverbindung, keine Verkehrsverbindung. Wie ich sagte, Dorfvorsteher zu sein, liegt in unserer Macht, Imam zu sein, liegt in unserer Macht.[...] Ach so unsere Funktion ist da ziemlich wichtig. Unsere Funktion ist sehr wichtig. Ich kriege vom städtischen Krankenhaus Medikamente. Das ist ja ein Dorf. Damals gab es keinen Arzt, keine Medizin. Damals gab es Penizillin. Davon nahm ich immer. Wer Kopfschmerzen hat, soll zu mir kommen. Dann wurden wir von denen für den Arzt gehalten. Na ja dieses Penizillin, Aspirin nehmen wir und wenn jemand Kopfschmerzen hat, braucht er nicht zum Arzt zu gehen. In den anderen Dörfern spricht es sich auch rum. Wir kriegen die Medikamente „Medikament" [dt] umsonst. Der Ort ist sowieso kalt. Die sind aber sehr... Sie haben ihre Moschee. Aber ich kann nicht hin. Unser „Glauben" [dt], wir sind Aleviten. Ich kann nicht in die Moschee. Sie wagen sich auch nicht etwas zu sagen. Sie können zwar gar nichts sagen, aber ich erzähle es denen. Wenn ich in die Stadt fahre für eine Woche, da freuen sie sich. Sie nehmen die Kinder von der Schule und schicken sie zur Koranschule. Ich erzähle es denen, auch wenn ich fünf Mal, zehn Mal in die Moschee... Ist es nützlich für euch oder nicht nützlich."

Herrn Reyis ist es wichtig, zu vermitteln, dass er auch als Alevit in dem sunnitischen Dorf eine Respektperson geworden ist. Die Leute wagen nicht, ihn wegen des nicht stattfindenden Moscheebesuches zu kritisieren. Doch sobald er nicht da ist, werden die Kinder in die Koranschule geschickt. Sein Einfluss reicht nicht über die direkte Zeit seiner Anwesenheit hinaus, ist also nicht langfristig. Die Fremdheit als Alevit thematisiert er nie direkt. An vielen Stellen im Text bezieht er sich indirekt darauf. Als er nach Deutschland möchte, ist ihm klar, dass er aufgrund seiner Herkunft Schwierigkeiten haben wird, als muttersprachlicher Lehrer nach Deutschland entsandt zu werden: „Also der damaligen Regierung gefällt meine politische Position nicht. Deswegen... Mit meinem Dorf ist es klar [ein alevitisches Dorf, Anm. Int2] [atmet aus]" Auch hier wieder Andeutungen, die nicht weiter ausgeführt werden und deren Bedeutung man lediglich an dem lauten Atmen erahnen kann.

Das Gefühl der Fremdheit geht jedoch über den rein religiösen Aspekt hinaus. Herr Reyis erscheint wurzellos. In seiner Kindheit von einem Dorf zum anderen gezogen, sieht er auch sein Berufsleben als einen ständigen Wechsel von Orten: Als Beamter habe man kein Feld, also keine Scholle, an die man gebunden ist. „Wir sind Beamte. Der Beamte hat kein Feld, kein Acker. Wo es dem Beamten gefällt... [da lässt er sich nieder, Anm. Int1]."

Nach Deutschland kommt Herr Reyis erst auf den ausdrücklichen Wunsch seiner Frau und erst Jahre nach ihrer Migration. Auch in der Ehe waren sich die Partner fremd geworden. Eine Entzweiung, die nach dem Tod der ältesten Tochter zur Migration Frau Reyis' nach Deutschland geführt hatte. Nach acht Jahren Trennung gelingt es Herrn Reyis, als Lehrer für muttersprachlichen Unterricht nach Deutschland geschickt zu werden.

Mit seinem Leben in Deutschland hat er sich nie anfreunden können. Die Entfremdung, das fremd fühlen, scheint mitten durch die Familie zu gehen, wenn er sich als „der Türke" in der Wohnung bezeichnet, während seine Frau und seine Tochter die deutsche Staatsbürgerschaft haben. Auch dieses Thema ist ihm unangenehm. Wie an vielen anderen Stellen schneidet er dies nur sehr kurz an und ändert danach sofort wieder das Thema. In diesem Fall wechselt er das Thema dahingehend, dass er die türkische Regierung erwähnt, die ihn nach fünfjährigem Dienst in Deutschland in die Türkei zurückordern wollte. Kurz darauf wechselt er ein zweites Mal, ohne äußeren Impuls unsererseits das Thema, und spricht vom Zurückkehren. Hier unterscheidet er auch zwischen erster und zweiter Generation und ordnet sich in die Gruppe der ersten Generation ein, denen er in Deutschland Anpassungsschwierigkeiten nachsagt.

„Das sage ich euch auch. Ich bin Türke in dieser Wohnung. Meine Frau und meine Tochter sind Deutsche. Die sind Deutsche. [Int2 lacht] Nach fünf Jahren wollten sie mich auch, aber ich bin nicht hingegangen. Danach haben wir hier „weiter" [dt] machen. Wir haben weiter gemacht. Ach ja, die Fragen, wann wirst du zurückkehren. Ich weiß es nicht. Aber der Mensch will zurück. Die erste Generation ist zwar selber hier, aber die sehnt sich mehr nach dem Geburtsort, nach dem Ort, wo man gelebt hat. Also die zweite und dritte Generation können sich an ihre Heimat nicht anpassen. Aber in meinem Herz liegt zurückzukehren. „Irgendwann" [dt] werde ich also zurückkehren."

Dies ist die einzige Stelle im Interview, an der er explizit einen Wunsch, eben die Rückkehr, äußert. Der Ort, an den er zurückkehren möchte, steht für ihn ebenfalls fest. Es ist kein Ort, an dem er während seiner Zeit in der Türkei gelebt hat, sondern eine Stadt, die in unmittelbarer Nähe zu seinen Verwandten liegt. Dies wäre das erste Mal in der geschilderten Biographie, dass er seinen Aufenthaltsort selbst bestimmt und diesen frei von äußeren Zwängen bewusst wählt. Bei seiner familiären Einbindung und seiner Einschätzung, dass weder seine Tochter und wohl auch nicht seine Frau in die Türkei zurückkehren wollen, erscheint dieser Wunsch jedoch eher unrealistisch.

Die Erfahrung der Fremdheit sind bei Herrn Reyis mehrdimensional. Da ist zunächst die religiöse Fremdheit. Herr Reyis ist Alevit und wächst in der Türkei in unterschiedlichen sunnitischen Umfeldern auf. Seine Religionszugehörigkeit erschwert ihm seinen beruflichen Werdegang und führt immer wieder zu Streitgesprächen mit Türken sunnitischen Glaubens. Die nächste Dimension der Fremdheit erreicht er, als er im Laufe seines Berufes in Orte entsandt wird, die viele Hunderte von Kilometern auseinanderliegen. Hier kommt eine Form der kulturellen Fremdheit (anderer Dialekt, anderer Stand der Entwicklung) zur religiösen Fremdheit hinzu. Durch die Migration nach Deutschland wird ein weiteres Stadium erreicht. Hinzu kommt die Entfremdung von der Ehefrau, die bereits in der Türkei vorhanden war, aber durch den Aufenthalt in Deutschland verstärkt wurde. Herr Reyis definiert sich als zwischen „Tür und Angel" stehend, als einen Menschen, der weder richtig dort (in der Türkei) noch hier (in Deutschland) ist.

„Es gibt viele, die in meiner Lage sind. Eh so sind wir: zwischen Tür und Angel geblieben. [lauter] Wir waren weder in der Türkei noch hier. Da haben sie nicht mal die „Integration" [dt] geschafft. [langsam] von solchen Schwierigkeiten wissen nur die, die es erlebt haben [Teelöffelgeklimper]."

Die Fremdheit in Deutschland sieht Herr Reyis als gemeinsame Erfahrung der Männer der ersten Generation aus der Türkei. Hier spricht er daher auch im Plural.

Lebenserfahrung in der Türkei

Eigene Kindheit und Ursprungsfamilie
In den ersten und einzigen Aussagen, die er zu dem Thema Ursprungsfamilie trifft, zeichnet sich eine schwere Zeit ab, die er auch nicht wieder im Gespräch aktivieren möchte. Es bleibt, wie so oft, bei Andeutungen:

„Na ja, wie ich sagte – „Ich möchte nicht" [dt]... Ich möchte mich nicht mehr an die „Geschichte" [dt] erinnern. An die negativen Sachen will ich euch sowieso nicht erinnern [lacht]. Nicht wahr [unv2-3Wo]? Freiwillig oder nicht freiwillig hast du die alle eben erlebt. Du hast die eben erlebt. Aber leider sind die negativ. Ja, diejenigen wie ich, ich bin da nicht allein... Diejenigen wie ich... Wir haben das Gymnasium ziemlich schwer abgeschlossen."

Wer „diejenigen wie ich" sind, und warum diesen es schwergefallen ist, das Gymnasium abzuschließen, bleibt im Unklaren. Einige Minuten danach startet er einen erneuten Versuch, klarer zu machen, worin diese Schwierigkeiten bestanden haben, aber auch hier blockt er ab und wechselt das Thema:

„In diesem Zustand, unter diesen schwierigen Zuständen... Hm. Wie dem auch sei... Nachdem ich das Gymnasium abgeschlossen hatte, [kurze Pause] ganz zufällig... Es war auch an der Zeit, an der ich zum Militärdienst musste. Wir haben ja recht spät angefangen. Um nicht zum Militär zu gehen, werde ich am besten Lehrer [hab ich mir gesagt, Anm. Int2]. Die Prüfungen hab ich extern gemacht."

Herr Reyis erwähnt lediglich noch, dass die Familie aus 9 Kindern bestand und kein Land besaß. Die Mutter kommt während des gesamten Interviews nicht vor. Sie wird erst dann erwähnt, als es um ihren Todestag geht. Auch den Vater erwähnt er in diesem Part über seine Jugend nicht. Erst gegen Ende des Interviews und im Zusammenhang mit dem Nachlassen der geistigen und körperlichen Kräfte im Alter, kommt er erstmalig auf seinen Vater zurück und die Dinge, die er von ihm gelernt hat.

„Pass mal jetzt auf: [sehr schnell] Einige Menschen werden schwach, wenn sie alt werden. Die Sprüche [Weisheiten, Anm. Int1] z.B, die ich vor zehn Jahren, zwanzig Jahren von meinem Vater gehört habe, konnte ich nicht mehr hören. Er hat sie alle vergessen. Das hat mich traurig gemacht. ‚Vater, die habe ich doch von dir gelernt.' Wirklich ne, zum Wundern echt. [laut] ‚Diese Sprüche gehörten dir!' [sehr leise] Alles hat er vergessen. Ich wurde traurig, weil ich auch genau so sein werde. Mein Vater war ein kluger Mensch. Letztes Jahr bin ich hingefahren und habe das nicht mehr finden können [Ich konnte nicht mehr erleben, wie mein Vater früher war, Anm. Int2]. Er liest noch Bücher. Aleviten. Eigentlich hatte er mir sehr schöne, [unv2Wo] sehr schöne Sachen hat er mir beigebracht. Ich habe von ihm die Lehre bekommen. Ich habe auch lernen können. Beibringen ist eine Sache, aber man muss auch lernen können, verstehst du, verstehst du?"

Aber auch in dieser Passage geht es weniger um den Vater und dessen Verlust seiner geistigen Kräfte, wobei er von seinem Vater bereits in der Vergangenheitsform redet, obwohl dieser noch lebt, als vielmehr um die Angst, selbst genauso zu werden – eine Textstelle also, die weniger um den Vater als um ihn selbst kreist. Letztendlich kommen während des Interviews keine Aussagen über die eigene Jugend und Kindheit, die über die Aussage „es war schwer" hinausgehen.

Ehe

Die Familien der Eheleute stammen aus dem gleichen alevitischen Dorf und beide Familien sind in die nahegelegene sunnitisch geprägte Kreisstadt gezogen.

„Eigentlich ist die Mutter von Gülay [Frau Reyis] aus unserem Dorf. In dem Dorf, wo ich geboren wurde. In dem Dorf, wo ich geboren wurde. Das ist ein Nachbardorf. Ein oder anderthalb Stunden von uns. Aber wir kannten uns noch nicht. Nachdem wir Dings gegangen sind... Nach 1959, 60 sind wir also in eine andere Kreisstadt gegangen.[...] Die Kreisstadt ist ja klein und so haben wir uns kennengelernt. Wir sind von dem selben „Glauben" [dt]. Die Kreisstadt ist sunnitisch, unsere... Wir sind uns so schnell näher gekommen. [...] In dieser Kreisstadt habe ich als Lehrervertretung vier Monate gearbeitet. Also ich habe ihr Blumen geschickt und dann wieder Blumen geschickt. So habe ich sie umworben.".

In den Erzählungen aus den ersten gemeinsamen Jahren in der Türkei erscheint Herr Reyis als derjenige, der seiner Frau Lektionen in Bescheidenheit und Zufriedenheit erteilt, als diese in dem abgelegenen Bergdorf, in dem er als Lehrer arbeiten muss, unzufrieden ist:

„Einmal war ich Lehrer im Dorf. [unv2Sa] Sie trägt eine Haarspange. Ich sah, dass meine Frau... Sie ist ja halt jung. ‚Was fehlt uns denn hier', sagte sie. Wir wollen das auch. Sie wurde traurig und so. Aber ein paar Tage später kam eine eine Gelin[155], schöner als sie, barfuss und ein Kind auf dem Rücken, zu uns. Sie wollte etwas von uns. Sie ging auf das Feld. Ich habe sie gerufen, ‚komm', sagte ich [zu meiner Frau, Anm. Int2]. ‚Was hast du denn mehr als diese Gelin' , habe ich gesagt. ‚Guck mal', habe ich gesagt. ‚Das Kind auf dem Rücken, auf dem Feld. Was hast du denn mehr als sie', habe ich gesagt. Ich kann mich noch genau erinnern. ‚Was hast du denn mehr als sie', habe ich gesagt. ‚Ja, du musst immer an die denken, die weniger haben als du.' Das ist die Sache mit der Kultur. Das ist sehr wichtig. Wir kommen immer wieder auf die Bildung also. Wir verbinden es mit etwas. Du musst an die denken, die weniger haben. Philosophie ist wichtig im Leben."[156]

Dies ist die einzige Textstelle, in der Frau Reyis, noch in den Anfangsjahren ihrer Ehe, als die Gemaßregelte erscheint. Alle anderen Aussagen Herrn Reyis aus dieser Zeit deuten auf eine starke, durchsetzungsfähige Persönlichkeit Frau Reyis' hin. Die Ehe scheint nicht unproblematisch gewesen zu sein. Mit der erstgeborenen Tochter verlässt Frau Reyis ihren Mann und kehrt für eine Zeit in ihr Elternhaus zurück. Nach der Geburt des zweiten Kindes kehrt sie zu ihrem Mann zurück, wobei die älteste Tochter bei den Eltern bleibt. Der Tod des ersten Kindes erschüttert und belastet das Verhältnis zwischen den Ehepartnern sehr:

---

155 Bezeichnung für eine Frau, die in das Dorf eingeheiratet hat.
156 Im Interviewtext folgt danach eine Erklärung wichtiger alevitischer Gedanken.

„Erst waren wir in X-Dorf, dann sind wir ins Zentrum versetzt worden. In ein Dorf im Zentrum sind wir gekommen. Sechs Jahre sind wir da geblieben. Da haben sich unsere Familienverhältnisse geändert. Im Dorf haben wir ein Kind gekriegt. In einem anderen Dorf haben wir auch ein Kind gekriegt. Da sind unsere Familienverhältnisse Dings geworden [unv2Wo]. Sie ist noch mal zu ihrem Vater hin, und da blieb sie ein paar Monate. Unser zweites Kind haben wir gekriegt. [langsam] Da ist ein Kind von uns gestorben. Weil wir zwei Kinder hatten… Die Mutter und der Vater von meiner Frau sind auch gekommen. Die sind ziemlich weit von uns. Also die sind sechshundert, siebenhundert, achthundert km weit weg. [leise] Das Kind ist bei denen geblieben und der Bescheid über seinen Tod ist zu mir gekommen. [unv1Wo] ist weggegangen. Ich hab mich in X-Stadt niedergelassen. Das ist mir wirklich sehr schwer gefallen. Ich bin gekommen, und wir sind bei ihrem Begräbnis gewesen. Mit meiner Frau klappte es nicht mehr. Somit ist meine Frau vom Dorf nach Deutschland gekommen. Sie hatte sich für Deutschland auf die Listen setzen lassen. Sie hatte sich beworben, aber ich habe es nicht für möglich gehalten. Ich habe gedacht, dass man bei ihr Krankheiten und so was feststellen wird, so dass sie nicht geschickt wird. Ein paar Jahre [unv1Wo]. […] Sie [das verstorbene Mädchen, Anm. Int1] hatte noch nicht ihr drittes Lebensjahr vollendet. Als sie vier Jahre alt war… Das hat uns aber viel mitgenommen. Ich war sehr traurig. Wie ich sagte, das kann nur ich wissen. Wie ich sagte, ich habe als Lehrer gearbeitet, als Dorfvorsteher gearbeitet. Ich war Schuldirektor. Das Leben im Dorf kenne ich also ganz gut."

Der Tod der Tochter belastet Herrn Reyis sehr. Wie so häufig an ähnlichen Textstellen, erlaubt sich Herr Reyis lediglich die Anspielung auf die Traurigkeit, deren Tiefe nur er ermessen könne. Wieder erfolgt ein schneller Themenwechsel, weg von der Trauer um die Tochter hin zum generellen Leben im Dorf. Für Frau Reyis ist der Tod des Kindes der Auslöser, auch gegen den Willen ihres Mannes, nach Deutschland zu migrieren. Herr Reyis bleibt passiv und hofft, dass seine Frau die gesundheitlichen Tests nicht besteht. Entgegen seiner Vermutung wird sie angenommen und migriert. Das Paar wird nun jahrelang getrennt leben.

Schon in der Türkei zeigt sich Frau Reyis als der aktive Part in der Ehe. Sie verlässt mit der erstgeborenen Tochter ihren Mann. Sie entschließt sich zur Migration nach Deutschland. Herr Reyis ist passiv und reagiert. Er agiert nicht. Lediglich im Bereich der „Lebensphilosophie" sieht er sich als Lehrer, der seiner jungen Frau Lektionen in Bescheidenheit gibt.

Kinder

Das Ehepaar hatte zwei Töchter. Die älteste Tochter stirbt im Alter von drei Jahren. Nach der Migration von Frau Reyis bleibt die jüngste Tochter in der Obhut der Eltern von Frau Reyis in der Türkei. Herr Reyis ist zu diesem Zeitpunkt 600km weit entfernt als Lehrer angestellt. Er selbst migriert 1981. Seine Tochter folgt ein Jahr später. Zum Zeitpunkt des Interviews lebte eine Pflegetochter in der Familie, eine junge Frau aus der Türkei, der mittels der Adoption in Deutschland ein besseres Leben gewährleistet werden soll.

Nur sehr verhalten deutet Herr Reyis an, dass seine Tochter, bevor sie zu den Großeltern kam, bei ihm gewesen ist. Wieder bricht er ab, führt die Schwierigkeiten nicht aus und gibt dem ganzen eine positive Wende, denn letztendlich haben sie es trotz aller Schwierigkeiten „geschafft".

„Meine Tochter, nein wir sind verstreut... Meine Tochter war bei den Eltern meiner Frau. Ich war allein. Ich konnte nicht... Eine Zeitlang da... Das war ja nicht so gut. Die Familie wurde zerstreut, das war nicht so gut. Aber wir haben „schaffen" [dt] gemacht. Meine Frau hat sich auch durchgesetzt."

Über diese Zeit finden sich keine weiteren Textstellen im Interview – weder darüber, wie er die Trennung von seinem Kind verkraftet hat, noch ob es regelmäßige Besuche gegeben hat. Erst als beide in Deutschland sind, wird die Tochter zu einer zentralen Figur in seinem Leben.

Räumliches Umfeld
Die Bemerkungen zum räumlichen Umfeld konzentrieren sich auf die konfrontativen Begegnungen mit einem mehrheitlich sunnitisch geprägten Umfeld, mit dem er als Alevit immer wieder in Konflikt gerät. Das beginnt in der Jugend, wobei außer Andeutungen („es war schwer") keine genauen Angaben gemacht werden. Umso ausführlicher berichtet Herr Reyis von seiner Zeit als Lehrer, in der er sich nicht nur als Lehrer der Kinder, sondern auch als Leiter und Vorbild der Erwachsenen sah. Es ist also weniger das Umfeld, was ihn selbst und seine Handlungen prägt, als vielmehr er selbst, der glaubt, sein Umfeld erzieherisch beeinflussen zu können. Wie später in Deutschland sind es auch in der Türkei die Sunniten, die immer wieder seine Kritik auf sich ziehen und von denen er selbst kritisiert wird.

Lebenserfahrung in Deutschland

Ursprungsfamilie
Die eigene Familie ist selten direktes Thema im Interview. Die Brüder tauchen erstmalig in der Passage auf, in der er berichtet, er habe als Lehrer und nicht als Arbeiter nach Deutschland kommen wollen. Seine Brüder unterstützen ihn in dieser Ansicht, da sie ihn nicht für fähig halten, harte körperliche Arbeit zu leisten. Dies ist die einzige Einschätzung, in der er mit seinen Brüdern konform geht. An mehreren Stellen kritisiert er deren Hang zum Reichtum und zur Verleugnung der eigenen (ärmlichen) Herkunft. Herr Reyis hat sich nach eigener Aussage nicht verändert und ist der bescheidene Mensch geblieben, der er immer war. Seine Brüder hingegen, seien den Verlockungen des Geldes erlegen. Herr Reyis wehrt sich gegen die Dünkel seiner Brüder. Verachtet Herr Reyis einerseits die Entwicklung eines Bruders, der sich durch die Zugehörigkeit zu einer politischen Partei berufliche Vorteile verschafft,

und dabei vergessen hat, aus welchen Kreisen er selbst stammt, so bewundert er hingegen seinen anderen Bruder, den er als Kosmopoliten bezeichnet und dem er ein interessantes Leben attestiert. Dieser hatte in mehreren Ländern gearbeitet und, nach Herrn Reyis, mehrere Vermögen durchgebracht. Wobei Herr Reyis darauf hinweist, dass er immer nur sein eigenes Geld durchgebracht habe. Die Brüder erwarten von Herrn Reyis finanzielle Unterstützung, die er ihnen auch gewährt. Im Gegenzug dafür bekommt er Anerkennung. Diese Stelle ist nicht durch einen Lacher oder eine Pause abgemildert.

„Ein Bruder von mir kommt Montag hierher. Ein Bruder von mir ist in X-Stadt [in Deutschland]. Einer arbeitet als Schneider. [...] Denen geht es gut. Eh einer, der als Schneider arbeitet, ist sehr interessant. Der ist sehr kosmopolitisch. Er ist in England gewesen, in Frankreich gewesen. Illegal ist er hingefahren. Hier hat er auch. Er war als Bergarbeiter tätig. Er hat viel zur Grunde gerichtet. Er sagte aber: ‚Ich habe nicht das Geld meines Vaters durchgebracht, sondern mein eigenes'... Er hat viel gemacht, immer Geschäfte... Import, Export. Solche Sachen hat er gemacht. Er hat zwar viel zu Grunde gerichtet aber... Jetzt ist es aber gut. Jetzt hat er „Bereinigung" [dt] geöffnet. Seit zwei, drei Jahre entfernt er sich nicht vom Laden. Er hat viele Maschinen gekauft. ‚Greif mir ein bisschen unter die Arme', sagt er. Am Montag werde ich hingehen. Ich werde zur Bank gehen. Ich werde mit der Bank sprechen, um ihm zu helfen. So sind die Geschwister. So, sie erwarten viel von mir. Deswegen sie sind gut zu mir. INT2: Eh [unterbricht]. HERR REYIS: Ich bring niemanden in Verlegenheit. Die sind gute Verwandte."

Herr Reyis fühlt sich verpflichtet, seinem Bruder finanziell unter die Arme zu greifen. Als Gegenleistung erhält er Anerkennung. Ein besonderes Verhältnis verbindet ihn mit dem Vater seiner Frau. Der alte Mann lebt mietfrei in seinem Haus, was Herrn Reyis nicht besonders glücklich macht. Er möchte eigentlich nicht, dass sein Schwiegervater bei ihm wohnt, kann sich dem Druck seiner Frau jedoch nicht entziehen.

„Natürlich muss der Mensch... Wenn du dir vorstellst oder nicht, du musst es so wie so machen. Das ist doch ein Mensch. Glaubst du denn, ob ich das mit großer Freude mache? Ich sag mal ganz offen, ganz offen... Ich mache es nicht so gerne. Meine Frau wird dadurch traurig. Ich kann auch darüber sauer werden. Ich mache das auch. Weil die andere Kinder auch [unv1Wo]. Du kannst ihn doch nicht rausschmeißen, ihn nicht ignorieren. Das kannst du einfach nicht. Er ist darauf angewiesen. Du hast ja auch irgendwo eine Zeitlang mit ihm unter einem Dach zusammengelebt. Er wohnt doch auch in deiner Wohnung. Eh, das habe ich auch nicht gerne gemacht, ich habe ihn nicht freiwillig da wohnen lassen. Eh, wie ich sagte. Sonst hat er ja gar nichts. Freiwillig oder nicht, der ist ein Mensch. Sonst wird meine Frau traurig. Zwangsweise machst du es. Sonst... Glaub mir, ich kümmere mich ungern um ihn. Aber ich muss es. Verstehst du mich? [sehr leise] ich muss es, ja, so ist es."

Die finanzielle Unterstützung seiner Geschwister, seines Vaters und Schwiegersvaters ist auch dann ein „Muss" für Herrn Reyis, wenn er dies nur zähneknirschend tut.

Seinem Selbstbild und der alevitischen Tradition verhaftet, hat er keine andere Wahl als so zu handeln. Er ficht seinen Kampf nicht zwischen den vermeintlichen Ansprüchen der türkischen Kultur und seinen eigenen Wünschen aus, vielmehr muss er finanzielle Hilfe leisten, um seinen eigenen philosophisch-religiösen-moralischen Ansprüchen gerecht zu werden. Der Familie, die derzeit eher als Nutznießer seiner finanziellen Zuwendungen auftaucht, möchte er im Alter jedoch um sich haben, da der Mensch nicht alleine sein möchte:

„Der Mensch kann nicht alleine leben. X-Stadt [in der Türkei] liegt nahe bei meiner „Familie" [dt]. Wenn „Familie" [dt] krank wird. Wenn einer „schwerbehindert" [dt] wird. Oder wird „tot" [dt] oder so was. Da bin ich eine Stunde, „eine Stunde, höchstens, spätestens zwei Stunden. Ich bin dort sein nie" [dt]. Nicht wahr, das ist sehr wichtig. Meine „Familie" [dt], meine „Verwandte" [dt], so „Bekannte" [dt].

Er thematisiert hier aber eher einen Lebenstraum als die Realität. Diese Verwandten werden im gesamten Interview kaum erwähnt und seine Frau und seine Tochter werden nicht in die Türkei zurückkehren. Herr Reyis selbst hat nie in der Stadt, in die er „zurück"kehren möchte, gelebt. Es bleibt fraglich, ob er dies tun wird.

Ehe

Die treibende Kraft im Leben des Paares ist Frau Reyis. Sie hatte für sich die Wahl getroffen, nach Deutschland zu gehen, während Herrn Reyis nichts anderes übrig blieb, als sich ihr anzuschließen. Wie schon in seinem Beruf als Lehrer, wo der Staat seinen Wirkungsort ohne sein Zutun festlegte, besteht in diesem Fall seine Frau darauf, dass er nach Deutschland kommt. Vor die Wahl gestellt, seine Ehe aufs Spiel zu setzen und in der Türkei zu bleiben, entscheidet er sich für den Wechsel nach Deutschland. Herr Reyis beschreibt seine Frau als das genaue Gegenteil zu sich selbst. Er definiert sich als bescheiden und zufrieden mit dem, was er erreicht hat. Er möchte nicht nach materiellen Gütern streben und ist sich immer bewusst, dass es Menschen gibt, denen es schlimmer geht als ihm selbst. So beschreibt er sich als ein Musterbeispiel alevitischer Tugenden. Dem gegenüber stehen die Eigenschaften, die er seiner Frau zuschreibt. Er bezeichnet sie als ruhelos und ehrgeizig. Seine Frau möchte lernen, Wissen anhäufen und hat diesen Ehrgeiz auch auf die gemeinsame Tochter übertragen: „Unsere Tochter ist hier. Meine Frau wird nie zur Ruhe kommen. Das weiß ich also genau. Wie ich sagte. Mal gucken, wer zuerst, mit der Universität fertig wird, meine Frau oder meine Tochter [lacht]."

Auch im Alter entwickeln sich Beide unterschiedlich. Während sich Herr Reyis mehr aus dem aktiven (Vereins-)Leben zurückziehen möchte, hat Frau Reyis noch viele Wünsche und Vorstellungen, wie sie ihr Alter gestalten möchte – eine Vorstellung, die Herr Reyis nicht unbedingt nachvollziehen kann:

„Das ist bei jedem anders [das Altern, Anm. Int1]. Bei meiner Frau ist es z.B. Wenn sie noch älter wird, ‚ich möchte Computer lernen'. Sie hat eine eigenartige Vorstellung. Bei mir ist es nicht so. Ich sage, wenn ich alt werde, werde ich ein Buch lesen. So schnell es geht... Ach ja, in diesem Jahr nehme ich an vielen Sachen teil. Aber ich habe jetzt die Bremse gezogen. Ich habe gesagt: ‚Freunde, ich bin älter geworden, ich schaffe es nächstes Jahr nicht mehr'. "

Seine Frau erscheint in dieser Textstelle als die aktive, überlegenere. Obwohl sich das Paar nur um vier Jahre im Alter unterscheidet, zieht sich Herr Reyis aus dem aktiven Leben langsam zurück. Er fühlt sich der Kraft seiner Frau, die diese mit zunehmendem Alter entwickelt, nicht mehr gewachsen. Während er immer passiver wird, entwickelt sie immer stärkere Aktivitäten und findet neue Herausforderungen und probiert Neues aus.

Durch die Migration hat sich Frau Reyis den Ansprüchen ihres Mannes gegenüber materieller Bescheidenheit entzogen und ist selbst für die Erfüllung ihrer Wünsche verantwortlich. Gleichzeitig beginnt sie sich in Deutschland zu bilden, Kurse zu besuchen und die Sprache zu lernen. Die acht Jahre, die sie ohne ihren Mann in Deutschland gelebt hat, haben ihr nicht nur finanzielle Unabhängigkeit, sondern auch einen Wissensvorsprung gegeben. War Herr Reyis in der Türkei derjenige, der seiner Frau, quasi wie ein Lehrer, das Leben erklärt hat, ist es in Deutschland Frau Reyis, die die Strukturen besser kennt und sich besser zurechtfindet. Obwohl Herr Reyis an anderen Stellen erklärt, wie wichtig Wissen sei, irritiert ihn dieser Wunsch bei seiner Frau erheblich. Beschreibt er einerseits Wissen als den „Sesam öffne Dich" für ein selbstbestimmtes Leben und ist bei seiner Tochter stolz darauf, verunsichert ihn dieser Wunsch bei seiner Frau sehr. Das gleiche, was er bei sich selbst und seiner Tochter als zielstrebig und wünschenswert bezeichnet, nämlich der Wunsch nach Wissen, bekommt bei der Beschreibung seiner Frau einen negativen Beigeschmack. Seine Tochter sieht er als Produkt seiner Erziehung. Unter seinem pädagogischen Einfluss hat sie den Weg eingeschlagen, den ihr Vater für richtig hielt. Seine Frau hingegen, hat sich ohne und gegen seinen Einfluss entwickelt, was bei ihm Fremdheits- und Distanzerfahrungen auslöst. Damit dringt sie in seine Domäne ein.

Sein Selbstbild entsteht im Kontrast zu seiner Frau. Ist sie ehrgeizig (in einer negativen Konnotation), unersättlich und nicht zufrieden zu stellen, bezeichnet er sich als bescheiden und dankbar. Sein Wissen dient der Wissenschaft und der Umwelt (da er ständig eingeladen wird). Ihr Wissen ist nutzlos, da sie es aus reinem Selbstzweck möchte. Die Waage innerhalb der Beziehung des Paares hat sich verschoben. Aus dem überlegenen Lehrer in der Türkei, der seiner Frau das Leben erklärt und ihr Lektionen in Bescheidenheit erteilt, ist ein Mann geworden, der sich seiner Frau nicht mehr gewachsen sieht und das damit überdeckt, dass er zweierlei Maß anlegt –

nutzloses und nützliches Wissen, gesunder und ungesunder Ehrgeiz – und sich damit wieder ein gewisses Maß an Überlegenheit sichert.

„Ich habe nicht viel Dings. Aber manche Menschen, ich erlebe es auch. Zum Beispiel, meine Frau ist sehr Dings. Sie ist ehrgeizig. Sie kann ihren Ehrgeiz nicht unter Kontrolle halten. Zum Beispiel viele Sachen, die gemacht werden müssen, möchte sie machen. Ich fühle es auch. Wie ich sagte, sie möchte viel machen aber sie schafft sie nicht, weil... Dieses Jahr möchte sie unbedingt mit Computer ‚Das möchte ich machen', sagt sie. Ich weiß es. Diesen Ehrgeiz spüre ich, weil sie neben mir liegt. Aber jeder möchte das machen... Also die Wünsche haben nie ein Ende. Jedes Mal kommt etwas. Das ist unmöglich also. Unmöglich. Ich sag das auch. Ich bin ein bisschen anders. Ich bin ein sehr dankbarer Mensch. Das muss ich auch sagen. Ich selber... Ich kann mich zufrieden stellen."

Wie auch schon seine lebensphilosophischen Grundsätze, wie Bescheidenheit und das Suchen nach Wissen, verankert Herr Reyis auch seine Vorstellungen zum Geschlechterverhältnis in der alevitischen Tradition. Das Alevitentum mache keinen Unterschied – weder zwischen den Nationen, noch zwischen Mann und Frau. Herr Reyis verbirgt sich, wie auch in anderen Fragen, hinter einer Ideologie, einer Religion. Er teilt nicht seine eigene Meinung mit (ich denke, dass...), sondern gibt eine ideologische Aussage wieder. In dieser gesamten folgenden Passage, in der es um die Rolle der Frau im sunnitischen Islam und im Alevitentum geht, spricht er lediglich im letzten Satz in der ersten Person Singular. Ansonsten benutzt er die Worte eines Philosophen, den er ausgiebig zitiert. Das Geschlechterverhältnis im Alevitentum und im Islam benutzt Herr Reyis als Forum gegen den sunnitischen Islam. In einem Diskurs über die Ideologie des Alevitentums kommt Herr Reyis auch auf die Rolle der Frau im Islam zu sprechen, ohne dass wir einen entsprechenden Redeimpuls gegeben hätten:

„Die Frau im Islam... Die religiöse Themen spielen da eine Rolle, weißt du. Da ist z.B Persisch. Als Mohammed kam, unser „Prophet" [dt], sind wir weiter gekommen. Sind die Rechte der Frau rückständig geworden oder nicht? ‚Die sind rückständig geworden', habe ich gesagt. Mohammed ist gekommen und so sind die Rechte der Frau rückständig geworden. Mohammed hat eine Frau geheiratet. Der Mann war ein Führer in seinem Klan. Mohammed ist gekommen und hat all diese Rechte für ungültig erklärt. Ich sage den Frauen: ‚Blöde Frauen'. Natürlich zu unseren Frauen. Dies auch ‚Eigentlich müsst ihr Atatürk respektieren. Atatürk gab den Frauen Rechte'. INT2: Ja [hier sprechen Int2 und Herr Reyis gleichzeitig. Herr Reyis wird lauter., Anm. Int2] HERR REYIS: ‚Euer Mohammed. Mohammed hat doch eure Rechte verdorben. Mohammed hat gesagt, bis drei, bis fünf ist es frei [Mohammed hat den Männern das Recht zugestanden, drei bis fünf Frauen zu heiraten, Anm. Int2]. Er selbst, bei den Dingen, eh ich lese, aber deine Schwester Gülay [Frau Reyis] weiß mehr als ich. Sie liest viele unterschiedliche Seiten, deswegen denkt sie auch noch negativer. Wir haben keine Allergie gegen Religion. Die Religion muss nicht getrennt Dings sein. [...] ‚Weil es das Alevitentum sagt', sagte er. ‚Die Frauen und die Männer sind gleich', sagte er [ein Philosoph, der über das Alevitentum spricht, Anm. Int2]. ‚Das benachteiligt niemanden', sagte er. ‚Nicht wie die anderen, wie die anderen „Fundamentalisten" [dt] sagt er ‚lange Haare, kurzer Verstand'. In der Tat sagt das Alevitentum das nicht. Deswegen, um es wie ein Alevit zu sagen... Dem Mensch gefällt es also. Das macht keinen Unterschied zwischen den Menschen. Die Religion blockiert bei uns wirklich vieles. ‚Das ist nicht gut', sagt er. Die macht rückständig. Der einzige Grund für unsere Entwicklung, das sag ich immer, das ist die Religion. Das ist der Fall Religion. Die macht uns rückständig."

Wie auch schon in seinen lebensphilosphischen Grundsätzen, wie Bescheidenheit und Zufriedenheit, legt er auch dem Geschlechterverhältnis eine religiöse Basis zu Grunde. Die Gleichberechtigung zwischen Mann und Frau ist im Alevitentum verankert und somit für ihn maßgeblich. In den Ausführungen Herrn Reyis sind keine geschlechtsspezifischen Zuschreibungen zu erkennen. Er unternimmt keine Aufteilung in Arbeiten, die eher Frauen bzw. eher Männer verrichten sollten. In Deutschland wird Herr Reyis jedoch mit einem Türkenbild konfrontiert, das seinem Selbstverständnis widerspricht. Seine deutschen Kollegen gehen ganz selbstverständlich davon aus, dass sie es ihrem männlichen türkischen Kollegen nicht zumuten können, seine Tasse abzuspülen und schließen ihn von der Spülliste aus. Gegen diese Form der Zuschreibung wehrt sich Herr Reyis heftig und verteidigt sein Engagement im Haushalt.

„INT1: Helfen Sie Ihrer Frau zu Hause? HERR REYIS: Natürlich. INT1: Was machen Sie? HERR REYIS: Was es gibt. Alles. Es gibt nicht... Manche Sachen kann ich nicht. Ich mag nicht kochen. Aber... Das hab ich auch nicht gemacht als ich ledig war. Aber zu Hause helfe ich wirklich. Zum Beispiel, letztens habe ich Dings gemacht. Es wird eine Dings gemacht. Ein Deutscher in der Schule. Es gibt eine Liste, weißt du. Jeder sein Glas... Jeder hat einen Tag. Ich habe gesehen, dass sie mich nicht auf die Liste gesetzt haben. Vielleicht, weil sie [unv1Wo]. Ich habe mal geguckt, ich habe bei Dings den Dings gemacht. [laut] ‚Aha, macht ihr das auch?' ‚Ja, das mache ich, warum soll ich das nicht machen?' ‚Aber die türkische Männer machen das nicht.' [ziemlich leise] ich mache es aber. Ich habe den Dings gemacht. Ich habe die Gläser gewaschen. Manche waschen die Gläser ab. Ich suche ein Handtuch und trockne die ab. Sie werden neugierig und fragen: ‚Hilfst du zu Hause auch?' ‚Ja', sage ich, ‚ich helfe'. Sie fragen das oft. ‚Natürlich helfe ich. Guck mal, ich trockne die Gläser ab', sage ich. Aber ich bin nicht sehr fähig. Aber ich möchte das machen. Warum sollte ich das nicht? Das Leben ist eine Partnerschaft. Sonst, wenn meine Frau arbeitet. Sie arbeitet ja. Wenn sie arbeitet, macht jeder. [laut] dann arbeitet sie, und ich mache es nicht? Warum arbeitet sie denn überhaupt? Nein, das Leben ist eine Partnerschaft. Es gibt nichts so wie Mann oder Frau. Das Leben ist eine Partnerschaft. Alles kann ich machen. Aber was in meiner Macht steht. Man muss es natürlich machen, nach meiner Meinung. Warum soll man es nicht machen? Wir machen es. Solche Sachen gibt es nicht. Wir müssen auch vieles machen. Das ist aber nicht bei jedem der Fall. Aber trotzdem... Ich möchte eigentlich positiv sprechen. Es wird aber auch meistens so. Ich möchte nicht auf die negativen Seite eingehen."

An mehreren Stellen in dieser Passage hebt Herr Reyis hervor, dass er das gemeinsame Leben mit seiner Frau als „Partnerschaft" begreift. Wenn beide arbeiten, sollte auch die Haushaltsarbeit geteilt werden. Das Leben als partnerschaftliches Konzept mit der Ehefrau taucht jedoch lediglich an dieser Stelle auf, an der es um die Mitarbeit im Haushalt geht. Herr Reyis erwähnt dieses Konzept nicht z.B. im Zusammenhang mit dem Treffen gemeinsamer Entscheidungen (Migration nach Deutschland, Rückkehr in die Türkei etc.).

In weiten Teilen des Interviews wird deutlich, dass Herr Reyis seine Frau als den aktiveren Part in der Ehe begreift. Sie hat in seinen Augen einen unstillbaren Hunger nach Wissen und ist ehrgeizig. Anders als Herr Reyis hat sie sich mit dem Leben in Deutschland arrangiert und die deutsche Staatsbürgerschaft angenommen. Herr Reyis fühlt sich in Deutschland seiner Frau, deren Energie und „Ehrgeiz" unterlegen und empfindet sich auch in der Beziehung fremd. Die von ihm formulierte „Partnerschaft" lässt sich im Interview lediglich auf eine Aufgabenverteilung im Haushalt beziehen, nicht aber auf ein gemeinsames Lebenskonzept bzw. Entscheidungsfindung.

Kinder
In Deutschland angekommen, wird die Tochter in die gleiche Schule eingeschult, an der auch Herr Reyis als Lehrer arbeitet. Ein Großteil aller Aussagen Herrn Reyis bezüglich seiner Tochter beziehen sich auf den Bildungsbereich. Dies ist der Bereich, auf den er als Pädagoge den größten Einfluss genommen hat. Herr Reyis überträgt sein hierarchisches Gesellschaftsbild – mit den Akademikern an der Spitze – auf seine Tochter. Seine Tochter entscheidet sich nach einem Gespräch mit dem Vater, dass sie zur Spitze gehören will, was für sie und ihren Vater Gymnasium bedeutet. Ähnlich wie die Mutter, entwickelt die Tochter einen großen Ehrgeiz und schafft den Gymnasialabschluss sowie ein Studium, obwohl sie zum Zeitpunkt ihrer Migration, sie ist 12 Jahre alt, kein Deutsch spricht. Anders als bei seiner Frau, deren Engagement im Bildungsbereich Herrn Reyis eher irritiert und abstößt, unterstützt er seine Tochter in deren Bemühungen, sich Wissen anzueignen. Herr Reyis berichtet ausführlich von dem Gespräch mit seinem Kind über ihren weiteren schulischen und beruflichen Werdegang. Diesem Gespräch war eine Konsultation mit dem Direktor vorausgegangen:

„Der Direktor ist da. ‚Ali [Herr Reyis], sie ist nicht faul. Sie ist aber auch nicht fleißig', hat er gesagt. ‚Sie ist zwar fleißig aber sie wird spät „begreifen" [dt] machen, hat er gesagt. Ihr Deutsch, sie war ja erst neu gekommen. ‚Sie macht spät „begreifen" [dt], hat er gesagt. Na ja „Hauptschulempfehlung" [dt] pardon, sie hat die „Realschulempfehlung" [dt] gekriegt. Das ist gut. Der Mensch muss es auch in sich haben. Man muss „kämpfen" [dt] machen. ‚Ich bin ein Lehrer, meine Tochter', habe ich ihr gesagt. Ich hab gesagt, ‚du gehst ja am Besten zur „Realschule" [dt]. Wenn du aber danach willst... Du weißt ja, in der Schule gibt es die „Tür" [dt] oder das Fenster. Du kannst von einem zum anderen wechseln' [du kannst von der Realschule auch aufs Gymnasium gehen, Anm. Int2]. ‚Vater, ich möchte nicht dazwischen bleiben', hat sie gesagt. ‚Guck mal, ich möchte nicht dazwischen bleiben', hat sie gesagt. ‚Entweder oben oder unten, entweder „oben" [dt] oder „unten"', hat sie gesagt. ‚Was ist „unten" [dt]?"' ‚Unten ist „Sonderschule" [dt],' sagte sie. „Oben'" [dt]? „Gymnasium'" [dt] Das vergesse ich nie. Sie hat aber auch „schaffen" [dt] gemacht. Mir ist [unv1Wo], das ist sehr schwer. Ein ausländisches Kind hier an der Universität Dings finden ist wirklich sehr schwer. In dieser Schwierigkeit... Vielleicht kommt die Klugheit von der Seite der Mutter. Vielleicht kommt es daher, weißt du. Bei der Erziehung der Menschen spielen das Erbe und die Umgebung eine große Rolle. Das Erbe sind Mutter und Vater. Als Lehrer haben wir solche psychologische und pädagogische Dinge."

Den Schul- und Universitätsbesuch seiner Tochter verteidigt er gegen Anfeindungen der eigenen ethnischen Gruppe und verwehrt sich dagegen, dass seine Tochter bessere Voraussetzungen gehabt habe, als andere Kinder von Arbeitsmigranten. Wobei er an dieser Stelle seine Aussage relativiert, aus Akademikerkindern würden in der Regel auch selbst Akademiker/innen. Das Studium seiner Tochter war ein Herzenswunsch, wohl noch mehr von Frau Reyis als von Herrn Reyis. Herr Reyis hat sein Kind im Rahmen seiner Möglichkeiten unterstützt. Alle Textstellen im Zusammenhang mit seiner Tochter beziehen sich auf den Bildungsbereich. Auch unsere Frage nach generellen Verhaltensweisen seines Kindes, und ob er glaube, dass sich seine Tochter in der Türkei anders entwickelt hätte als in Deutschland, bezieht er lediglich auf den schulischen Bereich. Nur in einer kurzen Sequenz schimmert Unzufriedenheit durch. Herr Reyis bedauert, nach Deutschland gekommen zu sein, weil er damit seiner Tochter nicht schon eher die Sicherheit einer Ehe, eines gesicherten Lebens und sich selbst die Freude an Enkelkindern hatte geben können:

„INT2: Ich meinte auch mit der Entwicklung Ihrer Tochter. Mit der Entwicklung Ihres Kindes. Wenn sie in der Türkei geblieben wäre, wäre eine andere Entwicklung (unterbricht) HERR REYIS: Ich sag mal so, meine Tochter würde auch in der Türkei studieren. Ich weiß es also. Ich bin Lehrer, ich weiß es ungefähr. Aber wie weit wir sie hätten erziehen können. Das ist es. Du möchtest sie in die Schule schicken, aber mit den Möglichkeiten... Ich meine, meine Tochter würde studieren, auch wenn sie da geblieben wäre. Der Lehrer hat gar nichts. Alle meine Freunde, ich sag mal... Wenn du mal guckst, [unv2Wo] sind miserabel. Sie haben wenigstens die Kinder studieren lassen. Später bin ich hingegangen. Letztes Jahr bin ich hingefahren. Es liegen fünfzehn Jahre dazwischen. Die Lehrer... Ich hatte Mitleid mit denen. ‚Hab kein Mitleid Ali' haben sie gesagt. ‚Unsere Kinder sind Ärzte geworden, Lehrer geworden, Ingenieure geworden', haben die gesagt. Ich habe den Dings... Ich habe mit denen Dings gemacht. Der Verein hat sich versammelt, ich hatte sie unterstützt. Eine Hälfte von uns war ja hier. ‚Nein' haben sie gesagt, ‚gib für uns nichts aus. Uns geht es gut', haben sie gesagt. ‚Unsere Kinder haben studiert'... Das Kind des Lehrers studiert also meistens. [...] Deswegen, meine Tochter hätte auch da studieren können. Aber manchmal mache ich... Ein Freund von mir ist hierher gekommen. Er ist auch Lehrer. Dasselbe hat er gefragt. ‚Ich bin nach Deutschland gekommen. Ich habe mir sehr vieles angeschafft. Meine Kinder sind so geworden. Es wäre besser, wenn ich nicht gekommen wäre, Ali', hat er gesagt. Der Mann lebt im Wohlstand. ‚Warum?' habe ich gefragt. ‚Eine Tochter, die verlobt war, ist durch einen Verkehrsunfall gestorben.' ‚Ach so', habe ich gesagt. Ich bin traurig geworden. ‚Es wäre besser, wenn ich nicht gekommen wäre', hat er gesagt. Meine Tochter ist fünfundzwanzig, sechsundzwanzig Jahre alt. Ich sagte auch, dass es besser gewesen wäre, wenn ich nicht gekommen wäre. Warum? Wenn wir da geblieben wären, hätte ich dich verheiratet. Du hättest dein eigenes Zuhause gehabt. Ich hätte jetzt Enkelkinder. Ich habe ja kein anderes Kind. Solche Sachen. [...] Wir haben uns sehr gewünscht, dass sie studiert. Die Familie [unv1Wo] Die Rolle der Familie ist sehr groß in dieser Hinsicht. Einige kommen und sagen: ‚Du bist Lehrer, deine Kinder studieren, aber unsere nicht'. Nein, nein. Das hat damit nichts zu tun. Mein Kind hat doch keine Hilfe bekommen. Ich kann ja kein Deutsch. Viel besser als ich. Sie hat überhaupt keine Hilfe bekommen. Aber ich meine, dem Kind helfen bedeutet nicht, dass man bei Mathematik, bei Physik, Chemie hilft. Man muss sie unter Kontrolle halten. Man muss Interesse zeigen. Man muss sie unterstützen. Man muss einige Alternativen finden. Es werden keine Alternative gefunden. ‚Bloß nicht', sage ich. ‚Ich bin auch eine von denen', sage ich. Das war aber nicht so. ‚Ihr könnt das genau so gut machen, wie ich', sage ich. Das könnt ihr auch machen. Ich bin Lehrer, das muss ich sagen. ‚Sie kann mir doch helfen', sage ich. Aber das war nicht so. Es war aber so, du musst Interesse zeigen, du musst zu dem Elternabend gehen, du muss dich für die Schule interessieren. Man darf das Kind nicht einfach alleine lassen. Das ist alles. ‚Was ich vielleicht anders als ihr mache, ist nur das', sage ich."

Wieder werden die Ambivalenzen in Herrn Reyis Argumentation deutlich. Betont er einerseits, der schulische und berufliche Erfolg eines Kindes sei unabhängig von der gesellschaftlichen Stellung der Eltern, wird andererseits sehr deutlich, dass er durchaus ein hierarchisch geprägtes Bild der Gesellschaft hat. Die Kinder von Akademikern werden selbst Akademiker. Hinzu kommt die Vorstellung einer eher biologisch abgestuften Hierarchie – intelligente Eltern haben intelligente Kinder. In dieser Sichtweise ist seine Tochter in seinen Augen durchaus in beiden Hinsichten privilegiert. Der Vater ist Akademiker, und die Familie der Mutter steuert die nötige biologische Intelligenz bei. Diese Haltung steht im Widerspruch zu seinen religiös begründeten Werten, dass alle Menschen gleich seien und es keinen Unterschied gibt. Insbesondere im Vergleich mit der Pflegetochter, wird diese Sichtweise noch deutlicher. Die Frau stammt nicht aus Akademikerkreisen, und von daher verwundert es Herrn Reyis nicht, dass sie nicht einmal den Hauptschulabschluss geschafft hat. Intelligenz scheint für ihn die Voraussetzung für das Recht auf ein selbstbestimmtes Leben zu sein. Ohne den akademischen Erfolg sieht er für seine Pflegetochter lediglich den Weg in die Ehe als einzige vorstellbare Möglichkeit.

„Eine haben wir auch nachgeholt, sie wurde jetzt auch unsere Tochter. Sie ist auch bei uns. Wir haben auch die andere Tochter [leibliche Tochter, Anm. Int2]. Das Mädchen ist ein Problem. Was ich mit Problem meine, man muss sie ohne sie es merken zu lassen... Eh Dings machen [beobachten, schützen, Anm. Int2]. Als Vater und Mutter... Egal wie weit es geht... Sie schützen letztendlich. Wenn sie heiraten dann ist man dieses Problem los."

Vater sein und Lehrer sein ist in der Vorstellung Herrn Reyis eng miteinander verknüpft. Alle Situationen, in denen er sich in der Interaktion mit seiner Tochter beschreibt, sind im Bildungsbereich angesiedelt. Die Unterstützung, die er seiner Tochter gibt, sind primär auf das Erreichen eines guten Bildungsstandes gerichtet. Dies erreicht er mittels der „Kontrolle", worunter er versteht, ein Kind zu lenken und zu leiten, ohne dass es diese Kontrolle als einschränkend empfindet. Neben der Kontrolle ist es die „Disziplin", die er sowohl als erzieherischen Wert als auch als verinnerlichtes Ideal anstrebt, das zum gewünschten Erfolg führt.

„Wenn jemand seine Tochter nicht schlägt, schlägt er irgendwann sich selber.[157] Darüber lässt sich noch diskutieren, aber es ist doch richtig. Man muss aber ein bisschen aufpassen. Ich bin Lehrer. Ich mache es konkreter. Ich mache die Fälle nicht subjektiv. Ich mache es konkreter. Ich sag einem Schüler: ‚Ich werde deine Eltern anrufen.' Er spricht „hart" [dt] mit mir. Er spricht unhöflich mit mir. Ich sag: ‚Ich werde bis in alle Einzelheiten alles deinen Eltern erzählen.' Wenn das Kind aber verantwortungslos ist, wenn es mit den Eltern nicht Dings ist. Wenn es keine Disziplin gibt, sagt es immer „ach" [dt]. Na ja. Es bringt nichts, auch wenn du ihn erziehst. Das kannst du schon vermuten. Aber bei einem Anderen, ‚ich werde heute Abend anrufen'. ‚Nein, bitte nicht.' Ja dieses Kind hat Verantwortung. Nimm es mir nicht übel, der Mensch ist nicht Dings. Die Schulbildung ist hier gut. Gewalt ist kein Mittel bei der Erziehung. Die gilt nirgendwo als ein Mittel. Aber es muss manche Regeln geben… [unv1Wo] In Bayern werden bessere Schüler ausgebildet, wie ich es gehört habe. Da ist es noch stärker diszipliniert. Dahinter stehe ich auch persönlich. Es muss auch bisschen Dings sein. Bisschen Disziplin. Das muss aber in einer Art und Weise sein."

Disziplin, Ordnung, Regeln und Verantwortungsbewusstsein werden für Herrn Reyis zu Schlüsselbegriffen in der (schulischen) Erziehung. Er sieht seine Aufgabe darin mit diesen Methoden seine Schüler und seine Tochter zu erziehen. Gewalt als Mittel lehnt er ab („Gewalt ist kein Mittel bei der Erziehung"), doch müsse auf die Kinder verstärkt „aufgepasst" werden, sprich ihnen auch mit Sanktionen gedroht werden. Bildung ist für Herrn Reyis ein „Passe partout, ein Sesam öffne Dich", der Unabhängigkeit und Akzeptanz mit sich bringt. Dies besitzt für ihn universelle Gültigkeit.

„Manchmal sagen sie über uns, es gibt ausländische Kinder… Die Lehrer möchten nicht, dass die ausländischen Kinder weiter kommen. Nein, nein, nein das stimmt gar nicht. Ich mache immer Dings. Den Wissenden, den Fleißigen liebt doch jeder, wo immer die in der Welt sind. Die lieben ihn, weil… Studieren ist was Schönes. Wir sprechen immer drüber, als Pädagogen… Letztens mit Fakir Baykurt, wir haben uns meistens damit beschäftigt. Sich mit der Wissenschaft zu beschäftigen ist etwas schönes. Es gibt ein Sprichwort, das besagt: der armselige Freund ist schlimmer als der kluger Feind. Es ist ein schönes „Sprichwort" [dt]. Es ist ein türkisches Sprichwort. Es ist sehr schön. Deswegen legen wir Wert darauf. Habe ich mich verständlich machen können? […] Deswegen wollten wir, dass unser Kind studiert. Deswegen also. Du hast ja gefragt, wenn du in der Türkei geblieben wärest… Der einzige Verdienst von den Pädagogen in der Türkei ist das, dass ihre Kinder studiert haben."

---

157 Das Sprichwort im türkischen Original lautet: „Wer seine Tochter nicht schlägt, schlägt sein Knie" und meint, dass Erziehungsfehler sich später rächen.

Herr Reyis sieht sich als ein Vorbild für seine Tochter – und zwar in zweierlei Hinsichten. Dies ist er zum einen durch seinen Beruf, durch den er seiner Tochter auch die Möglichkeit einer akademischen Karriere bietet und durch seine Lebenseinstellung bzw. das von ihm gelebte Leben als Anleitung für sein Kind. Herr Reyis definiert seine Vaterrolle parallel zu der Rolle als Lehrer. Vater sein bedeutet für ihn Lehrer sein. In Bezug auf das Bildungsideal hat die leibliche Tochter den Ansprüchen des Vaters entsprochen. Wie sich das Vater-Tochter Verhältnis außerhalb des Bildungsbereiches gestaltet, darüber gibt es im gesamten Interview keinen Hinweis.

Räumliches Umfeld
In Deutschland sind es drei Umfelder, die Herrn Reyis beeinflussen: Das deutsche Umfeld, das türkisch-sunnitische und das türkisch-alevitische. Dem deutschen Umfeld steht er am undifferenziertesten gegenüber. Seine Sprachkompetenzen sind nicht so weit entwickelt, als er sich so in diesem Umfeld bewegen könnte, wie er es gerne hätte. Umso wichtiger ist es für ihn, dass seine Tochter im deutschen Umfeld einen hohen Platz mittels Bildung erwirbt.

Das türkisch sunnitische Umfeld ist Quell ständiger Querelen, insbesondere wenn es um die Stellung der Frau geht. Diese empfindet Herr Reyis bei den Sunniten als herabgewürdigt und kritisiert auch die Bildung der Kinder, die er für unabdingbar hält, die seiner Meinung nach aber von den Sunniten nicht in gleichem Maße angestrebt wird.

Sein eigenes Selbstbewusstsein und Selbstwertgefühl hingegen bekommt Herr Reyis aus dem türkisch-alevitischen Umfeld, das ihn als Lehrer annimmt und schätzt. An dieser Struktur hat sich seit den Zeiten in der Türkei nichts geändert.

Geglaubte und gelebte Wertvorstellungen

Durch das gesamte Interview ziehen sich Wertvorstellungen, die sowohl die Sichtweise des eigenen Lebens betreffen als auch allgemein gültige philosophisch-religiös geprägte Normen enthalten. Auf der Lehre Alis baut Herr Reyis sein gesamtes Normen- und Wertesystem auf. Sie durchdringt sowohl Fragen zum Geschlechterverhältnis, zur Bildung als auch zum zwischenmenschlichen Umgang allgemein. Auch das Politikverständnis ist durch diese Lehre geprägt. Herr Reyis sieht das Alevitentum als *den* ideologischen und lebenspraktischen Grundbaustein in seinem Leben.

„Die Philosophie von Ali sieht die zweiundsiebzig Nationen mit dem gleichen Dings, nicht wahr. Sie macht unter den Nationen keinen Unterschied wegen der Sprache, der Religion, der Rasse. ‚Der Mensch ist einfach Mensch', sagt sie. Deswegen schätze ich sie. Der Grund, warum ich so international bin, ist die Sache, die mir Alis Dings gegeben hat. Der Einfluss, verstehst du? Deswegen können wir keinen Unterschied zwischen den Menschen machen. Wir machen keinen Unterschied. ‚Der Mensch zählt', sagen wir. Überlegt dir mal, wie naiv das erstgeborene Kind ist. Die Menschen werden mit der Zeit... Deswegen mache ich bei den Menschen... Ich habe dir gesagt, dass ich die Sachen hier nicht [unv1Wo]. Eh wir sagen die Philosophie von Ali... Der Mensch muss wenigstens Dings sein. Die Religion der Menschen... Die Religion... Die Religion ist ein Begriff zwischen dem Untertan und dem Gott. Es reicht wenn er Demokrat ist. Wenn ich alevitisch sage, achte nicht darauf. Alevitentum ist mein [unv1Wo]. Das hat mich gezwungen demokratisch zu sein, gezwungen sozial zu sein. Nichts anderes, nur mein Alevitischsein. Die Lebensweise des Alevitentums ist es. Deswegen mag ich sie, deswegen kämpfe ich. Die ist sozial, die ist demokratisch, die ist frei. Sie verachtet niemanden, niemand steht über den anderen. Die ist bescheiden. Die möchte etwas geben, wenn sie kann."

Die Eigenschaften, die sich Herr Reyis im Laufe des Interviews zuschreibt, und die für ihn zur Maxime seines Lebensentwurfs werden, erklären sich auf der Basis dieses religiös-philosophischen Hintergrundes. Zusammengefasst schreibt er sich folgende Eigenschaften zu:
- Bescheidenheit,
- Dankbarkeit,
- Zufriedenheit,
- Ehrgeizlosigkeit,
- darauf bedacht, niemanden zu kränken,
- anpassungsfähig,
- Suchend (im Leben),
- gefragt (bei anderen) (ohne eigenes Zutun).

Herr Reyis versucht, seine Lehren in die Praxis umzusetzen. Da diese Lehren bereits sein gesamtes Leben hindurch Geltung hatten, streitet er es auch massiv ab, sich durch die Migration nach Deutschland verändert zu haben. Vor der Migration muss er der gleiche Mensch gewesen sein, wie nach der Migration, sonst wäre er seinem eigenen Lehren untreu geworden. Die eigentliche Frage, ob sich durch seine Migration das Leben seiner Angehörigen verändert habe, deutet er so um, als hätten wir wissen wollen, ob er selbst sich durch die Migration verändert habe:

„INT2: Sie haben eben gesagt, dass sie in X-Stadt [in der Türkei] Verwandte und Bekannte haben. Hat sich die Lage Ihrer Verwandten durch Ihre Reise nach Deutschland verändert? HERR REYIS: Das ist bei jedem anders. Ich würde aber sagen, seien es die Verwandten oder die Freunde, die sehen mich unverändert. Das sag ich auch. Weder in meiner Einstellung noch bei was anderem... Seien es meine Verwandte oder seien es meine Brüder, sie können überhaupt nichts sagen[158]. Nicht mal ein Mensch, mein Vater,

---

158 [Ich habe mich seit meinem Aufenthalt in Deutschland gar nicht verändert. Das können meine Verwandten auch bezeugen, Anm. Int2].

meine Mutter, mein Verwandter über mich... Vielleicht die anderen, der ist nach Deutschland gefahren und so aber. Aber über mich kann keiner was sagen."

Eine sehr aussagefähige Passage über das Selbstbild und über das, was er von anderen gespiegelt bekommt, ist die folgende Textstelle. Fremd- und Selbstbild stimmen dahingehend überein, dass er sich nicht als einen ehrgeizigen Menschen bezeichnet und genau diese Meinung von seinen Kollegen widergespiegelt bekommt. Auf die Frage, ob denn die mit der Migration verbundenen Wünsche in Erfüllung gegangen seien, antwortet er wie folgt:

„[leise] nein, das glaube ich nicht. Nicht nur glauben. Ich weiß es auch. Ich bin nicht sehr strebsam. Ich bin nicht ehrgeizig, aber eh viel war es auch nicht. Ich glaubte auch nicht. Ich habe auch nicht gehofft. Ich gebe dafür ein Beispiel; so bin ich selbst. Einmal war ich hier in X-Stadt [in der Türkei]. Ich geb den Lehrern einen Tee aus in der Lehrer Cafeteria. Ein Älterer von uns saß an einem Tisch. Er sagte zu mir: ‚Lass mich doch bezahlen'. Er hat da was zu sagen. ‚Nehmt ihn nicht ernst', sagte er. Er war dreißig, fünfunddreißig Jahre alt, Schuldirektor. ‚Er geht hin [nach Deutschland, Anm. Int1] und kommt in fünf Jahren wieder mittellos zurück', sagte er [über mich, Anm. Int2]. ‚Er geht... So ist es', sagte er. ‚Aber es gab einen anderen. Er ging zu Fuß Brot kaufen. Er wird in drei Jahren mit einem Mercedes zurückkommen', sagte er. Ich hatte nicht viel Dings. Ich wusste, dass ich nicht viel machen konnte aber... Trotzdem denke ich nicht so, ich habe das nicht machen können oder jenes nicht machen können. Ich mache mir keine Vorwürfe. Ich habe das geschafft, was ich schaffen konnte. Aber ich sag, es wäre besser wenn es das auch gegeben hätte."

Der nicht vorhandene Ehrgeiz unterscheidet ihn letztendlich auch von seiner Frau, deren Ehrgeiz ihn bis in den Schlaf verfolgt. Herr Reyis unterscheidet sich bewusst von Menschen, die immer weiter nach Besitz streben. Er definiert sich auch dann als ein dankbarer Mensch, wenn seine Wünsche nicht in Erfüllung gegangen sind.
Die Anerkennung, die ihm in Deutschland und in der Türkei von religiösen Freunden und dem übrigen Umfeld entgegengebracht wird, sieht er eher als befremdlich an und ist der Meinung, dass damit weniger seiner Person als seinem Titel Rechnung getragen wird.

„In der Gesellschaft habe ich auch eine Position. Bis zu einem... Alle schätzen und respektieren mich auch. Wenn man es natürlich für sich selber gebrauchen kann. Wie ich dir sagte, sie glauben, dass ich wer bin. Zufällig habe ich ein Diplom gekriegt und die anderen schätzen es sehr hoch. Ich habe z.B [unv1Wo]. Die andere Sachen sind bei mir wenig. Wenn du [unv1Wo], hast du auch wenig Probleme. Ich sag es offen. Verstehst du mich?"

Er thematisiert den Umstand, dass er ständig zu Veranstaltungen eingeladen wird, obwohl er doch eigentlich keine Ahnung habe. Dies kann zum einen zwar ein Kokettieren sein, eingedenk des Gesamtinterviews und seinen zahlreichen Hinweisen auf seinen mangelnden Ehrgeiz, könnte diese Textstelle jedoch durchaus seine innere Unsicherheit zeigen.

„Sie [die Leute aus dem alevitischen Verein, Anm. Int2] möchten, dass ich unbedingt komme. Zur selben Zeit haben wir im Verein eine Versammlung. Man hat ja irgendwie einen Titel. Ich auch ein bisschen... Sie beziehen mich mit ein. Das machen sie ständig. Sie zwingen mich dazu, als ob ich Ahnung von etwas hätte."

Sein Leben ist geprägt durch die Lehren des Alevitentums. Die Eigenschaften, die er sich zuschreibt, und die er von anderen erwartet entsprechen dieser Philosophie, die er als menschenfreundlich, demokratisch, gleichberechtigt und sozial ansieht. In der Türkei ist er damit auf zahlreiche Widerstände gestoßen, die besonders durch das sunnitische Umfeld geprägt waren. In Deutschland und europaweit hat er sich für das Alevitentum eingesetzt. Die Gleichberechtigung von Mann und Frau thematisiert er nicht nur, sondern lebt sie nach innen und verteidigt sie selbstbewusst nach außen. Ein Überlegenheitsgefühl aufgrund seines „Mannseins" ist im gesamten Interview nicht zu spüren. Herr Reyis ist mit dem, was er im Leben erreicht hat, zufrieden, da er dazu alles in seiner Macht stehende getan hat. Wobei er an mehreren Stellen thematisiert, dass er zwar mehr hätte erreichen wollen, er um die Beschränktheit seiner Möglichkeiten jedoch weiß. Er trachtet nicht nach mehr Besitz, lehnt ihn jedoch auch nicht ab. Er überträgt seine theoretischen Normen und Wertvorstellungen in die Praxis und kritisiert diejenigen, die sich davon entfernt haben, wie seine Brüder oder seine Frau.

Zentraler Punkt in seinem Leben ist das Wissen und die Bildung. Sie eröffnet zum einen den Weg in ein anerkanntes Leben, und zum anderen ist die Vermittlung von Bildung die einzige Möglichkeit langfristig etwas an den Einstellungen und Denkweisen der Menschen zu verändern.

Migrationsbewertung

Herr Reyis Migrationsbewertung fällt negativ aus. Weder ist er mit dem Erreichten zufrieden, noch würde er wieder kommen, wenn er wüsste, was ihn in Deutschland erwartet. Er hatte sich nicht aus freien Stücken entschlossen nach Deutschland zu kommen, vielmehr war es der ausdrückliche Wunsch seiner Frau, der ihn zur Übersiedlung führte. Er selbst hatte sechs Jahre damit gezögert, wollte nur nach seinen Bedingungen, eben als Lehrer kommen. Erst als er zwei Mal durch die entsprechende Prüfung gefallen war, versprach er seiner Frau notfalls auch als Arbeiter zu kommen. Hier muss der Druck der Ehefrau sehr groß gewesen sein, da Herr Reyis immer wieder betonte, keine harte körperliche Arbeit leisten zu können. Wieder, wie schon zu seinen Lehrerzeiten in der Türkei, konnte er nicht alleine über seinen Aufenthaltsort entscheiden, sondern folgte dieses Mal seiner Frau („sie hat sich durchgesetzt"). Herr Reyis fühlt sich in Deutschland nie wohl und empfindet sich auch fremd in seinem eigenen unmittelbaren Umfeld („ich bin der Türke in dieser Wohnung"). Die deutsche Staatsbürgerschaft, die Frau und Tochter angenommen habe, möchte er nicht. „Meine Frau hat Dings angenommen. Die deutsche Staatsbürgerschaft angenommen. Sie haben den „Pass" [dt] gekriegt. Aber ich halte es nicht für nötig. Das fühle ich auch nicht."

Herr Reyis hat sich den Umständen gefügt, ohne sie selbst gewählt zu haben. Er definiert sich als jemanden, der in der Vergangenheit lebt, obwohl er auch um deren negative Seiten weiß, sich der Gegenwart jedoch anpassen kann:

„Also jeder Mensch hält seine Zeit für richtig, weißt du. In der alten Zeit war es besser und so. Guck mal, wie ich darauf eingehe. Früher lebten sie aber im Dorf und ziemlich primitiv. Unsere Zeit war besser, es war besser usw. Man hält seine Zeit immer für „positiv" [dt] Aber wir sehen jetzt die Welt. So was machen wir nicht mehr. Auch wie es wird… Ich selber passe mich an. Das muss ich auch sagen."

Herr Reyis schilderte seine eigene Zeit in der Türkei als nicht besonders rosig. Eine schwere Jugend, Schwierigkeiten bei der Ausbildung, Fremdheitserfahrungen innerhalb der Türkei, Diskriminierung aufgrund der Religion. Dennoch möchte er zurück, obwohl er weiß, dass weder seine Tochter und wohl auch nicht seine Frau mit ihm kommen werden. Der Wunsch nach Rückkehr entspringt dem Gefühl, sich selbst einen Platz zu suchen und sich zu Hause zu fühlen. Aufgrund der Familiensituation bleibt es jedoch fraglich, ob dies in der Praxis umgesetzt werden wird.

Zusammenfassung

Herr Reyis Leben ist von einem durchgehenden Gefühl der Fremdheit und Fremdbestimmung geprägt. Fremd als Angehöriger einer religiösen Minderheit in der Türkei und fremd durch viele Umzüge während seiner Jugend und als Lehrer. Fremdheit thematisiert er auch als Migrant in Deutschland und sogar das Gefühl der Fremdheit in seiner eigenen Familie. Neben dieser Erfahrung des „Fremdseins" ist es die „Fremdbestimmung", die sein Leben prägt. Weder als Jugendlicher hatte er einen Einfluss auf die Umzüge der Familie, noch als Lehrer, der dort arbeiten musste, wohin ihn der Staat schickte. Auch die Migration nach Deutschland folgte den Zwängen des Familienerhaltes und weniger eigenen Wünschen und Vorstellungen. Der Lehrerberuf, der mit hohem gesellschaftlichem Ansehen verknüpft ist, war nur zum Teil ein eigenständiger Wunsch. Vielmehr war auch dies eher eine Entscheidung gegen das Militär als für das Lehramt. Als Lehrer kann er sich jedoch die gesellschaftliche Anerkennung sichern, die für ihn wichtig ist. Sein Ansehen als Lehrer, die Anerkennung seiner Kompetenz und das Nachfragen seines Rates, sind für ihn nur verbal nicht nachvollziehbar („ich habe zufällig ein Diplom und zufällig denken sie, ich bin kompetent"). Durch den häufigen Gebrauch des Satzes „ich bin Lehrer" während des Interviews, um seinen Ausführungen mehr Gewicht zu verleihen, wird deutlich, dass der Lehrerberuf und die damit verbundene gesellschaftliche Anerkennung ein sehr wichtiger Bestandteil seines Lebens ist.

Herr Reyis ist von starken, dominanten Frauen umgeben. Seine Ehefrau entschließt sich ohne ihn nach Deutschland zu gehen, lebt hier acht Jahre alleine, baut sich ein selbständiges Leben auf und nimmt die deutsche Staatsbürgerschaft an. Der Ehrgeiz seiner Frau verfolgt Herrn Reyis bis in den Schlaf. Seine Tochter schafft es trotz erschwerter sprachlicher Bedingungen das Gymnasium abzuschließen und ein Hochschulstudium zu beginnen. Frau und Tochter scheinen eine Einheit zu bilden, die den Vater und Ehemann nicht in alle Bereiche einschließen („ich bin der Türke in der Wohnung – Frau und Tochter die Deutschen").

Herr Reyis vertritt die Gleichberechtigung zwischen den Geschlechtern nach Innen und nach Außen bsp. seinen deutschen Kollegen gegenüber. Das theoretische Modell liefert ihm dabei die Philosophie des Alevitentums, die von der Gleichheit aller Menschen ausgeht.

Die Migration nach Deutschland stellt in der Biographie Herrn Reyis keinen Bruch dar, sondern addiert zu der Vielzahl der bereits erlebten Fremdheits- und Fremdbestimmungserfahrungen in der Türkei lediglich eine neue geographische Dimension hinzu.

Begründung der Typ-Zuschreibung

Herr Reyis steht Zeit seines Lebens zwischen zwei Typen und stellt insofern einen Sonderfall dar. Die Aussagen über die Kindheit und die Wertevermittlung in der eigenen Familie sind sehr spärlich und vorsichtig zu interpretieren: Obwohl Herr Reyis aus dem ländlichen Bereich stammt, seine Familie nicht wohlhabend ist, und er als Kind in der Landwirtschaft hat helfen müssen, ermöglichen ihm seine Eltern eine akademische Ausbildung. In der alevitischen Familie werden die liberalen Glaubenswerte vom Vater auf den Sohn weitertradiert. Die Wahl seiner Ehefrau erfolgt auf der Basis persönlicher Gefühle und individueller Werbung. Nach der Eheschließung führt das Paar – weit entfernt von den eigenen Familien lebend – ein individuelles Leben. Dies deutet alles darauf hin, dass Herr Reyis bereits in der Türkei dem Modell der „emotional interdependence" angehört hat.

Hinweise auf das Modell der „independence" geben die Rolle der Tochter und die starke, dominante Stellung der Frau, die sich im Verlauf der Ehe herauskristallisiert, sowie die Interaktion des Paares. So nimmt die Bildung seiner Tochter einen zentralen Stellenwert ein. Dieser Bildungswunsch erfolgt unabhängig von einem eigenen späteren utilitaristischen Nutzen (z.B. Versorgung im Alter) und ist rein auf die gesellschaftliche Anerkennung des Kindes ausgerichtet. Frau Reyis hat sich zu einer starken Persönlichkeit entwickelt, die unabhängig von ihrem Mann die Ziele verfolgt, die ihr wichtig sind und einen großen Teil ihrer Aktivitäten außerhalb des Hauses und in einem deutschen Umfeld durchführt. Herr Reyis lebt das Modell der „independence". Dies war jedoch keine bewusste Entscheidung. In seinen Erzählungen wird deutlich, dass Herr Reyis selten Entscheidungen hat selbständig treffen können. Er wird Lehrer, um nicht zum Militär zu müssen; als Lehrer wird er entgegen seinem ausdrücklichen Wunsch von einer entlegenen Bergregion in die nächste geschickt; seine Frau verlässt ihn mit dem ältesten Kind, weil es in der Ehe kriselt; seine Frau ist es, die sich zur Migration entscheidet und ihn vor vollendete Tatsachen stellt; er wird gezwungen nach Deutschland zu kommen und kommt mit dem Ehrgeiz seiner Frau nicht klar, fühlt sich ausgestoßen und alleine in der Familie und fremd in Deutschland. In dieser Situation entwickelt er Träume über die Rückkehr in die Türkei und das Leben in unmittelbarer Nähe der Verwandten, von denen er sich Austausch und Geborgenheit erhofft. Herr Reyis wird durch die Umstände gezwungen das Modell der „independence" zu leben, bleibt jedoch in Teilen dem Modell der „emotional interdependence" weiter verhaftet.

FAMILIENBEZOGENE MÄNNLICHKEITEN NACH MODELLEN

Die in den vorherigen Kapiteln getroffene Einteilung familienbezogener Männlichkeiten türkischer Migranten der ersten Generation nach dem Modell von Çiğdem Kağıtçıbaşı ergibt in der Gesamtheit folgendes Bild:

Abbildung 7: Verteiltung der untersuchten Fälle hinsichtlich ihrer Zuordnung zu familienbezogenen Männlichkeitstypen nach Kağıçbaşı

Männlichkeitsmodelle in Familienformen nach Kağıtçıbaşı	Fälle	Anzahl
Kontinuierlich Modell der „interdependence"	Herr Hacıoğlu Herr Levent Herr Inan Herr Nazım Herr Olgun Herr Tufan	6
Kontinuierlich Modell der „independence"	Herr Fener Herr Çınar Herr Volkan Herr Ergin Herr Bilen Herr Polat	6
Kontinuierlich Modell der „emotional interdependence"	Herr Gür Herr Alkan	2
Wandel vom Modell der „interdependence" zum Modell der „emotional interdependence"	Herr Demir Herr Mardın Herr Korkmaz Herr Uçar Herr Sert	5
Mischform zwischen der Modell der „emotional interdependence" und dem Modell der „independence	Herr Reyis	1
Wandel vom Modell der „emotional interdependence" zum Modell der „independence"[159]	0 Fälle	0

Kein Mann hat vom Modell der „emotional interdependence" zum Modell der „independence" gewechselt. Für die Männer, die bereits das Modell der „interdepen-

---

159 Theoretisch gäbe es noch drei weitere Typen eines möglichen Wandels, nämlich vom Modell der „independence" zum Modell der „interdependence"; vom Modell der „independence" zum Modell der „emotional interdependence" und vom Modell der „emotional interdependence" zum Modell der „interdependence". Diese Typen kamen in den von mir untersuchten Interviews nicht vor.

dence" gegen das der „emotional interdependence" eingetauscht haben, wäre dies ein zu starker Sprung gewesen.

Zwölf Männer leben auch in der Migration das Modell weiter, das sie bereits in der Türkei gelebt haben. Für die sechs Männer, die dem Modell der „interdependence" zuzuordnen sind, bedeutet dies eine erhebliche Balance zwischen dem eigenen gelebten Modell und dem des Umfeldes. Mehr als bei allen anderen Männern gibt die Religion hier den nötigen Halt in einer sich verändernden Welt, in der sich auch die eigenen Kinder verändern. Gerade auch im Zusammenhang mit den Kindern müssen die Väter immer wieder unerwünschte Kompromisse zwischen ihren eigenen Ansprüchen und dem eingehen, was ihre Kinder bereit sind, an väterlichen Anforderungen zu folgen. Gerade im Alter würde eine Änderung des eigenen Modells zu erheblichen Statuseinbußen führen. Die Überzeugung, die eigenen Anstrengungen als Sohn und als Vater von den eigenen Kindern positiv vergolten zu bekommen, lässt stark an diesem Modell festhalten.

Die Migration spielt bei diesem Typ in zweierlei Hinsicht eine Rolle. Sie erlaubt es, an der Vorstellung festzuhalten, in der Türkei sei alles noch „beim Alten", sprich die aus der Jugend bekannten Herrschaftsstrukturen hätten ihre Gültigkeit beibehalten. Sehr deutlich wird dies bei Herrn Hacıoğlu, der auch dann noch an der Vorstellung einer heilen dörflichen Welt festhält, als es schon längst zu massiven Konflikten mit seinen Söhnen gekommen ist, die die Autorität des Vaters nicht mehr anerkennen. Die Migration verdeutlicht andererseits aber auch den Statusverlust, den man als ausländischer Mann und als alter Mensch in Deutschland erfährt. Beide Erfahrungen führen zu einer erneuten Zuwendung zu einem Modell, in dem gerade dieser Personengruppe (älterer Mann) besonderer Respekt entgegengebracht wird.

Die Migration kann also nicht als genereller Bruch im Leben der befragten Männer bewertet werden. In den meisten Fällen wird auch nach der Migration Kontinuität weitergelebt und tradiert. In einigen Fällen ist es erst die Migration, die es überhaupt möglich macht, dass eigene Vorstellungen und Wünsche gelebt werden können.

Die Männer des Modells der „independence" haben einerseits die geringsten Probleme sich in dem hiesigen Umfeld zurechtzufinden. Gerade diese vermeintliche Gleichheit lässt sie aber feine Sensoren für die ungleiche Behandlung von Ausländern/innen in der deutschen Gesellschaft entwickeln. Insbesondere die Zukunft der eigenen Kinder in der Bundesrepublik stellt immer wieder ein Thema dar, das Beunruhigung und Angst auslöst und ein starkes Ohnmachtsgefühl gegenüber der ungerechten Behandlung hervorruft. Gleichzeitig ist die Offenheit gegenüber der Aufnahmegesellschaft daran erkennbar, dass in dieser Gruppe die meisten deutschen Schwiegertöchter/söhne[160] auftreten. Kein Kind aus der Gruppe des Modells der „interdependence" hingegen weist eine/n deutsche/n Partner/in auf. Die Migration nach Deutschland stellt für die Männer, deren eigene Erziehung bereits im Modell der „independence" verlaufen ist, keinen Bruch dar. Allerdings ändert sich die Anerkennung durch das Umfeld. Sowohl Herr Çınar als auch Herr Fener thematisieren den plötzlichen Statusverlust, den sie in Deutschland erlebt haben.

Für einige Männer hingegen ermöglicht erst die Migration, dass sie ihre erwünschte und gewählte Lebensform leben können. Erst in Deutschland schafft es Herr Polat, sich von seiner ersten Frau scheiden zu lassen. Herr Volkan kann erst hier ein selbstbestimmtes Leben führen.

Fünf Männer haben im Laufe ihres Lebens einen Wandel von einem Modell in ein anderes durchlebt. Dieser Wandel kann sowohl ein aktiver Prozess als auch ein unbewusstes Überwechseln gewesen sein:

Abbildung 8: Verteilung der untersuchten Fälle hinsichtlich eines aktiven und passiven Wandels familienbezogener Männlichkeitstypen

Männlichkeitsmodelle in Familienformen nach Kağıtçıbaşı	Aktives Verhalten	Passives Verhalten
Wandel vom Modell der „interdependence" zum Modell der „emotional interdependence"	Herr Demir Herr Mardın	Herr Uçar Herr Sert Herr Korkmaz

Ein Teil der Männer hat diesen Prozess bewusst herbeigeführt. Meist führten negative Erfahrungen in der eigenen Jugend (kein Zugang zu Bildung, Arbeiten im frühesten Kindesalter, erzwungene Heirat, Angst vor dem Vater, Gefühl der Unwissenheit) dazu, sich davon zukünftig bewusst abzugrenzen. Die daraus gezogenen Lehren gelten als Maßgaben für eine Erziehung der Kinder, die sich von der eigenen Erziehung unterscheidet. Oft wurde die Auseinandersetzung mit den Werten und Normen der eigenen Jugend erst durch die Migrationserfahrung angestoßen. In der Auseinandersetzung mit dem deutschen Umfeld wurde das eigene Verhalten kritisch hinterfragt

---

160 Von den sechs Männern, die diesem Typus angehören, sind in zwei Familien noch keine Kinder verheiratet. In einem anderen Fall leben die schwerbehinderten Kinder in der Türkei. In allen anderen Fällen gibt es in der Familie eines oder mehr deutsche Schwiegerkinder.

und danach geändert. Vor allem die Kinder sind es hier, die von einem partnerschaftlichen Verhalten gegenüber ihren Vätern profitieren.

Am stärksten profitiert das Verhältnis zwischen den Eheleuten von diesem Wandel. Die Stellung der Frau wird gleichberechtigter und das Paar handelt stärker gemeinsam.

Nicht immer ist es das erklärte Ziel, alles anders zu machen, als man es in seiner Jugend selbst erfahren hat. Das Beispiel von Herrn Korkmaz zeigt deutlich, dass er verbal an den Normen seiner Jugend festhält und überzeugt davon ist, dies auch seinen Kindern weiterzugeben. Bei der Gegenüberstellung zwischen vertretenen Überzeugungen und gelebter Praxis zeigt sich aber dann, dass er längst einem anderen Modell angehört. Wäre Herr Korkmaz in der Türkei geblieben, wäre er möglicherweise an seinen eigenen Ansprüchen und dem Druck des autoritären Umfeldes zerbrochen. Erst die Migration ermöglicht es ihm, formal an den traditionellen Werten und Normen festzuhalten, aber praktisch ein anderes Modell zu leben.

Bei den Männern, bei denen dieser Wandel in passiver Weise vonstatten ging, fand keine kritische Auseinandersetzung mit der eigenen Vergangenheit statt. Aufgrund der bestehenden Unterschiede zwischen der eigenen Erziehung und der der Kinder wird jedoch deutlich, dass hier eine einschneidende Änderung stattgefunden hat. Die Migration führte hier zu einer nicht weiter reflektierten Anpassung der eigenen Verhaltensweisen an das Umfeld und die Ansprüche der Kinder.

Abschließend sollen hier die zentralen Ergebnisse noch einmal zusammengefasst werden:
- Bereits in der Türkei sind die Männer verschiedenen Familienmodellen zuzuordnen. Es wäre daher sinnvoll, die Dichotomie zwischen ländlich strukturiert und städtischem Hintergrund durch das dritte Modell der „emotional interdependence" zu durchbrechen und durch dieses zu ergänzen. Familienstrukturen könnten damit sowohl in der Türkei als auch in einem Migrationszusammenhang bedeutend besser erfasst werden und bildeten die Wirklichkeit realitätsnaher ab.
- Ähnliches gilt auch für den zweiten Punkt: Die Gleichsetzung der Türkei als religiös-traditionelle Gesellschaft im Gegensatz zu Deutschland als industriell-fortschrittliches Land ist nicht zulässig. Die vorgestellten Interviews zeigen, dass bereits zu Zeiten der Anwerbung (1961-1973) die türkische Gesellschaft durch eine hohe gesellschaftliche Differenzierung ausgezeichnet war. Die nach Deutschland migrierten Arbeitsmigranten/innen entstammen unterschiedlichen religiösen, ethnischen und sozialen Gruppen.
- Die Migration ist nicht pauschal als Bruch im Leben eines Menschen zu werten. Oft ermöglicht sie erst die Herstellung oder Weiterführung von Kontinuität.

- Im Gegensatz zu der weit verbreiteten Annahme im Alter der Migranten erfolge deren Re-Ethnisierung (vgl. Dietzel-Papakyriakou/Olbermann, 1996), deuten die Ergebnisse dieser Studie durchaus darauf hin, dass Kontakte zum deutschen Umfeld gepflegt werden und diese erwünscht sind.

6. Resümee und Ausblick

Anspruch dieser Arbeit war es, die männlichen Migranten der ersten Generation sowohl unter Berücksichtigung der Männer- als auch der Migrationsforschung darzustellen, damit auf bestehende Lücken in der Forschung hinzuweisen und Impulse für weitere Arbeiten zu geben. Dabei sollten die Migranten, anders als in den von mir untersuchten und kritisierten Studien und Arbeiten (vgl. Kapitel 2), als handelnde Subjekte in den Mittelpunkt der Analyse gestellt werden, um den „Bildern aus zweiter Hand" eine Sichtweise „aus erster Hand" kontrastiv gegenüberzustellen. Ferner sollten die Familienmodelle der türkischen Wissenschaftlerin Çiğdem Kağıtçıbaşı in einem Migrationszusammenhang erprobt und angewendet werden.

Konfrontation der Forschungsergebnisse mit dem Stand der Männer- und Migrationsforschung

Die Männer aus der Türkei zeigten sich in der Untersuchung als eine Gruppe, die in einem hohen Maße flexibel auf sich verändernde Lebensumstände reagiert und die sich aktiv mit ihrem Umfeld auseinandersetzt. Die eigenen Männlichkeiten bildeten sich in erster Linie in der Annahme oder der Ablehnung **des** hegemonialen Männlichkeitsmodells ihrer Jugend d.h. dem autoritären Vater heraus. Die Auseinandersetzung mit dem Vater oder einer ähnlich zentralen männlichen Respektperson zeigt sich als richtungsweisend für das spätere Leben. Diese Vaterfigur dient quasi als Matrize, vor deren Hintergrund sich ein ähnliches oder ein entgegengesetztes Leben konstruieren lässt. Ein Teil der Männer hatte dieses Modell bereits in der Herkunftsgesellschaft in Frage gestellt, dort jedoch nicht die Möglichkeit für sich gesehen, sich diesem zu entziehen. In diesen Fällen ermöglichte es das deutsche Umfeld, den Lebensplan zu verwirklichen und das Männerbild zu leben, das man bereits in der Türkei für sich gewünscht hatte. Diese Arbeit widerlegt damit den in der Literatur gängigen Gegensatz zwischen dem industrialisierten, „modernen" Deutschland und der agrarisch geprägten, „traditionellen" Türkei. Es hat sich in dieser Studie als sehr sinnvoll erwiesen, die Dichotomie zwischen Tradition und Moderne durch ein drittes Modell, das der „emotional interdependence", zu erweitern. Dieses Modell ist nicht erst durch und im Migrationszusammenhang entstanden, sondern war bereits in der Türkei vorhanden.

Für einen anderen Teil der Männer brachte erst die Berührung mit dem deutschen Umfeld den Kontakt zu anderen möglichen Formen hegemonialer Männlichkeiten. Hier fand eine intensive Auseinandersetzung mit der Rolle des eigenen Vaters und Autoritäten im Allgemeinen erst in Deutschland statt.

In allen Fällen führte das Leben in Deutschland zur Bewusstwerdung der eigenen Position sowie der Unterschiede und Gemeinsamkeiten in Bezug auf das deutsche und türkische Umfeld. Die eigenen familienbezogenen männlichen Identitäten erfolgen sowohl in der Abgrenzung zu den Modellen der Kindheit als auch in der Abgrenzung zum deutschen Umfeld. Dabei werden in eklektizistischer Weise jeweils die Eigenschaften aus dem einen oder anderen Umfeld entnommen, die am besten auf die eigene Lebenssituation zutreffen. Sowohl die „türkischen" als auch die „deutschen" Modelle hegemonialer Männlichkeiten werden dabei kritisch analysiert, aber auch in plakativer Weise vereinfacht. In allen Fällen findet jedoch eine aktive Auseinandersetzung statt. Es ist keineswegs so, wie die Ergebnisse aus Kapitel 2 vermuten lassen, dass die türkischen Migranten der ersten Generation unverändert und starr an alten Bildern festhalten. Ich kann mich hierbei der Meinung von Bernhardt Nauck, der davon ausgeht, utilitaristisches Handeln setze keinen Wertewandel voraus, nicht anschließen. Nauck konstatiert die Veränderungen in türkischen Familien und erklärt diese mit der „Opportunitätsstruktur" (vgl. Nauck, 1986: 286; 1988: 506), die bedeutet, dass sich die Migranten an ihr Umfeld anpassen, um so den persönlichen Nutzen zu maximieren. Diese Nutzensmaximierung gestaltet sich laut Nauck unabhängig von einem Wertewandel. Die Ergebnisse meiner Untersuchung zeigen jedoch, dass verändertes Verhalten sehr wohl mit Wertewandel einhergehen kann. In vielen Fällen hat ein ganz expliziter Wertewandel in Abgrenzung zur eigenen Kindheit stattgefunden. Die Theorie von Nauck greift noch am ehesten für die Männer des kontinuierlichen Modells der „interdependence". Hier findet ein utilitaristisches Handeln besonders im Umgang mit den eigenen Kindern statt, ohne dass dem ein Wertewandel vorausging oder nachfolgte. Dieser wird sogar explizit geleugnet und das utilitaristische Handeln mit dem Zwang des deutschen Umfeldes und der daraus resultierenden Angst, die Kinder zu verlieren, erklärt. Gerade im Wandel vom Modell der „interdependence" zum Modell der „emotional interdependence" geht dem utilitaristischen Handeln jedoch ein Wertewandel voraus. Darin unterscheiden sich die hier vorgestellten Ergebnisse von denen Naucks.

Çiğdem Kağıtçıbaşı analysiert in ihren Studien zum Wandel in den Familienstrukturen besonders das sich verändernde Eltern-Kind Verhältnis. Dies hat sich auch in der vorliegenden Studie als zentrale Größe erwiesen. Für die Männer generell und in besonderem Maße für die Männer des Modells der „emotional interdependence" stehen die Kinder im Mittelpunkt des eigenen Lebens und wirken quasi als Motor, der die eigenen Energien bündelt und die Kraft gibt, Veränderungen für wünschenswert zu halten und durchzusetzen. Die Definition dessen, was eine gelungene Erziehung ausmacht, unterscheidet sich in allen drei Modellen. Während es für die Männer des Modells der „interdependence" bedeutet, dass sich die Kinder an den Normen und Werten der Kindheit und Jugend ihrer Väter orientieren, bedeutet es für die Männer des Modells der „independence", dass die Kinder den ihnen zustehenden anerkannten Platz in der deutschen Gesellschaft einnehmen und damit das erreichen, was den Vätern selbst verwehrt worden war, nämlich die Anerkennung in der deutschen Gesellschaft. „Glück" als zu erreichendes Ziel in der Erziehung der Kinder wurde in dieser Form vor allem von den Männern des Modells der „emotional interdependence" thematisiert. Allen Männern gemeinsam ist jedoch die Vorstellung, dass das Ziel ihrer Kinder sein muss, zu heiraten und eine Familie zu gründen. Für andere Lebensentwürfe wird kein Verständnis gezeigt und eher mit Trauer und Unverständnis über die Kinder gesprochen, die diesen gewünschten Lebensplan nicht verfolgen.

Was Kağıtçıbaşı in ihren Studien vernachlässigt und nur kurz anspricht, ist das (sich ändernde) Gattenverhältnis in den unterschiedlichen Modellen. Dem Modell der „interdependence" schreibt sie einen „low woman's status", dem Modell der „independence" einen „high woman's status" und dem Modell der „emotional interdependence" einen „increased woman's status" zu (vgl. Kağıtçıbaşı, 1996: 79ff.). Sie erläutert jedoch nicht näher, worin sich diese unterschiedlichen Status unterscheiden. Auffällig ist im Modell der „interdependence" die geringe Erwerbsquote der Frauen und die Beschreibung der Ehefrau in erster Linie als Mutter der gemeinsamen Kinder. Hinter der starken Vaterfigur des Ehemannes treten die Frauen nicht als ebenbürtige Partnerinnen in Erscheinung, mit denen gemeinsam Beschlüsse gefasst und Entscheidungen getroffen werden. Dies bedeutet nicht, dass das Verhältnis zwischen den Ehepartnern nicht liebevoll und von Verständnis geprägt sein kann, es wird jedoch im Interview nicht thematisiert. Dies steht in großem Widerspruch zur teilweise zentralen Rolle, die die Frauen für ihre Männer im Modell der „emotional interdependence" einnehmen. Oft war es den Männern erst mit der Unterstützung ihrer Frauen und/oder auf deren Initiative hin gelungen, sich aus dem patriarchalen Umfeld ihrer Kindheit und Jugend zu lösen. Beide Ehepartner/innen arbeiteten in Deutschland gemeinsam außer Haus, um sich selbst und den Kindern ein freieres und abgesichertes Leben zu ermöglichen und vor allem den Kindern eine Schulbildung zukommen lassen zu können. Auch in der Außenrepräsentation erscheint das Ehepaar des Modells der „emotional interdependence" als gemeinsam handelnde Einheit. Innerhäusliche Arbeitsteilung bleibt dabei in vielen Fällen noch weit von einer Gleichberechtigung entfernt. Ähnlich wie in deutschen Familien sind es auch hier in erster Linie die Frauen, die die Mehrfachbelastung von Haushalt, Kindererziehung und Erwerbstätigkeit tragen. Hausarbeit ist jedoch nicht mehr selbstverständlich Frauenarbeit, vielmehr zeigten die befragten Männer eine gestiegene Sensibilität für die starke Belastung ihrer Frauen und kamen im Interview in Erklärungsnot, wenn sie begründeten, warum sie ihren Frauen nicht in der Weise helfen, wie sie es eigentlich sollten. Es ist nicht mehr selbstverständlich, dass die ebenfalls berufstätige Frau den gesamten Haushalt alleine organisiert. Auch in diesem Punkt hat ein Wertewandel stattgefunden, der jedoch noch nicht in aller Konsequenz in der Praxis gelebt wird. Im Modell der „independence" hatten bis auf zwei Ausnahmen alle Männer ihre Ehefrauen aus freier Entscheidung geheiratet. Das Ehepaar tritt auch in der Außenwelt als Paar auf, die Partnerin wird nicht als „die Mutter der Kinder", sondern als Ehefrau thematisiert. Allerdings kommt ihr nicht bei allen Männern diese zentrale Rolle zu, wie es im Modell der „emotional interdependence" festzustellen ist. Mann und Frau leben stärker ihr eigenes Leben.

Dem deutschen Umfeld kommt in diesen weiter oben diskutierten Zusammenhängen eine wichtige Rolle zu. Seine Bedeutung liegt erst einmal darin, dass es vor allem die Männer des Modells der „interdependence" zunächst einmal mit anderen lebbaren Formen hegemonialer Männlichkeiten konfrontiert. Die Konfrontation mit diesem Umfeld erleichtert die eigene Positionsfindung und Abgrenzung oder die Annahme bestimmter Teilbereiche. Doch auch für die Männer der beiden anderen Modelle erfolgt die eigene Positionierung im Kontrast zum deutschen Umfeld. Nicht so zu sein wie die deutschen Männer (Modell der „interdependence") oder doch eigentlich genauso so sein, aber nicht anerkannt zu werden (Modell der „independence") zeigt in beiden Fällen von der Auseinandersetzung der Männer mit ihrer Umgebung.

Die befragten Männer realisieren sehr deutlich, dass ihnen von Seiten des deutschen Umfelds Eigenschaften zugeschrieben werden, die mit ihrem Selbstbild nicht übereinstimmen. Herr Demir hat diesen speziellen „deutschen Blick" auf die Türken mit den Worten, „sie schauen uns durch eine Ausländerbrille an" bildreich umschrieben. Diese angeblichen Eigenschaften, wie sie im zweiten Kapitel in aller Ausführlichkeit dargelegt wurden, und wie sie sich auch in den Interviews wiederfinden, können auf die folgenden Stereotypen plakativ reduziert werden:

- Türken sind autoritär und aggressiv;
- sie unterdrücken ihre Frauen und Mädchen;
- sie töten im Namen der Ehre;
- und sie lehnen die Moderne mit ihren unterschiedlichen Lebensentwürfen ab.

Die befragten Männer hingegen definieren sich als fürsorgliche, warmherzige und großzügige Väter, denen das Wohl ihrer Kinder und ihrer Familie wichtiger ist als die eigenen Entbehrungen und die harte Arbeit, die sie für eine bessere Zukunft ihrer Kinder auf sich nehmen müssen. Sie beschreiben sich weiter als humanistisch, tolerant und hilfsbereit.

Eigenwahrnehmung und Fremdbild klaffen weit auseinander, und es stellt sich an dieser Stelle die Frage, welchen Nutzen die deutsche Gesellschaft, d.h. die deutschen Männer und Frauen, von der Aufrechterhaltung einer seit Jahrhunderten mehr oder minder statisch gebliebenen stereotypen Vorstellung des türkischen Mannes und der türkischen Frau hat und warum es so schwierig scheint, diese Bilder zu ändern. Ansätze zur Beantwortung dieser Frage finden sich bereits im zweiten Kapitel dieser Arbeit, in dem kurz auf die Bedeutung der Konstruktion des negativen Bildes der neuseeländischen Ureinwohner/innen, der Maoris, für die dortige weiße Pakeha-Identität eingegangen wurde. Dort hatte sich, wie Matahaere-Atariki in ihrem Aufsatz verdeutlichte, die „weiße Identität" in der Abgrenzung und als Gegenbild zur „maorischen Identität" herausgebildet (vgl. Matahaere-Atriki, 1999: 108ff.). Einen ähnlichen Ansatz vertritt auch Joachim Kersten in seiner Untersuchung des Männerbildes von jugendlichen Neonazis. Als Erklärung für die rechte Jugendgewalt sieht er weniger Desintegrationstheorien im Sinne Heitmeyers als vielmehr den klaren Wunsch der jungen Männer, die Welt in ein „Gut und Böse" zu unterscheiden. Die dabei den ausländischen Männern zugeschriebenen „bösen" Eigenschaften (z.B. schlagen ihre Frauen und Kinder, sind arbeitsfaul und/oder nehmen den Deutschen die Arbeitsplätze weg etc.) dienen somit als Matrix, auf der sich die eigenen „guten" Eigenschaften (z.B. Beschützer von Frauen, Kindern und ‚Vaterland') umso klarer abzeichnen und die Legitimation für die Gewalt bieten (vgl. Kersten, 1993: 50ff.). Überträgt man dieses Bild aus der rechten jugendlichen Gewaltszene auf die „normale" Öffentlichkeit, zeigen sich Parallelen. Es ist kein Zufall, dass „die türkische Frau" in der deutschen Öffentlichkeit als das Paradebeispiel einer unterdrückten weiblichen Existenz herhalten muss. Über das Kopftuch, das als Symbol ihrer Unterdrückung gilt, wurden und werden erregte und emotionsgeladene Debatten geführt. Die Männer hingegen erscheinen als die Verursacher dieser Unterdrückung und als die Hauptakteure, die sich einer Veränderung dieser Situation entgegenstellen. Wie einfach erscheint es, in dieser Polarisierung sich selbst als eine emanzipierte deutsche Frau beziehungsweise als fortschrittlicher deutscher Mann wahrzunehmen. Provokativ gesagt scheint es so, als käme den Türken/innen immer noch, wie bereits in den Jahrhunderten davor, die Aufgabe zu, als Gegenbild zum eigenen Selbst, deutsche Identität zu stiften. An dieser Stelle kann dieser Gedankengang nicht intensiver aufgegriffen werden. Ich möchte ihn als Anstoß zu weiterer Forschung verstanden wissen.

Weitere Forschungsdesiderate

Die vorliegende Arbeit ist die erste ihrer Art, in der explizit die Männer der ersten Generation aus der Türkei – nicht als passive, alternde Menschen, sondern als aktiver Teil der Bevölkerung – im Mittelpunkt der Analyse stehen. Sie versteht sich daher in erster Linie auch als Anstoß und Grundlage für eine weitere und intensivere Forschung auf diesem Gebiet:

- Türkische Männer und generell Migranten sollten ein selbstverständlicherer Teil in der deutschen Männerforschung werden und nicht nur, falls überhaupt, als marginalisierte Gruppe Berücksichtigung finden. Dies trüge endlich der Tatsache Rechnung, dass Migranten längst Teil der bundesrepublikanischen Gegenwartsgesellschaft geworden sind.
- Des weiteren wären Studien über die Entwicklung des Männerbildes in der Türkei in Geschichte und Gegenwart wünschenswert.
- Im Bereich der Männerforschung wäre weiter zu prüfen, welche Funktion und symbolische Bedeutung die Darstellung der türkischen Männer für die Identität und Konstruktion des sozialen Geschlechts der deutschen Männer hat. Ähnlich wie einige Forscher (vgl. Güvenç, 1998; Höfert, 1997; Ebermann, 1904) in der „Türkengefahr" des Spätmittelalters und der frühen Neuzeit das konstituierende Element der europäischen Identität gesehen haben, wäre in qualitativ ausgerichteten Studien zu untersuchen, ob es eine vergleichbare Bedeutung auch im gegenwärtigen Verhältnis türkischer Männer zu deutschen Männern gibt.
- Auf theoretischer Ebene besteht ebenfalls weiterer Untersuchungsbedarf in der Frage, welche Auswirkungen es für das soziale Geschlecht eines Mannes hat, wenn er aus einer Gesellschaft, in der er an dem hegemonialen Männlichkeitsmodell Anteil hatte, in eine Gesellschaft migriert, in der er sich als marginalisierte Gruppe wiederfindet.
- Im Bereich der Migrationsforschung ist ein gründliches „Ausmisten" von Nöten, um das „Zitierkartell" (vgl. Nauck, 1993: 367) zu durchbrechen, das bewirkt, dass die gleichen (falschen) Bilder immer und immer wieder weitertradiert werden. Es dürften heute keine wissenschaftlichen Arbeiten mehr angefertigt werden, die sich auch weiterhin unkritisch auf längst überkommene Studien der 1980er Jahre berufen.
- Insbesondere müssten mehr qualitative Studien erhoben werden, da sie meiner Meinung nach die beste Möglichkeit bieten, Sinnstrukturen und Zusammenhänge zu erkennen und es ermöglichen, neue und weiterführende Theorien zu generieren.
- In einem Migrationszusammenhang bietet es sich an, nationenübergreifende Studien anzufertigen. Vor allem in Fragen der Migration aus der Türkei könnte ein Vergleich der Entwicklung familienbezogener Strukturen in den klassischen Einwanderungsländern der Türken/innen, d.h. Deutschland, Frankreich, Belgien

und Holland, wichtige Aufschlüsse über das Entstehen familienbezogener Männlichkeiten in unterschiedlichen gesellschaftlichen Kontexten geben.
- Speziell Forscher/innen der zweiten Generation, die aufgrund ihrer Sozialisation und ihrer Mehrsprachigkeit einen erweiterten Zugang zur Migranten/innengruppen haben, sind eingeladen, verstärkt in diesen Bereichen zu forschen und ihre Kompetenzen mit einzubringen.

7. LITERATUR

Abadan-Unat, Nermin/Kemiksiz, Neşe (1992): Türkische Migration 1960-1984. Annotierte Bibliographie. Frankfurt am Main: Dağyeli Verlag.

Acar, Feride (1991): „Was die islamische Bewegung für Frauen so anziehend macht. Eine Untersuchung über Frauenzeitschriften und eine Gruppe von Studentinnen." In: Neusel, Ayla (Hg.): Aufstand im Haus der Frauen: Frauenforschung aus der Türkei. Berlin: Orlanda Frauenverlag. S. 73-92.

Adanır, Fikret (1995): Geschichte der Republik Türkei. Mannheim; Leipzig; Wien; Zürich: B.I. Taschenbuchverlag.

Akgün, Lale (1996): „Der Ehrbegriff in der Türkei." In: Zentrum für Türkeistudien (Hg.): Ehre. Veraltetes Konzept oder Schlüsselbegriff der multikulturellen Gesellschaft? Dokumentation einer Veranstaltung im Rahmen des Sensibilisierungsprojektes gegen Fremdeinfeindlichkeit in Duisburg und Essen. S. 91-98.

Akşam, Taner (1999): „Der türkische Nationalisierungsprozeß und der Laizismus." In: Jonker, Gerdien: Kern und Rand. Religiöse Minderheiten aus der Türkei in Deutschland. Studien 11. Berlin: Das Arabische Buch. S. 115-130.

Andrews, Peter Alford (1992): Türkiye'de etnik gruplar. Istanbul: Ant yayınları.

Angenendt, Steffen (1992): Ausländerforschung in Frankreich und der Bundesrepublik Deutschland. Gesellschaftliche Rahmenbedingungen und inhaltliche Entwicklung eines aktuellen Forschungsbereiches. Frankfurt/Main; New York: Campus.

Arat, Yeşim (1994): „Women's Movement of the 1980s in Turkey: Radical Outcome of Liberal Kemalism?" In: Göcek, Fatma Müze/Balashi, Shiva (ed.): Reconstructing gender in the middle-east. New York: Columbia University Press. S. 100-112.

Arat, Zehra F. (1994): „Turkish Women and the Republican Reconstruction of Tradition." In: Göcek, Fatma Müze/Balashi, Shiva (ed.): Reconstructing gender in the middle-east. New York: Columbia University Press. S. 40-57.

Arber, Sara/Attias-Donfut, Claudine (Hg.) (1999): The Myth of Generational conflict. London: Routledge.

Archiv für Wissenschaft und Praxis der sozialen Arbeit (1997) ArchsozArb. 28. Jahrgang, Nr. 1. Frankfurt.

Auernheimer, Georg (1984): Handwörterbuch Ausländerarbeit. Weinheim; Basel: Belz.
Aus Politik und Zeitgeschichte (1990). Beilage zur Wochenzeitung Das Parlament. B 23-24/99. 1. Juni.
Aus Politik und Zeitgeschichte (1996). Beilage zur Wochenzeitung Das Parlament. B 52-53/96. 20. Dezember.
Aus Politik und Zeitgeschichte (1996). Beilage zur Wochenzeitung Das Parlament B35/96. 23. August 1996.
Autorengruppe Ausländerforschung (Hrsg.: Freimut Duwe) (1981): Zwischen Ghetto und Knast. Jugendliche Ausländer in der Bundesrepublik. Reinbek bei Hamburg: Rowohlt Taschenbuch.
Aydın, Hayrettin (1997): „Das ethnische Mosaik der Türkei." In: Zeitschrift für Türkeistudien. Heft 1. Opladen: Leske und Budrich. S. 65-102.

Bade, Klaus, J. (1992): siehe unter: Bundeszentrale für politische Bildung.
Barkowski, Hans/Hoff, Gerd (1991): Berlin interkulturell. Ergebnisse einer Berliner Konferenz zu Migration und Pädagogik. Berlin: Colloquium Verlag.
Barlösius, Eva (1997): „Nahrung als Kommunikationsmittel. Über die kulinarische Hierarchie als Abbild zwischenstaatlicher Machtdifferentiale." In: Walhoff, Hans-Peter u.a.: Brücken zwischen den Zivilisationen. Zur Zivilisierung ethnisch-kultureller Differenzen und Machtungleichheiten. Das türkisch-deutsche Beispiel. Frankfurt/Main: Verlag für Interkulturelle Kommunikation. S. 137-152.
Başarın, Hürmüz Hatice/Başarın, Vecihi (1993): The Turks in Australia. Celebrating twenty-five years down under. Melbourne: Turquoise Publications.
Baumann, Zygmunt (1996): „From Pilgrim to Tourist – or a Short History of Identity." In: Hall, Stuart/du Gay, Paul (ed.): Questions of Cultural identity, London; Thousand Oaks; New Delhi: Sage Publications, S. 18-36.
Baumgartner-Karabak, Andrea/Landesberger, Gisela (1978): Die verkauften Bräute. Türkische Frauen zwischen Kreuzberg und Anatolien. Reinbek bei Hamburg: Rowohlt Taschenbuch Verlag.
BauSteineMänner (Hg.) (1996): Kritische Männerforschung. Neue Ansätze in der Geschlechtertheorie. Berlin; Hamburg: Argument Sonderband 246.
Baykan, Ayşegül (1993): „Islam as an Identity Discourse." In: ARENA journal No. 1. S. 45-62.
Beauftragte der Bundesregierung für Ausländerfragen (Hg.) (2000): Vierter Bericht zur Lage der Ausländer in der Bundesrepublik Deutschland. Berlin.
Beauftragte der Bundesregierung für die Belange der Ausländer (Hg.) (1994): Bericht der Beauftragten der Bundesregierung für die Belange der Ausländer über die Lage der Ausländer in der Bundesrepublik Deutschland. Bonn.

Benedict, Peter (1976): „Aspects of the domestic cycle in a Turkish provincial town." In: Peristany, J.G. (ed.): Mediterranean Family Structures. Cambridge; London; New York; Melbourne: Cambridge University Press.S. 219-242.

Berg, Lawrence D. (1999): „A (White) Man of his Times? Sir George Grey and the Narration of Hegemonic Masculinity in Victorian New Zealand." In: Law, Robin/Campbell, Hugh/ Dolan, John (ed.): Masculinities in Aotearoa/New Zealand. Palmerston North: Dunmore Press. S. 67-83.

Berktay, Fatmagül (1991): „Eine zwanzigjährige Geschichte. Das Verhältnis der türkischen Linken zur Frauenfrage." In: Neusel, Ayla (Hg.): Aufstand im Haus der Frauen: Frauenforschung aus der Türkei. Berlin: Orlanda Frauenverlag. S. 214-226.

Bernard, Cheryl/Schlaffer, Edit (1980): „Der Islammacho." In: Psychologie heute. Heft 12. S. 40-50.

Bilal, Hulusi (1993): „Seniorenarbeit mit MigrantInnen in Berlin-Spandau." In: Informationsdienst zur Ausländerarbeit. Heft 3. S. 58.

Bingemer, Karl/Mesitermann-Seeger, Edeltrud/Neubert, Edgar (Hg.) (1970): Leben als Gastarbeiter. Geglückte und mißglückte Integration. Opladen: Westdeutscher Verlag.

Birsl, Ursula/Ottens, Svenja/ Sturhan, Karin (1999): Männlich-Weiblich, Türkisch-Deutsch. Lebensverhältnisse und Orientierungen von Industriebeschäftigten. Opladen: Leske und Budrich.

Böhnisch, Lothar/Winter, Reinhard (1993): Männliche Sozialisation. Bewältigungsprobleme männlicher Geschlechtsidentität im Lebenslauf. Weinheim und München: Juventa Verlag.

Bommes, Michael (1999): Migration und Nationaler Wohlfahrtsstaat. Ein Differenzierungstheoretischer Entwurf. Opladen: Westdeutscher Verlag.

Boos-Nünning, Ursula (Hg.) (1990): Die türkischsprachige Migration in deutschsprachigen Büchern 1961-1984. Eine annotierte Bibliographie. Opladen: Leske und Budrich.

Bortz, Döring (1995): Forschungsmethoden und Evaluation für Sozialwissenschaftler. Berlin; Heidelberg; New York.

Bozdoğan, Sibel/Kasaba, Resat (1997): Rethinking Modernity and National Identity in Turkey. III Series. Publications on Near East. Universitiy of Washington.

Brandenburg, Hermann (1997): „Die Lebenssituation und Versorgung älterer Migrantinnen und Migranten in Deutschland." In: Archiv für Wissenschaft und Praxis der sozialen Arbeit (ArchsozArb). 28. Jahrgang, Nr.1. Frankfurt.

Buchmann, B.M. (1983): Türkenlieder. Zu den Türkenkriegen und besonders zur zweiten Wiener Türkenbelagerung. Wien; Köln; Graz.

Bundesanstalt für Arbeit (Hg.) (1993): IIb4, Beschäftigungsstatistik im Bundesgebiet West am 30. Juni 1993. Nürnberg.

Bundesanstalt für Arbeit (Hg.) (1978): Amtliche Nachrichten, Nürnberg.

Bundesanstalt für Arbeit (Hg.) (1987): Amtliche Nachrichten, Nürnberg.
Bundesanstalt für Arbeit (Hg.) (1991): Amtliche Nachrichten, Nürnberg.
Bundesanstalt für Arbeit (Hg.) (1979): Amtliche Nachrichten, Sondernummer vom 5. Juli, Nürnberg.
Bundesanstalt für Arbeit (Hg.) (1988): Amtliche Nachrichten, Sondernummer vom 14. Juli, Nürnberg.
Bundesanstalt für Arbeit (Hg.) (1992): Amtliche Nachrichten, Sondernummer vom 31. Juli, Nürnberg.
Bundesministerium für Arbeit und Sozialordnung in Zusammenarbeit mit der Friedrich Ebert Stiftung (Hg.) angefertigt von Mehrländer, Ursula/Ascheberg, Carsten/Ueltzhöffer, Jörg (1995): Repräsentativuntersuchung 95: Situation der ausländischen Arbeitnehmer und ihrer Familienangehörigen in der Bundesrepublik Deutschland. Berlin; Bonn; Mannheim.
Bundesministerium für Familie, Senioren, Frauen und Jugend (Hg.) (1996): Altenhilfe in Europa. Rechtliche, institutionelle und infrastrukturelle Bedingungen. Stuttgart; Berlin; Köln.
Bundeszentrale für politische Bildung (Hg.) angefertigt von Bade, Klaus J. (1992): Ausländer; Aussiedler; Asyl in der Bundesrepublik Deutschland. Bonn.

Camilleri, Carmel (1990): „Identité et gestion de la disparité culturelle: essai d'une typologie." In: Camilleri, Carmel/Kastersztein, Joseph/Lipiansky, Edmond Marc u.a (1990).: Stratégies identitaires. Psychologie d'aujourd'hui. Paris : Presses Universitaires de France. S. 86-110.
Camilleri, Carmel/Kastersztein, Joseph/Lipiansky, Edmond Marc u.a (1990): Stratégies identitaires. Psychologie d'aujourd'hui. Paris : Presses Universitaires de France.
Carrigan, Tim/Connell, Robert W./Lee, John (1996): „Ansätze zu einer neuen Soziologie der Männlichkeit." In: BauSteineMänner (Hg.): Kritische Männerforschung. Neue Ansätze in der Geschlechtertheorie. Berlin; Hamburg: Argument Sonderband 246. S. 38-75.
Cohn-Bendit, Daniel/Schmid, Thomas (1993): Heimat Babylon. Das Wagnis der multikulturellen Demokratie. Hamburg: Campe Paperback.
Collatz, Jürgen (1989): „Brennpunkte sozialer Ungleichheit bei der medizinischen Versorgung ausländischer Arbeitnehmer und Flüchtlinge in der Bundesrepublik Deutschland." In: Zeitschrift für Sozialreform. Nr.35, S. 682-697.
Connell, Robert W (1999): Der gemachte Mann. Konstruktion und Krise von Männlichkeiten. Opladen: Leske und Budrich.
Cornwall, Andrea/Lindisfarne, Nancy (1994): „Dislocating masculinity. Gender, power and anthropology." In: Cornwall, Andrea/Lindisfarne, Nancy: Dislocating masculinity. Comparative ethnographies. London; New York: Routledge: S. 10-47.

Cornwall, Andrea/Lindisfarne, Nancy (1994): Dislocating masculinity. Comparative ethnographies. London; New York: Routledge.
Cosack, Carl Johannes (1871): „Zur Literatur der Türkengebete im 16. und 17. Jahrhundert". In: Cosack, Carl Johannes (Hg.): Zur Geschichte der evangelischen ascetischen Literatur in Deutschland. Ein Beitrag zur Geschichte des christlichen Lebens wie zur Cultur und Literaturgeschichte. Basel; Ludwigsburg. S. 163-243.
Crystal, David (1995): Die Cambridge Enzyklopädie der Sprache. New York: Campus Verlag.
Cylwik, Helen/Spohn, Margret (1998): „Impact of Structure on Choices made by Migrant Men in the Later Stages of Life: Cypriots in Britain and Turks in Germany." Universität Oldenburg; London School of Economics. (unv Manuskript).

Dahlerup, Drude (Hg.) (1986): The new women's movement. Feminism and Political Power in Europe and the USA. London; Beverly Hills & Newbury Park; New Delhi: Sage Publication. Modern Politics Series Volume 12.
Das Argument: Nr. 224. Berlin; Hamburg.
Dausien, Bettina (1994): „Biographieforschung als ‚Königinnenweg'?. Überlegungen zur Relevanz biographischer Ansätze in der Frauenforschung." In: Dietzinger, Angelika u.a. (Hg.): Erfahrung mit Methode: Wege sozialwissenschaftlicher Frauenforschung. Freiburg: Forum Frauenforschung, Band 8. S. 129-153.
Dausien, Bettina (1996): Biographie und Geschlecht. Zur biographischen Konstruktion sozialer Wirklichkeit in Frauenlebensgeschichten. Bremen: Donat Verlag.
Deaux, Kate/Kite, Mary E. (1987): „Thinking about gender." In: Hess, Beth, B./Ferree Myra Marx: Analyzing Gender. A handbook of social science research. Newbury Park; Beverly Hills; London; New Delhi: Sage publications.S. 92-119.
Deaux, Kay/Major, Brenda (1987): „Putting gender into context: an interactive model of gender-belief-behaviour." In: Psychological Review, Vol. 94, No. 3. S. 369-389.
Delgado, Manuel Jesus (1966): Anpassungsprobleme der spanischen Gastarbeiter in Deutschland – eine sozialpsychologische Untersuchung. Köln. Dissertation.
Delumeau, Jean (1985): Angst im Abendland. Die Geschichte kollektiver Ängste im Europa des 14. bis 18. Jahrhundert. Band 1, Reinbek bei Hamburg.
Der Spiegel (1970): Nr. 43. Hamburg.
Der Spiegel (1990): Nr. 44. Hamburg.
Der Spiegel (1990): „Knüppel im Kreuz, Kind im Bauch". Nr. 44. Hamburg.

Deutsche Hauptstelle gegen die Suchtgefahren (Hg.) (1992): Sucht in unserer multikulturellen Gesellschaft. Freiburg im Breisgau: Lambertus (Schriftenreihe zum Problem der Suchtgefahren; Band 41).

Die Stimme der Aleviten (1994): Zeitschrift der Vereinigung Aleviten Gemeinden e.V. Mai 1994, Nr.1. o.O.

Dietzel-Papakyriakou, Maria (1988): „Eine Gerontologie der Migration?" In: Informationsdienst zur Ausländerarbeit (iza). Heft 2. Frankfurt. S. 42-45.

Dietzel-Papakyriakou, Maria (1990): „Das Alter der Arbeitsmigranten: ethnische Ressourcen und doppelte Benachteiligung." In: Zeitschrift für Gerontologie. Heft 23. Darmstadt. S. 345-353.

Dietzel-Papakyriakou, Maria (1993): „Ältere Ausländer in der Bundesrepublik Deutschland. Zwischen Ausländersozialarbeit und Altenhilfe." In: Informationsdienst zur Ausländerarbeit (iza), Heft 3. Frankfurt. S .43-53.

Dietzel-Papakyriakou, Maria/Olbermann, Elke (1996): „Soziale Netzwerke älterer Migranten: Zur Relevanz familiärer und innerethnischer Unterstützung." In: Zeitschrift für Gerontologie und Geriatrie. Band 29. Heft 1. Darmstadt. S.34-41.

Dietzel-Papakyriakou, Maria/Olbermann, Elke (1996): „Zum Versorgungsbedarf und zur Spezifik älterer Migrantinnen und Migranten." In: Informationsdienst zur Ausländerarbeit (iza), 1996, Heft 3+4. Frankfurt. S. 82-89.

Dietzinger, Angelika u.a. (Hg.) (1994): Erfahrung mit Methode: Wege sozialwissenschaftlicher Frauenforschung. Forum Frauenforschung, Band 8. Freiburg: Kore Verlag.

Döring, Dieter (1994): „Zur Alterssicherung von Zuwanderern in den Ländern der europäischen Union." in Sozialer Fortschritt. Unabhängige Zeitschrift für Sozialpolitik. Jahrgang 43 Heft 10. Oktober. S. 239-246.

Eberding, Angela (1998): „Arm-hilflos-ausgeliefert? Zu stereotypen Überzeugungen über Mädchen türkischer Herkunft." In: Koch, Eckhardt/Özek, Metin; u.a. (Hg.): Chancen und Risiken von Migration. Deutsch-türkische Perspektiven. Freiburg im Breisgau: Lambertus. S. 317-325.

Ebermann, Richard (1904): Die Türkenfurcht. Ein Beitrag zur Geschichte der öffentlichen Meinung in Deutschland während der Reformationszeit. Dissertationsschrift. Halle an der Saale. Theologische Fakultät.

Edwards, Rosalinde (1995): „Working with interpreters: access to services and to user views." In: Wilson, Gail (ed.): Community Care Asking the Users. London: Chapman and Hall.

EMMA (1993): Sonderheft Fundamentalismus. Heft 4.

Engelhardt, Karin (1993): „Knüpfen neuer Netze. Offene Altenhilfe und Ausländersozialarbeit in Diakonie und innerer Mission in München." In: Informationsdienst zur Ausländerarbeit. Heft 3. Frankfurt. S. 59-60.

Erikson, Erik H. (1975): Dimensionen einer neuen Identität. Frankfurt am Main.
Erkut, Sumru (1982): „Dualism in values toward education of Turkish women." In: Kağıçıbaşı, Çiğdem: Sex Roles, Family, & Community in Turkey. Indiana University Turkish Studies 3. S. 121-132.
Esser, Elke (1982): Ausländerinnen in der Bundesrepublik Deutschland. Eine soziologische Untersuchung des Eingliederungsverhaltens ausländischer Frauen. Frankfurt am Main.
Esser, Hartmut (Hg.) (1990): Generation und Identität. Studien zur Sozialwissenschaft. Band 97. Opladen: Westdeutscher Verlag.
Exotische Welten – Europäische Phantasien (1987): Katalog zur Ausstellung des Instituts für Auslandsbeziehungen und des Württembergischen Kunstvereins. Edition Cantz. Stuttgart.

Fanon, Frantz (1980): Schwarze Haut, weiße Masken. Frankfurt/Main: Syndicat.
Fersahoğlu, Rifat (1993): Zuhause fremd? Alte Migranten. Arbeiterwohlfahrt Bezirksverband Braunschweig e.V. Braunschweig.
Fielding, Nigel G/Lee, Raymound M. (1991): Using Computers in Qualitative Research. London; Newbury Par; New Delhi: Sage Publication.
Firat, Düzgün (1996): Migration als Belastungsfaktor türkischer Familien. Auswirkungen auf die soziale Identität und das Familiensystem. Hamburg: Verlag Dr. Kovac.
Fişek, Güler Okman (1982): „Psychopathology and the Turkish Family: A Family Systems Theory Analysis." In: Kağıçıbaşı, Çiğdem: Sex Roles, Family, & Community in Turkey. Indiana University Turkish Studies 3. S. 294-321.
Flick, Uwe u.a. (Hg.) (1995): Handbuch qualitative Sozialforschung. Grundlagen, Konzepte, Methoden und Anwendungen. 2. Auflage. Weinheim: Beltz.
Foucault, Michel (1983): Der Wille zum Wissen, Sexualität und Wahrheit 1, Frankfurt.

Gaitanides, Stefan (1992): „Zugangsbarrieren von Migranten zu den Drogendiensten." In: Deutsche Hauptstelle gegen die Suchtgefahren (Hg.): Sucht in unserer multikulturellen Gesellschaft. Freiburg im Breisgau: Lambertus. (Schriftenreihe zum Problem der Suchtgefahren; Band 41). S. 62-76.
Galanti, Avram (1995): Türkler ve yahudiler. 3.Aufl. Gözlem. Istanbul: Gazetecilik Basın ve Yayın A.Ş.
Gebauer, G./Taureck, B./Ziegler, T. (1993): Ausländerfeindlichkeit ist Zukunftsfeindlichkeit. Plädoyer für eine kulturintegrative Gesellschaft. Frankfurt am Main: Fischer Taschenbuch.
Gender and Society (1988): Official Publication of Sociologists for Women in Society. Volume 2, Number 3. Newbury Park; Beverly Hills, London, New Delhi: Sage Publications

Gerhardt, Ute (1995): „Typenbildung." In: Flick, Uwe u.a. (Hg.): Handbuch qualitative Sozialforschung. Grundlagen, Konzepte, Methoden und Anwendungen. 2. Auflage. Weinheim: Beltz. S. 434-439.

Giddens, Anthony (1997): Sociology. 3. edition. Cambridge: Polity Press.

Göcek, Fatma Müze/Balashi, Shiva (ed.) (1994): Reconstructing gender in the middle-east. New York: Columbia University Press.

Göle, Nilüfer (1997): „The Quest of the Islamic Self within the Context of Modernitiy." In: Bozdoğan, Sibel/Kasaba, Resat: Rethinking Modernity and National Identity in Turkey. III Series. University of Washington: Publications on Near East. S. 81-94.

Göllner, Carl (1973): TURCICA . Die Türkenfrage in der öffentlichen Meinung Europas im 16. Jahrhundert. Band III. Bukarest; Baden-Baden.

Göpfert, Hans (1988): Ausländerfeindlichkeit durch Unterricht. Düsseldorf: Schwann.

Grossberg, Lawrence (1996): „Identity and Cultural Studies: Is that all there is?" In: Hall, Stuart/du Gay, Paul (ed.) (1996): Questions of Cultural identity. London; Thousand Oaks; New Delhi: Sage Publications. S. 87-107.

Großmann, Heidrun/Huth, Sabine (1994): „Alleinerziehende Frauen berichten. Erfahrungen einer Ost-West vergleichenden Untersuchung." In: Erfahrung mit Methode: Wege sozialwissenschaftlicher Frauenforschung. Forum Frauenforschung, Band 8. Freiburg: Kore Verlag. S. 219-243.

Grothusen, Klaus-Detlev (Hg.) (1985): Türkei Südosteuropa-Handbuch, Band IV. Göttingen: Vandenhoeck und Ruprecht.

Gülerüz, Naim (1993): Türk Yahudileri Tarihi. I (20. Yüzyilin basina kadar). Gözlem. Istanbul: Gazetecilik Basın ve Yayın A.Ş.

Gümen, Sedef (1987): The impact of peripheral capitalism on women's activities in production and reproduction – the case of Turkey. Inaugural Dissertation der Freien Universität Berlin. Berlin.

Hall, Stuart: „Who needs identity." In: Hall, Stuart/du Gay, Paul (ed.) (1996): Questions of Cultural Identity. London; Thousand Oaks; New Delhi: Sage Publication. S. 1-17.

Hall, Stuart/Gay du, Paul (ed.) (1996): Questions of Cultural Identity. Thousand Oaks; London; New Delhi: Sage Publication.

Heidelberger Manifest (1982) in: Frankfurter Rundschau (Unterzeichner Fassung) vom 4. März.

Heinze, Thomas (1987): Qualitative Sozialforschung. Erfahrungen, Probleme und Perspektiven. WV-Studium, Band 144. Opladen: Westdeutscher Verlag.

Heitmeyer, Wilhelm/Müller, Joachim/Schröder, Helmut (1997): Verlockender Fundamentalismus. Türkische Jugendliche in Deutschland. Frankfurt am Main: Suhrkamp.

Helwig, Gisela/Nickel, Hildegard Maria (Hg.) (1993): Frauen in Deutschland 1945-1992. (Bundeszentrale für politische Bildung. Schriftenreihe. Band 318). Bonn.

Herbert, Ulrich (1986): Geschichte der Ausländerbeschäftigung in Deutschland 1880 bis 1980. Saisonarbeiter, Zwangsarbeiter, Gastarbeiter. Berlin; Bonn: Dietz.

Herwartz-Emden, Leonie (1995): Mutterschaft und weibliches Selbstkonzept. Eine interkulturell vergleichende Untersuchung. Weinheim; München: Juventa.

Herwartz-Emden, Leonie (Hg.) (2000): Einwandererfamilien, Geschlechterverhältnisse, Erziehung und Akkulturation. Schriftenreihe des Instituts für Migrationsforschung und interkulturelle Studien (IMIS) der Universität Osnabrück. Band 9. Osnabrück: Rasch.

Hess, Beth B./Ferree Myra Marx (1987): Analyzing Gender. A handbook of social science research. Newbury Park; Beverly Hills; London; New Delhi: Sage Publication.

Hielen, Manfred (1996): „Bildung ethnischer Schwerpunkte in Einrichtungen der stationären Altenhilfe." In: Informationsdienst zur Ausländerarbeit. Heft 3+4. Frankfurt. S. 90-92.

Höfert, Almut (1997): „Vom Antichrist zum Menschen: Der Wandel des westeuropäischen Türkenbildes in der frühen Neuzeit anhand des Traktats über die Sitten, die Lebensverhältnisse und die Arglist der Türken des Georg von Ungarn." In: Reulecke, Jürgen (Hg.): „Spagat mit Kopftuch." Essays zur deutsch-türkischen Sommerakademie. Hamburg: Körber Stiftung. S. 47-73.

Holoch, Friederike (1990): Situation älter gewordener, nicht mehr im Erwerbsprozeß stehender ausländischer Mitbürger. Gutachten im Auftrag der Landeshauptstadt Stuttgart – vertreten durch das Sozial- und Schulreferat. Reutlingen.

Holz, Gerda/Scheib, Hermann (1993): „Ältere AusländerInnen im Niemandsland zwischen Altenhilfe und Ausländersozialarbeit." In: Informationsdienst zur Ausländerarbeit. Heft 3. Frankfurt. S. 23-25.

Holz, Gerda/Scheib, Hermann/Altun Şükriye u.a. (1994): Fremdsein, Altwerden und was dann? Ältere Migranten und die Altenhilfe. Frankfurt am Main: Institut für Sozialarbeit und Sozialpädagogik, ISS4.

Honolka, Harro/Götz Irene (1999): Deutsche Identität und das Zusammenleben mit Fremden. Opladen: Westdeutscher Verlag.

Informationsdienst zur Ausländerarbeit (iza) (1988) Heft 2. Verlag des Instituts für Sozialarbeit und Sozialpädagogik. Frankfurt.

Informationsdienst zur Ausländerarbeit (iza) (1988) Heft 3. Verlag des Instituts für Sozialarbeit und Sozialpädagogik. Frankfurt.

Informationsdienst zur Ausländerarbeit (iza) (1993) Heft 3. Verlag des Instituts für Sozialarbeit und Sozialpädagogik. Frankfurt.

Informationsdienst zur Ausländerarbeit (iza) (1995) Heft 2. Verlag des Instituts für Sozialarbeit und Sozialpädagogik. Frankfurt.

Informationsdienst zur Ausländerarbeit (iza) (1996) Heft 3+4. Verlag des Instituts für Sozialarbeit und Sozialpädagogik. Frankfurt.

International Labour Office (Hg.), angefertigt von Scott, Wolf (1991): Ethnic Turks from Bulgaria: An Assessment of their Employment and Living Conditions in Turkey. World Employment Programme. MIG Working Paper 52. (unveröffentlichtes Diskussionspapier).

Jäger, Margret (1996): Fatale Effekte. Die Kritik am Patriarchat im Einwanderungsdiskurs. Duisburg: DISS.

Jäger, Siegfried (1999): Kritische Diskursanalyse. Eine Einführung. 2. überarbeitete und erweiterte Auflage. Duisburg: DISS.

Jonker, Gerdien (Hg.) (1999): Kern und Rand. Religiöse Minderheiten aus der Türkei in Deutschland. Zentrum Moderner Orient. Studien 11. Berlin: Das arabische Buch.

Jung, Matthias/Wengeler, Martin/Böke, Karin (Hg.) (1997): Die Sprache des Migrationsdiskurses. Das Reden über ‚Ausländer' in Medien, Politik und Alltag. Opladen: Westdeutscher Verlag.

Kağıtçıbaşı, Çiğdem (1982): Sex Roles, Family, & Community in Turkey. Indiana University Turkish Studies 3.

Kağıtçıbaşı, Çiğdem (1996): Family and human development across cultures: a view from the other side. Mahwah; New Jersey: Lawrence Erlbaum Associates.

Kandiyoti, Deniz (1988): „Bargaining with Patriarchy." In: Gender and Society Volume 2, Number 3. Newbury Park; Beverly Hills, London, New Delhi: Sage Publication. S. 272-290.

Kandiyoti, Deniz (1991): „Patriarchalische Muster. Notizen zu einer Analyse der Männerherrschaft in der türkischen Gesellschaft." In: Neusel, Ayla (Hg.): Aufstand im Haus der Frauen: Frauenforschung aus der Türkei. Berlin: Orlanda Frauenverlag. S. 315-329.

Kandiyoti, Deniz (1994): „The paradoxes of masculinity. Some thoughts in segregated societies." In: Cornwall, Andrea/Lindisfarne, Nancy: Dislocating masculinity. Comparative ethnographies. London and New York: Routledge S. 197-213.

Kandiyoti, Deniz (1997): „Gendering the Modern. On missing dimensions of the study of Turkish modernity." In: Bozdoğan, Sibel/Kasaba, Resat: Rethinking Modernity and National Identity in Turkey. III Series. Universitiy of Washington: Publications on Near East. S. 113-133.

Karakaşoğlu, Yasemin (1994): siehe unter: Ministerium für Arbeit, Gesundheit und Soziales.

Karakaşoğlu-Aydın, Yasemin (1998): „Jung, muslimisch=gewaltbereit?" In: Das Argument, Nr. 224. Berlin, Hamburg. S. 145-158.

Kastersztein, Joseph: „Les stratégies identitaires des acteurs sociaux: approche dynamique des finalités." In: Camilleri, Carmel/Kastersztein, Joseph/Lipiansky, Edmond Marc u.a (1990).: Stratégies identitaires. Psychologie d'aujourd'hui. Paris : Presses Universitaires de France. S. 27-41.

Kaufmann, Michael (1996): „Die Konstruktion von Männlichkeit und die Triade männlicher Gewalt." In: BauSteineMänner (Hg.): Kritische Männerforschung. Neue Ansätze in der Geschlechtertheorie. Berlin; Hambuirg: Argument Sonderband 246. S. 138-171.

Keddi, Nikki R/Baron, Beth (ed.) (1991): Women in Middle Eastern History. Shifting Boundaries in Sex and Gender. New Haven and London: Yale University Press.

Kelle, Udo/Kluge, Susanne (1999): Vom Einzelfall zum Typus. Fallvergleich und Fallkontrastierung in der qualitativen Sozialforschung. Qualitative Sozialforschung, Band 4. Opladen: Leske und Budrich.

Kersten, Joachim (1993): „Der Männlichkeitskult. Über die Hintergründe der Jugendgewalt." In: Psychologie Heute. 20. Jg. Heft 9. S. 50-57.

Kiray, Mübeccel (1976): „The new role of mothers: changing intra-familial relationships in a small town in Turkey." In: Peristany, J.G. (ed.): Mediterranean Family Structures. Cambridge; London; New York; Melbourne: Cambridge University Press. S. 261-272.

Kirişçi, Kemal (1994): Refugees and Turkey since 1945. Araştırma Raporu-Research Papers. ISS/Pols 94-3. Institut of Social Sciences. Boğaziçi University. (unv Bericht).

Kleff, Hans-Günter (1985): Vom Bauern zum Industriearbeiter. Zur kollektiven Lebensgeschichte der Arbeitsmigranten aus der Türkei. Mainz: Verlag Manfred Werkmeister.

Kleinert, Claudia (1993): „Eine Minderheit in der Türkei: Die Yezidi." In: Zentrum für Türkeistudien (Hg.): Zeitschrift für Türkeistudien. 2/93. S. 223-234.

Klinkhammer, Gritt M. (1999): „Individualisierung und Säkularisierung islamischer Religiösität: Zwei Türkinnen in Deutschland." In: Jonker, Gerdien (Hg.): Kern und Rand. Religiöse Minderheiten aus der Türkei in Deutschland. Zentrum Moderner Orient. Studien 11. Berlin: Das arabische Buch. S. 221-236.

Kluge, Susanne (1999): Empirisch begründete Typenbildung. Zur Konstruktion von Typen und Typologien in der qualitativen Sozialforschung. Opladen: Leske und Budrich.

Knappe, Emil (1949): Die Geschichte der Türkenpredigt in Wien. Ein Beitrag zur Kulturgeschichte einer Stadt während der Türkenzeit. Dissertationsschrift. Philosophische Fakultät. Wien.

Koch, Eckhardt/Özek, Metin u.a. (Hg.) (1998): Chancen und Risiken von Migration. Deutsch-türkische Perspektiven. Freiburg im Breisgau: Lambertus

Kögler, Hans-Herbert (1994): Michel Foucault. Stuttgart/Weimar.

Kongar, Emre (1976): „A survey of familial change in two Turkish gecekondu areas." In: Peristany, J.G. (ed.): Mediterranean Family Structures. Cambridge; London; New York; Melbourne: Cambridge University Press. S. 205-218.

Koppelkamm, Stefan (1987): „Orientalische Architektur des 18. und 19. Jahrhundert." In: Exotische Welten – Europäische Phantasien. Katalog zur Ausstellung des Instituts für Auslandsbeziehungen und des Württembergischen Kunstvereins. Stuttgart: Edition Cantz. S. 164-171.

Kopplin, Monika (1987): „Turcica und Turquerien. Zur Entwicklung des Türkenbildes und Rezeption osmanischer Motive vom 16. bis 18. Jahrhundert." In: Exotische Welten – Europäische Phantasien. Katalog zur Ausstellung des Instituts für Auslandsbeziehungen und des Württembergischen Kunstvereins. Stuttgart: Edition Cantz. S. 150-163.

Körber Stiftung (Hg.) (1998): Was ist ein Deutscher? Was ist ein Türke? Alman olmak nedir? Türk olmak nedir? Deutsch-türkisches Symposium. Türk-Alman Sempozyumu. Hamburg.

Körber Stiftung (Hg.) (1999): Grenzfall Europa. Avrupa'nin ince eşiğinde, Deutschtürkisches Symposium. Türk-Alman Sempozyumu. Hamburg.

Krüger, Dorothea (1995): „Pflege im Alter: Pflegeerwartungen und Pflegeerfahrungen älterer türkischer Migrantinnen – Ergebnisse einer Pilotstudie." In: Zeitschrift für Frauenforschung. Heft 3. Hannover. S. 71-86.

Krüger, Dorothea/Potts, Lydia (1995): Aspekte generativen Wandels in der Migration: Bildung, Beruf und Familie aus Sicht türkischer Migrantinnen der ersten Generation." In: Zeitschrift für Frauenforschung. Heft 1+2. Hannover. S. 159-172.

Krüger, Dorothea/Potts, Lydia (1997): „Zwischen Isolation und transnationaler Familie. Soziale Netzwerke von Migrantinnen der ersten Generation aus der Türkei." In: Zeitschrift für Migration und soziale Arbeit (iza). Heft 2. Frankfurt. S. 36-41.

Kuckartz, Udo (1999): Computergestützte Analyse qualitativer Daten. Opladen; Wiesbaden: Westdeutscher Verlag.

Kugler, Roland (2000): Ausländerrecht. Ein Handbuch. Göttingen. Lamuv.

Küper-Başgöl, Sabine (1992): Frauen in der Türkei zwischen Feminismus und Reislamisierung. Demokratie und Entwicklung Band 4, Münster; Hamburg: Lit-Verlag,.

Kurz, Ursula (1965): „Partielle Anpassung und Kulturkonflikt. Gruppenstruktur und Anpassungsdisposition in einem italienischen Gastarbeiterlager." In: KZfSS, Jg.17, S. 814-832.

Lamnek, Siegfried (1995): Qualitative Sozialforschung. Band 2 Methoden und Techniken. (3. korrigierte Auflage) Weinheim: Beltz.
Landesbeauftragter für Ausländerfragen bei der Staatskanzlei Rheinland-Pfalz (Hg.), angefertigt von: Müller, Hardy (1992): Migration und Alter. Kennzeichen des Alterns ausländischer Menschen und bevölkerungsstatistische Aspekte zur Situation in Rheinland-Pfalz. Mainz.
Law, Robin/Campbell, Hugh/Dolan, John (ed.) (1999): Masculinities in Aotearoa/New Zealand. Palmerston North: Dunmore Press.
Lazarsfeld, Paul, F. (1937): „Some remarks on the Typological Prodedures in Social Research." In: Zeitschrift für Sozialforschung. Jahrgang VI. S.119-139.
Leggewie, Klaus (1991): Multi-Kulti. Spielregeln für die Vielvölkerrepublik. Mit Beiträgen und Interviews von Siegrid Baringhorst, Daniel Cohn-Bendit, Barbara John, Odo Marquard, Alexander Smolczyk und Horstmann und Trautmann und Voggenreiter. 2. Auflage. Berlin: Rotbuch Verlag.
Leisering, Lutz (1996): „Alternde Bevölkerung – veralteter Sozialstaat?. Demographischer Wandel als ‚Politik'. " In: Aus Politik und Zeitgeschichte. Beilage zur Wochenzeitung das Parlament. B35/96. 23. August 1996, S.13-22.
Leithäuser, Thomas/Volmerg, Birgit (1988): Psychoanalyse in der Sozialforschung. Eine Einführung am Beispiel einer Sozialpsychologie der Arbeit. WV-Studium, Band 148. Opladen: Westdeutscher Verlag.
Leser, Markus/Seeberber, Bernd (1994): „Migration aus gerontologischer Sicht." In: Karl, Fred/Schmitz-Scherzer, Reinhard (Hg.): Soziale Gerontologie, Wissenschaft und Praxis. Kassel: Kasseler Gerontologische Schriften. Band 15.
Link, Jürgen (1982): „Kollektivsymbolik und Mediendiskurse." In: kultuRRevolution. Heft 1. S. 6-21.
Link, Jürgen (1986): Kleines Begriffslexikon, kultuRRevolution 11, S. 71.
Link, Jürgen (1992): Normalismus: Konturen eines Konzepts, kultuRRevolution 27, S.37-52)
Lipiansky, E.M. (1990): „Identité subjective et interaction." In: Camilleri, Carmel/ Kastersztein, Joseph/Lipiansky, Edmond, Marc u.a. (1990): Stratégies identitaires. Psychologie d'aujourd'hui. Paris: Presses Universitaires de France. S. 174-211.
Lloyd, A./Fallers, M. (1976): „Sex roles in Edremit." In: Peristany, J.G. (ed.): Mediterranean Family Structures. Cambridge; London; New York; Melbourne: Cambridge University Press. S. 243-260.
Loeber-Pautsch, Uta u.a. (Hg.) (1997): Quer zu den Disziplinen. Hannover: Offizin.
Lohauß, Peter (1995): Moderne Identität und Gesellschaft. Theorien und Konzepte. Opladen.
Lorenz-Meyer, Dagmar/Grotheer, Angela (1999): „Reinventing the generational contract. Anticipated care-giving responsibilities of younger Germans and

Turkish migrants." In: Arber, Sara; Attias-Donfut, Claudine (Hg.): The Myth of Generational conflict. London: Routledge. S. 190-208.

Lutz, Helma (1988): „Brücken schlagen. Einige Dilemmas türkischer ‚Mittlerinnen'." In: Informationsdienst zur Ausländerarbeit (iza). Heft 3, Frankfurt. S. 32-38.

Lutz, Helma (1991): „Orientalische Weiblichkeit. Das Bild der Türkin in der Literatur konfrontiert mit Selbstbildern." In: Barkowski, Hans; Hoff, Gerd: Berlin interkulturell. Ergebnisse einer Berliner Konferenz zu Migration und Pädagogik. Berlin: Colloquium Verlag. S. 245-265.

Mahmoody, Betty (1990): Nicht ohne meine Tochter. Bergisch-Gladbach: Bastei und Lübbe.

Malewska-Peyre, Hanna (1990): „Le processus de dévalorisation de l'identité et les stratégies identitaires." In: Camilleri, Carmel/Kastersztein, Joseph/Lipiansky, Edmond Marc u.a: Stratégies identitaires. Psychologie d'aujourd'hui. Paris : Presses Universitaires de France. S. 111-141.

Matahaere-Atariki, Donna, C. (1999): „A Context for Writing Masculinities." In: Law, Robin/Campbell, Hugh/Dolan, John (ed.): Masculinities in Aotearoa/New Zealand. Palmerston North: Dunmore Press. S. 104-117.

Mayering, Philipp (1990): Einführung in die qualitative Sozialforschung. 1. Auflage. München: Beltz.

Mayring, Phillip (1999): Einführung in die qualitative Sozialforschung. 4. Auflage. München: Beltz.

Mehrländer, Ursula (1986): „Rückkehrabsichten der Türken im Verlauf des Migrationsprozesses 1961-1985." In: Meys, Werner/Şen, Faruk: Zukunft in der Bundesrepublik oder Zukunft in der Türkei. Eine Bilanz der 25jährigen Migration der Türken. Schriftenreihe des Zentrums für Türkeistudien. Band 4. Frankfurt am Main: Dağyeli Verlag. S. 53-72.

Mehrländer, Ursula (1995): siehe unter: Bundesministerium für Arbeit und Sozialordnung.

Meier-Braun, Karl-Heinz (1980): ‚Gastarbeiter' oder Einwanderer? Anmerkungen zur Ausländerpolitik in der Bundesrepublik Deutschland. Frankfurt/Main; Berlin; Wien: Ullstein Buch

Meske, Sigrid (1983): Situationsanalyse türkischer Frauen in der BRD. Fulda: Express Edition.

Metzger, Annette/Herhold, Petra (1982): Zur sexualspezifischen Rolle der Frau in der türkischen Familie: ihr Wissen, ihre Erfahrungen und ihre Einstellungen. Fulda: Express Edition.

Meys, Werner/Şen, Faruk (1986): Zukunft in der Bundesrepublik oder Zukunft in der Türkei. Eine Bilanz der 25jährigen Migration der Türken. Schriftenreihe des Zentrums für Türkeistudien. Band 4. Frankfurt am Main: Dağyeli Verlag.

Mıhçıyazgan, Ursula (1986): Wir haben uns vergessen. Ein intrakultureller Vergleich türkischer Lebensgeschichten. Pädagogische Beiträge zur Kulturbegegnung. Band 4. Hamburg: Rissen.

Miksch, Jürgen (Hg.) (1983): Multikulturelles Zusammenleben. Theologische Erfahrungen. Frankfurt.

Ministerium für Arbeit, Gesundheit und Soziales des Landes Nordrhein-Westfalen (Hg.) angefertigt von Karakaşoğlu, Yasemin (1994): Türkische Muslime in Nordrhein-Westfalen. Köln: Repro.

Ministerium für Arbeit, Gesundheit und Soziales des Landes Nordrhein-Westfalen (Hg.) (1993): Kosten der Nichtintegration ausländischer Zuwanderer. Gutachten von Dr. Hans Dietrich von Loeffelholz und Prof. Dr. Dietrich Tränhardt. Düsseldorf.

Moghadam, Valentine M. (1993): Modernizing Women. Gender and social change in the Middle East. Lynne Rienner Publishers. USA.

Müller, Hardy (1992): siehe unter: Landesbeauftragter für Ausländerfragen.

Müller, Klaus E. (1997): Das Magische Universum der Identität. Elementarformen sozialen Verhaltens. Ein ethnologischer Grundriß. New York: Campus.

Münir, Orhan (1937): Minderheiten im osmanischen Reich und in der neuen Türkei. Inaugural Dissertation zur Erlangung der Doktorwürde der Hohen Rechtswissenschaftlichen Fakultät der Universität Köln. Köln: Buchdruckerei Orthen.

Nauck, Berhard (1985b): Arbeitsmigration und Familienstrukturen. Eine Analyse der mikrosozialen Folgen von Migrationsprozessen. Frankfurt; New York: Campus-Forschung.

Nauck, Bernhard (1985a): „'Heimliches Matriarchat' in Familien türkischer Arbeitsmigranten? Empirische Ergebnisse zur Veränderung der Entscheidungsmacht und Aufgabenallokation." In: Zeitschrift für Soziologie, 14. Jahrgang, Nr. 6, S. 450-465.

Nauck, Bernhard (1988): „Inter- und intragenerativer Wandel in Migrantenfamiien." In: Soziale Welt. Jahrgang XXXIX/1988. Göttingen: Verlag Otto Schwartz & Co. S. 504-521.

Nauck, Bernhard (1993): „Dreifach diskriminiert? – Ausländerinnen in Westdeutschland." In: Helwig, Gisela/Nickel, Hildegard, Maria (Hg.): Frauen in Deutschland 1945-1992. (Bundeszentrale für politische Bildung. Schriftenreihe. Band 318). Bonn. S. 364-398.

Nauck, Bernhard/Özel, Sule: (1986): „Erziehungsvorstellungen und Sozialisationspraktika in türkischen Migrantenfamilien." In: Zeitschrift für Sozialisationsforschung und Erziehungstheorie. Jahrgang 6. Heft 2. S. 285-312.

Neumann, Ursula (1980): Erziehung ausländischer Kinder: Erziehungsstile und Bildungsvorstellungen in türkischen Arbeiterfamilien. 1. Aufl. Düsseldorf: Pädagogischer Verlag Schwann (Publikation ALFA).

Neusel, Ayla (Hg.) (1991): Aufstand im Haus der Frauen: Frauenforschung aus der Türkei. Berlin: Orlanda Frauenverlag.

Newman, David M. (1995): Sociology Exploring The Architecture Of Everyday Life. California: Thousend Oaks. 1995.

Olson, Emelie A. (1982): „Duofocal Family Structure and an Alternativ Model of Husband-Wife-Relationship." In: Kağıtçıbaşı, Çiğdem (1982): Sex Roles, Family, & Community in Turkey. Indiana University Turkish Studies 3. S. 33-72.

Orga, Irfan (1993): Portrait of a Turkish Family. (Erstausgabe, 1950). London: E-land.

Otyakmaz, Berrin Özlem (1995): Auf allen Stühlen: das Selbstverständnis türkischer Migrantinnen in Deutschland. Bonn: ISP.

Overing, J. (1987): „Translation as a creative process: The power of the name." In: Holy, L. (ed.): Comparative anthropology. Oxford; Basil; Blackwill.

Özal, Turgut (1988): La Turquie en Europe. Paris : Plon.

Özbek, Meral (1997): „Arabesk Culture: A Case of Modernization and Popular Identity." In: Bozdoğan, Sibel/Kasaba, Resat: Rethinking Modernity and National Identity in Turkey. III Series. Universitiy of Washington: Publications on Near East. S. 211-232.

Özyurt, Senol (1972): Die Türkenlieder und das Türkenbild in der deutschen Volksüberlieferung vom 16. bis zum 20. Jahrhundert. Wilhelm München: Fink Verlag.

Paulinus. Trierer Bistumsblatt (1998). Nr. 17, S.10-11.

Peirce, Leslie (1997): „Seniority, Sexuality, and Social Order: The Vocabulary of Gender in Early Modern Ottoman Society." In: Zilfi, Madeline C. (Hg..): Women in the Ottoman Empire. Middle Eastern Women in the Early Modern Era. The Turkish Empire and its heritage; Vol. 10. Leiden; New York; Köln: Brill. S. 169-196.

Peristany, J.G. (ed.) (1976): Mediterranean Family Structures. Cambridge; London; New York; Melbourne: Cambridge University Press.

Petersen, Andrea (1988): Ehre und Scham: das Verhältnis der Geschlechter in der Türkei. Fulda: Express Edition.

Pfeffermann, Hans (1946): Die Zusammenarbeit der Renaissancepäpste mit den Türken. Winterthur: Mondial Verlag AG.

Pinn, Irmgard (1999): Verlockende Moderne? Türkische Jugendliche im Blick der Wissenschaft. Duisburg: DISS Texte 30.

Pinn, Irmgard/Wehner, Marlies (1995): EuroPhantasien. Die islamische Frau aus westlicher Sicht. Duisburg: DISS.
Pleck, Joseph H. (1996): „Die männliche Geschlechtsrolle. Definitionen, Probleme und Quellen der Veränderung." In: BauSteineMänner (Hg.): Kritische Männerforschung. Neue Ansätze in der Geschlechtertheorie. Berlin; Hamburg: Argument Sonderband 246. S. 27-37.
Polat, Ayça (1999): Fremdheitskonstruktionen, Minderheitendiskurs und Selbstverständnis von MigrantInnen – mit einem Exkurs zum Rollenbild und religiösen Selbstverständnis junger türkischer Männer in der Bundesrepublik Deutschland. Unveröffentlichte Diplomarbeit. Universität Oldenburg.
Polimeni, Valerio (1993): „Ältere Ausländer und Ausländerinnen: Ihre Lebenssituation, Aktivitäten für italienische Senioren und Ansätze Kommunaler Altenarbeit mit MigrantInnen." In: Informationsdienst zur Ausländerarbeit. Heft 3. S. 54-57.
Potts, Lydia/Grotheer, Angela (1997): „Arbeitsmigration als Frauenprojekt? Migrantinnen aus der Türkei zur retrospektiven Evaluation der Migration." In: Loeber-Pautsch, Uta u.a. (Hg.): Quer zu den Disziplinen. Hannover: Offizin. S. 36-41.
Psychological Review (1994): No.3.
Psychologie heute (1980): Heft 12.
Psychologie Heute (1993): 20.Jg. Heft 9.

Quataert, Donald (1991): „Ottoman Women, Households and Textile Manufacturing, 1800-1914." In: Keddi, Nikki R./Baron, Beth (ed.): Women in Middle Eastern History. Shifting Boundaries in Sex and Gender. New Haven and London: Yale University Press. S. 161-175.

Reiterer, Albert, F. (1998): Soziale Identität. Ethnizität und sozialer Wandel: Zur Entwicklung einer anthropologischen Struktur. Frankfurt/Main: Peter Lang Verlag.
Reulecke, Jürgen (Hg.) (1997): „Spagat mit Kopftuch." Essays zur deutschtürkischen Sommerakademie. Hamburg: Körber Stiftung.
Robins, Kevin (1996): „Interrupting Indentities." In: Hall, Stuart/Gay du, Paul: Questions of Cultural Identity. Thousand Oaks; California: Sage Publication. S. 61-87.
Rolf, Gabriele/Wagner, Bernd: „Alterssicherung in der Bundesrepublik Deutschland." In: Aus Politik und Zeitgeschichte. Beilage zur Wochenzeitung das Parlament. B35/96. 23. August 1996, S. 23-32.
Roloff, Juliane (1996): „Alternde Gesellschaft in Deutschland." In: Aus Politik und Zeitgeschichte. Beilage zur Wochenzeitung das Parlament. B35/96. 23. August 1996. S. 3-11.

Roosens, Eugen E. (1989): Creating Ethnicity. The Process of Ethnogenesis. Frontieres of Anthropology, Volume 5. Newbury Park; London; New Delhi: Sage Publications.

Rothe, Achim (1992): Altern in der Fremde – Neue Herausforderungen an die soziale Arbeit. ASG Veröffentlichungen Nr.19.

Rumpf, Christian (1993): „Minderheiten in der Türkei und die Frage nach ihrem rechtlichen Schutz." In: Zeitschrift für Türkeistudien, 2. S. 173-210.

Rüter, Christian (1996): „Der konstruierte Leib und die Leibhaftigkeit der Körper. Die Relevanz des Körpers für eine Männer-Erforschung." In: BauSteine-Männer (Hg.): Kritische Männerforschung. Neue Ansätze in der Geschlechtertheorie. Berlin; Hamburg: Argument Sonderband 246. S. 76-107.

Saarbrücker Zeitung (2000): „Magersucht ist keine reine Frauensache. Immer mehr Männer hungern sich krank". 19.12.2000, S. 1. Saarbrücken.

Sasson, Jean P. (1992): Ich Prinzessin aus dem Hause Al Saud. Ein Leben hinter tausend Schleiern. München: Goldmann.

Scheib, Hermann (1995): „Ältere MigrantInnen und die Altenhilfe. Ergebnisse einer Untersuchung zur Nutzung der Altenhilfe durch ältere MigrantInnen in Frankfurt am Main." In: Informationsdienst zur Ausländerarbeit. Heft 3, S. 46-51.

Scheub, Ute (1997): „Die Multi-Kulti Debatte auf Irrwegen. Wir haben weniger ein Ausländer- als ein Männerproblem. Die Konflikte sind nicht nur ethnische, sondern vor allem sexistische." In Tagezeitung (taz) vom 2.5.1997, S. 10.

Schiffauer, Werner (1991): Die Migranten aus Subay. Türken in Deutschland. Eine Ethnographie. Stuttgart: Klett-Cotta.

Schleicher, Friedemann (1996): „Ältere Migrantinnen und Migranten in der Altenplanung am Beispiel der Stadt Köln." In: Informationsdienst zur Ausländerarbeit. Heft 3+4, S. 93-95.

Schmalz-Jacobsen, Cornelia/Hintze, Holger/Tsapanos, Georgios (1993): Einwanderung – und dann? Perspektiven einer neuen Ausländerpolitik. München: Knaur.

Schöning-Kalender, Claudia (1987): „Türkisches gestern und heute: Verschwindet die Exotik bei Anwesenheit der „Exoten"? In: Exotische Welten – Europäische Phantasien. Katalog zur Ausstellung des Instituts für Auslandsbeziehungen und des Württembergischen Kunstvereins. Edition Cantz. Stuttgart. S. 120-125.

Schreiber, Georg (1938): „Deutsche Türkennot in Westfalen." In: Volk und Volkstum. Jahrbuch für Volkskunde 3 in Verbindung mit der Görres Gesellschaft. München. S. 9-54.

Schreiber, Ulrich (1988): Opernführer für Fortgeschrittene. Eine Geschichte des Musiktheaters von den Anfängen bis zur französischen Revolution. Kassel.

Schroeder, Joachim (1996): „Ungleiche Brüder. Männerforschung im Kontext sozialer Benachteiligung." In: BauSteineMänner (Hg.): Kritische Männerforschung. Neue Ansätze in der Geschlechtertheorie. Berlin; Hamburg: Argument Sonderband 246. S. 300-326.

Schulte, Axel (1990): „Multikulturelle Gesellschaft. Chance, Ideologie oder Bedrohung?" In: Aus Politik und Zeitgeschichte. Beilage zur Wochenzeitung das Parlament. B 23-24/99. 1. Juni. S. 3-15.

Schulte, Axel (1993): „Zur spezifischen Lebenssituation älterer MigrantInnen in der Bundesrepublik Deutschland." In: Informationsdienst zur Ausländerarbeit. Heft 3. S. 26-35.

Schulte, Bernd (1997): „Großbritannien – Das Ende des Wohlfahrtsstaats?" In: Sozialer Fortschritt: Unabhängige Zeitschrift für Sozialpolitik. Jahrgang 46. Heft 1-2, Januar/Februar. S.30-33

Schultze, Günther (1995): „Arbeitsmarktsituation von türkischen Migranten der ersten und zweiten Generation." In: Seifert, Wolfgang (Hg.): Wie Migranten leben. Lebensbedingungen und soziale Lage der ausländischen Wohnbevölkerung in der Bundesrepublik. (Dokumentation eines Workshops am Wissenschaftszentrum Berlin für Sozialforschung, WZB). FS III 95-401. Berlin. S. 10-16.

Schulze, Winfried (1978): Reich und Türkengefahr im späten 16. Jahrhundert. Studien zu den gesellschaftlichen und politischen Auswirkungen einer äußeren Bedrohung. München.

Scott, Wolf (1991): siehe unter: International labour office.

Seeberger, Bernd (1994): Alternde türkische Gastarbeiter – Heimweh ohne Rückkehr. Migation und Altern. Inaugural Dissertation zur Erlangung der philosophischen Doktorwürde an der Universität Kassel.

Seidel-Pielen, Eberhard (1995): Unsere Türken. Annäherung an ein gespaltenes Verhältnis. Berlin: Elefanten Press.

Seifert, Wolfgang (Hg.): Wie Migranten leben. Lebensbedingungen und soziale Lage der ausländischen Wohnbevölkerung in der Bundesrepublik. (Dokumentation eines Workshops am Wissenschaftszentrum Berlin für Sozialforschung, WZB). FS III 95-401. Berlin.

Seitz, Rita (1994): „‚Prisoner of Gender' or ‚Prisoner of Discourse'? Diskurstheoretische Analyse sozialwissenschaftlicher Daten." In: Dietzinger, Angelika u.a. (Hg.): Erfahrung mit Methode: Wege sozialwissenschaftlicher Frauenforschung. Freiburg: Forum Frauenforschung, Band 8. S. 183-199.

Shaw, S. (1991): The Jews of the Ottoman Empire and the Turkish Republic. New York: New York University Press.

Shaw, S. (1993): Turkey and the holocaust: Turkey's role in rescuing Turkish and European Jewry from Nazi Persecution 1933-1945. Basingstoke: Macmillan. Press Ltd.

Sollors, Werner (Hg.) (1996): Theories of Ethnicity. A classical reader. Houndmills; Basingstoke: Hampshire RG21 6XS and London: Macmillan Press LTD.
Soziale Welt: Jahrgang XXXIX/1988. Göttingen: Verlag Otto Schwartz & Co.
Sozialer Fortschritt (1994): Unabhängige Zeitschrift für Sozialpolitik. Jahrgang 43. Heft 10.
Sozialer Fortschritt (1997): Unabhängige Zeitschrift für Sozialpolitik. Jahrgang 46. Heft 1-2.
Spiegel-Report (1970): „Komm, komm, komm – geh, geh, geh." In: Der Spiegel, Nr.43. S. 50-76.
Spitzl, Martina/Yüksel, Sahika (1992): Mädchen aus der Türkei. Schriftenreihe sexueller Missbrauch, Band 4. Berlin: Donna Vita.
Spohn, Margret (1993): Alles getürkt. 500 Jahre (Vor-)Urteile der Deutschen über die Türken. Oldenburg: BIS-Verlag, Universität Oldenburg.
Spohn, Margret (1997): „Unsere Heimat ist nicht nur die Türkei." Unv Projektbericht zu dem Forschungsvorhaben: Lebensperspektiven älterer türkischer Männer in Deutschland. Oldenburg.
Spohn, Margret (1999): „Luther und die Türken." In: Körber Stiftung (Hg.) (1999): Grenzfall Europa. Avrupa'nin ince eşiğinde, Deutsch-türkisches Symposium. Türk-Alman Sempozyumu. Hamburg. S. 37-38.
Spradley, James, P. (1979): The Ethnographic Interview. USA o.O.
Stanfield II, John H./Dennis, Rutledge M. (ed.) (1993): Race and ethnicity in research methods. Newbury Park; London; New Delhi: Sage Publication.
Statistische Veröffentlichungen der Kultusministerkonferenz (1994): Ausländische Schüler und Schulabsolventen. Nr. 128, Januar 1994.
Statistische Veröffentlichungen der Kultusministerkonferenz (1994): Ausländische Schüler und Schulabsolventen. Nr. 131, Dezember 1994.
Statistisches Bundesamt Wiesbaden, Bevölkerungsstatistiken Jahrgänge von 1961 bis 2000.
Statistisches Landesamt Baden-Württemberg (Hg.) (1996): Familien- und Einkommenssituation älterer Ausländer und Deutscher in der Bundesrepublik Deutschland. Serie: Baden-Württemberg in Wort und Zahl. Januar.
Straube, Hanne (1987): Türkisches Leben in der Bundesrepublik. Frankfurt; New York : Campus Verlag.
Süßenbach, Jürgen (1996): „Männer in der Psychotherapie. Welchen Einfluß hat Männlichkeit auf die therapeutische Beziehung zwischen Psychotherapeuten und Klient?" In: BauSteineMänner (Hg.): Kritische Männerforschung. Neue Ansätze in der Geschlechtertheorie. Berlin; Hamburg: Argument Sonderband 246. S. 217-248.

Taboada-Leonetti (1990): „Stratégies identitaires et minorités: le point de vue du sociologue." In: Camilleri, Carmel/Kastersztein, Joseph/Lipiansky, Edmond

Marc u.a (1990): Stratégies identitaires. Psychologie d'aujourd'hui. Paris : Presses Universitaires de France. S. 43-84.

Tan, Dursun (1993): „Ältere Migrantinnen und Migranten in der Bundesrepublik Deutschland. Anforderungen an das Altenhilfesystem aus der Sicht Betroffener. Ein synoptischer Überblick." In: Informationsdienst zur Ausländerarbeit. Heft 3. S. 36-42.

Tan, Dursun (1999): „Aleviten in Deutschland. Zwischen Selbstethnisierung und Emanzipation." In: Jonker, Gerdien: Kern und Rand. Religiöse Minderheiten aus der Türkei in Deutschland. Studien 11. Berlin: Das Arabische Buch. S. 64-88.

Tekeli, Şirin (1986): „Emergence of the feminist movement in Turkey." In: The new women's movement. Feminism and Political Power in Europe and the USA. London; Beverly Hills & Newbury Park; New Delhi: Sage Publication. Modern Politics Series Volume 12. S. 179-199.

Tekeli, Şirin (1991): „Frauen in der Türkei der 1980er Jahre" In: Neusel, Ayla (Hg.): Aufstand im Haus der Frauen: Frauenforschung aus der Türkei. Berlin: Orlanda Frauenverlag. S. 27-48.

Temple, Bogusia (1997): „Research note. Watch your tongue: Issues in Translation and cross-cultural research." In: Sociology, Vol.31 No.3, August. S. 607-618.

Tertilt, Hermann (1996): Turkish Power Boys. Ethnographie einer Jugendbande. Frankfurt am Main: Suhrkamp.

Tibi, Bassam (1996): „Multikultureller Werte-Relativismus und Werte-Verlust. Demokratie zwischen Werte-Beliebigkeit und pluralistischem Werte-Konsenz." In: Aus Politik und Zeitgeschichte. Beilage zur Wochenzeitung das Parlament. B 52-53/96. 20. Dezember. S. 27-36.

Tietze, Nikola (1999): „Individualisierung durch den Islam. Das Beispiel junger Männer türkischer Herkunft." In: Jonker, Gerdien (Hg.): Kern und Rand. Religiöse Minderheiten aus der Türkei in Deutschland. Zentrum Moderner Orient. Studien 11. Berlin: Das arabische Buch. S. 207-221.

Treibel, Annette (1988): Engagement und Distanzierung in der westdeutschen Ausländerforschung. Eine Untersuchung ihrer soziologischen Beiträge. Stuttgart: Enke Verlag.

Vasquez, Anna (1990): „Les mécanismes des stratégies identitaires: une perspective diachronique." In: Camilleri, Carmel/Kastersztein, Joseph/Lipiansky, Edmond Marc u.a: Stratégies identitaires. Psychologie d'aujourd'hui. Paris : Presses Universitaires de France.

Väth, Gerhard (1993): „Zur Diskussion um das Alevitentum." In: Zeitschrift für Türkeistudien (ZfTS) 6. Jahrgang. Heft 2. S. 211-223.

Volk und Volkstum (1938): Jahrbuch für Volkskunde in Verbindung mit der Görres Gesellschaft. München.

Voß, Maren C. (1998): Tod eines Kindes und Migration. Analyse qualitativer Interviews mit türkischen MigrantInnen. Unveröffentlichte Diplomarbeit an der Carl von Ossietzky Universität Oldenburg.

Waldhoff, Hans-Peter/Tan, Dursun/Kürşat-Ahlers, Elcin (Hg.) (1997): Brücken zwischen Zivilisationen. Zur Zivilisierung ethnisch-kultureller Differenzen und Machtungleichheiten. Das türkisch-deutsche Beispiel. Frankfurt am Main: Verlag für Interkulturelle Kommunikation.

Walter, Willi (1996): „Männer entdecken ihr Geschlecht. Zu Inhalten, Zielen, Fragen und Motiven kritischer Männerforschung." In: BauSteineMänner (Hg.): Kritische Männerforschung. Neue Ansätze in der Geschlechtertheorie. Berlin; Hamburg: Argument Sonderband 246. S. 13-26.

Weische-Alexa, Pia (1982): Sozial-kulturelle Probleme junger Türkinnen in der Bundesrepublik Deutschland. Mit einer Studie zum Freizeitverhalten türkischer Mädchen in Köln. 4, Aufl. Köln.

Weitzmann, Eben A./Miles, Matthew B. (1995): Computer Programs for qualitative Data Analysis. A Software Sourcebook. Thousand Oaks; London; New Delhi: Sage Publication. S. 238-256.

Wesselink, Egbert (1996): „The North Caucasian Diaspora in Turkey." In: REFWORLD. Writenet Country papers: http://www.unhcr.ch/refworld/country/writnet/writur.htm.

Westphal, Manuela (2000): „Vaterschaft und Erziehung." In: Herwartz-Emden, Leonie (Hg.): Einwandererfamilien, Geschlechterverhältnisse, Erziehung und Akkulturation. Schriftenreihe des Instituts für Migrationsforschung und interkulturelle Studien (IMIS) der Universität Osnabrück. Band 9. Osnabrück: Rasch. S. 121-204.

Widersprüche: Zeitschrift für sozialistische Politik im Bildungs-, Gesundheits- und Sozialbereich. (1995): Schwerpunktthema „Männlichkeiten". Heft 56/57. Offenbach/Main: Verlag 2000 GmbH.

Wietert-Wehkamp, Hans (1996): „Potentiale der Selbsthilfe von Migrantengruppen." In: Informationsdienst zur Ausländerarbeit (iza) (1996) Heft 3+4, S. 96-99.

Wilson, Gail (1997): Continuity and Change in Gender Relations in Advanced Old Age. Oldenburger Universitätsreden, Nr.93. Oldenburg.

Winter, Gudrun (1996): Probleme und Entwicklung der Psychiatrie im Umgang mit Migrantinnen und Migranten. Magisterarbeit an der Universität Gesamthochschule Kassel.

Witzel, Andreas (1982): Verfahren der qualitativen Sozialforschung. Überblick und Alternativen. Frankfurt;New York: Campus Verlag.

Wodak, Ruth/Cilia de, Rudolf/Reisigl, Martin/Liebhart, Karin/Hofstätter, Klaus/Kargl, Maria (1998): Zur diskursiven Konstruktion nationaler Identität. 1. Aufl. Frankfurt am Main.

Wurzel, Petra (1993): „Über die sprachlichen und kulturellen Ursachen von Mißverständnissen und Widersprüchen in Asylverfahren aus Sicht des Dolmetschers." In: Zeitschrift für Türkeistudien (ZfTS), 6. Jahrgang. Heft 1, S. 101-127.

Yalkut-Breddermann, Banu (1999): „Der Wandel der yezidischen Religion in der Diaspora." In: Jonker, Gerdien (Hg.): Kern und Rand. Religiöse Minderheiten aus der Türkei in Deutschland. Studien 11. Berlin: Das Arabische Buch. S. 51-63.

Yengani Arani, Aliye (1999): „Religion als Medium der Integration. Die Baha'i in Deutschland." In: Jonker, Gerdien (Hg.): Kern und Rand. Religiöse Minderheiten aus der Türkei in Deutschland. Studien 11. Berlin: Das Arabische Buch. S. 91-110.

Yumul, Arus (1999): „Scenes of Masculinity from Turkey." In: Zeitschrift für Türkeistudien (ZfTS), Heft 1. S. 107-117.

Yurtdaş, Barbara (1990): Wo mein Mann zu Hause ist... Tagebuch einer Übersiedlung in die Türkei. Reinbek bei Hamburg.

Zahlmann, Stefan (1997): „Türken? Find ich gut! Ausländische Männer in deutschen Werbeanzeigen seit der Jahrhundertwende." In: Reulecke, Jürgen (Hg.): „Spagat mit Kopftuch". Essays zur deutsch-türkischen Sommerakademie. Körber Stiftung. Hamburg. S. 96-112.

Zeitschrift für Frauenforschung (1995) Heft 1+2, Hannover.

Zeitschrift für Frauenforschung (1997) Heft 3, Hannover.

Zeitschrift für Gerontologie (1993) Heft Nr. 23.

Zeitschrift für Gerontologie und Geriatrie (1996) Band 29. Heft 1.

Zeitschrift für Migration und soziale Arbeit (iza) (1997) Heft 1. Verlag des Instituts für Sozialarbeit und Sozialpädagogik. Frankfurt.

Zeitschrift für Sozialisationsforschung und Erziehungstheorie. Jahrgang 6, Heft 2.

Zeitschrift für Sozialreform (1989), Nr.35.

Zeitschrift für Soziologie, 14. Jahrgang, Nr. 6.

Zeitschrift für Türkeistudien (ZfTS) (1993), 6. Jahrgang. Heft 2. Leske und Budrich. Opladen.

Zeitschrift für Türkeistudien (ZfTS) (1997), 10. Jahrgang. Heft 1. Leske und Budrich. Opladen.

Zeitschrift für Türkeistudien (ZfTS) (1999), 12. Jahrgang. Heft 1. Leske und Budrich. Opladen.

Zentrum für Türkeistudien (Hg.) (1994): Ausländer in der Bundesrepublik Deutschland – ein Handbuch. Opladen: Leske und Budrich.

Zentrum für Türkeistudien (Hg.) (1994): Türkei Sozialkunde. Wirtschaft, Beruf, Bildung, Religion, Familie, Erziehung. 2. Aufl., Opladen: Leske und Budrich.

Zentrum für Türkeistudien (Hg.) (1996): Ehre. Veraltetes Konzept oder Schlüsselbegriff der multikulturellen Gesellschaft? Dokumentation einer Veranstaltung im Rahmen des Sensibilisierungsprojektes gegen Fremdenfeindlichkeit in Duisburg und Essen. Köln: Önel Verlag.

Zilfi, Madeline C. (ed.) (1997): Women in the Ottoman Empire. Middle Eastern Women in the Early Modern Era. The Turkish Empire and its heritage; Vol.10. Leiden; New York; Köln; Brill.

Weitere Titel zum Thema
Bereits erschienen:

Karin Werner
Between Westernization and the Veil
Contemporary Lifestyles of Women in Cairo

1997, 302 Seiten, kart., 29,80 €,
ISBN: 3-933127-01-7

Ruth Klein-Hessling, Sigrid Nökel, Karin Werner (Hg.)
Der neue Islam der Frauen
Weibliche Lebenspraxis in der globalisierten Moderne. Fallstudien aus Afrika, Asien und Europa

1999, 324 Seiten,
kart., 24,80 €,
ISBN: 3-933127-42-4

Urs Peter Ruf
Ending Slavery
Hierarchy, Dependency and Gender in Central Mauritania

1999, 436 Seiten,
kart., 39,80 €,
ISBN: 3-933127-49-1

Brigitte Holzer, Arthur Vreede, Gabriele Weigt (eds.)
Disability in Different Cultures
Reflections on Local Concepts

1999, 384 Seiten,
kart., 29,80 €,
ISBN: 3-933127-40-8

Birte Rodenberg
Lokale Selbstorganisation und globale Vernetzung
Handlungsfelder von Frauen in der Ökologiebewegung Mexikos

1999, 313 Seiten,
kart., 21,80 €,
ISBN: 3-933127-48-3

Thomas Faist (Hg.)
Transstaatliche Räume
Politik, Wirtschaft und Kultur in und zwischen Deutschland und der Türkei

2000, 430 Seiten,
kart., 24,80 €,
ISBN: 3-933127-54-8

Cynthia Nelson, Shahnaz Rouse (eds.)
Situating Globalization
Views from Egypt

2000, 362 Seiten,
kart., 29,80 €,
ISBN: 3-933127-61-0

Margaret Rausch
Bodies, Boundaries and Spirit Possession
Maroccan Women and the Revision of Tradition

2000, 275 Seiten,
kart., 28,80 €,
ISBN: 3-933127-46-7

**Leseproben und weitere Informationen finden Sie unter:
www.transcript-verlag.de**

Weitere Titel zum Thema

Bereits erschienen:

Alexander Horstmann,
Günther Schlee (Hg.)
Integration durch Verschiedenheit
Lokale und globale Formen interkultureller Kommunikation

2001, 408 Seiten,
kart., 24,80 €,
ISBN: 3-933127-52-1

Georg Stauth
Islamische Kultur und moderne Gesellschaft
Gesammelte Aufsätze zur Soziologie des Islams

2000, 320 Seiten,
kart., 29,80 €,
ISBN: 3-933127-47-5

Ayhan Kaya
"Sicher in Kreuzberg"
Constructing Diasporas: Turkish Hip-Hop Youth in Berlin

2001, 236 Seiten,
kart., 30,80 €,
ISBN: 3-933127-71-8

Hans-Ludwig Frese
»Den Islam ausleben«
Konzepte authentischer Lebensführung junger türkischer Muslime in der Diaspora

Februar 2002, 350 Seiten,
kart., 25,80 €.
ISBN: 3-933127-85-8

Margret Spohn
Türkische Männer in Deutschland
Familie und Identität. Migranten der ersten Generation erzählen ihre Geschichte

Februar 2002, 474 Seiten,
kart., 26,90 €,
ISBN: 3-933127-87-4

Sigrid Nökel
Die Töchter der Gastarbeiter und der Islam
Zur Soziologie alltagsweltlicher Anerkennungspolitiken
Eine Fallstudie

Februar 2002, 350 Seiten,
kart., 26,80 €,
ISBN: 3-933127-44-0

Leseproben und weitere Informationen finden Sie unter:
www.transcript-verlag.de

Weitere Titel zum Thema

Neuerscheinungen Frühjahr 2002:

Werner Friedrichs, Olaf Sanders (Hg.)
Bildung / Transformation
Kulturelle und gesellschaftliche Umbrüche in der bildungstheoretischen Reflexion

April 2002, 252 Seiten,
kart., 24,80 €,
ISBN: 3-933127-94-7

Julia Lossau
Die Politik der Verortung
Eine postkoloniale Reise zu einer ANDEREN Geographie der Welt

April 2002, ca. 228 Seiten,
kart., 25,80 €,
ISBN: 3-933127-83-1

Georg Stauth
Politics and Cultures of Islamization in Southeast Asia
Malaysia - Indonesia in the Nineteen-nineties

April 2002, ca. 300 Seiten,
kart., 30,80 €,
ISBN: 3-933127-81-5

Anja Peleikis
Lebanese in Motion
Gender and the Making of a Translocal Village

Mai 2002, ca. 250 Seiten,
kart., 29,80 €,
ISBN: 3-933127-45-9

Leseproben und weitere Informationen finden Sie unter:
www.transcript-verlag.de